中华传世藏书

【图文珍藏版】

大清十二帝

马 博⊙主编

第四册

线装书局

目　录

嘉庆帝颙琰

道光帝旻宁

大清十二帝

嘉庆帝颙琰

线装书局

名人档案

嘉　庆：名爱新觉罗·颙琰。乾隆皇帝第十五子。属龙。性格内向多思。乾隆禅位于他而即位。在位 25 年，病死，终年61 岁。

生卒时间：公元 1760 年~公元 1820 年

安葬之地：葬于昌陵（今河北易县西 50 里泰宁镇永宁山）。谥号受天兴运敷化绥猷崇文经武孝恭勤俭端敏英哲睿皇帝，庙号仁宗，史称嘉庆皇帝。

历史功过：铲除和珅，整顿吏治；严以律己，倡导节俭；致力戒烟，抵制贸易侵略。

名家评点：无康雍乾之才，而欲扭转颓势。虽鞠躬尽瘁，却无望中兴。

尴尬即位

（一）第一次选嫡失败

乾隆元年（1736年）七月初二，乾清宫西暖阁。

西暖阁

即位不到一周年、过一个月才满二十五周岁的青年皇帝弘历，也就是在中国百姓中知名度很高的乾隆帝，效法先父雍正帝，进行秘密建储——选定大清国皇位继承人。这一天，他将总理事务王大臣、九卿等召来，把亲自书写的皇太子之名仔细密封好，照例藏于乾清宫最高处"正大光明"匾后面。

弘历选定的继位人是谁？除他本人外，无人知晓。

当时，他已有三个皇子，年龄都很小：

永璜八周岁

永琏六周岁

永璋一周岁

永璜和永琏是幼童，永璋则是不晓世事的乳儿。永璜生母是庶妃富察氏，永琏生母是嫡妃富察氏，永璋生母是庶妃苏佳氏。虽然，永琏生母的地位要比其他两位高出一头，最为乾隆帝所宠爱，次年十二月将被册封为皇后，但大清国秘密建储的最高原则是立贤不立嫡，生母的地位对于皇子能否当上皇太子，不起决定作用。乾隆帝弘历的生母钮祜禄氏，出身卑微，是四品典仪凌柱之女，十三岁入胤禛贝勒府时只是个庶妃，到雍正中期才被册封为熹贵妃，而弘历在雍正元年就已被秘密确立为皇太子，可见与生母的地位没有多大关系，反倒是她沾了儿子的光——母以子为贵。胤禛嫡妻是步军统领费扬古之女那拉氏，雍正九年（1731年）才病死。当时，胤禛还有一位侧福晋（夫人）李氏，在诸妾中侍奉胤禛最早，生育子女最多，弘时也是她所生，可见很受胤禛宠爱，当初地位在钮祜禄氏之上。因此，如果以生母地位尊卑决定皇子政治前途，当今皇上宝座就不属于弘历了。

三个皇子均为幼童，其生母的地位又不是继位人天平上的政治筹码，到底哪位皇子更有可能被钦定为继位人呢？朝野私猜暗忖，弄不清有幸进入"正大光明"匾之后的到底是哪位皇太子的大名。

然而，朝臣们有所不知，乾隆帝按照先父定下的规矩秘密建储，只是出于无奈，其实打心底里不愿这么做。

来自白山黑水的少数民族统治者入主中原近百年，已经深受中原文化熏染。在确立皇太子问题上，青年皇帝弘历趋同于中原传统的嫡长制。除了这个关键因素之外，还有一个重要因素在于，弘历吃过秘密建储的苦头。秘密建储是以牺牲皇太子之权为前提的，皇子们生活在秘密建储的政治环境里，那种压抑和艰难如同茫茫苦海，非当事人绝对难以想见其深、其广、其可怕。青年皇帝弘历好不容易浮出苦海，秘密建储制度下所吃的苦头记忆犹新，免不了仍用老目光打量这个继位人制度，看到的多是其面目狰狞之处，要看到它的好处尚需时日。打个比方，秘密建储好比一枝玫瑰，弘历被屡屡刺伤过，伤深及心，久未结痂，因此更多地看到荆棘之恶，荆中之花的美妙尚来不及得到深切体悟。

弘历贵为皇帝，为什么还要做违心之事？皇帝自有皇帝的难处，这样做，一来是为给自己树立孝子的形象，"三年无改父之道"的古训不能违，要不世人会用何种眼光看待才上台的青年皇帝呢？二来膝下皇子年纪都太小，还需用较长时间培养考察，公开预立皇太子缺乏起码条件。所以，按乾隆帝当时本意，只是勉强不改先皇秘密建储之法。他毫不掩饰地说，秘密建储只是"酌权剂经之道，非谓后世子孙皆当奉此以为法则也。将来皇子年齿渐长，识见扩充，万无骄贵引诱之习，朕仍当布告天下，明正储贰之位"。他还明确指出："若夫以建储为嫌忌而不肯举行者，此庸主卑陋之见，朕所深鄙者也。"这就是说，他沿袭先父雍正帝的秘密建储之法，只是权宜之计，一旦条件成熟，还是要公开预立皇太子的；认为秘密建储是无胆无识的庸主所采用的办法，公开表示瞧不上眼。至此，聪明的朝臣已看出皇上倾向于公开预立皇太子，但还看不出他欲采用嫡长制的意向。

皇上已将哪位皇子定为继位人？朝野私议，雾里看花。

乾隆三年（1738年）十月的一天，秋风初起，乍暖还寒，皇次子永琏得了伤风。皇子虽然金贵，但只染感冒之类的小病，宫中也没太在意。谁知永琏竟一病不起，此月十二日便死了。永琏生于雍正八年（1730年）六月全国众多省份大闹洪灾之时，这位蹈天灾而生的皇子享年仅八周岁。乾隆帝闻此噩耗，伤心透顶，悲恸不已。悲哀之际，将乾清宫"正大光明"匾之后建储密圣旨取出，发表了一道上谕：

永琏乃皇后所生，朕之嫡子，聪明贵重，气宇不凡。皇考命名，隐示承宗器之意。朕御极后，恪守成式，亲书密旨，召诸大臣藏于乾清宫"正大光明"匾后，是虽未册立，已命为皇太子矣。今既薨逝，一切典礼用皇太子仪注行。

尔后，正式册封永琏为皇太子，谥号端慧，并为其添设八旗养育兵丁一万余名之多。最为中意的爱子早夭，对乾隆帝身心是一个巨大打击。为此，平素向来勤政的青年皇帝接连五天没有临朝。

聆听这道上谕之后，朝野才知，皇上首次确立的继位人是永琏。在这道谕旨里，乾隆帝透出将永琏定为皇太子的两个主要理由，一个是永琏系皇后所生之嫡子，另一个是祖父雍正帝也属意于他——为他取了意蕴特定的名字。要过多年之后人们才能看清，前者才是决定因素。

其实，发布这道上谕，是青年皇帝弘历的失误。它使皇长子永璜、皇三子永璋明白，首次确立皇太子自己未能进入皇父的视野，他们是失意者。如果乾隆帝能够强忍悲痛，暗中继续考察，再看中一位合意的继位人，悄悄地将原定皇太子之名换掉，方不失为高明之策。

永琏夭折后，朝臣们都不知道皇上有没有再密立皇太子。实际上，他有很长时间都没有内定皇太子。他在等待。数年之后，他又迫不及待地内定了一位皇太子。由于这一切做得很隐秘，这位皇太子是谁，别人照例不知道。

乾隆十二年（1747年）十二月二十九，是这一年的除夕。正值除旧迎新、普天同庆之际，一个突如其来的焦雷打在乾隆帝头上：正在出痘的皇七子永琮永远闭上了眼睛，年仅一周岁零八个月。

乾隆帝不胜哀伤，情不自禁地吐露了内心的秘密。他说：

皇七子永琮，毓粹中宫，性成凤慧，甫及二周，岐嶷表异。圣母皇太后因其出自正嫡，聪颖殊常，钟爱最笃。朕亦深望教养成立。……嫡嗣再殇，推求得非本朝自世祖章皇帝以至朕躬，皆未有以元后正嫡绍承大统者！岂心有所不愿，亦遭遇使然耳，似此竟成家法。乃朕立意私庆，必欲以嫡子承统，行先人所未曾行之事，邀先人所不能获之福，此乃朕之过耶？

于是，人们得知，乾隆帝第二次内定的皇太子原来是皇七子永琮。为何要定乳儿永琮呢？说他在襁褓中表现非常优异，这是站不住脚的说法，即便乾隆帝真的早已认定他"性成凤慧""岐嶷表异"，那也是格外垂青、另眼相待的结果，完全是心理错觉。实质上，他将乳臭未干的永琮内定为皇太子，根本的原因是他崇尚中原传统的嫡长制，渴望有一个嫡长子来接班，统治未来的大清江山。

回顾清朝历史，皇太极是努尔哈赤的继承人，他系努尔哈赤嫡妃叶赫那拉氏所生，但努尔哈赤生前没有称帝，皇太极也就算不得皇太子。

大清国第一位堂皇称帝的是皇太极，他的继位人福临系庄妃博尔济锦氏所生，不是嫡子；

福临的继位人玄烨，系出身汉军镶黄旗的妃子佟氏所生，不是嫡子；

玄烨的继位人雍正，系地位低微的德贵人乌雅氏所生，他出生后第二年乌雅氏才被册封为德嫔，更非嫡子；

雍正的继位人弘历本人，系钮祜禄氏所生，钮祜禄氏在雍正中期才被册封为贵妃，生弘历时充量是个嫔呀妃呀什么的，甚至可能等级更低，弘历自然也不是"元后"所生的"嫡子"了。

因此，正如乾隆帝所言，自顺治帝入主中原以来，大清国还没有一位皇后所生的嫡子坐过金銮殿。对此，乾隆帝深以为憾。

自从由宝亲王摇身一变成为乾隆皇帝之后，他就希冀开创一个由元后所生嫡子当继位人的时代。他的元后是富察氏。这位原配夫人比弘历小一岁，系察哈尔总督李荣保之女，她的曾祖是清朝开国勋臣，祖父米思翰为康熙帝所眷宠。她十六岁那年，被册封为弘历嫡福晋（嫡妻）。她生性俭朴，平日以通草绒花为饰，不喜欢披金戴银，珠光宝气，还经常用动物皮革做成荷包呈送皇上，以示效法关外祖先定下的遗制，不忘老本。她统摄六宫，侍奉皇太后朝夕承欢，对待各位妃嫔所生皇子如同自己亲生骨肉，上下赞誉，有口皆碑。弘历对这位贤内助很敬重，与她情深意笃。他曾称赞她说，"朕得以专心国事，有余暇以从容册府者，皇后之助也"。

从弘历执政初期的思想轨迹来看，立嫡长子为皇太子是他所一心追求的。即便皇后没有如此贤惠，她所生的嫡长子也会被他写进传位密诏的，更何况她又是如此出色的一位皇后！

两个嫡子先后夭折，乾隆帝的哀痛绝非夭折寻常爱子可以比拟。悲痛之余，乾隆帝尚可聊以自慰的，恐怕是贤惠的皇后富察氏还年富力壮。留得青山在，不怕没柴烧。只要尚处中年的富察氏身体康健，再为皇上添几个儿女怕是不成问题的。

要是皇后再为皇上生个皇子，他会不会被乾隆帝写进传位密诏呢？答案应该是肯定的。因为，皇上说得再明白不过了，他是崇尚"立嗣以嫡不以长，立嫡以长不以贤"的嫡长制建储方式的。

富察氏相继失去两个亲生儿子，情感世界经历了天崩地裂的灾难，真正痛不欲生。特别是永琮的早逝，仿佛将她心中那道永不愈合的伤口再次撕开，用乾隆爷的话来说，这一打击"殊难为怀"。

一个月后，乾隆十三年（1748 年）二月初四，乾隆帝东巡。贤惠的富察氏擦掉眼泪，强忍哀痛，随驾到曲阜祭祀孔庙，登临泰山，然后在济南参加一系列活动。三月四日从泰山返回济南时，她得了轻微伤风，略染小恙，没有引起乾隆帝重视。几天后，她的小病小痛渐已好转。不料，十一日夜半，回銮至德州之时，她溘然去世，年仅三十五周岁。

乾隆帝亲自挥写的《述悲赋》，表达痛失嫡妻的极度悲哀："痛一旦之永诀，隔阴阳而莫知"；"入椒房兮阒寂，披风幄兮空垂；春风秋月兮尽于此已，夏日冬夜兮知复何时"。返回京城后，乾隆帝接连九天没有临朝理政，并且为给皇后举哀，令诸王以下满汉文武官员一律斋宿二十七天，百日以内不许剃头。京师以外的文武官员，从接奉谕旨起，摘去冠缨集合于公所哭临三天。对违反这些规定的官员，包括督抚在内的封疆大吏在内，乾隆帝一概不予宽宥，给予革职、逮捕治罪等严厉处分。对治丧时把孝贤皇后册文中"皇妣"两字误译成满文"先太后"之事，乾隆向管理翰林院的汪克敦兴师问罪，给他斩监候的严惩，要不是后来获赦，他险些脑袋搬家。

嫡妻的亡故，不仅意味着挚爱之花过早凋谢，而且意味着乾隆帝梦寐以求的嫡长制皇位继承方式随之葬送。遭受如此劫难，能不痛苦得发疯吗？

有人悲时有人喜。庶妃富察氏所生的皇长子永璜，此时高兴不已，认为"母后崩逝，弟兄之中唯我居长"，大有天助我也的快感。虽然父皇存心立嫡，第二次内定皇太子时也没永璜的份，可现在老天注定父皇要断立嫡之念了。无嫡可立，不就应当立长了吗？

永璜禁不住喜形于色，对皇后富察氏之死没有什么悲伤可言。由庶妃苏佳氏所生的皇三子永璋，得知自己两次都没有被父皇看中，富察氏又不是自己生母，也没有什么哀伤的神情。

皇长子、皇三子太嫩了！

乾隆帝察觉后，勃然大怒，将永璜、永璋痛斥一顿。永璜"于孝道礼仪，未克尽处甚多"，他的过错甚至连累他的几位师傅，他们因此被罚去部分薪俸。到皇后丧期满百日时，乾隆帝对两位皇子的指责不仅没有逐渐平息，反而大大升级。六月二十一日，乾隆帝对他们再次斥责：

试看大阿哥年已二十一岁，此次于皇后大事，伊一切举动尚堪入目乎？父母同幸山东，唯父一人回銮至京，稍具人心之子，当如何哀痛，乃大阿哥全不介意。……若伊不孝之处表白于外，伊尚可忝列人世乎！今事已过，朕如不显然开示，以彼愚昧之见，必谓母后崩逝，兄弟之内唯我居长，日后除我之外，谁克肩承重器，遂至妄生觊觎。……从前以大阿哥断不可立之处，朕已洞鉴，屡降旨于讷亲、傅恒矣。至三阿哥，朕先以为尚有可望，亦降至于讷亲等。今看三阿哥亦不满人意。年已十四岁，全无知识。此次皇后之事，伊于人子之道竟不能尽。……此二人断不可继承大统。

乾隆帝还说："大阿哥系朕长子，三阿哥亦稍长，如果安静守分，日后总可膺王、贝勒之封。"但是，"若不自量，各怀异议，日后必至弟兄相杀而后止。与其令伊等弟兄相杀，不如朕为父者杀。伊等若敢于朕前微露端倪，朕必照今日之旨，显揭其不孝之罪，即行正法。"

皇长子、皇三子的政治前途就此断送。

由此可见，人到中年的乾隆帝对秘密建储仍不得要领。他公开宣布永璜、永璋没有当皇太子的资格，等于把这两位皇子彻底推到自己的对立面，推到未来储君的对立面。设若这两位皇子具有当年胤禩、胤禵那样的政治实力和权谋心计，岂不又要上演一场血腥的继位人争夺战！

对于乾隆帝选择继位人来说，乾隆十三年是一个重要转折点。

这一年，他不得不否定了曾经非常热衷的嫡长制。当年六月，他说："从前皇太子、七阿哥，朕亦非以系皇后所生另加优视，因较众阿哥实在聪明出众，亦尔众人所共见共闻者。"这就是说，他首次确立皇太子以及后来内定永琮为皇太子，不是为了立嫡，而是为了立贤。这与他半年前永琮夭折时吐露的立储宗旨相比，显然是一百八十度大转弯。

这一年，他强调秘密建储的重要原则，严禁大臣干预立储之事。他警告说："今满洲大臣内，如有具奏当于阿哥之内选择一人立皇太子者，彼即离间父子、惑乱国家之人，朕必将伊立行正法，断不宽贷。"这与他即位之初欲公开预立皇太子的盘算，简直是天壤之别。

也就是从这一年起，乾隆帝不再急于确立继位人，转而对各位皇子进行长时期用心培养和秘密考察。这表明，在遴选大清国皇位继承人这个问题上，他不再与先父雍正帝背道而驰，而是掉过头来，走上了父亲走过的那条路。

接下来，哪位皇子将是皇上看中的继位人呢？对此，朝野非常关切，但最多只能肚里转转。皇上明示，何时立皇太子，立谁做皇太子，均由他老人家独裁，如果不是活腻了，谁敢多嘴多舌？

（二）继位人沉重悬念

乾隆三十八年（1773 年）冬，时届六十二周岁的乾隆帝用朱笔写下确定为继位人的皇子之名，密封之后藏于"正大光明"匾之后。这表明，长达二十五年的考察告一段落，乾隆帝终于又一次确定了继位人。这年冬至节，乾隆帝到南郊祭祀，特命各位皇子前往陪祀，并用所定皇太子之名默默祷告上帝："所定之子若贤，能承大清基业，则祈昊苍眷祐，俾得有成；若其人弗克负荷，则迷夺其算，毋误国家重大之任，予亦可以另行选择。"

选定的继位人是谁？只有天知道，只有弘历本人知道。

弘历这次内定皇太子的做法，不同于先父雍正帝，也不同于他自己首次建储，没有在建储时公开宣示诸王和文武大臣。不过，他倒是效仿父亲生前另一招，书写了一份与藏在"正大光明"匾后面一模一样的密旨，藏于一小匣内，走到哪带到哪，以防不虞。在一切办妥之后，为防不测，他只向军机大臣透了个底，知情范围极小，行动极为秘密。

对于绝大多数满汉朝臣、地方官员和天下百姓来说，皇上准备何时确定皇太子，皇上决定选择哪位皇子做皇位继承人，在乾隆十三年至乾隆六十年长达四十七年的时间里，始终是个谜。

有的史家认为，确立皇太子由皇上一人独断，而且至严至密，不公开宣示继位人已有归属，这是乾隆帝对秘密建储制度的发展。这种说法是站不住脚的。这样做，起不到团结天下人心的作用，不利于政治上的稳定，几乎回到康熙末年的那种状态，实际上比乃父的秘密建储制度倒退了一大步。如果不是乾隆帝超常的健康长寿和人格的不凡表现，很可能难保最后皇位交接的平稳过渡。

历史老人如是说：自乾隆十二年（1747年）皇七子永琮死后，继位人问题就成为大清国最沉重、最富魅力的一个悬念。

究竟谁是乾隆帝心目中的继位人？乾隆帝对此一直不透丁点信息，至严至密，滴水不漏。于是，国中朝野乃至邻国对此进行了漫长的猜疑。

乾隆帝一辈子生了十七个儿子，都出生于乾隆三十一年之前；还生了十个女儿。十七个儿子除上一章介绍的前三位皇子外，其他依次是：

皇四子永珹

皇五子永琪

皇六子永瑢

皇七子永琮

皇八子永璇

皇九子（未命名）

皇十子（未命名）

皇十一子永瑆

皇十二子永璂

皇十三子永璟

皇十四子永璐

皇十五子颙琰

皇十六子（未命名）

皇十七子永璘

十七位皇子大多寿数不长，有的非常短命。其中，皇九子出生十个月就死了，还来不及取名字；曾被内定为皇太子的皇七子永琮，死时仅一周岁零八个月；皇十子、皇十三子、皇十四子、皇十六子死时都不满三周岁，前者仅活了两周岁零一个月，也是来不及取名字就死了，皇十三子者活了两周岁零七个月，皇十四子活了两周岁零九个月，皇十六子活了两周岁零五个月，曾被立为皇太子的皇二子死时仅八周岁零四个月。超过十八周岁、长大成人的皇子有十人，分别是皇长子永璜、皇三子永璋、皇四子永珹、皇五子永琪、皇六子永瑢、皇八子永璇、皇十一子永瑆、皇十二子永璂、皇十五子颙琰和皇十七子永璘，其中五人没有活过四十周岁。

成年皇子被朝臣乃至百姓私下里一个个捏来捏去，猜测着谁能被皇上慧眼看中登上皇太子宝座——

会不会是皇四子永珹呢？嫡子皇二子、皇七子已死，皇长子与皇三子的政治前途又被乾隆帝上谕封杀，而且皇长子已于乾隆十五年（1750 年）三月郁郁死去。皇十二子永璂，系皇后乌拉那拉氏所生，本来很有希望登上皇太子宝座。乌拉那拉氏系佐领那布尔之女，早年在弘历潜邸时，就是弘历的侧福晋（夫人），深受弘历宠爱。乾隆二年（1737 年）封娴妃；五年后晋封为贵妃；再过六年，富察氏皇后死后被册为皇贵妃；乾隆十五年八月一日，乌拉那拉氏被册立为皇后。乾隆三十年（1765 年）她在伴君南巡抵达杭州时，先是忤旨，继而剪发，极力规劝夫君宴游纵欢，乾隆帝大为震怒，乌拉那拉氏从此失宠，于翌年七月郁愤而死。乾隆帝因此不再册立皇后。城门失火，殃及池鱼。乌拉那拉氏之子永璂地位一落千丈，备受乾隆帝冷落，郁郁乎不得志，于乾隆四十一年（1776 年）正月死去时，享年二十四周岁差三个月，已经成人。乾隆帝其余几个成年死去的儿子，都享受追封的待遇，唯独他没有得到谥爵。余下的皇子里边，最年长的就是皇四子永珹了。永珹生于乾隆四年（1739 年）正月，系淑嘉皇贵妃金佳氏所生，由于乾隆帝已打消采用嫡长制的念头，不是嫡子不能做皇太子已成历史，他作为最年长的皇子，是很有可能当皇太子的。不料，乾隆二十八年（1763 年）十一月，他被过继给履亲王、康熙帝十二子允祹。过继时他虽受封为郡王，但皇太子之位已与他无缘。过继十四年后，即乾隆四十二年（1777 年）二月，他就死了，终年三十八周岁，被追谥为履亲王。

皇太子冠冕会不会落到皇五子永琪头上呢？这位皇子生于乾隆六年（1741 年）二月，"少习骑射，娴国语，上钟爱之"。"国语"即满语。骑射和满语，被清王室视为看家本领，从太祖努尔哈赤到太宗皇太极、世祖福临、圣祖玄烨、世宗胤禛，清朝历代最高统治者对此都十分重视，目的是为了在汉民族的汪洋大海之中保持本民族的特点和固有传统，巩固自己的统治地位。乾隆帝也不例外，对少即有先祖遗风的皇子宠爱有加，特别是皇七子永琮早逝后，对永琪就格外喜爱了。永琪的最大不足是健康状况较差，是个病秧子。乾隆三十年（1765 年），他生了一场大病，为了让他心情舒畅、早日恢复健康，当年十一月，乾隆帝破格将他晋封为荣亲王。在众皇子中，他是活着时第一个被封王的。当时，其兄皇四子永珹，尚健在，他在出继时被封为郡王之后，爵位再没有被晋封。乾隆帝欲内定永琪为皇太子的意向十分明显。但他没有当皇太子的命，封王仅四个月，等不及皇父做进一步的表示，就于乾隆三十一年（1766 年）三月初八病死了，享年二十五周岁，谥"纯"。没有人能真正理解这个谥号中所蕴含的痛苦。步入老年的乾隆皇帝亲往为爱子赐奠，不仅又一次经历白发人送黑发人的痛苦，而且满心的政治希望再次陡变为失望。事后，乾隆帝在回顾所选皇太子——夭折的痛苦经历时说，皇七子夭折之后，"朕观视皇五子于诸子中颇觉贵重，且汉文、满洲、蒙古语、马步射及算法等事，并皆娴习，颇属意于彼，而未明言，乃复因病旋逝。设以书生之见，规仿古制，继建元良，则朕三十余年之内，国储凡三易，尚复成何事体"。属意于永琪，是乾隆帝在立嫡无望之际向立贤迈出的第一步。

那么，皇太子宝座会不会属于皇八子永璇？永琪死后，乾隆帝十七个儿子中还有七人活着，这七位皇子中除出继的皇四子、皇六子外，仅有皇八子永璇、皇十子（未命名）、皇十二子永璂、皇十五子颙琰和皇十七子永璘五人可做皇太子候选人。五位皇子中永璇年龄最长，他生于乾隆十一年（1746 年）七月，在永琪死那年近二十周岁。但是，在朝鲜等外国使者的眼里，他是个为人轻躁、做事颠倒、沉湎酒色、素无人望的角色，而且他还有足疾，德才和身体都不大行，角逐皇太子没有什么优势。乾隆三十五年（1770 年）五月，他私自外出嬉游，遭到乾隆帝公开训斥。至此，朝中大臣已经看出一些苗头：永璇如此作为，皇太子之位很有可能与他无缘。后来证实，他的确没有进入乾隆帝选定继位人的视野。他虽与大清国最高权力无缘，但在十七位皇子中最长寿，亲历乾、嘉、道三朝，死于道光十二年（1832 年）八月，活了八十六周岁。

皇太子之位会属于皇六子永瑢还是皇长孙绵德？皇六子永瑢颇有才华，善绘画，通天算，却于乾隆二十四年（1759 年）过继给慎郡王、康熙帝二十一子允禧，因此不再在朝臣、百姓猜选皇太子视野之内。然而，乾隆四十五年（1780 年）和乾隆五十五年（1790 年），他先后主持操办皇父七十、八十万寿大典。乾隆五十四年（1789 年）十一月被晋封为质亲王，还担任过总管内务府大臣的要职，因而重新进入人们的视野。皇长孙绵德是皇长子永璜的长子，很受乾隆帝宠爱，乾隆十五年（1750 年）袭定亲王。乾隆帝对这位长孙颇为器重。一些大臣和外国使节私下猜测，"顷年储贰之匮额藏名，或以为皇六子永瑢，或以为皇长孙"。可是，乾隆四十一年（1776 年），绵德私交礼部郎中秦雄案发后，被革去王爵，贬守泰陵。人们使用排除法，遂将注意力集中到皇六子身上。冷眼观察的朝鲜使者，甚至肯定地向国王密报，"今长孙既出，而更无改藏之事，始知属之永瑢无疑云"。乾隆五十五年（1790 年）五月，质亲王永瑢因病死去，这个断论遂成泡影。

那么，皇太子之位会属于皇十一子永瑆、皇十五子颙琰还是皇次孙绵恩呢？乾隆五十五年皇六子永瑢死后，十七位皇子中尚健在的还有四位：皇八子永璇、皇十一子永瑆、皇十五子颙琰、皇十七子永璘。如上所述，永璇已在无声的角逐中被淘汰出局，活着的皇子中后三者有可能当选皇太子。先说皇十七子永璘，他与皇十五子颙琰是同母兄弟，系魏佳氏所生。此君喜爱音乐，喜欢游玩，生性诙谐，为人直厚，也不摆什么皇子的谱，护卫可以当众与他开玩笑，毛病就是不喜欢读书。作为皇子，不喜欢读书，处在马背上争天下的战争年代，这个缺点可能不会凸显出来，但此时已处于和平生息时期，清朝统治者早已接受儒家"学而优则仕"的学说，把读书看得很重，永璘的缺点就是致命的了。不仅如此，这位皇子还不时乔装打扮，悄悄溜出禁宫，到外头寻欢作乐。乾隆帝对他很讨厌。皇上虽然城府很深，但对不争气的儿子的那种厌恶，绝难做到不动声色。乾隆五十四年（1789年）十一月，皇六子、十一子、十五子三兄弟都封亲王，只有他被封为贝勒。不过，此君颇有自知之明，知趣地说，即使"皇帝多如雨点，亦不能滴吾顶上。唯求诸兄见怜，将和珅邸第赐居，则吾愿足矣"。他料知自己与皇帝宝座无缘，最大的愿望是将来得到和珅的那座宅邸。不知是不是他的这份心愿被其兄得知，后来和珅倒台后，他果然如愿以偿。因此，那时皇子中有望竞争皇太子的，只剩下皇十一子永瑆和皇十五子颙琰。当时舆论认为，"第十一子成亲王永瑆，为人恺悌，最著仁孝，故甚见钟爱。第十五子嘉亲王颙琰，聪明力学，颇有人望。皇帝属意在此两人中，而第十一子尤系人望"。由此可见，两人中被外间看好的是皇十一子。乾隆五十八年（1793年）十二月，皇长子永璜的第二子绵恩由定郡王晋封为亲王，外间舆论因此认为，绵恩也很有可能被内定为皇太子。

两位皇子与皇次孙，三人中谁最有可能当选乾隆帝的继位人？

皇十一子永瑆很有才气，"幼工书，高宗爱之，每幸其府第"；他善写书法，"幼时握笔，即波磔成文，少年工赵文敏，谈论书法具备，名重一时"。长大成人，学习和发展了明末书法家董其昌用前三指握笔悬腕书法，创"拨灯法"，士大夫得到片纸只字，视若珍宝。乾隆帝很喜欢他，常幸临他的府第，还下令刊印他的字帖，亲自为之作序。但他天性阴忮，好以权术驭人；持家苛虐，护卫多以非罪斥革。据传，有一天，他所骑的马死了，他下令当日不再做饭，府上全体都吃马肉，被人当作吝啬的话柄。他被皇父打入另册的原因，很可能是发生在乾隆三十一年（1766年）的别号事件。这位名重一时的书法家，不仅自以为书法了得，还沾染汉族士大夫的习气，爱给自己取别号。这一年乾隆帝发现颙琰所拿扇面上有诗画题句，落款为"兄镜泉"，知是十一阿哥所为，勃然大怒，在乾清宫召见大学士、军机大臣和各位皇子，对此严加训斥。取别号，被清统治者视为汉人书生陋习，乾隆帝对此尤其厌恶，因此当众斥永瑆："以别号为美称，鄙俗可僧。"对他好感因此大打折扣。此案涉及的重要角色之一颙琰，年纪还小，皇父没有降罪于他。众皇子死的死，落马的落马，至乾隆五十九年（1794年），朝鲜使节分析说，"皇子现存者四人，八王、十一王、十七王俱无令名，唯十五王饬躬读书，刚明有戒，长在禁中，声誉颇多。皇孙中皇长子永璜之子定郡王绵恩，才勇过人。自八岁已能骑射命中，派管旗营，最承恩宠。今年正月谕旨褒奖，晋封亲王。彼中物议，皆以为来头属意者，当不出此二人中云"。皇太子之位属于谁，朝鲜使节的猜疑分析已八九不离十，只是他将绵恩封亲王的时间弄错了一个月。

乾隆六十年（1795 年）新正，乾隆帝举行家宴，对皇子皇孙一一赏赉，独不赏皇十五子颙琰。人们正感意外之际，只听乾隆帝对他说："尔则何用银为？"用今天的话来说，就是"银子对你有什么用呢？"此语意味深长。由此，乾隆帝内定二十多年的继位人，才隐约浮出水面。

沉重的悬念，漫长的猜测。

万岁者谁能万岁？人们嘴里喊着，心里并不相信。随着乾隆帝逐渐年迈，忧国忧民者的心也揪得越来越紧：万岁爷，得赶紧选定皇太子了！但选拔皇太子是皇上独裁之事，天下臣民没有参与的权利，人们只能在暗地里瞎操心。

尽管乾隆帝将天下视为一己之天下，但天下毕竟是天下百姓之天下。乾隆帝对于继位人的独裁行径，对优选继位人没有好处，对稳定人心也没有好处。

国家皇位继承人悬而未决，必致人心浮动，加剧暗中角逐。

所幸，乾隆帝膝下没有康熙朝那班权欲熏心、如狼如虎的皇子。

所幸，乾隆帝本人如此健康长寿！

（三）确立秘建储理论

乾隆四十三年（1778 年）七月二十日，年近六十七周岁的乾隆帝率领一队人马，赴关外盛京谒陵。九月，回程抵达兴隆。皇帝及其扈从仪仗正威风凛凛行进之际，突然，一条汉子闪出人群，跪于御道旁，投递呈词。

此人名叫金从善，是锦县的一个生员。生员，在清代是指经过本省各级考试取入府、州、县的学者，习称秀才。

秀才金从善上书条陈四件事，首条就是请求尽快立储——明确继位人。条陈中言辞犀利，锋芒毕露，咄咄逼人。他说："大清不宜立太子，岂以不正之运自待？"他称，尽快确立皇太子，才可杜绝分门别户之嫌。

实际上，乾隆帝秘密确立继位人已近六个年头，但因此事做得密不透风，除军机大臣外，朝野大臣百姓一概不晓。

乾隆帝对金从善上书之事非常重视。金从善上书说明什么？乾隆帝不由得想起了两年前严譜请求立后立储事件。

严譜是山西高平县的一个候选吏目，是准备递补州下佐理刑狱并管理文书的无名之辈。乾隆四十一年（1776 年）七月，他私自拟写一份奏折，包封之后投递给军机大臣赫德，请求代奏，请立正宫。案发后搜查其住宅，发现还有"呈启四阿哥一纸"。乾隆帝大为震怒，认为"严譜乃微贱莠民，何由知宫闱之事。……且欲向四阿哥投递，其居心尤不可问"；"离间父子，实为乱民之尤，必当审讯明确，典刑肆市，以示与众弃之之义。"严譜遂遭酷刑，凌迟处死。严譜上书事件，看似劝皇上册立皇后，实质上是进行政治投机，因为自乾隆三十一年（1766年）七月皇后乌拉那拉氏抑郁去世后，整整十年，乾隆帝再也没有册立过皇后。可以看出，他将奏折投出去之前，对哪位皇子有可能当皇太子之事也进行过分析，在他眼里四阿永城是最有希望的。但不知什么缘故，后来他改变了请求四阿哥代奏的想法。当时，乾隆帝之所以要了严譖的命，主要是因为他系一介草民，竟胆大包天，管了不该过问的宫闱之事，并可能因他上书挑起父子间、皇子间的矛盾。如果只看到这一层，对此事看得还不深透；将两件事联系起来，无论是请求册立正宫娘娘，还是请求册立皇太子，实际上具有内在一致性，都是泥古不化的汉家中原传统思想在作祟。乾隆帝清醒地认识到，朝野之中虽没有像金从善这样肆意毁斥本朝的人，但在传统思维的支配下，"立储之说，未必不耿耿潜蓄于心"。他因此认为，光砍掉这些兴风作浪者的脑袋是不够的，重要的是严厉打击顽固不化的传统理论驱使下的那股旧势力。

乾隆帝决定将文武两套法子都用上。

他下令将金从善斩首示众。在金从善人头落地的血腥里，乾隆帝将自己纳言从善、兼采众智的高论抛到九霄云外。他曾在题为《嘉言罔攸伏论》中，以古为鉴，阐述了国君纳谏从善与否关系国家兴衰治乱的道理。文章开首就提出，国君再英明，他认识也是有限的，不可能洞察一切；而要让臣属知无不言、言无不尽，关键要看国君能否鼓励臣属讲真话。此文透出明君英气："盖天下之智有不同，而天下之理无一定。故恃一人之智以为智，不若兼千百人之智以为智。人君虽明，足以照万邦，烛万事，然天下千百人之智又何能尽兼？万事之至赜至动，参差不齐者，又何能尽明？所赖人臣陈善闭邪，补充之所阙，使嘉言谠论日闻于前，然后微烛隐政无不通，而明无不照。然人臣之能尽言者，由人君有以启之矣。"

明君如弘历者，也是说一套做一套的。在继位人问题上，他就不愿听一听天下臣民怎么说了。谁多嘴多舌，金从善就是榜样。

在弥漫着金从善血腥的空气里，乾隆帝集中火力，猛击沿袭两千余年的公开预立储君理论。九月二十一日，他发表宏论，对历代公开立储弊端进行抨击：

朕历览诸史，今古宜异，知立储之不可行。盖一立太子，众见神器有属，幻起百端。弟兄既多所猜嫌，宵小且从而揣测。其懦者，献媚逢迎，以陷于非；其强者，设计媒孽，以诬其过。往往酿成祸变，遂致父子之间，慈孝两亏；家国大计，转滋蟊隙。且太子之名，盖自周始，《礼记》因有《文王世子》之篇，其后遂相沿袭。然致幽王时，太子宜白即以谗废。后世若汉武帝立太子据，致有巫蛊之祸。唐太宗立太宗承乾，竟以谋逆废黜。即明洪熙为太子时，汉王高煦百计相倾，东宫诸臣接踵下狱，幸而洪熙谨慎，得以保全；然以忧谗畏讥成疾，在位不克永年。至于立嫡立长，尤非确论。汉文帝最贤，并非嫡出，使汉高祖令其嗣位，何至有吕氏之祸？唐太宗为群雄所附，使唐高宗不立建成而立太宗，则无"玄武门之变"。明永乐以勇略者闻，使明太祖不立建文而立永乐，则亦无"金川门之难"。我朝家法，皆未豫定储位。皇祖时曾立理密亲王为皇太子，后以怙终废，遂不复建储，而属意于我皇考。雍正元年，皇考亲书朕名，缄藏于乾清宫"正大光明"匾内，而不豫宣示。及朕缵承洪绪，效法前徽。昔皇祖御极六十一年，予不敢相比。若邀穹苍眷佑，至乾隆六十年，予寿八十有五，即当传位皇子，归政退闲。昔唐宣宗闻裴休立储之请，曰"若立太子，则朕为闲人"；又采仁宗储位既定，郁郁不乐；宋英宗立太子后，泫然泣下，皆朕所嗤鄙。曾于批阅《通坚辑览》时，评斥其非，安肯踵其庸陋之见乎！

乾隆帝这番宏论，旨在告诉天下臣民，公开预立皇太子弊端太多，历来是行不通的；宣称到乾隆六十年，他就主动退下来，把皇位交给皇子。

思想如风。陈腐之风，只能用思想的新风加以驱除。看来，弘历在这方面确是高手。

他在手段上也是比较高明的。你们汉家儒生不是崇尚传统思想吗，那好，我乾隆皇帝也给你们讲一讲传统。

他认为，设立太子之举，始于周朝。但从那时起，很少不因此发生变乱的。"秦汉预立太子，其后争夺废立，祸乱相寻，不可枚举。"产生如此结局，主要原因是"有太子然后有门户"，以至弟兄生隙，父子不和，慈孝两失，直接危及家国大计。"而臣工亦必由此身罹刑宪，平心而论，其事果有益乎，无益乎？"公开预立皇太子，容易使统治核心分裂为不同的政治集团，上演你死我活争夺最高统治权力的活剧，这是绝没有什么好处的。

对于"立嗣以嫡不以长，立嫡以长不以贤"的中原传统建储原则，他认为绝不是什么高明的论断。从商、汉、唐、明历朝史实来看，一幕幕争夺最高权力的血淋淋惨剧，都是在这一原则支配下造成的。"纣以嫡立而丧商，若立微子之庶，商未必亡也。"而汉、唐、明三朝，若不按此确立太子，也不会有吕氏之祸、玄武门之变、金川门之难。他指出："明洪武时，懿文太子既殁，刘三吾建议，谓立皇孙世嫡，礼宜承统。洪武泥于法古，遂立建文为皇太孙。其后酿成永乐靖难之变，祸乱相寻，臣民荼毒，皆刘三吾一言丧邦之所至也。"由此可见，此时乾隆帝已大彻大悟，完全站在继位人应该择贤而立的立场上。把"贤"作为选择皇太子的最高标准，否定天定的嫡长子继承权，这是封建君主有限而显著的进步。

他还认为，大清自开国以来，都未曾采用公开预立皇太子的做法。到皇祖康熙时，一度实行公开预立胤礽为皇太子，但以失败而告终。事实证明，公开预立皇太子并不比祖传家法来得高明。乾隆帝对祖父康熙帝是十分推崇的。但在继位人问题上，他并不讳言祖父曾经的失误。

至于选择继位人问题上爱屋及乌的做法，乾隆帝更是鄙薄。他说明神宗朝"内宠固结，觊觎非分，以致盈廷聚讼，骨肉生嫌，前事具在，可为殷鉴。"他表示，本朝家法则与之大相径庭，"唯期慎简元良，从不稍存私爱。"

他主张传统应随时代发展而发展，不能墨守成规。他说："建储一事，即如井田、封建之必不可行。"因此，到皇父雍正帝时期，刻意建立了秘密建储之法。他乾隆帝接班后，自觉效法他皇父的做法。

他宣布，秘密建储制度为本朝最重要家法。他退位前认定此举必经得起实践检验。他说："千万世后，必有以（秘密建储之法）为非者，且令其平心观为祖宗及朕所行与国家所得实益，政治之享太平与否可耳。"他透露自己采纳秘密建储的动机，"盖不肯显露端倪，使群情有所窥伺，此正朕善于维持爱护之深心也。""朕所不明立储嗣，而于宗佑大计，实早为筹定，特不效前代之务虚文而贻后患耳。"他苦口婆心，再三告诫，这一家法，"世世子孙，所当遵守而弗变。""若朕之子孙，皆以朕此心为心，实大清国亿万斯年之福也。"他断论，子孙如不遵循这一家法，必酿成大祸，后悔不迭："即亿万年后，朕之子孙有泥古制慕虚名复为建立之事者，亦所不禁，但人心不古如江河日下之势，父子之间必有为小人构成衅隙，复启事端，彼时始信朕言之不爽，然悔已晚矣。"

那么，诸如金从善之流，为何要在历史上做出呼吁建储的惊人之举呢？他下结论说，这完全是政治投机。他指出："朕每论自昔为建储之请者，大率自为身谋，即年已老耄，亦为其子孙计；明执古礼以博正人之明，隐挟私见以图一己之利，若而人者，实无足取。""盖从来建请立储者，动辄征引古说，自以为得忠臣事君之道，不知其心隐以为所言若得采纳，即属首功，可博他日之富贵。名议国是，而实为身谋。即或其年已老，亦为其子孙计，大端不出乎此。朕今为之抉其隐微，作伪者尚何所托辞乎！"他对这种政治投机行为，予以彻底否定。至乾隆六十年（1795年）九月退政前夕，他强调："若未经颁旨之以前，臣工中或有建议立储者，其人必非真怀忠爱。不过托说说论，阳附正人君子之列，实则冀激后福，阴为夤缘干进之阶，非为名，即为利，而名利两收，终归为利者多。"对于这类政治投机分子，他定下处罚基调："似此莠言乱政之人，自当立于重辟。"

乾隆帝精通历史，使他得以巧妙地运用正统史观来教育臣民。作为确立秘密建储理论的一个重要步骤，他下令编写一部反面教材。乾隆四十八年（1783年）十月十九日，他特命各位皇子、军机大臣、尚书房总师傅等人，将历代册立太子事迹有关鉴戒者，辑成一书，以昭殷鉴。按照这道御旨，皇子、军机大臣等人，将周平王以下至明光宗各朝"因建立储贰致酿争端者"三十三个故事，辑成《古今储贰金鉴》一书，披历前代建储弊端，陈述本朝家法。乾隆帝亲自捉笔，写了一篇序言。此书被郑重收入《四库全书》。这部反面教材给人这样一种感觉，凡预立太子者，都没有好结果，历朝历代莫不如此。乾隆帝用心良苦，他要让皇子以及参与军国大事的军机大臣等人，不单单成为被动的教育者，而是让他们自己动脑动手，编辑完成这部教材，在此过程中潜移默化地接受他的思想观点。

皇上如此看待继位人问题，目光如此阴冷犀利，金从善之辈又是这般下场，哪有人胆敢过问继位人问题。金从善事件之后二十多年里，没有人在乾隆帝面前提确立继位人之事。看来，乾隆帝的立储理论，以及有关高压政策，是颇见成效的。

值得注意的是，乾隆帝将秘密建储制度确定为最重要家法之后，对此后清朝历代统治者产生了重大影响，他们都老老实实地遵循这一家法，未敢改弦易辙。因而之后一个多世纪，尽管清统治集团内部你争我斗烽火连绵，但在最高统治权力交接过程中，没有发生惊天动地的变故，没有给社会带来大的动荡。

建立秘密建储理论，是乾隆帝对封建时代继位人问题的一个重要贡献。他的父亲雍正帝虽然因势立法，决意不步康熙帝之覆辙，另辟新径，创立了秘密建储制度，但至死未能确立一套与之相匹配的驾驭臣民思想的理论。乾隆帝在政治实践中认识到，在选择继位人问题上，光自己明白要这么做是远远不够的，还得晓喻天下人为什么要这样做；光自己执政时能够这么做也是远远不够的，还得教育子孙后代都这么做。从历史事实来看，他的秘密建储理论，似同种子撒在大清国的封建土壤上，生了根，开了花，结了果。他这番苦心经营，获得连绵一百多年的收获。

乾隆帝在继位人问题上，经历了否定秘密建储到走向秘密建储极端的过程。开始只是出于孝道，才保持父亲在继位人制度上的连续性，勉强采用先朝旧法。后来，在统治实践中认识到秘密建储的好处，又走向另一个极端，确立继位人时不告诉任何人，专断独裁步上顶峰。历史上的最高封建统治者，往往国与家不分，处于模糊状态。传统的嫡长制，虽然最终由皇上拍板，但大臣们总还有一定的参与权，选择继位人多少还有一点国事的味道。雍正帝开创秘密建储制度后，虽然诸王大臣不知皇太子是何许人也，但至少皇上会召集他们宣布一下，让天下人知道大清国已经确立继位人了，确立继位人之事，形式上还有点国事的味道。到乾隆帝手里，确立继位人时连谕知诸王大臣这一点形式都扔掉了，国事纯粹成了家事，一切全由他这个"家长"说了算。

秘密建储制度是一柄双刃剑。它一面杀灭了公开预立皇太子所带来的一系列问题，另一面却阉割了皇子皇孙们奋发有为、阳刚威猛的精神气儿，造成一代不如一代的退化衰败。这一理论的出笼，使得确立继位人之事，不管在行动上还是在理念上，都完全归权于皇帝一人。这样一来，皇帝对选择继位人进行独裁，不光是他爱这么做就这么做的问题，还在于从此确立了一个是非标准，如果臣民不认同皇帝的独裁，就是大逆不道。封建统治者在选择继位人时，往往将顺从他旨意的人视为有德，将庸碌无为视为仁，将言听计从视为孝，而将敢作敢为、富于进取者视为政治上有野心。有什么样的用人尺子，就有什么样的继位人。用这种尺子卡出来的继位人，往往没有棱角，四平八稳，庸庸碌碌，即便执掌考察大权的皇上很英明，选拔出来的继位人，至多是二流庸才。皇子们为了够得上皇上执掌的标尺，首先要博得皇上好感，他们不敢留下任何不合皇上圣意的记录，做起事来必缩头藏尾，不愿冒丢分的风险。其结果，乾隆帝之后，皇子们几乎都成了刻意向皇上摇晃的尾巴，不敢放开手脚做事，不敢向皇上进逆耳之言，热衷于歌功颂德、愚忠愚孝，入关前皇子们那种争先恐后、生龙活虎、建功立业的生动景象，成为一去不复返的历史黄尘。

爱新觉罗氏皇室的子孙逐渐衰退，龙种变为跳蚤，其原因是复杂的，但秘密建储制度对此具有重要影响。

乾隆帝确立秘密建储理论的出发点是"立贤"，试图将最优秀的龙种确定为继位人，以保大清江山千秋万代。但是，实践的轨迹却不以其意志为转移，这一理论的落脚点使爱新觉罗氏王朝不胜尴尬：龙种无觅，跳蚤多多。

这是一代明君的悲哀。

这也是封建王朝的悲哀。

（四）太上皇传位秉权

乾隆六十年（1795年）九月初三，隆重的传位大典在勤政殿举行。

勤政殿

皇子、皇孙、王公、满汉大臣应召齐集勤政殿。乾隆帝下旨，将此前二十二年秘密藏于"正大光明"匾之后的立储原件取出，让皇子、皇孙、王公大臣共同阅视，正式册立皇十五子、嘉亲王颙琰为皇太子，为了避讳，改"永"为"颙"，并确定于冬至传位，将皇位禅让给颙琰，翌年改元为嘉庆元年。为此，乾隆帝发布了一道长谕：

……朕诞膺大宝，今六十年矣，迥念践祚时默祷上帝之语，并追忆朕年五旬后曾于圣母皇太后前奏及归政之事，彼时蒙圣母谆谕，以朕躬付托之重，天下臣民所系望，即至六十年亦不当传位自逸。次晨，朕即以圣母所谕，默奏上帝，若能长奉慈宁，寿跻颐庆，朕亦何敢复执前愿。乃自丁酉年以来，所愿既虚（指皇太后已死），于是仍冀得符初志，兹天恩申锡，竟获周甲纪元，寿跻八旬开五，精神康健，不至倦勤，天下臣民以及蒙古王公、外藩属国，实不愿朕即归政。但天听维聪，朕志先定，难以勉顺群情，兹以十月朔日颁朔，用是陬吉，于九月初三吉日，御门理事，召皇子、皇孙、王公大臣等，将癸巳年所定密缄嗣位皇子之名，公同阅看，立皇十五子、嘉亲王颙琰为皇太子，用昭付托。

九月初三，这个吉日是经过精心挑选的。这天非比寻常，它是乾隆帝登基六十周年纪念日，是他坐龙廷满周甲之日。这个日子，对这位老皇帝来说，别有一番滋味在心头。但他收拾起心中复杂的念头，欣然作诗纪述："归政丙辰天佑荷，改元嘉庆宪书观。祖孙两世百廿纪，绳继千秋比似难。弗事虚名收实益，唯循家法肃朝端。古今悖史诚希见，愧以为欣敬染翰。"

颙琰的心境则完全是另一番天地。当他听到自己被宣布为皇太子时，惊喜交加，诚惶诚恐。他在题为《乾隆乙卯九月初三日蒙天恩晋封皇太子感激涕零成诗恭纪》的诗中，记录了当时的心情："天光下赉到眇身，秩晋青宫恩命申。一己愚衷频战栗，千秋金鉴凛遵循。歉恭作则钦先训，胞与为怀体圣仁。自愧凡材何以报，趋庭听夕侍君亲。"

在这个非常日子的前一天，有个小插曲值得一提。时任军机大臣、九门提督要职的和珅，探知乾隆帝次日要将秘密确定的皇太子进行公布，便抢先将此好消息泄漏给颙琰。这天，他首先给颙琰跪进一柄如意。这是一个不大显眼但又十分敏感的举动。这时，乾隆帝膝下健在的皇子中，尚有皇八子永璇、皇十一子永瑆比颙琰年长。颙琰显然敏锐地捕捉到其中隐含的某种独特含义。和珅自以为政治投机伎俩很高明。他此举的目的，在于讨好未来皇帝，并暗示颙琰得到至高无上的权力，有他这位皇帝宠臣、军机大臣的一份功劳。然而，聪明反被聪明误。这一举动将成为日后头条杀头罪名，是他做梦都不曾想到的。

颙琰一下成了皇太子，身份骤然金贵，一系列待遇也就随之发生变化。住房是身份的象征，他很快移居毓庆宫。母以子贵，他的生母令懿皇贵妃被追封为孝仪纯皇后。他在《十全纪实颂》也披露了被明定为皇太子时的心情："闻命之下，五内战兢，恳陈孺私，未蒙俞允……"这番话当不全是谦逊之言。皇太子头衔真正落到身上时，那份光芒四射的荣耀很快成为背景，颙琰所感受到的是沉甸甸的责任。

不巧，当年冬至十二月初一正遇日蚀。日蚀，被当时国人视为不吉天象，民间有天狗吞太阳之说。不得已，授受大典改为次年元旦举行。

嘉庆元年（1796 年）正月初一，这个值得永载史册的日子到来了。紫禁城挂灯结彩，喜气洋洋。万众瞩目的内禅礼——皇位授受大典在太和殿举行。

追溯历史，像这般在老皇帝心甘情愿授意下举行的授受大典，清史上没有先例，凡有文字记载的中国历史上也没有先例。只是，在遥远的传说中，有过一个叫舜的伟人，将部落联盟首领继承人确定为治水有功的禹。禹不是舜的儿子。舜将相当于皇位的宝座让给异姓人继承，这是一桩了不起的事，但他是在死后才把宝座让给禹的。有人说，舜之前的中古、远古时代的部落领袖都是这么干的，在继位人问题上都与舜同样伟大，这毕竟是传说，没什么真凭实据。皇位，这天底下顶顶好的东西，老皇帝在好端端活着时能让出来，让年富力强的年轻人去干，的确不容易。自己好好活着时就完成最高权力的过渡，这是乾隆帝的得意手笔。老年乾隆帝喜欢自吹自擂，并喜欢被人吹捧，但他自称此举为"古今悖史诚希见"，实不为过。

尽管乾隆帝不是把皇帝宝座让给异姓继位人，但他这一破天荒之举，彪炳史册。因为史无前例，授受大典的那套仪式，大概也是老皇帝乾隆的创举了。

嘉庆元年元月元日，这个非凡的日子，清朝内外王公、满汉文武大臣，以及朝鲜、暹罗、安南、廓尔喀等国的使节，都来到太和殿，按班序列。

礼部堂官到毓庆宫，将换上朝服的皇太子颙琰请出宫，毕恭毕敬等候老皇帝弘历到太和殿升坐。老皇帝在太和殿一露头，顿时鼓乐齐鸣。由于大清国以往都是老皇帝刚死新皇帝即位，即位大典均是设乐而不作，这次鼓乐响起，显得格外喜气、格外悦耳。这时，皇太子以下所有朝臣跪伏在大殿上，听宣表官员宣读传位诏书。之后，两位大学士将皇太子导引至老皇帝御座前，皇太子跪地俯伏，老皇帝将"皇帝之宝"授给皇太子。

颙琰在接过"皇帝之宝"的刹那间身份陡变，由皇太子一下跃升为至高无上的皇帝。也就在这一刹那，乾隆帝的身份也发生陡变，由现任皇帝变成太上皇。随后，嗣皇帝率满朝文武向太上皇行九叩礼。授受礼仪毕，太上皇遂还宫，去接受公主、福晋和那些没有爵位的皇孙、皇曾孙、皇玄孙的庆贺。

这时，嘉庆帝御殿登基，群臣如仪朝贺。尔后，礼部、鸿胪寺官员登上天安门城楼，向天下宣告太上皇传位诏书——

……回忆践祚初元，曾默吁上苍，若纪年周甲，当传位嗣子，不敢仰希皇祖以次增载。今敬迓洪厘，幸符初愿。……昨冬颁朔届期，特宣布诏旨，明定储位，以丙辰为嘉庆元年，豫敕所司敬议归政典礼。皇太子秉性谦冲，胪诚固让，率同内外王公大臣等，具辛请朕至百岁始行斯典。但天听维聪，朕志先定，再四申谕，勿得恳辞。皇太子仁孝端醇，克肩重器，宗祐有托，朕用嘉焉，已谋吉祗告天地、宗庙、社稷，皇太子于丙辰正月上日即皇帝位。朕亲御太和殿，躬授宝玺。……

普天同庆。老皇帝归政，新皇帝上台，双喜临门，这回可以放开手脚、扎扎实实喜庆一番了。这次庆典不同以往，上上下下尽情乐和，用不着担心犯忌，处于哭笑不得的尴尬境地。自努尔哈赤开创基业以来，大清国最高权力的移交，都是在先帝大丧期间举行的，一边办丧仪，一边办庆典，哀未罢乐又至，在这种情况下，哀要哀到位，喜要喜到位，确有很大难度，君臣能够应付下来，其实都算得上一流的演员。这回省心，只要一心当好喜剧演员就行，尽管咧着个大嘴乐，不用提防别人找碴儿。

喜事接连不断。一系列的加恩赏赐、赦免、赈济孤寡活动，一系列的大宴、小宴，尤其令人瞩目的是初四举行的千叟宴。

千叟宴在寿宁宫、皇极殿举行。这般盛大的老人宴，康熙时代举办过两次。一次是康熙五十二年，庆贺皇帝六十岁诞辰；第二次是康熙六十一年正月，召集年满六十五岁以上的八旗、汉官文武大臣，以及致仕退斥人员，共一千零二十人，在乾清宫豪宴。乾隆帝效法祖父，也举办了两次千叟宴，但奢华和气势远远超过乃祖。第一次在乾隆五十年正月，庆贺弘历七十五岁寿辰，有资格赴乾清宫参加宴会的，一是"自宗室贝勒以下，暨内外文武大臣官员、致仕大臣官员、受封文武官阶绅士、兵丁、耆农工商，以及外藩王公台吉、回部藩部土官土舍、朝鲜贺正陪臣之齿逾六十者，凡三千人"；二是年满七十岁以上的大臣；三是年满九十岁以上的官员和普通兵民，也可以在子孙的携扶下赴宴。后两者为数不多，因此，那次参加宴会人数当为三千挂点零。这次千叟宴为第二次，旨在庆贺弘历当皇帝六十年，庆祝举行授受上仪，也为预贺太上皇帝八十六（虚岁）诞辰，因此盛况空前，规模远远超过上一次。"与宴席者三千五十六人，列名邀赏者五千人。上至王公，下逮兵民匠艺，以至蒙古、回部、番部、朝鲜、安南、暹罗、廓尔喀诸国使臣，咸集殿墀，数逾八千人。"其中一品大臣与年满九十岁以上的长者，由太上皇帝召到御座前，亲自一一赐酒。

年号改为"嘉庆"了，皇印授予新皇帝了，嘉庆钱出炉铸成了，老皇帝的告别豪宴也举行了，这一切似乎已经表明嘉庆时代的到来。

然而，这仅是形式而已。实际上老皇帝仍紧握权柄，用无比威严的目光打量如同囊中之物的江山社稷，新皇帝小心翼翼地生活在他的影子里，不敢多说一句话，不敢多走一步路。历史尚未进入嘉庆时代。

老皇帝交位不交权。

早在前一年九月初三宣布归政之日，他就当着皇太子颙琰和王公大臣的面表示："归政后，凡遇军国大事及用人行政诸大端，岂能置之不问！仍躬亲指教，嗣皇帝朝夕敬聆训谕，将来知禀承，不致错失，岂非国家之庆。"在冗长的传位诏书中，除了用很长篇幅罗列他执政六十年取得的光辉成就，表白他让出皇位是何等坚决外，还特别强调，军国重务、用人行政大端等重大问题，一如从前，由他老人家亲自过问。这等于为他自己及新皇帝在日后政治生活中的地位定了基调。根据老皇帝旨意，军机大臣拟定有关礼仪规格：退位后乾隆帝称"太上皇帝"，谕旨称为"敕旨"，自称仍用"朕"；新皇帝颙琰即位后称"嗣皇帝"；臣属题奏行文，遇"天""祖"，高四格抬写，太上皇高三格抬写，皇帝高二格抬写；太上皇帝生日称万万寿，嗣皇帝生日称万寿；满汉文武大臣进京陛见，及新授道府以上官员离京上任前，都须具折请太上皇帝进行恩训。

皇帝，是天底下最好的职业。谁谋到这个职业，是永远干不厌的。

"毕沅书写格式事件"颇为说明问题。这一事件发生于嘉庆元年（1796年）正月二十日，湖广总督毕沅为会剿白莲教起义筹办军粮军火呈递奏折，其中有"仰副圣主宵旰勤求，上慰太上皇注盼捷音"等语。这不过是文中无关紧要的几句套话，而且嗣皇帝与太上皇帝都照顾到了，乍看没什么大问题。但如此行文，没有分清大小王，将嗣皇帝与太上皇的位置搞颠倒了，显然不合乾隆帝要求。这对别人来说也许会不太在意，但对这位刚交出皇帝之宝二十天的太上皇帝来说，如此有损于其至高无上权威的事件极为敏感。老皇帝立即将这一书写格式问题上升到很高的高度，专门降旨予以斥责：

本年传位大典，上年秋间即明降谕旨颁示中外：一切军国大事，仍行亲理。嗣皇帝敬聆训诲，随同学习。其外省题奏事件，并经军机大臣奏定款式，通行颁布。毕沅并不遵照办理，是何意见？

太上皇如此大动干戈，旨在借这一事件重申：主宰天下、决策军国大事的仍是太上皇帝弘历，新皇帝颙琰不过是"敬聆训诲，随同学习"的"见习"皇帝而已。

湖广总督毕沅脑子少根弦，粗粗拉拉，将太上皇帝与嗣皇帝的位置摆错了，挨了一顿臭骂，被交部议处。

老皇帝紧紧抓着官吏任免权。早年乾隆帝了解官吏队伍的一个重要方式，是在热河陛见文武官员。天长日久，这种方式成了规制。乾隆帝归政时，曾表示要给予嗣皇帝处理各部、院衙门和各省题奏本章、任免官员的权力。但他很快就健忘了，仍将批阅奏折、任免官吏的大权抓在手中。嘉庆元年四月，他已是退了位的太上皇帝，但在赴避暑山庄之前，仍命吏部、兵部，把知县、武备以上应当引见的官员，由两部堂官轮流带到热河陛见。这一规制因此被保留下来。他在归政当太上皇帝期间，发号施令，任命和处理了一批官员。以嘉庆二年（1797年）为例：四月，福建原任巡抚姚棻开缺，太上皇弘历任命田凤仪补授。同时，还亲自任命福建布政使、江西巡抚、江西按察使、广东巡抚、广东按察使等重要官员。当月，他下令将谋私逐利的参赞大臣额勒春革职。五月，不少官吏因没有按要求陪祀嘉庆帝"方泽大祀"，他降敕旨，将这些官吏交部议处。九月，处罚没有到卢沟桥观看操演火炮的亲王绵恩，将其罚俸半年……如此等等。用人大权，仍由老皇帝独断专行。对此，他解释道："自揣精神强固，又曷敢自耽逸豫，遂自谓闲人，是以至今每日披览奏章，于察吏勤民之事，随时训示子皇帝，俾得勤加练习，予庶不致有负昊苍鸿佑之恩。"至嘉庆三年（1798年），在他生命的最后日子里，尽管老态龙钟，身体越来越虚弱，失眠健忘症越来越严重，视力越来越糟糕，"然披阅奏章及一切文字未尝稍懈"。

老皇帝牢牢抓着军权。乾隆帝退位前夕，湘、黔边界山区爆发苗民起义；在归政的中和韶乐声中，川、楚、陕三省又爆发白莲教农民起义。太上皇帝弘历始终把军机处这一中枢机构控制在自己手中，亲操军事指挥大权，亲自调兵遣将，部署镇压。虽然有关谕旨都是以嘉庆帝名义发布的，实际上一切重要军务都按照太上皇帝的意旨行事，嘉庆帝不过是个傀儡。对此，太上皇帝弘历毫不掩饰地说："一切军务机宜，俱朕酌指示。"直到嘉庆四年（1799年）正月临死之前，他仍"以军务未竣，深留遗憾"，抓着嘉庆帝的手频望西南。由此可见，只要还有一口气，他是不肯交出军权的。然而，大限之期不可抗拒地到来了，他那双渐渐冷却的手，只好万般无奈地撇下攥了大半辈子的军权。

老皇帝死死抓着财权。乾隆帝虽然归政，但凡田赋捐税的蠲免，都必须经他批准。嘉庆元年七月，湖南、湖北受白莲教起义影响，太上皇帝恩准此两省缓征半年钱粮；当年，正当承德府再次轮免钱粮之年，因这年恰逢皇位授受大典，太上皇帝与嗣皇帝又同幸避暑山庄，太上皇帝遂决定承德府各州县次年再免一次钱粮；嘉庆二年（1797年）春，太上皇帝幸巡京东盘山，便降敕旨，免去途经所有州县钱粮。此外，连河工建设之类的事务，他也亲操指挥大权不肯松手。他亲口对朝鲜进贺使李秉模等人说："朕虽然归政，大事还是我办。"

老皇帝还在其他方面将归政时的承诺抛置脑后。一是仍住在养心殿。早在秘密确定颙琰为皇太子的前一年，即乾隆三十七年（1772年），乾隆帝就下令修葺宁寿宫，准备将来自己退下来后居住。但皇位授受大典举行后，他却闭口不谈迁居宁寿宫之事。怎么解释当初做出的承诺？他说："子皇帝初登大宝，用人理政，尚当时加训诲，何忍即移居宁寿宫，效宋高（宗）之自图安逸耶？"这就是说，他不愿离开养心殿，是为了时常教育儿皇帝。到了嘉庆二年（1797年），他又解释说："予即位以来，居养心殿六十余载，最为安吉。今既训政如常，自当仍居养心殿，诸事咸宜也。"这个解释与以前相比，增加了一层意思，就是六十年来他已在此殿住习惯了，不愿再挪窝。于是，业已即位的儿皇帝，只好住在毓庆宫。二是内廷仍保留乾隆年号。确定纪元是件很严肃的事情。新皇帝即位改用新纪元，理应包括内廷在内的全国上下同时实行。可当有的大臣呈请内廷仍用乾隆纪年时，他却美滋滋地同意了，下令将乾隆六十一年的新历"颁赏内廷皇子、皇孙及曾、元辈并亲近王大臣等，俾得遂其爱戴之忧。"直到他去世，宫中都沿用乾隆纪年。因而，出现了外延用嘉庆纪年，内廷用乾隆纪年的怪现象。三是铜钱上仍保留乾隆年号。嘉庆改元以后，京师宝泉、宝源二局及各省铸钱机构，应该铸造嘉庆通宝。但是，乾隆帝归政之后，还令"宝泉、宝源二局钱文，乾隆、嘉庆年号各半分铸"。

这么一位太上皇压在头上，嘉庆帝只好老老实实当"见习"皇帝。

"见习"皇帝所干事务，主要是按期举行祭祀及耕耤、大阅、传胪等礼仪活动，而且参加这些活动得事先向太上皇帝请示，获准后方可行动。让嗣皇帝参加各种祭祀，也不是出于"见习"的需要，而是因为太上皇帝年纪太大、筋骨实在吃不消的缘故。乾隆帝在上谕中说："至郊坛宗社诸祀，朕年开九秩，于登降拜跪仪节，恐精力稍有未充，不足以将诚敬，自应嗣皇帝亲诣行礼。"

朝鲜使节亲眼目睹了颙琰在老皇帝眼皮底下当"见习"皇帝的情景：

（嘉庆元年）三月，朝鲜国王召见回还正使闵钟显副使李亨元等。上谓钟显曰："新皇帝如何？"钟显曰："仁孝端重，在诸王中最有令誉，观于宴飨之时，侍坐上皇之侧，只视上皇之动静，而一不转瞩，观于此亦可见其人品矣。"

同月，召见回还进贺使李秉模等。上曰："太上皇筋力康宁乎？"秉模曰："然矣。"上曰："新皇帝仁孝诚勤，誉闻远播云，然否？"秉模曰："状貌和平洒落，终日宴戏，初不游目。侍坐太上皇，上皇喜则亦喜，笑则亦笑，于此亦有可知者矣。"

"见习"皇帝颙琰肩负的另一项重要任务，是陪同太上皇帝游玩和宴饮。此时，苗民正在造反，川、楚、陕烽烟又起，"见习"皇帝很着急，但太上皇似乎对此不甚在乎，平生游宴两大嗜好，比退位前有增无减。据《太上皇帝起居注》载，太上皇帝天天游宴不断，有时甚至一天数次宴饮。太上皇以宴饮为乐，并明文规定"见习"皇帝必须亲自陪同。乾隆帝在让出皇位前钦定的诸多规定中，有这样一条规定："外廷筵宴，由各该衙门循例奏请，嗣皇帝恭奉太上皇帝亲御宴座，嗣皇帝侍坐，一切仪注，临时具奏。"凡是太上皇钦定之事，"见习"皇帝必须认真去做。"皇帝侍奉太上皇帝，问安视膳，曰以为常。恭遇庆节令辰，躬亲侍宴，预布诸司共备，设太上皇帝御筵于宝座前，皇帝宴位于太上皇帝宝座东次。届时，太上皇帝升宝座，皇帝莅宴位，率亲王以下与宴者行礼献宴，作乐如常。皇帝进酒时，躬诣太上皇帝宝座前，北向跪奉觞上寿，饮毕，受爵还，复宴位。太上皇帝赐皇帝酒，晋爵大臣承敕旨进酒，退，乐既阕，所司引庆隆舞进，按节起舞入侑，余并如常仪。"可见，繁琐的游宴礼仪已形成固定的程式。朝鲜使节金文淳、申耆记录了嘉庆二年十二月"见习"皇帝陪同太上皇帝游宴时的一些情景：

三十日，设年终宴于保和殿。……少顷，皇帝先出御殿，候太上皇帝陛殿御榻，皇帝别设小榻，西向伺坐。乐作进爵，文武官亦皆陪食。……今年正月初一日，因礼部知会，臣等与书状官及正官等诣午门侍候。皇帝乘黄屋小轿，幸堂子。少顷回銮，鸣鞭动乐，太上皇帝御太和殿，皇帝在殿内西向侍坐……初六日回銮时，当为祗迎。而是日太上皇帝与皇帝幸圆明园……日出后太上皇帝乘黄屋小轿，到臣等祗迎处，顾盻而过。须臾，皇帝坐马而出……初十日，臣与副使同往圆明园，住接闾舍，则闻已前期设蒙古帐幕于山高水长之前云。十一日，通官引臣等入就班次，太上皇帝乘黄屋小轿而出，臣等祗迎后，太上皇帝入御蒙古大幕，皇帝西向侍坐，动乐设杂戏……宴讫，太上皇帝乘轿还内，皇帝跟后步还……十五日朝先设放生戏，又设宴于正大光明。通官引臣等入诣殿槛外，太上皇帝升殿，皇帝西向侍坐，动乐设戏……须臾，太上皇帝还内，皇帝随入。……又设戏于山高水长，通官引臣等进诣花障子内班，太上皇帝出御山高水长，皇帝如前侍坐，设角牴戏……灯火杂戏，西洋秋千，次第设行。

……十九日，更诣圆明园。饭后通官引臣等山高水长亭下，太上皇帝出座，皇帝侍坐，德明以特旨即引臣等至御座前，太上皇帝使和珅传言曰：你们还归，以平安以过之意，传于国王可也。臣等叩头，退出班次。……宴几毕，皇帝先入；宴毕后，太上皇帝入内……所乘黄屋小轿，载于小船……舟行几一里，始泊岸而下，即庆丰图也。皇帝先已来候于此，侍坐如仪……

从大年三十至正月十九，游宴活动如此频繁！"见习"皇帝迎来送往、侍坐如仪，虽疲于应付，但不敢有半点马虎。这便是乾隆帝晚期生活的真实写照，也是嘉庆帝三年多"见习"生涯的一个缩影。

乾隆时代仍在继续。

多亏嘉庆皇帝是个孝子！也多亏他"见习"时已经人到中年，一切已非常成熟老到。

嘉庆四年正月初三，乾隆时代终于结束。这天辰刻，八十七周岁（八十九虚龄）的弘历病死于紫禁城养心殿。

太上皇帝弘历去世的消息传出禁宫，京城内外十分平静。百姓感到这是意料中的事，没有人为此惊诧。"皇城之内，晏如平日，少无惊动之意。皆曰：此近百岁老人常事。且今新皇帝至孝且仁，太上皇帝真稀古有福之太平天子云！"

伴随封建皇帝去世，常常因最高权力移交问题发生政治动荡。但乾隆帝死时，没有爆发这种阵痛，大清国最高权力按照乾隆帝意愿顺利交到嘉庆帝手中。

要说乾隆帝咽气之后有些风波的话，就是最受乾隆帝宠信、位高权重的和珅一下被逮起来，很快被嘉庆帝处于死刑。

和珅是个响当当的人物。在清朝中央机构，军机大臣权力最大，内阁大学士声望最高，御前大臣与内务府总管大臣平时与皇帝最密切，这四个官衔和珅都兼任了，同时还担任吏部尚书和户部尚书，一手管官一手抓钱。可见，和珅受乾隆帝之宠！和珅依靠逢迎主子的超凡本领，长期专权，贪黩成性，恣肆妄为，早为颙琰所恨。乾隆帝死后第二天，嘉庆帝即革去和珅军机大臣、九门提督两个要职，将他软禁；初八日，将和珅投入牢狱，并列数其二十大罪，布示中外。值得一提的是，嘉庆帝所宣示的和珅第一条大罪，就是他为拍新主子的马屁而犯下的："朕于乾隆六十年九月初三日蒙皇考册封为皇太子，尚未宣布谕旨，而和珅于初二日即在朕前先递如意，泄露机密，居然以拥戴为功。其大罪一。"正月十八日，嘉庆帝赐令和珅自尽。在乾隆帝死后短短十五天内，和珅从天堂跌入地狱，跌得身败名裂。

大丧之期诛和珅，不仅没有妨碍最高权力的顺利过渡，反而有利于巩固嘉庆帝的权力，提高他的威望。

乾隆帝传位给嘉庆帝，是历代封建帝王中交接最高权力的成功典范。事实上，乾隆帝生前让出皇位，含有敬畏天命的因素。雍正十三年（1735年）九月，乾隆帝在即皇帝位时曾这样焚香告天："昔皇祖（指康熙帝）御极六十一年，予不敢相比。若邀穹苍眷佑，至乾隆六十年乙卯，予寿跻八十有五，即当传位皇子，归政退闲。"祖父玄烨坐龙廷时还不到八周岁，做了六十一年皇帝，死时近六十九周岁，不仅在清代所有皇帝中最为长寿，在有史以来的历代帝王中也是属于长寿的。弘历登上皇位时已二十四周岁，他若能当六十年皇帝，执政满一个周甲，虚岁就是八十五岁了，这在"人生七十古来稀"的时代，是常人所不敢奢望的。弘历虽说自己不敢与祖父攀比，实际上想活得比祖父更长寿。他即位称帝比祖父晚十六年多，还想当六十年皇帝，对上天所求已经够多的了。乾隆二十五年（1760 年）八月十三日，弘历度过五十岁（虚龄）生日，一个多月后（十月初六）皇十五子颙琰出生，他因感到自己身体十分健旺，而且崇庆皇太后也很健康，改变了当六十年皇帝就退下来的想法，表示只要崇庆皇太后健在，他即使当满六十年皇帝也不交权归政。看上去他改变许下的诺言是为了孝敬皇太后，在母亲健在的情况下不敢自图清闲，实际上是贪恋皇帝宝座。乾隆三十七年（1772 年）十一月，乾隆帝虽当着各位皇子的面首次公开提出退位归政之事，并于次年冬天秘密确定颙琰为皇太子，但在实际行动上，对退出皇位、交出最高权力，一直持消极态度。然而，乾隆四十二年（1777 年）正月，崇庆皇太后撒手而去，使他失去了改变诺言的借口。同时，这对深信皇位天授思想影响的乾隆帝来说，心灵一定经历过一次震颤：天命难违啊！要悔改即位时对天许下的誓言，上苍是不答应的。他敬畏天命的思想，在正式册立皇太子发布的上谕和次年正月颁发的传位诏书中有所流露：这两个重要文件中，都有一句一字不差的话——

"但天听维聪"。对天许下的誓言不能毁改，这深深地烙在乾隆帝的意识深处。然而，不管怎么说，乾隆帝在自己身体健康的情况下，主动交出至高无上的权力——即便只是名义上的，也是一个非常值得称道的创举。就这方面而言，他可以毫无愧疚地去见他最敬重的祖父康熙帝了。

乾隆帝就凭生前让出皇帝宝座这一点，他就成了漫漫封建长河中最闪亮的一盏航标，成为封建帝王之林中最有光彩的一个人物。单凭这么一丁点儿进步，他就比任何封建帝王高出一头。

十八世纪，东方和西方出现两个出类拔萃的人物：一个是大清国皇帝弘历，一个是美利坚合众国总统华盛顿。乾隆帝比华盛顿早出生二十一年，也就是说，乾隆帝登上皇位时华盛顿还是穿开裆裤的三岁孩童，但两人都死于 1799 年。

乾隆帝弘历，是中国历史上为数不多的好皇帝之一。他执政前期，对康乾盛世做出了重要贡献，使中国跻身于当时世界上最强大国家之列。尤其是平定边疆，对统一的多民族国家的形成、巩固与发展，功不可没。在他手上，天山南北路归入中国版图，清朝最终完成统一中国的大业，形成一个极盛的疆域：北起萨彦岭、额尔古纳河、外兴安岭，南至南海诸岛，西起巴尔喀什湖、帕米尔高原，东至库页岛，共拥有一千多此文是嘉庆帝颙琰为缅怀乾隆帝的功业，追溯乾隆帝在养心殿的政务活动，并决心继承乾隆帝的遗志而作。此册由绵亿书写，钤有"嘉庆御览之宝""宣统御览之宝"。绵亿是嘉庆之弟荣纯亲王永祺之子，精书法，善画花鸟。

乔治·华盛顿，是美利坚合众国的开国总统。独立战争胜利后，当时欧洲和东方世界都是封建君主制度的汪洋大海，他执意不当封建君主，力主建立共和政体。1787年他主持费城会议，制定北美历史上划时代的联邦宪法，从而在北美崛起世界上第一个三权分立的共和制国家。列宁说："资产阶级的共和制、议会和普选制，所有这一切，从全世界社会发展来看是一种巨大的进步。"两年后，华盛顿全票当选为新生共和国的第一届总统，四年后又以全票连任第二届总统。

但是，弘历与华盛顿，当时东西方的两位顶级权力人物，在对待最高权力和继位人问题上，所作所为大相径庭。

弘历生前让出皇帝位置的动机，主要考虑是其执政的时间不能超越其极为尊敬的祖父康熙帝，并且为早年对天发过誓所约束，出于对天的敬畏，不敢负天。他的让位之举，带有浓厚的敬畏天命、敬畏先祖的蒙昧主义色彩。华盛顿不迷恋权力，身体力行，则是为了确立一种进步制度，从根本上废除最高统治者的权力终身制，支配其行动的是清澈的理性主义。

弘历让出皇位只是做做样子而已。他做了太上皇之后，仍将军事、用人、财政等大权牢牢控制在自己手中。华盛顿在任满四年一届的总统之后，决心退出政坛，回到家乡弗吉尼亚弗农山庄过田园生活。但民众召唤他继续担任这个新生共和国的总统。他在担任第二届总统行将期满的前一年，就着手起草告退文告，做出负责的退位交代。任期一旦届满，六十六岁的华盛顿即坦然与家人一道乘上马车返回家乡弗农山庄，饲养牲畜。一年后，有人专程赴山庄游说他第三次出山竞选总统。当时联邦宪法并未限制连任总统的次数，如果他有心出山，很有可能再次当选总统。但他一口回绝了再次出山的劝说。他说，"如果我参加竞选，我将会被指责为昏聩无知的老糊涂"。他专心经营自己的农庄，平静地走完生命的最后旅程。他以身作则，开创了美国总统连任不超过两任的范例。

值得玩味的是，1885年美国首都建成的高达五百五十五英尺的华盛顿纪念塔的内壁，镶嵌的一百九十块石碑中，有一块系当时大清国政府所赠送，上面竟有这样一番颂词："华盛顿，异人也！起事勇于胜广，割据雄于曹刘。既已提三尺剑，开疆万里，乃不僭位号、不传子孙，而创为推举之法，几于天下为公，浸浸乎三代之遗意。其治国崇让善俗，不亦迥与诸国异？余尝见其画像，气貌雄毅绝伦。呜呼，可谓人杰矣哉！"

把"几于天下为公"的华盛顿称为"人杰"，那么该将乾隆皇帝及其继承者们称做什么呢？

（五）传位大典重非凡

公元1796年，按时下的话说，也是个世纪末的年头，清朝的统治，已经走过了"烈火烹油，繁花似锦"的鼎盛阶段，踏上了穷途末路。就在这年的正月初一日，具有无上威严的、年已八十五岁的老皇帝乾隆，举行了隆重的传位大典，把皇位传给了他的第十五子颙琰，这就是清朝入关之后的第五个皇帝——清仁宗，年号嘉庆。

乾隆帝遵循雍正所定的家法，不立太子，而是秘密选定储君，将名字写好密封，藏在乾清宫的正大光明匾后。颙琰是在乾隆三十八年（1773年）十四岁的时候，被乾隆密定为太子的。

传位，自然与一般皇帝的登基不同，何况老皇帝早已有言在先：所有册立典礼一切虚文，不必举行，所以大典显得简朴而隆重。上午六时，乾隆帝升坐，鼓乐齐鸣，皇太子颙琰与文武百官俱跪伏殿内，倾听宣表官员跪读传位诏书。然后，颙琰被两位大学士引到乾隆御案前，俯伏跪地，接受了老皇帝亲授的"皇帝之宝"，再率领群臣向老皇帝行三拜九叩大礼，恭送从此成为太上皇的乾隆帝起驾还宫。这之后方才御殿登基，接受百官朝贺，虽做了皇帝，又哪里有一丝新为天子的神气活现、踌躇满志之态？

老皇帝还活着，就亲手把皇位传给了儿子，这在中国古代称为"禅让"。几千年来的封建皇帝，若不是万般无奈，哪怕口里只剩下游丝般的一口气，谁又肯将天子的位置让人？乾隆此举，在有清一代近三百年中，也是唯一的一次，他又是为什么呢？这还要从六十年前乾隆称帝的时候说起。

雍正十三年（1735年）八月，雍正帝暴死于圆明园；死因至今为清宫疑案之一，这且不去管它。事发之后，遵照雍正遗诏，其子弘历顺利登上皇帝宝座，这就是乾隆帝。在举行即位大典时，他焚香告天，郑重宣称："当年我的祖父康熙皇帝曾御极六十一年，我实在不敢相比，若是承蒙皇天眷佑，到乾隆六十年的时候，我就八十五岁了，一定会传位皇子，归政退闲。"很难说得清，一个二十五岁的年轻皇帝此举，是心血来潮，还是什么，但六十年在他眼中，肯定是个非常遥远的过程。可谁知，这一天，居然就真的到来了，面对皇天后土、臣民百姓说出的话，又怎么能够食言？

再说，当了整整六十年皇帝，那些每年必须由皇帝亲自主持的祭天、祭祖、经筵、耕藉大典，那些川流不息的臣僚奴仆的庆贺请安、繁文缛节，已经让他烦透了，年龄越大，身体也越承受不起。他不怕失去权力——这个一生中将天上人间的风流富贵都享尽了的皇帝，早已把那些桀骜不驯的宗室王公、自命不凡的汉族大臣还有专爱乱发议论的文人们，收拾得服服帖帖的了。历史上再没有哪个皇帝，能享有乾隆皇帝那样的无上权威，中国封建士大夫几千年来养成的毛病，什么"文死谏，武死战"，什么

"位卑未敢忘忧国"，什么"国事、家事、天下事，事事关心"，等等等等，差不多都是在乾隆时被根治了的。乾隆的儿子也不少，大多聪慧俊逸，却终没有像康熙那几十个儿子那样，演出骨肉相残的惨剧。治国理家到了这一步，他当然明白，没人有能力动摇他的统治和权力，把位子传给儿子，一则履行了当年的誓言，一则博得个"禅位"的美名，再则把自己不耐烦干的应酬都一股脑儿推给嗣皇帝，自己可以集中精力来抓大事，又何乐而不为呢！

乾隆六十年（1795年）九月初三日，乾隆帝把诸皇子皇孙，王公大臣都召到了勤政殿，正式宣布了将十五子、嘉亲王颙琰立为皇太子，定明年（1796年）为嘉庆元年。照惯例，颙琰自然要假意推让一番。初四日，他和皇子、大臣们一齐奏请皇帝继续秉政，不必改元传位，当然也未得允许。于是，乾隆对传位大典的仪式、提法一一做了具体安排，命军机大臣草拟了有关文件，决定于明年正月元日举行大典。就这样，颙琰在老父的一手操纵下，被正式推上了历史舞台，成了嘉庆皇帝。

即位之后，颙琰改名字为"颙琰"。"颙"与"永"同音，但是个生僻字。清朝皇帝的名字都是要避讳的，颙字不常用，避"颙"字当然就比避"永"字方便多了。这种做法从此沿袭下来，譬如，道光帝名叫旻宁，当了皇帝，就改成了"旻宁"，总算让写字的人避开了一点因触及名讳而被砍头的危险。

（六）十五阿哥脱颖出

嘉庆皇帝颙琰，是乾隆的第十五子，在乾隆的十七个儿子中排行靠后。他的生母魏佳氏，是内管领清泰之女，本属汉军，后投入满洲旗，并无特殊背景，入宫后很长时间都是个一般的"贵人"，乾隆十年（1745年）封为令嫔。她为乾隆生了四子二女，因此于三十年（1765年）被晋升为贵妃，四十年死去。一生未得乾隆特别的恩宠。乾隆二十五年（1760年）十月初六日，颙琰出生于京郊圆明园的"天地一家春"殿。此时的乾隆，已年逾五十。排行既后，又出于庶妃的颙琰，按说没有继承大统的多少可能，但机遇却偏偏落在他头上了。

乾隆是个受儒家思想浸染很深的人，对于自西周以来即沿用的嫡长子继承制十分向往，对其父雍正和自己都不是元妃嫡子甚感遗憾，所以在他即位

嘉庆

之初，并没打算恪遵雍正订立的秘密建储制度，而仍想立嫡立长。他的元后孝贤纯皇后富察氏为他生有二子，一是皇次子永琏，早在乾隆即位的当年七月，就被封为皇太子，然而永琏在乾隆三年即死。二是皇七子永琮，是永琏死后八年才出生的，乾隆已打算立他为储，但他比他的哥哥更没福气，只活了一年零八个月就死了。此后不久，皇后富察氏也在随帝东巡到山东德州时猝然死亡，使乾隆帝立嫡立长的心愿终成泡影。

乾隆册立的继后乌喇那拉氏生有二子，其中永璟于三岁夭折，还剩一个皇十二子永璂，但这位继后却不知何故大大得罪了皇帝，竟被皇帝逼得削发为尼，永璂自然也跟着倒霉，到死连个封号都没得着。而皇长子永璜、皇三子永璋，据说在皇后富察氏病殁时，不仅全无哀恸之情，反有幸灾乐祸之意。乾隆皇帝经历了这一切感情的波折和教训之后，终于体会到了他的父亲雍正皇帝创立秘密建储制度的苦心。

颙琰出世时，他的十四个兄长中已死去八个，其中较受乾隆宠爱的皇五子永琪，几年后也死去。可备乾隆选择的范围实际上已经很小，究竟属意于谁，已经与年龄、排行乃至生母的地位并无太大关系，而全看各人的表现了，这就是落在颙琰头上的机遇。

颙琰性格内向，凝重，虽不像十一阿哥永瑆那样才气横溢，但勤奋好学，守规矩，尤其是重视仁孝。这些表现，都是已年逾花甲的老皇帝所特别欣赏的。连当时来京的朝鲜使臣也多次向他们的国王汇报说："第十五子嘉庆王颙琰，聪明力学，颇有人望"；"皇子见存四人，八王、十一王、十七王俱无令名，唯十五王饬躬读书，刚明有戒，长于禁中，声誉颇多"，等等，这些使臣还看出来，颙琰为人沉重，度量豁达，最为皇上喜爱。朝鲜使臣的观察，的确是相当准确的。

乾隆三十八年（1773年），乾隆皇帝年已六十有三，建储一事刻不容缓。在极其秘密的情况下，乾隆未与任何人商量，即将建储的密旨写好，藏到正大光明匾后，事毕之后，他仍未召集诸王和文武大臣宣示，只是向军机大臣通告了一声而已。他所立的储君，就是十五阿哥颙琰。

此后，乾隆皇帝用了二十余年的时间，不动声色地观察着颙琰的品质和才干，而他能在众多兄弟中被独独挑选出来，又从十四岁到三十五岁这样漫长的时期内经受了具有丰富政治经验的乾隆皇帝种种观察、考验而终于被确立为继承人。颙琰，显然是符合了乾隆挑选接班人的种种条件。所以，乾隆六十年九月初三那天当众宣布颙琰为皇太子时，他是颇为兴高采烈的。

很难判断颙琰在这二十年的漫长时间，是否对自己被立为皇储有所觉察，但从他在这期间写的雄心勃勃的诗句来看，他还是有一定的思想准备，诸如"尝祭思开创，时巡念守成，待瞻幽燕地，大业缅经营"，"展礼珠丘思不匮，守成常念拓基难"等，能说没有一点皇上的口气吗？

（七）皇太子勤奋好学

乾隆的祖父康熙，是公认的一代英主，可是治国虽有术，驭子却无方，最后简直就是被那几十个或如狼似虎，或狠毒如蝎的儿子们活活气死的。乾隆皇帝深知其弊，总结父、祖两代经验教训，特别加强了对皇子们的管束，其严厉程度，有清一代罕与其匹。

乾隆选拔了一些学识渊博的大学士做皇子师傅，对他们说，皇子年纪虽幼，但陶冶涵养之功，必从小就开始。你们一定要竭力教导，谁不听话，你们不妨过于严厉。从来设教之道，严有益而宽多损，将来皇子们长大，会懂得的。他还谆谆教训皇子们，对师傅的教导，一定要听受无遗。

据当时人说，每日五更，当天色还是一片黑暗，部院百官尚无一人上朝，只有内府几个供役的闲散在黑暗中依柱打瞌睡的时候，就会见到隐隐有白纱灯一点迤逦进入隆宗门，那就是皇子的书房了。既入书房，每天都有规定课程，作诗为文之外，又有满洲师傅教满语，习满文，还要学习骑马射箭，一直到天色昏暗时才得停止。哪个学业不佳，骑射不优，或者举止不合规矩，随随便便，都要受到斥责和惩罚。教他们的师傅，哪个有怠惰或不尽责之处，也要受罚甚至革职的处分。

颙琰就是这样，从六岁起跟随师傅——侍郎奉宽读书，十三岁学通五经，然后从工部侍郎谢墉学今体诗，从诗讲学士朱珪学古文古体诗，从而打下了较坚实的文化基础。

在众多皇子中，颙琰是以"克勤力学"著称的。虽然他的师傅朱珪称赞他"好学敏求，诵读则过目不忘"，但我们尽可以把这些看成是对皇上的夸奖吹捧，倒是颙琰自己说的"悟性迟钝"恐怕更可靠些。从他后来当了皇帝的表现看，其才智的确也就算是平平。但颙琰的好处是知道拿勤奋来弥补，常常以不学为戒，三九寒冬、深更半夜，还手不释卷，读的当然都是圣贤的典籍。他强调"勤"，大发议论说：自天子以至庶民，如果都知道勤的重要性，那么万事就都能有条有理。如果不勤，那么求学的人会安于下流而不能进步，治理国家的人会惰于办事而使诸政怠荒，还怎么能齐家治国平天下啊。一言以蔽之，就是当皇子时勤学，当了皇上勤政。他从始至终是那种勤勤恳恳但又缺少才气或魄力的那种人。

颙琰年幼时，乾隆帝有次见到他手拿一把折扇，上面的题画诗句落款，有"兄镜泉"三字，询问他，知道是十一阿哥的手笔，"镜泉"是十一阿哥为自己取的别号。乾隆立即对小兄弟俩讲了一番大道理，大意说，干这种附庸风雅的事，殊非皇子所宜。皇子读书，只应该讲求大义，使之有益自己立身，这些寻章摘句的末务，都是读书人以虚名相尚的恶习，你们还在童年，应该加强修养才是，怎么可以学这种浮伪的东西？

朕当皇子的时候，就从来没有私取过名号，我有过一个别号，还是二十二岁时皇考（指雍正皇帝）赐给我的。我国以"国语骑射"为本，子子孙孙一定不要效法汉人恶习。

为了防微杜渐，乾隆皇帝还派人将这番话写出来贴在皇子书房的墙壁上，好让他们"触目儆心"，永远不忘。这番教训，给了颙琰也就是后来的嘉庆皇帝非常深刻的印象。嘉庆九年（1804年）二月，已做了皇帝的颙琰也颁布一道类似的上谕来告诫自己的子孙。他说，辞章之学，本属末节，何况我朝家法世代相传的是国语骑射（国语，指满洲语言文字；骑射，指满族传统的骑马射箭的武艺），尤其应当勤加练习，如果居然以风雅自命，想与汉族文人学士们争高下，那就是舍其本而务其末了。这与他父亲当年教训他的口吻，真是如出一辙。

在乾隆严格管束下长大的颙琰，品格端方，为政勤勉，生活俭朴，待人宽厚，而且特别能够约束自己，他多少能体恤民生疾苦，一心想有所作为，做一个好皇帝。不错，翻阅清朝正史，找不到对他荒淫、贪婪、昏庸、阴险行为的记载；翻阅清人笔记、逸闻，也查不着他的哪怕一件风流韵事。可是，清朝的统治，还是不可避免地在他手中衰败下去，他没能有所作为——他是清朝近三百年中最没有特色的皇帝，也许，这是因为他生不逢时，可是，乾隆老子这种教育，难道不应该为他这种因循苟且、游移不定、没有生气的个性负主要责任吗？有史学家说，守业之主不可能具有创业之君的雄才大略，这其中，恐怕也有些必然性在内吧。

（八）嗣位皇帝境尴尬

乾隆帝虽然名义上退了位，可是一丝一毫也不肯让权，他是那种越到晚年，对虚荣和权力的欲望越强烈的人。决定传位的同时他就明确宣布，凡遇军国大事和用人事宜，他决不会置之不问，而仍要亲自处理。他命军机大臣拟定的传位规定，使太上皇的礼仪规格和实际权力，都远在嗣皇帝嘉庆之上，他却是凌驾于天子之上的天子之父。他绝不甘心做历史上常见到的那种虽然养尊处优可是毫无实权的太上皇。

按他的规定，太上皇帝仍然自称为"朕"，他的谕旨称为"敕旨"。题奏行文时，遇天祖等字高四格，太上皇帝高三格，嗣皇帝高二格抬写。太上皇帝生辰要称万万寿，嗣皇帝只好降称万寿。文武大员进京陛见，新补官员离京赴任，都必须觐见太上皇，恭请太上皇的"恩训"。这还不够，传位以后，乾隆借口已在养心殿居住了六十年，只有这里才"安全吉祥"，才便于召见群臣，无论如何也不肯搬到早就修葺好的宁寿宫。于是，理应入主养心殿的嗣皇帝，只好仍屈居在皇子所住的毓庆宫中，乾隆还给毓庆宫赐名"继德堂"。还有，嘉庆改元，全国上下当然应该统一使用嘉庆新历，可是清宫中还是用乾隆年号，譬如乾隆六十一、六十二年，等等。据说，当时的著名文人、编篆《四库全书》的纪晓岚，就曾留有这么一个。新皇帝即位，按说钱币也该改铸"嘉庆通宝"，可在这几年，却是乾隆、嘉庆两个年号各半分铸。

此时的嘉庆皇帝，已是三十五岁的壮年，满肚子抱负不得施展，反倒成了太上皇的陪侍。正月初一，御太和殿的不是皇上，而是太上皇，皇上只能率领着王公大臣官员以及蒙古王公，等等，在殿下向太上皇庆贺行礼。太上皇外出巡幸，他跟随左右，太上皇南向听政，他在殿内西向侍坐，每日只全神贯注一件事，就是太上皇帝的喜怒哀乐，这是嘉庆皇帝修心忍性的一段日子。及至嘉庆四年（1799 年）的正月初三，太上皇终于驾崩，嘉庆也终于搬进养心殿亲政，时已届不惑之年。

（九）朝鲜使臣观皇帝

乾隆传位以后的贪权、和珅的专擅，在当时就不是什么秘密，即使在外国使节面前也并不掩饰。朝鲜史书上，就有这样一段记载：

嘉庆元年正月十九日，也就是传位大典举行的半月以后，朝鲜到清朝朝廷进贺的使节李秉模，被乾隆召见于圆明园的山高水长阁。诸位使臣到乾隆御榻前跪叩之后，太上皇帝便派和珅宣旨说："我虽然归政，大事还是我办。你们回国问国王平安，道路遥远，就不必差人来谢恩了。"黄昏时分，太上皇帝从山高水长阁出来登上一只小船，嗣皇帝也坐上一只小船跟随着，让李秉模等人乘大船跟在最后，行几里许，下船进入庆丰图殿，又见太上皇躺在楼下的榻上，嗣皇帝侍坐一旁，看戏喝茶。回到住所后，李秉模遣人去问："从今以后，我国凡有进奏进表的事，是不是要在太上皇帝和嗣皇帝面前，各进一份呢？"他得到的回答是："现在军机处还未定例，以后会发文书的。"二十七日，李秉模等人被召到礼部，官员向他们宣读了太上皇的勒旨："以后外藩各国，只需查照年例具表进贡，就没有必要添备贡物给太上皇帝、皇帝分成两份呈进了。"

三月十二日，朝鲜国王召见了回国的李秉模。国王问他：

"太上皇身体还康健吗？"

"还好"，秉模回答。

"听说新皇帝仁孝诚勤，声誉远播，是吗？"

"看相貌倒是和平洒落，只是看他在终日欢宴游戏之时，总是目无旁视地待坐在太上皇身旁，太上皇喜则亦喜，笑则亦笑，也就知道他是什么样了。"

两年以后的嘉庆三年（1798 年），又有出使清朝的使节洪乐游向朝鲜国王汇报了太上皇和皇帝的情况：

第一，从太上皇的容貌和精力来看，还不甚显出老态，只是特别善忘，昨日的事，今日辄忘，早晨的事，晚上已不知道了。所以随侍左右的人，往往顾此失彼。和珅的专擅，比以往更甚，人人侧目，就是谁也不敢把他怎么样罢了。第二，嘉庆皇帝平日起居在和临朝，沉默持重，喜怒不形于色。可是举行经筵典礼的时候，他却倾听得特别专注，而最受他眷注的，是阁老刘墉，大概是因为刘墉在朝野德高望重，为人正直，而且唯独他不阿附和珅的缘故吧。

朝鲜使臣的观察，可谓细致入微，嘉庆与和珅的矛盾最终要爆发，已是明眼人都能看出来的事实。

（十）宠臣和珅欺嗣君

嘉庆当嗣皇帝的那几年，如果说对当太上皇的老子尚可容忍的话，那么最让他忍无可忍的，就是太上皇那位臭名昭著的宠臣和珅了。

和珅姓钮祜禄氏，满洲正红旗人，出身寒微。因为口齿伶俐、应对敏捷，偶然被乾隆帝看中，他特别善于迎合乾隆的种种喜谀恶谏、贪财好货、爱摆排场等恶习，所以一路青云直上，不仅做到首席军机大臣，还兼揽了诸如吏、刑、户三部事务、九门提督、崇文门税务监督等军政要职。乾隆帝把自己最宠爱的小女儿和孝公主指配给和珅的儿子丰绅殷德，和珅也把女儿嫁给了康熙帝的曾孙贝勒永鋆。从此朝内尚书、侍郎，地方总督、巡抚，尽出于和珅门下，朝廷上下奢风与贪风竞长，诸事败坏。乾隆帝四处巡幸，大兴土木，骄奢淫逸，所需的巨额财物悉数索之和珅，于是和珅索之督抚，督抚索之州县，州县索之百姓，直闹到府库告竭、闾阎愁惨、人思走险的地步，朝臣百姓，人人侧目，对这一切，已成年的嘉庆帝当然不会不知。

乾隆禅位给了嘉庆，虽然仍不肯放权，但毕竟已八十有余，记忆力大为衰退，所热衷的只是享乐游宴，和珅便成了出纳帝命之人，所传的太上皇意旨是真是假，谁也无从印证，于是和珅专擅日甚，甚至敢在嘉庆帝面前炫耀老皇帝赋予他的特权，竟毫不顾及日后会招致杀身之祸，真是十足一派小人得志的嘴脸。在太上皇的"训政"之下当皇帝，那滋味已够嘉庆难受，再出来这个"二皇帝"，嘉庆又怎能不切齿？只是所谓的"投鼠忌器"，碍着太上皇的面子，表面上不动声色罢了。

乾隆六十年（1795年）公布皇太子人选之前，和珅先抢了一步，给颙琰呈递一柄如意，意思是向他透露消息，表明他能当选皇太子，都是和珅拥戴的结果，颙琰自是十分恼恨。传位大典举行之后，和珅又以拥戴自居，出来进去一派狂傲之色。嘉庆即位，乾隆曾有意把他的老师朱珪升任大学士，嘉庆得知非常高兴，寄诗向朱珪祝贺，和珅立即在乾隆帝面前挑唆，把朱珪发到安徽去做了巡抚。一次宴席上，他又挑唆着乾隆减掉太仆寺马匹，弄得嘉庆叹气说："从此不能复乘马矣。"可是当人们看不过，纷纷议论时，嘉庆又装得若无其事："朕正依靠着相公（指和珅）治理四海之事，你们怎么能轻慢他呢！"

和珅尽管狂傲，也深知太上皇来日无多，所以对嘉庆处处提防。嘉庆也深知自己嗣皇帝的位子能否坐稳，决定于太上皇的好恶，所以决不能让和珅抓住把柄，二人的斗法，从嗣位之日即已开始。和珅把自己的心腹吴省兰安插到嘉庆身边，明为帮助抄录诗草，实为监视他的动静，嘉庆心下明白，虚与委蛇而不露破绽，韬晦之功，委实不浅。不过，嘉庆也知道，和珅再狂，毕竟身份是个奴才，在合适的场合，他也会抖抖皇上的威风，来个"偶尔露峥嵘"。相传有这样一则逸闻：

据说，和珅与朝贵们谈话，言必盛称太上皇，嘉庆闻知，在私下里骂："和珅奴才，可恨蔑视朕躬，不给他一个信，他还做梦哩！"第二天，把和珅召到便殿，低声问他：

"太上皇待你好吗？"

"太上皇恩典，天高地厚，奴才虽死不忘"和珅顿首回答。

"那么。我待你又如何呢？"

"陛下对奴才恩典，虽不能与太上皇相比，奴才亦誓以死报。"

"好个誓以死报！"嘉庆冷笑，又问：

"太上皇与朕，哪个贤明呢？"

"……这个，奴才不敢说。"在嘉庆的强行追问下，和珅只得回答：

"太上皇有知人之明，陛下有容人之量。"

"好个容人之量！你等着吧！"嘉庆又一次冷笑。

和珅吓得浑身战栗，及至出得便殿，已是汗流浃背，身上几层衣服都被浸得透湿。也许，正是因为和珅对嘉庆多少还惧怕几分，嘉庆的嗣皇帝才终于坐稳的吧。

惩治和珅

嘉庆帝嗣位后，便成为清王朝入主中原后的第五代皇帝。这时距清王朝确立全国统治，已经有一个半世纪了。清朝前期，统治集团由一些奋发有为的政治强人如康熙帝、雍正帝主持，政府职能部门行政能力较强。乾隆帝继位之初，承袭前期诸帝余绪，亦能乾纲独断，文治武功，开疆拓土，均有可观，出现了所谓的"康乾盛世"。但到了乾隆末期，封建社会所固有的各种矛盾，经过长期的潜伏与发展，这时已不可避免地大大激化起来，成了封建社会的不治之症。就在嘉庆嗣位的前夕和初期，湘黔苗民起义的烽烟未熄，川楚陕白莲教大起义的战火又起；闽粤浙一带海疆不靖，内部战乱频仍，外部也危机四伏，西方殖民主义的侵略威胁日趋严重，这和乃父乾隆帝全盛时期的"开疆拓宇，四征不庭，揆文奋武"的情况相比较，确有天渊之别，清帝国的衰颓之势更加明显，开始了清王朝由盛而衰的转折时期，这一切好像应该由嘉庆帝负责。

然而，追根求源，导致清王朝中衰的根源不在嘉庆帝，而在于以"十全"功业著称的乾隆帝。这位乾隆皇帝秉祖康熙、父雍正两世之余烈，以自己非凡的才能和勇于开拓的精神造就了清代的极盛局面，使得蒙、藏遗留问题彻底解决，准噶尔全部归附，乾隆帝不愧为中国历史上的著名皇帝。然而乾隆帝还有另外一面，他颇具富家纨绔子弟的性格，行事又辄欲突过前人。他既励精图治，又好大喜功；既乾纲独断，又信任太偏。这就使得他在建立超越前人的不世功业的同时，也不自觉地走向了自己的反面。功业愈隆而骄奢愈甚，再如上享国日久，耄老荒纵，独断专横，宠信和珅，挥霍无度，以至于乾隆后期国库帑藏日绌，吏治腐败，政事与军备日益松弛败坏。尽管乾隆帝在传位诏书里对自己的文功武治做了最全面的概括，而对社会危机和积弊讳莫如深，但"苗乱"与"教乱"的相继而起，已向人们表明了一个重要的讯号，大清王朝的全盛时期已经过去，多事之秋已经来临。所以在嘉庆元年正月元旦的授受大典上，太上皇乾隆交给嘉庆帝的，绝不是一个欣欣向荣、生机勃勃的太平盛世，而是一个内创累累、积重难返的疲败之局，残阳如血的动荡时世。

"十全武功"是乾隆帝一生最引以为荣的大事，但为了成就这个"十全武功"，大清帝国付出了极为沉重的代价，几乎花光了康熙帝、雍正帝留下来的巨大家业。"十全武功"导致的直接后果就是"国帑告匮，元气夷伤，所谓功成万骨枯矣。"再者，乾隆一生好巡游，早年便有"马上皇帝"之称。他一生六下江南，四顾盛京，多次西上五台山，巡幸大半个中国，至于曲阜祭孔，泰山封禅，木兰秋狝，更是再三再四，乐而不疲。频频出游，固耗费掉大量国帑，然远不如向各地官吏索取的多，而官吏们则转而去搜刮地方上的民脂民膏，肆意滋扰百姓，导致吏治更加腐败。当年乾隆帝对江南的巡幸，简直是地方上的灾难。本来，江南地区物产丰富，经济相当繁荣，明朝中后期就开始出现了资本主义生产关系的萌芽，但由于乾隆的南巡，使得积聚起来的财富不但不能进入生产领域，进行扩大再生产，甚至也不能进入正常的商品流通领域，就耗费在这毫无意义的迎来送往中，从而抑制了江南资本主义生产关系萌芽的发展，致使三吴地区元气大伤，也使中国丧失了与西方资本主义经济接轨的大好时机。

最为严重的是，乾隆帝晚年宠信和珅，以致上上下下官吏贪墨成风，从此吏治腐败就成为疯狂侵蚀大清帝国肌体的毒瘤和不治之症，直接导致了大清帝国由极盛走向衰败。乾隆帝之所以宠信和珅，历史上还有一个凄惨而动人的传说。乾隆还是年近二十岁的皇子时，有一次因事进后宫，他从雍正帝的一个妃子身边经过，这位妃子长得非常娇艳美貌，她正对着镜子梳妆，年轻的乾隆出于少年人的好奇心性，从后丽捂住她的双眼，当时乾隆只是与她开个玩笑，不敢对父皇的妃子有什么非分之想，那妃子一时惊慌，用梳子向后击去，正好打在乾隆的额头上，还留下了一个小小的伤痕。第二天，乾隆去向他的母亲钮祜禄氏请安时，母亲见他额头上的伤痕，再三盘问，乾隆只得把事情的经过如实说了出来，钮祜禄氏听了非常生气，怀疑这个妃子调戏太子，立即下令将这个妃子赐死，年轻的乾隆十分惊慌，想说明是自己的过错，不能责怪那个无辜的妃子，但在母亲的盛怒之下又不敢直说。后来当他辞别母亲跑到那个妃子的住所时，妃子已经上吊自尽了。乾隆想起自己的一时荒唐竟导致父皇妃子非命，十分愧疚，就用手指在妃子的颈上按上朱印，默默许愿："是我害了你，魂如有灵，二十年之后再来与我相聚。"说完便满怀悲痛回到自己的住所。无巧不成书，到了乾隆朝中期，有一天，乾隆帝到圆明园闲逛，起初天气有些阴，到了中午云开日出，遍地阳光，热得人透不过气来，乾隆正晒得难受，这时有人马上送来皇盖替他遮阳。乾隆一看此人唇红齿白，乃一翩翩美貌少年，于是就详细询问他的情况，这个会办事的少年就是和珅。和珅告诉乾隆帝他是满洲正红旗的学生，现在銮仪卫当差，具体地说就是给乾隆帝抬轿子，地位很低，交谈中乾隆帝觉得此人面熟，似乎在什么地方见过。他回宫以后，这个年轻人的相貌始终浮现在他的脑海里。灵光一现，乾隆帝突然想起，和珅的面貌与那个受自己连累而死的父皇妃子十分相像，于是便密召和珅入宫，让他跪在自己面前，仔细端详，果然相似，更令人吃惊的是和珅的颈上也有一个痣，宛如手指的印痕，以此为据，乾隆帝便认定和珅是那妃子托生，来印证二十年前的凤愿了。就这样，乾隆怀着赎罪和还愿的心理，对和珅倍加怜爱。经询问，乾隆得知和珅颇通文墨，于是便提升他为内务府总管，从此以后和珅便靠着乾隆帝的宠爱而飞黄腾达。我们且不去分析这个传说的真假，实际上和珅在仕途上的飞黄腾达，主要是因为他的聪慧。和珅虽是旗人，但与懵懂无知的满族贵戚相比，他多少能背诵些《论语》《孟子》；而与汉族大臣相比，他既通晓满汉文字，又能粗通蒙古、西番文字，也算是一个有学问的人了。因此，遇有重大军政决策，他都能"承训书谕"，把乾隆帝交办的事情办得妥妥帖帖，深得乾隆帝的赏识和重用。乾隆帝也一再褒赞他："清文汉文，蒙古西番，颇通大意，勤劳书旨，允称能事。"乾隆帝雄才大略，乾纲独断，并不需要臣工有治国安邦的宏韬伟略，小有才智，善解人意，能够无差错地"承旨书谕"，就是能臣了。和珅凭借他幽默风趣的谈吐，通晓多种语言文字的才智，秉承主子脸色行事的机灵，无微不至关怀主子生活的作风赢得了乾隆帝的青睐，获得了乾隆的宠信。乾隆帝是把和珅当作伶臣来看待的，就像当年汉武帝对待东方朔一样。乾隆禅位，和珅晋封为公爵，其时所有军政大事，无不参与规划，可谓权势赫赫，炙手可热，连嗣皇帝嘉庆也要看和珅脸色行事，否则皇位难保。和珅小人得志，贪黩更甚。他前后柄权二十多年，内而尚侍，外而督抚，多出于和门。凡"不附己者，伺隙激上怒陷之；纳贿者则为周旋，或故缓其事，以俟上怒之霁。大僚恃为奥援，剥削其下以供所欲。"所谓内有聚敛之臣，外有贪黩之吏，互为因果，贪风便愈演愈烈。事实上，乾隆朝后期所发生的许多贪赃大案，都与和珅有着这样或那样的关系。乾隆朝后期虽然也查办了一些贪赃案件，但更多的贪官污吏，由于有和珅这尊大神作护符，因而有恃无恐，贪风不减，特别是各省州县的库银亏空，更有泛滥之势，这也是乾隆帝留给嘉庆帝的一大难题。此外，和珅还利用审查贡品的权限，明目张胆地大肆侵吞内外大臣的贡品。纳贡本是皇帝的特权，和珅竟公然将贡品据为己有，"四方进贡之物，上者悉入珅第，次者始入宫也。"

由此可见，乾隆后期的弊政有很大部分与和珅有直接关系。嘉庆帝认真分析了当时的社会、政治形势，认为要想整饬内政，挽救危机，就必须首先诛除和珅这个侵蚀社会肌体的毒瘤。十年磨一剑，不曾试锋芒。多年的韬光养晦，忍气吞声，就是为了等待"扬眉剑出鞘"这一天的早日到来。现在父皇已死，和珅的靠山已倒，这正是诛除和珅的大好时机，应该立即动手，否则日久生变。诛杀和珅必须做到"稳""准""狠"，绝不能囿于国家大丧之日就缩手缩脚，要趁这个机会打和珅一个措手不及。尽快地诛杀元凶，不仅不会引起时局的动荡，反而是稳定时局的关键。

嘉庆四年（公元1799年）正月初三，即乾隆崩逝的当日，嘉庆帝就向和珅动手了。首先，嘉庆帝任命和珅参与总理乾隆帝葬仪，夺去和珅军机大臣、九门提督等衔，命他与福长安昼夜守值殡殿，不得任自出入，实际上是将和珅与福长安软禁监视起来。正月初三上午，嘉庆帝召见和珅说："你是大行太上皇帝的近臣，首席军机，内阁大学士，实为国家勋旧；朕刚亲政，诸事仰赖，望相公不负大行太上皇帝的重托，辅朕处理一切军政大事。如今国家大丧，丧事为国家首务，朕特命你全权主持丧务；主持丧务期间，暂免你军机大臣、九门提督等职，专心治丧。待国家大丧期满，再复尔原职。"嘉庆又谕令福长安说："大行太上皇帝在日，你与相公一起朝夕服侍，朕甚为感念。特命你与相公一起专心治丧，也暂免你军机大臣及尚书等职。"和珅与福长安被嘉庆帝的信任迷惑住了，根本没有想到胸有城府的嘉庆帝竟然在父皇大丧之日向他们下手了，他们二人还心安理得地日夜值守在乾隆的殡殿里。其次，嘉庆帝加封自己的兄弟子侄，紧急进行人事调整。正月初三傍晚，嘉庆帝紧急召见仪郡王永璇、成亲王永瑆、定亲王绵恩。嘉庆帝对十一哥永瑆道："朕命你入军机处为军机大臣，处理军政大事；朕即晋封八兄仪郡王永璇为亲王，总理吏部；特命定亲王绵恩为九门提督，总管京城的卫戍及防务诸事，同时，火器营、建锐营也交给绵恩指挥。""绵恩应连夜调出和珅宅内一千余名步甲兵丁，迅速调换九门提督衙门及巡捕五营的将官，严密警戒内外城各处，并在和珅同党栖居处密布暗哨，切断和珅、福长安与外界的一切联系。同时，宫中的侍卫要清理审查。这一切都要秘密进行"。正月初四日，嘉庆帝对人事进行了紧急调整，任命成亲王永瑆，大学士董诰，尚书庆桂为军机大臣；那彦成、戴衢亨留任军机处；盛柱（皇后喜塔腊氏之兄）署工部尚书，保宁为英武殿大学士，庆桂为御前大臣、协办大学士，书麟为吏部尚书，松筠为户部尚书，富锐为兵部尚书。同时，让仪郡王永璇总理吏部，成亲王永瑆除任军机大臣外，总理户部兼管三库。随后，正式晋升仪郡王永璇为仪亲王，贝勒永璘为庆郡王，绵亿封履郡王，其他皇室成员俱受封赏。第三，下诏急调恩师朱珪火速入京。正月初三上午，嘉庆帝命以六百里快驿，诏恩师朱珪从安徽巡抚任上火速进京。第四，授意御史广兴等人弹劾和珅。

嘉庆帝亲自领导和指挥了诛除和珅的战斗，在战斗处于白热化的关键时刻，他就吃住在养心殿，足不出户，昼夜召见大臣，调兵遣将，商量对策，晚上也不到后妃处寻欢作乐。后妃们虽然不知道嘉庆帝诛除和珅的行动，但从嘉庆帝的一言一行中，也敏感地察觉到将有什么重要的事情发生，因而也都自觉地不到嘉庆帝身边打情骂俏，死搅蛮缠，以免分散皇帝的精力。当内阁、军机处、京城防务及各重要部院官员都换上与和珅作对的老臣或自己的亲信心腹之后，嘉庆帝立即向和珅击出了致命的一拳。正月初八日，嘉庆帝召集王公大臣宣旨道："现有给事中王念孙、御史广兴、大学士刘墉、御史广泰等列款奏劾和珅，言之凿凿。朕即刻削夺和珅大学士、军机大臣及九门提督等职；夺军机大臣、吏部尚书福长安职，并将伊等下狱治罪，特命仪亲王永璇、成亲王永瑆前往传旨，由武备院卿兼正红旗邦军都统阿兰保监押以行。命永璇、永瑆、绵恩、额驸拉旺多尔济及刘墉、董诰等，对和珅、福长安进行审讯；命永瑆、绵恩、淳颖等，查抄和珅、福长安及其家人财产。至于平日有被和珅挟从者，概不追究，余不累及。"此旨一下，国人为之振奋，嘉庆帝的后妃们更是欢欣鼓舞，她们往日亲身体验了丈夫所受的窝囊气，现在见丈夫终于反戈一击，向和珅主动进攻，无不为丈夫的果敢行动而骄傲，称赞嘉庆帝不仅床上功夫了得，无坚不摧，而且在治国安邦上也有超凡胆识，英武过人，因而对嘉庆帝更加崇拜和热爱了。而平日那些和珅的门徒走狗，惶惶不可终日，但看到"概不追究，余不累及"的诏谕，皆心存侥幸，但愿能度过生死关，保住一条狗命。

再说仪亲王永璇、成亲王永瑆奉旨到乾隆帝的殡殿里捉拿和珅、福长安。和珅见永璇、永瑆带着全副武装的侍卫前来，心知有异，猜想可能是嘉庆帝对自己下毒手了。只见永瑆看了和珅许久，突然道："和珅接旨"。和珅一看势头不对，跪在地上说道："奴才接旨"。只听永瑆念道："奉天承运嘉庆皇帝诏曰：今有给事中王念孙，御史广兴、广泰，大学士刘墉等列款奏劾和珅欺罔擅专，贪婪纳财，言之凿凿，特谕革和珅大学士、军机大臣等职，逮捕下狱鞫审，钦此!"和珅骤听此旨，简直不敢相信自己的耳朵，想不到嘉庆帝平时对自己口称相公，言听计从，前几天还叫自己总理乾隆帝葬仪，现在乾隆帝尸骨未寒，就在乾隆帝的停尸房里向自己下毒手，心肠真够狠毒的。嗨，只怪自己瞎了眼，把嘉庆帝的韬光养晦看成是软弱可欺，如今后悔也来不及了。不等和珅辩解，他就被侍卫牵拽而去。一旁的福长安早已吓得魂飞魄散，随后也被锁走。嘉庆帝在自己父亲的停尸房里果断捉拿和珅、福长安的情景，真正做到了稳、准、狠，确实是一击必中，一剑封喉。

嘉庆帝一面派人捉拿和珅，一面发出上谕，令今后陈奏的一切事件俱应直达御前，恢复了被和珅破坏了的密折陈奏制度，加强了皇权。上谕称："各部院衙门文武大臣，及直省督抚藩臬，凡有奏事之责者，预先告知军机大臣。即如各部院衙门，奏章呈递后，朕可即行召见，面为商酌，各交该衙办理，不关军机大臣指示也，何得豫行宣露，致启通同扶饰之弊耶？即将此通谕知，各宜凛遵。"正月十一日，嘉庆帝为和珅的问题专门发一道诏谕，指斥和珅僭妄不法，目无君主，延匿军报，贻误重务，独揽部务，弄权舞弊，党同伐异，任人唯亲，贪污纳贿，害国肥己。与此同时，令五大部尽快鞫审和珅，各省督抚及部院九卿对和珅进行议罪。直隶总督胡季堂奏称："和珅丧尽天良，非复人类，种种悖逆不臣，蠹国病民，几同川楚'贼匪'，贪黩放荡，真一无耻小人，丧心病狂，目无君上，请依大逆律凌迟处死。"各省督抚及部院九卿纷纷上书一致要求将和珅这个悖逆不臣、蠹国病民、贪黩放荡、目无君主的奸臣贼子以大逆罪凌迟处死，抛尸街头，而对福长安则处以斩立决。正是上上下下有了这些舆论，嘉庆帝便在正月十五日正式公布了和珅的二十大罪状：

大罪之一：朕于乾隆六十年九月初三日，蒙皇考册封为皇太子，尚未宣布谕旨，而和珅于初二日即在朕前先递如意，漏泄机密，居然以拥戴为功。

大罪之二：上年正月，皇考在圆明园召见和珅，伊竟骑马直进左门，过正大光明殿，至寿山口，无父无君，莫此为甚。

大罪之三：又因腿疾，乘坐椅轿抬入大内，肩舆出入神武门，众目共见，毫无忌惮。

大罪之四：并将出宫女子娶为次妻，罔顾廉耻。

大罪之五：自剿办教匪以来，皇考盼望军书，刻萦宵旰。乃和珅于各路军营递到奏报，任意延搁，有心欺蔽，以至军务日久未竣。

大罪之六：皇考圣躬不豫时，和珅毫无忧戚，每进见后，出向外廷人员叙说，谈笑如常，丧心病狂。

大罪之七：昨冬皇考力疾披章，批谕字划间有未真之处，和珅胆敢口称不如撕去，竟另行拟旨。

大罪之八：前奉皇考谕旨，令伊管理吏部、刑部事务，嗣因军需销算，伊系熟手，是以又谕令兼理户部题奏报销事件。伊竟将户部事务一人把持，变更成例，不许部臣参议一字。

大罪之九：上年十二月内，奎舒奏报循化、贵德二厅，贼番聚众千余，抢夺达赖喇嘛商人牛只，杀伤两命，在青海肆劫一案。和珅竟将原奏驳回，隐匿不报，全不以边务为重。

大罪之十：皇考升遐后，朕谕令蒙古王公未出痘者不必来京。和珅不遵谕旨，令已未出痘者，俱不必来京，全不顾国家抚绥外藩之意，其居心实不可问。

大罪之十一：大学士苏凌阿两耳重听，衰迈难堪，因系伊弟和琳姻亲，竟隐匿不奏。侍郎吴省兰、李潢，太仆寺卿李光云，皆曾在伊家教读，并保列卿阶，兼任学政。

大罪之十二：军机处记名人员，和珅任意撤去，种种专擅，不可枚举。

大罪之十三：昨将和珅家产查抄，所盖楠木房屋，僭侈逾制，其多宝阁与隔段式样，皆依照宁寿宫制度，其园寓点缀，竟与圆明园蓬岛、瑶台无异，不知是何肺肠。

大罪之十四：蓟州坟茔，居然设立享殿，开置隧道。附近居民有和陵之称。

大罪之十五：家内所藏珍宝，珍珠手串竟有二百余串，较之大内多至数倍，并有大珠较御用冠顶尤大。

大罪之十六：又宝石顶并非伊应戴之物，所藏真宝石顶有数十余个，而整块大宝石不计其数，且有内府所无者。

大罪之十七：家内银两及衣服等件，数逾千万。

大罪之十八：且有夹墙藏金二万六千余两，私库藏金六千余两，地窖内并有埋藏银两百余万。

大罪之十九：附近通州、蓟州地方，均有当铺钱店，查计资本，又不下数十余万，以首辅大臣与小民争利。

大罪之二十：伊家人刘全，不过下贱家奴，而查抄资产，竟至二十余万，并有大珠及珍珠手串，若非纵令需索，何得如此丰饶?!

其余贪纵狂妄之处，尚难悉数。

这些罪状归纳起来，可分为三大类，其一是大不敬，其实都很牵强，谁都能看出来，这纯属"欲加之罪，何患无辞"一类；其二是专擅，这倒是事实；而真正揭到和珅痛处的，还是贪黩，即其三。对于上述这些指控，和珅大多供认不讳。和珅知道既然落到了嘉庆帝的手里，不管自己承认不承认这些罪状，其结果都是死路一条，还不如死得痛快点。于是，嘉庆帝将这二十大罪状，交给京师三品以上官员传阅，还解释说，和珅是皇考简任的大臣，本不应该轻为更易的，即使有罪，只要稍有可原，也应该尽力保全，可是照科道诸臣所列举的这样，和珅真是罪孽深重，难以宽宥。照嘉庆帝的本意，非要将和珅凌迟处死，才能一出心头那郁积多年的恶气，可是他的妹妹，已经下嫁和珅之子丰绅殷德的固伦和孝公主再三涕泣求情全其肢体，又有大臣董诰、刘墉的一再劝阻，嘉庆帝只得按照康熙诛鳌拜、雍正诛年羹尧的前例，"加恩"赐和珅于狱中自尽。正月十八日，嘉庆帝宣布：鉴于和珅曾为首辅大臣，为国体起见加恩宽大，特赐令自尽，赐他一个全尸。福长安则判斩监候，秋后处决，并提福长安至和珅狱中，跪视和珅自尽。大学士苏凌阿年迈昏聩，令其退休；侍郎吴省兰、李潢，太仆寺卿李光云，俱降黜治罪。和珅的弟弟和琳因早已在川楚军前病逝，缘军功配享太庙，设立专祠，至此也被明令撤出太庙、拆毁专祠，和珅的儿子丰绅殷德因系固伦和孝公主额驸，看在他妻子十公主的面子上仍保留伯爵封号，在家闲住。

谕下当天，即赐帛令和珅在狱中自缢。这时距乾隆帝去世仅半个月，距和珅下狱也只有七天，可见嘉庆帝处理和珅一案，确实做到了从快从重，体现出雷厉风行的作风。和珅在临死前写下了一首诗说："五十年来梦幻真，今朝撒手谢红尘。他时水泛含龙日，认取香烟是后身"。此诗似偈似谣，前两句含义尚明，因为和珅生于乾隆十五年（公元1750年），死于嘉庆四年（公元1799年），刚满五十岁。从权力的顶峰一下子沦为阶下囚，并被赐死，这对和珅来说当然是一场梦，更是一场噩梦。后两句的含义则较为隐晦，好像与乾隆帝宠幸和珅的历史传说有关。

和珅自尽的次日，即正月十九日，嘉庆帝为稳定朝廷内外大小臣工疑惧株连之心，颁旨申明："和珅任事日久，专擅蒙蔽，以致下情不能上达，若不立除元恶，无以肃清庶政，整饬官方，今已明正其罪，此案业经办结。"处置和珅已取得决定性胜利，而处置和珅只是为了"警诫将来"，并非追究既往，过去的犯罪已过时效，不再株连。至于以往某些官员，"奔走和珅门下，逢迎馈赂皆所不免，若一一根究连及多人，亦非罪不及众之义。"嘉庆帝声称，和珅种种蠹国肥家，贪黩营私"犹其罪之小者"，"朕所以重治和珅之罪者，实为其贻误军国重务"，所以他安定人心道："凡大小臣工，无庸心存疑惧"，即使以前与和珅沆瀣一气，"热中躁进，一时失足，但能洗心涤虑，痛改前非，仍可勉为端士，不至终身误陷匪人。特此再行明白宣谕，各宜凛遵砥砺以副朕咸与维新之治。"既然危及嘉庆帝皇权统治的元凶和珅已经授首，如果打击面过大，株连过多，就会影响当时社会的稳定，赐死和珅，嘉庆帝杀一儆百的目的也就达到了，对和珅余党也就宽大处理，不再一一追究了。

当时，朝鲜使臣对嘉庆帝处理和珅一案评价相当高："和珅处置后，人皆谓皇帝有三达德。自即位以来，知和珅之必欲谋害，凡于政令，惟珅是听，以示亲信之意，俾不生疑惧，此智也。一日裁处，不动声色，使朝著一新，奸宄屏息，此勇也。不治党羽，无所株连，使大小臣工，洗心涤虑，俾各自安；皇妹之为珅子妇者，另加抚恤，此仁也。"

至于和珅的家产到底有多少，历来众说纷纭。当时，嘉庆帝派庆桂、盛柱、水瑆、绵恩等王公大臣查抄和珅家产，曾列回一份清单如下：

正屋一所（十三进七十二间），东屋一所（七进三十八间），西屋一所（七进三十三间），徽式屋一所（六十二间），花园一所（楼台四十二座），东屋侧室一所（五十二间），钦赐花园一所（楼台六十四座，四角楼、更楼十二座，更夫一百二十名），杂房（一百二十余间），古铜鼎（二十二座），汉铜鼎（十一座），端砚（七百余方），玉鼎（十八座），宋砚（十一方），玉磐（二十八架），古剑（十把），大自鸣钟（十九座），小自鸣钟（十九座），洋表（一百余个），大东珠（六十余颗，每颗十两），珍珠手串（十八颗一串，共二百二十六串），珍珠数珠（十八盘），大红宝石（一百八十余块），小红宝石（九百八十余块），蓝宝石（大小共四千零七十块），宝石数珠（一千零八盘），珊瑚数珠（三百七十二盘），蜜蜡数珠（十三盘），宝石珊瑚帽顶（二百三十六个），玉马二匹（高一尺二寸，长四尺），珊瑚树十棵（高三尺八寸），白玉观音一尊，汉玉罗汉十八尊（长一尺二寸），金罗汉十八尊（长一尺八寸），白玉九如意

（三百八十七个），批玺大燕碗（九十九个），白玉汤碗（一百五十四个），白玉酒杯（一百二十个），金碗碟三十二桌（共四千二百八十八件），银碗碟（四千二百八十八件），嵌玉如意（一千六百零一个），嵌玉九如意（一千零十八个），水晶酒盂（一百二十三个），金镶玉簪（五百多副），整玉如意（一百二十八枚），批玺大冰盘（十八个），白玉烟壶（八百余个），批玺烟壶（三百余个），玛瑙烟壶（一百余个），汉玉烟壶（一百余个），白玉唾盂（二百余个），金唾盂（一百二十个），银唾盂（六百余个），金面盆（五十三个），银面盆（一百五十个），镶金八宝炕屏（四十架），镶金八宝大屏（二十三架），镶金炕屏（二十四架），镶金炕床（二十架），四季夹单纱帐（全），老金缕丝床帐（六顶），镶金八宝炕床（一百二十架），嵌金玻璃炕床（三十二架），金珠翠宝首饰（大小共计二万八千件）。

金元宝一千个（每个重一百两，计银一百五十万两），银元宝一千个（每个重一百两），赤金五百八十万两（估银一千八百万两），生沙金二百万余两（估银一千八百万两），元宝银九百四十万两，洋钱五万八千圆（估银四万零六百两），制钱一千零五十五串（估银一千五百两）。

当铺七十五座（查本银三千万两），银号四十二座（查本银四千万两），古玩铺十三座（查本银二十万两），玉器库两间（估银七十万两），绸缎库两间（估银八十万两），洋货库两间（五色大呢八百板，鸳鸯一百五十板，五色羽缎六百余板，五色哔叽二百余板），皮张库一间（元狐十二张，各色狐一千五百张，貂皮八百余张，杂皮五万六千张）。

瓷器库一间（估银一万两），锡器库一间（估银六万四千一百三十七两），珍馐库十六间，铁黎紫檀器库六间（八千六百余件），玻璃器皿库一间（八百余件），药材房一间（估银五千两），人参六百八十余两（估银二十七万两），貂皮女衣（六百一十一件），貂皮男衣（八百零六件），杂皮男衣（八百零六件），杂皮女衣（四百三十七件），棉夹单纱男衣（三千二百零八件），棉夹单纱女衣（二千一百零八件），貂帽（五十四顶），貂蟒袍（三十二件），貂褂（四十八件），貂靴（一百二十只）。

地亩八千余顷（估银八百万两）。

和珅死后，他的财产又陆续被清出许多，据档案记载：嘉庆四年（公元1799年）正月二十二日永锡等所奏，查得海甸和珅花园内房一千零三间，游廊楼亭共三百五十七间（系以前赏赐）。马圈一所，计房四十三间，善缘庵寓所八十六间，游廊四十二间，园内有金器具七件，金镙九个，银器五十件。另在承德尚有寓所一处，陈设玩器戏衣等若干。二月三十日直隶总督胡季堂奏，大城等七县查出和珅及家人呼什图米、麦、豆、杂粮共一万一千零六十五石。三月二十八日绵恩等又陆续查出和珅借用本银所开当铺十二家，家人刘全等四人伙开当铺八家，和珅契置取租房一千零一间半，取租地一千二百六十六顷，通计二十万三千三百两，和珅还有借出应追本利银二万六千三百一十五两，并自挂大车八十辆，车价银九千六百两。

有人估算和珅的财产总价值达八亿两，而清政府当时国库每年收入不过四千多万两，和珅的财产相当于二十年的国库收入。和珅凭借乾隆皇帝的宠幸，大搞权钱交易，贪赃枉法，卖官鬻爵，聚敛巨额财产，短短二十年时间竟然敛财八亿两，真称得上天下第一敛财高手，天下第一巨贪。

和珅

嘉庆帝在父皇大丧之日诛杀和珅是从政治上考虑的，是为了扫除自己亲政道路上的绊脚石。不除和珅，天下只知有和珅，而不知有皇帝，他的皇权就会受到威胁，甚至会成为傀儡皇帝。不承想，拔出萝卜带出泥，查抄出来的和珅家私竟然如此之巨，大出嘉庆帝的意料之外，在经济上收益亦颇丰饶。和珅的财产，属于金银钱财部分，俱上交内务府广储司；珠宝玉器、古玩字画、首饰、器皿、皮张绸缎及其他家用物资数量极多，也绝大部分归内务府，少部分赏给皇帝后妃、皇子皇孙、王公大臣、御前侍卫和太监等，另一小部分如旧衣物、戏衣及京外热河等地的物品全部变卖；和珅及其家奴内监在京外存粮食二万余石，一半以上作为救济当地灾民之用；在京的府第、花园、当铺、钱庄、祠堂、马厩等，除嘉庆帝的亲弟弟庆郡王永璘分得了和珅府第的一半，妹妹十公主得了和珅府第的另一半，哥哥成亲王永瑆分得了和珅的园林外，其余都进了嘉庆一皇帝的腰包。仅就人参一项而言，当年春天，内务府因收进和珅的人参数量过巨，以至无法储藏，不得不变卖数百斤，因此竟造成了市面上一时钱币短缺的现象。这真应验了北京街头风传的童谣："和珅跌倒，嘉庆吃饱。"嘉庆帝赢得了政治上与经济上的双丰收，真是何乐而不为呢！

嘉庆帝在取得诛杀和珅的决定性胜利后，就给自己放了几天假，日夜沉溺于后妃们的乳香肉色中，以给冷落了一段时间的后妃们一个热烈的补偿，并把从和珅处得来的珠宝玉器、古玩字画、首饰、器皿大肆赏赐给自己心爱的后妃们。后妃们见嘉庆帝心情高兴，出手大方，也都打扮得花枝招展，妖媚风骚，个个使出浑身解数，把嘉庆帝伺候得欲仙欲醉，如同神仙一般。嘉庆帝和他的后妃们都陶醉在诛杀和珅后的巨大喜悦和幸福之中。

用人与言路

（一）器重守旧之臣

我国历代封建王朝，虽然也制定过许许多多的法律，其律例之繁备，在世界诸国中也可以算得上是数一数二的，但究其实却并非实行真正的法治，而是道道地地的人治。用人确是关乎国家和社会的兴衰治乱，所谓"为政之要，莫若得人"，几乎成为历代帝王、特别是那些有见识的帝王所遵奉的信条，因为用人是否得当，不仅关系到社会的发展和民心的背向，而且直接影响着王朝统治的安危，因而不得不慎重对待。

嘉庆是在乾隆后期和珅揽权、吏治日益败坏的情况下嗣位的。他毅然翦除和珅后，在用人上便显得格外小心、慎重选择，以免重蹈覆辙。那么，嘉庆在选用官吏上坚持什么样的方针和标准呢？他曾写过一篇《才德说》，文章不算太长，但真实地反映了他在用人问题上的基本想法。文中提道：德与才相为表里，不可析也。盖德蕴于中，才应于外，德为才之体，才为德之用，有德必有才，而恃才自居者，去德远矣。夫德才全备者上也；德优于才者次也；才过于德者又其次也。德优于才犹不失为君子，若才过于德，终恐流为小人矣。……用人固取其才识，然亦必先观其德行，斯为有本之才。……大智若愚，德胜于才也；大诈若忠，才胜于德也。是以修己观人之要，宁可使才不足，不可使德有歉也。……若爱其才而略其行，是舍本而逐末，贻害匪浅。不可不慎。

另外，嘉庆在一篇谈论京察的上谕里，也涉及一些用人的原则。上谕说：

三载考核，始自唐虞，至今日则为京察。用人之典至要，而选才之方，必推气节，未有阿谀谄媚之徒，而能有廉明之政者也。近年以来，六部堂官所拔识之司员，大率以迎合己意者为晓事之人，以执稿剖辨为不晓事之辈，以每日伛谄卑词巧旋者为勤慎，以在司坐办口齿木讷者为迂拙，遂至趋承卑鄙、乞怜昏夜、白昼骄人，仕路颓风，几不可问，气节消磨殆尽，成何政体？！朕思转移风气之方，须立矜式观摩之准，现将届京察之期，各部俱应慎重选举，果有猷守兼优者，自膺首荐，余则宁取资格较久、谨愿朴实之员，其少年浇薄、才华发越者，应令其经练，下届再行补列，更足以砺后起之俊，黜华崇实，于政治不无小补。

嘉庆的这些话，讲的是十分清楚的，德才兼备，当然是最好不过了，如果两者不能全备，嘉庆是宁愿要德而不要才，以重气节，这就是嘉庆选用官吏的原则和标准。

嘉庆心目中的所谓德，看来无非是两条，一是清廉，二是勤慎，有了这两条，在嘉庆朝便可以站得稳，对升迁也用不着担忧。至于才干、学识、魄力、闯劲等等，在嘉庆看来都是次要的。事实上嘉庆时期枢臣这一核心圈内，基本上都是属于第一类型的人物，他们大都清廉自爱、勤慎办事、克尽忠悃，但具有杰出政治才华，怀有远大政治抱负，创下重大政治业绩的人，却是很少的。这固然是与嘉庆时期特定的政治环境有关，但更重要的是嘉庆的用人方针<用法不当>以及由此而产生的核心成员组成情况所决定的。

在嘉庆期间，先后入阁担任过内阁大学士职务的计有阿桂、和珅、王杰、福康安、孙士毅、董诰、刘墉、苏凌阿、保宁、庆桂、朱珪、禄康、费淳、戴衢亨、刘权之、勒保、松筠、曹振镛、托津、明亮、章煦、戴均元等二十二人。当然，他们的情况是很不相同的，象和珅、苏凌阿本来是嘉庆所憎恶之人，但碍于太上皇乾隆的关系，不得不让他们留阁和入阁，但乾隆一死，和珅便立即被诛除，苏凌阿亦随即被赶出内阁，所以他们不能算是嘉庆选用的。福康安与孙士毅二人，都是在乾隆五十七年（1792）入阁的，属太上皇简任重臣，不管嘉庆对他们有尤好感，也不便于更易。不过，福康安死于嘉庆元年五月，孙士毅也于同年七月去世，在嘉庆朝任阁职只有短短的几个月，其影响自然不大。

阿桂则早在乾隆四十二年（1777）起便任阁职，在乾隆四十五年开始位列班首，其后一直未有中断，直至嘉庆二年（1797）八月去世止。虽然阿桂亦属乾隆简任重臣，不是嘉庆自行挑选的，但嘉庆对于阿桂，一直是十分敬重的，这不仅因为阿桂是乾隆依为股肱的大臣，功业十分显赫，乾隆一生曾四次图功臣于紫光阁，即定伊犁回部五十人、定金川五十人、定台湾二十人、定廓尔喀十五人，而其中只有阿桂与海兰察二人，四次均名列榜上，而阿桂定金川为元功，定台湾为首辅，定廓尔喀以爵复第一而让于福康安。更重要的是阿桂为人刚正，不附邪恶，因而与和珅的关系一直很僵，这是嘉庆所深知和深佩的。所以嘉庆受禅嗣位后，阿桂在内阁中仍任首揆；阿桂去世时，嘉庆又亲临赐奠，谥号"文成"，追赠太保，入祀贤良祠。如果按嘉庆用人的标准，阿桂可以称得上是德才全备的一类，只可惜他在嘉庆嗣位不久，即因年老逝去，未能对嘉庆朝做出更大的贡献。

为嘉庆所器重的枢臣，阿桂以下，当首推王杰。他同样是乾隆简任重臣，从乾隆五十一年（1786）起任军机大臣，第二年又任东阁大学士。他的业绩虽稍逊于阿桂，以平台湾和廓尔喀，两次赐图紫光阁。但他为人持守刚正，并不亚于阿桂，是当年在内阁中唯一敢于正面顶撞和珅的人物。所以嘉庆亲政后，即以王杰为首辅不是偶然的。当时白莲教起义正在迅猛发展，王杰认为主要是穷民无所依赖，而地方官又不能妥为安辑，以致胁从日众。因而早就上疏建议：此时当安良民以解从"贼"之心；对被兵地区的一切钱粮应行蠲免，不准官吏舞弊重征；有来归者概勿重治，则"贼"势或可渐孤。他的建言，对促成嘉庆确立"安民制乱"的指导方针起了重大的作用。所以嘉庆每遇大事，必向王杰征询；王杰亦"遇事持大体，竭诚进谏"。嘉庆五年（1800），王杰年逾七十六，曾以衰病乞休，但嘉庆极力挽留，并特许扶仗入朝。到嘉庆七年，王杰实在无一法坚持，遂再次固请告退，嘉庆也只好予以允准，晋封他为太子太傅，特许在籍食俸。王杰为了表达他最后的一点心意，在八年春离京前向嘉庆提出了两点叮嘱：一是有关各省亏空之弊，他认为自乾隆四十年（1775）以后，州县营求馈送，以国帑为夤缘，上司受其挟制，弥补无期，亟应整饬。二是驿站自裁归州县，滥支苛派，官民俱病，宜清驿站，以杜亏空，并挽积重之势。由于所说俱切中时弊，嘉庆自然乐于采纳，并在陛辞日，将先帝乾隆御前陈设的玉鸠杖一枝赐给，又亲自赋诗二章相赠，其中有"直道一身立廊庙，清风两袖返韩城"之句，这是对王杰为人正直清廉的高度评价。嘉庆九年（1804）十月，王杰与妻程氏八十同庚，嘉庆特派陕西巡抚方维甸携御制诗、额、珍物至其家祝寿，而王杰则执意赴阙谢恩，十一月动程，十二月初抵京。嘉庆恩准他肩舆进朝，扶杖入对，初时精神尚健，稍后即形疲软，终因年高气弱，不胜严寒而溘逝于京邸。嘉庆为失去这一耿直老臣而深为悼惜，赞誉他"忠清直劲，老成端谨"，加恩晋赠太子太师，赐谥"文端"，派荣郡王绵亿往奠，并赐银两千两经理丧事，入祀贤良祠。王杰虽然是先帝简任的大臣，但从嘉庆与王杰的关系看，其密切程度确非一般。

董诰任东阁大学士职，在时间上虽说是在嘉庆元年十月，但他仍属乾隆所简任，早在乾隆四十四年（1779）即被擢任军机大臣，其入值军机处的时间，比王杰还要早好几年，亦曾以平台湾及廓尔喀功，两次图形紫光阁。董诰之进入内阁，其实也是出于乾隆的旨意。嘉庆元年，因福康安、孙士毅相继去世，内阁中只剩下阿桂、和珅、王杰三人，缺额较大；而自乾隆五十八年（1793）以来，已连续好几年没设协办大学士了，因而一时无合适的人选递补，作为太上皇的乾隆，便提出了增补人选的意见，他认为刘墉、纪昀、彭元瑞三人的资历都很深，但刘墉遇事模棱两可；彭元瑞曾因行为不检获咎；纪昀读书虽多，却不明事理；只有董诰在直勤勉。这样，董诰入阁便定下来了。不过董诰入阁不久，即因丁生母忧于嘉庆二年三月离京回籍守制。三年三月，董诰葬母毕返回京师，又因和珅从中作梗等因素，直到嘉庆亲政后，才于四年正月和五月分别恢复了军机大臣及大学士的职务，并一直延续到嘉庆二十三年（1818）二月以病致仕为止，可以说，董诰是嘉庆朝任职时间最长的一位枢臣了。

嘉庆为什么如此器重董诰，其中很重要的一点是，董诰曾不顾和珅的权势，帮助过刚嗣位的嘉庆摆脱了困境。事缘于嘉庆元年授受大典完成不久，嘉庆便以迫不及待的心情，下诏召恩师朱珪进京，准备授以阁职，并为此撰诗致贺。然而嘉庆这些想法和做法，都未免过于天真和自信了，他没有想到和珅居然胆敢藉此发难，竟将嘉庆的诗稿取去向太上皇告状，说是"嗣皇帝欲市恩于师傅"。而太上皇刚内禅，为了使自己依旧稳操大权，自然不乐意这类事情的发生，当乾隆向董诰征询意见，问他此事在律例上应如何处理时，董诰则意在"保驾"，连忙叩头说："圣主无过言"。乾隆听后考虑了很久，也觉得嘉庆受禅不久，不宜将事情闹大，只好对董诰说："汝大臣，善为朕辅导之。"嘉庆才得以渡过这一难关。但对于朱珪，乾隆却余怒未息，不仅以其他藉口罢去了朱珪赴京之召，而且还把他从两广总督降为安徽巡抚。嘉庆由于有董诰这句话，得以转危为安，心中自然是铭感的，尽管董诰其人才能并不突出，但他在嘉庆枢臣任上时间最长，并先后兼管过刑部、户部、兵部事务，这说明嘉庆对他是相当信任的。不过董诰在很长的一段时期，并未位列首枢，只是庆桂在嘉庆十八年（1813）九月致仕后，当时内阁只剩下几个新进的阁员，董诰才得以老资格在内阁中领衔。通观董诰在整个枢臣任内，并无突出的政治建树，只是所经办的事，尚称勤慎；对天理教策动宫廷之变，独持镇定；在生活上也能坚持清正，"父子历事三朝，未尝增置一亩之田、一椽之屋"。这显然是完全符合嘉庆重德的用人准则的，并且成为守成型官员的一个榜样。董诰曾于嘉庆二十年（1815）以病求退，但嘉庆极力慰留，令其在家调养，毋庸开缺。到嘉庆二十三年（1818）二月，董诰病情加剧，终于获准致仕，在家支食全俸，于同年十月病逝，晋赠太傅，赐谥"文恭"，入祀贤良祠。嘉庆曾亲往奠祭。

王杰、董诰以下各枢臣，基本上是嘉庆按照自己的用人准则选用的，其中又以朱珪、庆桂、戴衢亨、刘权之四人较为重要，透过嘉庆与他们的关系，当可进一步认识嘉庆的用人和他所推行的政治。

朱珪是颙琰的恩师，这一点在第一章中已有详述，两人感情至深，应是毋庸置疑的。乾隆四十五年（1780），朱珪奉命提督福建学政，临行赠颙琰五箴：养心、敬身、勤业、虚己、致诚，对颙琰的思想影响极大，以至在亲政后仍置左右，力行甚坚。嘉庆嗣位后即有意召朱珪入阁，畀以重任，但由于和珅从中作梗而未能如愿。嘉庆四年正月，太上皇刚逝去，嘉庆即驰驿召珪，珪亦闻命奔赴，在赴京途中即迫不及待地上疏陈说："天子之孝，以继志述事为大。亲政伊始，远听近瞻，默运乾纲。……修身则严诚欺之界，观人则辨义利之防。君心正而四维张，朝廷清而九牧肃。身先节俭，崇奖清廉，自然盗贼不足平，财用不足阜。唯愿皇上无忘尧、舜自任之心，臣敢不勉行义事君之道。"朱珪的这些建言，实际上是构成了嘉庆新政的纲要。迨朱珪抵京后，因久别重逢，君臣竟相互抱头痛哭，这种情形，确属不同寻常。但奇怪的是，这时已完全掌握最高权力的嘉庆皇帝，在诛除和珅、赶走苏凌阿、阁职多有空缺的情况下，反而没有让朱珪马上进入内阁，只命他入直南书房，兼管户部三库事务。一直到嘉庆七年（1802）七月，才让朱珪以户部尚书协办大学士；嘉庆十年（1805）正月，因首枢刘墉去世，才正式入阁，任体仁阁大学士。从道理上说，这确实有点异常，值得一析。

朱珪之所以迟迟入阁，其原因还是比较复杂的，第一，和珅当年所说的"皇帝欲市恩于师傅"这句话，并未因和珅被诛而丧失其影响，所谓人言可畏，在封建时代尤其突出，而嘉庆与朱珪在封建思想道德修养方面，又都是相当到家的，对于"市恩"之嫌，自然是主动点避忌好，与其让朱珪急急入阁使自己在舆论上陷于被动，不如暂不入阁，让朱珪在实际政务中去发挥作用。事实上自朱珪抵京后，嘉庆"时召独对，用人行政悉以谘之。珪造膝密陈，不关白军机大臣，不沽恩市直，上倾心一听，初政之美，多出赞助。"所以朱珪在嘉庆亲政后没有立即入阁，显然是出于某种策略的考虑。第二，对朱珪入阁的问题，太上皇在生前可能有过某种秘而不宣的谕示，而嘉庆作为孝子，不得不恪遵不渝。所以对朱珪入阁一事，在《朱珪传》里特别附有令人注目的一笔说："上（指嘉庆）以是命遵高宗谕，遣诣裕陵谢。"而这是其他阁臣出任时所没有的。第三是朱珪本人的问题，主要是未能摆脱书生习气。早在嘉庆元年二月，他在两广总督任上就因处理洋盗案犯不当受到"传旨申饬"抵京后也有过一些过失，如五年五月与工部尚书彭元瑞同入朝，彭在禁城内不慎坠马，朱珪呼其舆经入西华门，舁之出，有违门禁朝仪，为御史周栻所劾，交部议处。不久，朱珪的轿夫又在西阙门禁地酗酒斗殴，击伤禁门卫军，朱珪以失察获咎，吏部严加议处。部议降二品调用。嘉庆虽百般维护，说"珪素恪谨"，此次不过是"造次不检"，然而法倒俱在，不给点处分还是说不过去的，遂命革去太子少保衔，不必兼管三库事，但仍加恩从宽留任户部尚书。由于上述种种原因，嘉庆虽说钟情于恩师。但也不敢造次，这样，朱珪迟至嘉庆十年才正式进入内阁，就不难理解了。

因此，朱珪在嘉庆朝的二十二位阁臣中，是任职时间较短的一个，前后不足两年，仅次于戴衢亨的不足一年。他出任大学士时已是七十五岁了，第二年即"以老乞休"，但为嘉庆所慰，并给予许多方便的条件，如帝幸离宫，不必随行；奏事之日，不必俟班；天寒时节，许间二三日入值等等。所以朱珪对嘉庆政事的贡献，并不在阁职任上，而在于他对嘉庆的思想影响、在于他入阁前所提出的种种主张。如他在户部尚书任上，力主禁止浮收加派诸弊。他曾经指出：疆吏以运丁苦累，仰给州县，州县不得不取诸民，于是安徽加赠银，江苏加耗米，小民未见清漕之益，先受其害，亟应废罢这种名实不符的所谓"清漕"，并饬令户部属下有关曹司严格把关，对事近加赋者均予议驳。又如长芦盐政呈请加增盐斤，朱珪驳议说：芦东过去曾因钱价过贱，已三次加价，且已宽免积欠三百六十万两，余欠还展限三年，商力已宽，不许再议加价。广东曾请于海滨沙地升赋，朱珪亦严予批驳，认为海沙淤地，坍涨靡常，故照下则减半赋之，而如今视作上、中田增赋，是与民计微利，实非政体。且民苦加赋，若别有涨地，势必不敢报垦。所以升赋之事，实不可行。仓场也曾报请预纳钱粮四五十倍，朱珪批驳说："国家正供有常经，名实关体要。于名不正，实必伤，断不可行。"朱珪的这些措置，都得了嘉庆的赞许，并且成为嘉庆推行"安民制乱"政策的重要内容。嘉庆在上谕中所讲的一些话，与朱珪所说的几乎是一模一样，这都说明朱珪对嘉庆影响之深。

嘉庆十一年（1806）十一月底，嘉庆召对乾清宫，朱珪突然病眩晕倒，不省人事，嘉庆命扶归宅第，还指派医官诊视，赐假两月调养，甚至准备亲往探望，但没过几天，朱珪便于十二月初五溘然长逝了。嘉庆于次日亲往奠祭，恸哭不已，命晋赠太傅，赐谥"文正"，入祀贤良祠，赏给内库银二千五百两经理丧事，对其任内一切降革处分全予开复。稍后，又派二阿哥旻宁代表他前往加奠，启殡日，遣亲弟庆郡王永璘致送。所有这些，都可说是一种特恩了。

嘉庆之所以如此厚待朱珪，除了恩师这层关系外，更主要的是朱珪一生"持躬正直，砥节清廉，经术淹通，器宇醇厚"，

"服官五十余年，依然寒素，家庭敦睦，动循矩法，不愧为端人正士。"嘉庆在前往哭奠时，"见其门庭卑隘，清寒之况，不减儒素"，不禁怆怀不已。也有说，朱珪"外放未受一钱。四十余年，即独居无当媵"，故嘉庆所赠痛诗中有"半生唯独宿，一世不贪钱"之句。嘉庆二十一年（1816）三月，嘉庆在恭谒西陵回銮时，还于行道亲临朱珪墓园奠祭一番，这确是古往今来所少有的。很明显，嘉庆所需要的就是象朱珪这样的清正之士、忠悃之臣。至于朱珪晚年如何好仙崇道、持斋茹素，甚至变得有点怪诞不经，嘉庆也就不计及了。

在嘉庆内阁中，庆桂的任职时间仅次于董诰居第二位。他是乾隆朝大学士尹继善之子，不过他在仕途上的不断晋升，倒不是靠他的老子，而是以自己练达边务获得的。他先后出任过库伦办事大臣、伊犁参赞大臣、乌里雅苏台将军、盛京将军、吉林将军、黑龙江将军、陕甘总督、塔尔哈巴台参赞大臣等职。他的政治才能，早已为乾隆所赏识，曾赞誉说："尹继善之子能如此，朕又得一能事大臣矣。"

乾隆三十六年（1771）四月，任军机大臣多年的尹继善卒于任上；是年九月，庆桂便被补进军机处，这种情况实属少见，庆桂虽一度出任边臣，但他在军机处里也可算是老资格了，而在嘉庆初年的内阁里，他却是个新兵。嘉庆四年由于和珅被诛，苏凌阿被赶，阁员出现空缺，庆桂遂于是年三月被补进内阁，任文渊阁大学士，位次居王杰、刘墉、保宁之下，直到嘉庆十二年（1807）才位列首辅，并一直延续到十八年（1813）九月以老休致止。

其实庆桂自入阁后，他早年治理政务的那股锐气，已因年迈而逐渐消退，在任阁职期间，他总理过刑部，也兼管过吏部、理藩院和户部三库事，但在这些方面，他都没有什么突出的建树，倒是在监修《高宗纯皇帝实录》上下了不少功夫，因"在馆八年，始终其事"而得晋太子太师、赏用紫缰。又因三省"教乱"平，嘉庆以其"克尽忠悃，用兵以来，承旨书谕，勤慎小心"而赏给骑都尉世职，赐双眼花翎。看来庆桂在内阁里能够站稳，一是嘉庆出于敬重老臣，只要他无大过错，一般都给予重用；二是由于"庆桂性和平，居枢庭数十年，初无过失，举趾不离跬寸，时咸称其风度"，仅此而已。到嘉庆十七年（1812）正月，嘉庆念其年老腿疾，先准其罢直军机处；十八年九月，庆桂年届七十九，遂准其以原品致仕，给予全俸。二十一年（1816）六月病

逝，赐谥"文恪"。

戴衢亨在嘉庆阁臣中，属年纪较轻、资历较浅的一员。他在乾隆期间，所任不过是各省学政、侍讲学士之类职务，其转机则是嘉庆元年出现的，当年授受大典所有重要文字撰拟，大多出自其手，从而为刚嗣位的嘉庆所赏识。次年即命他随军机大臣学习行走，由于他的品秩过于卑下，嘉庆不得不特意给他加三品卿衔，以后便一直担任军机大臣要职，还兼任过兵部尚书、工部尚书、户部尚书，兼管过顺天府尹和户部三库，成为嘉庆一手提拔起来的"国家得力大臣"，处处给以充分的信任。

嘉庆之所以器重戴衢亨，还由于他"性清通，无声色之好"，办事"谨饬清慎"，能"知无不言，言无不尽，克尽忠悃"，对于政务亦颇具远识，非浅近者所能测，尤其是在治河方面，曾经显示过他的非凡才能。当时河务日敝，河工频兴，成为嘉庆日夜焦思的三大难题之一。嘉庆虽想锐意整顿，但中外臣工议论不一，难以做出周密的筹划，于是将这一重任交给了戴衢亨，命他出京视察南河。他于嘉庆十三年（1808）曾三疏陈述治河要义，认为当前治河关键在于斟酌轻重缓急，各工既不能一窝蜂都上；也不能因为出了点问题便全停下来，他结合自己对河势实勘所得，建议停修毛城铺滚水坝，复天然闸东山罅闸坝，以减黄济运；在王营减坝西，增筑滚坝、石坝，普培沿河大隄，而以淮、扬境内尤急。至于云梯关外八滩以上，接筑雁翅堤以束水势，并于智、礼二坝加高石基四尺，以制宣泄。嘉庆批准了他的建议，按照这一计划组织施工，收到了比较好的效果。所以嘉庆下谕："嗣后考核河工，当以此为标准。"到嘉庆十五年（1810），因阁臣费淳和勒保先后因事降革，戴衢亨得以补入内阁，任体仁阁大学士，管工部。十六年三月，扈从嘉庆巡幸五台，途至正定，因病先回京师，四月病故，终年五十七岁，这在嘉庆枢臣中，属于英年早逝的一员，也是任阁职时间最短的一员。其贡献主要表现在军机大臣任上，而非大学士任上。《清史稿》曾评论说："仁宗综核名实，枢臣中戴衢亨最彼信用，衢亨亦竭诚赞襄，时号贤相，晚遭弹劾，而眷注不移。"衢亨去世后，嘉庆亦曾亲往赐奠，赠太子太师，谥号"文端"，入祀贤良祠。

刘权之的年龄，较戴衢亨大得多，但入值军机处和入阁的时间，都比衢亨晚。在乾隆期间，他的任职也大多是地方学政之类，品秩也不高。嘉庆亲政后，把他提拔为左都御史，对于整饬地方积弊，多有贡献。曾上疏言："买补仓谷，地方官多奉行不善，不论市价长贱，均在本境采买，富户贿吏飞洒零户，转得少派，善良贫民深受其累。官以折价入己，仍无存米，遇协济邻省，令米商仓猝购办，发价剥扣，起运勒掯。嗣后遇应补买，向丰稔邻县公平采办，不得于本县苛派，严禁胥吏舞弊"。与此同时，他还建议加强对地方社仓的管理，指出："社仓大半借端挪移，管事与胥吏从中侵盗，至歉岁颗粒无存，以致殷实之户不乐捐输，老成之士不愿承办，请一律查禁。"而这些都是嘉庆非常关心的问题，因而立即饬令各省照办，使民免于受累，尤其是在湖、湘一带，获得了广泛的称颂。

　　嘉庆四年八月，在编修洪亮吉上书事件中，刘权之与朱珪均曾受托转呈，但在拆阅原书后未及时呈进，嘉庆认为他们都是翰林出身，对洪亮吉意存回护，传旨诘责。权之与朱珪均自请严议。不过嘉庆并不想加罪于他们，遂以"权之人品端正，平时陈奏不欺"，宽其处分，不久还把他提升为吏部尚书。他在吏部任上，积极"疏通淹滞，铨政号平"，政绩还是比较显著的。嘉庆七年（1802）六月，被委任为军机大臣；十年（1805）二月，涉足于内阁，以礼部尚书、协办大学士，加太子少保。然而就在这迅速晋升的时刻，刘权之却摔了一跤，他在保奏军机章京中，未与庆桂等会同商酌，擅将中书袁煦列入，而袁煦则是权之房师纪昀的女婿，因而以"徇私"为同僚英和参劾。嘉庆对于此事自然是很不高兴，结果，刘权之的军机大臣及协办大学士职同时被免，降为编修。看来这一跤确实摔得不轻。不过嘉庆对于刘权之还是有好感的，事过境迁后，很快又把他提升为光禄寺卿、兵部尚书。十五年（1810）正月复授协办大学士；十六年五月，因戴衢亨去世，补入内阁，任体仁阁大学士，管工部，不过军机大臣之职，却一直没有恢复。嘉庆十八年（1813）以目疾乞假，嘉庆对他亦十分关怀，曾遣御医诊治。但刚好这时发生了林清攻入宫廷的非常事件，事定之后，嘉庆痛定思痛，做了一番深刻的反思，开始感到老人政治的弊端实在不少，因而对朝臣进行了一次较大的调整，凡老弱衰病者大多罢退，在内阁中只保留董诰领衔，而刘权之与庆桂均于是年九月以原品致仕，另外补进了较为年轻的松筠和曹振镛。刘权之命回籍，给半俸。到嘉庆二十三年（1818）卒于家，年八十，赐谥"文恪"。

　　总之，从以上几个主要枢臣的情况看，无论是乾隆简任的、还是嘉庆自己提拔的，大体上都符合嘉庆在《才德说》中所提出的用人准则。其中除阿桂、王杰二人德才趋于平衡外，其余的大多是德重于才，而清正、廉直、勤慎、忠悃、老成、资深，但又缺乏卓越的才能与魄力等等，几乎是嘉庆朝所有枢臣的共同特点。在这二十二位阁臣中，除和珅、苏凌阿二人外，只有禄康一人因纵容包庇自家轿夫聚赌，事后又文过饰非，对所管事务又懵然无知、毫无振作被革职。其他阁臣虽然也有过这样或那样的过失，但一般都较持重而不失大体。松筠虽然在二十二年（1817）六月，也曾受到过革职的处分，但他获咎的原因，仅是以天旱示警，谏阻嘉庆于来年巡幸盛京、恭竭祖陵。这只是嘉庆自己在一时的气头下所做出的惩处，实非罪有应得。所以嘉庆稍后即有所追悔，改授松筠礼部尚书、兵部尚书，并恢复其御前大臣、领侍卫内大臣等职务。

　　由于嘉庆本人属守成型的君主，因而他器重的也自然是那些守成型的大臣。他们实际上是组成了一支灭火队，哪处起火就往哪里扑，其目的只有一个，就是通过剔除一些积弊，延缓矛盾的进一步激化，以便能保住大清王朝的统治，而不是去开创一个什么新天地和新局面。而清正、廉直、勤慎、忠悃等等品德，正是适应了这种政治需要。所谓先正己而后正人，嘉庆是这样要求自己的，他自然也同样要求自己的臣僚们。不过能真正做到这一点也确实不容易，特别是为数众多的中下层官员，更难以做到。

再加上嘉庆强调德重于才，因而嘉庆朝的官员们，包括核心圈内的大员，其开创能力都相对较弱，所以嘉庆朝无论在政治上还是在经济上，都没有什么重大的建树，是不难理解的。嘉庆及其臣僚们所能起的作用，充其量也只是延缓一下清代中衰的历史进程，而不可能扭转这一进程，这已是历史所证明的事实了。

（二）广开言路

嘉庆二年（1797年）三月初三日，洪亮吉被派为上书房行走，教乾隆皇帝曾孙奕纯读书。奕纯系乾隆帝长子永璜之孙、长孙绵德之子。永璜、绵德分别于乾隆十五年，五十一年卒，奕纯为无父之孤儿，当得到乾隆帝的宠爱。"上书房设于雍正朝，凡诸皇子暨近支王公及岁读书，必特简翰林官使授读。耆儒教胄，龙种传经，古元子入学遗法也。"教书的老师可以出入宫禁，饮食取于宫中的御膳房，接近皇帝贵族，是一个很荣耀的职位。加之，皇室内部历来都有着争夺皇帝宝座的殊死斗争，亮吉充任上书房行走，肩负着管教皇孙之责，也是嘉庆皇帝采取的巩固自己地位的一项措施。洪亮吉为荣任此职、曾兴奋地写下了如下的诗句：

不妨衣冷更装绵，十里冲寒笼玉鞭；到处两犹零昨日，别来人乍入三天（是日入值上书房）。情怀已分建成梦，消息缘和欲禁烟；只有御河桥畔柳，临风袅袅试初眠。

在亮吉看来，上书房入值，给皇曾孙教书，虽不能立即实现他的治世之愿望，但较之咸安宫官学总裁要胜一筹，"不妨衣冷更装绵"。对于封建士子，似只有效劳皇室，出入宫禁，才能欣赏"御河桥畔"的临风袅袅的垂柳。洪亮吉作为皇曾孙的老师，又有一次乔迁之喜，搬到"百种禽声入牖里"的澄怀园。"即日移寓澄怀园近光楼"。两个月后，洪亮吉将他的妻儿等家属接到京师，居住一起，以为可以长期当京官了。

按照尊重师长的惯例，皇帝常赐给上书房的老师某些物品。食物，这被视为臣的莫大荣幸。五月，皇帝赐给洪亮吉葛纱、宫扇等物，亮吉感激涕零，有诗纪恩：

弱冠为人师，逮今几卅年；/人言绅佩荣，簪毫入中天。/经传圣人孙，成削南及肩；/朝朝食天厨，蘁坮梦仍牵。/日午宣赐来，鹄立朵殿边；/缤纷香药丸，纱葛欣有联。/才出内左门，传宣复连翩；/俯念节物佳，当食更赐鲜（是日并蒙赐克食）。/我苦无母遗，承恩涕沧涟；/会当家祭时，持此告寝筵。

在诗里，洪亮吉回想起他刚成年便教书，已有卅年的时间，只有到今日教皇帝的子孙"圣人孙"的书，方感到荣耀之至，享受到"朝朝食天厨"的口福，甚至做梦也回味御膳房菜肴"蘁坮"的香味。他把皇帝赐给他的宫纱、香药看作莫大的荣幸，赐给他的食物，虽因母亲去世，不能孝教她，也要以此祭告先人，作为光宗耀祖的实物。洪亮吉的"承恩涕沧涟"，可说发自内心。

在上书房行走，以出入宫禁之便，洪亮吉结识乾隆皇帝的十一子、成亲王永瑆。

永瑆还曾到亮吉寓所访问，相互有诗赠答。亮吉有《八月廿九日抵澄怀园成亲王枉骑过访并辱赠诗谨赋此报谢》诗：

"偶厕谈经席，烦劳问字车；过汀喧列骑，入室噪栖鸦。土灶茶难熟，丹林日易斜；不因邻禁籞，犹识野人家"。

成亲王永瑆的到来，"噪栖鸦""日易斜"，更使"野人"的亮吉受宠若惊。永瑆还曾为洪亮吉"写卷施阁榜"，"雅有剡溪戕百幅（时观成亲王所书堂额，亦乞写卷施阁榜）"，"迂疎尚荷贤王礼"。亮吉与成亲王永瑆的交往，使他后来经永瑆上书言事而获罪。

洪亮吉享受皇帝的恩赐，接近宗室贵族，并没有冷落友人。亮吉虽居于宫禁之旁，友人虽有不便打扰之虑，但他仍常邀他们前来。"十日无一客，客至必满堂；十日无一樽，客来必千觞。主人爱客客亦知，皆竟来早无来迟。"他们一起欢醉，相互吟唱，"果中开筵忘尔我"，"满屋尽变为吟声"。亮吉也与友人赴西山、陶然亭、积水潭等名胜嬉游。嘉庆二年（1797 年）中秋节，洪亮吉与何元烺、何道生、法式善、伊秉绶、赵怀玉等游法源寺竟日，"静夜人归月亭午"。

日日侍教皇帝子孙的洪亮吉，也没有忘记庶民生计的艰辛。京师雨季，对于居住在低洼地区与破旧老房的贫苦百姓来说，就是一场灾难。洪亮吉富于同情地写下了《苦雨》诗：

十日雨不停，莓苔缘斗拱；虚堂蒸毒雾，梁燕欲移栋。居邻断烟爨，欹户求火种；为言墙半圮，床榻陷成冢。填街三尺水，决窦不旋踵；忧来展书坐，虫喙集窗孔。心切望晓晴，偏惊横蟪唳。

在诗里，亮吉称十日之雨，使邻居断炊、墙塌、炕床"陷成冢"。"填街三尺水，决窦不旋踵"，使亮吉为之忧愁，书也读不进了，呆着"展不坐"。"心切望晓晴"，是诗人祈求苍天的良好愿望。或当"五更雨急担头冲，坏垣倒屋声淘淘"时，亮吉也曾"起寻蜡屐出门看，半里曳入涂泥中。西家床头索瓦瓶，东巷历历排墙声"。可见，对于贫民所受雨害，他不只是从邻人"欹户求火种"而听来的，也是"起寻蜡屐出门看"，亲自目睹的，有着较真切的体验。富于同情心的亮吉无法解救贫民之苦难，陷入"掩书无聊酒时把，一杯未已复一杯"的苦闷境地。他还从京师久雨成灾，想起二年前任学政的贵州多雨气候，"重来辇毂又逾岁，天漏似向黔中行。"洪亮吉进而从多雨的贵州，联想起朝廷正在湖北、湖南、四川等地用兵，即镇压以白莲教为旗帜的农民起义，而有"君不见，天公此意知者寡，要向西南洗兵马"之句。把雨害看作上天对朝政腐败，酿成百姓"造反"的一种惩罚，尽管有着"天命"与"迷信"成分，但却表达了当时士人对腐败朝廷的牢骚与不满。

关注湘楚"兵事"的洪亮吉，无意于观赏京师金秋景色，却借咏《秋海棠》，表示自己的肠断心绪。

何事肠俱断，倾城色尚夸，春人两行泪，秋雨一丛花，恨绕江郎笔，愁生苏小家；虫声漫呜咽，心绪正如麻。

"虫声漫呜咽，心绪正如麻"，正是他目睹和珅专权，吏风日下，纲纪败坏，百姓呻吟，迫而造反等等现状，欲报效朝廷，解救民困，而一筹莫展的苦闷心境。洪亮吉还利用一切可能的途径，试图实现他挽救封建王朝之愿。

（三）白莲教起事

白莲教，源于佛教的净土宗。净土宗系唐代善导创立，主张人们死后往生阿弥陀的西方净土（极乐世界）。净土，据大乘佛教传说，佛所居的世界，称为"净界""净国"，而与世俗所居"秽土""秽国"相对。东晋慧远在庐山曾邀集僧俗十八人成立"莲社"，故净土宗又有"莲社"之称，慧远也就被后代门徒奉为初祖。南宋茅子元创白莲宗，自号白莲导师。其教，崇奉阿弥陀佛（无量寿佛），实行五戒（不杀生、不偷盗、不邪淫、不妄语、不饮酒）。元代掺入弥勒下生说，而崇奉弥勒佛。此后，教派林立，名目繁多。明代有红阳、净空、无为、西大乘、黄天，清代有弘阳、混元、收元、老官斋、龙华、八封、天理等，估计达百种以上。这些教派的教义、组织、仪规和活动方式，大多相似，概可称为白莲教。教徒入教有一定仪式，交纳钱财。入教后，定期集会，烧香礼拜，宣讲经卷，学习拳棒。白莲教内，实行封建家长等级制，教主独揽大权，父死子继，有尊卑贵贱之分。白莲教的基本信徒，主要是农民，手工业者、城市贫民和流民。也有吏胥、差役、下层知识分子参加。

早在康熙六十一年（1722 年）九月，山西白莲教徒翟斌如等人，进行拒捕夺犯斗争。乾隆十一年（1746 年）大乘教在云南、贵州、四川等地秘密组织起义。十三年，福建瓯宁的老官斋组织起义。白莲教的另一流派于三十九年（1774 年），清水教徒王伦在山东发动起义，攻占临清等地，震撼京师。清廷派大学士舒赫德率八旗劲旅火器营等前往镇压，义军方告失败。此后，白莲教秘密活动在安徽、河南等地，陆续被清廷破获，遭到残酷镇压，混元教首领樊明德被官府拿获，株连党徒颇多。乾隆五十一年（1786 年）直隶大名县（今河北大名县）八卦教徒曾赴道署，杀死道员，占据大名、元城县衙署，其势颇炽。至嘉庆元年，爆发了川、楚地区白莲教大起义。

嘉庆元年（1796 年）正月初一，乾隆皇帝年老禅位与他的第十五子颙琰之后不久，廿五日，四川枝江、宜都白莲教聂杰人等发动起义。随后，湖北襄阳教徒姚之富、齐林、齐王氏，四川达州的徐天德、东乡的王三槐、冷天禄、巴州的罗其清、通江的冉天元等先后起义川楚地区白莲教起义，便成为清朝中期一大政事。

清朝统治集团面临白莲教农民起义的严重打击，以其康熙、乾隆盛世之余威，在京师仍过着"黄金堆盘一宵掷"的奢侈生活。如嘉庆三年（1798 年）正月，清廷在皇家苑囿的绮春园的灯会，实为粉饰太平的灯会。洪亮吉在诗里做了如下的描绘：

一灯迎人过桥去，忽有千灯万灯聚。水中灯影乃益奇，百影已化千虹蜕。爆声飞林鹊堕巢，火艳烛水鱼惊逃。树头弯环灯若桥，赤焰俨欲烘三宵。玻璃屏风八窗列，一房灯光疑入月。持灯作衡上石梁，历编十二空中廊。……三更炽火列账旁，酒人斗酒嫌酒凉。开朦意欲待残月，不觉幕府飞新霜。广场棱棱千步拓，大声如雷轰爆竹。前行低头穿壑谷，百仞冰山穴其腹。裁冰为镜雪作灯，高下社火飞千层。禽虫飞扬兽驰突，一半银花穴中出。此生此乐安得亡，好客况似陈思王。黄金堆盘一宵掷，升平乐事宁易得。

"千灯万灯聚"的绮春园灯会，"树头弯环灯若桥，赤焰俨欲烘三宵"，"裁冰为镜雪作灯，高下灯火飞千层。"实乃当时皇室奢侈之风的一个小小场景。这已使洪亮吉看作是"此生此乐安得亡"的"升平乐事"，惊叹"黄金堆盘一宵掷"。洪亮吉在绮春园"乘船甫了复据鞍"，回到家里，"昏灯入门仆惊瞬"，眼见"蜡泪积冠高一寸"。

"蜡泪积冠高一寸。"没有生命的蜡烛当是没有泪的。点燃着的蜡烛，残渣滴流如线注，被洪亮吉看作是"蜡泪"，而且已"积冠高一寸"。这正是他参观灯会后，为朝政败坏，百姓造反、皇室奢靡，粉饰太平而悲叹的真实写照。亮吉在这里所说的"蜡泪"，使人感到不只是有血性之士与正直之臣，为王朝暮落而泪流，连没有生命的蜡烛也为之泪流，甚至泪达一寸之长。清王朝由盛而衰，其征象已明，绝非一人所感知。

嘉庆二年（1697 年），白莲教为旗帜的农民义军，曾驰进河南商洛地区。三月八日清明节，洪亮吉与赵怀玉、罗聘等十二人相聚于陶然亭，欢送吴锡麒南归，有诗称：

今日值清明，浅步不出郭；言登西南亭，稍觉筇鞋拓。……春蔬罗数十，所喜新意名。泥饮苦不豪，停伤叹离索。东瞻暨吴会，西念及商洛（时闻贼匪窜入鲁山）。如何迟露布，顾望期屡错；吾子又告归，心期渺谁托。中年富筋力，敢退事耕凿；无容筹去住，且复视寥廓。客去酒忽醒，冷冷戛车铎。

在诗里，洪亮吉表示了惜别之情，从吴锡麒家乡繁华的东南都会，联想到农民义军已进入鲁山，而有"东瞻暨吴会，西念及商洛"之句，使人感到繁华的东南都会，有成为第二个商洛的危险。他从维护封建王朝统治出发，埋怨朝廷镇压农民军的捷报"露布"，迟迟不能发布，对朝廷颇为不满。"如何迟露布，顾望期屡错"。亮吉在诗里也有"敢退事耕凿"，归里之意。

这种埋怨朝政的诗句，是在有十多人集会分韵而做出的。虽然与会者的见解与认识有所差别，但对朝廷没有能及时镇压农民义军，多有同感，亮吉之诗方能赠予友好之士。

对朝政不满，不只是在洪亮吉之类士人中有所反映，而且连满族贵族亲王礼亲王昭梿也写下《南阳民苦》的诗句：

南阳民，生何苦！中丞苛政猛如虎，威立稍忤立捶楚。双沟贼首驱民来，千呼万唤城不开。中丞匍匐苦颠踬，偃旗息鼓藏草莽。朝献捷，暮献捷，捷书日上马汗血。官军四合三万人，何尝与贼一相接。今日掠民妇，明日捉生人；贼徒屠斩饱飏去，护送出境争策勋！中丞凯还喜交哜，督责供给胡不均。朝征羊豕，暮索金银；囊橐饱载，马行辚辚。中丞未至贱肆掠，中丞既至逃无所。昔曾畏贼今官府！南阳民、生何苦！

昭琏的诗，把清廷官军的对上欺蒙、对下勒索、屠杀，人民深受其苦，"昔曾畏贼今官府"，揭露得淋漓尽致。虽当时未能公布于世，但比较真实地反映着当时的传言："今贼曰，'官逼民反'；民则曰；'兵胜于贼'"。

嘉庆三年（1798年），二月清廷对翰林、詹事等馆职人员进行大考，皇帝针对白莲教造反大事，出了《征邪教疏》的题目，要应考人员提出疏议，作为施政之计。洪亮吉利用这一重要途径，在疏中陈述了他的政见。

洪亮吉认为白莲教造反，不能仅从受惑邪教方面来说明，"始则惑于白莲、天主、八卦等教，欲以祈福；继因受地方官挟制万端，又以黔省苗氛不靖，派及数省，赋外加赋，横求无艺，忿不思患，欲借起事以避祸。邪教起事之由如此。"在这里，亮吉明确指出："赋外加赋，横求无艺，"致使百姓"忿不思患，欲借起义以避祸。"迫而造反，向皇帝阐述"官逼民反"的情由。亮吉在疏里，把"官逼民反"的罪责归之于地方官吏。他写道：

嘉庆通宝

"今日州县，其罪有三：凡朝廷捐赈抚恤之项，中饱于有司，皆声言填补亏空，是上恩不逮，一也；无事则蚀粮冒饷，有事则避罪就功，州县以蒙其府道，府道以蒙其督抚，甚至督抚即以蒙皇上，是下情不上达，二也；有功则长随、幕友皆得冒之，失事则掩取迁流颠踣于道之良民，以塞责，然此实不止州县，封疆之大吏、统率之将弁，皆公然行之，安怪州县之效尤乎，三也。"

亮吉还以他的亲身经历，痛诉称："今日州县之恶，百倍于十年、二十年以前，上敢毁天子之法，下敢竭百姓之资。以臣所闻，湖北之宜昌、四川之达州，虽稍有邪教，然民皆保身家、恋妻子，不敢犯法也。州县官既不能消靡化导于前，及事有萌蘖，即借邪教之名把持之，诛求之，不逼至于为贼不止。"这种直率的大胆言论，确为当时所罕见。

洪亮吉在疏里向清廷建议，对造反的农民军采取瓦解与镇压两手，"胁从宜贷也。""一则开愚民之自新，一则离邪教之党羽。党羽一散，真贼乃出，从此官兵刀箭、枪炮之所伤，乃真邪教也。"

针对吏治败坏，洪亮吉向皇帝建议整顿吏治，首先查究酿成农民造反地区官吏，区分各省、州县之间的责任，"责成宜专也。"要求朝廷"赏必当，罚必行。亲民之吏，则各矢天良；封疆之臣，则各守地界。削上下欺蒙之弊，除彼此推诿之情。"

参加阅卷的大臣看了洪亮吉的疏文，不免为之"皆动色"，"初拟二等前列"，"旋置三等二名"。三月二日，应考翰林等官被带去引见皇帝，乾隆皇帝以太上皇之尊，仍接见大臣，看过洪亮吉的疏文，颇有好感，"蒙高宗纯皇帝记名。"

洪亮吉的《征邪教疏》，切中时弊，敢于评论朝政，隐批皇帝："今行军数年，花翎之锡至千百，而贼势愈炽，蹂躏之地方愈多，则功果安乎？将弁之弃营汛、弃镇堡，常与贼锋相避者，大吏又务为掩饰，则咎果谁任乎？"一时为人称颂，"一疏人传批逆鳞"，甚至负言责的御史为之羞愧，"词臣有客避青骢（自余《征邪教疏》出，每有京邸宴集，居谏垣者必引避）。"

（四）洪亮吉

弘历皇帝的去世，使得已即位三年的嘉庆皇帝方得以亲政。嘉庆皇帝亲政之初，为巩固自己的皇权，迅速翦除权臣和珅。王念孙首劾和珅，认为"窃惟方今应办之事，莫急于剿除教匪"，而"和珅之罪，不减于教匪。内贼不除，外贼不可得而灭也。"初八日，和珅下狱。十八日，被命自尽。和珅被翦除的讯息，很可能传到"急奔赴"京师的洪亮吉耳里，似乎也翦除了施展他的政治抱负的一个障碍，使他有"桥下层冰积雪寒，春明重到感无端"某种解冻的兆端。

三月初二日，洪亮吉到达京师，"奉旨在观德殿随班哭临，因赴本衙门销假，暂寓戴敦元铁厂寓斋。"四月，洪亮吉被充实录馆纂修官。他参与制定条例，承纂乾隆皇帝即位初年的第一分册。洪亮吉还被任为已未科会试磨勘官、殿试受卷官。五月又奉旨教习已未科庶吉士汤金钊等十四人，并移居西华门南池子关帝庙。应该说，亮吉的"官运"是比较正常的，他对朝廷颇寄予希望。

原来嘉庆皇帝即位之初，曾一度求言。他在父皇弘历死后的第二天，正月初五日下诏，表示要像他的祖父、父亲，也就是康熙、乾隆皇帝那样在即位之初广开言路。他下诏曰：

敬念皇祖、皇考御极以后，俱颁诏求言。盖以九州之大，臣民之众，机务至繁，兼听则明，偏听则蔽。若仅一二人之言，即使出于至公，亦不能周知天下之务，况未尽公也。……是以圣德如皇祖皇考践阼之初，即以求言为急务。……特此通谕九卿科道有奏事之责者，于用人行政一切事宜，皆得封章密奏，俾民隐得以上闻，庶事不致失理。诸臣务须宅心虚公，将用人行政，兴利除弊，有裨实政者，各抒诚悃，据实敷陈，佐朕不逮，副集思广益至意。

嘉庆皇帝为着朝纲独揽，亲理政事，消除和珅把持朝政的弊病，宣布一切"陈奏直达朕前，不许副封关白军机处，"并命他的兄长成亲王永瑆在军机处行走，籍以防范，加强控制。正月底，嘉庆皇帝又将乾隆晚年因疏陈仓库亏受和珅打击，被迫归里的内阁学士尹壮图召至京师。三月，嘉庆皇帝又下令允许各省道员密折上奏。这些使人感到新近即位的嘉庆皇帝似乎真开言路了。

正月十三日，也就是嘉庆皇帝下诏求言后的第七天。洪亮吉的好友、国子监祭酒法式善便上有望皇帝"亲政维新"之疏，提出诏旨宜恪遵守、军务宜有专摄、督抚处分宜严、旗人无业者宜量加调剂、忠谠宜简拔、博学鸿词科宜举行等事，意在整顿吏治。不久有人条奏，揭露"督抚司道经过所属州县，随从动辄百余人、公馆五六处，需索规礼供应，以致州县藉词派及闾阎"；"由京出差大员经过省分，督抚司道差人迎送，逐日随行途中，致送筵席，每站勒索分例，此等家人之费，浮于所应之差。""督抚司道衙门到任，铺设器用，修理房屋，喂养马匹，以及凉棚煤炭，皆由首县承办，摊派各邑"，"设宴征歌，广觅优伶，另集成班，官为豢养"等等弊端。嘉庆皇帝对于所揭露的现象，表示"所言皆切中时弊，朕所素知"，要求各省地方大吏，改弦更张，如今后"一经觉察，或被人指参，必当重治"。

江苏还有一个名叫周阶的监生，在京上书直指文武大臣"在京供职者皆以迎合上意为工，附势取容为巧。三公不过奉宣诏旨，六卿不过比拟条例。"亮吉的友人何道生以山东道御史的身份，疏"请禁进献、饬吏治、达民隐、厘驿政。"尹壮图到京后，曾与远在江浙的章学诚商谈国事。章学诚年老居家，仍以国事为重。他在此期间，先后写了《上执政论时务书》《上韩城相公书》《上尹楚珍阁学书》《与曹定轩侍御论举书》六封重要论时政的书信，抨击吏治腐败，要求改革用人与钱粮赋税等制。这些都反映了不少士人要求革新时政的呼声。

"丈夫岂肯亡世事，四海九域环胸中"的洪亮吉，更是日夜盼望着革新时政。四月二日，法式善邀他与几位好友到极乐寺游览，为之叙阔别近一载之情。"偶得学士械，邀我叙契阔。宾朋集三五，……。纵谈当世事，喜罢或呜咽。侧闻秦陇蜀，兵苦不得歇。"他们认为"至尊忧黎元，御殿每日昃。时时思谠论，何异饥与渴。开诚布条教，欲使黎庶话。奈何诸大吏，敷告尚不实。民犹困科敛，吏不奉法律。文书巧相抵，百变难致诘。居然贪欺成，不复畏斧锧。两湖全陕地，事变可胪列。因循及弛废，百事待刚决，倒悬诚已久，水火救宜切。"在这里，洪亮吉实际上发出了救民于水火的呼声，"倒悬诚已久，水火救宜切。"但他把这些罪过归之于，"大吏敷告尚不实"，"吏不奉法律"等等。仍对嘉庆皇帝讴颂之，"至尊忧黎元"，"时时思谠论"。当然，封建王朝里，为臣讴歌皇帝也是仪礼之职。对于当时的洪亮吉，讴歌嘉庆皇帝还是另有"理由"的。与亮吉有诗句往还的成亲王永瑆奉命在军机处行走。亮吉的座师朱珪因受和珅排斥，外任安徽巡抚，被调京"命直南书房、管户部三库"，赐第西华门外。朱珪原系嘉庆皇帝的老师，直南书房，参与机务。史称，"珪造膝密陈，不关白军机大臣，不沾恩市直，上倾心一听，初政之美，多出赞助。"亮吉的乡试座师刘权之，时官左都御史，职掌言路。这些在亮吉看来，正是皇帝"至尊忧黎元"，"时时思说论"的具体事例。

忧国之心并非亮吉个人所仅有，正如亮吉说，"幸多同志友，肝胆索郁勃"。他们"纵谈当世事，喜罢或呜咽"。当然，"能言固堪贵"，但不能只停留个人或三五人的口头议论上，更重要提出治世之策，"尤在通治术"。他虽身非言官有上书进谏之责，但都有报效朝廷之心，驱使他采取进谏的步骤。

洪亮吉似曾采取向大臣陈述己见的步骤。"我昨谒达官，先有后堂客。思陈天下事，四座皆简默。移怀前复却，日影去阶尺。宁唯言不省，反欲斥狂惑"。对于某些大吏，只是贪恋官禄，无意为民；贪图钱财，不畏逮讯。他们"千金构亭台，百金施绘采。天公袊物力，不使成遽毁。前门方逮讯，后户已迁贿。复壁不匿人，惟应穴金在。主人虽已易，朱户仍不改。春半燕子来，啁啾旧时垒"。他们甚至目睹"积骸虽如山，委以不见闻。"这些腐朽的官僚已完全麻木了，对于稍有生气之议，则斥之为"狂惑"。

面对这种吏不为民，陈述政见无门的局面，亮吉思想上的斗争颇为激烈。他写诗《自励》：

宁作不才木，不愿为桔槔。桔槔亦何辜，俯仰随汝曹。权枒适当时，旋转如风涛。高原多低枝，感汝汲引劳。一朝时雨行，弃置眠蓬蒿。

宁作无知禽，不愿为反舌。众鸟皆啁啾，反舌声不出。岂繄果无声，无乃事容悦。依依檐宇下，饮啄安且吉。何忍视蜀鹃，啼完口流血。

要不要成为"俯仰随汝曹"的桔槔，随风旋转权枒，对于洪亮吉思考得颇久。显然，如成为"桔槔"，"权枒"或无声之鸟，以亮吉的才名，座师又官居要津之地，虽不能官运亨通，至少也可论资叙进。但他的"气欲吞名山"之志，将因此而磨灭。"何忍视蜀鹃，啼完口流血，"同情庶民百姓之心，又迫使他不得不走敢言直谏之路。也许落得"缟冠才几日，裮服作纍囚"的下场，在所不惜。他对管世铭，石韫玉上书言事，颇为乐道。亮吉在哭世铭诗中言，"独有上书心事在，不教风节呈钱曹（闻先生客秋上封事，属草已定，遽卒。庄刺史忻尚及见之。钱曹为钱南园、曹剑亭两侍御）。"他寄《石太守韫玉诗》，"书仍寄旁午，地未塞夷庚。启事久先悚（君以川匪曲折，作启事致成亲王，王即以上闻），登坛众尽惊。巴渝兵火地，何以慰疲氓。"

"巴渝兵火地，何以慰疲氓"，亮吉不忘身受兵战之苦的巴蜀庶民。"东海虽已广，何能积沉忧"。忧国忧民之心，东海之广阔也难以沉积，怎能不无所作为。当然，洪亮吉还想到去官为民，效法钱大昕"辞官课奇字"的生涯，如：

肖斋赁三间，长日渺何事。因无用世心，益坚传世志。行装本无几，并叠陈篋笥。所居幸深远，熟客无一致。中年惊已过，盍扣囊底智嗒不见，七十翁，辞官课奇字（时正寄书钱少詹大昕索所著声类）。

"因无用世心，益坚传世志"的超脱世事的态度与辞归里的想法一度占了上风。洪亮吉"以春初束装匆遽，在都车马衣履一切未具"为由，遂于八月二十日在翰林院"乞假"获准，"拟于九月初二日叩送高宗纯皇帝梓宫后南行"。

但在"乞假"获准后，洪亮吉"目击时事，晨夕过虑。每闻川陕官吏偶言军营情状，感叹焦劳，或至中宵不寐，自以曾蒙恩遇，不当知而不言。又以翰林无言事之责，不应违例，自动章奏。因反复报陈时政数千言，于二十四日上书成亲王及座师吏部尚书朱公珪、左都御史刘公权之，冀其转达圣听"。这样，洪亮吉在归里前夕，还是走上了敢言直谏的道路，终于给他带来了"褫服作絷囚"的后果。

（五）守成之君

嘉庆皇帝亲政之初的稍开言路，只是一种巩固自己皇帝宝座的手段而已，并不能说明他是锐意革新朝政的改革者。他对法式善提出的"亲政维新"之请，颇不以为然。明白表示，"朕以皇考之心为心，以皇考之政为政，率循旧章，唯恐不及，有何维新之处"。嘉庆四年（1799年）四月初七日，内阁学士尹壮图提出清查陋规之议，嘉庆皇帝竟公然声明，"不能一时概行革除"，"未协政体，加以申斥"，并将这位颇有声名的直谏之士，勒令回籍。这就开始堵塞要求改革的呼声，挫伤了有识之士的积极性。面对着皇帝态度的转变，洪亮吉做了一定的思想准备。八月二十三日，他写了《乞假将归留别成亲王极言时政启》直言谏议，"发书后，便以原稿示长子饴孙，告以当弃官待罪。是日，宿宣南坊莲花寺，与知交相别，同人皆惧叵测"。亮吉仍"议论眠食如常。"

八月二十五日，成亲王永瑆将洪亮吉的谏议呈送嘉庆皇帝，皇帝阅后大怒，当即经内阁发下谕旨：

内阁奉谕旨：本日军机大臣将编修洪亮吉所递成亲王书禀呈览。朕亲加披阅，其所言皆无实据，且语无伦次。着交军机大臣即传该员将书内情节，令其按款指实，逐条登答。

这是一个罗织罪名的谕旨，皇帝既公开表示"所言皆无实据，且语无伦次"，那所谓要亮吉"指实"，"逐条登答"，不过是种虚假的形式。申刻，有旨，"革职，交刑部。由军机大臣会同刑部严审定拟具奏"。洪亮吉当即被刑部司官刘珏从隆宗门带出西长安门，至刑部，关入南监。洪亮吉自述，"狱旁窄屋二间，凡官吏待罪者，例得居此，以别于众囚。初滨狱，司事者不测上意，令两吏夹持以寝。四鼓，即唤起，严加桎梏"。"每夕提铃喝号，及重囚缧绁桎梏之声，彻晓不绝，虽隔一巷，亦嘈杂不得寐。"

二十六日四鼓，狱吏即挟坐天井中，偏上刑具，用车送往都御史衙门。因由军机大臣会同刑讯，车复押至距军机处较近的西华门外都虞司衙门，听审。"末刻，讯毕，照大不敬律，拟斩立决。"时人"闻圣怒不测，行刑者已伺门屏间关。亲友有知其事者，皆痛苦入喑。"亮吉说，与他同事的"实录馆供事苏玉等数人，余待之素有恩，益持予泣不止。余反慰之，并口占一绝，赠诸君，有'丈夫自信头颅好，愿为朝廷吃一刀'。"

洪亮吉上书，何以触怒嘉庆皇帝，军机大臣又为何以"大不敬"定其罪呢？

原来亮吉在书中说，嘉庆皇帝"求治心急矣，天下望治之心亦孔迫矣，而机局尚未转者，推原其故，盖有数端。""励精图治，当一法祖宗初政之勤，而尚未尽法也。"作为首要原因，他批评嘉庆皇帝"自三四月以来，视朝稍晏，又窃恐退朝之后，俳优近习之人，荧惑圣听者不少，此皆亲信大臣启沃君心之责也。"亮吉进而说，乾隆皇帝即位初，"宵旰不遑，勤求至治。其时大臣如鄂文端、朱文端、张文和、孙文定皆侃侃以老成师傅自居。亮吉恭修实录，见自雍正十三年八九月亲政之日，迄乾隆初年一月中，朱笔细书，折成方寸，或询张、鄂，或询孙、朱曰，某人贤否？某事当否？或十余次。而诸臣中亦皆随时奏事、奏片，赁语直陈，是上下无隐情。"这样婉言批评皇帝，遭受封建专制皇帝的怒责，并被以"大不敬论"斩立决。

应该说，洪亮吉批评皇帝的"视朝稍晏，又窃恐退朝之后，俳优近习之人，荧惑圣听者不少"，几乎指责皇帝的"隐私"奏疏，又经成亲王之手转呈，是"犯忌又犯忌"的。清朝皇室的内部斗争一直很激烈。嘉庆皇帝破例让兄长在军机处行走，只是为了消除和珅任军机大臣多年，把持朝政的影响巩固皇权的权宜之策，决不容许兄长永瑆长期管理军机处，并已明确宣布诸臣奏事，要直达朕前，不得关白军机处。这种指责皇帝"隐私"疏，经永瑆之手，副本又呈送朱珪、刘权之，正如洪亮吉后来说，身为词臣，"折乃不密，公然万言，移副三府，传闻影响，疑谤君父。"况且皇帝也许得知永瑆与洪亮吉曾有诗词往还，更注意防范，借机限制或打击了。

主持审讯洪亮吉的就是成亲王永瑆和其他军机大臣。永瑆为了表白对皇帝的忠诚，解脱他转递上书之责，避免与洪亮吉有私交之嫌，只能按照封建王朝最严厉的罪名"大不敬"治罪，处以"斩立决"，报请皇帝核准。

同时永瑆在奏请以"大不敬"的奏疏中称，亮吉并非故意冒犯皇帝，又为他说了减轻罪责的话："亮吉自称迂腐小臣，并罔识政治，一时糊涂，实在追悔无及，只求从重治罪。"嘉庆皇帝看见永瑆与其他军机大臣的奏疏，也就从宽发落，将洪亮吉戍发伊犁。他在上谕里说：

昨军机大臣等将洪亮吉呈递成亲王书札进览，语涉不经，全无伦次。洪亮吉身系编修，且在尚书房行走，若有条奏，原可自具封章，直达朕前，或交掌院及伊素识之大臣代奏，亦无不可。乃洪亮吉辄作私书，呈递成亲王处，并分致朱珪、刘权之二书，因命一并呈阅。书内所称，如前法宪皇帝之严明，后法仁皇帝之宽仁等语。洪亮吉以小臣妄测高深，意存轩轾，狂谬已极。又称，三四月以来，视朝稍晏，恐有俳优近习，荧惑圣听等语。朕孜孜图治，每日召臣工，披阅章奏，视朝时刻之常规，及官府整肃之实事，在廷诸臣，皆所共知，不值因洪亮吉之语，细为剖白。若洪亮吉以此等语，手疏陈奏，即荒诞有甚于此者，朕必不加之责，更为借以自省，引为良规。今以无稽之语，向各处投札，是诚何心，设成亲王等，不将各札进呈，转似实有其事，代为隐讳矣。

从上可见，封建皇帝以递疏方式不合皇权专制之规，便处以重罪。上谕又称：

朕方冀闻谠论，岂转以言语罪人，亦断不肯为诛戮言臣，自蔽耳目之庸主。今因伊言，惟自省于心，有则改之，无则加勉而已。洪亮吉平日躭酒放纵，放荡礼法之外，儒风士品扫地无余。其讪上无礼，虽非谏诤之臣可比，亦岂肯科以死罪，傅伊窃取直名，致无识者流妄谓，朕诛戮言事之人乎？

在此，皇帝说了他不便将洪亮吉处死，反使自己落了个坏名声。接着，他又指责当时的士人议政的风气。

"惟近日风气，往往好为议论，造作无根之谈，或见诸诗文，自负通品。此则人心士习所关，不可不示惩戒。岂可以本朝极盛之时，而辄蹈明末声气陋习哉。""洪亮吉著从宽免死，发往伊犁，交与将军保宁严行管束。

嘉庆皇帝身处清王朝趋向衰落之时，而不自知，仍称处于"极盛"之时，言路稍开，便横加指责，将敢于直言的洪亮吉，加以惩处，也就打击了那些关心时政，要求改革之士，企望能守"极盛"之成，也就很难了。

其实，洪亮吉在上书中批评皇帝"三四月以来，视朝稍晏"，"恐有俳优近习之人，荧惑圣听"，也并非"皆无实据"。嘉庆皇帝自称，"朕现在二十七个月孝服内，尚于八月间选看包衣三旗女子，本年二月选看八旗秀女。"刑部郎中达冲阿之女，未送选秀女，即行许婚，受到申斥，并为此"通行晓谕八旗及包衣三旗"，行选美之后，方能婚配的暴虐制度。以满足皇帝的淫欲。至于"视朝稍晏"，也就难免了。

在谏议中，洪亮吉指出，虽薥除和珅，"一改权臣当国之时"的某些腐败现象，但并未发生根本变化，"而未尽改也"，"风俗日趋卑下，赏罚仍不严明，言路似通而未通，吏治则欲肃而未肃。"他写道，吏治不肃，也就是不言利弊，不事兴革。"在内、部院诸臣，事本不多，而常猝猝不暇，急急顾影，皆云多一事不如少一事。在外，督抚诸臣，其贤者斤斤自守，不肖者蘁蘁营私，国计民生，非所计也，救目前而已。官方吏治，非所急也，保本位而已。故虑久远者，以为过忧；事具革者，以为生事"。他还把这种官场腐败习气，加以概括，"数十年来，以模棱为晓事，以软弱为良图，以钻营为进取之阶，以苟且为服官之计。由此道者，无不各得其所欲而去，以是衣钵相承，牢结而不可解"。这种恶浊气氛窒息了人才，"盖人才至今日，消磨殆尽矣"。

洪亮吉还尖锐地批评某些士人不重名节的丑行。"十余年以来，有尚书、侍郎为宰相屈膝者矣。有大学士、九卿之长且年长己倍，求为门生、为私人者矣；有交及宰相

中华传世藏书

大清十二帝

嘉庆帝颙琰

六三

之僮仆并乐与僮仆抗礼者矣。太学三馆，风气之所由出也。今则有昏夜乞怜，以求祭酒者矣；有人前长跪以求请官者矣。翰林大考，国家所据以升黜词臣也。今则有先走军机章京之门，求以师生，以探取御制诗韵者矣；行贿于门阑侍卫，以求传递倩代，藏卷而出，制就而入者矣。及人人各得所欲，则居然自以为得计"。他就此发出责难，"夫大考如此，何以责乡会试之怀挟替代？士大夫之如此，何以责小民之夸诈贪缘？辇毂之下如此，何以责四海九州之营私舞弊"？

在批评士风恶劣时，也谴责了那种崇佛之风，"幸有矫矫自好者，类皆惑于因果，遁入虚无，以蔬食为家规，以谈禅为国政，一二倡于前，千百人和于后。甚有出则官服，入则僧衣，惑知惊愚，骇人观听。"他说，在内廷任教习时，曾有人言"亲王大臣持斋戒杀生者十五六，羊豕皆不入门。"而此再入都时，"则士大夫持斋戒杀生者十六七矣。""深恐西晋祖尚玄虚之习，复见于今，所关世道者不少也。"

批评赏罚不明，是洪亮吉上书的另一重要内容。他认为嘉庆皇帝对阿附和珅的吴省兰、吴省钦二人的处理，过于宽大。吴省兰、吴省钦弟兄二人，曹锡宝纠劾和珅家人刘全，曹以二吴为同乡夙好，曾先将折稿给二吴看过，二吴即"袖其稿"，报知和珅，"走权门为进身之地。"他认为吴省钦之倾险，掌文衡，尹京兆，所至恶声，"革职不足以蔽辜矣。"吴省兰先为和珅教读之师，后乃称和珅为老师，由是大考擢第一，数视学典试，岂吴省兰之才望学品足以致之，非和珅之力而谁乎？"是降官不足以蔽辜矣。"亮吉认为，如不严处二吴，他日又有效仿者集于权相之门矣。同时，在他看来，士风之优劣，在于朝廷之倡导。"士气必待上振作之，风节必待上奖成之。举一廉朴，则贪败者悔；进一退恬，则奔竞者改；拔一特立独行敦庄励节之士，则依附比周之风渐革。"

洪亮吉批评嘉庆皇帝对镇压白莲教义军不力的将帅处分不严，既暴露了他对农民义军的敌对态度，又是他表白对清王朝的忠心。他赞扬乾隆皇帝对贻误军机的讷亲处以极刑。将军、提镇于万里之外得以严旨，至震失色。乾隆六十年至嘉庆四年的五年间，却未闻将帅有失律之诛。亮吉认为，福康安、和琳、孙士毅蒙蔽欺罔于前，宜绵、惠龄、福宁丧师于后，又益从以景安、秦承恩之因循畏葸。朝廷对失利之大臣的处分，重者不过官调其他地区，轻者不过大营转饷。甚至被处以逮问的秦承恩，又给还家产将复任用，屡奉严旨的惠龄又将补用为侍郎，以致近日"诸臣之不畏国法，未有如今日之甚者。"洪亮吉在这里批评朝廷没有严励处分诸将帅大臣，实际上为嘉庆皇帝所采纳。嘉庆四年（1799年）十二月，景安"以纵贼殃民"褫职逮问。嘉庆皇帝曾表示，"军事久不定，欲去一人以惊众。"问及朱珪，珪曰，"臣闻景安不要钱。"是以免死，禁锢。嘉庆七年，发往热河充披甲，逾年方起用。福宁以杀降报捷，事觉，被逮问。以致史者认为，福宁等人皆庸材，对于农民义军"防剿无要领，如治丝而益纷。仁宗亲政，赫然震怒，诸臣相继罢谴，士气一新，事机乃转。庙堂战胜，固有其本哉。"从这里，可看到洪亮吉的从重惩处失职的将帅之谏议，对于镇压农民义军，维护清廷统治并非毫无作用，历史已给予较公正的评定。

在上书中，洪亮吉还着重抨击当时官场的陋规积习。官吏"出巡则有站规，门包，常时则有节礼，生日礼。按年则有邦费。升迁，调补之私相馈赠者，尚未在此数也。以上诸项又宁增无减，宁备无缺，无不取之于州县，而州县无不取之于民。钱粮漕米，前数年不过加倍，近则加倍不止。督抚藩臬及所属之道府，无不明知故纵"。洪亮吉所言的陋规积习，更非无据。嘉庆四年（1799 年）八月，江西学政吴恒向皇帝密奏，江西"各州县云，进省一次，上司门包用至一二百两。巡抚处有五十余两者，藩司处有四十余两者。此等陋规，原未能尽裁，而臣所见州县，每籍口以此受累。盖在众得之，犹以为少，而自一州一县出之，则以为多也"。嘉庆皇帝电朱批，"门包已申严饬，能改与否，续行具奏。"以门包一项，可窥见当时陋习之深，嘉庆皇帝也表示，他的严饬，能改与否，也不可知。官场之腐败，难以铲除。

洪亮吉的谏议之书，并不是"一时糊涂，信笔混写"，而是一篇抨击清代中叶吏治腐败的檄文，甚至嘉庆皇帝在宣布将洪亮吉戍发伊犁的上谕里也表示要"留以备览"，"且可随时披阅，以为始勤终怠之儆"。但是，在皇权绝对专制之下，有识之士的耿耿忠言，几乎酿成杀身之祸。洪亮吉虽免于一死，仍被戍发伊犁。

戍途陕甘

（一）

暂离三木即身轻，忽缀元戎后队行（那彦成尚书奉命陕
西军营参赞，亦于是日率京兵启行）；天上玉堂虚想象，道
边金甲尚纵横。予知前路应长往，从此余年号更生；稳卧侧
轮车畔后，员犀几夕梦难成。

（二）

已作孤儿三十春，道旁今更泣孤臣；全驱自感君恩厚，
对簿偏忘狱吏尊。人笑冷官罹法网，天教热血洒边尘；受知
两度真逾次，（未散馆即简任学政，及入直内廷皆属异数），
敢问闲中惜此身。

"暂离三木即身轻，忽缀元戎后队行"，是洪亮吉于囚室中，《始闻遣戍伊犁之命，出狱纪恩二首》的首句。诗人把自己免于一死、戍发伊犁之日，与清廷命军机大臣、工部尚书那彦成前往陕西督师，加强对白莲教起义的镇压，联系在一起，似乎他"忽缀"在赴陕军兵之后。这既表示他对国事的关注，又暗含他的戍发伊犁与白莲教相关，并非"忽缀"巧合。嘉庆三年（1798 年），翰林大考时，亮吉所写的《征邪教疏》一文，为清廷镇压白莲教起义出谋划策，曾在京师流传。一个逗留在京的浙江上虞县学训导王锦文自述，"上年四五月内，有同乡生员袁锦衣向我背诵，洪亮吉所作平教匪

论，"尚约略记得，内有'武关之险，不过百人可以守住。何以七八百里，任贼如入无人之地，且贼匪滋事皆由地方官激成，应治地方官之罪。'彼时传诵者，并不止袁景山一人。""我以洪亮吉所言，如果能行，于国家有益。若言过其行，孽由自作，罪亦难逃。"传诵洪亮吉疏文内容的人，也受到嘉庆皇帝的惩处，"着革去顶戴"，将王锦文"递解回籍，交地方官严行管束，不许外出滋事。"

保守治国

（一）嘉庆初年官清廉

嘉庆终于亲政，颇想振作一番，可是活得过于长久的老皇帝，留给了他一个无法收拾的破烂摊：为官长的，丧尽廉耻，唯利是图；朝野内外，人人聚敛，上下相蒙；结果是百务废弛，钱粮亏空，兵饷告匮，讼案山积。就在嘉庆亲政当年（嘉庆四年，1799 年）三月，有人向他陈奏了地方的四项积弊：

第一，督抚等地方大员，经过下属的州县时，随从往往有上百人，还建有公馆五六处，为供应这些人的需求，州县只好向百姓摊派。

第二，凡中央派大员到省，督抚等官必定派人迎送，逐日跟随，途中设筵喝酒，每到一处便勒索一处，应酬之费大大超过公差花销。

第三，督抚等官每一到任，就要修缮房屋，喂养马匹，搭盖凉棚，调运煤炭，所有费用都由州县承办，再摊派到各邑各乡。

第四，督抚等官还逐日设宴征歌，广觅优伶，自己组织戏班，由公家出钱供养，其实钱也都是下面承办。吃一次宴席，花费达几百金，陪席的属员苦不堪言。甚至还有的大员蓄养优童，任意挥霍。

嘉庆认为，这四项确实切中时弊，也是他平素所深恶痛绝的。各省督抚，俸禄本来就比京官优厚，理应洁己奉公才是，有事外出，应该尽量少带随行人员，所到之处，不要让人迎送陪同，衙署的房屋、用具，能够俭省就应俭省，不要铺张。更不应把负担都压到州县百姓头上。至于请客设宴，本就是不允许的，更何况还蓄养戏班了。嘉庆还对地方总督以下大员，进行了一次整顿和换班，用他的话说就是"去一贪吏，万姓蒙福；进一贤臣，一方受惠"。他新任命地方大吏时，特别重视人品的清廉，所以这一时期，地方上出现了一批"正派"的清官。我们举几个人作例子：

岳起，满洲旗人。初任奉天（今辽宁省）府尹，他的前任是个臭名昭著的贪官，他到任后，命仆人把前任居住过的屋宇、使用过的器皿都彻底清洗一番，表示他一尘不染之意。后来因为与奉天将军不和而罢官。嘉庆亲政后，重新起用他做山东布政使，不久又调任江苏巡抚。他以清介二字要求自己，官衙中只有寥寥几个童仆，出门时马匹羸瘦，衣装简朴。他公开布告禁止开妓院，无事不准设宴演戏，因此，天下奢风为之一变。臣民称颂他是"岳青天"。

陈大文，会稽人。嘉庆亲政，把他从两粤调整至山东任巡抚，当时山东地方吏治废弛，贪污遍野，陈公一到，就弹劾贪吏三十多员。他的一绝，是在接见下属时，先是和颜悦色，相谈甚欢，然后出其不意地把脸一板，正色道："你贪污了多少公款，我一清二楚，你要不悬崖勒马，我弹劾你的奏章可都写好了。"所以人人提起他都怕得发抖，民间至今有"山东民不反而官反"之言。

初彭龄，山东莱阳人。曾任监察御史。当时的江西巡抚陈淮十分贪婪，当地民谣唱道："江西地方苦，遇见陈老虎，大县要三千，小县一千五。"初公将他的贪婪行状连同这首民谣一并奏上，终将"陈老虎"罢官。后来初公调任云南巡抚，不久又回京做官，听说继他任巡抚的伊桑阿进云南时沿路勒索供用，骚扰下属，遂不顾"不在其位，不谋其政"的古训，上章弹劾，结果伊桑阿被勒令自尽。

长麟，满洲觉罗氏。任江苏巡抚时，曾微服到街市访察下属的作为。在清理漕务时，遭到下面官员的极力抵触，他抓住里面最贪婪的几个狠狠整治一番，终于使别人慑服。他因为得罪了和珅而被发遣到伊犁，嘉庆亲政后特地将他召回，委以陕甘总督的大任。

书麟，乾隆时曾任安徽巡抚，很受乾隆帝赏识，提拔他做两江总督，也因得罪和珅被发遣到新疆。嘉庆亲政后把他召回，先擢升闽浙总督，又调云贵总督。

汪志伊，桐城人。最初做县令，累迁至福建巡抚。他到热河去陛见皇上时，也只不过乘坐一辆破旧的车，后面跟随三名仆从而已，平时之俭朴可以想见。往来城乡几十处地方，谁都不知过往的竟是封疆大吏。

台布，蒙古人。乾隆时曾经做过掌管银库的郎中。当时管银库的官吏侵盗库银，中饱私囊已成风气，还常常敲诈勒索外地来送银饷的官吏。台布到任后，与员外郎和德一起着力整顿，颇见成效。嘉庆把他派出去任广西巡抚，使原来亏缺甚多的广西粮储逐渐充盈起来。

阮元，仪征人。清朝著名的大学者，同时也是个廉正的好官，曾任浙江巡抚，他的前任十分贪酷，他到任后，下属都有重见天日的感觉。

嘉庆亲政，所提拔重用的，就是上面这样一些以廉政著称的官员，其中一些确实为嘉庆整治贪官污吏的措施尽了力，也使一些局部地区风气多少有些改变。不过，在整个官僚统治机构都已腐败不堪的情况下，即使出现区区几名廉吏，又怎么能力挽狂澜？何况以清廉出名的人，未必真能治事，上述的有些人，就未曾真正触动过地方积弊，不过是自己"刚正不阿"而已。所以当时就已有人指摘他们不过是在为自己"沽名"。例如曾被嘉庆重用，做到河道总督的王秉韬，就对素以廉洁著称的长麟、汪志伊等人很不以为然，曾说，"长三汪六，都是名过其实，有什么了不起!"总之，上面提倡什么，下面必然就有人拿什么来标榜，而是不是实心实意将其贯彻到底，却很难说。嘉庆躬行节俭，喜欢清廉的官员，官员们就纷纷着旧衣，乘破车，甚至上朝时破棉絮到处乱飘，可是底下的官吏却酷虐如故，贪婪如故。嘉庆皇帝施政施出这么个局面，不亦可悲乎?

（二）整饬地方治贪官

嘉庆亲政，确实采取了一些措施来整饬吏治，其中一项，就是在各地查处贪赃枉法的官吏。嘉庆五年秋天，嘉庆发现待他审核的秋审罪犯名单中，因贪黩获罪的官吏，竟达一千名之多，知道地方上问题之严重性，因而十分感慨。于是便对臣僚们发布了"以清廉为本"的长篇上谕，谕中说:

整饬吏治，必须以清廉为本，为官必须先有操守，然后才谈得上作为，自己操守不正，还怎么能要求别人，怎么能执行各种措施?从每年秋审罪犯的名单中可以看到，凡是谋杀、奸淫、盗窃等罪的人犯，很少有当官的，大概是当官的人多少有文化，有身份，又习知法律的缘故吧，凡当官而犯重罪的，都是因为贪黩，前车已覆，后辙相循，倒有些前仆后继的精神。实际上一介寒士，一旦当上了官，再清贫，养赡身家也足够了，如果再放了外任（就是到地方上当官，清代地方官的俸禄和其他收入要大大高于京官），就更形阔绰，怎么就如此欲壑难填，利令智昏，简直如飞蛾扑火，实在可悲。就说这一千多名贪赃枉法之员，朕再三斟酌，凡有一线可原谅的，都予以宽宥，也只宽免了一百八多人，还有一千三百八十个人，是再想求生而不可得了。嘉庆强调，朕从来以宽仁为本，就是对"教匪"还存有怜悯之念，何况这些被朕一手提携的官员呢，只是贪官之弊，必至害民，如果姑息，下次必然无所顾忌，小民被逼无奈，铤而走险，必至酿成大患，所以朕才下如此狠心，唯望内外大小臣工，能理解朕惩贪执法、不得已而为之的良苦用心，以后以清廉节俭要求自己才是。

嘉庆还特别重视对州县一级吏治的整饬。嘉庆五年五月，江西巡抚张诚基赴任前去面见嘉庆，嘉庆曾密谕他，要特别注重考察官吏。嘉庆说，州县官的好坏，对一地的治理甚有关系，如果州县官贪婪苛毒，闹得民不聊生，那么民不畏死，还怕犯罪吗?如果这样，即使有好督抚，结果也是不可救药。江西各知府（州的最高长官）每月从知县那里索要薪米之费，大县每月百余两，小县八九十两，称为"月费"，知府到省里去一次，各县又得送上七八十两的"盘费"，这种知府，怎么能为各县官吏做表率?他还详细告诉张巡抚，建昌、南昌二名知府，一般不敢敛钱，还算守法;瑞州的知府，人极粗鄙，而临江知府以及清江、宜春等地的知县，都是声名很坏的人，到任后要特别注意监视，看他们是否有贿赂贪污的劣迹。还有宁都石城县的知县许翌，老百姓都喊他"无牙虎"，这种人只要找到证据，就不要姑留，立即向朕报告。当然，朕了解的只是这些，具体情况，还要你下去细细查访，汝其勉之！

嘉庆对地方官吏的情况，可以说是了如指掌。他打击贪官污吏，在地方一级也比较坚决，在他亲政的最初几年，地方上的风气，确实有过一段好转的景象。

（三）湖广总督毕不管

嘉庆亲政，颁布的第一道谕旨，就痛斥了在镇压川楚陕白莲教起义的前线掩败为胜、玩兵养寇的一帮领兵将领和大臣，他所指的这些大臣之一，就是当时的湖广总督毕沅。

毕沅，江苏镇沅人。乾隆二十二年入值军机处，以后青云直上，做过按察使、布政使、陕西巡抚、河南巡抚等官，乾隆五十三年（1788年）被擢升为湖广总督，算得是清代地方最重要的官员之一，颇得乾隆皇帝赏识。毕沅秉性温厚，颇好学问，凭借身居高位的便利，拔擢契掖了不少读书人，章学诚、洪亮吉、孙星衍等清代著名的大学者，都曾寄予他的幕下。《续资治通鉴》一书也由他总其成。对于他在清代学术上的贡献，专家们的评价都是很高的。

可是，一个大学者未必就是一个称职的官吏，毕沅就是如此。何况偏偏就是他在湖广总督上任时，爆发了川楚陕白莲教起义，他作为一个读书人的胆怯、懦弱，没有政治眼光等弱点，此时暴露无遗。他与同在湖广的巡抚福宁、布政使陈淮三人朋比为奸，都不把公事当回事。据说，毕沅天性迁缓，福宁天资阴刻，拼命搜求财富，而陈淮，则专门挑下属的毛病，非逼得人倾其所有都送给他才算完。所以民间编出歌谣说："毕不管，福死要，陈倒包。"又说，毕沅像蝙蝠，身不动摇，专吸所过虫蚁的血；福宁像狼虎，见人就抢，谁也躲不过去；陈淮如老鼠或蠹虫，钻到洞里去偷去触，还不让人觉得。一个地方的三个最高级官员如此，白莲教起义首先在此处爆发，也就毫不奇怪。这样看来，毕沅就不仅仅是懦弱，也相当贪婪了。

白莲教起义爆发，毕沅受和珅指使，不向朝廷如实报告军情，致使战火越烧越旺。嘉庆二年（1797年）毕沅病重，此时尚是太上皇训政时期，对他自是百般抚慰，当年七月毕沅死时，乾隆还下谕说他"办理军需，积劳成疾，兹闻溘逝，殊深轸惜"，并迢赠他太子太保世职，让他的子孙承袭。乾隆晚年赏罚不明，就到了如此地步。

两年之后，乾隆死去，毕沅的问题又被重新提出来。人们指责毕沅的欺上贪下，导致了川陕白莲教起义未能在初起时就被扼杀，而蔓延了九年之久，甚至还有更激烈的，说非戮毕沅之尸，不足以谢天下。据嘉庆皇帝的上谕说，他的罪过，一是身任湖广总督时，不能实力整顿，以致激起事变；二是不能迅速剿除，办理不善；另外，还查出他私自提用银两以及把银两馈送各领兵将领的问题，这是他的第三条罪状。毕沅如果活着，一定要将他从重治罪，如今已死，嘉庆于是决定，将他的子孙承袭的世职，一概革去，后来，又将他的家产也都清查入官。这是嘉庆亲政后最初处理的几个案子之一。

（四）征瑞革职胡齐仑死

嘉庆一朝的农民反抗，率多以"官逼民反"为词，可见官吏的腐败贪酷，已成为清朝从盛转衰的主要原因之一。嘉庆亲政后，也曾雄心勃勃，想仿效其祖父初即位时的做法，对贪官污吏进行清查打击，可是一旦着手处理，就出现了参差，下面就举两个例子，看看嘉庆是怎样处理官吏贪黩案例的：

四年九月，处理两淮盐政征瑞案。

和珅当政时，贿赂公行，凡任盐政、关差、织造这类肥差的官吏，都纷纷逢迎和珅，向他递送丰厚货贿，其中最甚者是两淮盐政，而在历任两淮盐政中，最甚者就是征瑞。据宗室绵恩查出，征瑞曾馈送和珅白银二十万两，和珅未收，征瑞竟用此项巨款为儿子捐纳官职，还开设铺面，可是应该交公的款子，他却有意拖欠。显然是把交纳公款看成是可以缓办的事，却把贿赂权门作为急务。嘉庆见到绵恩的上奏，把征瑞召回京师，当面询问，征瑞说这二十万两银，是因和珅妻子死去而送的，但和珅嫌少，意思是让他增到四十万，所以才未收。在此之前他也曾送过二十万，和珅收了，此外还送过缎匹物件、奇巧之物，那就不可胜计了。嘉庆听罢叹道，天下做下属的馈送上司礼品，哪有送上几十万两的事？这不是为了取悦上司，使自己能在两淮盐政任上久留以谋私利，又是什么？再者，征瑞还捐出五千两银修庙，即使这些银两是自己的，多的不知干什么才好，也应先交官项，怎么可以干这类求福无益的事。加上让府县向百姓劝募，不但勒索铺户，也累及编户小民，闹得怨声鼎沸。就凭这两起罪状，征瑞就该被查抄正法了。不过，嘉庆又说，朕先前答应，不再因和珅之事，牵连曾向他行贿的人，修庙的事毕竟没有动用公款，所以决定从宽处理，仅仅将征瑞革职，送以东陵去监工而已。

同年十月，处理道员胡齐仑案。

胡齐仑是湖北道员，他的顶头上司就是湖广总督毕沅。二人在任时，正是川楚陕白莲教起义初兴之时，毕沅绰号"毕不管"，将各项繁杂事务一概推给属下，军费就都由胡道员一人经理，毕阮并不过问。据揭发，军营中的行贿之风就是始自湖北，也就是从这二人开始的。胡道员经手湖北襄阳局军需银四百一十九万余两，不按规定发放兵饷，却私自扣下二万九千余两作为馈送、行贿费用，仅带兵大员永保，就收过毕沅馈送的白银两千两、胡齐仑送的六千两。嘉庆气愤地说，怪不得这帮领兵大员，都巴不得多有点"教匪"，巴不得永远也剿不完，因为即使立了大功，也不过加五等之封，赏赐也有定额，哪里比得上长年混在军营，领兵从地方上一过，就能厚享馈赂，动辄盘千累万！这可真是靠养"贼寇"为肥身之计，以挥霍国家军费为中饱私囊之资了。再者说，毕沅、胡齐仑二人一挥手，就把八千两银送了永保，那可都是兵饷啊，少了八千两银，就不知有几千兵丁要受冻挨饿，官吏如此，怎能指望士卒奋勇杀敌！白莲教起义久扑不灭，就是这帮劣员胡作非为造成的恶果，真可谓"不杀不足以平民愤"啊。

毕沅已死，无从追究，嘉庆便决定对胡齐仑予以严惩。照清律，官吏侵盗钱粮入己之数在一千两以上的，判"斩监候"，嘉庆想，如按律来判，需到明年秋天才能处死，这一年若在监中病死，岂不是便宜了他吗？于是从严判处，将胡齐仑立即处绞。

侵挪兵饷，确实罪大恶极，胡齐仑被绞，也是罪有应得。可是征瑞的行为，难道就够不上"侵盗钱粮入己"罪吗？以几十万两白银行贿，却不过是个革职，而从嘉庆对二人申斥的口气，也可看出对征瑞显然温和得多。二人之罪，性质相同，而征瑞私扣之银却比胡齐仑多出数十倍，嘉庆判案，如此倚轻倚重，其原因说穿了，就因征瑞是满洲大臣，胡齐仑却是汉人。嘉庆偏袒满员，当然不止这一例，如此不公，贪风又怎能真正得到遏止呢。人们谈及嘉庆，多愿举他惩治胡齐仑一案，证明他惩贪的决断，而找不到他如此决断却贪风日炽的原因，上述征瑞的例子，可以帮助我们找出答案。

（五）禁呈贡物弃如意

清朝规矩，凡外省督抚大臣进京觐见皇上，或遇有庆典佳节，都要呈进贡物，作为邀宠的一种手段。就是京城的大吏也往往如此。所以，凡金玉玩好之器，古董斑斓之品，钟鼎书画之件，食用服饰之物，无不充陈于皇上面前，如能献上珍异，讨得皇上的欢心，自然会得到丰厚的赏赍，还会有升官的机会，于是人人竞奇斗巧，献媚于宫廷，而朝内的权臣太监，也从中渔利。乾隆朝时，就已两次下令禁止，无夺风气已成，禁令不过是一纸空文。

嘉庆于四年（1799 年）一月亲政，五月即颁布谕旨，严禁各省向朝廷呈进贡物。据他自称，他的崇尚俭朴，乃是出于天性，从当皇子时起，起居服饰就不肯稍事奢靡，读书时每遇年节，送给师傅和兄弟们的，不过是些如意、荷包等小礼物，平时往来酬答，也从不用陈设、玩器一类东西相互赠送。他说，对近年来地方争奇斗巧呈送珍玩的风气，他实在是非常憎厌，再说，外省督抚进贡的这些物品，内廷赏收的也就一两件，其余的都入了和珅的腰包。试想，外省备办的这些玉、铜、瓷、书画、插屏等物，哪件不是取之于州县，州县又取之于百姓呢？百姓要交不足数，鞭扑立至，可是民间脂膏有限，官吏的腹削无穷，百姓又怎能受得了？再说，这些古玩，饥不可食，寒不可衣，视如粪土一般，怎能当成奇货呢？他郑重宣布，经这次严禁之后，除了朝廷日用所必需之物，如东北的貂皮、东珠、人参，川广的药材，九江的磁器，江浙的绸缎等等之外，所有什么如意、铜器、磁器、书画、挂屏、插屏一类，一律不许呈进，违者以抗命论，决不稍贷！

此谕颁布之后，以身试法者，还真有人在，八月丙申，福州将军庆霖又循照年例进贡土物，嘉庆斥责他是在皇考生日之际，让自己触物生悲，十分可厌，但又念及他系武职，心地糊涂，所以从宽给以革职留任处分，并藉此又一次申严禁令，如再有呈送贡物者即不仅革职，而一定要从重治罪。十二月又进一步规定，不准把从西洋贩来的钟表、玻璃等物拿来呈送。且发议论说，拿纹银换这些西洋货，纯属以无用换有用，朕从来不贵珍奇，不爱玩好，这是天性所禀，并非矫情虚饰。粟米布帛是天地养人的必需品，钟表不过用来考察时辰，小民从来无此物，又何曾黑白颠倒过？而自鸣鸟一类，更与粪土无异？他严令督抚等大员，谁也不要巧取此物，以让洋鬼子钻空子。就在同一个月，他又令吉林五年停止采捞东珠，申明自己珍惜的是人力物力，并不在意什么珍珠。嘉庆十九年（1814 年）又宣谕，因宫中存货太多，停止再向朝廷进贡云南铜炉、浙江嘉兴炉、湖镜、两淮铜火盆等物品，以免把有用之铜置于无用之地，可见限制进贡的做法，嘉庆是贯彻始终的。

嘉庆这一举动，未必全如他自称是出于天性，实际上，他早在当皇子时，就已对朝廷上下乃至整个社会崇尚浮华奢侈的恶习，深恶痛绝，他深知乾隆皇帝的游乐、和珅一伙权臣的贪黩，已把国家推到崩溃的边缘，非下大力气遏制奢侈之风，国家才有恢复元气的可能。所以崇尚节俭，成为嘉庆亲政之始最重要的一个措施。这在某种程度上，确实也减轻了民间负担。

又在嘉庆四年禁呈贡物的上谕中，还特别强调了禁止呈递如意。如意是一种用玉石等物制成的装饰品，满洲宫廷旧俗，每至年节，臣子们都要向皇上进呈一柄，讨个"吉祥如意"的吉利。嘉庆却声称，他觉得这个规矩十分无谓，诸臣以为如意，在他看来反不如意，遂下令与其他贡物一道予以禁止。

此谕一下，闻者都莫名其妙，不知一个小玩物，进与不进，与国家大计何干，何苦在亲政之初，百废待兴之际，斤斤然注意及此？更有人说，正是这个装饰品，捅到了嘉庆皇帝的心病。前面已经说过，嘉庆被立为皇太子之前，和珅曾向他进呈一柄如意，从此嘉庆一见此物，就想起和珅，憎恶之情就油然而生，就"转不如意"了，看来他真是有所为而发，恶其人而及其物了。

（六）一字之差众受罚

太上皇于嘉庆四年（1799年）正月初三驾崩，嘉庆帝随之进入了日理万机的忙碌时期，内要清算和珅一派政治势力，外要设法尽快镇压已绵延数年的白莲教起义，而偏偏在这时又出了一件虽说不大却让他十分恼火的翻译、誊缮讹错案件。

东陵

乾隆帝入殓后，梓宫停放在景山观德殿，准备于九月初二移往东陵。七月二十五日，内务府大臣布彦达赉等人向颙琰呈送了一份移送样宫途中使用的满文折片，颙琰审阅时，发现译文中错把他的祖母孝圣宪皇后的"圣"字写成了"贤"字。孝圣宪皇后钮祜禄氏是雍正的皇后，乾隆的生母，孝贤纯皇后富察氏是乾隆的皇后，一字之差，竟差了辈，乱子捅得非同小可，本来已忙得焦头烂额的颙琰勃然大怒，一定要从"大不敬"对有关官员治以重罪才罢。

在颙琰的严令下，刑部提审了有关人员，查出稿底是内务府领班笔帖式积善誊写时的笔误，后来笔帖式、年仅十七岁的兴保又照积善的稿底誊抄，承办奏折的主事德宁没有看出错误，即将折片呈送。审来审去，区区一个小疏忽而已，在当时，却成为严重的罪行。当时三法司会审后按律定拟，将德宁、积善革职，依大不敬律拟斩，立决。兴保革职，流放三千里，鞭责发落。为了一个字，竟要杀掉二人，流放一人。

颙琰看到这个判决结果，也觉太重，他知道，内务府这些年承办祭告典礼时，最经常缮写的就是乾隆的孝贤纯皇后尊号，写得熟了，这次便顺笔写错，而内务府人员此时熟习满文的人，已寥寥无几，缮写满文时往往依样描画，不但不解文义，甚至也不识字面，出现这类错误，也是罪有可宥的。于是将德宁、积善"加恩免死"，各枷号一个月，到期再鞭责八十发落，对年仅十七岁又不识满文的兴保，从宽鞭责五十。而对内务府负责乾隆丧事的几个大员，颙琰口上说都应革职交刑部治罪，但布彦达赉系宗室，颙琰说他"管项繁多，一时未能兼顾"，阿明阿是颙琰在藩邸时的心腹，"初管事务，向来不识清文"，所以都被颙琰归为"情有可原"一类予以解脱，唯独拉出温布作替罪羊，将他革去总管内务府大臣、工部侍郎等官职，仍交军机大臣严加议处。一字的疏忽，竟波及了如此多人的饭碗，甚至险些搭上两条性命，读书写字，怎么能不"如临深渊，如履薄冰？"

（七）太监犯法分惩处

清朝入关后，接受明朝太监乱政的沉痛教训，严厉禁止太监违法乱纪，干预朝政，一旦有违，分别情况，进行惩处。严禁太监干政，已有专文。

本文举太监犯法，分别惩处，加以说明。

嘉庆二年（1797年）十月二十二日，上谕内阁：

内务府大臣，将失火延烧的太监及失于稽察的总管首领太监等人分别治罪的报告，已阅。宫禁重地，该太监等不能看守，以致失火延烧，获罪甚重，本应该照拟严办。

朕仰体上天好生之道，根据情况，从宽处理，所有原拟绞决的太监郝士通，令改为绞监候，秋后处决。原拟绞监候的首领太监张士太、刘顺、王进禄令免死发往黑龙江，给索伦达呼尔为奴。原拟发遣的散众太监二十二名，均令免其发遣。其中李从祥、孙天成二名，是专管东暖阁之人，令重打四十板，发往吴甸铡草三年。张宽等二十名，俱重打四十板，交总管分拨当差效力。至专管的总管太监雇进朝，令革去总管，仍回中南海瀛台，在太监上当差，并罚钱粮六年。总管太监肖得禄、张进喜、刘芳、佟安、佟玉明，虽均系总管，究竟不是专门负责者，俱免其革去顶戴，仍各罚钱粮四年，以示薄惩。

一把火灾，牵连众多太监，根据情节，分别受到轻重不同的处分，重者处死，轻者罚粮，真是各有应得。

嘉庆四年（1799年）四月二十六日，皇帝下令，将乾隆的崇臣、大贪污犯和珅的家奴刘全、太监呼什图等人，以招摇受贿，娈索多赃，任意妄行，目无法纪的罪名，发往黑龙江给索伦达呼尔为奴，遇赦不赦。

（八）皇考驾崩哀思治

嘉庆四年（1799年）正月初三日，太上皇帝乾隆驾崩于养心殿，享年八十八岁。嘉庆走到御榻前，捧足大哭，跺脚呼号，趴在地上良久，看着小敛完毕，赴乾清宫，于四丹阶下，跪迎大行太上皇帝灵枢，敬奉乾清宫西次间。皇上翦发成服。下午三时左右，大行太上皇帝大敛，嘉庆痛哭失声，不断地跺脚顿足。既敛，奉安梓宫（皇棺）于乾清宫正中，陈奠设幕。自亲王以下文武各官等人，俱在服丧悲哀之中。嘉庆由早到晚，哭不停声，整天一口水没喝。王大臣们伏地环跪，恳求皇上节哀思治，上悲痛不自止，左右都不忍心看，仰视天空。

接着发表一连串的讲话，为父皇乾隆评功摆好。决心继承父业，使天下大乱达到天下大治。其中称：皇父寿履康宁，得天独厚，自强不息，阅数十年如一日。皇父御宇六十年来，厚泽深仁，凡有血气，莫不尊亲，自必如丧考妣（父母）。予（我）受恩继承大统，当此悲哀之际，打击太大，哀感之外，还有什么可言？只想到皇父付托的任务至重，凡是应该继承先人未尽之业者，都是我责无旁贷的责任。自今而后，再要聆听皇父的教训，那是得不到了，怎么办好呢？还要依靠内外文武大小臣工，为国尽忠，帮助朕躬，共同治理，以报皇父之恩。告诫军营领兵将领，要振作自新，迅扫余孽（指义军），上慰在天之灵，还算对得起父皇。

又谕，今遭大行太上皇帝大事，除直隶总督、提督、盐政，距北京较近，自应来京恭谒梓官（皇棺、皇枢）；总兵、藩臬（布政使、按察使）以下的官员，都不必来京瞻仰，致旷职守。其各省将军、总督、巡抚、副都统、提督、镇守使、城守尉并盛京侍郎、奉天府尹，及西北两路将军大臣并盐政、织造、关差等，均令遵照前例，不必来京，唯当实心任事，报答皇考的委任，不要在仪节虚文上做文章。将此布告天下。

同时下令给同辈兄弟加封晋爵，各安职守。又令吏部尚书署安徽巡抚朱珪，来京供职。

又令御前额驸、乾清门行走及闲散蒙古、王公、台吉、内扎萨等，各有应办事件，俟二十七日除服（守孝期满，除去丧服）后，即令各同游牧处所，以供其职。

与此同时还调动和任用一批官员，或赴京、或原地、或换防、或到外地任职。

根据王公大臣们的强烈要求，古制三年之丧，实在是难以举行，二十七日除服即可。嘉庆答应一般官员可以，他自己受皇考深恩，不得已勉从众议，缟素（孝服）百日即止，稍表哀思之情。

另外，还处理了乾隆权臣、大贪污犯和珅，将其逮捕，赐令自尽。已有专文，从略。

以上重大举动，即是皇考驾崩，节哀思治的具体表现，哀在宫中，治在天下四方。

（九）"乱民"不平心不宁

嘉庆元年至九年（1796年~1840年）爆发的川楚农民大起义，是鸦片战争前清朝规模最大的一次农民起义。起义的基本队伍是白莲教徒。当时白莲教在河南、湖北、陕西、四川等省广泛传播，入教的有荆襄的流民、棚民，长江的盐户，川东的逃兵等。他们互相联络，形成与清王朝对抗的强大力量。因此，这次起义又称白莲教大起义。在清朝的官书上，称之为川匪、教匪、乱民等。乾隆殡天之时，正是川楚农民大起义的高潮时期，如火如荼，烽烟遍地。

这件事一直困扰着太上皇帝和新嗣位的皇帝，故曰，"乱民"不平，圣心不宁。就在嘉庆为老爹服丧期间，仍在朝思暮想，"乱民"为什么平息不掉，将其当作节哀思治的大政方针来抓。

嘉庆四年正月初四日，乾隆死后的第二天，上谕军机大臣说：

我皇考临御六十年（加太上皇四年共六十四年），天威远震，武功十全（自夸其德，不尽其实，各次战役，将帅侵欺掩冒，蔚然成风），凡出师征讨，即使荒徼（偏远）部落，无不立奏荡平，如果是内地"乱民"，如王伦、田五等，偶然发事，不过数月之间，即就消灭，从未有经历数年之久，耗饷至数千万两之多，而尚未完成任务的事发生。

这是为什么呢？总由领兵大臣们及将领等，全不以军务为事，只想玩弄兵权，养寇贻患，借此达到冒功升赏的目的，真是寡廉鲜耻，营私肥己。比如在京的谙达（官员）、侍卫、章京等，遇有军务，无不营求前往，他们从军营回到北京，即使是平日的贫困户，马上就成了暴发户。往往托词请假，并非实有祭祖省墓之事，不过是用所积蓄的钱，回到家乡买房买地。这些事情，都是朕所非常清楚的。

可见各路带兵大员们，是有意的拖延，都是借端牟利之徒。试想肥己私囊的钱，都是勒索地方得来的；又地方官吏又必然取之老百姓，小民的脂膏（血汗）有多少，才能够他们贪得无厌的诛求呢？这些教匪闹事，都是因为地方官逼迫的结果。即屡次奏报所活捉所杀害的人，都是朕的赤子（光顶娃娃），出于无奈，为贼所胁的人，如果再加重剥削，一定又把他们赶到贼人那里；这样原有的贼人未平，又驱逐老百姓投到贼伙去，难怪乎贼匪越剿越多。翻来覆去地追捕，始终没有大功告成的日期。

自用兵以来，皇考（乾隆）焦劳军务，寝食不安，即大病之前，还经常询问前方战况，等到弥留（临终之前）之际，并没有另外的遗训。仰窥圣意，自认为有了接班之人，没有别的可说，只想到战事没完，不免深留遗憾。

朕身兼重任，如果战事一日不宁，朕就一日背着不孝的包袱，内而军机大臣，外而领兵诸臣，都是不忠之辈，何以对得起皇父在天之灵？你们即或不顾惜身家，难道宁可忍心送朕个不孝之名吗？自列于不忠的行列呀？

何况是国家经贯有一定数量，怎么能任凭你们浪费坐耗？日复一日，何以供得上，又怎能有加赋害民之理呀？

而且，你们每次奏报打仗情形，小有斩获，即沾沾自喜，虚冒战功；即使受到挫折，也都粉饰自欺，并不据实报告。你们每次报告说，杀贼数千名至数百名不等，有什么证据呀？也不过是任意虚报捏造而已，如果稍有失利，尤其应该据实奏明，以便上方采取对策。似此掩败为胜，难道不耽误大事，军营积弊已非一日。

朕办理各项事务，诸项核实，只以时和、年丰、平贼、安民为大事。而对军事方面，信赏必罚，尤其不允许欺骗的事出现，特此明白宣谕各路带兵大小官员，均当深思熟虑，振奋精神，务于近期一律剿办完毕，绥靖地方。如果仍然欺骗朝廷，唯军法从事，言出法随，不要以为幼主可欺也。

嘉庆当政已经四十岁，无所谓幼主。这是一篇宣战书，下令各路军兵务必短期之内剿贼完毕。同时对清军内部的腐败不堪，亦揭露无遗，暴露天下世人。对义军的遭镇压，假仁假义一番。

（十）夏园行宫止修建

嘉庆四年（1799年）五月二十三日，有位官员名叫琳宁，上奏建议修建盛京夏园行宫，因为已经朽坏，请捐廉（捐献银两）修理。嘉庆得知后谕内阁：夏园地方，向来是没有行宫的。乾隆四十七年（1782年）皇考东巡盛京拜谒祖陵，当时的侍郎德福，始在该处添建行富一所，皇父赏银一千两，作为修建之费。回首往事，看老皇父的意图，即认为该侍郎举动不对，特因事已做成，只是不说罢了。原来满洲旧俗，遇有巡幸行围驻跸之处，一向是携带毡庐账房，随处支立在行营之中，从来没有建盖行宫的事，所以如此，为的是养成吃苦耐劳的习惯。何况盛京是根本之地，原因为恭谒陵寝，回顾祖宗创业的艰难历程，不能和临幸江浙等省相比，尤其应该做到遵循旧制，永守家风。

今夏园一处，添建行宫，又因为年久失修，再要修建，则将来就会不断地修茸，逐渐增竿生辉，凡是皇上经过的地方，势必都要增加行宫，开创奢侈浮夸之风，忘掉勤俭的遗风，劳民伤财，有伤风化。朕说什么也不能接受，所有夏园行宫的事，既然已经糟朽不堪，那么下令拆掉吧，将拆卸下来的木料、砖瓦等材料，即留作盛京宫殿修理工程之用。朕将来到盛京拜谒祖陵的时候，该处宫殿，也只能略为整理，决不能彩饰铺张，粉刷一新，导致浪费钱财，并不允许呈进贡件。

请当地的将军及有关官员，应当共同体会朕的意图。

这是一篇讲祖宗传统不可丢，躬行尚俭的作风不能忘的诚恳谈话，意在时刻保持满洲尚朴的美德，不许沾染奢华之习。热河有行宫，江南有行宫，祖宗发祥盛地不能建行宫，这是嘉庆的决定，不能有违。

（十一）开矿利扰民生事

嘉庆四年（1799年）四月十九日，皇帝下一道谕旨，引述清世宗雍正，即嘉庆的皇祖话说：开矿一事，深以言利扰民为戒。圣训煌煌，可为万世法守。朕牢记在心，永志难忘。因为没有人就此事陈请，所以没有公开宣传，今天为什么要提起呢？

原来有宛平（旧县名，今北京市丰台区）县民人潘世恩、汲县（今河南北部）民人苏廷禄呈请在直隶邢台等县境内开采银矿，由给事中明绳转告，故降旨宣示，使知朕意。嘉庆为什么以祖宗为训，反对开矿呢？他认为开矿言利，扰乱地方，聚众闹事，危及统治地位。

嘉庆说：那些矿产藏在山中，不是少数人所能采取的，也不是几个月能开采完的，一定会集中众人，经年累月，设立棚厂，凿砂煎炼。以谋利之事，聚集游手之民，聚众闹事，势所必然。即或是官方经营，也难以约束这么多人。如果听任一两个商民，集众自行开采，其弊端无穷。这件事在边疆省区都行不能，何况还是京城附近，他府更不可行，而何况在近地大名（今河北大名县）。上述地方向来有私自传习邪教之人，这个时候禁止其活动都来不及，还能看着他们聚众滋事吗？

国家经费自有正常开支，川陕余匪，指日可平，国家财赋本来不足，怎么可以穷搜山泽之利呢？

潘世恩、苏廷禄，以开矿为由，思谋其利，实属不安本分，俱令押送原籍地方，交地方官严行管束，不许出境闹事。给事中明绳以开矿言利之事，冒昧转奏，明系商人委托，希望事成分肥利己，实在卑鄙。朕广开言路，不开言利之路。聚敛之臣，朕断不用，交部议处。

清代封禁盛地，封禁矿山，封禁边区，唯恐人民深入禁地滋事，故对开矿言利之事，深恶痛绝。这是不可取的，固守农业，抑止商业，保守至极。

（十二）私刑具严参治罪

嘉庆四年（1799 年）八月二十日，湖北安陆县生员沈从隆，控告知府盛德昌等地方官们，有私设公堂，私造刑具，滥用非刑的行为，不合法度，应行禁止。都察院转奏后，嘉庆深表关注，申饬严禁。谕曰：

朕发现有用数十斤大锁脚镣的刑具，以前外省地方官，私设班馆及自新所（监禁之地），曾经降旨严禁。至于刑具等项，都是按照刑部制度，官方印烙颁发，有一定的尺寸式样，如私制刑具，非法使用，是违法犯罪的。

苏州有新造的小夹棍等名目，湖北又有数十斤的大锁，不是私造，从何而来。何况官设刑具，是根据犯人情罪的轻重，分别责罚，即使是对付邪教，也应该一律用官刑。审办寻常案件，自设非刑，任意妄为，借严刑峻法，济贪酷之私，如不严行查禁，何以整肃吏治而服民心。

下令各省督抚，严饬属下，今后一切刑具，都用官定的尺寸，颁发印行，如有私自钊设刑具，非法滥用者，立即严参治罪，决不宽宥。

有令不行，有禁不止，事后地方官仍有私造刑具，使用非刑者。故嘉庆十二年

（1807年）四月二十七日，又重申禁令，申严地方官擅造非刑并捕役（刑警）私考之禁。

嘉庆说：据称各省问刑衙门，在例定的刑具外，往往私造刑具，如木棒棰一物，专门用作敲打内外脚踝骨，动至数十下或百余下不等，以致骨节损折，严重地违法。反映确切。

地方官审办案件，所有刑具轻重大小，俱有一定程式，理应慎重其事，为何制造非刑，残酷无情。如果审理的不是正犯，而两足已被打残，小民并未犯法，定会残废终身，于心何忍？看来不仅捕役私用，即使地方官员们，也未必不视为常刑，忘其残酷暴虐。

如果被审讯的是贼犯，也有官设刑具，不能恣意妄为，毫无恻隐之心，不可不严加饬禁。

（十三）提倡孝道树楷模

忠孝节义，向来是历代封建君主们所大力倡导的，因为这是巩固自己统治地位所必需的。以仁治天下，以孝治天下，在封建的官书上，史不绝书。为此，嘉庆自己带头做天下的孝子，他老爹乾隆归天时，一般官员二十七日除服（解脱孝服），他虽然没搞三年之丧，但披麻戴孝百日，然后除服。

对于朝廷内外的大小官员以及小民们，有尽孝道者褒奖，不尽孝道者惩处，严重的逆子甚至处死。

嘉庆四年（1799年）四月初一日，有位内阁学士名叫尹壮图，在京工作距老家云南甚远，无法照顾年迈体衰的老母。军机大臣奏报皇上，嘉庆知道后说：尹壮图现有老母年过八十，籍隶云南，距京较远，既然难以迎养，如果留京供职，那么母子俩就万里相隔，朕心实在难以忍受。尹壮图从前还算是敢说话的人，命令加恩赏给他的事中（亦称给谏，属都察院下的谏官）的头衔，立即驰驿（快马相送）回老家侍奉老母。他年再候旨，来京供职。

嘉庆六年（1801年）三月初七日，云南巡抚初彭龄因双亲俱已年老，上疏请求回京侍养。嘉庆批准，令他到京任职。二十天后，即二十七日，伊壮图上疏说：初彭龄到职一年有余，带领部下，清廉公正，百姓深受其益，如果继续任职，那么云南省的形势就会更好。如果突然换上新官，那么就会到职不久，即匆匆离去，老百姓可能大失所望。

嘉庆接奏后，发出谕旨，驳斥尹壮图的意见，大谈孝敬之道。他说："大错特错了。督抚久任才能见成效，朕和廷臣时常讨论。况且初彭龄自从任职云南巡抚以来，对地方事情认真办理，朕是清楚的。从前要求卸职养亲，朕本打算让他继续留任，于是询问他的弟弟初乔龄。据说，他们的父母年过七十，衰病属实。因念初彭龄身在边疆，远在万里之外，听说父母在京多病，心悬两地，恐怕贻误公事，陈请归家养老父老母，也是儿子的真情所在，朕方以孝治天下，自然不能拒绝他的要求，所以批准来京供职。"

讲到这里，嘉庆话题一转，严厉批评尹壮图说："今天尹壮图，以滇省民情留恋为由，想留他在当地供职，勿令回京养亲。试想尹壮图也是为老回籍侍养之人，难道就一点也没想到初彭龄双亲都已年迈，而对别人反而没考虑到也应孝敬其父母。己所不欲，勿施于人。如果初彭龄可以留在云南，那么你尹壮图也应当来京供职。初彭龄既然已经奏报请养其亲，绝没有授意尹壮图令其奏留，博此虚名。"

以上不难看出，为提倡孝道，狠批尹壮图，竟敢越分干与本省大吏去留，成何政体？所以，不予采纳。以下再举民间为例，为提倡孝道，惩治忤逆不孝之犯。

嘉庆四年（1799 年）七月九日，三法司衙门（刑部、都察院、大理寺三方谓之三法司，遇有重大案件共同审理，俗称三堂会审）共同报告，浙江省民人汪应凤，打伤他的哥哥汪应陇致死，并声明救母心切。经内阁拟定斩决或斩候，请旨决断。

嘉庆接奏后，认定打死活该，因是不孝之徒，其弟从轻处理，仅发遣外地即可。他说："今天朕详细阅览案情，汪应陇因为他母亲袒护幼子，将应该出养的赡养谷，不给其母，并且出言不逊，顶撞老母。经朱氏嚷骂扭结，汪应陇竟敢将其母推倒在地，压住身子，用手擒按胸衣，经汪应凤往拉，仍不放手，汪应凤见其母面红耳赤，气喘嘘嘘，喊不出声来，情况紧急，挥拳打他的哥哥，汪应陇不一会儿就死了。这是因汪应陇丧尽人伦，大逆不孝，特别凶狠可恶，汪应凤往拉不放，见到母亲上气不接下气，事在危急之中，才用拳殴打其兄，实在是出于迫不得已之事。因情急救母之人，致死大逆不孝之徒，一定不能以寻常打死胞兄论处，即或改判斩候（死缓），也还感到情节可以同情。因此汪应凤，令免死发配到外地。他母朱氏尚有二子，可以侍养其母。如此，实事求是地处理，才能做到合情合理，以平公论。"

嘉庆四年（1799 年）二月十三日，三法司衙门共同审理湖南省杜梅兆，偷窃他母亲黄氏的钱花，逼得母亲自尽一案，依照违犯教令例，拟以绞候（死缓）。

嘉庆皇帝接到案情处理后说："今细核案情，杜梅兆素性游荡，行为不轨，不服其母管教，将分到的田亩卖光，欠债无力偿还，经其母将赡养田地转卖，代他还人欠债。杜梅兆还忍心窃取，以致其母被逼无奈，上吊自杀，即使没有大逆不孝情节，也是人性皆无。杜梅兆令即行处绞。嗣后遇有此等案件，法司衙门按律快速处理，候朕定夺。"

综上所述，两种类型，一奖一惩，说明嘉庆确实在提倡以孝治天下，以仁治天下。

（十四）安难民公平合理

嘉庆长时期地镇压川楚农民大起义，使社会动荡不安，民生凋敝，于是产生了大量的难民、流民以及散兵游勇，对于这些盲流如何安置，成为当朝者要考虑的重要问题。民心安则国安，民心乱则国乱。嘉庆帝对此问题的处理，本着恩威并重的原则，是很讲策略的，也是颇得民心的。

嘉庆四年（1799年）四月二日，军机大臣遵旨议定：难民回籍根据人数多寡，分期分批地遣送，间日行走，每起不超过三十人。每天给粮五合，银三钱，发给路票作为执照。每户给搭盖草棚银五钱。应令照办。请将回原籍的人，令沿途乡保长照料，如难办理，怕多生事端，应归地方官检查。难民每日给予庙宇住宿，不合实际，不可能到处有庙宇，应令地方官酌量空闲之地，分配住宿。难民中有无家可归的人，无亲可靠的人，请将年老残疾的人，分拨附近州县，支给口粮应批准。至于妇女幼孩，劝令仕宦（做官有钱有势之家）人家、殷实之户（地富）养育，不定主和仆的关系。由贼营逃出者，兵役人等不许阻挠。"教匪"投诚，给予宽大处理。投出之人，分别人数，赏给银钱顶戴。眷口资财，通传放行，并酌予口粮盘费。年少单身，无有可归，自不必强令回籍，但口粮可暂不可久，稽查宜分不宜聚。

嘉庆看议定安插难民条款之后，认为所议公正简明，合情合理。同意所议，批准允行。

同年十月十三日，又谕令军机大臣说：从前陕西省贼匪（义民）被官兵逼剿，即向深山老林逃匿，看来老林大山，实在是藏奸的老窝，此时贼情已净，这些地方，应当酌情清理。今天召见彭元瑞，报告终南山绵亘八百余里，山内地界都是岐山、凤翔、武功、周至、咸宁、长安、蓝田等九县分段管理，而山内地方辽阔，居民稀少。其山脊已见有民人耕种。这些地方，既是山径僻杂，又延袤广远，与其置之空闲，徒为盗贼的渊薮（老巢），莫不如设官管理，安置流民，而且现在难民就抚之后，无家可归，无地可种，即使官家支给银两，帮助口粮，只能解决一时之需，也难于解决长远问题，如果官粮用尽，无以为生，势必故智复萌，仍然会干草寇之事。

朕意，南山之内既有可耕之地，莫不如将山内老林，量加砍伐，其地亩既可拨给流民，自行垦种，而所伐的木材，又可作为建盖房屋之用。同时察看山内地方形势广狭，或分建县治，或设立厅署，并安设营盘哨地，移驻官兵，以便管束治安。其官房所需木料，从老林中采取，也很方便，而且就抚的人民，可以当佣工饷口度日，也是以工作代替赈济的一种方法。从此作为土著人民，各安本业，既有恒产，必有恒心，对招徕安抚及因地制宜之道，难道不是一举两得吗？这也是仿效明代经理郧阳，绥缉流民的历史经验而采用的方法。有关官员必须认真照办。

将朕的命令传谕天下知道。

（十五）清语骑射护根本

清入关后，满族统治者为不忘老祖宗的传统，一直强调要保持满洲的固有风俗，而固有风俗的核心，就是"清语骑射"也称"国语骑射"。清语骑射的口号，简单说来，就是要求每个满洲人保持他们以制胜的武力特技和作为本族特征的语言文字。清语，即国语，亦称满语。满语属阿尔泰语系满通古斯语族的满语支，是满族人民日常生活中的口语。骑射，即能在骑马奔驰中射箭中的（箭靶的中心）。清语骑射作为正式口号的提出，是在乾嘉以后，而当作一项本质内容来强调，则自清初伊始。清统治者，一直将其当作教育八旗子弟的重要内容，如果有所忽略，轻则训斥，重则受罚。

嘉庆五年（1800 年）四月十六日，据管理右翼官学大臣德明等人奏报称，正黄旗满洲世袭恩骑尉（清代世职之一，品级为七品）常安，他不谙清语，骑射平常，屡加教训，毫无长进，建议斥革。

嘉庆得知后，非常不满。他说：朕考虑到常安究竟是世职，所以降旨，令派出去参观军政兵丁王大臣试验，如果可以将就，仍然保持原官。

今据王大臣等人的反复奏报，传到常安，问以清语，不能答对；步箭三枝俱未到靶，马箭成绩低劣，都认为应该斥责革退。足见德明的报告符合实际。清语骑射，是满洲的命根子，后来虽然渐不如前，然而年轻人，本应该专心学习，以便能不废本来，常安如此不务本业，都是因为平日只图安逸，并不注意学习导致的必然结果。如果按照管理官员的请求，革动恩骑尉之职，使他在家闲居，自然就会破罐破摔，更加走下坡路，难保他不做无耻的事情，不但不能起到教育作用，也不能表达朕教养满洲臣仆的意图。怎么处理他呢？

吉林地方，清语骑射俱好。常安，令立即发往吉林，交给吉林将军秀林等，命他学习清语骑射，等到了年后，所学如有成效，令地方官如实报告，再作处理。如果学习三年，技艺仍然是平常，那就是不堪造就，亦命地方官据实奏闻治罪，以示警诫。除将他所世袭的恩骑尉，著该旗于年终另行拣选承袭外，并将此旨，传谕八旗满洲臣仆，务期互相勉励，不可以废弃满洲本业。

事与愿违，自清朝定鼎以来就强调的清语骑射，所谓满洲的根本，随着时间的推移，和汉族的杂居共处，不但没有保持，而且是在逐渐废弃，这是不以皇帝个人意志为转移的，是满汉族互相融合的必然结果。

（十六）止搬迁就地解决

嘉庆六年（1801 年）八月二十八日，内阁学士台费荫，就直隶文安（今河北文安县）发生大水灾一事，上奏朝廷，请将文安县治取消，全县人民搬迁到东北的盛京、吉林、齐齐哈尔等地安插。

嘉庆皇帝接到奏折后，认为断不可行，并提出驳回上奏的理由。他说：据称文安县地势极洼，现在积水有数尺到一丈多深不等，明年断难全部涸出，并恐二三年内尚不能耕种。请朝廷酌情给发迁徙安集之资，准许他们赴锦州、吉林、齐齐哈尔等处地方，听他们耕种，并请官为经理，由天津海道备船送往等语。

嘉庆引述奏折内容后，接着说：本年直隶文安一县被水受灾较重，田庐村落多被淹浸，实在令人同情，现在命令陈大文（地方官）加意抚恤。至于说该处地势极洼，形如釜（锅）底坑，为众水所归。但是建设县治，由来已久，必有旧定章程，为疏消积水，保障生民的安全，绝没有因一时积水难消，于是就将全县居民全部迁走的，任凭县治所在地沦陷于大水之中。何况是文安县距离奉天等处，途程遥远，由天津出海口前往，风涛波起，险阻难行，小民们一定不愿意去。古来移民就粟的举动，虽然也是有的，然而不过是在邻近处所，如由河内移到河东，还没有过移民如此之远者。奉天等处即使有官地可垦，而籽种牛具，都能齐备吗？同时还要考虑到，目前已近冬季，小民到那里后，既不是耕作的季节，又没有房屋居住，而关外气候严寒得很，当彼地隆冬风雪之时，难道能看着他们挨冻受饿而不管吗？

内阁学士台费荫的意见，是不可取的，令将原折发回去。其文安县现在积水情形，自应该设法疏消，以优恤穷民百姓为正路，然后就地解决。

这是一篇体察民情的谈话，朝臣和皇帝就安排水灾人民去向问题，发生了不同意见，最后皇帝意见得胜，那是意料之中的。究竟谁的意见对？姑且不论，但都是为人民生计着想，则是一致的。

（十七）止大臣独面皇上

乾隆时期，封建专制主义中央集权已发展到了登峰造极的地步，朝廷内外再也找不到能与皇帝的权力相抗衡的势力。可是，皇帝再集权，也有空子可钻，和珅的专擅就是一个例子。嘉庆总结其父的教训，认为和珅得以为非作歹的原因之一，是他有与乾隆单独会面的机会。嘉庆认为，大臣单独与皇上见面，其弊不可胜数，一方面，他所奏的可能不过是些寻常事件，但却可以出去招摇炫耀，说皇上对他如何特别眷注，如何言听计从，等等等等，而别人不知是真是假，往往就此争相逢迎他，日久成了真事，势焰熏灼、欺上瞒下，岂不是成了第二个和珅、福长安？再一方面，单独面对皇上，没有其他臣僚，也往往容易信口开河而无顾忌，和珅的擅权，就是由此造成的。嘉庆说，他早在当皇子时，对这种恶习就深恶痛绝，所以一亲政，就做出规定，严禁大臣请求与皇上独对。他每次升殿，都同时召见几人或十几人，对大臣们提防之严，一至如此！

嘉庆六年京师大水，步军统领明安，奉命查勘京郊一带民房坍塌的情况，回京后嘉庆召见群臣时，却没见到明安，后来奏事太监告诉他，明安说还有图样尚未带来，想另外见他，嘉庆闻知，立刻看破明安是在寻找机会想让皇上单独召见，非常生气，斥责他是想借此邀荣，意在炫耀，并且上纲说，这不是在以和珅自居吗？于是将明安交到兵部议处，让投机取巧者以此作为教训。

同时又强调，明安的福气就在于，他有幸生在嘉庆皇上的时代，本皇上懂得防微杜渐，这是为了让群臣都能成才，不至像和珅那样落得身败名裂的下场。

嘉庆一朝，的确没出现气焰嚣张的宠臣，这与嘉庆规定，是应有些关系呢！

（十八）文字禁朱珪谏止

清朝从康熙时开始，就大兴文字狱，也就是以文字作品来望文生义、捕风捉影、任意罗织罪状，来达到消灭异端、钳制思想的目的。清朝文字狱次数的频繁、株连的广泛、处罚的残酷，都超过了以往任何朝代，而在乾隆朝达到登峰造极的地步，许多文字狱，谈不上有什么政治倾向，甚至还是为了给清朝统治者歌功颂德的，结果却莫名其妙地被指为叛逆大罪，不仅自己惨遭斩首，甚至株连全家、同乡、同学、上司、下属，形成一片浓重的恐怖气氛，所以十九世纪初著名学者龚自珍发出"避席畏闻文字狱，著书都为稻粱谋""万马齐喑究可哀"的叹息。

嘉庆即位，他的师傅朱珪面对消沉已达极点的士气，曾向嘉庆上奏：用诗、文来诋谤朝廷，就像狗乱咬一样，能对朝廷造成什么伤害呢？圣人大公无私，就应该无所不容。对书来说，越禁，只能使其秘藏越甚。嘉庆认为朱珪说得很有道理，所以在嘉庆朝，开始有人刊行明末遗书了。

这条材料来自清人笔记，不知是否可靠，但嘉庆朝对士大夫思想的钳制，的确有所松动。一则嘉庆帝天资长厚，一则此时清朝统治已被人民武装起义震撼得动摇不稳，顾不上再在文字上无中生有、吹毛求疵，他们希望缓和矛盾，拉拢士人。

嘉庆一朝二十余年，新一代的知识分子，比起老一代来，到底忘掉了一些忌讳，如赵翼的《皇朝武功纪盛》、严如熤的《苗防备览》《三省边防备览》等著作，都已触及了当时一些现实问题。虽然这样的著述在当时还是极少数，但思想界毕竟已显露出一线生机。

（十九）文昌君等同关公

嘉庆初亲政时，一再声称诸如"五星联珠"、灵芝嘉禾等"祥瑞"往往是人所附会，不可尽信，表现出一种较为客观的态度，但在纷至沓来应接不暇的种种难题下，他也不得不乞灵于神助，尤其对那些久扑不灭的农民起义。

嘉庆五年（1800年）二月，据川陕总督勒保奏称，有白莲教起义军攻打梓潼的七曲山，见山祠内旗帜罗列，忽觉毛骨悚然，于是不战自退，看来清军是受了祠内的文昌星保佑，嘉庆闻听大喜，亲笔写了"化成耆定"四字，令人去挂在七曲山祠堂。接着又向大学士朱珪询问，皇家的专祀中怎么没有文昌星，朱珪告诉他，北京城内原有一座文昌宫，是明朝成化年间修建的，位于地安门外，如今早已坍毁。颙琰立即发帑三千金，又向在京官员摊派，官员们共捐出银一万余两，颙琰又指派步军统领负责人将此宫修复。六年五月，文昌宫正式修成，嘉庆非常高兴，亲自前往拜神烧香，将文昌星尊奉为"文昌帝君"，行以最高规格的三跪九拜大礼，乘兴写七言诗一首，令人勒石立于宫前，并颁谕旨称：敬思文昌帝君主持文运，福国佑民，崇正教，辟邪说，最有灵验，所以海内崇奉，与关圣大帝相同，以后应列入祀典，由礼部主持，每年春秋两季举行祭祀。

文昌星，也称文曲星，是汉族读书人在参加科举时所拜之神，迷信说是主持文运科名的星宿。清入关到嘉庆时已一百五十年有余，京城既然没有像样的文昌宫，足见满洲皇帝原先对其并不当一回事。如今突然将其抬高到如此位置，倒不是由于他的"星圣"而令哪个文人取了功名，而是护佑了镇压"教匪"的武将士兵，这恐怕是文昌星自己也预料不到的事。

嘉庆八年（1803年）七月，川楚陕三省被清军平定，嘉庆心中自是得意，宣称大兵获胜，是仰赖了沿途所经的名山大川中神灵的保佑。于是派遣了军机大臣分别携带祭文、祭物，前往告祭，被祭的有陕西华山的山神，河南淮水、济水和黄河的水神，四川江渎之神，还有南岳衡山、湖北武当山的山神，荆州关帝庙，四川文昌帝君庙，陕西汉江之神，终南山之神，定军山诸葛亮祠，等等，各各奔到。这还不算，嘉庆还让军机大臣将川楚陕用兵以来所有显过"灵迹"的庙宇，一一调查清楚，开单呈报，并根据这一名单分发藏香，遣人去这些庙宇，感谢帮助他打了胜仗的神灵们。

关圣君，就是三国时的大将关羽，满族在入关前就将其奉为战神，很多满人还附会说自己是关羽的子孙（关姓为满族中人数最多的大姓之一），清朝以武力夺取天下，战神的地位从此高于一切，顺治朝封关羽为"忠义神武大帝"，雍正朝又把他抬到与孔子同等的地位。嘉庆十八年林清等天理教徒发动"禁门之变"，很快即失败。据当时宫廷人传说，这些教徒打入禁门时，恍惚见到无数神灵身披金甲，簇拥着一尊身着彩袍，红脸美髯，怒目而视的大神，那就是关羽了，教徒们因此畏惧逃散，不敢向前。当时有教徒确实准备放上一把大火，可是刚要点火，天上突然雷电交加，大雨倾盆，教徒们才慌忙撤退，事平之后，嘉庆对此事大加渲染，说这是天意，是天在佑护他，并特地派皇子到地安门外的关圣帝庙烧香致谢。

事隔不久，负责赴河南滑县镇压天理教另一首领李文成的将领回来奏报，说滑县被平之时，教徒们乘天黑拼命突围，官兵们施放枪箭，但总看不真切。这时城旁的庙宇突然自行起火，照得如同白昼，官兵们趁机两路夹击，这才把教徒们截回并尽行杀灭。第二天，才知城旁庙宇所供，乃是关帝的神像，庙虽已被焚毁，神像却毫无损伤，岿然独存。嘉庆对这种无稽之谈当然极愿相信，说这次天理教举事，多亏关帝一再显圣帮助他，不仅立即赏银，命人将滑县的关圣帝庙重新兴修，而且加封关帝"仁勇"二字。还为滑县关帝庙亲笔书写匾额，曰"佑民助顺"。

（二十）秋狝大典勉其难

位于河北省承德市的避暑山庄，是清朝的第二个政治中心，从康熙朝开始建立以来，除了雍正帝执政时未曾去过之外，从康熙、乾隆至嘉庆，都非常热衷于到那里避暑，处理政务，一般是五月前往，九、十月返京。每次到带领大批扈从和军队，到距承德二百多里的木兰围场去行围习武，名为"木兰秋狝"，实际是一场大规模的军事训练活动。清廷目的，一则为保持八旗的"骑射"传统，使军事力量处于训练有素、常备不懈的状态；一则是为联络蒙古以加强北部边防，届时不仅蒙古各部上层人物齐集一堂，而且天山南北的回部（维吾尔族）等各族首领也往往到此盘马弯弓，到乾隆朝尤为极一时之盛。

嘉庆不仅在当皇子时每年跟随乾隆巡游此地，就是"传位大典"举行之后，他作为皇帝，也曾随太上皇到此巡游。其时白莲教起义已发展得如火如荼，嘉庆曾因此而陪太上皇到避暑山庄的外八庙上香，祈求菩萨保佑大清王朝的江山。乾隆还写有"频频望捷仍未已，掷笔促章自哂之"一类诗句，表现出切盼清军奏捷的焦虑心情，当然捷报未能盼到，老皇上却驾崩了，这些诗句便被嘉庆帝派人镌刻在木匾上，挂于外八庙中普陀宗乘庙内的万法归一大殿之中。

乾隆死后，嘉庆做了名副其实的皇帝，却因诸务缠身，一直未能去山庄度夏，而"木兰秋狝"，因乾隆帝年迈，加上连年雨水过大，更是十多年未曾举行了。嘉庆帝其实是个不甘寂寞之人，尤其是处处想与其父乾隆相比。嘉庆六年（1801年）镇压白莲教起义一事略有转机，他就想去承德举行行围大典，不料遇上京师大雨，永定河、桑干河一齐泛滥，一时间连皇宫内都积水数尺，秋狝自然举行不成了，于是第二年，他就又将行围之事提上议事日程。

前去热河并举行行围，其开销虽然不能与南巡相比，但也颇为惊人，这对嘉庆之初川楚陕战场军费开支浩大，内地又因水灾造成大批灾民的清廷来说，实在是很沉重的负担。所以嘉庆一提行围，就遭到大臣的反对，顺天府尹汪承需当着嘉庆的面提出，在顺天府雇用大批车辆，相当为难，又说去年遭灾，百姓生活拮据，乾隆即位以后到第六年才开始举行秋狝，如今皇上亲政不到四年，再缓上一两年举行亦不为迟。事隔不久，给事中鲁兰枝也请求延期举行木兰行围，提出麦收不足六七成，物价倍之又倍，物力艰且益艰，还是等一等，哪怕到明年也好。嘉庆闻听，十分不悦，召来大臣说，举行秋狝大典，是我朝的家法，为的是习劳肄武，款洽蒙古，一次行围不过十几天，朕照样办事看本，又不像前代那些汉族皇上是为了享乐，朕若只是想玩，在京郊的圆明园、清漪园，不是照样可以玩吗，而且比去避暑山庄更舒适惬意，何必长途跋涉到承德去！

对于行围开支浩大一事，嘉庆回答说，向来所经跸路，都有规定的经费，用不着扰及路旁百姓。至于说庄稼受灾，朕已问过直隶总督，说今年秋收能达到七成就可以了，难道非要等到十成的大丰收，朕才可以出巡吗？至于雇车有难处，增加脚钱不就行了吗！嘉庆并且下决心，这次非去不可，如果七月份雨水过多实在走不了，那就改在八月。八月若还是阴雨泥泞，朕也自然会降旨停止，朕又不是刚愎自用之人，用得着鲁兰枝你们一帮人鳃鳃过虑吗？嘉庆帝还责骂鲁兰枝等人纯属沽名钓誉，让人将其奏折掷还。

嘉庆七年秋七月，嘉庆帝终于成行，在避暑山庄下马那天，据他说接到了额勒登保从川楚陕"剿匪"前线送到的捷报，说是奸毙了白莲教首领之一苟文明，回想起几年前随父到此，翘首盼望捷报却迟迟不见一事，不禁声泪俱下，哽咽不能自已。然后又想起不准他出巡的官员，又把木兰行围的意义絮叨了一番。

这次巡幸和行围，进行得还算顺利，嘉庆帝也因此而得意扬扬，宣称要将这一盛典，按照祖宗们的传统，年年举办下去。可是围场自身的状况，已是今非昔比，再不见了昔日的风光。由于管辖不严，围场内常有人私自出入，偷捕野兽，砍伐树木，嘉庆还发现了一封匿名揭帖，揭发围场官员允许车辆随意进入一事，嘉庆也顾不上前不久刚刚做出的不准追查匿名信中所控之事的规定，匆匆下令让大臣严查，并将围场官员逮捕法办。

第二年亦即八年八月，嘉庆帝再次前往木兰围场，其时白莲教起义业经扑灭，天时顺畅，到达避暑山庄那天又赶上气候晴和，皇上心中一团高兴，准备率领蒙古王公和八旗王公，就启程去木兰讲武，谁料总管围场的副都统韦陀保又前来阻拦，说今年围内天气较寒，水涸草枯，嘉庆听了着急，立即派人前去查看，这些人回来报称，各处水草虽不太丰足，但还可以驻营，只是鹿只过于稀少，查阅了十几围，竟然绝不见有麋鹿的踪迹，真令人惊诧。嘉庆听奏，仍不放心，又派大臣绵循、绵懿率领着韦陀保等前去详查，回称果然不见鹿只，嘉庆真是懊丧之极，颁谕说，自从乾隆五十七年（1792年）之后，就没再举行过秋狝，这些年鹿只本应生息繁衍，比以前更多，今年反倒见不到了，都是因围场一带兵民私入围场，偷取鹿茸盗卖来牟取厚利所致，还有人偷砍树木，也吓走了不少鹿只。韦陀保奏称，近来陆陆续续拿获了二百多名偷打牲畜者，这是抓住的，没有抓住的还不知有多少。本应将韦陀保从重查办，可他到任不长，而其他围场官员就难逃惩处了。再不重惩，如此下去，围场必然旷废，成何事体！于是责令查出乾隆五十七年以来的历任该管大臣和官员，逐个严办。

嘉庆狩猎

蒙古王公闻知此状，一同奏请停止行围，嘉庆想到即使勉强举行，而捕获不到猎物，也实在无趣，即号称讲武肄劳，其实也是有名无实，只好允准了蒙古王公的奏请，停止了"木兰秋狝"，正是乘兴而来，败兴而归。

此后每年，嘉庆仍以"木兰秋狝"为祖宗成法。皇考在位六十年一直行之不废为由，坚持于秋季前往热河和围场，但围场猎物一年年减少，树木被不断砍伐，而随同行围的宗室大臣、蒙古王公也早已习于安逸，视行围为苦差，找出各种借口进行阻挠。二十年八月，嘉庆正欲动身前往热河时，下了半天密雨，庄亲王绵恪报告说，途中二道河的副桥座已被雨水冲塌，正桥座已被水漫过一尺多，蒙古王公闻听，都呼恳皇上停止进哨，嘉庆一眼看出这些人是在找借口，于是下令出发，骑马过桥，发现河水还低于桥面一尺，桥身也很稳固，把绵恪叫来追问，绵恪说是听热河道员明山说的，又叫明山来，明山矢口否认，嘉庆立即下旨对绵恪严厉斥责，说如果是满洲、蒙古王公如此，必然罢黜，但绵恪是亲王，只能宽恕一次，革去他的御前大臣、领侍卫内大臣等职，以观后效。

第二年秋八月，天气晴好，谁知嘉庆欲出发时，又有人出面阻拦，说这年因是闰月，节气较早，哨内寒冷，说这话的，有各部院的堂官，还有地方的道府，这可把嘉庆气坏了，大骂这些人是叛逆，并且严厉宣布，以后再有下雨下雪、天气寒冷等情况，若确实不宜行猎，他自己会做决定，用不着别人多嘴，倘若再有敢阻止他行围的，必以军法治罪，决不宽贷。

"木兰秋狝"作为一代盛典，确如嘉庆帝所说，不是以往皇帝的游宴娱乐，而是颇具政治意义的活动，但不顾国力而一味追随前辈武功，结果必是自找无趣。木兰围场的衰败，是清朝衰败的缩影，此后嘉庆虽又勉强举行过几次行围，但一代盛典终于在他这一代进入了尾声。

（二十一）匿名揭帖严制止

写匿名信诬告他人之事，自古有之，清朝法律规定，凡有写匿名信控告他人者，即使所控之事属实，写匿名信的人也照样要被判以"绞监候"，就是今天所称的"死缓"，而被告者则不判罪，条令虽严，但写匿名信亦即当时所谓的"匿名揭帖"之风却屡禁不止，原因恐怕是往往查不到写信之人，被诬者虽不被治罪，名誉却受到很大损害所致。就是到现在，匿名诬告他人之风，不也是无处无之吗？所以，嘉庆严厉打击此种歪风的做法，对我们今天也仍是有启示的。

嘉庆六年（1801 年），副都统吉勒章阿发现一份匿名揭帖，内称佐领佟世舜的继母栋鄂氏死因不明，又说佟世舜的伯母金氏与人有奸情。嘉庆帝查知，栋鄂氏在未嫁之时，未婚夫即已先亡，她过门守节业已多年，而金氏年已四十七岁，也是寡妇。所以立即谕令刑部，不准查办也不准公开这个案子。他认为，如果匿名揭帖所说都是事实，那等事情败露再去查办也不迟，如果是诬陷，现在把两个寡妇提来传讯，闹不好就会弄出人命，成何事体！嘉庆帝强调，现在要紧的，是查出投递揭帖的人，严行惩办。

还有一次，有人呈递匿名信，诋毁内务府一些官员，嘉庆帝见信中的假名是"于禾"二字，立即联想到与"蘇"（即"苏"）字有关，便派人密查，最后查出是在奏事处办事的苏章阿，把他提来审讯，他承认所写信中之事多系子虚乌有，于是被判以"绞监候"。

通过这些事例，嘉庆帝教训官员们说，凡官民人等，如果见人犯罪，证据确凿，就应该自写姓名，到衙门去指名控诉，让官员根据事实去处理。而一些诡诈之徒，却捏造谎言，隐藏姓名，到处投诉匿名信，官吏如果查办，必然要传集多人，即使最后证明了被告无罪，被告也已在时间、精力和财力上受到很大损失，甚至名声已被损害，而挟仇诬告别人的人，如果未被拿获，反而可以超然事外，作壁上观，这种人实在可恨。

嘉庆帝又说，严惩写匿名揭帖之人，不查究被告，并不是为了省事，而是为了镇压这种刁风。国家部院大臣，各有所司，如果为一些捕风捉影之词，就纷纷查办，哪里有这样的规矩！凡写匿名信的，肯定挟有私怨，写信者自知所告不实，恐因此而犯罪，所以才不敢写出姓名，这是显而易见的事。这种恶习，为朕深所痛恶，以后凡布散匿名揭帖以及到各衙门呈递的，其所告之事，一律不许办理，一定要全力查拿投递之人，按律治罪，以杜绝倾陷他人的恶劣风气。

不过，一旦事情涉及自己，威胁到自己统治权力的时候，颙琰可就失去了上面所说的那种公允和冷静了。嘉庆八年闰二月，发生了举朝震惊的成得行刺颙琰事件，事发之后，京城到处发现匿名揭帖。给事中曹锡龄对颙琰说，清律已经载明，凡投递匿名揭帖者均应处以重罪，揭帖也应一律烧毁，无须办理。如今城里传布的揭帖，任意株连，闹得很多人被逮捕入狱，如果审讯后属实，那当然罪无可恕，可是万一是子虚乌有，那么无辜者受苦事小，放跑了真正罪犯可就事大了，请皇上还按原来对匿名信的处理规定来办吧。嘉庆闻听，竟痛骂曹锡龄"全无良心，殊不成话"，他还为自己辩解说，朕以前规定凡匿名信所告之事一律不予办理，那是指的挟有私怨而揭人隐私，或是捏造罪状诬陷他人等事，可是这回成得的事，根本不能与这类平常劣迹相比，就如前日诚存奏报，说他收到的匿名揭帖上写着，笔帖式兴德保父子曾与成得熟识往来，现在还与成得同伙在外勾结，这么重要的线索，能不根究吗？

曹锡龄因此而受到了申饬。可是嘉庆依照那份匿名揭帖，将笔帖式兴德保父子审问，却也没审出任何结果。只是后来，投递匿名信的恶习仍然屡禁不止，一直到二十二年，嘉庆还在下令，要严惩投递匿名揭帖之人以挽浇风，足见这一恶习对风俗人心的确颇有危害。可是这种刁风能够如此猖獗，根源不正在嘉庆自己吗。

（二十二）官吏糊涂严议处

嘉庆的元后即孝淑皇后喜塔腊氏，死于嘉庆受禅后的嘉庆二年。按照惯例，皇后应与皇上合葬一处，当皇上还健在之时，先将皇后安放地宫，陵寝自然不能封门，需待皇上死了以后葬进去，才能最后封陵。孝淑皇后死时，皇陵尚未建成，其遗体一直停放于静安庄，嘉庆八年七月，陵寝告成，可就在举行移葬仪式之前，由于撰写奏事折的官吏糊涂，却闹出一则大笑话。

这类奏事仪折，都有固定的撰写词句，这次负责撰写之人不动脑子，竟把前代皇上葬仪中的惯用词句"掩闭石门、大葬礼成"八个字抄进去了。嘉庆看了这八个字，由不得火冒三丈，他把奏事大臣叫来责问：石门怎么可以掩闭？闭上就不能再开，这块吉地，是当年皇考（指乾隆帝）赐给朕的，又不是赐给皇后的，你们把石门关了，让朕再另找吉地吗？还有什么"大葬礼成"，更不像话，朕还没死呢，你们就"大葬礼成"了，你们可真忍心说出口，还刑诸笔墨！遂下令把所有办事王公大臣和礼部官员一概拿到吏部，严加议处。

查办结果，是书写者的漫不经心和负责典礼的王公大臣的敷衍了事，以致如此一个重要典礼的文件出现这样的大错，竟无人察觉。嘉庆心中恼火万分，说朝廷之上没有实心办事的人，对一切事情都是因循将就，这正是他的隐忧。于是把一大批王公大臣提来，新账老账一块算，予以惩处。首当其冲的是亲王绵亿，嘉庆骂他最滑头，又最无能，遇事只会推诿，什么事都办不好，这回又出这么重大的纰漏，被革去正红旗蒙古都统，罚俸六年。此外，领侍卫内大臣保宁、礼部尚书永庆、兵部尚书纪昀、军机大臣德瑛、礼部左侍郎扎郎阿以及承写奏章的礼部主事未其沅等，被革职，有的被革职留任。

此案被惩之人中，以宗室王公居多。嘉庆朝有不少王公身居要职，手握重权，但昏庸拙劣却超出人们想象之外，当时朝野中就多以此为笑柄。即如禄康，在宗室中属长行，嘉庆亲政之初曾为辅政大臣，以清廉著称，但才能庸劣，连字也识不得几个。一次礼亲王昭梿在宫中遇见他，恭维他祖上有功德，他竟红着脸说，我祖宗是身遭刑戮的人，还敢谈什么功德？礼亲王惊愕不已，后来才弄明白，禄康祖上是努尔哈赤幼弟穆尔哈齐，曾为努尔哈赤的开创大业立下过汗马功劳，后因病而死，努尔哈赤亲去哭奠，封为"多罗诚毅勇壮贝勒"。而所谓身遭刑戮的，是褚英贝勒，努尔哈赤的长子，被努尔哈赤赐死的。原来禄康将这两人弄混了，这可真是数典忘祖，无怪乎礼亲王愕然，骇然。

（二十三）蝗虫为害不等闲

嘉庆亲政后，常常体察民情，关心小民疾苦。告诫臣下，朕夙夜孜孜，也是唯以军务、民生、雨旸、水旱为念，总要真知小民疾苦。对官吏讳灾不报或故意缩小灾情的行为非常恼火，倍加痛恨。

嘉庆九年（1804年）六月二十九日，皇帝谕内阁："最近听说京郊附近所属地方，时有蝗虫飞来飞去，正当禾苗长盛之时，应当抓紧将其扑灭。除谕知直隶总督顺天府尹，勒令上紧督捕外，命令其他官员们，分别前赴东路至山海关一带，前赴西路至正定府一带，前赴南路至德州一带，前赴北路至张家口一带，各自督促该处地方官迅速地、全力以赴地进行扑打，除恶务尽，不留后患，保护庄稼。以此，表示朕对农业的重视。所有派出的人员，都必须昼夜兼程，快速到达目的地。"

同时告诉军机大臣等人说："朕在今天的早晨，正在宫内披阅奏章，突然一只飞蝗落在桌上，当即捕捉，以示军机大臣，都说是蝗虫。接着宫中的太监们也捕获了十余只。由此他想到，蝗虫既能飞入宫禁之中，可以想见郊外田亩间，不知道更有多少蝗虫在为患。如果不是飞蝗竟然飞到御案前，朕怎么能知道呢？这是上天在警告人世，使朕提前下令办理此事，以便保护农业，不受病虫之害。"

以前因为广渠门外，以及通州等处，时有飞蝗，一面派人查勘，一面降旨令颜检（直隶总督）查明后上报。昨日据报告说，郊外蝗虫已经消灭干净，并称飞蝗不伤禾稼，只吃青草，实在是不成话。据有关官员赴广渠门外时，看到田禾被蝗虫食掉者已有十分之四，还说不伤田苗，对吗？

由此，嘉庆又想到直隶总督颜检，平日办事还算认真，只是在奏折中，常谈吉祥如意之语，未免近于浮夸。

朕勤求治理，日夜忙碌，总以实际为主，不以文饰为务，即景星、庆云（祥瑞吉兆），前史所称，朕皆不以为瑞。一定是风调雨顺，五谷丰登，家给人足，才算是太平景象。怎么能有一点粉饰呢？如颜检之好语吉祥，则属员等就有意的迎合，偶有地方灾歉，也一定不能据实汇报，民间的疾苦不能上达，吏治民生大有妨碍。

据某些官员称，顺天府属也常有飞蝗，有关人员连日在扑捕。但是顺天府所属印委各员无多，而且近京一带，既有飞蝗，那么直隶各州县，自然难以保证一定没有。现在已派官员分往各督捕，务期除恶务尽，如有伤残禾稼，收成稍减之处，立即据实查奏。等候朕加思，不许如从前那样讳饰，自找错误。本日御制《见蝗叹》一首，给直隶总督颜检阅看，其宫内捕获的蝗虫，一并发往参看。将此布告天下。

这是嘉庆帝捕蝗弭灾全在人事的宣传讲话，告诉官员关心民生，不要隐瞒灾情，粉饰太平。

（二十四）东巡盛京谒祖陵

满族发源于我国东北的白山黑水之间，满洲贵族建立了清朝之后，便以盛京作为"祖宗发祥重地"。有清一代，共有四帝（康熙、乾隆、嘉庆和道光）十次到盛京巡行，这就是所谓的"东巡"。乾隆皇帝曾一再告诫后世子孙，不要忘记祖宗创业之艰难，不要忘记祖宗发祥的故乡，如果哪个敢于轻视故都，因害怕路途险远而不肯回去祭祀祖陵，那就是忘本，就是泯灭了天良。他的直接继承人嘉庆皇帝，一向是标榜以"孝悌治天下"的，怎么能不将乾隆的告诫时刻铭记在心？

嘉庆亲政不久，就有东巡打算，张鹏展等大臣出面劝阻，列举出麦秋收成未卜、军饷尚待筹措等困难，提出一旦东巡，必然开销巨大，官吏又会乘机敛财肥己，请嘉庆皇帝再等待一段时日，嘉庆知道他言之在理，只得作罢。直到十年（1805年）白莲教起义终被镇压，嘉庆认为时机已到，他便可以去"告慰祖灵"了，于是率众东巡。出发时间是阴历七月十八日。

嘉庆自知此时已非"盛世"，不敢像老祖宗康熙、父亲乾隆那样大摆排场，大抖威风，所以规定此遭只是去"敬谒祖陵"，一不举行操兵行围的典礼，一不携带皇后妃嫔，其实目的只有一个，就是省钱。

从北京东华门启程，到关外永陵（即肇、兴、景、显四祖之陵，位于今辽宁省新宾县），路途已达千余里，嘉庆皇帝大多乘马，每日晓行夜宿，还有诸如巡视、祭奠先贤、拈香礼佛等活动，足足走了近一个月的时间，皇帝途中称为"行在"，也处理日常政务，召见文武大臣。祭奠永陵之后，向西直抵盛京，又祭奠了福陵（清太祖努尔哈赤之陵）和昭陵（清太宗皇太极之陵）。仪式与前代相比，都比较俭朴。然后是照例的到清宁宫祭神，到旧宫举行庆典，在大政殿设宴款待文武官员，在嘉荫堂观赏戏剧，到文溯阁浏览群书，再写些应和父祖东巡旧作的诗词附庸风雅，等等，一篇流水账，这里不必一一列举了。

不过，这次东巡，对这位高高在上的皇上来说，也确实是一次体察民情和吏治的好机会，官吏怠忽职守、苛虐百姓等种种恶习，着实令他愤怒，于是沿途便整治了一批。

秋七月，嘉庆皇帝率领群臣直出山海关，触目所及一片荒凉景色，连皇帝的"御道"也是泥泞不堪，几十里路上只见到一两名官员带着零星民夫，也没有修路工具。叫来一问，官员们便拿"民夫非常不好雇"为由搪塞，颙琰闻听大怒，认为这都是因地方大小官员平素将诸事废弛才引起的，于是将承修山海关到中前所大营一带御道的宁远州知抚以"昏庸玩误"之罪革职查办，发到热河当差。甚至盛京最高官员将军富俊，也因对属员管理不善，送交兵部议处，其他官员更是或革职，或降调，不一而足。

行至邱家屯一带，嘉庆又亲自审理了官吏因派差而殴毙人命的案件。防御官英福等人派夫去修路，民夫刘兴说该屯的旗夫都已被雇走，无人应差，经追究，刘兴又供出个叫湛大的人，于是英福押着刘三，带着手下官役叫三儿的一起追赶湛大，还下令殴打，把湛大从河坡打进水中仍不放手，又用马鞭打湛大的头，以致湛大被溺毙。颙琰认为对如此酷吏，不严惩不足以平民愤，遂将三儿定罪，又把英福革职，发到伊犁戍边。盛京将军富俊也再次被斥责，罚他拿出银两赏给湛大之妻。

嘉庆从京师到盛京一路，遇到多起旗人、百姓在路旁告状呈诉之事，都是因当地官员遇事延搁怠玩引起的控案、悬案。嘉庆承认，这些百姓敢于冒死拦驾，都是因为官吏不理民事，胥役又百般刁难，百姓万不得已才这样做的，他还亲眼见到一名百姓明明见到将军富俊站在身旁，却不将状子呈递给他，而吁控于驾前，自是恼怒非常，痛骂盛京这帮地方要员"坐享厚禄，于心安乎？于理得乎？"

所见所闻，嘉庆感慨良多，他斥革、处理一帮庸官酷吏，希望能对澄清吏治有所补益，他动用国库帑金赈济沿途饥民，在盛京颁诏大赦天下，宽免奉天所属州县的正赋钱粮，希望树立一个"宽仁爱民"的形象，造成"国泰民安"的局面，他毕竟不像他的父亲只一味地沉湎于享乐之中，可是，他这一次东巡，仅用去的白银就达二百余万两，加上沿途修垫道路、搭设桥梁时向百姓的骚扰摊派，将军大臣向他进献的鸡鸭鱼肉、时鲜果品，给沿途百姓增加的负担，甚至超过了他所施加的小恩小惠。对于财政拮据、国库空虚的状况，更无异于雪上加霜。

第二次东巡，是在镇压了天理教起义之后的嘉庆二十二年（1817年），这年京师一带已经"三春无雨"，麦田大多没有播种，出现了百姓口食无资的惨状，故而大学士松筠，上书竭力劝阻，却把颙琰劝得恼怒起来，抓住他书中有天旱的缘由，是因颙琰要东巡，祖宗们不愿意，所以天旱来表示警戒一类的话，不依不饶，责问说，上古时成汤曾因天旱，而以自己所做的六件错事自责，这六件里有谒祖陵吗？去年因绵恪劝阻木兰秋狝，就已降旨，谁再劝阻皇上出巡，就以军法处置。松筠却胆敢拿天象来吓唬人，嘉庆强调说，巡幸盛京，拜谒祖陵，乃是国家巨典，为的是让满族子孙，万年不忘祖先创业的艰辛和"国语骑射"的传统，谁敢出面阻拦，就是有意抗命，应该杀之无赦。尤让嘉庆恼火的还因为，竟敢出面阻止他的不是别人，而是首辅大臣松筠。松筠不是等闲之辈，早在乾隆朝就因治理新疆功绩卓著而闻名，颙琰亲政后他曾再度出任伊犁将军，回京后也颇有影响，颙琰怎敢因为这事真的拿军法处置他？只得把他降职出任察哈尔都统，并扬言以后再有敢以这点小灾作借口阻挠他东巡或去木兰秋狝的，一定立即革职，发往伊犁充当苦差，以为阻挠大典、萎靡不振者戒。此时的嘉庆，再无亲政之初的谨慎，在国家财政十分拮据、百姓普遍受灾亟待救济的状况下，一意孤行，不过是为支撑门面而已。

（二十五）经筵席上讲孟子

宋代为皇帝讲解经史所特设的讲席，称之为经筵。自大学士、翰林侍读学士、侍讲学士等，皆可充任讲官，其他官员也有兼任，皇上自己亦可发明其意，轮流讲读，每年定期举行。元明清三代沿用其制。

嘉庆同清代历朝皇帝一样，明白以文教治天下、经孝治天下的道理，竭力宣传孔孟提倡的封建礼教，来完善和巩固自己的统治，力求在人民心目中树立自己作为传统道德捍卫者的形象。

嘉庆十一年（1806年）二月五日，以举行仲春经筵，遣官告祭奉先殿、传心殿。嘉庆来到文华殿经筵，直讲官玉麟、邹炳泰进讲孟子乐取于人以为善章，讲毕后，皇上亲自大讲孟子。御论曰：

圣王存公天下之心，做善事毫无保留。那么凭一己的聪明才智，如何能普遍地体会庶民的人情事故呢？孟子论大舜以天下之善，公天下之人，治天下之事，故虚心延访，舍己从人，不知道善事就是自己所为。好问好察，见善乐取，不知道善事就人家的身上。人家和自己都尽量地做好事，成全自己就等于成全社会。行善事而每天都在积德进善，成全社会仍然是成全自己。

国君掌握天下，存大公无我之心，宽宏大量，包含万物，无事不容，以众善治万事，取人之长各于我身。君民一体，才能一德一心，那么政治就会蒸蒸日上，黎民百姓就会过上太平日子。如果看到善事不做，听到善事不学习，人们就都不敢做好事，虽然想做善事，从何做起呢？所以说自作聪明，难成治理。应该是见善一定要学，学习后一定要做，我对此更加提倡，如果都这样，可望三代（夏商周）以上的治理就会到来，怎么敢自以为是呢？

嘉庆宣讲孟子为善章之后，直讲官明志、刘凤诰，进讲《易经》的"有大而能谦必豫"章，讲毕，皇帝接着发明其意。御论曰：

大易六十四卦，吉凶悔吝，互相变易。孔子因卦名叙述其大义曰，有大人之位而又能谦虚，一定是好兆头，其含义是非常微妙的。人君居住在深宫之中，临御在万民之上，位极尊崇而有富贵，实在是大有天下之象。守成在于得道，在于能谦虚，不骄不躁，无私无畏，不要好大喜功，时刻想到满招损、谦受益的道理。兢兢业业，畏天命爱人民，以父母之心为心，就像保护赤子一样，真心诚意。以天地之心为心，那么百姓就是我的同胞，财富属于大家，不垄断独占，藏富于民，所占有的东西就多了。谦虚自尊而光荣，可以长期地享受占有，而以天下为乐，故谦虚的背后，才得到安乐之福。如果是骄傲奢侈放纵，和谦虚背道而行，难道能得到快乐吗？在上者不骄傲，高大而不危在旦夕，常存苞桑（根深叶茂的树）的喻，才能保持磐石一般的牢固，于是才体会到谦虚使人快乐。大圣人们的微言大义，是人君处事的要道啊！行忧后乐，天下太平，无为而治，同天下之乐，本一心之谦虚，时刻勉励着，谦虚谨慎，每日想到改过从善之心，那么就会敬怠明而安危著，难道不知道先后轻重缓急吗？

礼成之后，皇帝到文渊阁，赐给讲官及听讲官诸臣茶，同设宴于本仁殿。

显然这是一篇宣传孔孟之道的说教文字，其中心思想是与人为善，天下同乐，人主位高，时刻保持谦虚谨慎，不能忘乎所以，尤其不能忘掉黎民百姓，如此才能江山牢固，不动摇。

是真是假，是伪是善，姑且不论，单凭这种孜孜以求治的精神，还算是值得借鉴的。

（二十六）改遣罪犯分别释

清代为巩固其统治地位，曾将各种罪犯发遣到边，称之外遣之犯，主要发配地是东北、新疆、云贵烟瘴之地，其中东北较多。清朝皇帝唯恐在一地滋事，人满为患，故时有改遣或减释之令，还美其名曰法外施仁。

嘉庆十一年（1806年）正月初九日，命令查办免死改遣罪犯，分别减释。谕内阁：

向来免死改遣吉林、黑龙江及伊犁、乌鲁木齐等处人犯为常赦所不可原谅的人，终身不能援减释回。这些案犯都是些顽固不化的分子，历年发遣，日聚日多。这些犯罪分子们，自知永无生还之望，破罐破摔，毫不畏法，反而在配所三五成群，或犯法滋事，或脱身潜逃，均所不免。

因此考虑到各种罪犯之中，情罪也不一样，除特旨发遣不准减免各种罪犯外，其余按例改遣之犯，莫不如定以到配年限以及本犯年岁为条件。那些到配年久，渐加约束，即使是秉性凶恶的人，而到了垂老余生的年纪，估计也不至于再像少年那样好勇好斗，似乎可以根据情况从宽处理，给予重新做人的机会。命令刑部堂官检核案例，参照情罪，将这些人犯，如何订立期限，分别减等，或改发内地，或放回原籍，使他们得到公平地处理，认真研究解决，上报朝廷，以表达朕法外施仁的意图。

不久，有关部门研究决定，上奏皇上。称，吉林、黑龙江等处发遣官犯，本来不多，应请也照发遣新疆官犯的例子，令该将军、都统等人，将由革职杖徒发往之犯，三年奏请，由军流发往之犯，十年奏请，到期详叙案由，分别奏请，决定如何处理。其发遣吉林、黑龙江等处常犯，如强盗免死、大逆缘坐、叛案干连、邪教会匪及台湾聚众抢夺、杀人放火为从各犯，都是情罪重大的犯罪分子，虽然在配年限很久，年岁垂老，都不准减轻释回。其余的各项遣犯，应请不论是当差还是为奴，均拟以在配十五年，实系安分守法而又年至七十岁者，及年已七十安分守法，而在配未满十五年者，俱准他们释回。如在配已满十五年，安分守法，而年未至七十者，减为内地充徒三年，再行释放。对发往伊犁、乌鲁木齐罪犯的处理情况，同吉林、黑龙江的情况大同而小异。

以上吉林、伊犁等处准减之犯，如在配年限未满而又年未至七十岁者，一律到年限期满，再根据年岁分别充徒释回。如各犯内有自安生业，不愿回籍者，仍然听其自便。

以上决定，报到皇帝，嘉庆完全同意，这即是所谓的法外施仁。

（二十七）采买粮食不停止

嘉庆十一年（1806年）六月二十六日，给事中汪镛奏报，请各省暂缓采购仓粮，因为弊端太多，以便减轻老百姓的负担。

嘉庆接到奏报后，认为他的意见行不通。各省采买粮食，弊病很多。如这位给事中（谏官）奏报中所说，州县在官收之后，往往勒派浮收，折色（银两）入己以及书吏（办事官员）的需索，胥役（管具体事的人）的追呼，都是实际存在的。

朕是非常明白的，因此屡次告诫地方大官，在应该采买的时候，要特别强调，严禁勒索，有因此事而发生控告之案，无不立即交有关衙门审办，严饬惩治。

至于采买这件事，关系到仓储之事，酌盈余以济不足，原是根据年成的好坏，分别采买的缓急，又关键在地方大吏，督促检查州县官，妥善处理，不使不法的官吏，借故营私舞弊，小民自无扰累。

如果因为地方官办理不善，就擅自议论停止采购粮谷，那不是因噎废食吗？那位给事中（汪镛）既然说春夏以来雨水调和，一定能大丰收，又害怕各省大吏奏请采买粮谷，粮价腾贵，一概请求暂行缓办，这等于是因为防止弊端，完全忘记了储备粮食。

如果遇到大灾之年，应该调剂余缺，又将如何办理呢？即如山西、陕西等省，是连年闹积歉的省区；本年虽然获得丰收，但是老百姓仍然负担很重，本应当暂缓采买。如直隶省，则自嘉庆六年水灾之后，连年大丰收，并不是今年才开始丰收。民间生活富裕，市价稳定，正应当在此时设法采买；如果又下令停止，将等到什么时候开始采买呢？即使其他各省有偶尔遭灾地区，也不能以一部分地区之故，将各省采买一概停止。

总之，有治世之人，无治世之法，采买一事，完全在地方官根据情况调剂，剔除各种弊端，自可以便民足食。

如果地方官不知调剂，任令不法州县官借端妄为，即使每年都大丰收，又怎么能保证不发生问题呢？

嗣后各省大吏，只应该遵照朝廷的旨意，严查属员及胥吏等，不许借机搜刮民财及借口勒索等弊端，有犯法者坚决惩处，才能使好的政策得到永久实行，不在层层设防。

这是一篇贯彻粮食统购统销政策的宣言，该收必收，该留必留，地方官虐民，该惩即惩，不能因噎而废食。

（二十八）残害幼童罪万死

嘉庆十一年（1806年）六月二十六日，刑部报告，抓获一名用药迷拐幼孩的犯罪分子，以杨四为首，审明定案，听候处理。

嘉庆得知后，非常愤怒，认为残害幼童，非人类所为，残忍已极，罪该万死。他说：此案主谋杨四听信谭德之流，传授给他迷人的药方，配制后卖钱，无法无天到极点。杨杨氏听从她丈夫寻觅"草迷小儿脑子衣胞"（药名），送给其夫配制，甚用牙咬断幼童的头筋，所作所为，都不是人所能干出来的事，残忍到极点，尚有王九、冯六得到杨四迷昏药，下手迷人卖钱，由一案到五案，连续作案，均是罪大恶极，本应当立即处死，以儆凶残之徒。

杨四、杨杨氏、王九、冯六，一律处斩。各犯之中，杨四、杨杨氏均系首恶分子，杨杨氏，刑部已经在审讯时，用五根小木棍穿在绳子上，然后套入手指，挤压二次，杨四令在市区繁华地方加以刑夹，然后处死。并命令侍郎周廷栋亲眼看着行刑。张五、孙大二犯，均令依律绞监候（死缓），入于本年度朝审（霜降后审办案件称朝审）情实。

以上是对案犯的处理，是相当严厉的。对办案人员的处理，亦是相当认真的，立功者奖，失职者罚。

嘉庆说，刑部办案的总机关，近来处理刑事案件较多，各堂官（清代中央各部的长官）办理一切事务，均属细心妥当，比如用药迷人拐骗之案，从前犯事到官，不过是照例完结，未能将该犯如何配制药方，究出根由。今天刑部对于迷拐案件，详细研究，将那些犯罪团伙所使用的药方彻底查出，傀灭绝人性的凶犯，明正典刑，得到应有的惩罚，而且使配制这些药方的人，知道严重违法，有所畏惧而不敢胡作非为。

从此以后，孩童免遭惨毒，救活多人，阴功（积德）实大，比那些以开脱凶犯为积阴功（积德）的人，所见有天壤之别。

可见，刑部审办此案，实在是认真。管理刑部事务的董诰、尚书长麟，从前受到过革职留任处分，令加恩开复（撤销处分）。瑚素通阿，从前受过降二级留任的处分，亦令撤销。尚书秦承恩，侍郎金光悌、周廷栋，均令加恩纪录三次。所有参加办案的人员，如其中有降革留任处分的人，俱准撤销。如任职期间内本无处分，著各加一级，以示奖励，并开列名单，加吏部分别查办。

对摧残幼童者恨，对办案认真者爱，泾渭分明，此乃皇帝的好恶之心，人皆有之。

（二十九）奏事迟缓严加饬

嘉庆十一年（1806年）十月二十六日，谕内阁：朕亲制勤政殿记及勤政箴（劝谏），这是因为受到皇考厚恩，不敢追求安逸享乐，唯一想到的是勤政治民，才能继承先祖的遗志。

可是，近来内外官员无所事事者多，真心实干的人少，每天以早起为苦，以致误了很多事情。

从前多次降旨，命令在京的各部院衙门，遇有应奏事件，即使逢朕传问地方事日期，也都应当随时奏报，不得怠惰积压。

可是昨天朕前往阐福寺上香，在那里传膳办事，各部院衙门没有一个奏事的折子；本日则六部（户、吏、礼、工、兵、刑）、理藩院、内务府各衙门、部分别发出奏报事件很多，而且有一衙门陈递数折。这充分说明，昨天因朕到阐福寺，害怕早起前往办事，今天积累多件，一起陈递，怠惰偷安，又蹈故辙，错误严重。

朕勤求治理，日夜操劳，天未亮即穿衣，夜晚秉烛看文件，从来不肯怕苦怕累，并不是因为本日奏事较多，不愿意多事，实在因为昨天无事，恐怕积压因办事件，难于处理。部院中今日所奏多件，试问你们难道都是昨日赶紧缮写出来的吗？而且本日陈递月折，即共有七处，刑部奏事四件内，除奏斩决述旨一件，或说逢朕上香之日，意取吉祥，留到今日陈奏，尚可以说过去，其余三件，昨天为什么不上奏？又如礼部所奏，系皇史宬（又名表章库，即明清档案库。在北京东城区南池子大街南口东边）

事件。理藩院所奉，系喇嘛事件。都可在昨天陈递，为什么随便延迟？

各部院衙门的习气，每逢陈奏事件，其兼内廷办事人员，往往不肯定期，推给专在本衙门办事的堂官（中央各部的官如大学士侍郎等）定日上奏，而那些堂官等一听到另传地方，于是苟且偷安，在家吃喝玩乐，甚至将紧要事件，也压到第二天报告，反以体贴皇帝身体健康为由，尤其是大错特错。

朕出巡各地，目的不在游山玩水。昨天到阐福寺上香，本是岁例举行。此后如在瀛台（位中南海太液池内）观看冰鞋，那是因为体恤八旗兵丁，较艺颁赏。而且一切批章召对，仍与在官内无异，而事完毕之后，也就马上回宫，何曾流连忘返而在那里观赏景物呢？

昨日在阐福寺，各衙门竟无应办的事情，感到特别惭愧，虚度一日。书经说过，一日二日万几（即日理万机，形容很忙），一天不办事，耽搁的事非常多，比如昨日既无可办的事，朕什么时候趁机去游玩各个殿座楼亭？在辰刻（上午7时~9时）就已回到宫中，各位臣下又怎么能以照顾朕的身体为由呢？

在京各部院衙门，皆所以佐朕为治，朕经常训饬，该堂官等仍然不知道振作到如此程度，又何况外省官员，积习相仍效尤滋甚，因循疲玩，政务又怎么能不废弛呢？

除昨日随驾官员因事不加惩处外，其余有责任不奏报者，均令察议惩戒。嗣后各衙门有事者，俱应随时奏报，不得迟延。布告天下。

（三十）厚生之道在节俭

嘉庆亲政伊始，即注意提倡节俭，防备奢侈浪费之习，不断发出禁令，教文武官员、八旗子弟等带头执行。自己则以身作则，扭转社会不正之风，所谓的"躬行节俭为天下先"，同时反复强调，不遗余力。

鉴于有令不行，屡禁不止，又在嘉庆十一年（1806年）十二月初七日，专门作文一篇，宣传节俭，题目为：厚生之道，在乎节俭。意即人民生活要想得到改善，必须提倡勤俭节约，反对奢侈浪费。文中称：

朕想厚生之道，在乎节俭。国家太平已久，生齿日繁（人口增多），日用所需，人人取给，而天上生的，地上长的，只有那些。即使是风调雨顺，每年丰收，小民生活还怕不足，又何况水旱不时，怎么能五谷丰登。假设年景歉收，财政困难，若再习于奢华，不知道节约，势必困难重重，何以保证人民的生活而太平无事呢？

今天朕接到户部报告，嘉庆十年度民数（人口）、谷数（产量）。朕详加披览，民数比上年多至二千七百七十二万零一百一十九名口，而各省存仓的粮食，则比上年少二十九万四千二百四十八石有零。都是因为有关省区，间遇偏灾，仓储即有不足，人民生活怎么能够富裕呢？

近来八旗户口，每年都在增加，而能得到的钱粮，是一定数量的，你们当差做事，也应该衣食充足，才能够安心学习。如果平时不知道节省，如何自养家口。可是近来的风气，一天天在追求荣华富贵，饮食、衣服，都讲究吃得好、穿得美，互相比高低，毫无节制，以致数日之费，一日用光，数人的东西，一人用完。更有甚者，饮酒看戏，游荡赌博，钱粮到手，任意挥霍，难道不是自找穷困吗？

朕崇俭去奢，务实政，求淳朴。过去东三省随围官兵，在引见较射时，所穿的都是布衣，深得持俭的道理，非常引人高兴。现在年终即须引见世职官员以及其他一切引见，你们即应服着布素，有何不可？又何必在穿戴上过于讲究，互相攀比！

此后旗人等，尤当自知带头节用，崇尚俭朴，保持祖宗的传统，不辜负当朝的培养教育，共庆天下太平无事，无负朕谆谆训诲。

将此通知天下人知之。

（三十一）中外一家不遏禁

清代历朝皇帝好言，天下臣民，皆吾赤子；中外一家，原无异视；柔远能迩，道在不扰。故一方有难，八方支援，人民受灾，救济为先，弭灾拯患，王政所急。对好搞本位主义，不顾全局的将军大臣们，一旦发现，轻则申饬，重则处罚，毫不留情。

嘉庆十二年（1807年）正月三十日，盛京德高望重的老将军富俊等上奏，请求将奉天省高粱米、小米，暂时禁止海船运往外地发卖，为什么？万一有灾，以资助本地民食，防止不虞。这显然是本位主义思想。

嘉庆说，可以研究。但是，有一条不能忘，"中外一家，不可遏禁。"因时制宜，尚可以讨论。同年四月二十六日，针对某些官员仍然有垄断粮食，反对调拨的思想，他又强调指出：

盛京那个地方土地相当肥沃，素称产米之区，附近畿辅（北京地区）省份，都靠其接济。上一年秋天，该地偶然遭灾，经该地将军（富俊）奏请要求禁止外卖，恐商人贩运四出，必然会出现市侩（奸商）顿积居奇，有妨民食。曾经降旨允行。并根据该地将军奏称，等今年秋天丰收为止。

今年盛京雨水调和，庄稼茂盛。现在京都附近，盼望好年景，心情急切，米价昂贵，虽然京师调拨仓粮，平缓价格，民食有所依靠；而直隶（河北省）附近地方，恐怕不可避免地会出现粮价上涨的趋势，此时距秋收之期尚远，盛京粮食充裕，命令富俊将军体察民情，详悉（细）筹办，或仍令商贾照常贩运，并天津米船，仍旧听其装运，务必做到粮谷流通，借以解决民食，不必等到秋收后再行开禁。

富俊将军立即认真研究，迅速奏报，不得有误。

这是一篇有关粮食政策的讲话，国以农为本，民以食为天，百姓必须有饭吃。富

俊将军不能只考虑本地区，不管外地死活。故坚决下令开禁粮食，运销外地，民生为重。

（三十二）出巡视察不累民

嘉庆十二年（1807年）九月十三日，直隶总督温承惠等人奏请，因淀津（白洋淀天津）堤河各工程险段告成，恭请皇帝大驾光临巡视。嘉庆表示同意，但是反复强调不能扰累地方，尤其不能干扰民间百姓的正常生活，一切费用均由国库开销，即使不得已有需地方协办者，也必须公平合理。减轻民负，禁止勒索摊派，招摇过市，造成一路所经，而鸡犬不宁的局面。就这件事，嘉庆如同一位公婆训导儿媳那样，唠唠叨叨，多次谕旨，唯恐下属官员不晓其意，有违圣旨，一直到出巡开始，仍在强调，结束回京方休，真是圣人之心，慈母之情。

上谕内阁：淀津堤河各工程告成，关系京都附近水利事业，我皇考（父皇）高宗纯皇帝法驾濒临，亲自周览，举凡宣防（泄水和堵口）要术，都亲授方略，为亿万人民造福，天下皆欢。

自嘉庆六年雨水过多，河堤间有冲溃（决口），特发内府帑金六十万两，饬令集中全力疏治，目的在保护百姓生命财产的安全，使得永无河患之灾。兹修筑竣事，有总督温承惠、学政刘镮之、提督色克通阿、盐政李如枚联合上疏，诚恳请求，请在来年春天，銮舆（皇帝车驾）巡视，自应满足他们的请求，继承先祖遗风，省方问俗。命令选择黄道吉日，在明春三月初五日启程，恭谒东陵（在河北省遵化市马兰峪，是清朝皇室的陵墓群），取道南苑（一名南海子，在永定门外二十里，清室游猎之地），巡幸白洋淀、天津，四月初二日还宫。所有一切事宜，令有关衙门（部门）查照过去条例，提前准备。这是首次出巡谈话，以后再三强调，谆谆告诫。

嘉庆十三年（1808年）正月二十五日，谕军机大臣等：朕此次巡幸天津地区，正当重运帮船（船帮）北上的时候，听说该处船帮，在御舟（龙船）到来之时，都应该谨慎避开，因此饬令，无论何省船帮开到天津关口，即令排列在河干（边），恭迎皇帝车驾，原来指的是正巧赶上聚集在那里的船帮，绝没有下令提前守候而耽误漕运的道理。可是有人误会朕意，欲将豫东（河南东部）船帮，饬令预先截留，长期守候，大错特错，完全不必要，自应照例催促前进，免致耽搁运粮。

朕的御舟抵津之日，不拘何省船帮到津，即令排帮接驾，如果那时御舟经临，而船帮已提前半日到关，就不妨令他们稍等一下，或船帮鞔运北上，距天津关口尚有半日，也不妨到期迎接。总在该巡漕（帮头）等临时斟酌办理，倘那时在前面的船帮已驶过天津关，而在后的船帮相距尚远，并无船帮在天津口岸，也是可以理解的，正可以灵活掌握，不必拘泥，先下令久等御船。将此通告他们。

第二天，即二十六日，又谕内阁：本年朕巡幸天津地区，所有随扈大臣官员应用的船只，提前交总理行营处，查照旧例，酌减派定。从前随扈各员，每于例外私向地方官多索船只，今一概严行禁止。倘在途中滥索私增，即令总理行营处，严查惩处。

同年二月十一日，对内阁成员讲，他的父亲高宗纯皇帝曾六次巡幸江浙，五次巡幸淀津，每当皇帝车驾经过地方，都提前饬令随从的王公大臣，以及官员、兵丁们，让他们小心谨慎，不准收受礼物，借机勒索。训诫详明，至为认真。随从人员等，开始时都遵守圣教，严格约束自己，等到后来在大臣中不免出现贪索之徒，而官员、兵丁们也跟着相率效尤（互相学坏）积久弊生。

本年朕巡幸白洋淀、天津地区，阅视河堤各工程，为期不及一个月，此次皇帝车驾所到之处，特举行省方观民之典，或者有地方官等人，认为是破例，想借此送礼以便讨好上方，一定要严格禁止。所有随从的王公大臣、文武官员、兵丁们，都应当严格要求自己，洁身自爱，不可稍有沾染恶习。这在不肖（贤）地方官看来，不过是仅仅备一点小小的礼品，企图联络上方感情。等到皇帝车驾离去后，就以供应随驾人员众多为借口，嫁名渔利，甚至派累民间百姓，侵亏仓库，其弊端不可胜举，与其惩办于事后，莫不如教诫于事前，防患于未然。

凡是随从的王公大臣、官员、兵丁等，务必爱护自己的名声，保全官职，倘有地方官员给你们送礼物，不但金帛等件，当即拒绝而不接受，即使是一点小食品，也应当坚决拒收，退还本人。假设该地方官在既经退却之后，仍然再恳求送礼物，那就立即以实参奏，不得稍有包庇。经此次训谕后，或有随从人员仍然私自接受礼物，一经发现，送礼和收礼的人，都应当重治其罪，莫谓言之不早。将此通谕知之。

一切准备工作完成之后，于三月五日启銮，恭谒东陵并巡幸淀津。经过白涧、隆福寺、桃花寺、烟郊、旧衙门、新衙门、黄新庄、涿州、紫泉、赵北口、泰堡庄、左格庄、台头、扬芬港等十几个行宫后，于三月二十二日到达目的地天津，前往海神庙、风神庙上香。途中为表示皇恩浩荡，普济众生，下令免去跸路经过地方及天津府属本年额赋十分之三，赏圣驾经过看守各行宫并兵半月钱粮，免所经过各州县及天津府属十一年以前积欠额赋并直隶通省十一年以前积欠额赋十分之二，赏河兵一月钱粮，赏直隶办差兵了一月钱粮等，真是慷慨无私，大慈大悲。

同时上谕内阁：朕这次巡幸天津地区，各处行宫坐落，都非常整齐，足以休息安歇。但向来一经回銮，地方官以为差务已过，不甚经心，虽有看守之人，有名无实，以致时间一久，渗漏朽杯，甚至门窗等物，亦多缺失不全。再遇应用之时，又需大加修治，浪费物力，实在可惜。而且各处行宫坐落，多处是由国库开支营建的，尤其应该加意保护。所以这次巡幸天津地区，朕所驻过的行宫，回京之后，俱交所在地区的官员，将坐落在本地的行宫，认真照料，必须保持完好，以昭慎重。

同一日，皇帝车队过畿南一带地方，看见老民老妇们，个个庞眉皓首，踊跃欢迎，

真是太平老人、升平人瑞。令地方官照恩诏之例赏赉。二十四日，嘉庆检阅天津水师兵水上操练。因为天津官兵行阵整齐，总督温承惠等受到奖赏。二十八日开始回銮。四月二日回京。

（三十三）管官兵骄横无理

皇上出巡是件惊天动地的大事，对沿途百姓多少要造成骚扰。嘉庆自六年以后，几乎年年要前去避暑山庄，途中须行走几日，每驻跸一处，除了负责保卫、生活等各方面人员陪侍之外，还专设"管声音官兵"，负责维持行宫禁地的安静。

嘉庆时的管声音官兵，向以刁蛮出名，连嘉庆帝也知道，他们从不查拿旗人，而往往侮弄百姓。譬如喊住几个卖草的人，说要买了草，却不给钱，卖草人自然要上前理论，于是便诬陷人家声高，吵了皇上，而将人锁拿起来拴在账房杆上。皇上行宫外真有什么人吵嚷了，这帮官兵就将卖草人送出去抵罪，若无事，也要关到第二天早晨皇上动身之后，才肯释放，而真正吵闹之人，反而逍遥自在，这种做法简直成了惯例，以致连嘉庆都非常恼火，在十年（1805 年）动身到避暑山庄去之前，特地制订行营章程，规定管声音官兵如果再干这种勾当，是章京革职，是兵丁打四十板子。

于是嘉庆这年出巡，就出了这样一件事：回銮仪卫蓝翎侍卫陈奏凯的家人（家人不是指家属，在清代一般是指奴仆）在账房口处大声口角，章京吉郎阿便派花连布等人把家人捉拿起来，陈奏凯前去说明自己是侍卫，其他侍卫也在一旁作证，但吉郎阿等人不仅不听，反而把陈奏凯也一并用绳绑缚，还带到宫门前，关押了一夜。直到陈奏凯到嘉庆帝前申冤叫屈，嘉庆帝才得知此事。

嘉庆生气的是，他刚刚责备了这帮官兵不该欺凌百姓，而应严责旗人，这帮人马上就整治到他的近身侍卫头上。真不知是做给谁看的！再说，行营不比深宫，把个身份高贵的侍卫绑在门前，让人看了，成何体统！而且，幸亏当时在旁作证的几人还懂事，若是鲁莽一点的见花连布等兵丁敢拴缚他们的人，再与花连布等打将起来，那岂不是更没个体统了？

嘉庆嫌行在兵部对这些人的处理太轻，于是，亲自干预，不仅将花连布等人鞭责发落，就是陈奏凯，也因敢到皇上面前告状，而被革职降为披甲，送回原籍，由当地官员严加管束。直闹了个两败俱伤的结果。

（三十四）西洋教士遭厄运

嘉庆帝耗时九年，精疲力竭，总算将川楚陕白莲教起义镇压下去，从此便对一切"邪教"恨得要死，怕得要命。本来就令清朝皇帝们反感和不安的天主教，此时更被视为"异端邪说"之一，难逃被镇压的厄运。

天主教耶稣会教士来华，早在明朝万历年间就已开始。清朝顺治、康熙前期，更是盛极一时，全国教徒已达十余万，传教士在朝廷内外活跃异常，对清初的政治不能说没有产生影响。后来，随着满族统治者一步步接受了汉族的一套封建统治制度，因而与西方文化矛盾日深，随着罗马教徒的无理干预以及种种复杂原因，从康熙末到雍正朝，清廷对天主教就越来越不能容忍，雍乾两朝，都采取了严厉的查禁方针，凡违禁传教者，处以禁锢或诛殛之刑。可是传授士们却百折不挠，往来自若，清廷屡禁而不能止。嘉庆在位期间，比他的前任们更热衷于与天主教为敌，则主要是从对国内人民反抗的恐惧引起的。

嘉庆十年（1805年），也就是白莲教起义被镇压后的第二年，广东民人陈若望私自替在京的西洋人德天赐把书信、地图传到山西，被拿获，借此事件，御史蔡维钰奏请嘉庆帝严禁西洋人刻书传教，得嘉庆允准。嘉庆并且颁谕：德天赐以西洋人来京当差，不知安分守法，妄行刻书传教，实为可恶。大概是觉得将他驱逐出境不得解气，于是下令兵部派员把他解往热河，在厄鲁特营房圈禁。陈若望以及其他任天主教教会的中国人，一概发往伊犁，给厄鲁特人为奴，教会刊刻的汉译圣经，也一概销毁。如此严惩，倒不是拿住了德天赐犯了什么滔天大罪的根据，当时刑部审理后也承认，德的书信不过些一般问候故套，并无违碍等语，认为教友之间的往来甚难定罪。看来，颙琰是拿国内那些秘密会社无可奈何，便把一腔恶气都出到洋教士身上了。从此，地方官就把天主教徒，不分青红皂白，一律与叛逆视为同科。

嘉庆十六年（1811年），清廷第二次清查天主教徒。把居住在京师的传教士，除了在钦天监任职的之外，都发到广东交给粤督，只等该国有到广东的船只，就装上遣送回国。对国内传习天主教者，照旧严惩，发往伊犁为奴。同年，颙琰还命刑部拟定了《西洋人传教治罪专条》，算是正式立了法。

嘉庆二十年（1815年），在林清发动的"禁门之变"被镇压之后，惊魂未定的颙琰对"邪教"的仇恨更无法遏止，于是掀起了查禁天主教的第三次高潮。九月，湖南地方官在耒阳县查获西洋人兰月旺，指控他"以夷人而胆敢潜入内地，远历数省，收徒传教，煽惑多人"，湖南巡抚将他就地绞死。紧接着，四川地方官也把到四川传教的西洋人李多林处斩，从此天主教在中国的传播，进入了低潮时期。

其实，颙琰如此严惩天主教传教士，自己也找不到多少根据，只是反复声称其"支离狂妄，怪诞不经"，"背本从邪，不齿人类"，还有"隐藏图像，烧香聚众，夜聚晓散，煽惑人民"，等等，至于煽惑了人民来干什么，是否就要反抗清廷，颙琰当然说不清楚，其理由至多也就是"防微杜渐"罢了。

当然，传教士中的确有人是配合西方殖民者的侵略政策而到中国来的，有人积极搜集中国的政治、经济情报送到国外。

（三十五）虽得皇孙不误政

嘉庆十三年（1808年）四月二十一日，仁宗嘉庆皇帝得喜抱了个大胖皇长孙子，皇帝高兴极了，立即将喜讯谕内阁：

朕蒙上天的保佑，列祖列宗的大慈大恩，于今天得皇长孙，时光荏苒，明年正值朕五旬万寿，美事频仍，实为吉祥喜事。应当借此机会优惠后妃，以表示福瑞的到来。诚妃，加恩晋封为诚贵妃，吉嫔，加恩晋封为庄妃等等，所有册封典礼，令各衙门照例办理。

因为帝皇得喜抱孙，大臣们迎合上意，于二十二、二十三两日内；内阁衙门均未进呈刑名本章，为此嘉庆很不满意，认为虽然得抱皇孙，但不能因此误了政事。

他说：朕初得皇长孙，为国家迎来后继之人，是吉祥如意的事。但并未忘记政事，宫中未有设席演剧，诸事照常进行，而诸臣何必两天不奏事，如此迎合呢？向来凡是遇见喜庆大事，将立决的章奏暂缓呈进，原有一定章程，并没有因为诞生皇孙，连日不进刑名本章之例。

如果从前原议章程内有此规定，朕也一定会早就将它删掉。试想政务繁忙，哪能稍有旷怠？如仅将立决章奏，暂时缓进一日，犹属可行。至于寻常刑各事件，即降旨后尚须等待下一年秋审（八月审办案件曰秋审）办理，而且届时亦有情实（核实在案）缓决的区分，此时不须任何避忌。前天朕未见到奏递刑名本章，已感不满意，等到昨天仍未有呈进，实在是错误。似此积压陈案，势必逐渐增多，案卷如山，难道是朕勤政的意愿吗？

大学士等人，责有所关者，均令传旨申饬，嗣后不必如此揣摩。

朕不是好吉祥瑞（吉祥的征兆）的君主，只想勤政爱民。再如从前四阿哥降生时，在朝廷内的诸王公大臣，都分别呈送如意（用竹、玉、骨制作的小器物，供玩赏之用，称如意，象征吉祥），四阿哥是朕登基后，皇后诞生的孩子，臣工等人出于诚心，表示庆贺，是理所当然的。即前日诸臣们因皇孙出生，亦都送如意，朕因为第一次抱孙，喜出望外，特允许赏收，并在两次俱回赏回意，以表示上下通情达理，互相友好。至于今后抱子弄孙的事还不会少，事情刚刚开始，将来凡是遇到诞生皇子皇孙，各位王公大臣等，均不准呈递如意，违者治罪。

将朕的旨意令内阁存记，并谕令诸王公大臣知之。

同年五月二十八日，重申其令，强调外省地方官员以及学政等，因诞生皇长孙，纷纷表示庆贺，大可不必，通谕禁止。

嘉庆的中心意图是，不能因为诞生皇子皇孙就进行庆贺，更不能因此而误了政事的处理，这是他一贯勤政思想的具体表现，正如他自己所言，唯知勤政爱民耳。

（三十六）御制慎刑爱民命

清代历朝皇帝几乎都毫无例外地主张慎重刑罚，宽猛相济；大法小廉，法外施仁；命在须臾，慎之又慎。康熙最为典型，一切重大案件，甚至一般刑事案件，都亲自过问，使有些冤假错案或错判死刑者，得以重新审理，挽救生命垂危的犯人。嘉庆亦然，几所经其审阅的案例，都原原本本，逐字逐句阅视，从中找出漏洞，使原犯者罪有应得，罚其所当罚，死其所当死，心服口服。

嘉庆十三年（1808 年）十二月七日，将其长期审案的心得体会上升到理论，特作《御制慎刑论》一篇，至今读之，备感意义深远，有利于当时，功在后世，仍可参考当今。引述原文译注如下：

人们降生在世上就享有生存的权利，不能认为有春天的温暖阳光而就会有秋天的好收成，必待丰收之后才算有希望。圣明的天子是注重德化的，然而不能专用宽大柔软的政策以治理社会，必须设立法律条例以保证社会的安定，治理得好也不要高兴，原来是苦心经营的结果。如果罗织罪名置人于死地，造成残忍暴虐之状，相背于理更加严重。世道人心，变幻诈伪，竟有出于律例之外的人，要想达到合情合理实在不容易，必须使活着的人不感到遗憾，死去的人不感到悔恨，两方面都得到满意，都可以自己斟酌，不能主观臆断，是非曲直自作主张。应该想到人死后不能再活，能不慎重吗？设立刑法制度，是最终达到不用刑的目的，死刑为了制止死刑，以便保全善良的人们，剪除邪恶之辈，实在是仁者的思想。发展文化教育事业，培育良风美俗，都要从慎重用刑开始，难道是无关重要的吗？残酷的官吏，放纵自己，破坏法制，从中浑水摸鱼，贪赃枉法，为法制所不容，必须严惩。由于不遵守法制，也有的人惑于积阴功之见，妄谈救生不救死之论；真是看见牛看不见羊。被害的人，呼号惨惨，反而不加同情，而对顽固不化之流，还想积阴德，殊不知大损阴功，也是由于不慎用刑的结果。

"慎"字，是刑的大纲，怎么能拿人命开玩笑呢？逞一时的喜怒，以致宽严失当，则民无所措手足，不知如何是好，有冤不能伸。从严固然应当慎重，从宽处理也应当慎重。活着的人虽然值得可怜，死者尤其值得可怜。用刑不当，上干天和，水旱灾荒，皆由此引起，能不慎重吗？

近日细阅各省招册（刑事案卷），殚精

嘉庆粉彩瓷器

竭虑，反复思考，唯求情况属实，慎重用刑，爱惜民命，哪敢稍有一点忽略呢？故特作文章一篇，以给法律官员看。我们君臣都注重慎刑，那就几乎能做到错误案件逐渐减少，所能得到保护的人就多了。

仁宗此文，个别观点不免带有宿命论思想，但那是吓唬法官要端正办案态度，否则上天都不答应，要降大难于人间。他的真正思想还是慎重用刑，公平办案，不错杀无辜者。这种思想，就是在今天仍然有借鉴意义。

（三十七）五十大寿不庆典

嘉庆一向以躬行节俭为天下先，倡导于世人，这里仅举五十大寿不搞庆典为例，足以说明他不是空言，而在实行。为此，在大寿到来之前，反复叮咛，提出各种要求，中心思想是尚俭，不扰累地方，不惊动各级官员和民间百姓。

嘉庆十三年（1808 年）四月二十六日，谕内阁：明岁为朕五旬万寿，令诸王仍照每年万寿庆节循例祝贺，不许多备贡品。倘于例外加增，朕亦断不赏收，诸王各遵训谕，以满足朕的意愿。同年十月初一日，又谕内阁：来年朕五旬万寿，早经降旨，并不举行庆典，一切繁文缛节，皆可停止。同年十二月二十五日，又谕：明岁朕五旬万寿，非皇父高宗纯皇帝八旬万寿庆典可比，故令边疆民族头人，不必万里来京，将此传谕知之。

嘉庆十四年（1809 年）正月初一，以五旬万寿到来之际颁诏天下，主要讲明不搞庆典的原因，同时降旨特开恩榜以表达仁寿斯民之意。内容如下：

派官员祭祀五岳四渎（名山大川：东岳泰山、南岳衡山、西岳华山、北岳恒山、中岳嵩山，为之五岳；长江、黄河、淮水、济水，为之四渎）。历代帝王陵寝、先师孔子故乡曲阜，遣官致祭。自王以下，宗室觉罗十五岁以上者，俱加恩赐。满汉大臣年六十以上者，俱加恩赐。内外满汉文武各官学俱加一级。国子监贡监生及各官教习，免坐监期一个月。各省儒学以正贡作恩贡（科举制度中贡入国子监的生员之一种。明清定制，凡遇皇室庆典，根据府、州、县学岁贡常额，本年加贡一次作为恩贡），以次贡作岁贡（明清两代，一般每年或两三年从府、州、县学中选送廪生升入国子监读书，因称岁贡）。满汉孝子顺孙义夫节妇，该管官细加咨访，确具事实，奏交礼部核实旌表。八旗满洲、蒙古、汉军及内扎萨克等蒙古，年七十、八十、九十以上者，分别赏赉，至百岁者，题明旌表。军队和老百姓，年七十以上者，许一丁侍养，免其杂派差役；八十以上者，给予绢一匹、棉一斤、米一石、肉十斤；九十以上者倍之；至百岁者，题明旌表。直省有坍没田地其虚粮仍相沿追纳者，该地方官查明咨部奏请豁免。从前各省确实地方，所有借给贫民子种、口粮、牛具等项，查明实在无力完纳者，给予豁免。各处养济院所有鳏（矜）寡孤独及残疾无靠之人，有司留心以时养赡，不致使其流离失所。同时根据情况，减免各种犯罪者的刑期等一系列的恩诏，呜呼（哎呀）！唯有一人受此多福，才能使亿万人民得到真正实惠。布告天下，咸使闻知。

二月初一日，又谕内阁：本年朕五旬万寿庆辰，各直省督抚并将军都统、副都统、提镇等都表示祝福，到时候自然要奏请来京。唯是外省文武大员俱有统辖地方的责任，如到那时纷纷赴京，一定会耽误工作。特命军机大臣等将外省大员内近有曾经年班陛欠来京者（进京汇报工作），详悉查明，派代表前来进京叩祝，此外未经派出各员，都不要再反复要求进京，即有奏请之折，朕也决不能批准。将此通令知之。

三月二十一日，嘉庆在巡行途中召见天津镇总兵本智，当面要求皇上恩准来京祝福万寿。当即拒绝。理由是各地方大员有统辖军队的责任，应以职守为重，而且各省提镇人员甚多，直隶省总兵官，也不是仅本智一人，如果纷纷要求来京进见，怎么能都允诺呢？如本日成都副都统东林，也要求进京祝贺万寿，业已不准，而且交部察议（批评）。把这两件事传谕知之。

五月七日，四川省各土司头目要求进京叩见皇上，祝贺五旬万寿。命令九月初旬到京，以遂其所愿，但应入下次年班（地方官员到京述职），以示怀柔抚恤之意。十一日又谕内阁：本年朕五旬万寿，凡届期来京随班祝贺的地方官，俱在九月十五日以后陆续到京，不必前赴热河，亦不准迎赴石槽等处行宫接驾，违者治罪。准令恭进膳品，万寿那天，准备恭递如意一柄；此外唯年例应进土贡及备进书册字画者，尚允许呈递。其珠玉陈设等件，一概不准进献。朕不但不行赏收，并不准呈览。二十二日，又有庄浪土司头目，恳请进京祝贺万寿。嘉庆不允，谕曰：今年系朕五旬万寿，并不举行庆典，所有庄浪（甘肃境内军事要地）土司头目，不许来京，以示体恤。传令知之。

七月十二日，又谕内阁，本年朕五旬万寿，到时准内外王公大臣呈进膳品，以联系上下之情，但不用分别备办，唯当将应用食品器具，由御茶膳房率同备进，使其一致，以符体制。十七日谕令内阁，本年朕五旬万寿，不准办理庆典，致滋粉饰。

经过一年多的说教，到十四年十月六日，即五十大寿生日，果然如其所言，不搞庆典，默默无闻、平平常常地过去，在官修的《大清仁宗皇帝实录》上，只记上一笔："万寿节，遣官祭太庙后殿。"

但是，事过十年之后，到了六十大寿时，确已举行过庆典，这不能不说是一种变化吧。

（三十八）查办流民成具文

乾嘉朝是封禁东北的高潮时期，也是流民闯关东的极盛时期，弄得嘉庆皇帝无可奈何。封得过严，怕激起民变；放得过松，又违背祖宗封禁的诺言；无奈只好任其自然，因势利导，来一伙放一伙，就地安插，起科纳粮。故嘉庆不得不承认："查办流民一节，竟成具文。"

嘉庆十五年（1810年）十一月初一日，吉林将军赛冲阿奏办吉林、长春两厅流民一折。内称，吉林厅查出新来流民一千四百五十九户，长春厅查出新来流民六千九百五十三户。

嘉庆帝就此发表谕旨称：流民出口节经降旨查禁，各个管辖官员总也不实际执行，以致每查办一次，就擅自增出新来流民数千户之多，总认为那些流民们，业已聚族相安，很难驱逐，只好给予入册安插，再次查办仍然如故，是查办流民问题，竟成具文。

试想这些流民，多至数千户，难道一时间内能聚集这么多吗？有关地亩官如果真能在入境之始，认真稽察，不难及时驱逐。而且这些流民经过关隘处所，如果守口官兵真能严密稽察，如何能够带家属偷越？有责任的官员们，不认真负责，于此可见。

除此次吉林、长春两厅查出流民，姑照所请入册安置外，嗣后责成该将军等，督率厅员，实力查禁，不许再增添流民一户，如再有续到流民，立即查明是从哪个关口经过的，马上将那个守口官参奏查处。至于长春厅民人，向来是租种郭尔罗斯地亩，令理藩院饬知该盟长等，将现在已经开垦地亩及租地民人，查明确数报院存案。

嗣后无许招致一人，增垦一亩，如有阳奉阴违，续招民人增垦地方者，即交该将军奏明理藩院（管民族事务机关）办理。

虽有皇帝谕令，流民有禁不止，仍然大批到来，地方官无奈，照旧放行，所以东北汉民日益增多，形成满汉一体的趋势。

（三十九）八旗子弟时教诲

八旗劲旅向以勇敢善战著称，前人有言，女真兵满万，横行天下无敌，他们为清朝基业的发展，立下了汗马功劳。入关以后，满族统治者为了让旗人世代当兵，以作为他们的统治支柱，所以制定了粮饷制度，由国家把兵丁豢养起来，断绝了他们务农经商等其他生路。旗人终日游手好闲，加上京师浮华生活的影响，渐渐就走上了贪图安逸、奢侈腐化之路，从上层王公大臣到一般八旗兵丁及其子弟，一味地追求鲜衣美食，讲排场，务虚文，完全丧失了早年的淳朴旧习，到嘉庆朝时颓风已到了难以挽回的地步。

颙琰在对待八旗子弟、满汉关系等问题上，完全继承了其父乾隆的做法，一方面提倡"国语骑射"，鼓励旗人保持满族固有的语言和英勇善战的传统，不要丧失自己民族的特点而消融于汉族的汪洋大海之中；另一方面反复对旗人进行规劝、申饬，并采取了诸多治理措施。尽管收效并不明显，但颙琰的确花费了不少的心力。

颙琰亲政之初，就把此事提上日程，他回顾满族入关百余年，八旗子弟"沾染习俗"的过程，申斥他们终日只知华服饮酒、赌博听戏，所作所为，竟然等同于市井无

赖。清廷曾规定八旗的高级将领都统、将军等一律骑马而不准乘轿，但到嘉庆时期，不仅都统、将军等大员公然乘轿，连八旗下层官员也坐在轿中招摇过市，更有甚者，出征的兵丁也雇轿乘坐，还谈什么战斗力。镇压川楚陕白莲教起义时，恶习更甚，每逢打仗，乡勇在前，绿营次之，满洲兵丁在最后，以致当地百姓有"真兵贼不相逢"之谚。

在京旗人，嗜酒赌博成为风气，有些官员喝得从早晨醉到傍晚不醒，或是晚上醉到第二天中午不醒，酗酒又往往与赌博联系在一起，嘉庆朝京师护军营内赌风大起，连协领、佐领等官也开局赌博，有的赌急了就持刀相向，伤人毙命，身名皆丧。

八旗子弟还特别热衷于看戏演戏。清廷认为戏曲乃优人之事，本属下流，不能让尊贵的旗人与之同流合污，再说一味沉溺于弦歌绿管之中，会耽误习武读书的正业，可以对旗人看戏演戏严加禁止。可到了嘉庆初期，此风却愈演愈烈，八旗居住的城区也开设了不少戏馆，吸引着八旗子弟征逐歌场，甚至嗜剧成癖。

颙琰着手整肃旗人风气，先就从查禁戏馆开始。嘉庆四年（1799年）颁布上谕，说向来京城九门以内，从无开设戏园之事，近年却因查禁不力，使城内戏馆日见增多，他很清楚这是朝廷上下官员贪利的结果；该管地段的官员，所以借机勒索一笔钱款，中饱私囊；管城步军统领衙门的官员一则可以分肥，一则可以听戏取乐，所以睁一只眼、闭一只眼，从不认真禁止，而步军统领、定亲王绵恩竟以这是粉饰太平之事而加以包庇，真不知是何居心。于是下令，将城内戏园一概永远禁止。几年以后，颙琰又亲自处理了旗人演唱戏文一案。嘉庆十年（1805年）有御史查奏，六位旗人在戏园演剧之日，受戏班的邀请而与演员们共同登台饰演，颙琰认为这几个人不务正业，偷闲游荡不算，居然还不顾体面，搀入戏班，纯属甘为下贱，决定予以重惩，把他们削去户籍，发往伊犁充当苦差。告发他们的御史和顺，却因耳目当得很称职而受到颙琰重用，而其实这个和顺本身也是个戏迷，不仅常去听戏，还常因争坐与人发生纠纷。如此"贼喊捉贼"，除了使风气更加败坏，还能有什么作用？

接下来，是查禁赌博。颙琰派遣步军统领禄康秘密查拿，竟一下子查出赌局十六起，颙琰因此而大谈聚赌之弊，说其弊有五：一是终至困穷；二是上不能供养父母，下不能照顾妻子；三是学习武俱缺资本，终为无用之人；四是一入赌局，有败无有胜，衣物典卖光了，必起偷窃之心；五是越偷越放肆，终会导致沦为匪类，身败名裂。又说，凡开设赌局的恶棍，目的都是为了敛钱，八旗子弟若是执迷不悟，甘为卑污，就如飞蛾扑火，下场太可悲了。颙琰还特地将这番话写成《御制训谕八旗简明诏》，颁行于京师和各地八旗驻防，令其家喻户晓，表示希望八旗子弟能幡然改悔，也希望八旗大员，能为他加意训导，即所谓："你们难道就忍心看着国家有用的子弟有一半沦为无用的匪徒而不顾吗？"又说："这篇东西不必保存，朕也不会再为此而饶舌了。"其痛心疾首之情，确是溢于言表。这番谆谆的教诲虽然并未打动那些八旗官兵，但若拿到今天来看，还真不失为一篇劝诫赌徒的上好宣传材料呢。

颙琰苦口婆心的劝诫，还不止这一篇。他刚即位时就谈到，当年他当皇子时，旗人的服装尚以布衣、素色为主，倒还不追求华靡，只是口腹一事不知节省，恣意肥甘，每月钱粮一到手，只图眼前一饱，全然不顾身家。而到他亲政时，却已发展到在穿着上也竞尚鲜华，多穿绸缎，竞相攀比，以不及他人为耻。嘉庆责问这些人说，旗人之本是学习国语骑射，你们技艺生疏而不知耻，唯于服饰上攀比又有何用？穿布衣、素色衣，究竟有何不可，何必过分修饰衣帽，导致拖欠银两，自己还不上，还累及子孙，甚至变卖家产？他还极力提倡"持俭之道"。然而，竞尚华奢是当时社会盛行一时的风气，朝廷、地方大员尚且如此，又怎么能唯独要求一般旗人节俭呢？

嘉庆十三年颙琰曾特地书写《御制八旗箴》，事无巨细，对八旗子弟一一教训到，其用心可谓良苦，今摘录片断如下：

"书箴诞告，敬听勿忘：国语勤习，骑射必强。尊君孝父，警惰戒狂。勿酗酒肆，勿入赌场。勿争小忿，反致大伤。勿废银米，债负难偿。勿游狎邪，勿干宪章。乃祖乃父，也德流芳。胡为暴弃，甘蹈祸殃。凡此数事，视若病疡。……唯予小子，遵守不遑。"

（四十）奖惩悬殊驭臣术

封建社会的科举取士，虽然有一套规范严格的制度，但归根结底是以帝王的好恶为标准的。嘉庆朝金榜题名的状元龙汝言的遭遇，就是个很有趣的例子。

龙汝言年轻时很贫穷，曾在某个都统家教书，刚巧赶上那年是颙琰的五十大寿。按规矩每逢皇上生日以及年节，一二品以上的大臣以及翰林院翰林等人，都要撰写祝词，不外是诗、词、序、颂一类，写成册子呈进皇上，称为"小贡"。八旗都统为从一品大员，自然不能例外，龙汝言便替他将圣祖康熙、高宗乾隆的御诗集成百韵，缮写成册，都统进呈嘉庆，嘉庆见了大喜，要重奖之，都统告诉他这是龙汝言所作，嘉庆听罢非常感慨，说：南方士子往往不屑读先皇的诗，这个人却熟读到如此程度，可见他爱君的诚意了。"立刻赏了他个举人，让他参加会试。

清代是满洲贵族建立的政权，从偏远落后的关外进入中原的满族统治者，与汉族知识分子之间一直存在着很深的隔阂，尤其是与号称"人文渊薮"的江南那些士子们。江南文人将满族统治者视为"蛮夷"，怀着很深的歧视，确实让满洲贵族们极其恼火而且往往因此而大开杀戒。而他们对汉族文化，多少怀有仰慕和自卑的心理，从顺治以来，清朝皇帝都不遗余力地学习汉族文化，唯恐被汉人视为野蛮人。所以，当有这么个江南士子，能熟读皇帝们的诗词，嘉庆皇帝自然是十分高兴的了。

龙汝言的才学，其实一般。第二年参加考试就落选了。主持考试的官员去见嘉庆时，嘉庆一见龙汝言榜上无名，非常不高兴，说这次录取者，文章都不好。这个官员退出后，私下里问皇帝身边的侍卫，皇上何以对今科的文章都不满意，侍卫回答："因为龙汝言落第了。"考官们这才恍然。待到下一次也就是嘉庆十九年（1814年），主考官们迎承嘉庆之意，把他列为一甲第一名，嘉庆帝开封见到，方才无话。待到公布那天，当众说："看看，我所赏识的人果然不错吧？"立刻赐他到实录馆任纂修，也就是负责为前朝撰编年体大事记《实录》，地位是够重要的了。

龙汝言自幼孤贫，是他的岳父将他抚养成人，所以非常"惧内"，一日太太不知为何与他争吵，他躲到朋友家，刚好那天实录馆就派人将高宗（即乾隆）实录的稿子送来让他校阅，龙妻接过稿子，随手搁置一旁，过了一天，馆里来取，龙妻又将稿子还了回去，而龙汝言全然不知。直到有一天，嘉庆忽然降旨将他革职，他才知道抄稿的人，把高宗的谥号"纯"字写成了"绝"，龙汝言又没见到此稿，自然也没改过来。嘉庆不知其中缘故，见稿后大惊失色，斥责龙汝言："精神不周，办事疏忽"把他革职，永不叙用。其实，还是在对他百般袒护，若换上别人，恐怕就是砍头之罪了。

嘉庆死时，龙汝言哭得异乎寻常的哀痛，竟然把道光皇帝感动了，说这人到底还是有良心，赏给他个内阁中书的官做，后来还担任过会试的考官。

（四十一）为政之道要勤谨

嘉庆是个非常勤奋的皇帝。亲政以后，事无巨细，他都躬自总揽，每天天还没亮，他就秉烛披阅奏章，早膳后召见大臣，往往多达十余人，披览奏疏几十件，常常是忙得忘记吃饭，忘记睡眠。遇到外出巡视时，也要早起数刻办事，在这点上，他还颇有其祖雍正皇帝"事业狂"之遗风。

嘉庆重用的臣僚中，有一个是曾任大理寺卿多年的翰林杨怿曾。杨后来提督湖北学政，受嘉庆召见回京，当时正值溽暑，天气炎蒸，杨掀帘入室时，见嘉庆帝正摇扇挥汗，他一下跪，嘉庆即将扇子放置一边，非常详细地向他了解情况，虽然热得汗出如雨，却始终没有把扇子拿起，待杨怿曾出门时，汗水已浸透纱袍。

还有一次，也是因京师天气炎热，管理宗人府的睿亲王淳颖，担心嘉庆帝劳累过度，所以私自把宗人府递有引见官员的奏折撤去，嘉庆得知大怒，把他提来说："朕年方四十，虽日理万机，从不以此为劳，引见这么几人，本来也不足为劳。"斥责淳颖"殊属胆大"，下令将他交到宗人府严加议处，同时警告诸臣，以后内外衙门，凡有上奏事件，只要接受了，就要立即直接交到他面前，听候他的批示，不准随意耽搁或者擅自撤掉。如果仍有人敢像淳颖这样做，一经查出，一定从重治罪，决不宽贷。

十年十一月，颙琰因他的女儿四公主出嫁之后一直未去探望，决定癸酉那天到公主府第吃饭，去之前即嘱咐值班大臣，如有官员引见，这天就停止了，如有奏折，则一定照常呈递。癸酉日清晨，颙琰起床比往日更早，准备披阅完奏折之后再动身，结果那天竟无一人陈奏，到第二天再上朝时，才发现昨日奏折都被积压了。一个月以后，颙琰依照惯例到中南海的瀛台观看冰技，那日又无奏折递进。颙琰为此十分生气，对大臣说：朕每日孜孜不倦，勤求治理，即使外出，也必早起数刻，办完事才出去，你们这帮大臣，怎么竟上行而下不效呢？朕高居宫内，尚且不图安逸，再说去看冰技，也是祖宗传下来的规矩，大冷天的有什么好看。你们倒趁机在家睡懒觉，畏避早寒，年长者尚可宽恕，年少者就太可恨了。于是传旨，将满汉文武大小衙门的官员，一概严行申饬。并宣称，此后再有因皇上外出而偷懒不上朝的官员一定严加惩处。

嘉庆皇帝对此事如此严厉，显然是汲取了乾隆朝的深刻教训，和珅当权时上下相蒙，白莲教起义已成燎原之热，和珅却一味投乾隆帝之所好，竭力粉饰，自欺欺人，使局势几乎到了无可挽回的地步，所谓权臣误国，就是如此。面对险象环生的国情，嘉庆又如何敢掉以轻心！嘉庆晚年总结自己的为政之道时说，"朕图治维殷……所谓为政不在多言，顾力行何如耳！"无奈清朝的衰敝之势已成定局，这从嘉庆帝个人来说，也真算得是一个悲剧。

（四十二）年老大臣多体谅

明朝时，大臣进入紫禁城，是只准步行而不得骑马的。据说当时阁臣沈鲤患病，但也只能步行，以至多次颠仆倒地，的确，从当时的左右长安门走到午门，是够遥远的。清朝以后，王、贝勒、贝子可以骑马入禁门，在景运门下马，而大臣仍如明制。直到乾隆五十五年（1790年），乾隆皇帝看到大臣们每遇风雪，要徒步行走那么一段长路，甚为颠蹶，才下令内外文武大臣可以在紫禁城骑马代步，但年老或有足疾的人，骑马也觉艰难，以后凡有骑马入禁城资格而又艰于骑马的，可以乘坐座椅，也就是在椅子两旁缚短木，由两人抬行入内。发布这道谕旨时，乾隆已八十岁，恐怕因自己是老人，才体谅到了老人的难处吧。

嘉庆亲政，恐怕因政局仍变幻难测之故，特别注意拉拢身边的大臣，尤其一反乾隆"重满抑汉"的做法，对汉族大臣不仅重用，而且相当关照。亲政的第二年，针对乾隆的可以让大臣骑马代步的谕旨，提出，满洲蒙古大臣于乘骑素为娴习，汉大臣却很少会骑马的，尤其那些年迈力衰或体弱多病之人，若勉强让他们骑马，反让他们为难，于是下令凡因病或腿脚不便，可以乘车进紫禁城，在向例应下马处下车，待病好后再照常骑马。

嘉庆十四年（1809年），颙琰又进一步放宽，允许年过七十岁的大臣乘轿入直，二十四年（1819年）更允许满大臣六十五岁上，汉大臣六十岁以上，凡曾赏马的，可以用人肩扛的小轿入直，到应下马处下轿。第二年（1820年）亲王以下到贝子，凡年满六十五岁，也可以乘坐椅轿。一时被大肆称颂说是自古未有过的"旷典"。其实，除了因颙琰其人特别爱标榜自己的"宽仁"之外，恐怕也是因嘉庆一朝老臣年龄特别高所致吧。由此看来，当时做京官的每日上朝，也真不轻松呢。

（四十三）祥瑞吉兆朕不喜

有清一朝，最迷信"吉兆"，最喜听人呈报"嘉瑞"的皇帝，要算是雍正了，这可能与他一直处于残酷的宫廷斗争之中，时刻唯恐遭人暗算，内心非常恐惧、阴暗有关。乾隆就非常反感这一套，嘉庆也是如此。

一日，有人以太阳之旁出现光晕，作为祥瑞之兆，写颂呈献给嘉庆，他却十分不以为然，对大臣说："凡事正常的才是最好的，天道也是一样，出现日晕有什么可祝贺的呢？"又说，"凡皇帝和大臣，都不应该只相信运命，不应该听占卜者胡说，是吉是凶，全在人自己的努力。"

还有一次，义州城守尉（义州在今辽宁省，城守尉是八旗驻防武官）向他进呈灵芝，这也是历来象征祥瑞的吉物。可惜此人文化水平太低，把"灵芝"写成"菌芝"；把"释曰"写成"择曰"，把"土气和"写成"上气和"，把"气味平"写成"气味乎"。嘉庆除将这些错字别字一一改正之外，倒也对此人不深怪罪，只是说"灵芝不过是一种平常习见之物，不足以当成祥瑞"而已。

不过，嘉庆却深信"天人感应"之说，嘉庆三年十月二十八九两天夜间，天上流星乱飞，人人都已见到，主管观测天象的钦天监官员却因乾隆年迈，唯恐出现意外，而没有据实上奏。第二年嘉庆亲政以后，即训斥钦天监大臣。一向有报喜不报忧的风气，要求他们以后占星观象，遇有灾异，必须据实奏闻。因为上天示象，就是要让地上的天子随时警惕自己的行为，不致出什么大的差错，怎么能把这样重要的信号隐讳不报呢。在当时科技发展水平十分低下的情况下，崇信上天，不足为怪，嘉庆这种态度，还是相当严肃、客观的。

不过，钦天监当时误解了嘉庆的意思，为了向他讨好，不久便以"日月合璧、五星连珠"的吉象向他呈报，又遭到嘉庆一通斥责，说他最讨厌的，就是这种铺陈粉饰的做法，古人常以"麟凤来游"歌颂太平盛世，那不过是一种附会罢了，不可尽信。又说：现在川陕一带局势如此动荡，白莲教起义三年未平，已蔓延数省，朕悯恻百姓的流离，日夜谨慎小心尚恐不及，怎么敢侈吉祥符！还有什么吉兆，能比"教匪"被荡平，黎民安居乐业，吏治整饬，政通人和更能令朕高兴呢。随即下令，这类所谓吉象，不必让史馆记下来，以让人知道，新上任的皇上，是个注重实效而不务虚文的人。

当时的各种迷信，也的确五花八门。十二年（1807 年）四月，因京师久旱少雨，光禄寺卿钱楷便为嘉庆帝出主意，说应该按照《汉书》中的"闭阳纵阴"之说求雨，暂时停止修筑正阳门（即前门，北京城正南方的大门）前石道。嘉庆驳斥他说，《汉书》中那类记载，大半是经生们的附会，就譬如"闭阳纵阴"一类，在乡村里还不妨偶一为之，至于北京城这样的大都会，车马辐辏，行旅络绎，若是为求雨而把正阳、崇文和宣武三座南门都闭上几日，那又成何事体？原来还有人奏请说，为了求雨，应该不开房门，而从窗户出入，那不更是大笑语吗？嘉庆还认为，天上感应之理，未必在此，天若不雨，唯一的办法，还是应该虔心祈祷，以感动上苍才是。

就在嘉庆去世前几日，准备动身去避暑山庄之时，河北深州地方奏称本年风调雨顺，秋禾中有不少双穗，并摘取了二十茎进呈，嘉庆不仅没因此喜悦，反将地方官斥责一番，说年成到底是好是坏，应该据实呈报，不必用双穗实穗的来粉饰。好端端的庄稼摘下来呈进，岂不是糟蹋东西吗？以后不要再干这种事。可见他对以吉兆粉饰太平、讨好皇上的做法，始终是厌弃的。

（四十四）河水泛滥惩贪官

嘉庆一朝，人祸天灾，此伏彼起，实令颙琰难于应付。他面临的难题，除了人民反抗之外，还有频频为患的河灾，治河的费用一直是军费以外最浩大的一宗。我们现将嘉庆朝较大的水患列举出来，就可以看出其严重的程度：

嘉庆六年（1801年）六月，京师大雨，皇宫门前积水深达数尺，京畿永定河、桑干河同时泛滥，淹没无数村落良田，颙琰将隐匿灾情不报的直隶总督姜晟革职，并下诏自责，发帑救灾，还停止了每年一度的木兰秋狝，命大臣同往河干效力。

嘉庆八年（1803年）九月，黄河、衡家楼河决口，河道总督奏请开捐助帑（就是允许用钱买官，即捐官），即"衡工例"。

接着，十年六月永定河再次泛滥；十一年王家营减坝河、宿南厅郭家房河漫口，十二年南河陈家浦等处决溢，十三年运河两次决口；十五年永定河又一次决口，同年，因黄河年久失修，河道阻滞，影响了漕运，颙琰下令试办海运十七年黄河决口，急难堵合，把因行贿而做到河道总督的陈凤翔枷于河上，然后又谪戍到乌鲁木齐，陈不久惊悸而死；二十四年永定河决口，同年河南仪封北岸黄河决堤，续塌至百余丈。可见大水灾，隔上两三年就发生一次。而京城脚下的永定河，在康熙朝曾得到很好治理，在嘉庆朝仅大的决口竟有三次。

乾隆以前，治河的官吏基本上能做到实事求是，和珅秉政之后，河道总督都要先向他纳贿才能就任，这帮人巴不得多闹水患，以便从中侵蚀，所以河防日懈，河患日频。嘉庆即位之后，每当发生水灾，必然简派大臣前往堵筑，可是治河之人根本不作长远规划，只是敷衍了事，往往堵住一处，又于他处崩塌淤塞，辗转之间，靡帑无算，嘉庆帝深知其中弊端，十五年十月，因南河工程所费白银，已达三千余万两，而河水泛滥或倒灌之事，却无岁无之。一遇风雨就成灾，一有河堤倒塌，就请求拨派资金大办，正是无日不谈治河，终究毫无功效。嘉庆因而特派托津和号称"敢言"的初彭龄等人前往查办。嘉庆对他们说，朕为了国家民生，真是日夜焦劳，原不是可惜多用了那几个钱，要真是对国事有好处，就是再花上千百万也不算浪费，可问题是这些钱未必真用在治河之上了，以治河款项中饱私囊的事，以前也不是没有发生过，你们这次一定要查个水落石出不可！话虽说得斩钉截铁，初彭龄等人却并不为他认真追究，先是查了查账簿，回奏说没发现多大问题。嘉庆听了恼火，说账簿都是那帮人伪造的，怎么能作为凭据？当了那么多年官，真的连这些都不懂？他让初彭龄等从滥用虚靡、妄兴工段和浮冒侵蚀等几个方面，切实查办，可是最终还是不了了之。究竟是因初彭龄等人与治河大吏之间有什么交易勾当，还是有难言之隐，或者嘉庆本来就是虚张声势，就不得而知了。

查究治河大员如此之难，所以尽管实在遮掩不了的时候也要拿出几个惩办一下，如历任总督戴均元、吴璥、那彦成等人就都受过降职或革职处分，但舞弊侵蚀之风，却依然如故。

河督中也有较正派的，但不得善终，譬如徐端，原不过是个小官，因为廉能而被提拔，直至河东总河，他久在河防之任，深知其中积弊，常常叹息国家资财竟被如此滥用，想上奏皇上，同事们却唯恐他揭出阴私，株连众人，因而百般阻挠，致使他抑郁而死。死后，妻子儿女无法生活，见者都甚感凄凉。正气得不到伸张，贪官益发肆无忌惮，直视治河为获利之源，国库竟成了漏斗，河工积弊，成为嘉庆终衰的重要因素之一。

河工之奢侈，十分惊人，往往到任几年就积资百万，是公认肥缺。今举其著者，如张松庵，浙江始兴人，将贿赂河工的钱财皆垄断于己。他买燕窝，动辄成箱，每箱值数千金。买牡丹，也动辄上千株。每值秋季霜降之后，他就花费数万金到苏州召名优为他演戏。甚至九、十、十一三个月中，饭席间所用的柳木牙签，一钱可买十几枚的，也动辄就买上成百数千。海参鱼翅所费更不下数万。张某请客，往往从早晨吃到夜半，仅小碗就能用上百数十只，厨房中点上几十具火炉，每个厨师专司一种菜肴，自己所司的菜肴做好了，就可飘然出去狎游，可见厨师数目之多，其奢侈就到如此程度。

据说，嘉庆时这些河道总督们冬天所穿的皮裘，从不在市上购买，都是在夏秋期间就派车用数万金出关到东北选购来全狐皮，然后让毛匠根据皮张的大小分成大毛、中毛、小毛，所以他们的皮裘颜色匀净，无疵杂，大皮货店也找不到如此完美的皮色。他们穿的绸缎，也是每年自定花样颜色，令苏杭的机房专门织造，每织时一色五件，即大衿、缺衿、一果元、外褂和马褂。尤其奢侈的，是他们住宅中从不点油灯，从不用布缕，上上下下均点蜡烛，妇女的裹脚布也均用锦缎。诸如珠翠金玉，就更是数不胜数了。还有朝珠、带钩一类，也动辄千金。还有琪璃珠一类，不知何物，总之价值也达三千金以上，挂在胸前，据说香气能传到半里以外，就像进入芝兰之室一般。待到衙署办事之时，商贾都云集衙外，书画玩好莫不具备。与颙琰极为投机的阿克当阿，多次被派遣查河的，绰号即称"阿财神"，家中书籍字画三十万金，金玉珠玩二三十万金，花卉、食器、几案近十万金，仅鼻烟壶一种，就不下二三百枚，没有百金以下的，粉红骇绿，美不胜收。四月中旬，长江中最名贵的鲥鱼上市地，必派数只小艇到镇江焦山的急流中张网，艇中即置炉釜，一得鱼即投入釜中，然后急将小艇划到"阿财神"所在之平山，百鱼正熟，就像在焦山吃鱼一样。风气如此，岂唯张某、阿某几人。

国家用来治河的巨资，就这样入了一小撮贪官的腰包，颙琰没有办法也下不了决心惩治这帮贪官，就只能开捐例敛钱，颙琰明知这只能使吏治进一步败坏，却也不得已。嘉庆朝几次开捐例，都以河费为由，而搜刮来的钱财，又使这帮治河大吏更加奢侈，以致使颙琰自即位以来就大力提倡的"节俭"成为莫大的讽刺。

（四十五）发祥之地移宗室

颙琰命盛京将军负责，在今天沈阳东门外一里多路的马房村，建立移驻宗室营，按每户八口计算，每户给房八间。宗室营的规制，是模仿京师健锐营营房修造的，瓦房排排相连，周遭缭以围墙，墙有总门，便于稽查出入之人，并在适中地点建造官厅一所，是负责管理这帮宗室的官员居住的，此外还有更楼等设施。一望可知，这帮宗室是等于被软禁在里面了。

待遇自然还是优厚的，每户分给三十六亩良田，出发时每人给了置装银二百八十两，后来又增加了十五两，连他们随带的奴仆，也每人得到四两赏银。颙琰还特别从京师选派大臣，三年一期负责管理这些人，据颙琰自称，他们中大多数到达那里之后，还是欢欣鼓舞的。

颙琰并未因终于将他们送到了盛京而放松对他们的约束，他要求管理宗室的大臣密切注意他们的动向，一旦有横行不法者，立即惩处，决不手软。

二十年四月，移驻盛京宗室喀勒明阿因不务正业，恣意游荡，调戏旗人妇女未成，便又调戏其他民妇，民妇不从，他便肆意踢打，强行将其奸污，事报到嘉庆帝之处，嘉庆认为对这等凶淫之徒若不严惩，起不到教育宗室的作用，下令将喀勒明阿押到住处，在将军和大臣的监督下自尽。与喀勒明阿一同闯入民妇院中，眼见其逞强而不予劝阻的宗室德克金泰，也被发到更远的吉林，让吉林将军管束。还有跟役张七，屡次引诱喀勒明阿四处游荡，还曾帮着恐吓被奸妇女，十分可恶，被命在营房前永远枷号示众。负责管束宗室的大员没能约束这帮人，纯属无能，也被降职。颙琰又命令大臣从宗室中拣选正、副族长各一名，正、副学长各一名，跟随将军学习办事，以便学会自己管理自己。

这次整饬事隔不久，宗室奕让，又恃醉逞凶，无故闯到族婶郭罗特氏家中，把雇工打伤，还对郭罗特氏满口污言秽语，将军审明之后，拟定将奕让迁到吉林居住。嘉庆得知十分气恼，斥责将军说，把宗室移到盛京，就为的是让将军约束训导，结果平时不管，出了事又往吉林推，那么到了吉林如果再出事，又该推往何处呢？管事的只知推卸，总不肯实心办事，"非人类矣"。下令将奕让痛打四十板之后，再在盛京圈禁三年，并把将军交部议处。可是如此严惩，效果仍不理想，几乎就在此事发生的同时，又有宗室盛之，借口女儿出嫁请假回京，在京与一帮人窝赌不算，还伙同一群赌徒与兵役对殴，结果自然又是一连串的该管官员被责罚惩处。这个曾被颙琰极力提倡，并以为是两全其美的好主意，最后实行起来落得这么个结果，真是够让颙琰沮丧了。

（四十六）太监干政法不容

清朝入关后，接受明朝太监乱政的沉痛教训，严厉禁止太监擅作威福，干预朝政，从顺治朝起，就将这一规定镌刻于铁牌之上，令子孙世世遵守。乾隆皇帝对太监的约束，就十分严厉，凡太监稍有干涉外事之嫌，便遵照顺治帝的规定，立即磔死。嘉庆即位后，也严格奉行这一禁令。

嘉庆时有个太监叫曹近喜，高宗时就颇受赏识而且被提升为近侍，到嘉庆朝已六十多岁。此人颇明政体，利索能干，很得器重，名声传了出去，就有外官总想巴结他。他的侄子在通州参加乡试，考官因为他的关系，将他侄子的成绩列于前茅，惹得士人议论纷纷。还有些外省督抚等大员也乐于与他结交，每到岁时向他进送馈遗，甚至一些王公、贝勒也对他低声下气。嘉庆虽然知道这些情况，因他没犯什么大错，也就容忍了。曹近喜因此嚣张日甚。一次，吏部没有按时交纳月折，嘉庆刚要向军机大臣询问原因，曹近喜竟在一旁狗仗人势，高声斥责吏部办事拖宕，又命令兵部也把月折交来，以便召对，嘉庆闻听，勃然大怒，立即将曹廷杖二十，贬斥到端门之外看守大门，永远不许出外。

清朝皇宫的太监，有些直接来自民间，也有些是从王公等府第拨派的，这些太监虽然入了皇宫，有的却还与原来的王公家保持联系。乾隆朝时曾有个叫李蟠的太监，请了四五天假，跑回原来的主人、宗室弘晳家，把宫中之事随口传说，遭到乾隆帝的痛责。嘉庆以后，从王公府第拨派到皇宫的太监更多，嘉庆于是严定章程，规定这些太监，一旦送入宫内当差，就不准再回原主人私宅，而作为原主的王公，如果再见该太监潜回，必须立即将其驱逐，不准有片刻容留，如果不听，可以锁拿起来交回宫中，能这样做的王公，当然毫无错处。否则的话，如果听任太监出入府第，传说宫中之事，不仅太监要被严惩，原主也要受牵连而治罪，嘉庆还让人将这道谕旨载入宫中的现行则例。嘉庆十八年（1813年）又进一步规定，王公家的太监不准与宫中太监交接往来，并命内务府大臣留心查察，如有阳奉阴违者，从重惩处。

嘉庆晚年，对太监的控制更加严厉，这可能与"禁门之变"曾有太监参与有关系。二十年八月，颙琰因原在内务府当差后来外放为盐政的阿克当阿接受太监馈送的食物，并且回赠银两，以致太监又进一步给他写信问候等事，颁谕对他发生严厉警告。第二年元旦筵宴上，绵憨不慎将碗碰掉地上，事后不亲自到皇上面前道歉，而让奏事太监口奏，颙琰认为，事情本来微不足道，绵憨自己到皇上面前认个罪也就完了，可是一经太监口奏，就必须加以惩处不可，因为宗室请王面嘱太监口奏，这是违制，这种事不能不管。颙琰说，最近有些王公，往往到奏事太监那里闲坐，探听内事，不知是何居心，以后这些人再有应向皇帝呈奏事件，一律在乾清门外，把奏章交给妻事官员呈递。奏事太监也一律不准接收王公大臣的奏折。颙琰还规定，以后若不是皇上召见，王公大臣不准进乾清门，在圆明园时不准进左门，为的就是防止他们与太监交往谈话。对于太监，颙琰是抱有高度警惕的。

（四十七）亲王昭梿被废黜

昭梿，号汲修主人，生于乾隆四十一年（1780年）二月，是清太祖努尔哈赤的次子代善的第八个继承者。代善是清朝的八个铁帽子亲王之一，昭梿于嘉庆十年（1805年）六月袭封礼亲王王爵。在清朝皇室中地位是相当高的。而他之所以著名，主要还在于他根据自己的亲身经历和见闻所写的笔记《啸亭杂录》，这部书内容极其丰富，记载了大量清代尤其是嘉庆一朝政治、军事、经济、文化、典章制度、文武官员的逸闻轶事和社会习俗等方面的宝贵史料，许多史事都是别的书籍所不曾记载的，所以后来的许多著名史书，都从中取材不少，如今已成为研究清史的必读书。

于对昭梿的生平，史书上只有零星记载，但仅从这些材料，我们也可看到嘉庆皇帝对待宗室的态度和满族亲贵间一些互相倾轧的内幕。

昭梿的父亲永恩在乾隆朝时，受到过不知什么事的牵连，从此心灰意懒，不大过问政治，每日以文学艺术自娱，这给了昭梿很深刻的影响，他颇好交游，喜与著名文人唱和往还。承袭王爵之后，最初与嘉庆皇帝的关系还是不错的，嘉庆十二年（1807年）他的王府失火，全家的珍宝和他的印绶全部被焚，嘉庆曾赐银一万两，命他重建住宅，还赐给了他许多衣帛。

嘉庆二十年（1815年）十一月，有人向嘉庆皇帝写匿名信讦告昭梿，其罪有三，第一是凌辱大臣，证据是他曾呵斥大臣景禄接班时迟到，又驾景禄贪赃枉法。第二是将家里的管事人妄称为军机中堂，纯属目无君上。第三是拷打庄头程福海一家六人，令人用碎瓷片将这些人的脊背割得血流遍体，不忍寓目，还因他们不肯增交租税，就派总管拆毁他们的家，抢去他们的财物。嘉庆接到讦告信后，即交与大臣密行查访，并把受伤庄头传来询问，结果几条罪状都被坐实，昭槤也供认不讳。嘉庆认为，在这些罪状中，最严重的是凌辱大臣一款，景禄等人与王公同属朝臣，又与昭槤不同旗，不是昭槤属下，怎么可以随意呵斥？即使景禄真的接班迟延、贪赃枉法，也应该按规定如实向皇上参奏，怎么可以肆行凌辱？而对属下庄头滥用非刑。据嘉庆自称，比起他的关心百姓，屡次降恩抚恤灾民，豁免钱粮来，实在相差太远了，纯属利欲熏心、贪得无厌，这样的人怎么还配当亲王？

十二月二十六日，嘉庆宣布，削去昭槤的礼亲王王爵，罚他银二百两，禁锢三年，他的庄头所种土地也转到了另一王爷名下，以示惩创。这个处理，当地人也觉过重，所以纷纷揣测昭槤得罪皇上的真正原因，最普遍的一种说法是，昭槤家使役的，都是苏州人，他与戏子优伶往来十分密切，自己也能唱昆曲，他又工诗善文，结交了一帮当时的文士如法式善、鲍桂星、姚鼎等，这使平素最厌恶文士、自己又无文采的嘉庆皇帝非常妒忌，所以非要把他禁废不可，与他被废几乎同时，豫亲王裕兴和辅国公裕瑞兄弟也因一些微不足道的罪过被废，而这两人也同样能诗文，爱结交南士，就足以说明问题。

还有一说，是说林清发动"禁门之变"时，昭槤是目击者，他后来写了一篇长文，记叙自己如何入宫卫护，颇以功臣自居，还记载当时一些王公大臣的劣迹，难免戳了谁的痛处。事平之后，他没有受到任何奖赏，一肚子怨言不免有所表露，这也可能遭到别人的嫉恨，所以才有人写匿名信讦告他。读过《啸亭杂录》中《癸酉之变》一文的人，恐怕都会觉得这一推测有些道理。

昭槤被废后的第二年，嘉庆在审阅纂修完毕的《圣祖仁皇帝实录》时，发现了一个与昭槤一案相似的案例：岳讬（代善的长子）的曾孙多罗平郡王纳尔图打死了无罪之人罗米，又折断了两人手足，因而被革去爵位。嘉庆回忆上年对昭槤的处理，决定将昭槤解除监禁，释放回家。这条理由是否真实，已经很难查证了，反正昭槤是一直耿耿于怀的，他的不满情绪在《啸亭杂录》中也时时流露出来。他的王爵并未被恢复，本人也再未受到重用，嘉庆打击他气焰的目的确实达到了。

道光九年（1829 年）昭槤因疽发于脑而死，享年五十四岁。

（四十八）英使团天朝碰壁

中国皇帝历来认为自己是万方敬仰的中心，妄自尊大惯了。清朝建立以后，尽管世界已不再是从前的老样子，满洲贵族们却仍然将其他各国视为文明低下的"蛮夷"，以为人家都会匍匐在自己脚下。而此时已成"海上霸主"的西方殖民者尤其是英国，其骄横傲慢之势，也决不在清廷之下。中国固然闭关自守，自成一统，英国等资产阶级却一心要敲开这扇大门，两国间的往来，便首先在礼节这个今天人们看来是细枝末节的问题上，形成了无法解决的僵局。清廷依照惯例，认为使节给皇帝行磕头礼，是理所当然之事，而西方使节，又岂肯在东方君主面前俯首称臣？双方争执不下，竟成一难以逾越的障碍。

乾隆后期，英国派遣以马戛尔尼为首的使团到北京，乾隆皇帝将其视为传统上那些小国派来为他八十诞辰祝寿的"贡使"，全不在意该团的真实使命，交涉未获结果，双方却在觐见礼节等问题上纠缠不休，搞得很不愉快。

英国目的没有达到，于是在嘉庆二十一年（1816年）有了阿美士德为首的使团的又一次中国之行。而嘉庆皇帝在这个问题上，与他的老子相比，虽又过了二十多年，却还是没有一点进步。

马戛尔尼

使团于闰六月初六在天津登陆，觐见礼节问题马上又成争吵焦点。嘉庆皇帝颟顸之至，坚持让使节行三跪九叩首之礼，还让大臣监督着，必须将这些礼节练得娴熟了，才可以进京觐见。急于与中国交易的英国政府，其实在阿美士德临行前已嘱咐他，只要达到出使目的，在礼节问题上可以让步。可是阿美士德却宁可听从印度公司的意见，至多只肯跪下单膝，脱帽鞠躬。嘉庆派遣的大臣和世泰、穆克登额一类，本来就庸懦无能，此刻夹在中间，不知如何是好，为了应付皇帝，就奏报说，英使已同意行跪拜礼，也进行了练习，起跪虽然不自如，但也凑合着像个样子了。嘉庆闻听，很是满意，决定于七月初七日清晨，在圆明园接见英国使团。

万般无奈地和世泰等人，此时只有希图侥幸，他们于七月初六夜晚才带领使团从通州（今北京东郊的通州区）出发，赶往京西的圆明园，实指望经过一夜跋涉，疲惫不堪的英国使节或者会在仓促间糊里糊涂地行了礼，让他们对付过去。

初七那天清晨，朝臣们都已穿戴整齐，嘉庆传旨升殿，召见来使，可是经过一夜奔波的使臣，衣冠不整，仓皇失措，窝了一肚子火，说什么也不肯进园。此时和世泰等人已极为狼狈，先告知嘉庆略等，说使臣不能快走，又过了一段时间，说使臣闹肚子了，又说已经病倒，再无法觐见。实际上，和世泰等人因对使臣百般劝解无效，已到了动手推拉的地步，奈何阿美士德就是寸步不让。嘉庆闻知，又让传副使进见，传旨四次，副使也不肯入园，和世泰等人见再也无法掩盖，只得将真相供出。嘉庆闹了个老大没趣，下不了台，将一肚子恶气全发泄在使臣身上，说中国是天下共主，岂有如此侮慢倨傲还甘心忍受之理，因而颁布严旨，说他们不按规矩先抵广东，等候当地督抚向中央奏报，而是径直抵达天津，从一开始就没安好心，所以应一概驱逐回国。

并命理藩院官员于当天将他们押回通州。临行之前，他又忽然改变主意，让他们按照当年马戛尔尼使团的旧例，从中国内地到广州乘船回国。这次交涉，比马戛尔尼那次还要糟糕，了无结果。

嘉庆后来也明白，闹得这步，主要是和世泰等大臣的无能，只能责怪自己的用人不当，于是将这些大臣交部严加议处，并罚他们摊赔英国使团路上的一切费用。而对使团，嘉庆也自觉有些过分，所以酌量收纳了英使带来的一些礼物，还"赐"给英国国王一些珍玩，交当时的两广总督代转，并做了一些解释。

阿美士德此次到中国，本来想就中英在广东贸易的税例、英国商人在广东活动的范围等问题，与中国政府进行谈判，其中有些要求，确实具有殖民侵略性质，但也有些，属正常的经济交流，清朝政府此时完全可以在平等不丧失主权的条件下进行谈判，但对世界形势丝毫不了解的嘉庆皇帝以及手下愚顽的臣僚们，却如此莫名其妙地丧失了很多机会。嘉庆皇帝在这点上，与他那些把外国传教士请来当师傅，对西方科技文化都备感兴趣的祖宗顺治、康熙等人相比，差得真是太远了。而野心勃勃的英国资产阶级们，正常的谈判不成，就来邪的——输入鸦片，文的不成，就来武的——终于用枪炮轰开了中国的大门，阿美士德此次谈判失败，焉知不潜伏着祸机呢。

（四十九）军中幼孩解原籍

嘉庆二十四年（1819年）十一月十九日，给事中（宫中办事官）王允辉奏报，十八年黑龙江凯旋官兵（镇压起义后返回驻地），携带幼孩共四百八十八名、幼女十七口，仅查出王玉等九名，解送原籍，交亲属认领。最近听说从前查办此事时，那些官兵利用他们服役，或想售卖，逼迫他们自己承认，并没有亲属，都不愿意回籍。

接着于二十二三年间，有滑县（今河南滑县）的民人张均、刘之瑶、傅学曾等，前来认领，刘之瑶又与其同乡张氏之子，名叫扁头的人相见，曾经托他给家属捎信。又有傅学曾，在黑龙江城（今黑龙江省爱辉县境）内，和他的亲外甥相遇，到刑司（司法机关）认领，因为说话不一致，不准给领。又有永顺纸房的周文献，买做养子，改名周继善，还有得胜弓铺，买做奴仆的人，都是查办以后的事，可见从前办理此事，既没落实又不全面，等等。

嘉庆皇帝接到奏报后，谕军机大臣：从前吉林、黑龙江凯旋官兵所带的幼孩（俘虏的义军家属），交给有关的将军查明，有家可归的人，俱解交原籍，令亲属们认领。现在黑龙江官兵所携带的幼孩，又屡见有前来认领的人，那么从前办理的不实就可想而知，吉林地区凯旋而归的官兵，所带幼童的处理问题，也不过如此。

命富俊、松宁（吉黑地区军政长官）再行确查，并通知所在地的官兵们，你们带养的幼小孩童，现在都长大了，如果其中有能记忆乡里及亲属姓名的人，并愿意回到原籍家乡的孩子们，都要他们报名出来，照以前的规定，一体解送回籍，使天下有情的人们，都能重新团聚，勿致骨肉分离。

如果有强迫隐匿不报者，查出后照例治罪，不能再像从前那样草率办理，使多人遗漏，不能省亲。把朕的命令布告天下，一体周知。不难看出，嘉庆还颇有点人道主义精神。

（五十）东巡盛京审官犯

清代为稳定中原地区的社会秩序，巩固自己的统治地位，曾将各种犯罪分子发遣到边疆，充当苦差，服各种劳役，其中也包括官犯在内。所谓的官犯，即官员犯罪分子，以及宗室觉罗犯，他们不同于民间犯罪，有特殊的安排和照顾，故称其为官犯。

嘉庆二十三年（1818年）秋天，仁宗第二次东巡盛京，拜谒祖陵，顺便审查官犯的处理问题。

九月四日，他谕内阁：朕此次巡幸盛京，谕令军机大臣，将犯事发往盛京、吉林、黑龙江三处的官犯，查明原来犯罪的案由，前来报告。根据开单奏报，朕详细披阅，详情如下：

凯音布，因派查泰陵（清世宗陵）工程，想到宝城查勘，并妄称墙身膨裂，他的想法究竟是为慎重着想；延福，侵用工程银两七次之多，免勾（免死）减等，发往盛京，曾在工程处出力；良禧，代表匠役请分科钱，是属办公错误；吉纶，在步军统领（步军营首领或称九门提督）任内犯了错误，仅予革职，其在山东巡抚任内工作懈怠，也不是他吉纶一人；高勋，鸡奸（也作要奸，将男作女）典雇幼童，其所奸，系先经犯奸之人；孟岹瞻，收养难民之女为婢妾，其时也不止他一个人，孟在军营曾立过小功；富广，因怀疑，诬指莫氏因奸情勒死自己的丈夫，莫氏本是再醮（再嫁）之妇；王召南，与雇工的妻子通奸，招致本夫自毙其妻。

以上数例，核其情节，都不是不可重新研究，进行宽大处理的，凯音布、延福、良禧、吉纶、高勋、孟岹瞻、富广、王召南，俱令施恩释回旗籍。其余的各位官犯情节较重，都不准释回。

同一天，又谕盛京将军富俊，将因事犯罪发往盛京、吉林、黑龙江三地的宗室、觉罗等原犯案由，查明情况，奏报皇上。

根据富俊开单呈览，朕详加披阅，情况如下：

恩福，因醉后用碗片划伤头皮，讹赖邻居姚元宝钱文；恒伯，在科布多（清政区名）参赞大臣任内，令属员在蒙古地方挖煤，私借铺户（商店老板）银两；隆顺，在仓监督任内，误揭张景泗改廒挪米；敬征，屏翰充当旅长，失察海康等人的习教从逆行为；绷武布，从前在吉林，收受秀林（吉林将军）帮缴官项银两；桂芬，读祝文有错误；庆杰，在热河副都统任内，收受属员馈送的金钱。

核其情节，都不是不可原谅的，陈敬征、绷武布、庆杰另行降旨加恩外，恩福、恒伯、隆顺、屏翰、桂芬，俱令加恩释放回京，他们的家属，并准其一并带回。其余各犯，情罪较重，俱不准释回，明年庆典，也不用查办。

所谓"宗室"，指努尔哈赤及嫡亲兄弟以下的子孙，俗称为"黄带子"；其旁支则称为"觉罗"，又称"红带子"，即天潢贵胄们。

以上二层官犯，罪行稍轻者，都受到嘉庆的恩准释回；重者，仍在原地服役，不准回京。说明皇帝很讲政策，宽严结合，处理得当。尽管如此，也难免官官相护之嫌，因为是皇帝。

遍地烽火

（一）官逼民反无青天

川楚陕白莲教起义如火如荼，起因是地方官吏的酷虐，所以起义之初皆以"官逼民反"相号召。于是，降服起义军最得力的，不是统率重兵的将领，而是当地一个著名的"清官"——刘清，实在是这次起义一个突出的现象。

刘清是四川南充县知县，多次率领乡兵镇压起义军，凡受他招抚的兵民，他都待之如子，人们乐于为他卖命。许多起义士兵早就知刘清名声，一与他交战，就纷纷逃跑。当时川省义军分青、黄、蓝、白等号，白号首领王三槐骁勇无敌，却轻信刘清，曾跟随刘清进入清军统帅宜绵大营，最终被清军逮捕，解京处死。在京受审时，三槐对所以起来反抗官府原因的回答，就是"官逼民反"。嘉庆皇帝问："那么四川一省的官员就没好的吗？"王三槐说："唯有刘青天一人"，从此"刘青天"名闻天下。

三槐被处死，清廷将他被擒获的功劳归之于统兵将领勒保等人，却连提都没提到刘清，可是每当出面剿捕时，又仍然派他去打前阵，他不止一次深入白莲教起义军大营，义军首领虽接受王三槐教训不再盲目相信他，却因他是"廉吏"而始终不忍对他加害。而一般起义群众受他招抚的，先后竟达二万余人，都被他遣散归农。当时人都议论说，教众歌颂"刘青天"，竟到了被他杀戮而不恨，被他欺骗而不怨的地步，真是太奇特了，可见，这些教众原来都是最老实的良民百姓，"官逼民反"并不是借口，而是真实情况啊！

王三槐被俘和送到京师时，嘉庆还是嗣皇帝，第二年亲政后，针对此情此事，发表了一篇非常感慨的上谕，嘉庆说：

"白莲教滋事，以'官逼民反'为词，去年冬天把王三槐解到，他的供词中也有此话，朕闻之恻然，所以暂时没有行刑。我清朝至今有百余年，对百姓厚泽深仁，尤其是皇考（指乾隆皇帝）的六十年，普免钱粮、漕粮，蠲免灾区，赈济贫民，花费银两不下亿万，百姓应该是安土乐业的了，怎么肯铤而走险呢？还不是因为治理百姓的官吏们激起来的！当然，州县官剥削小民，也不是全肥了自己，还要有一半供奉上司；而督、抚这些大吏勒索下级，也不全是存心贪污，也是为了巴结和珅，就这样层层朘削，都为了和珅一人，而无穷的苦累，却都让百姓承担！现在首恶已被惩处，各省的官吏，自当接受这个教训，革除恶习，让百姓不受扰累，地方才可平定。"

将吏治败坏的责任一概归咎于和珅，当然是出于不得已，也未免过于牵强。不过嘉庆这段话，明白承认白莲教起义确是"官逼民反"，对百姓们的悲惨境遇抱着"恻然"，也就是同情的态度，说明他承认了起义有一定的合理性，也说明他清楚地知道，不整治贪官污吏，他的天下就不可能太平。症结已经找到，问题在于，嘉庆皇帝又是怎么处理的呢？

刘清在镇压起义的过程中，起到了那些统领万军的封疆大吏所起不到的作用。嘉庆皇帝对此当然也十分清楚。当清兵苦战九年才终于将这场起义镇压下去以后，刘清进京觐见，嘉庆曾赐诗一首，头两句是"循吏清名远迩传，蜀民何幸见青天"，对他的评价是很高的。

可是，嘉庆对刘清的赞赏，只停留在口头上。据说，他曾提拔刘清任按察使，又升布政使（布政使是一省中掌管财政的大员，地位仅次于总督、巡抚），刘清深知如果敢于认真清理整顿财赋，必然会为上级和同行所不容，所以以"才力不胜"自陈，后来要求改武职，嘉庆竟然同意，授他山东登州总兵一职，到死未受重用。嘉庆这种做法，当时就已招来非议。有个叫洪亮吉的编修就上书批评说，在重用贤能之官、斥退不肖之徒这方面，嘉庆皇帝总是没有决断、游移不定，对刘清的态度就是一个例子，结果洪亮吉险些被杀，他的意见也终于未被采纳。的确，这与康熙皇帝当年对于成龙等廉吏的大力表彰、破格重用的做法，实在无法相比。

不敢重用刘清，是因为其他大吏的反对，譬如上面提到的勒保，就反对他担任布政使，而这些人之所以反对刘清，正是因刘的清廉触动了他们的利益。嘉庆皇帝虽从亲政时起就标榜廉政，却不敢从根本上整治这帮人，也就不可能重用刘清。

其实，到嘉庆十年（1805 年）川楚陕白莲教起义被彻底镇压下去的时候，颙琰的态度与亲政之初相比有了不小的变化，对起义群众从最初的同情变得逐渐狰狞起来，痛斥他们是"邪教逆匪"，也不再像当初那样痛斥贪官污吏——事实上也没见当初激起这场大变的当事人中，有多少被真正法办，而嘉庆帝如果真想彻底解决问题，至少应该挑出作恶最甚的几个处理一下以向百姓告罪的。

川楚陕白莲教起义终于被扑灭，嘉庆皇帝总算舒了一口气，噩梦已经过去，他怀着一丝侥幸，希望天下从此太平，岂知根本问题不解决，有第一次就会有第二、第三次，更大的麻烦还等着他哩。

（二）白莲首领王聪儿

1. 辛酸童年

王聪儿，旧史书上称为齐王氏或齐二寡妇，湖北襄阳人，生于乾隆四十二年（1777 年），贫民出身。她从小家境十分困苦，父亲曾在官府衙门做茶役。所谓"茶役"，就是衙门里的勤杂工，薪金微薄，难以养家。一年到头，辛辛苦苦，全家人还经常挨饿受冻。由于过度劳累，在王聪儿很小的时候，她父亲就得了重病。当时穷人连吃饭都顾不上，哪里还有余钱请医买药，不久就离开了人间，剩下孤儿寡母，相依为命，在苦难中煎熬。王聪儿跟随母亲四处流浪，有时母亲给人当帮工，靠缝缝补补，洗洗涮涮赚几个钱糊口，有时干脆靠乞讨过活。在人剥削人的社会里，有钱人为富不仁，根本不管穷人的死活。贫苦老百姓自己都难以糊口，又哪来的余米剩饭救济别人。在苦难的童年，王聪儿就饱尝了人世间的辛酸和污辱。后来她们母女实在走投无路了，母亲不得不含泪把聪儿送进一家马戏班练功学艺。因王聪儿从小就聪明伶俐，长的又很漂亮，所以这家马戏班也就收下她了。在马戏班学艺期间，她吃尽各种苦头，挨打受骂是家常便饭。出师后，她作为一个杂技演员就开始了闯荡江湖的卖艺生涯。在那黑暗的封建社会里，妇女为封建主义的四条绳索（即政权、族权、神权、夫权）所束缚，被压在社会的最底层，她们所受剥削和压迫尤为深重。那时，杂技艺人又属于被人们瞧不起的倡优之列，社会地位极为低下，特别是作为一个女艺人，就要更加倍受污辱和欺凌。地方官吏、豪绅、纨绔子弟经常无理取闹，地痞流氓还不时找茬寻衅，敲诈勒索。王聪儿在辗转各地走马卖艺的颠沛流离生活中，历尽了人间的艰辛与不平，耳闻目睹了当时封建社会中黑暗的现状。她们所到之处，举目皆是拖儿带女步履蹒跚的逃荒人群和饿死的尸体。因此王聪儿从小就在内心深处埋下了对封建统治阶级仇恨的种子，孕育着烈火般的反抗意志。由于她长期生活在下层，深知广大劳动人民的疾苦和要求，又结识了社会上有志反抗的英雄豪杰。她走南闯北，足迹几乎遍布湖北和河南交界处的许多城镇和乡村，增长了阅历，开阔了眼界，熟悉了各地的山川形势，风物民情，丰富了社会知识，为其日后率领起义军转战南北准备了条件。她做杂技演员时，常常山栖野宿，受尽了风霜之苦。骑马射箭、摸爬滚打，练就了一副钢筋铁骨的身板。长期在城乡串演，使她具有一种疾恶如仇、同情贫苦人民的感情。她精湛的技艺，豪迈爽朗的性格在广大农民和手工业者中间留下了极其深刻的印象，树立了很高的威信。在这里还应当指出的是，由于王聪儿自幼讨饭，少年时做杂技演员都是在流动中生活的，所以这种习惯日后在她领导襄阳起义军时也产生了一定影响。在她领导下的起义军不知道建立根据地的重要性，犯了流寇主义的错误，最后导致了起义军的失败，这些情况将在后面叙述，这里就不赘言了。

在王聪儿领导的农民起义爆发之前，全国各地就不断发生小规模的农民起义。早在十八世纪七十年代初，运河两岸以及山东地区的农民、水手就不断暴动，局势已经很不平静了。1774年，在山东爆发了王伦领导的白莲教起义；1781年，在甘肃爆发了苏四十三起义，1783年，甘肃又爆发了田五起义；1786年，在台湾爆发了林爽文起义；1795年，在湖南、贵州等地又爆发了苗民起义。面对各地人民纷纷起义，武装反抗封建政权，清政府赶忙调兵遣将从全国各地抽调大批人力、物资进行镇压。由于湖北、四川两省邻近湖南、贵州，因此这两省人民的负担就更加沉重。清政府不管人民的死活，一味地赋上加赋，差上加差，役外加役，地方官吏更为虎作伥，造成了"今日州县之恶，百倍十年、二十年以前"。在台湾，继林爽文起义后，1795年又爆发了以陈全周为首的天地会农民起义。起义军贴出"争天夺国"的安民告示，改元"天运"，并提出了反清复明的口号。1795年5月2日，起义军曾一度攻入彰化城，但不幸于1795年5月11日被清军残酷镇压下去了。类似这样的起义在全国还有许多。这说明当时全国已布满了干柴，只要条件一成熟，农民大起义的烈火随时都可以爆发。

人祸已亟，天灾随之，水旱虫疫等各种灾害接踵而来。流经湖北境内的二条大河长江、汉水，河防因年久失修，连年发生水灾，据古籍《楚北江汉宣防备览》记载，长江、汉水自"乾隆、嘉庆年间，连年溃堤，岁比不登，民困斯极！"就拿长江为例，乾隆五十三年（1788年），荆州江水泛涨，大水从两路冲进城内，水深一丈余，两月才退，房舍仓库都被浸没，军民淹毙无数。公安、石首等县也连年发生水灾。各种作物收成减半，接着发生瘟疫，百姓大半逃亡。襄阳地区天灾也异常严重，该地先涝后旱，粮食颗粒无收，出现了饿殍遍野，赤地千里的悲惨景象。广大劳动人民已穷困到要吃没吃，要穿没穿，只好靠草根、树皮和观音土过活了。许多人被迫离开可爱的家园，到湖北、四川、陕西三省交界的深山老林中去寻找出路。

四川省的情况同湖北省的情况也相差无几，川东北地区山多地少，乾隆末年也是灾害连年。由于天旱，土地龟裂，粮食收成更是无望，贫苦农民只好拖儿带女往老林中去寻找生计。与此同时，清政府由于连年战争，军费开支很大，财政上正处在竭蹶之时。为了增加收入，解决入不敷出的财政危机，又采取严禁"私盐""私铸"和大量裁减水手的措施，把财政危机转嫁给人民，这样就更扩大了流民的队伍。

清政府和历代王朝一样采取食盐专卖，从中捞取大量收入。乾隆末期由于盐价昂贵，百姓用盐量大减，这样就造成了盐厂倒闭，盐工失业。他们无法生活只好私自背运食盐到陕南一带山区贩卖。因"盐引"为盐商把持，不许小商贩私自偷运。小商贩为了对抗"巡丁捕拿"以及盐商们的勒索，使"结伙成群而行"。从四川出发，"背用木架，盐用竹篾包安架上，以背负之。撑手有丁字木棒，休息时用木棒撑架，遭雨水辄不能行。至定远不过六日程，盐背必半月。所负重常二百四十斤，包高出肩背，上重下轻，石畸树角，偶一失足坠堤坡深涧，则人毙包烂。此等自食其力之夫，极勤且苦，所获仅足糊口"，为生活所迫，许多人冒着生命危险私自贩盐，在"井旺时，日以万计。"但清政府却不断下令严禁私自贩盐，再加上商人的多方逼迫敲诈，逼得他们忍无可忍，便不断起来反抗。

所谓"私铸"，不过是一些贫苦农民和失业手工业者，为了维持生活，开采铜矿，以铸小钱，作为谋生的一种手段。清政府下令严加禁止，这就断绝了这部分人的生路，因此他们也不时聚众起事，以示反抗。

在封建统治阶级的残酷剥削、压迫下，还有不少破产的农民、流浪者，为了活命而流落到江河沿岸，干拉纤、装卸等工作。这些人主要集中在长江、嘉陵江两岸，虽终岁劳苦，却不得温饱，过着非人的生活。失业的危险又不时向他们袭来，为了吃饭，有的人常常连身上穿的衣服都变卖一光，成了"精膊溜"。这些挣扎在死亡线上的水手们也不断起来进行反抗。

湖北、四川、陕西三省边界相连，犬牙交错，高山长林，绵亘千数百里。由陕西南部到湖北西北部，高山深谷，千枝万派，统称南山老林；在陕西、四川、湖北交界地区，则千峦万壑，统称巴山老林。这里的人民有着反抗封建压迫的光荣斗争传统。长期以来，此地就是贫苦农民反抗统治阶级的根据地。远的不提，仅从明代开始，农民起义军就经常活跃在这些山区。明代中叶，天顺、成化年间，刘通（刘千斤）、石龙（石和尚）、李原（李胡子）等人领导的农民起义军就控制过整个荆襄地区。后来，蓝廷瑞起义、杨文政起义以及明末李自成、张献忠领导的农民起义军也都曾活跃在这些山区老林之中。

自明代中叶以后，不断有大批破产的贫苦农民、手工业者迁徙到这里，在这里开荒种地，冶铁伐木。到清代乾隆年间，两广、两湖、四川、陕西、安徽、贵州、江西以及河南等省失去土地的农民和破产的手工业者，纷纷"襁负而至，佃山结屋，垦土开荒。"仅据平利、白河、紫阳、石泉、洵阳、汉阴等六县统计，自乾隆三十八年（1773）以后，川、楚两省"穷民就食前来"的就有数十万之多，而河南、江西、安徽等省贫民"亦多携带家室来此地开垦，络绎不绝"。估计当时流落到这里的流民不下数百万人。流民们千里迢迢跑到这里依然摆脱不掉地主阶级的残酷剥削和压迫，真可谓在黑暗的封建制度的统治下"任是深山更深处，也应无计避征徭"。流民们依靠亲友们的介绍租种他人土地或自己开荒耕种。但因这里土地贫瘠，气候恶劣，灌溉困难，因此，"纵有丰年，亦仅平熟，必兼别业乃免冻馁"。生活极不稳定，一遇天灾人祸，又得流徙他处。

老林之中的地主、土豪、恶棍又勾结地方官吏、差役狼狈为奸，鱼肉百姓，饱受欺侮的平民百姓又要受到这一批坏蛋的盘剥。以一县来说，"钱粮（向封建国家缴纳的土地赋税）不逾千两，而民间有数万之累"。他们为非作歹，欺骗流民。流民虽把当年租税交给了他们，但又多被他们侵吞，等到第二年官府又来催逼陈欠，弄得百姓有苦难言。

在这种情况下，富于反抗精神的流民，经常自发地组织起来进行斗争。他们有时"盈千累百"的去"吃大户"，强迫地主劣绅供给吃食；有时他们拿起武器，强夺地主、富商的粮食、财物进行平分；也有时公开聚众起事，袭击场镇，打击富商大贾，遇有官兵追捕，小则拒捕抗官，大则揭竿起义，占据要塞，与封建政权公开进行对抗。

综上所述，清代中叶湖北、四川、陕西三省老林地区的阶级矛盾已极其尖锐，一场阶级大搏斗的风暴就要来临了。

2. 结侣齐林

王聪儿作为一名杂技演员在江湖上闯荡的时候，就加入了白莲教。她十六岁时，结识了襄阳县差役小头目齐林，共同的信仰和革命要求，使他们结成为夫妻。齐林是当时流传在湖北荆襄一带的秘密组织白莲教的首领，号称大师父。王聪儿与齐林结婚后，便成了齐林的得力助手，她在组织和发动白莲教起义中显示了惊人的智慧和才能，因此深受教众的拥护和爱戴，号称二师父。

齐林在襄阳一带联系群众很广，在差役中也很有威信，大家有什么事都愿意找他商量。他经常以练习拳术、气功、烧香等名义集聚群众，深得人们信任，在这一带很有号召力。王聪儿与齐林结婚后，对丈夫的事业大力支持，积极帮助他传教，扩大白莲教组织。她利用自己在广大贫苦农民和手工业者中的影响和职业上的方便，协助齐林进行起义的组织和发动工作。荆襄一带贫苦农民、手工业者，尤其是被封建制度压在最底层的劳动妇女，经她的多方发动和组织，纷纷加入了白莲教，成为起义队伍中的一支重要力量。襄阳附近的白莲教在齐林和王聪儿的组织下，发展很快，已经成为一支重要的反清大军，在全国各地的白莲教中也很著名。

革命的实践，进一步锻炼了王聪儿，使她坚定了反抗剥削和压迫的决心，增长了斗争的才智，也更加扩大了她在群众中的影响和威望。那时，她在荆襄一带白莲教教徒中的威望，几乎与齐林并列。当时她虽然还是一位不满二十岁的青年妇女，可是革命实践造就了这样一位使封建统治者闻之丧胆的女英雄。到这次白莲教大起义的前夕，她已经成为一位众望所归的革命领袖了。

乾隆五十九年（1794年）初，襄阳白莲教的几位主要首领齐林、王聪儿、张汉潮、樊人杰等聚集在一起，秘密开会商定在农历正月十五日元宵灯节那天夜里，趁万民观灯，官府和守军疏于戒备之时发动武装起义。为此，齐林派出了一百多名白莲教骨干分子深入到襄阳附近各县联络教众，号召大家届时响应起义。当时汉水和长江流域的白莲教教众热情很高，大家都在秘密地打制刀枪，收存粮食、草料，准备大干一场。春节前夕，襄阳、樊城两城人民十分活跃，"城中民或外徙，城外民或内徙，风谣四起"。襄阳县令张翱察觉到情况不大对头，便把县衙内的一个老库书代中叶白莲教大起义的序幕，就在这时正式揭开了。

宜都、枝江起义犹如一声春雷，震撼了整个鄂西。湖北各地农民、手工业者纷纷举事响应，同年二月在长阳爆发了林之华、覃加耀等人领导的起义。二月十五日，当阳起义群众在冯百川、熊道成等人领导下杀掉了县令，占领了整个县城。与此同时，先后发动起义的还有来凤、竹山、远安、保康、宜昌、施南、荆门州等地的白莲教众。他们有的几股联合起来，有的自成一队，占领险要，筑城修堡与清军对抗，打得清政府在各地的驻军丢盔弃甲，惊恐万状，十分狼狈。

三月，年仅二十岁的王聪儿从青莲庵中定出来与齐林的徒弟姚之富、王廷诏、齐国谟（齐林兄）、高均德、张汉潮、樊人杰、李全等人率领荆襄一带万余名教众在齐林的故乡襄阳郊区黄龙珰誓师起义。王聪儿蔑视封建礼教，剪去长发，全身缟素，跃马横刀，英姿飒爽地率领起义健儿，为推翻清王朝的反动统治而冲锋陷阵，顽强战斗。由于王聪儿在起义军中威望很高，在这次组织发动起义的过程中又表现出了杰出的领导才干，再加上她武艺超群出众，因而受到广大起义军将士的衷心爱戴和拥护，在起义一开始就被大家一致推为"总教师"，并一致表示愿意"听其号令"。

襄阳起义军在王聪儿的领导下整编了队伍，设置了各级领导。起义军的编制分为五营，分别设立了大宰相、经略、都督、知府、知县等文官。他们用"万利"年号纪年，并提出"兴汉灭满""为天承运"等口号，发动群众起来与封建统治者进行斗争。这些文官武将的名称及其制度年号、口号等虽没有多少创新，但他们能在很短的时间内，组织起一套行之有效的军队组织与清军对抗，在当时历史条件下已是难能可贵的了。

英雄的襄阳起义军，从一开始就把斗争矛头指向了清王朝。他们首先对清军展开了不停顿的进攻，他们渡过汉水，攻占了襄阳、樊城附近的大片地区，进而又控制了鄂豫交界地带。王聪儿率领的襄阳起义军在湖北各支起义军中，人数最多，战斗力最强，声望也最高。就是在整个白莲教的组织内按师徒关系来说，也是在其他各支起义军中辈数最高的。这样襄阳起义军就成了湖北各路起义军的主力。

王聪儿率领襄阳起义军攻城夺地，穿州过县，经过几次与驻守在襄樊一带的清军激烈战斗，消灭了大量清军有生力量，给反动的清王朝以沉重的打击。他们在此期间曾北上攻打鄂豫交界的邓州、唐州（今河南唐河县）之间的广大地区，并火烧吕堰驿，杀掉了清军巡检王翼孙。四月，起义军又屡攻樊城，继而猛攻襄阳城，但因这两个城的清军早有戒备，他们龟缩在城里死守，起义军无论怎样叫战，就是不肯开城迎战，因此起义军只好把大军开向枣阳。

王聪儿率领起义军连续不断地出击，打得清兵望风逃窜，人仰马翻。经过几次交锋，许多清兵一见到起义军的大旗，便抱头鼠窜，溜之大吉。襄樊一带的清军只好困守在几个据点里，静待外地援军。起义军连战连胜，士气愈战愈高，上下团结一致，战斗力不断加强。王聪儿非常注意军纪的整顿，她铁面无私，赏罚分明。她从不因自己的亲近部下违反军纪就包庇、姑息。在进军途中一个名叫曾大寿的起义军将领，因不听从上级指挥，擅自行动，违抗军令，被王聪儿当众斩首。正因为襄阳起义军纪律严明，所以深受人民群众的拥护，影响日益扩大。王聪儿在襄阳起义军中的威信也更加提高，更加受到大家的尊重。

在起义军不断发展壮大的同时，同年春、夏间，王聪儿还几次派遣联络人员（即所谓"通慧人"），沿长江上下往来，与四川各地白莲教首领传报音信，秘密联络，要他们积极准备起义。六、七月间，四川达州、东乡（今四川宣汉）一带教众和农民就"整衣粮、造器械"，积极准备武装起义。十月，达州白莲教首领徐天德率众在亭子铺起义，不久就发展到一万多人。紧接着东乡白莲教首领冷天禄、王三槐等也率领万余人起义响应，他们在达州起义军的配合下攻下东乡县城，打开监狱，放出了被捕的教众和无辜的老百姓。十一月间，孙赐奉（孙老五）、龙绍周、王国贤等人也在太平率众起义。相继而起的还有巴州方山坪的罗其清、苟文明、鲜大川，通江王家寨的冉文俦与冉天元等。到嘉庆元年（1796年）年底，整个川东北"巴山老林"的广大地区都燃起了农民起义的燎原烈火。

在陕西省南部不少地方，白莲教教徒起义也如火如荼、一个接一个地爆发了。其中较著名的有1796年1月冯得仕、林开泰等人在安康、米溪举行的起义。到嘉庆二年（1797年）年初，整个川、鄂、陕交界的南巴老林地区，到处都有起义军的足迹。

这次白莲教大起义从一开始爆发，武装的农民群众就用"白布缠头，白旗为号"，把斗争矛头直接指向以清朝最高统治者皇帝为首的整个封建地主阶级。王聪儿领导的襄阳起义军曾提出"为天承运"的口号；当阳起义军也曾明确提出，"天上换玉皇，地府换阎王，另议孔夫子，不用四书五经"的战斗口号，表明起义农民要推翻清朝统治，反对封建礼教的决心和愿望。四川起义军也贴出了"大斗小斗不公平，上天降下火德星"的布告。揭示了封建王朝的罪恶统治，控诉了封建地主阶级盘剥、欺压农民的罪行。这表明了当时农民起义军的斗争水平在不断提高。同时还反映出农民起义军使用了神秘的宗教语言，表示他们起来造反是天经地义的，是上帝指使的。

湖北各支起义军还纷纷建立了自己的政权来取代封建地主阶级的政权。起义农民虽然还没有推翻清朝统治，但他们在其所控制的地区已自立年号，设置各级官吏与清朝封建统治阶级政权相对抗，表现了贫苦农民反压迫、反剥削的决心。如湖北襄阳起义军在王聪儿的领导下以"万利"纪年，宜昌起义军以"天运"纪年。他们在自己的组织中设立了丞相、知府、知县、元帅、先锋等文武官员。那时整个中国中部几乎到处都沸腾起来了，犹如暴风骤雨，荡涤着封建制度的污泥浊水。广大人民群众，无不拍手称快，欢欣鼓舞。

　　随着斗争形势的发展，王聪儿和她所领导的襄阳起义军的规模越来越大，越战越强，威名远播，士气异常旺盛。他们多次把清王朝的反动军队八旗兵、绿营兵以及地主武装——团练、乡勇打得落花流水，望风披靡，使清王朝的统治者们心惊胆战。因此，清统治者把襄阳起义军看成为心腹大患，妄图一举消灭之。清政府集中了所能调动的武装力量进行围剿。他们认为："襄贼破，则群盗自瓦解"。他们妄图采用集结诸军于湖北荆襄一带，以"合力分工"的围剿办法，达到全歼湖北起义军，特别是全歼王聪儿领导的这支英雄队伍的目的。从嘉庆元年（1796）四月开始，清政府先后调来广州将军明亮、直隶（河北）提督庆成、山西总兵德龄等率军会剿。此外，还赦免了在河南、湖北各地的蒙古"窃马谪犯"，让他们充当骑兵，另外还调来了大量东北少数民族的武装（如索伦兵），一起参加会剿。但是这些拼凑起来的清兵，在襄阳起义军的迎击下，接连败北。王聪儿领导的襄阳起义军，在人民群众的大力支持下，一次又一次地粉碎了清军的围剿计划。

　　长期以来，清军的战斗力就已丧失。八旗兵由于高级将领养尊处优，生活非常腐化，军队素质不断下降，几乎丧失了作战能力。清朝初年镇压吴三桂、尚之信等三藩叛乱及西北、西南战事用兵，主要靠的是绿营兵，可是到这时绿营兵也和八旗兵一样军纪松弛，不堪一击。

　　清军将领们只知贪污克饷。一打起仗来则"拥兵自卫"常常命令部下带兵堵剿，而部下也心惊胆战不敢向前，他们又催促地主武装乡勇们出来打头阵，"乡勇亦不踊跃"。而起义军却与此相反，作战非常勇敢，冲锋陷阵勇不畏死。就连"妇人孺子，亦矫捷若飞"。由于起义军对封建道德的蔑视，使在社会上倍受压迫和歧视的妇女在这次大起义当中确实起到了"半边天"的作用。从起义军的领导到一般战士许多人都是妇女。甚至在个别起义军中还单独组成了"女军"，有"妇女骑兵队""妇女大队"等等。

　　妇女不仅仅参加了起义军，有的更成为起义军的领导人物。除王聪儿外还有湖北起义军中的散李氏（王聪儿的弟子）、河南的杨贾氏、陕西的王刘氏。此外还有高兰英（高均德妻）、马李氏（马五妻）、伍刘氏、符王氏（符日明妻）、冷杨氏（冷天禄妻）、杨刘氏、陈郭氏（陈得奉妻）、张汪氏（张士龙妻）等等。这些巾帼英雄在反清斗争的战场上纵横驰骋，威震敌胆。从这一事实来看，妇女在这次农民起义中是占有重要地位的，它显示了劳动妇女从来就是反封建、反压迫的一支重要力量。

　　由于王聪儿领导的襄阳起义军的节节胜利，地主阶级的总头目嘉庆皇帝心如火燎，他气急败坏地咒骂王聪儿是"贼中要犯"。清军统帅明亮、德楞泰视王聪儿是"众恶渠首"。认为如不立即除掉王聪儿，他们就休想得到安宁。所以从一开始清军一致把围剿襄阳起义军作为当务之急。清政府除了纠集鄂、川、陕、豫、甘等五省反动军队合力镇压外，还先后从山西、山东、直隶（今河北）、广东、广西、云南、贵州、黑龙江、吉林、盛京（今辽宁）等省抽掉了增援部队。此外，前面也曾说过还动员了索伦兵、蒙古兵等少数民族武装前来助战。先后委派了很多督抚将军，如毕沅、宜绵、勒保、永保、额勒登保、明亮、鄂辉、德楞泰、惠龄、景安、秦承恩等主持围剿。反动派气势汹汹，恨不得把王聪儿领导的襄阳起义军一口吞掉。从1796年春天开始清政府就不断把清兵集结到襄阳附近，以合力分攻的战术企图一举全歼襄阳起义军。面对来势凶猛、人数众多的反动军队，王聪儿运用避实击虚，广布疑兵，机动灵活的游击战术，沉着果敢地同敌人进行斗争。她首先派出一支精悍的部队沿汉江南下，多张旗帜，虚张声势，经随州（今随县）、安陆攻占了距湖北省会武昌只有百里的孝感。清军以为王聪儿起义军的主力要攻取武昌，急忙紧闭城门，宣布武昌戒严。六月，襄阳起义军在孝感附近设下埋伏，当场击毙清军参将傅成明。清政府又赶忙调主力部队增援武昌，后来因为遇到历史上少见的大水，汉水、长江水位猛涨，起义军才不得不从孝感折回襄阳。

王聪儿领导起义军几次攻打襄阳、樊城，屡挫敌军，打得襄阳道员胡齐仑不敢出城作战，清军将领惠龄也躲在军营中不敢出来。但出于襄阳、樊城城池坚固，防备较严，所以一直未能攻下来。

为了解除起义军对襄阳、樊城的包围，清政府于1796年6月派永保率重兵来到襄阳。这时湖北各地的地主、恶霸、地痞流氓为了保全自己的财产和身家性命，也纷纷组织了自己的地主武装乡勇（团练），配合清军与起义军对抗。

王聪儿

当时，面对着占优势的敌人，王聪儿率领的起义军并不胆怯，他们英勇顽强地坚持战斗。由于力量过于悬殊，不能在敌人设防地区与敌长期相持，为了保存有生力量，王聪儿领导襄阳起义军以迅雷不及掩耳之势于1796年八月从襄阳地区突围到了钟祥。

襄阳战役一共进行了五个多月，这是这支起义军固定在一个地区作战较长的一次战斗。从这一段革命斗争中，我们可以清楚地看到，革命形势不断高涨，起义军的力量在迅速发展壮大。仅就湖北省来说，起义军在同敌人作战的过程中，不但没有被削弱，相反，却日益壮大起来。清王朝的残酷镇压，逼得愈来愈多的人参加起义队伍。以王聪儿领导的襄阳起义军为中心，全省各地已发展到大小十几支起义军，人数已达三十多万，仅仅几个月的时间，农民起义的烈火几乎烧遍了整个湖北。清朝政府尽管不惜任何代价调重兵围追堵截，血腥镇压，残酷屠杀，妄图把大起义扼杀在摇篮之中，但农民革命战争的洪流，犹如万顷波涛，汹涌澎湃，奔腾向前，任何力量也无法阻挡。

　　3. 智斗顽敌

　　王聪儿这位被封建地主阶级歧视、欺侮的年轻妇女，现在，成了一名叱咤风云的杰出的农民起义军的领袖和英雄。

　　她及时总结了作战经验，从以攻坚战为主，改为以机动灵活的流动战为主。在敌人重兵围堵的形势下，为了进一步扩大影响，联合四川起义军共同对敌，她率领起义军开始了长途远征。他们先在钟祥粉碎了清军的"四面夹攻"的诡计，然后突围北上，强渡刘家河，进逼谷城、光化，还把河南巡抚景安包围在魏家集一带，打得敌人喊爹叫娘，溃不成军。

　　1796年9月，为了更机动灵活地打击敌人，便于山区行军，襄阳起义军在双沟分为两路前进，每路约二万余人。一路向东南，由王聪儿、姚之富率领，从枣阳赴唐县；一路向西北，由张汉潮率领，渡白河西上吕堰驿赴邓州（今邓县）。但不久又折向南与王聪儿军汇合。为了分散清军兵力，1797年2月，在河南与湖北交界的漧坨镇（即湖河镇）起义军又分成了三路。北路由王廷诏、高均德率领由桐柏出发经河南叶县、裕州（今方城县）挺进陕西商南一带。西路由李全、樊人杰率领，从桐柏向信阳进军。1797年3月，又返回湖北应州（今应山县）、随州，但不久又北上信阳、确山由此向西沿鄂豫边界经淅川、卢氏、内乡由武关进入陕西，在商南地区与北路会合，迂回湖北，经郧阳、郧西向陕西镇安挺进。中路由王聪儿、姚之富亲自率领，经南阳、嵩县、山阳，四月下旬，大军南下攻克湖北郧西县城。杀掉了清军的护军统领惠伦，放火烧毁了县衙门，砸掉了城南孔庙中的"圣像"，打开官府粮仓，散发仓谷救济贫苦人民。五月，惠龄、庆成诸部敌军向郧西逼近，起义军声东击西，神出鬼没地迂回穿插于敌重兵之间，摆出要夺取进攻西安的要路孝义（今柞水县）的架势，吓得惠龄急忙派秦承恩"扼秦岭御之"。但起义军却直捣镇安，三路起义军胜利会师。清军这时也分成三路，分别由景安、兴肇、惠龄、庆成等人率领，在起义军后面尾追。

　　起义军在王聪儿的率领下，采取灵活机动的战略战术，生龙活虎般与清军周旋，他们牵着敌人的鼻子转来转去。起义军往往"不整队，不走平原，唯数百为群"，"忽分忽合，忽南忽北"。他们沿途宣传动员人民群众，惩办贪官污吏、地主豪绅，开仓启库，把所得的粮食、衣物等都分给贫苦群众，因此，深受广大人民群众的拥护和爱戴，扩大了起义军的政治影响，筹办了军粮，扩充了军备，补充了人员。起义军合则狠狠打击清兵、乡勇；分则化整为零四出发动群众参军参战，号召人们起来斗争。在流动作战中起义军的队伍不断发展壮大，仅四月中旬，襄阳起义军在南山老林会师时，当地人民就有六千多人参加，其中特别是骑兵部队发展更快，仅西路李全的骑兵队伍就达五千人之多，骑兵的扩大加强了起义军的战斗力。

　　惠龄率领各路清军，紧紧跟在襄阳起义军之后，人困马乏，疲于奔命。由于他是起义军的手下败将，所以一提起王聪儿率领的襄阳起义军，他就心惊肉跳，打起仗来总是躲躲闪闪，处处被动，整天跟在起义军屁股后边打转转。王聪儿率领襄阳起义军在河南省转战两个多月，胆小如鼠的河南巡抚景安先是龟缩在南阳城中，后来又跑到内乡城里，一直不敢出来，待起义军已经离开河南省界三百多里时，仍然不敢离内乡城一步。因此人们给他起了个绰号叫"迎送伯"。

此时，四川白莲教起义军正处在艰苦的反围剿战斗中。为了支援四川起义军的斗争，王聪儿决定率领襄阳起义军越过巴山老林向四川进军。1797 年 5 月，襄阳起义军在陕西镇安表带铺打了一个大胜仗，清军护军统领、前锋参将、校尉等许多头目都做了起义军的刀下鬼。很多贫苦人民相率加入起义军。表带铺大捷后，起义军马不停蹄，乘胜沿汉水北岸经旬阳、安康、汉阴、石泉，在当地人民的大力支援下，在紫阳胜利渡过汉水，甩掉了跟踪的敌人。当清军将领惠龄的大队人马赶至渡口时，他们除了捡到一些起义军战士丢弃的破鞋烂袜外，连起义军的影子也看不到了。

当惠龄把襄阳起义军渡过汉水的奏折送到北京的时候，乾隆和嘉庆父子二人气得暴跳如雷，七窍生烟。同时也像热锅上的蚂蚁，坐卧不安，惊恐万状。他们深恨奴才们不争气，大骂惠龄："汝等放贼过江，此奏无耻之至。"

王聪儿率领襄阳起义军强渡汉水后，又分兵三路，向四川挺进。他们一路上时分时合，边战边进，每遇敌军围堵，则"散诸山林"，"一日数变"，搞得敌军晕头转向。他们一连四个多月，跋山涉水，穿州过县，长征五、六千里，跨越千山万水，风餐露宿，克服重重艰难险阻，打破了几倍于己的敌军的围追堵截，于 1797 年 6 月 23 日经太平、通江至东乡（今宣汉）与四川白莲教起义军胜利会师。其时两军营寨联在一起，浩浩荡荡地绵延三十余里，旌旗招展，鼓角相闻。广大起义军战士个个精神振奋，斗志昂扬。起义的烽火燃遍川东二十多个州县，整个川东北地区到处都是一派大好的革命形势。这时川东北人民也纷纷自动组织义军，武装响应。起义军开展的各种形式的斗争，动摇了清政府在四川的反动统治。

王聪儿领导的襄阳起义军坚持与清朝统治者及地主阶级进行不屈不挠的斗争，代表着农民阶级的要求和根本利益。起义军内部团结一致，万众一心，不怕牺牲，英勇奋战。因而，军队的战斗力越战越强，深受广大人民的拥护和支持。起义军走到哪里，哪里就有大批群众加入起义军，有的人甚至干脆把仅有的一点财物贡献给起义军，烧掉自己的茅屋、草棚，全家都投身于起义军的队伍中来。使这支起义队伍在长期流动作战中得到不断补充、壮大和发展。

在同敌人作战的过程中，王聪儿锻炼出卓越的指挥才能，造就成为一位智勇双全的统帅。她不仅判断准确，行动果断，指挥英明，而且身先士卒，勇敢善战，武艺高强，起义军从上到下全体将士对她十分爱戴和信任。每当战斗她总是冲杀在前，"於马上运双刀，矫捷如飞，所向无敌"。"每战作先锋，尤为勇悍，曾一日手斩总兵二人，官军望而畏之"。她经常骑着一匹雄健的高头大马，杀向敌军营垒之中，一足跨蹬全身悬空，远望不见身影。仅这些记述就把王聪儿当时跃马扬鞭，冲锋陷阵，威震敌胆的英雄形象跃然纸上了，给我们留下了难以磨灭的印象。王聪儿是一位叱咤风云的女英雄，她的英雄业绩是令人感佩的。

早在1796年12月间，四川达州、东乡、太平等几支起义军就曾联合在一起，于除夕那天，在东乡人民的支援下，里应外合一举攻下了东乡县城，杀死成都副都统佛住以及县令以下官兵数千名，并打开了监狱，释放了被关押的人民群众。

四川起义军连战连胜，势如破竹的攻势震惊了清廷，清朝皇帝颙琰（嘉庆）闻讯后坐立不定，急忙与太上皇乾隆商量调陕甘总督宜绵入川，与英善、德楞泰、明亮、永保等一起五路合围起义军，企图一举把四川起义军彻底摧毁，以此扭转战局。

由于清军多次被起义军打得落花流水，清王朝的最高统治者深知单凭清军是很难把起义军镇压下去的，他们除了命令地方官招募乡勇外，还极力提倡一般地主、豪绅组织乡勇。

乡勇又名乡兵、团勇，是地主阶级维护其罪恶统治和镇压农民反抗的工具。它早在1786年镇压台湾林爽文起义的过程中就已出现了。但当时还没有大规模的使用。在镇压湖南、贵州苗民起义和这次白莲教大起义中，乡勇的组织得到不断的扩大和完善，成了镇压这次农民大起义的重要反动力量。这是因为，自从八旗兵入关以后，养尊处优，丧失了战斗能力，而绿营兵也因多年不习战阵，军官们只知贪污扣饷，饮酒作乐，战斗力极弱。因此，为了迅速把这次白莲教起义镇压下去，就只有依靠地方官僚和地主豪绅招募的乡勇了。仅四川一省在1796年到1797年间就组织、招募了乡勇三十七万人以上。很多著名的大仗、硬仗都是由乡勇担任战斗的。乡勇大致可分为二类，即乡勇和团勇。"随营打仗，防守卡隘，官给盐菜、口粮，听候调拨者为之乡勇；百姓（即地主豪绅）出已赀修筑保寨，择其中年力精壮各备器械，由里民自行捐给口粮，以为守御者为之团勇"。

乡勇熟知地形，是地主阶级豢养的打手。他们欺压人民，是起义军的死对头。在各地乡勇中以四川南充知县刘清及川东地头蛇、流氓无赖罗思举、桂涵所组织的几股最凶恶。罗思举所统辖的乡勇称"罗家军"，外号"丐兵"，这是说他们军纪败坏，到处抢掠，形同乞丐。这一股乡勇战斗力最强，对起义军的威胁也最大。桂涵、刘清也是最凶悍、最狡猾的乡勇头目，后来和农民起义军打的几场大仗、恶仗，几乎都是靠他们打头阵，出死力。

四川起义军在清兵和乡勇的联合围剿下正处在困难之际。就在这个时候，王聪儿率领襄阳起义军远征来到川东，把这次农民革命运动推向高潮，这就是川、鄂、陕、豫、甘五省农民大起义中著名的"东乡之会"。在这里，各支起义军领袖和十几万起义军将士欢聚在一起。各路起义军的胜利会师，使革命力量相对壮大，大大鼓舞了士气。

将士们无不欢欣鼓舞，兴高雀跃。经各路起义军共同协商，决定按地区进行分编，以黄、蓝、青、白等各色为号。据清代官僚周凯所记，主要有以下八支：即襄阳起义军王聪儿、姚之富部称黄号，高均德、张天伦部称白号，张汉潮部称蓝号，四川起义军徐天德部称达州青号，冷天禄、王三槐部称东乡白号，龙绍周部称太平黄号；罗其清部称巴州白号；冉文俦部称通江蓝号。此外，还有林亮功为首的云阳月蓝号，龚文玉的奉节线号，等等。经过重新整编的起义队伍，声势浩大，战斗力更加强大了。

一年多的战斗历程，正反两方面的经验教训，使起义的英雄们深深地认识到，要打破数十万敌人的围剿，各路起义军必须联合起来，协同作战。团结起来共同对敌，是革命形势的迫切需要，是广大起义军将士的共同心愿。

但是，在大革命的暴风骤雨中，难免鱼龙混杂，泥沙俱下，把一些社会渣滓卷进革命的洪流。四川起义军中以王三槐为首的极少数人就是钻进革命队伍中的蛀虫与变节分子。正在1797年春夏之交、四川起义军比较困难的时期，农民军，尤其是它的领导者，正面临着一场严峻的考验。反革命的气势汹汹，使混入起义队伍的王三槐吓破了胆，他一面想率领二千多起义军北走太平，一面对清朝统治者抱有不切实际的幻想，特别是对南充知县刘清更是佩服得五体投地。正是在这紧要关头，在历史需要起义队伍中每一个领导者做出抉择的时候，王三槐灵魂深处所隐藏的一切丑恶肮脏的东西就明显地暴露出来了。他争名夺利的个人欲望和政治野心恶性膨胀。为了升官发财，他在清政府反革命势力的威胁利诱下，竟偷偷摸摸地与敌人勾勾搭搭，大搞投降活动，给起义军联合造成了极大的损失。他反对联合、制造分裂。十几万襄阳起义军与四川起义军在东乡胜利会师，对他勾结清王朝暗中瓦解起义军的罪恶活动极为不利，因此一直耿耿于怀，十分不满。他除了在背地里散布谣言，挑拨离间，说什么"我们四川地方犯不着叫他们湖北人来糟蹋"外，他还公开跳出来排斥、打击农民革命的杰出领袖王聪儿。以王聪儿为代表的起义军将领及广大起义军战士坚决反对分裂，反对妥协，坚持团结，主张联合，要求协同作战。而王三槐却一意孤行，顽固地坚持分裂，伺机向敌人投降。他四处点火，八方串联，大搞分裂活动，坚持"不肯"与王聪儿领导的襄阳起义军"合伙"。他还以"官兵追赶得紧，大家分路便于逃走"为借口，反对王聪儿的正确主张和要求。

分裂是不得人心的。王三槐的分裂行径理所当然地遭到绝大多数四川起义军的领导者和广大起义军将士的抵制和反对。女英雄王聪儿团结各支起义军的将领同王三槐的变节和分裂的行为展开了坚决的斗争。最后，在王聪儿、徐天德和冷天禄等人的共同努力下，冲破了王三槐的阻挠。湖北、四川两省的各支起义军实现了初步、暂时的联合，达成了共同战斗的协议。

十几万起义健儿，把营盘扎在几十里长的山谷之中，秩序井然。各色战旗迎风飘扬，鼓号之声响彻山谷，炮声隆隆，喊声如雷，气势磅礴，威震云天。夜幕降临，灯笼火把漫山遍野，犹如天上点点繁星，映红了半个天空。

东乡大会在五省农民大起义中是一次团结的大会，它使这次起义达到了最高峰，声势空前浩大，给清军以极大的威胁。

东乡大会后，广大起义军将士个个精神抖擞，战斗力空前加强，川东北处处是一派革命兴旺的景象。王聪儿本来准备利用川东北有利的地理条件和较好的群众基础，整顿各路起义军组织，更好地开展对清军的斗争。但是就在这时清军也从四面八方赶到这里来了，几十万清兵和乡勇从各地云集到川东地区，满山遍野向农民起义军包抄而来，对起义军形成了很大的压力。另外，川东北地区山多平地少，土地比较贫瘠，人民生活很苦。加上地主豪强纷纷修堡筑寨，坚壁清野，指使乡勇与起义军对抗，给起义军造成在军需供给上的严重困难。根据这种情况，于是王聪儿便突然决定率领一部分襄阳起义军回师湖北，想以此吸引大批敌人调离川东，减轻清兵对四川起义军的压力。她留下了襄阳起义军李全、樊人杰等部同四川起义军共同作战。嘉庆二年（1797年）七月，她亲自率领襄阳起义军的大部向大宁、开县、云阳、万县等地挺进，兵锋直插夔州、奉节等地。沿途发动群众，横扫封建地主阶级的顽固势力，受到沿途人民的欢迎和拥护，使起义军的队伍能够不断得到扩大和补充。如云阳林亮功的月蓝号、奉节龚文玉的线号起义军，在此时均很活跃，给襄阳起义军的进军以有力的配合。

清军看到王聪儿率主力顺江东下，生怕其再入湖北，即令明亮、德楞泰急忙派总兵达音泰率部到白帝城堵截，但王聪儿率起义军到白帝城后便将达音泰部团团包围。明亮、德楞泰复派兵增援。王聪儿当机立断，采取速战速决的战术，命令襄阳起义军分三路同时进攻敌营，起义军将士轮番作战，个个无不奋勇争先，向敌营冲杀，他们"皆持盾以捍，失铳不退"，双方短兵相接，"更番迭战"，入夜则点起火把，进行夜战，这样战斗整整持续了三天三夜，起义军终于突破了清军防线，迅速顺江而下挺进湖北，不久抵达巴东、归州（今秭归）一带，在这里起义军进行了短暂的休整。明亮、德楞泰得知此讯，慌忙丢下四川起义军于不顾，星夜率清军主力向湖北进发，待赶上起义军的时候，起义军采取广布疑阵、迷敌耳目的方法，趁势翻山越岭进行了战略转移。为了迷惑敌军，王聪儿又把襄阳起义军分成二路，一路由王廷诏率领，神出鬼没地出现在巴东县长江对岸的石门，并"声言欲南渡攻县治"，清军信以为真，明亮、德楞泰等又赶紧率兵回师防守。这时王聪儿、姚之富却率起义军的主力二万多人连克兴山、保康、南漳等地，取得辉煌胜利。但在途中，起义军也曾受到清总兵王文雄和地主武装头目刘廷雍所率清兵与乡勇的联合袭击，稍有损失。王廷诏一路转战当阳、远安一带，后来又转到南漳与王聪儿率领的起义军主力会合。待明亮、德楞泰率清军追到南漳时，王聪儿却又率部转战东南到达宜城、钟祥，接着又折回西北，攻襄阳、攀城不下，先进军房县、竹山一带山区，以逸待劳，进行休整。等到明亮、德楞泰率领清军追到这里时，襄阳起义军不给敌人以喘息的机会，突然发起猛攻，击败追击的清军，杀死敌将丰绅布以下数百名官兵，又给围剿的清军以沉重打击。王聪儿本想把清军由房县、竹山一带引向鄂西北老林地区，然后乘机渡过汉水，占领全陕。但因汉水两岸有清军重兵防守，戒备森严，不好偷渡，只好改变原来的方案沿汉水西上，进入陕西。从1797年2月到9月的大半年的时间里，王聪儿率领襄阳起义军如龙卷风一样在长达三、四千公里的湖北、陕西、四川三省绕了一个大圈子，他们采取了边战边走的游击战术，拖得清军疲惫不堪，人困马乏。这种游击战例在我国农民战争史上也是不多见的。1797年9月，在陕西安康与从四川转来的李全部会师。就在此时清军主力德楞泰、明亮、惠龄、恒瑞、庆成诸部十几万人先后赶来。王聪儿根据敌人各管各路，互不统属，急于邀功，矛盾重重的特点，决定采用时分时合，相互支援，协同作战的方针，不与清军死打硬拼。10月，王聪儿、姚之富、李全带领襄阳起义军由平利分道而南，欲引明亮、德楞泰等部清军入山，寻机歼灭他们。王廷诏等率领部分起义军则北进安康。每路起义军都打着王聪儿的旗号，大摆迷魂阵，把敌人搞得晕头转向，无所适从。这种战术钳制了大量清军，起到了分散清军兵力的作用。

起义军行动神速，而清军"鹅行鸭步"，行动迟缓，又提心吊胆地怕遭到起义军的袭击，只好在起义军后面跟踪。11月，襄阳起义军王聪儿、姚之富、高均德、张汉潮、李全、王廷诏等都会合，越过大巴山，复分四路，"分队迭战，更番在前"，直向沔县、宁羌；渡汉水不成，不得不折回来。12月，清军云集汉中，妄图一举全歼襄阳起义军。王聪儿遂采取避实就虚的战术，分路入川，进抵广元。德楞泰、明亮等人又慌忙回守川北，幻想在陕川交界处包围王聪儿率领的襄阳起义军，逼王聪儿进行决战。王聪儿识破了敌人的阴谋，将计就计，又回师陕西。她派高均德率领一部分起义军伪装成襄阳起义军的主力，迅速甩掉后面追赶的清军，折返宁羌，乘机由南郑疾渡汉水，东向安康，做出要返回河南、湖北的架势。这一下子可急坏了清军头目明亮、德楞泰，他们深知河南巡抚景安和陕西巡抚秦承恩是两个无能的草包，根本不是起义军的对手，遂舍王聪儿部于不顾，驰奔汉中。王聪儿的果断决策，使襄阳起义军掌握了主动，赢得了渡过汉水的机会，致使清军犹如一匹陷于火阵的野牛，处在忙乱狂奔之中。这个消息一传到北京，乾隆和嘉庆皇帝知道清军又中了王聪儿调虎离山之计，就气急败坏地下诏怒斥明亮、德楞泰"舍重就轻"中了襄阳起义军"得以乘间北渡"之计，他下诏给明亮以"尽夺世职"的处分，令其"戴罪立功"。

由于王聪儿率军从四川回师湖北，大半年来活跃在川、鄂、陕三省边界的南巴老林之中，这就钳制了大部分清军主力，于是有力地配合了四川起义军的斗争。四川起义军在此期间，相继攻克二十多座城池，歼灭清军和乡勇一万多人，镇压了一大批贪官污吏和土豪劣绅。在起义军强大的攻势面前，敌人纷纷溃逃，望风披靡。地主豪绅人人自危，只好"日夜相警"，起义军还"尚隔数县"，就逃跑一空，有的没有来得及逃跑，起义军一到就老老实实的成了俘虏。可是誓与农民起义军死拼到底的顽固分子也不乏其人，但他们得到的却是更可悲的下场。例如川东达州地方有个武举人名叫李遇春，他就是一个与农民起义军对抗到底的死硬分子。这个地主阶级的孝子贤孙，为了保住他家剥削人民的不义之财，为了向清朝皇帝献媚取宠，竟甘愿"自备盐粮"招募乡勇，组织地主武装与起义军顽抗，先后与起义军交战二十多次，最后在巴州被起义军活捉处死，得到了他应有的下场。

四川起义军活跃在川东各地，沉重地打击了清政府在四川的地方政权和封建地主阶级在川东一带的统治。嘉庆二年（1797 年）年底，四川起义军一举攻克了开县临江市。临江市是川东一带著名的大市镇，这里交通方便，商业发达，人口众多，市面繁荣，是川东农副产品的集散地。起义军攻占临江市后，纪律严明，买卖公平，深受镇民的爱戴和拥护，人们欢呼雀跃，心情十分舒畅。广大人民尽自己的所有，杀鸡宰鹅，送猪送羊，犒劳起义军。当时正逢农历春节来临，因此更是喜上加喜，整个临江市都沉浸在欢乐的海洋之中。

1797 年是湖北、四川等地起义军胜利的一年，起义已从星星之火，燃成了燎原之势，人民扬眉吐气，地主劣绅威风扫地、失魂丧魄。女英雄王聪儿在这一段革命战斗中充分显示了她的聪明才智，高超的武艺，超人的勇敢精神。

4. 宁死不屈

嘉庆三年（1798 年）二月，王聪儿为了扩大影响，严惩清军，发动了有名的汉中战役。她首先施用调虎离山之计，用高均德部队吸引住了清军主力明亮、德楞泰所辖部队。然后率领襄阳起义军由西乡进抵洋县、石泉间，从容渡过汉水，又派出两千名起义军与高均德部配合，把清军钳制在镇安、商州一带。这时王聪儿率军北上，翻过秦岭直达宝鸡、岐山一线，与清军王文雄、崔雯部血战一整天，连克郿县、盩厔（今周至）。她命令李全带领一支先头部队从盩厔出发，直向陕西省会西安进发。起义军闪电般的攻势，吓得敌人目瞪口呆。明亮、德楞泰惊呆之余，急忙日夜兼程赶来堵截，陕西巡抚秦承恩吓得慌慌张张地跑进西安城，关起城门，宣布戒严。襄阳起义军先头部队在李全、王士奇等人的率领下顺利地打到西安近郊，但由于这支队伍人数较少，与清军王文雄部在焦家镇圪（鸽）子村展开的一场恶战中不幸失利。王士奇战死，起义军遭到严重损失，进攻西安的部署被破坏了。王聪儿看到敌人的大批援军已接近西安，遂当机立断，放弃了攻占西安的计划，挥师向山阳方向转移。

以夺取西安为目的的汉中战役，虽然由于敌军的顽抗而受挫，但这次战役的意义重大。在这次战役中消灭了清军大批有生力量，给清政府很大打击，乾隆太上皇和嘉庆皇帝都急得坐卧不安。

嘉庆三年（1798 年）三月初，鉴于襄阳起义军在进攻西安的战斗中受挫，王聪儿决定回师陕东南，然后再到川、鄂交界的巴山老林中同敌人周旋。她亲自率领起义军来到山阳石河铺一带，准备向东杀回湖北。这时敌军在明亮、德楞泰的率领下紧紧迫来，前面又有清军赛冲阿部迎面阻截。王聪儿只好率领起义军进入湖北，杀向郧西，准备从郧西槐树沟经庙川再入四川。襄阳起义军在甘沟地方与清军明亮、德楞泰部打了一仗，交战不利，损失较重，欲东去摆脱清军，但又遭到郧西县令孔继擀率领的地主武装——乡勇的防堵和伏击。

起义军已不能深入湖北内地，只好退到三岔河地方。这时各处要隘又有地主修永宏率乡勇分堵、防守。当王聪儿发现自己部队已被数万清军和乡勇包围在郧西县三岔河地方（属今槐树沟公社）的时候，她马上意识到只有与敌人展开一场殊死的决战了。

湖北郧西三岔河槐树沟地方，重峦叠嶂，山高谷深，险峻异常。山上长满了千年古树，从远眺望，好像一片林海。直立的峭壁，举目皆是，有的峭壁高达两百余丈，两壁相夹的山谷中，是无底的深潭。登上山巅的唯一通道，是在峭壁上凿出来的只能容脚的蜿蜒石梯。从此登上群山中最险要的茅山阎王扁，再向西经过崎岖难行的二十四拐就是陕西境界，此路是连接湖北、陕西、四川三省的捷径。

王聪儿本来打算且战且走，摆脱敌人，由这里转陕西再入四川。但狡猾的敌人已在各个隘口、要道埋伏了重兵，他们多是乡勇，本地人熟悉地形。这里到处是崇山峻岭，杳无人烟，襄阳起义军失去了和人民群众的联系，已陷入敌军的重重包围之中。在长达二十多华里的山谷里，到处是炮台林立，滚木雷石多如山积。在这种情况下，王聪儿指挥起义军沉着应战，稳扎稳打。她亲自带领起义军战士奋力冲杀，以期杀出一条血路突围。当时整个山谷，阴云密布，炮声隆隆，杀声震天。只见王聪儿跃马挥戈，腾空而起，把成排的清军砍翻在地。这次战斗十分激烈，双方死伤都很严重，污血使山涧中的流水都变成了赭色。这时敌军又铺天盖地扑来，使包围圈逐渐缩小，敌人像疯狗一样朝起义军杀来，敌军的炮火、雷石、滚木、箭矢又使不少起义军将士倒下去了，情况越来越严重。王聪儿看在眼里恨在心头，她怒火满腔，临危不惧，机智勇敢地来回驰驱，号召、鼓舞起义军战士们英勇杀敌。傍晚时分，天又下起雨来，好像老天也在为起义军的悲壮牺牲而落泪。天黑以后，夜深深，雨濛濛，激烈的肉搏战还在进行着，只见王聪儿素色的战袍已变成了殷红色，她知道这一次是很难冲出去了，但她下定了只要活着就要战斗到最后一刻的决心，仍在顽强战斗。

清军头目明亮、德楞泰等人看到起义军虽被他们团团围住，但还不能结束战斗。为了活捉王聪儿向主子邀功请赏，于是又施展了诱降的诡计，妄图使起义军战士放下武器。王聪儿是一位真正的英雄，她宁为玉碎，不为瓦全。她从长期革命斗争的实践中清楚地认识到：投降就意味着重新戴上曾被挣脱了的锁链，回到受欺凌、受污辱的黑暗世界中去。因此血腥的屠杀和甜蜜的诱降都丝毫动摇不了她的坚强意志。她大义凛然，坚定而沉着地指挥着起义军战士同敌人浴血奋战。她率领起义军战士弃马登山，抢占阎王扁，打算突出敌军的重重包围。当他们攀上阎王扁时，借着敌人燃起的灯笼火把，看到附近各个山头满山遍野都是蚂蚁般滚动的清军和乡勇，她知道最后的时刻到来了。这时王聪儿率领起义军将士与敌人浴血鏖战了六个多小时，已经精疲力竭，战士们也已一天未进饮食，十分疲惫，大家多么想喘息一下呀。可是就在此时，敌军又继续蜂拥上来了，又经过一场激烈的战斗，在王聪儿的身边只剩下姚之富和很少的男女亲兵了，他们浑身血迹斑斑，遍体鳞伤，几十只眼睛望着王聪儿，好像在希望她做出最后的裁决。面对狼嚎般拥到自己跟前的凶恶的敌人，王聪儿等人誓死不做俘虏，她手持战旗同姚之富一起，带领十几名女战士毅然跳下悬崖。这一天是嘉庆三年三月初六日（即公元1798年4月21日）。山林肃穆，河水呜咽。湖北襄阳起义军卓越的女统帅，使清军闻风丧胆的杰出女英雄王聪儿在反抗封建统治的农民革命斗争中光荣地献出了自己的生命。冲上阎王扁的清军官兵，看到王聪儿等起义军将士的英勇行为，惊得目瞪口呆。他们永远也不能理解这种惊天地、泣鬼神的英雄壮举。

王聪儿二十二年的短暂一生，是一道划破清朝黑暗统治夜空的耀眼闪电，是一首可歌可泣的英雄赞美诗。在这次战斗中，她率领的襄阳起义军将士七千多人英勇战死，不幸被俘的一千多人也壮烈殉难。他们用自己的鲜血和生命，谱写了我国劳动人民反抗剥削和压迫的壮丽诗篇。王聪儿的名字将永远彪炳于史册。

王聪儿领导的襄阳起义军，从起义一开始就把斗争的矛头指向了整个地主阶级的封建统治，在她们的足迹所到之处，杀贪官，惩污吏，扫荡地主豪绅势力，并开仓启库，救济贫民，"所获资产悉以均分"。这完全符合身陷苦难之中的广大劳动群众的愿望。在湖北谷城地区，早在起义组织、发动阶段，就提出了"事成之后，分给土地"的革命口号，反映了农民阶级的土地要求。在起义军中，实行"穿衣吃饭，不分尔我，有患相救，有难同死"的政治经济平等政策。"平等思想是农民运动中最革命的思想"。它以无比巨大的魅力，唤起了蕴藏在千百万劳动人民之中的革命热情，掀起了冲天的革命狂飙。

王聪儿是叱咤风云的军事统帅，在战斗中，她总是英勇无畏，身先士卒，把数以千百计的反动官兵击毙在战场上。但对广大劳动人民，她又有一副慈爱的心肠。她经常周穷济贫，问寒问暖，说话和颜悦色，与大家平等相处。她对起义军将士亲如兄弟姊妹，行军中她时常自己步行，把战马让给体弱生病的战友。在王聪儿领导下，起义军将士南征北战，风餐露宿，艰苦奋战，纪律严明。行军途中自己背着行李，从不打扰百姓，每到一处很少占据民房，只向当地农民借些玉米秆子，搭临时窝棚，走时如数归还。起义军与人民群众亲如一家，真可谓"鱼水之情"，不少贫苦农民自动为起义军带路、摇船、传送情报、供给粮盐柴草和牲畜，并聚众起事，积极配合起义军作战。起义军打到哪里，哪里就有大批劳动人民的子弟踊跃参军参战，使起义军队伍不断壮大、发展，屡战而不衰。"战争的伟力之最深厚的根源，存在于民众之中。"人民群众的拥护和支持，是王聪儿领导的襄阳起义军长期坚持斗争并获得了一个又一个胜利的主要原因。

王聪儿和她所领导的英雄队伍，在湖北郧西三岔河一战的不幸失败，在清朝大小统治者中引起了一片欢腾，他们奔走相告，弹冠相庆。以为他们建立在劳动人民尸骨上的封建王朝从此消除了心腹大患，可以长治久安了。他们那种反革命狂妄劲头达到了顶点。

王聪儿英勇牺牲的第二天，德楞泰等人有一篇奏折上呈主子嘉庆皇帝，无耻地吹嘘、宣扬他们镇压起义军的胜利。颙琰（嘉庆）及其老子弘历（乾隆）惊喜若狂，连下"圣旨"给有"功"的奴才和走狗，给他们加官晋爵。德楞泰、明亮等高级将领不用说了，就连那个小小的郧西知县、刽子手孔继椿也被"赏换花翎"，由一个偏僻的小县县令一跃而成为江南鱼米之乡的松江知府。修永宏这个刽子手也被从"把总"提升为"守备"。德楞泰为了庆"功"，也从他贪污、勒索、搜刮人民血汗的荷包中，掏出了两千两白银"赏赐郧西乡勇"，并"捐资"在茅山阎王扁旁修建了一坐"茅仙庙"，"以昭神助"。至今这座古庙还完好地保存着，当年德楞泰、明亮等人为了记"功"所刻的石碑还依然存在。碑文上记述了三岔河战役的情况。"时已日夕，微雨细作"，"贼（起义军）左右冲突，不得出。乃弃马登茅山，攀援而上，岭高壁陡、悬崖千仞，……转战三时（三个时辰，合今六个小时），'贼'度不免，乃自投崖。……搜捕余党，就戮七千余人，生擒一千余人，尽斩之"。

与清统治者的愿望相反，至今犹存的茅仙庙和石碑文，不仅不能使他们屠杀人民的"功业"和"威德"永垂不朽，恰恰相反，它们的存在将永远显示出统治阶级的凶残和虚弱的本质，作为一种反面教材，永远显示着王聪儿等起义英雄们创造历史的伟绩丰功！

两年来，王聪儿率领襄阳起义军不屈不挠地英勇奋战，杀得清军闻风丧胆，最后坚贞不屈，为农民革命献出了自己宝贵的生命，她壮志凌云，气贯长虹。

王聪儿的一生是短暂的一生，是壮丽的一生，是坚持同封建统治阶级斗争的一生。她用自己的鲜血和生命在中国农民革命战争史上谱写了一曲响彻云霄的雄壮战歌。王聪儿的一生，虽然短暂，但充分显示出我国劳动妇女坚贞不屈、英勇斗争的革命精神及无穷无尽的智慧；显示了劳动妇女的革命力量和领导才能，这是我国妇女争取解放的伟大壮举。王聪儿是永远值得我们纪念的。

王聪儿的牺牲在广大劳动人民中引起了深沉的悲痛和久远的怀念。清军虽然残暴地割下了她的头颅，肢解了她的躯体，但当地的劳动人民仍然冒着生命危险把她的遗骸抢出来，埋在槐树沟三岔河口朝阳的大垭坪上，筑起高大的坟墓，栽上皂荚树，让这位坚贞卓绝的女英雄长眠在她英勇战斗过的土地上。

当地的劳动人民还编出许多歌谣、故事、传说，四处传播，代代相传，歌颂着女英雄王聪儿的不朽业绩。

齐王氏真胆大，刀抢矛子都不怕。一心要过大小坝，杀条血路进四川。联合兄弟杀进京，阎王扁上打一仗，杀得鬼神心也惊。

王聪儿虽然死去了，但她与广大劳动人民一起推动历史前进的功勋是永远不可磨灭的。作为我国历史上千百万反抗奴役、反抗封建礼教的劳动妇女的光辉代表，她不屈不挠的英雄形象，将永远铭刻在我国人民和亿万劳动妇女的心中。

楚天穆穆，江水悠悠，千秋万代，永远歌颂、缅怀着这位虽死犹生的英雄。

5. 前仆后继

王聪儿虽然牺牲了，但她那大无畏的革命英雄形象却仍然活在广大起义军将士的心里，当人们听到她和姚之富等近万名起义军将士壮烈牺牲的消息时，无不悲痛万分。同时也更加激起了起义军将士们对清朝统治者的刻骨仇恨。襄阳起义军的余部以及其他各支起义军将士都怀着巨大的悲愤，向敌人展开了新的更顽强的进攻。他们时时怀念王聪儿，决心接过她手中革命的大旗，前仆后继，化悲痛为力量，继续前进。1798年4月底（农历三月底）襄阳起义军的余部高均德、李全等在同顽敌德楞泰、明亮所率的清军在陕西雒南两岔河地方激战时，起义军战士个个义愤填膺，高呼着："为王聪儿报仇！"等战斗口号，向敌军冲杀过去，战士们一个个如猛虎下山一般，把明亮、德楞泰率领的清军和乡勇杀得丢盔卸甲，狼狈不堪，四处逃窜。

嘉庆三年六月（1798年7月），当湖北蒲圻、崇阳地方的白莲教徒听到王聪儿等人壮烈牺牲的消息，悲愤万分，木工出身的王天万（蒲圻人）遂"邀约本县同教八百多人，崇阳同教一千多人"，"自称都督应劫大元帅"，发动起义。他们在与敌军作战时常常高举"替王聪儿报仇"的大旗，作战十分勇猛，钳制了大量的清军。

"野火烧不尽，春风吹又生"。

清王朝的统治者们以为消灭王聪儿、姚之富率领的襄阳起义军的主力后，其他起义军很快就可以镇压下去的如意算盘落空了。被压迫、被奴役的广大劳动人民是斩不尽，杀不绝的，他们更不会放下武器，停止斗争。他们将踏着先烈们的血迹，永远进击。

王聪儿牺牲后，除襄阳起义军的余部二万余人在高均德、李全、张汉潮等人率领下继续与清军英勇战斗外，活跃在湖北、四川、陕西各地起义军，在徐天德、冷天禄、罗其清、冉文俦、冉天元、苟文明等人的领导下与清军和乡勇又奋战了八个年头，直到嘉庆十年五月十九日（1805年6月16日）起义军最后一个元帅王世贵壮烈牺牲，才标志着这次轰轰烈烈的、历时九年零四个月的农民大起义的最后失败。

在这期间各支起义军时聚时散，忽东忽西，战斗中有胜有败，但他们胜利时并不骄傲，失败时也不气馁。杨开甲、张士龙带领一支起义军打到了甘肃南部，樊人杰、龙绍周、高均德、李全等人仍在四川、陕西、湖北与清军周旋。徐天德、冷天禄、王光祖主要以川东北为基地流动作战，张汉潮部则一直活跃在川陕、甘陕之间。他们经常利用埋伏、夜战、晓战、雾战等形式袭击敌军，弄得敌人不得安宁。起义战士英勇顽强，继续奋战，在川、陕、鄂、豫、甘五省辽阔的大地上，上演了许多有声有色、威武雄壮的好戏，进行了许多有名的战役。现举例如下：

（1）大鹏寨战役

这次战役发生在1798年10月，战役一开始罗其清、李全等就占领了险要的军事重地四川营山县大鹏寨。起义军囤积了大批粮食，又筑起了坚固的栅石墙。冉文俦、徐天德转战大竹、梁山等地以为外援。清军纠集了额勒登保、德楞泰、惠龄、恒瑞四路大军包围了大鹏寨。双方相持三个多月，清军几次强攻都不能成功，起义率的战旗依然飘扬在大鹏山上。清军无可奈何只好调来了罗思举的乡勇，于1798年12月的一个漆黑的夜晚从山后悬崖攀上大鹏寨，用突袭火攻的办法，打败了起义军。罗其清不幸被俘牺牲。次年年初冉文俦又在通江麻坝寨战死。这次战斗虽然使起义军受到了很大损失，但这支起义军的斗志仍然不衰，他们在冉天元、徐天德等人领导下继续战斗。

（2）苍溪战役

冉天元是一位年轻多谋、善于用埋伏打击清军的著名将领。他率领起义军于1799年9月到了川北巴山老林，不久又向西挺进到苍溪境内。

同年十一月，清军主帅额勒登保率部追来，将起义军包围在苍溪人头山上，并命令杨遇春、穆克登布等从三面向起义军的营地包抄而来，妄图一举将冉天元部一网打尽。但冉天元指挥若定，利用居高临下的有利地形，巧布埋伏，用集中全力猛攻额勒登保的中营的方法，采用白刃和射箭配合的战术，杀得清兵血肉横飞，损失惨重，清军光副将以下的军官就丧失了二十四名。冉天元率军乘胜突围到了巴州阴背场。额勒登保遭此失败，深知责任重大，赶忙向主子嘉庆皇帝"请罪"。

（3）高院场战役

在苍溪战役后冉天元率领四千多起义军离开川东北，准备经川回北上与甘肃起义军汇合。这时川西只有四川总督魁伦统辖的战斗力很差的少数清军驻守。嘉庆五年（1800年）一月十五日起义军由定远石板沱疾渡嘉陵江，威胁着四川重镇——成都和重庆。起义军进驻川西，不但打破了敌人"坚壁清野"的诡计，同时也进一步发动了人民群众，壮大了自己的力量。这支起义军很快从原来的四、五千人发展到七、八万人。因此，起义军挺进川西，标志着1796—1805年五省白莲教大起义发展到了一个新阶段。这时就连嘉庆皇帝对于日益发展的起义军，也丧失围剿的信心。他说："'贼匪'譬如蝗虫，非人力所能捕净"。起义军疾速进入川西，1800年一月十九日到达西充县境的高院场。

清政府派川北镇总兵朱射斗率清兵火速赶到川西，用大炮、弓箭猛攻起义军。起义军将士早就恨透了这个杀人不眨眼的刽子手，恨不得马上把他杀掉，为死难的阶级兄弟报仇雪恨。因此起义军战士们不顾敌人密集的炮火和雨点一般射来的箭头，将士们匍匐前进，一直爬到朱射斗的指挥帐下，杀掉了这个清政府的凶恶鹰犬，同时也歼灭了他手下的一千多名兵丁。

高院场战役以起义军的胜利而告终。

（4）马蹄冈战役

高院场战役后，冉天元率起义军北上梓潼、江油一带，并派张子聪部向成都挺进。1800年3月的一个夜晚，起义军于射洪县的潼河渡口太和镇偷渡成功，整个川西震动。清朝皇帝颙琰（嘉庆）得知气得直跺脚，立即下诏严惩四川总督魁伦，令他马上自尽（即"赐死"）。

1800年三月初，冉天元部经过南部、盐亭等地进入江油马蹄冈。冉天元首先采用了诱敌深入然后包围的战术。双方经过激烈鏖战，起义军把德楞泰所率清军打得落花流水，眼看就要把他们全部歼灭的时候，清援军杨遇春、罗思举部赶到，使起义军转胜为败。冉天元因战马受伤，不幸被俘，后被解往成都，在敌人的酷刑逼问下终不向统治者屈服，最后壮烈牺牲。突围的一万多起义军将士在石门寨又遭清军袭击，死伤严重。余部分成二支，一支过潼河与北上陕甘的起义军汇合，一支留在川西坚持反清斗争。

经过这次大起义的冲击，清王朝的统治从此"由盛及衰"，走向了下坡路，等待它的是彻底被埋葬的命运！

（三）禁门变首领林清

蔡牵在东南沿海发动的抗清斗争被扑灭以后，颙琰心中大为得意，精力全放在庆贺成功、表彰功臣一类张扬之上，对于引起人民反抗的种种社会积弊，却不肯认真治理。于是，大火终于烧到了他面前。嘉庆十八年（1813年）的天理教起义，规模虽比不上川楚陕起义，但给颙琰乃至整个朝廷的震撼却异乎寻常，因为他所谓的"教匪"已经冲入了宫禁之中，这就是清朝著名的"禁门之变"。

这次起义的首领林清，是天理教教首之一。天理教也属白莲教支派，或者说是白莲教在北方的一个变种，以"真空家乡，无生老母"为"八字真言"，以八卦作为分股名目，秘密隐蔽在北方广大农村中。主要教首李文成，是河南滑县人，当时河南民谣有"若要红花开，须得严霜来"之语，李文成便自称"严霜十八子"，提出该由"李姓应世"。而林清，原是直隶大兴县的一个书吏，主要活动于京畿附近，他吸收的教徒，除了农民以外，还有小市民、说唱艺人，以及下层吏役，甚至宫禁中的低级太监（清朝宫廷的太监，多是河北河间人，许多人家里都崇奉天理教。）嘉庆十六年（1811年），林清曾三次到滑县与李文成等人商讨起事大计，认为当年秋天彗星见于西北方，是主兵之象，预示着要大动干戈，于是决定在"酉之年、戌之月、寅之日、午之时"亦即嘉庆十八年九月十五日起事。二人还约定，李文成在滑县起事后，率兵直捣京畿，林清在京城联系太监、内侍，与李文成里应外合。后来，李文成因人多泄密被清廷逮捕，天理教众被迫提前举事，救出李文成，但因清廷的围追堵截，却未能按期北上。而林清对这些变故却茫然不知。当时在宫中与林清暗中联络的曹福昌等人建议推迟两天到十七日再举事，因那天在京王公大臣都要到京郊白涧去迎接到木兰巡幸回宫的嘉庆，宫内空虚，但林清过于相信经签，不肯改期。

九月十五日，林清密令教徒二百余人（林清原计划聚更多人），但太监们说宫禁中地方狭小，难容多人，实际是过于相信林清的"法术"，而林清也过于依赖太监在宫中的作用了，齐集菜市口，从宣武门潜入市中，各藏兵器潜伏于酒肆。预期接应的太监到来后，即分成东西两队，夺门入宫。规定进入大内之后，由陈爽指挥战斗，林清则坐镇京南的黄村等候河南兵至。

进攻东华门的一支，因在门前与卖煤者争道，不慎将武器露出，被守门护军觉察，急忙将城门关闭，所以只冲进十几个人，遇到从上书房出来的礼部侍郎觉罗宝兴，宝兴见状跟跄逃进宫内通报，护军统领杨述曾火速率宫军赶来，与教徒展开一场激烈搏斗，教徒均被擒杀，而官兵受伤者也无算。进攻西华门的一支，则按原计划全部冲入大内，先攻下尚衣监文颖馆，又攻打隆宗门，此时得知消息的皇次子旻宁（即后来的道光帝）已严命禁城四门官兵关闭城门，入宫捕"贼"，区区不到百人的教徒陷入重围之中，有的已由门外诸廊房越墙而入内官，但终究寡不敌众，被旻宁率人用鸟枪射杀。被阻在隆宗门外的教徒，也被赶来增援的火器营兵围困，官军用了两天一夜之力，才算把冲人禁内的教徒搜捕略尽，十七日又在黄村逮捕了林清。

此事发生之时，嘉庆帝正在从热河返京途中。他本来要到木兰围场举行每年一度的秋狝大典，已行至伊玛图，将进哨时，忽发山洪，只得回銮，十六日得到京师有变的消息时，嘉庆已抵达京郊的白涧。而此时的京师连日雷电风霾，白昼晦黑，人们仓皇无措，讹言四起，惊扰已达极点。有人劝嘉庆帝暂缓进京，嘉庆本人也犹疑不定，最后在董诰和荣恪郡王绵亿等人的力请之下，才于十九日赶回京师。并于当日即亲自审讯为首的教徒和与之通谋的内监，同时颁布了沉痛不已的罪己诏，大意是说：寇贼叛逆，是元代无之的事，可像今日这么事起仓促，直入宫禁的，却实在骇人听闻，若不是朕失德，怎么会酿成这样一场亘古未有的奇变！这简直是汉唐宋明以来从没有先例的，所以朕只有椎心挥泪，日夜仰求上苍赦罪，此外还有什么可说！后来嘉庆又写诗哀叹"从来未有事，竟出大清朝"，他大概是觉得，天下的皇上碰不上的倒霉事，都让他一人碰上了。

怒气接着自然就发泄到臣僚身上，第二天，嘉庆把王公大臣都召到乾清宫，痛斥说，都是因为他们平日因循怠玩，只要有愿为皇上效劳的人，他们就群起而阴挤杀之，才导致了今日的大祸。平日文恬武嬉，出了事就手足无措，事过后又泄沓如故，尸位素餐，实在太辜负皇上深恩了。众臣听这一通训斥，也无话可说，只有痛哭呜咽，叩头请罪。

　　嘉庆这通责骂，绝非全无道理。事实上，林清的起事既无严明纪律，也无周密计划，仅凭占卜以定吉凶，几同儿戏，与拥有强大国家机器的清王朝相比，力量相差极为悬殊，根本难有成功可能，若不是上上下下官员的遇事只知逃避责任，本来早就会被破获的，而知道其先兆的人，其实并不少。据说，一次林清走在街上，被风把衣襟吹开，露出腰间悬挂的坎卦腰牌，就曾被市人发现。又一次他在街上喝醉，把起事的事讲出来，有关官员不是没有发觉，只是因涉及宫中诸多太监，就未敢深究。再有，参加林清起事的豫王府包衣人祝现，曾被他的弟弟告发，豫王本想举报，但又因嘉庆十七年（起事前一年）当皇上到南海子阅兵时，他曾在林清家寄宿，唯恐牵连到自己，便没有上奏。还有，卢沟桥巡检于事发前一日即飞报顺天府尹，说祝现奉林清之命，定于次日午时入宫举事，教徒们本日已经入城。但府尹却斥责这个巡检冒昧声张，自己也不做任何准备。还有步军统领吉伦，听到营员的报告之后，认为此事关系禁御，不肯深究，竟有闲心携酒到香山游逛吟诗。事发那天，说是要到白涧迎驾，骑马出都门，有参将劝阻说，都中情形，大有叵测，请他暂留，他却疾言厉色说，近日如此太平，你说些什么疯话！还有更甚者，据说早在一年前，台湾淡水通知赵崇华曾捕获了一名"妖言惑众"的教徒高妈达，高供出自己是林清、祝现等人的同党，并说他们已定于翌年秋天在京师举事。赵崇华听后大惊，火速将情况上报，而大吏们却认为供词荒诞不经，只是把高妈达斩决了事。如此种种，清朝官吏们的自私苟且，已暴露无遗，也就无怪乎嘉庆帝会如此痛心疾首了。

　　九月二十三日，嘉庆帝在中南海又一次审讯造反的教徒和太监，林清被磔死，祝现却没有被抓获。嘉庆还赏赐了有功的王公大臣，皇次子旻宁因戎装上阵，用鸟枪射击起事者，功不可没，被封为智勇亲王，贝勒绵志被封郡王。而那些不肯效力的大臣们，或被革职，或被发遣。嘉庆又派兵至河南，血战几个月，总算把李文成领导的这次天理教起义镇压下去了。

　　"禁门之变"使嘉庆帝受到了极大震撼和沉重打击。十月初六，是他的五十四岁生日，按照惯例，要身穿蟒袍补褂御正大光明殿，接受百官的祝贺，嘉庆却觉今年突遇此祸，无颜受贺，也无心宴乐。他又提到进献如意一事，说这几年又恢复此礼，为的是联络上下感情，今年遇到如此大不如意之事，怎么还能再呈献如意？不见此物还觉心安，一见此物益增烦闷。大概是旧恨新愁一齐涌上心头了吧。这年生日，嘉庆与他的臣僚们，就这样灰溜溜地度僚过去。

（四）天理教党严追查

　　天理教起义规模虽不算大，但因爆发于清朝统治的中心地带，所谓"祸起肘腋"，给嘉庆帝的打击比其他起义更为沉重。起义失败，李文成和林清已死，但逃脱了清廷追捕的也不乏其人，尤其是重要人物祝现、刘第五未被抓获，还有许多余党散匿于河南、河北之间，直令颙琰坐卧不安。嘉庆十九年，颙琰颁"除莠安良诏"，承认从上年秋天以来，曾对起义教众大加惩办，而这些"奸人"直至俯首就戮之时仍嬉笑自若，实在令他胆战心惊。颙琰自此，撕下了自我吹嘘多年的"宽仁"面具，破口大骂天理教徒猪狗不如，不齿于人类，又因林清起事附近村庄，随从林清的有二三百人，而下令地方官严加剿捕，勿使一人漏网，凡能抓捕正犯的，即破格升官加赏。

几个月过去，祝现、刘第五等六名要犯和五十七名次重犯仍然杳无影踪，嘉庆心急如焚，一再督催，却不见效果，嘉庆训斥各官，说他已讲得舌枯唇焦，内外官员却仍漫不经心，因循怠玩，如此敷衍塞责，教匪何日能根除净尽？事发之前养痈遗患，事发之后又姑息养奸，是不是还要再闹出更大的乱子才罢休呢？如此甘于庸庸碌碌，简直令人难以理解？如今斩除的，仅是几十人，却能保全几十万百姓今后不受其害，孰轻孰重，怎么就不肯掂量掂量？朕日夜不安，盼望你们的捷报，你们就不动心吗？

这份手诏颁示中外，清廷对通缉要犯之事，督依愈加严急，各州县不得已而大肆搜捕，一些刁恶之徒为报私仇，为贪赏金，肆意诬告，殃及大批无辜，搞得社会上下动荡不安。例如一次清廷听人举报，说有教徒潜至山海关送信，还纠集人众，立即派人前去捉拿，结果全属虚枉，但已因严刑逼供并久押不放而致死六条人命，这还只是当时大肆搜捕造成的一例。官员们虽然深知此举弊害无穷，但颙琰把话已说到这个地步，谁又肯去披逆鳞、捋虎须，自找不痛快？唯一一个敢于站出来直言的，是御史夏家恕，他劝颙琰说，此事如果操之过急，地方官抓不到真正的"贼党"，便会为了贪功或因怕罚而抓些"疑似"的无辜百姓充数，不但问题解决不了，还会使矛盾更加激化，他恳请皇上下诏，将通缉的期限展宽，并释放无辜之人。

据说，夏御史上书之时，百官唯恐触怒龙颜，个个屏声敛气。好在颙琰还采纳了他的建议，颁布了缓捕弛刑的谕旨。

其实，颙琰并不是真的想放松对林清余党的追查，他只是认识到，这样大张旗鼓地讨伐，除了滥杀无辜平民并可能因此而再激起一场"官逼民反"的事变以外，不会有任何效果。采纳了御史夏家恕的提议，把搜捕期限放宽之后，他曾告诫臣下说，搜查教徒余党，就像钓鱼人对于鱼、打猎人对于野兽一样，只能不惊不扰，巧于侦伺，才能有所收获。若是先折腾得惊天动地，鱼已潜藏，兽已跑远，岂不是徒劳无益吗。所以缉捕余党，唯"密"字最为要紧，必须要不动声色，表面上表示宽缓，暗地里广布耳目，待他们一有动静，立即动手，千万不要虚张声势，反倒妨碍了实效，徒然引起民间的仇恨。颙琰的阴险狡诈，已修炼到了相当的火候，只是一个"密"字说起来好办，做起来又谈何容易？那些因循怠玩的官吏，哪个肯照他说的去尽心办理呢，最终仍是扰扰攘攘，"贼"没抓到几个，倒搞得民怨沸腾，于是平息众怒又成了当务之急。

几年以后，出现日食，接着北京又刮起了风霾，也就是现在所说的"尘暴"，风起时黄沙蔽日，白昼也变得昏黑，甚至到了必须点灯才能辨色的程度，这在相信"天人感应"之说的颙琰看来，显系是上天示警的凶兆，于是心震惧赐，反复寻找自己得罪了上天的原因，并下诏让臣下们直陈己见。给事中卢浙便又一次提出了地方官弁借口追缉天理教起义的逃犯，而滥捕滥杀以贪功邀赏的问题，可见前次虽颁旨缓捕，其实只是空言。颙琰自己也承认，卢浙所奏甚是，这些年追捕逃犯，官员往往以无辜百姓塞责，番役兵丁们也乘机肆虐，诬陷勒索，无所不至。有些人待到判明无罪，已被折磨得皮包骨，资产也都荡尽，甚至还有被折磨死的。就是因为有这么多的冤鬼，上天震怒，才降下阴霾。所以颙琰下令，林清一案的五十余名次要案犯，一概停止追缉，就是祝现等六名要犯，也暂交刑部存记，待确有线索再行办理。以后捕役如再敢滥抓无辜，该管官员一定要对之严刑重惩，把抓人者的家产赔给被诬之家。从这以后，大肆牵连的行为才被制止。颙琰说的是怕上天震怒，其实他心里更惧怕的，恐怕还是人民中郁积的仇恨吧。

按，天理教起义首领刘第五始终未被清廷抓获。据传说，"禁门之变"以后，颙琰悬以重赏，令各省缉捕捉拿。当时有叶县知县廖思芳，是个愣头愣脑之人，总想立个奇功大出风头，一日投宿旅店，见到一个身材魁梧的男子，山东口音，腰插两把尖刀，廖思芳颇感震骇，再仔细察看，发现他胸前刀箭的瘢痕累累，于是招呼属下将他拿获，一问姓名，说叫刘第五，廖知县大喜过望，送交刑部审讯。谁知曲阜孔子的后代跑来说，这个刘第五乃是孔府的佃记，而不是天理教的那个"贼酋"。颙琰勃然大怒，把廷臣都召集来会审，刘第五所述果然与孔府人士所说一致，于是放了刘，把廖思芳抓了起来，此事遂成为都中士大夫资以谈笑的话柄。据说此事之后不久，颙琰到光农坛举行藉田大典，百官都候于望耕台下，有人就向刑部尚书韩桂舲探听此事原委，刚好山东诸城人、侍郎刘信芳和德州人、尚书卢南石站在一旁，韩就指着二人说："都是你们山东人不好"，刘信芳未及反应，卢南石就接了过来，指着刘说："都是你们姓刘的不好"，刘立即回嘴："都是你们第五的不好。"（因为卢南石行五），诸官闻听哄堂大笑，颙琰此时刚好出殿，似有所闻，侍卫飞步赶来挥手，这帮人方才屏声敛气。第二天，就有御史要上章弹劾他们，经他们百般恳求方止。

廖思芳多事，结果病死在狱中，可算是咎由自取，然而奇怪的是，承平世界，一个孔府的佃户为何要带刀出门，而他身上的瘢瘢刀痕，又是从何而来呢？为搜捕林清余党，清廷冤捕冤杀了多少人，怎么偏偏这个有诸多疑点的人，竟轻易就给放了？这又成了一个谜。

（五）禁门变祸首太监

有清一代，至少在慈禧柄政之前，迄无太监左右皇帝、干预朝政之弊。但是宫内太监与地方的农民起义军内外呼应欲颠覆朝廷之事倒发生了一起，就是著名的"禁门之变"，该事件本来组织不严密，规模也不大，但有如此之多太监参与，实为历史上所罕见，也足令嘉庆帝胆战心惊。

白莲教起义

据传说，这次天理教起事的首领、河南滑县的李文成，鉴于白莲教多次起义失败的教训，早就有与宫内之人里应外合的打算，只是宫禁深邃，警卫森严，计无所出。林清久居于京畿，一直在河北传教，而清宫内太监，大多是河间一带人，许多人家中就有人是天理教徒，李文成的设想，这才通过林清得以实现。河间人刘金、刘德才，其家素习天理教，选入宫中之后，便向茶房太监杨进忠等传教，此后羽翼愈众，于是暗与林清交结。嘉庆十八年起事时，林清本打算聚集数百人，但刘金等一帮太监却认为宫内地不广阔，难容多人，所以只以二百人为额。他们得以进入禁门，就是由六名太监引入的。

"禁门之变"发生之时，宫中并未觉察太监有反叛之迹，直到那日午夜，有个叫张泰的太监由城堞蛇行，伏在东华门马道上，被宗室奕灏拿获之后，清廷才惊悉不少太监已经通敌，及至嘉庆帝从热河匆匆回京，在丰泽园亲讯林清等人之时，首先提进的，就是刘金、刘德才二人，嘉庆问他们："你们都是朕的内侍，朕平日有何错待你们的，乃竟萌此逆谋呢？"二人不答，唯连连称"请主子饶命"，嘉庆冷笑："你们既投了林清，与朕就该称为你我，何得再称主子？"二人无言以对。嘉庆恨得咬牙，连说，这等太监供奉内廷，竟胆敢习教入伙，实属罪大恶极，都应当凌迟处死，家属也应连坐，并命属下立刻按名查拿，立即处治。

几天之后，嘉庆略微冷静下来，又恐牵连太多，惹得太监人人自危，再激出什么事端来，于是又把太监们召来加以安抚，说："外间都谣传宫内太监都叛变了，朕今日审讯结果，除了这七人以外，大多数太监还是好的嘛！"又说，这几名"从逆"的太监，都是他平时未曾见过的，仅仅担任疏贱差使的人，并没有他身边随从之人，可见他身边这些都是驯谨诚朴可靠的，就是这几名"从逆"太监，也承认朝廷并无亏待他们之处，只是被外面"邪教"所迷惑，才这样至死不悟。他宣布，现在审讯已经明确，这几人也已处死，朕断不会冤及无辜，其他太监要照常当差，安静守法，不必心生疑畏。

嘉庆话虽如此说，实际上究竟有多少太监涉嫌这个案件，是个很难查清的问题，无怪乎当时朝廷上下人心惶惶，甚至有人向嘉庆建议，搞一种"辟邪丸药"让太监们吃，以治其邪谋。嘉庆一笑置之，其他大臣也以此为笑柄。药虽没有，嘉庆从此，确实对太监加强了管理，他命总管太监，俱不允许各处太监找借口请假私出禁门，实在不得不出去时，要限定时刻，并且必须两三人同行，首领太监和宫中太监也不准交接往来，并命内务府大臣留心查察，不准阳奉阴违。同时，口头上说不再追究，暗里是派官员将入教的、逃走的太监一一详查，务期不漏网一人。实际上，清廷对太监的管理与防范，历来就十分严格，但注意力却多放在防范太监与大臣、宗室交结而干政的方面，结果是顾此失彼，险些酿成大祸。

嘉庆朝宫中确实颇多怪异，就太监之入天理教一事，民间也有各种传说。一说，为首的太监并不是刘金、刘德才二人，而是由李文成派人打进宫中的李金凤。

李金凤是李文成的侄子，前面提到，文成想从皇宫中寻找内应，只是无从下手。金凤当时才二十多岁，提出自己变为阉人后入宫去，大家都不敢相信，金凤拔刀自残，血流如注，几乎死去，大家急忙替他寻医求药，方免一死。嘉庆己巳年（1809 年）遂入宫做了太监。金凤为人，深沉有心计，以术笼络太监，甚得众人欢心。当时有个总管大太监备受嘉庆帝宠幸，常常欺凌同辈，人人都对他恨之入骨，一齐到嘉庆帝前揭发他的阴私，嘉庆大怒，将他廷杖数百，打得血肉狼藉，众人都十分得意，只有金凤前去抚慰他，送汤送药，众人都以为他是好心，不知他其实在暗动机谋。嘉庆气消之后，对这位总管又宠幸如故，而金凤也因此得以扩张势力。不久宫廷侍卫缺人，天理教徒把钱交给金凤让他行贿，果然就将他们的同党补了这一要缺。

林清举事，金凤在宫内筹划一切，不料事败，林清等被捕，金凤知局势已不可挽回，便窃得宫内金符，跨上骏马飞驰出宫，声称要到木兰迎驾，守门的没人敢于拦阻。金凤出城以后急忙换衣，逃到归德的一家旅店，店主其实也是天理教徒，但不认识金凤，看他的装扮，料定他身带财宝，便把他灌醉，想杀掉他取其财物，搜身时，先见金符，大惊，又从内衣夹袋中，搜得起事前与林清、李文成的一纸计划，知道了他的身份，遂不加害，把他藏在室中一年有余，得知形势开始缓和之后，便穿妇人之衣，

由两名老妪跟随，到南方去了。

据说，李金凤一直逃到杭州灵隐寺，遇到高僧日照大师，一见就将他认出，因为当年大师在京师就常与金凤晤面。大师为他削发，因无法居于佛寺，遂又入了尼姑庵。又据说，有人探知他的行迹，拿前事问他，竟瞠目如痴，不吐一字，再往后，便不知所终了。

此说是真是假，颇难考证。不过，嘉庆十九年五月，颙琰颁布过这样一道上谕，说是总管内务府大臣，对于进宫太监，从不详细查验，一经缺人，就将应募者随便收用，王公府第征用太监时更是滥竽充数，导致一些图谋不轨之人得以混入皇宫禁地，去年的"禁门之变"就是个教训。事情已过去，就不再深究了，以后征用太监时，凡自行投充者，必须由总管内务府大臣一同查验，详细问清来历，再行文当地官员，必须待当地官员证实此人确因家境贫寒而且没有前科的报告收到之日，才可收进宫内当差，如果再有蒙混过关的，唯收之入宫者是问。这段谕令，虽未明言，但肯定是有所指的，李金凤的传说或者真有其事，也未可知。

政坛贪腐

（一）东巡路上慰老臣

嘉庆为政，敢对他直言的，还不仅仅是言官，有些大臣也能当面提出规劝，而且还很受他重用，曾任直隶、两广总督的吴熊光就是其中之一，这表现出嘉庆确有宽厚能容人的优点。

吴熊光原是军机处的一个章京，当时正是嘉庆初年太上皇训政时期，一日天尚未亮，太上皇就起身视事，召集军机大臣，都没到，又召章京，只有吴熊光与另一名戴衢亨已来值班，太上皇对吴非常满意，对和珅说，吴看起来很能干，就让他当军机大臣吧。和珅说吴的官阶才五品，不合体制，太上皇立刻下令为吴提了三品。和珅又说吴家贫寒，军机大臣照例都要坐轿，恐怕吴坐不起，太上皇又下令赏给吴一千两银子。吴秉性忠直，与和珅处处抵牾，和珅没少刁难他，这恐怕也是嘉庆后来特别重用他的一个因素。

川楚陕白莲教起义被扑灭，嘉庆帝喜形于色，当时任直隶总督的吴熊光去见他，他说："'教匪'已经扫尽，天下从此太平了。"吴回答道："如果督、抚能率领各级地方官加意治理百姓，如果各级将领能带领士兵加紧训练，使百姓能感戴官吏的恩惠，畏惧官吏的威严，天下自然是会太平的，要是从此放松，可还是杀机四伏啊。"颙琰虽然扫兴，却也点头称是。

嘉庆十年，颙琰第一次东巡盛京，路经夷齐庙时，对大臣们感慨道："看来人言也不可全信。朕此番出巡，就有人说道路崎岖不平，风景也没什么好看。今天一到此地，道路平展，风景又美，真是人言不可全信啊。"

吴熊光闻听答曰："皇上此番出来，是要亲自体验祖宗创业艰难的事迹，以作为子孙万世的表率呢，还是来看道路、观风景的呢？"

嘉庆并不知趣，接着对吴说："你是苏州人，我小时候跟随皇考路过苏州，那风景才是举世无双呢！"

"皇上那时所见，都是人工用彩缎堆起来的。其实苏州的名胜，也就是城外的虎邱，小得就像个坟堆。苏州城里人家都临河，河道又窄，粪船一艘艘络绎不绝，过了中午臭不可闻，谈得上什么风景呢！"

"若照你这么说，皇考为什么还六巡江南呢？"

吴熊光正色答道："皇上不是以孝来治天下吗？我从前侍奉老皇上的时候，他曾亲口对我说，他治理天下六年，没有失德之处，只有六次南巡，劳民伤财，实在是有害而无益。他还说，'将来皇帝如果要南巡，而你不敢阻止，你可是朕专门简派的大臣，你就对不起朕'。老皇上后悔之言好像还响在耳边啊。"

嘉庆闻听，很感动。而身边的大臣，却都为吴熊光捏了一把汗。

（二）那彦成对错参半

那彦成（1764 年~1833 年），清满洲正白旗人。姓章佳氏，字韶九，一字东甫，号绎堂。大学士阿桂之孙，乾隆朝进士。嘉庆朝曾任内阁学士兼军机大臣、礼部尚书、陕甘总督、两广总督等要职，参与镇压白莲教起义等。为人耿直，好提建议，嘉庆对他褒贬不一，对错参半，不尽合乎实际。

嘉庆九年（1804 年）二月十三日，嘉庆谕军机大臣说：那彦成前往黑龙江视察工作，就齐齐哈尔应办的事情，提出六条意见，上报朝廷。

朕详细地披阅，如要求嗣后内地的民人，有来黑龙江地方贸易的人，准他们携眷属居住，种地谋生，屯丁有放出为民的人，也准他们安居乐业，不一定把他们逐出境外。

那彦成的意见，实属移民实边，反对封禁之举，合情合理，有利民生，有利边疆。但力主封禁的嘉庆坚决反对，批评为"事不可行"。

东三省为根本重地，原来不准民人杂处，致碍旗人的生计，所以内地贸易的人，不许在那里居住谋生，如果有私自逗留的人，还应当躯逐出境，怎么能以通商致富之说，转让内地人民前赴黑龙江种地谋生，听其自便呢？如果说准令汉人居住，那么地方富庶，兵力可以勇健，也无此理。兵强之法，不在通商。

就那彦成的上述意见，可见嘉庆的批评毫无道理，只是为了固守祖宗的封禁政策。

二年之后，即在嘉庆十一年（1806年）正月初八日，因为那彦成在广东办理洋匪（海盗）犯了错误，并与布政使广厚看戏饮酒之事，降旨将他们二人解职候审，进京处理。

嘉庆详阅案情后说：那彦成初任两广总督时，认真办理洋面海盗，分派水师官兵出洋巡缉，结果沿海各口岸守备空虚。嗣因盗窃频闻水师官兵又不能得力，于是大量派出间谍，出示招抚，有报告投诚者，不加查讯，就给顶戴银两，先后投首人犯，计有五千多名，实属师心自用。试想海洋盗匪，动掠不法，本应该督饬文武官员，加紧捕拿严办，才能做到惩奸究而靖海疆。现在那彦成倡导招抚，只图多一个投诚者，即使少一个大盗，殊不知此端一开，那么带兵的人就会害怕冒险出洋，躲避风涛，必然会导致玩忽职守，文职官员以招致盗犯为名，企图博得上司的嘉奖，亦所乐为。不但地方捕务从此废弛，即使兵民等人，目睹洋盗杀掠害人，不旋踪（后退）而赏给银两顶戴，以致交相含怨，物议沸腾。

那彦成办理失当之处，实在于此，幸而这五千多名投首之犯，还算安静帖服，那彦成尚无大罪。

其余如看戏饮酒等事，虽询问属实，还算小错误。此外也并没有贪污营私的劣迹。那彦成素日自称才过其人，不肯虚心，是其大毛病。

从前在陕西督办军务，未能办好，彻令回京降旨。未经数年，又经朕特恩弃瑕录用，提拔为封疆大臣，并多次谆谆训诫，至再至三，仍不能改掉旧习，虚心办事，实在是辜负朕的教诲和栽培。

姑念并无其他劣迹，招降盗匪等，也没有发生闹事的地方，尚可以略加宽大，不给罢斥治罪。令将那彦成派往新疆，任伊犁领队大臣。

那彦成两条错误，前者移民实边齐齐哈尔，无论在那时或今天，都不算错误；后者办理洋盗，招抚过多，宽大无边，还算个小错误，但也无关大局。故曰，评那彦成，对错参半。

尽管如此，但他说明嘉庆考核官吏比较认真，不敷衍塞责，不放过官员的任何失误之处，就这一点说来，还是值得认同的。

嘉庆常说：知人安民，为政之要；无欺无隐，为臣之要。因此，他经常考察官吏的政绩。

（三）将军犯罪令自尽

吉林将军秀林，满洲镶白旗人，自乾隆六十年（1795年）起，任吉林将军达十五年之久，后到嘉庆朝升任吏部尚书，受到两朝的重用，可谓优待已极。

在吉林将军任上，利用职权之便，办理参务，私自派征商帮银两，侵蚀肥己达到三万余两之多，以致吉林大小官员，人人效尤。而且将该处卡伦私行彻减，造成真参走漏，刨夫等私用秧参（人工栽培家参）掺杂充数，他装作不知，任听作伪，一切弊端，都由将军造成的。

另外，发遣到吉林的官犯（官员犯罪者），并不遵旨派当苦差服刑，相反地却帮助盘费，馈送礼品，并为他们盖造房屋，俾令安居。这都是因为平日侵吞银两，得以任意挥霍，损公肥私的结果。

根据这种情况，原定按律问斩，入于当年的审案记录中，本应予勾（提前判死）。但是考虑到从前曾处理过类似案件，只赐令自尽。故秀林亦照此办理。

嘉庆说，秀林废法营私，虽然罪有应得，但由于巧取商人，并非剥削民脂民膏，朕法外施仁，在无可宽宥之中，姑开一面，加恩免其肆市（杀头示众），派军机大臣、刑部侍郎前往传旨，赐令自尽（皇帝让他自杀）。与秀林有牵连的人犯，亦分别情况，进行处理。

（四）私造假印舞弊案

乾隆中期以前，官场虽然也以风气败坏著称，但因历朝皇帝的严厉整饬，官吏毕竟还不敢公然因缘为奸。乾隆后期尤其和珅专权以后，就真正是"礼崩乐坏"了，嘉庆即位后虽竭力整顿，无奈积习已成，不可挽救。其私造假印之案，就是吏治败坏的明证之一。

嘉庆十一年（1806年）八月，直隶布政使庆格奏称，查出司书私雕假印，勾串舞弊一案。据称：因为该省历年库中出入的银数混乱不清，庆格因向司书查询，而司书狡黠支吾，所以庆格把历年的粮册档案拿来详加查核，发现历年征收的地丁钱粮（清朝从雍正以后，把人口税摊到地亩中征收，称地丁银）、耗羡（清朝各地方在向百姓征收钱粮时，要在正额之外加征一部分附加税，作为熔铸元宝、运送时的损耗费，称为耗羡，也称火耗）以及杂税银两时，都有虚收的款项。经将有关人员分别研讯，共查出定州等十九州县虚收地粮、火耗、杂税等银达二十八万两。嘉庆闻知，十分震惊，认为司书敢于私自雕刻布政使和库官印信，串通舞弊，实在是从来没有过的案子，简直出乎情理之外，于是立即派协办大学士费淳等人赶到保定，让他们严行究办。到九月，费淳等奏报的审讯结果，比庆格所奏更为严重：从嘉庆元年起到十一年止，计二十四州县，一共侵盗银三十一万余两。嘉庆气愤之下，将书吏王丽南、州县官陈锡钰等二十多人处死，家产查抄，相关的督、抚、布政使，也都分别治罪。

此事处理后不久，嘉庆十四年，京中又发生一起私造假印舞弊的案件，比上述地方的案件，更令人震惊。当时有工部书吏王书常，私刻假印，冒领库银，每当有朝廷批准的岁修工程，王书常即捏造大员姓名，重复到内务府或户部等衙门支领银两，到工头发现此事并将王告发的时候，王已领款十四次之多，数目达白银数十万两，真够骇人听闻了。按清朝规定，书吏支领银两时，必须由工部尚书签字后，通知户部，再由度支大员复加查核，然后才可以发银，手续不可谓不严。可是，部曹们朋比为奸，往往乘尚书、侍郎这些大员谈笑饮宴的时候，把稿文摞成一摞呈上去，大员往往看也不看，随手就签上字，甚至有让幕友代签的，结果使这些胥吏有了可乘之机。此案发后，王书常等人伏法，户部和工部大员包括颇受嘉庆赏识的戴衢亨以及禄康、英和、常福等人，都受到降职或黜革处分。嘉庆总结此事教训，说大臣们如此因循怠玩，就是因为自从和珅被处治之后，大臣们都唯恐担上"专擅"的罪名，而纷纷以为人宽厚博大为美德，口中说是办事，实际上什么也不管，还美其名曰这是"安静"，朝中没有实心任事的人，便使那些胥吏们钻了空子，舞文玩法，无所不为，渐渐就发展为肆无忌惮，朋比为奸了。看来，嘉庆对造成这些积弊的原因十分清楚，可是，首倡宽仁安静而严惩"专擅"之人的，不正是他自己吗？这才真是"搬起石头砸了自己的脚"。

此弊公开，使人们议论纷纷，都说，平日应尽的职责，尚且沓泄稀松如此，谁又能指望这些大臣兴利除弊呢！再者，州县舞弊，多不过几万，省司舞弊如上述庆格所奏之案，则达几十万，到京师部府，竟达千百万，这还不过是书吏，而堂堂大吏，更不知怎样呢。嘉庆即位后就整饬吏治，整饬十年，就整出了这样的结果。

（五）高邮杀官灭口案

嘉庆当政，深知官场腐败不堪，也想惩贪，无奈积习已成，不可挽救，初亲政时还知难而进，偏又顾虑重重，打击不力，到中叶以后，便每况愈下了，社会上的腐败之风，比乾隆后期更盛，嘉庆也只有长叹而已。

嘉庆十四年（1809年）江苏高邮发生的杀官灭口大案，可以说是官场黑暗的一个典型案例。当时江苏一带闹灾，清廷照例发放赈恤，李毓昌奉命前去查办赈恤银两的发放情况。他到山阳之后，听说山阳县令王伸汉，捏报户口，多领了赈恤款达三万两，于是亲自下乡查点户口，将王伸汉的贪状一一坐实，写出清册，准备向上级揭发举报。王伸汉得知，非常恐慌，以巨金向他行贿，被他坚拒，又请知府王毂前去说情，仍被他顶回。王伸汉想出的最后一招，就是偷出那本清册。他召来仆人包祥，以及李毓昌的仆人李祥、顾祥、马连升几人合伙商议，李祥说："清册收在箱子里，钥匙主人随身带着，得先偷出钥匙才行。"包祥说："这不好办，我看李毓昌这人，既不可以用利打动，也不可以哀求，想要灭口，唯一的办法就是把他杀死。"第二天，李毓昌从山阳县衙饮酒回来，很渴，仆人们给他喝毒酒，他喝着不对，就把杯放下，但血已流出来，仆人们害怕，就用帛把他勒死了。于是，王伸汉把清册找出来烧毁，又报告知府王毅，请他保全，送他白银一千两，许愿说以后还要重谢。王毅受贿，也就草率了事。

后来，毓昌的叔父李泰清来料理丧事，王伸汉送他大量财物，李泰请检查毓昌遗物，发现旧书里夹有一些未烧尽的残纸，其中有一句话，说"王县令虚报户口，还行贿于我，我不敢受，恐上负天子。"又发现衣服上有血迹，疑死得不明，便自行开棺，发现尸身青紫，李急忙进京上诉，真相大白。

嘉庆皇帝得知此事后，极为震怒，立即将王伸汉等人提解来京。令军机大臣和刑部反复审讯，俱得实情。于是将李毓昌仆人李祥、顾祥、马连升凌迟处死，又因李祥是首恶，所以先押到李毓昌坟前刑夹一次，再行处死。包祥被斩首。王伸汉、王毅也都被处死，总督以下皆被贬官。嘉庆对毓昌之死，表现得甚为痛惜，追赠他知府官衔，还写了"悯忠诗"，刻在石碑上，立于他的墓前。

（六）除夕夜宴嘈杂乱

按朝廷惯例，每逢大年三十除夕之夜，要在保和殿举行大宴。皇帝率王公与群臣一同辞岁迎春。嘉庆朝诸事废弛，朝廷上下再无乾隆帝当年肃穆庄重气氛，颙琰因每逢宴筵，总是人声嘈杂，到嘉庆十二年（1807年）除夕夜，便特派额驸丹巴多尔济率领乾清门侍卫四员，专门负责维持宴会秩序，禁止喧哗。

那日的筵宴，乱得一团糟，几百人在会场喧哗不止，许多不应进殿的人也混了进去。丹巴多尔济等无法督查，便一下抓了五个人带到颙琰处去应付差事。而这五人中的郎中常浩，又是因抓贼才高声喝叫的，宴会桌上向来摆设有金银餐具，有人把一只金盘混在铜盘中想带出宫，被常浩发现，高声喝问，却被丹巴多尔济一把抓住发辫，正乱之间，偷金盘者夺门而逃走了。颙琰无可奈何，只得将这五人放掉了事。

宫廷禁卫松弛，秩序混乱，其实不仅这次除夕筵宴一个例子。嘉庆十五年六月，因御膳房太监于进忠的侄子私自在官居住两月又投井自杀事发，颙琰下令查处，才发现紫禁城内已乱得让他难以容忍，各处虽有值班官兵，却都稀稀松松，令许多闲杂人任意出入，甚至圆明园门外也有无数闲人在巷口拥挤，而皇宫午门之外，很多市民为抄近路，从朝门前穿来穿去，无人过问，皇上出去行礼，这些行人不及闪避，便躲在墙角处往外窥望。颙琰除训斥该管大臣，让他们严厉整饬以外，以没别的办法。

第二年颙琰到天坛祈雨，又见天坛的神祇门外车马拥挤，人声嘈杂，甚至二阿哥、三阿哥的车辆难于行走，少不得又是一通训斥。

宫廷禁地，人们总将其想象得神秘、森严，嘉庆朝时竟混乱如此，出现天理教徒仅仅七十七人就打入皇宫，杀得人仰马翻的事件，也就不足为怪了。

（七）初彭龄态度不一

初彭龄，是嘉庆朝著名的清官，并以"敢言"著称于世。十四年，江西巡抚金应琦因患病请假，颙琰派遣初彭龄代理山西巡抚，初彭龄发现该省吏治废弛，有不少贪劣之官，于是不避嫌怨，认真加以整饬。到任几个月，就参劾了一大批贪官污吏，诸如文水县知县，后来花钱捐官做到知府的陈廷圭曾私设班馆并关押人犯致死以及成宁阅兵时大派车马，造成州县亏空，等等。颙琰得知，对他颇为赞赏，不仅依他所参，将这些贪官一一惩治，而且在将他调离山西到陕西赴任时，特别嘱咐接任的大臣素纳，要像初彭龄一样，力加振作，摒除情面，将初彭龄参劾的这帮贪官，严加根究，否则不但自己显得软弱无能，会被初彭龄耻笑。而且初彭龄就在陕西，耳目甚近，若是再抓住什么把柄密参上来，素纳岂不被天下人讥诮为狗尾续貂？颙琰做此叮咛，当然是因素纳为满洲大臣，他不愿其丢脸，但另一方面，对初公的赞赏也是显而易见的。

颙琰进而又联想到，前任巡抚金应琦，原是从山西布政使提升到巡抚的，对山西情况，应该非常熟悉，初公代理不过数月，就发现这么多问题，金应琦难道都不知道吗？于是派军机大臣将金传来，将被初公参革之员一一举出，向金询问，金告知有两宗是在他任内查出，移交给初公的，还有几宗他认为算不上大问题，而其余的，则确实是自己疏忽了。颙琰自然将他责备了一番，并给予降级处分，调到京师以三品官补用。

事情到此，应该算是告一段落了。不料两个月后，嘉庆又收到山西河东道员刘大观参劾初彭龄的奏本，说初公在山西巡抚任上时，"任性乖张"，并列举了一系列罪状，如憎恶前任金应琦，在其他大员面前说金应琦的坏话；又如听信别人的传言，把知县陶荣淦叫到省城准备参革，导致陶荣淦上吊自杀，等等，而其中最严重的，是说初彭龄删减谕旨。嘉庆看毕，认为事关重大，立即派遣托津等人到山西查办，并命初彭龄也从陕西回到山西，听候质询。

调查结果，陶荣淦自杀，是因贪污的罪行败露，自知难辞其咎，而不是被初彭龄所逼。所谓删减谕旨，不过是宣读时有一段话没有粘贴在奏本上，以致遗漏，并非有意。颙琰遂训斥刘大观，说他既然是山西省之官，初彭龄在任时若确实办事乖谬，就该随时劝阻，当时一一默认了，现在又转过身加以参劾，究其原因，要不是因为初彭龄也惩治了他，所以挟私报复，就是因山西怨恨初公，纷纷怂恿他参劾，这种攻讦上司的刁风，实不可长，于是下令将刘大观革职。

此时的颙琰，对初彭龄也不满意了，说派他去山西，不过是代理，又没让他去查办金应琦，而他遇事偏爱搜术，前后数月参奏了那么多官吏，其中固然有应该参劾的，但凭个人好恶而乱参的，想亦不免，于是下令将初彭龄也交部严加议处，然后降级，调回京师以四品官补用。

颙琰的态度，显然前后矛盾，对初彭龄的斥责虽严厉，却没指出任何实质问题，说可能有人被他出于个人好恶而参劾，又没举出一个实例，口气并不理直气壮。非要处理初彭龄，看来还是不愿打击过多的官吏，抱着这种态度来惩治贪风，无怪嘉庆朝的贪风不仅屡禁不止，反而愈演愈烈了。而从另一方面，也可看出当时任事之难，互相勾结串通的贪官污吏，早已构成盘根错节的关系网，谁想触动他们，轻者被咬一口，重者置于死地，刘大观之诬告初彭龄，就是一例。

（八）銮仪卫士如狼虎

十五年九月，颙琰从避暑山庄启驾回銮，走到近京城外，见有民人跪在道旁向他喊冤，颙琰令大臣把他提来审问，他说名叫姜五，每天靠跟随皇上巡幸的大营卖柴为业。初六那天，有十几个头戴黄绒翎帽的骑马校尉，硬抢他的柴枝，他上前拦阻，被一个校尉用马鞭殴打，他赶紧躲避，待回来后，所有的柴捆银钱都被这帮人抢去，他难以回家，情急无奈，才在道旁跪喊。大臣问他校尉的相貌，他说匆促间没能记住，大臣们决定，把姜五判以冲突仪仗之罪，责打之后充军发配，并将处理结果呈报给颙琰。

颙琰对这个判决结果，也觉过分。他深知手下这帮如狼似虎的銮仪卫校尉和随从人员，从来也没把他的"不许扰累民间"的禁令当真，他就亲眼见到他们多次在巡幸途中惹是生非，诸如强取民间财物、抢夺市上出售的食品等，以致皇上人马所经之处，各村庄店铺纷纷关门上板，倒像是遇到强盗一般。所以，他明白姜五的控诉都是实情。但是，以往既然亲眼见到这帮人为非作歹而不惩治，这次又怎么能指望他认真查办呢，颙琰表示说，要是姜五能当面认出那个人来，朕必然将那个校尉从重治罪，决不轻恕。查是姜五说当时匆忙，不能辨识面貌，朕又怎么能把随行的百余个校尉，一一加以刑讯呢？这次就始从宽免吧。当然，一点不管也不行，著把校尉头目传来，加以训斥，让校尉们在周围环视，并宣谕他们，这次从宽了，下不为例，以后再有胆敢强取民间财物的，一经查出，照抢夺例治罪。至于姜五，柴捆银钱都被抢光，情急喊诉，并不是故意冲突仪仗，就不要再惩处了，著"加恩"送给地方官办理。

颙琰的伪善，在这件小事上表现得淋漓尽致，校尉共有百余个，参与抢劫姜五的就有十余个，认真要查，怎么就查不出来？处理此事的大臣不去追究这帮校尉，反重责无辜遭抢的百姓，颙琰明知不公，怎么没有一句责备的话？姜五无端被抢，颙琰在"加恩"免于责处他对，却只字不提是否交还他的柴捆银钱，姜五的喊诉，等于完全白费。皇上如此，还能指望下面的官吏怎样呢。

（九）沽名钓誉汪志伊

汪志伊，是嘉庆朝有名的清廉官员，但在当时，人们对他就多有非议，而他晚年的所作所为，终使自己陷于身败名裂的境地。嘉庆用人之只看表面，也可见一斑。

汪志伊晚年任福建巡抚，当时的福建布政使是李赓芸，李是从郡县等地方官一步步做上来的，素以廉能著称，有人评价他是天下第一清官，但对汪志伊却颇有轻视之意。一日，李赓芸乘坐一顶新轿进总督衙门，被汪公见到，训斥他说："追求奢侈必走上贪污之路，你刚刚升为地方大员，千万不要追求鲜衣美食的那一套，栽到贪污腐化的泥坑里去啊。"李赓芸极为反感，马上回答说："我虽不才，毕竟也是天子选派的大吏，穿得像样点，乘坐一顶轿子，又哪里过分了？我最烦的就是那些故意穿得破破烂烂标榜自己廉洁，其实是欺罔朝廷的人。"汪志伊知是骂的自己，从此怀恨在心。后来，李赓芸属下一个县令诬告他贪污受贿，汪志伊马上乘机报复，到皇上那里弹劾李赓芸，又让福州太守涂以辀为李罗织罪名，涂以辀为巴结汪志伊，就为李编造一堆罪状，逼李在上面签字。李赓芸不服，涂以辀就拍桌子打椅子，厉声呵斥，日夜提审，李赓芸不堪这种凌辱，愤然上吊自杀。

嘉庆得知此事后，派钦差到福建调查，当地士大夫得知，争先恐后到钦差府上为李赓芸鸣冤。汪志伊无奈，便称病告休。钦差费了一番周折，为李赓芸翻了案，并奏报了嘉庆皇帝。嘉庆大怒，将汪志伊革职，把一味逢迎上司的涂以辀发到黑龙江。乡绅们集资为李赓芸建祠堂，春秋致祭悼念。

撰写了著名的《啸亭杂录》一书的清朝宗室昭梿说，嘉庆十六年（1811 年）夏天，他曾在北京西郊的静明园与汪志伊交谈过，当时就觉得这人谈吐很做作，感觉很不舒服，但慑于他的大名，不敢对他有任何轻视。后来又听人评论他是"矫名之士"，心下便有些疑惑，不想最后到底还是因陷害别人，而使自己一世的美名在晚年毁于一旦，真足以为仕途上的沽名钓誉者戒啊。

我们补充一句，嘉庆朝的"清官""青天"一类，好像比哪朝都多，而地方的贪官污吏，似乎也比前几朝更多，更肆无忌惮，真富于讽刺意味。

守成之主

（一）守成之主

设迷局泰陵西南两华里之太平峪，属西陵陵区内第二座帝陵——嘉庆皇帝的昌陵。

遍查艺、文、演、剧、史各界，对于清入关第五代皇帝嘉庆朝的研写可谓了了，甚至说是一片空茫。处在清朝鼎盛之巅与骤跌颓败之隙的嘉庆，生前被人问津之事难觅，而死后入葬至今未开启过的昌陵，更是处处显出诡秘莫测的色彩。据现存"雷氏图纸"来考证昌陵，仅知其地宫为四门九券型，内藏玄妙之佛像经文雕刻，俨然一座肃穆的地下佛堂。佛之神秘，世人难料，非不可料。昌陵莫测，是否真不可测呢？

两千多年的中国封建王朝中，从始皇帝秦嬴政到清宣统末代皇帝溥仪约有二百八十余位封建帝王。也有人统计自上古至清代共有八十三个王朝，帝王累计达五百五十九人之多者，这仅是区分的标准不同而已。无论如何，这些对社会发展和历史进程起一定作用的生命个体——皇帝们，粗略考编，大约可以分为开创型、鼎革型、守成型、腐朽型和亡国型五类。其他几类暂且不提，单就守成型皇帝，我们作一诠释。守成一词，出自《诗·大雅·凫鹥》序："凫鹥，守成也。"意思是保守成功，不使坠失。所谓守成型皇帝，是指那些能继承创业皇帝所打下的江山，保住祖宗的规章制度，而不使王朝败亡的嗣君。以"守成之主"自居的嘉庆，是否属于此类皇帝，我们也留待后面阐述。在这里，我们仅来揭示这位守成君主魂断木兰时所设迷局的底本，与读者共享揭秘之乐。

嘉庆二十五年（公元1820年）七月二十五日，嘉庆皇帝颙琰猝死于避暑山庄的行殿寝宫烟波致爽殿里。对于嘉庆之死，《清仁宗实录》记载："响夕，上疾大渐，召御前大臣赛冲阿、索特那木多尔斋，军机大臣托津、戴均元、卢荫溥、文孚，总管内务府大臣禧恩、和世泰，公启鐍匣，宣示御书：嘉庆四年四月初十日卯初立皇太子旻宁。戌刻，上崩于避暑山庄行殿寝宫。"上述属官方记载，关于嘉道两朝更替之际，看似有条不紊地顺利交接政权，而事实并非如此。记得儒家经典《春秋》宣扬的"为尊者讳"的思想，多为封建帝王所纳。而作为万乘之尊的皇帝，其生老病死、七情六欲以及私生活等皆为宫闱邃密，属隐瞒避忌之列。即使当时权威《皇帝起居注》真实记载下来，其后人亦不惜删减篡节，以致宫廷之事讳莫如深，难辨真相。故而，对于封建王朝的官文，不能不信，但亦不可全信。特别是像嘉庆猝死这样的讳事，只有参照正、野史细加考证，并不惜索阅各类有关记载的蛛丝马迹，方能还原历史之真貌。

嘉庆猝死时到底发生了什么呢？记得时人包世臣所撰《戴均元墓碑》上记载尤详：庚辰（嘉庆二十五年）春，（戴均元）拜文渊阁大学士，晋太子太保，管理刑部。七月，公偕满相托文恪公（托津）扈滦阳围，甫驻跸，圣躬骤有疾不豫，变出仓猝，从官多皇遽失措。公与文恪督内臣检御箧十数，最后近侍于身间出小金合，锁固无钥，文恪拧金锁发合，得宝书。公与文恪奉今上即大位，率文武随瑞邸（绵忻）成礼，乃发丧，中外晏然。

包氏所记的情景是，嘉庆帝驻跸山庄时病情急剧恶化，至七月二十五日下午已不能说话，无法明谕宣诏传承继位之事。随扈大臣戴均元和托津督监内臣打开从京都所带的十几个箱子，里里外外翻箱倒柜也找不到传位密诏。最后，嘉庆皇帝的贴身小太监从身上交出一小金盒，托津当即拧掉小锁，取出密诏，与戴均元一同拥立道光即位。此说与清官文所记情景迥然，到底孰可信孰不信呢？

遍考清史专家们所著，似乎都对官方记载持否定态度，认为《戴均元墓碑》记述为真，并列以下内容为据。

其一，碑文作者包世臣系戴均元之知遇，颇受戴均元器重，后又追随戴数十年，对朝中内情可以说非常明了。且墓碑所记，是关乎皇帝传继大统之事，拓碑文时道光帝犹在龙庭，试想包氏胆子再大，也不敢以身家性命拟撰虚词。而事实上，自此拓碑面世以来，从未有人提出异议，可见所载内容是确凿的。

其二，据《清史稿》中《戴均元传》和《托津传》记载，亦有相类似之文。如《戴传》说："二十五年七月，扈从热河甫驻跸，帝不豫，响夕大渐。均元与大学士托津督内侍检御箧，得小金盒，启镡，宣示御书立宣宗为皇太子。奉嗣专位，然后发丧。"而《托传》亦说："二十五年，仁宗崩于热河避暑山庄，事出仓猝，托津偕大学士戴均元手启镡盒，奉宣宗即位。"若将两传记载相合，是否可得嘉庆之死，"事出仓猝"，两人"督内侍检御箧，得小金盒"，"托津偕戴均元手启镡盒，奉宣宗即位"。如此说法，完全行得通。

其三，《清宣宗实录》和《清史稿·宣宗本纪》均记载嘉庆帝孝和皇后这样一份懿旨："大行皇帝龙驭上宾。今哀遘升遐，嗣位尤为重大。皇次子智亲王，仁孝聪睿，英武端醇，现随行在，自应上膺托付，抚驭黎元。但恐仓促之中，大行皇帝未及明谕，而皇次子秉性谦冲，素所深知。为此特降懿旨，传谕留京王大臣驰寄皇次子，即正尊位，以慰大行皇帝在天之灵，以顺天下臣民之望。"如此看来，嘉庆之死实在仓猝，以至于传位这样的大事都来不及明确交代。

有上三述，当认包氏所撰碑文不谬。可自嘉庆之祖父雍正帝创建秘密立储制以来，雍正、乾隆皆遵此制密写传位诏书，封存于镡匣内，并安放在乾清宫"正大光明"匾后，待皇帝传位时，取下宣诏即完成继统之事。为何"守成之主"嘉庆帝不遵祖制，秘藏传位镡匣连皇后皆不知所处呢？

镡匣密储制度属雍正所创。康熙末年，皇子争储大战尤盛。雍正即位后，鉴于此随苦思良策而成镡匣密储之制。匣原为楠木制品，现存西陵博物馆中乃仿真模拟道光传位咸丰之镡匣型，其规格长为 32 公分，宽为 16.7 公分，厚为 8.7 公分，体积较大。乾隆时，这位"十全皇帝"尤喜巡游，为防不测，他密写一式两份诏书，一份存匣放"正大光明"匾后，一份藏于小匣内，随身携带，从未外存。嘉庆纪元第二年，由于乾清宫失火，以致整座殿宇里所有匾联均化为灰烬。顺治帝亲书的"正大光明"匾亦无从觅迹。重修乾清宫时，"正大光明"属摹拓复制品。后来，皇宫内多次发生失火、盗窃事故，乃至流民刺客都能畅通而进大内。禁城不禁，门卫松弛，嘉庆帝多个守成之主不守规，驾崩后还陷朝政于混乱，以致差点引发一场政变，这让王大臣们虚惊不浅。回过头来，我们再看看嘉庆二十五年七月二十五日热河行宫那一幕仓乱景象。

七月二十五日下午，嘉庆帝病情急遽恶化，口不能言，只是一个劲向随扈王大臣们打手势。戴均元和托津等人心里明白是皇上欲宣密立之诏书，可两人小心仔细摸遍嘉庆帝周身，以及御榻之角落，密诏毫无踪影，接着翻尽所带御箱，仍一无所获，大家面面相觑，只有心慌哭泣的份了。

突然，总管内务府大臣宗室之人禧恩提议说："既然找鐍匣不见，诸皇子中属二阿哥年长，且为嫡出，又兼有平定京城天理教叛乱之勋，当立二阿哥缵继大统为宜。"

禧恩所提之议，众人心中有数，皆明白嘉庆帝生前偏爱皇次子旻宁，承继皇位非他莫属。但托津和戴均元二人认为，既无皇帝口谕，又没有找到传位密诏，仅靠随扈诸臣推选人员继位，不仅有悖皇室家规，非名正言顺之举，而且如此行事，恐难服满朝其他文武大臣。

两相所说，皆不无道理。禧恩性急，托、戴坚持己见，双方僵持不下，顿时热河行宫气氛紧张起来。时至深夜，双方接受旁人所提折衷之法，即派孝和皇后的弟弟和世泰偕首领太监等人，急驰进京一面报告皇帝殡天详情，一面探询鐍匣是否在宫中，并请示皇后懿旨来定夺帝位承传之事。

二十七日凌晨，孝和皇后惊闻嘉庆驾崩和无传位密诏之难，强忍心中轰顶悲痛，立即命人查找乾清宫"正大光明"匾所藏鐍匣之处，未见，又遍搜皇帝寝宫，仍一无所获。具有政治头脑、且颇识大体的孝和皇后，冒着违反"后妃不得干预朝政"的祖制，毅然于是日下懿诏曰：

"我大行皇帝仰承神器，俯育寰区，至圣至仁，忧勤惕厉，于兹二十有五年矣。本年举行秋狝大典，驻避暑山庄，突于二十五日戌刻龙驭上宾。惊闻之下，悲恸抢呼，攀号莫及。泣思大行皇帝御极以来，兢兢业业，无日不以国家为念，今哀遘升遐，嗣位尤为重大。皇次子智亲王，仁孝聪睿，英武端醇，现随行走，自当上膺付托，抚权黎元。但恐仓猝之中，大行皇帝未及明谕，而皇次子秉性谦冲，素所深知，为此特降懿旨，传谕留京王大臣驰寄皇次子，即正尊位，以慰大行皇帝在天之灵，以顺天下臣民之望。"

好一篇光明磊落、贤惠英识之懿旨，与历代后妃千方百计立己子为帝之举相比，孝和皇后实在令人钦服。难怪旻宁在热河接此懿旨时，"伏地叩头，感悚不能言喻"。后来，为此旻宁对这位在密诏不明情况下，主动立他为帝，而不偏私其亲生儿子绵恺、绵忻为嗣的皇后十分恭敬，这也属情理所致吧。

和世泰驰往京师和携孝和皇后懿旨急返避暑山庄之途中，热河行宫的情况又当如何呢？

惶遽，仓乱，争执，无计可施。王公大臣疲累已极，挨至二十六日上午，忽嘉庆帝一近侍小太监从身上出示一小金盒。王公大臣惊视这只比以往鐍匣较小的金盒，无疑心中都寄传位密诏于此之中。盒小稳固，且坚锁难开，托津情急中当众将锁拧掉，遂得嘉庆帝亲手御书一份。在场之人跪伏于地，只听托津宣谕曰："嘉庆四年四月初十日卯初立皇二子旻宁为皇太子。"随着立嗣遗诏宣毕，清王朝的历史当翻到道光朝新的一页。

关乎大清帝国传位诏书这一重大文本，何以会出现在近侍小太监身上呢？

据传，嘉庆病剧，小太监以为金制之盒，内中当定藏稀世珍宝，便歹心骤起而窃之。后见王公大臣遍找鐍匣不见而争吵不休，小太监心惧与小金盒有关，遂在第二天交了出来。又说，托津、戴均元追索御箱觅鐍匣不见，便严搜侍卫太监等人之身，而从近侍小太监怀中而得。

以上两说可信甚微。窃以为，嘉庆帝病重不能言，但心中十分清醒，绝不会把关乎宗室社稷的小金盒忽视。即使丢失，也会立即发觉并采取紧急措施。何况嘉庆帝病危时，王公大臣及太医等人昼夜侍候身旁，小太监想偷也难能下手。

另有一说，即嘉庆帝以内侍之躯，当作"正大光明"之匾，藏小金盒于其身二十一年之久，且锁固无钥。就是说嘉庆帝以为固锁小金盒别人无钥匙开启，从而放心交近侍保存二十一年。记得有俚语云：箱箧被盗，主人犹喜曰幸亏钥匙未丢，小偷能奈箱子何？

此说亦不可信。试想，长达二十一年藏密诏于近侍之身，难道嘉庆帝就不怕发生变故抑或丢失？更兼小小金盒再固锁无钥，要想打开它方法多得很。何况，这种做法与嘉庆帝细心周到之性情实在不相符。

那么，小金盒来自近侍之身到底何故？

据考证，嘉庆二十五年七月十八日，嘉庆帝赴木兰秋狝先乘轿而行，憋闷昏沉，心情十分郁烦，后又驰马奔颠，恐小金盒丢失，而交近侍暂藏。近侍自然明悉伴帝二十一年小金盒的分量，今帝交之藏于身，断不敢轻易出示。待嘉庆猝逝人世，王公大臣遍查鐍匣不见，近侍自揣再存小金盒无用，经过一夜折腾，终于将小金盒献出。

金盒藏诏已出，二阿哥旻宁继位而成道光皇帝。随后，第一要务当属奉移大行皇帝梓宫还京，并安葬嘉庆于昌陵地宫。然而，自公元 1820 年 7 月 25 日嘉庆猝死木兰到公元 1821 年 3 月 23 日颙琰入主昌陵之间，因鐍匣风波又派生出了另一场嘉庆遗诏的政治风潮，且牵涉到第一章关于雍正帝临幸热河汉宫女而出乾隆之争，在这里不得不说个明白。

前面提到嘉庆猝死不得传位密诏时，禧恩拥立旻宁为嗣，而托津、戴均元持异议，双方僵持之事。由此，旻宁后虽顺利继承大统，但在他心中已形成两派属臣。为惩处在神器归属何人的关键时刻，不忠诚自己的托、戴二人，道光帝心中一直耿耿于怀，终于在托、戴和卢荫溥、文孚四人捉刀代笔拟写嘉庆遗诏中抓住了"把柄"："古天子终于狩所，盖有之矣，况滦阳行宫为每岁临幸之地，我皇考（乾隆）即降生避暑山庄，予复何憾？"

第一章我们谈到，清官方所载乾隆诞于雍和宫邸为皇家认同，而托、戴等人竟在嘉庆遗诏中将乾隆出生地写错，且布告天下，这实在是"岂稍有舛误"之小事？为更正这一舛误，嘉庆二十五年九月初，道光帝一面下谕旨命福建、广东、广西、云南四省督抚暂缓颁往琉球、暹罗、越南、缅甸等国的遗诏文本，一边颁诏讨谴托、戴等人曰：

"七月二十五日，恸遭皇考大行皇帝大故，彼时军机大臣敬拟遗诏。朕在谅暗之中，哀恸迫切，未经看出错误之处，朕亦不能辞咎。但思军机大臣多年承旨，所拟自不至有误。及昨内阁缮呈遗诏副本，以备宫中时阅。朕恭读之下，末有'皇祖降生避暑山庄'之语。因请皇祖实录跪读，始知皇祖于康熙辛卯八月二十三日子时诞降于雍和宫邸。复遍阅皇祖《御制诗集》，凡言降生于雍和宫者三见集中。"

由此讨檄文告，托、戴等人获罪已是难免。在道光帝"第念皇考梓宫在殡，而两大学士同时罢斥，朕心实有不忍"的情况下，托、戴二人最终仍被罢军机大臣之职，退出军机处，各降四级留任大学士，"六年无过方准开复"。卢荫溥和文孚仍留军机处行走职，各降五级留任，"六年无过方准开复"。至此，四人因一句话写错而罪已获。后来，托津处境还好些，但戴均元的命运却很惨。道光元年，戴因审办德胜门城上木桩插立不紧而遭降三级；道光二年，又因承办乾隆裕陵隆恩殿木柱糟朽，再降四级，削经筵讲官、太子太保衔；道光四年七月，获准乞老回籍，是年闰七月又因以前在刑部失察之责和滥保司员，再降顶戴三级。再后来，道光帝发现其陵寝地宫浸水，因戴曾参与选定"万年吉地"之址，而被查抄家产，子孙均遭惩处。

宦海沉浮，守成之主所设鐍匣之谜，致使朝臣忽而天上地下，最终频获罪责，实在是：悲喜荣辱无犹凭，只缘闲散村户间。

（二）天象揭示宫廷秘

历史航船风风雨雨挨至公元 1820 年，当属清嘉庆朝末年钟响之际。可这钟声也实在来得突然，不仅皇室臣僚没有半点心理准备，就连嘉庆皇帝本人也始料不及。钟声骤鸣，宣告一朝终结，也掘开另一纪元的新历。然而，嘉庆帝这根支撑二十五年满清大厦砥柱的轰倒，实在让人难以接受。猝死之谜，原本就疑窦丛生，再兼其时剑闪劈空，巨雷炸宇，更给这一突发惊事蒙上一层神秘的雾纱。

属于猝死，自当不辨。嘉庆二十五年七月十八日，自圆明园启銮赴热河，二十四日到达避暑山庄，七天行程嘉庆"虽年逾六旬"，但初始"登陟川原，不觉其劳"，只是二十四日这一天"偶感喝暑"，仍治事如常，二十五日傍晚，疾大渐，戌刻（晚上7—9时）崩于山庄烟波致爽殿。关于此事权威记载当是中国第一历史档案馆所存清史文卷类，据《清仁宗睿皇帝实录》记：七月二十五日，"上不豫，皇次子智亲王旻宁、皇四子瑞亲王绵忻朝夕侍侧，上仍治事如常。响夕，上疾大渐。戌刻，上崩于避暑山庄行殿寝宫。"二十六日，缵继大统的旻宁发谕旨亦说："皇考大行皇帝……今巡幸滦阳，遽焉龙驭上宾，朕抢地呼天，攀号莫及。"二十九日，孝和皇后发懿旨写道："我大行皇帝……本年举行秋狝大典，驻避暑山庄，突于二十五日戌刻龙驭上宾……但恐仓猝之中，大行皇帝未及明喻……。"从上述可见，嘉庆皇帝自病到崩仅不足一天时日，确实属于仓猝而亡。

细索《清仁宗起居注》卷帙，未见关于嘉庆帝生病情况的点滴记载，这确如其本人所说"朕体素壮，未曾疾病"。那么，嘉庆猝死于何因呢？

在浩浩封建帝王群中，嘉庆虽不是艰苦创业的开拓者，也算不得是扭转乾坤的风云主，但他在位二十五年勤于政务，躬率群僚，敦俭崇朴，禁贡戒奢，倡廉敬实，反浮除虚等，都是实实在在不掺水分的。如此一位力匡时弊、励精图治之君主，何以有许多关于其死因的怪传呢？

传说一，嘉庆嬖宠一近侍小太监，二人经常在一起寻欢作乐，颇遭宫廷内外诽谤。二十四日驻跸山庄后，嘉庆在烟波致爽殿寝宫后一名叫"云山胜地"的二层小楼上，再次与小太监频频幽会，正寻欢之际，突然闪电刺云而出，随即一声炸雷劈"云山胜地"门窗，顷刻嘉庆已面目焦糊，毙命归天去了。人们认为，作为万乘之尊破坏纲纪，悖乱伦常，被上天所不容，故有雷神电击以惩之说。后来，办殓大臣们为掩盖这一宫廷丑闻，找一身才貌相与嘉庆神似的太监处死，再穿天子龙袍置于棺木上层，嘉庆尸首藏于底部，遮人耳目后一同葬入昌陵。这种传说实在荒诞，不知编造者意在何为？此等以讹传讹的怪论，不值得读者再传。

传说二，嘉庆帝与随扈王大臣等人到达山庄后，即全副武装奔赴木兰围场。围猎第一天仅获两只瘦弱的小狍子，嘉庆十分扫兴，第二天就起程返回山庄，途中突然风云异色，平地第一声炸雷恰恰将嘉庆击毙马下。这一说法，似乎源自嘉庆二十四年秋狝之典，是年夏季确实暴雨滂沱，且行围收获了。但二十五年嘉庆既未前往以达木兰秋狝，又何谈罢猎返回途中遭击呢？而且七月二十五这天，一天晴好，只是傍晚时分才骤变天颜，其时嘉庆静卧御榻，击毙马下亦属妄谈。

再一说，嘉庆帝驻跸山庄遇疾，静卧御榻休养，日渐转好，理事如常。不料，一日热河暴雨急至，雷电轰闪，行宫遭击，唯嘉庆一人丧命。据考，嘉庆帝寝宫在烟波致爽殿内最西头一间，西北皆为结构厚实的砖墙，南墙与一佛堂相间，唯东面之门连通殿中央之宝座。如此寝宫雷电怎能击闪室内之人？其时即使雷电击闪，该是烟波致爽殿后的高建筑物——二层楼的"云山胜地",雷电何以又能避开高楼,从殿正门抑或南墙而入,穿三间正房再转入最西间炸开?更何况,嘉庆病危时王公大臣皆围侍榻前,其余侍者奔走仓忙,电击面当属此等人;为何偏偏击中一平躺的嘉庆?

可以断言,嘉庆被雷电击毙避暑山庄实不可信。至于缀以怪诞艳事,更属无稽之谈。

而几则传闻何以均与雷电相关呢?首先,据载嘉庆猝死之时,热河行宫确是暴雨纷泄,雷鸣电闪,人心惶动。这就为雷击身亡的传闻提供了外部客观条件。其次,当时人们对许多自然异常现象无法像今天这样给以科学的解释。既无法诠释,他们只好转而相信天数,笃奉"天人合一"的思想,认为上天主宰一切,违逆天意就要受到惩罚,顺应天数就可得上天降瑞。这种天人感应之说,不仅为一般臣僚庶民所尊崇不疑,就连嘉庆皇帝也较为深信。研习嘉庆帝三十年"余味书室"生涯,他既不崇佛,也不信道,其思想核心以经典儒家为根本。但是,嘉庆帝不否定"上苍垂戒"和"天象示警"。试举二例:

例一,嘉庆二十三年四月初八日酉刻,暴风突至,瞬间天昏地暗,室内燃烛犹难辨清。钦天监奉称:与《天文正义》所载风霾之象相合,乃上干天意。定会群臣乖、大旱又米贵。确实,那几年干旱难见雨降,庄稼收成十成减半。故而,嘉庆在《黑龙潭祈雨敬述》诗中写道:天象诚堪畏,抒虔步石阶。地全待雨降,霄渐敛风霾。示警衷弥惕,离心政实乖。总由予德薄,修己待时谐。嘉庆在诗中承认天象示警,故随后下诏将责任推给臣下。他说,朕"每日召见廷臣不下十余起",绝非前代天子不识宰相面之君,"离心政实乖",当为诸臣是否同心治政,思之。

例二,嘉庆六年,帝驻跸避暑山庄时,钦天监奏报说,八月初一日将发生日蚀,阴缺九分有奇,十五日又有月蚀。一月之内,日月同蚀,实属罕见。群臣不能理解这一自然现象,自是与上天示警相联。果然,初一日帝紧恐万状,惶惶然道:"朕仰维上天示徵,战兢惕厉,时深悚惧,愧无以格昊天而弭眚灾。"对此,嘉庆皇帝联系到上几次秋狝木兰时多受臣下劝阻,今恐臣下以天象异常再议及此事,便抢先下谕旨曰:"朕观象省躬,唯恐用人行政,或有阙失,凡内外大小臣工,皆应恐惧修省。朕鉴于成宪(指秋狝木兰之事),不敢轻议更张。而在廷诸臣才识,又岂能迈越前人,总思更改旧制乎?"及时以旨堵口,臣下免开其言吧。

有王公大臣、庶民及天子都信奉天象示警,嘉庆猝死时的雷击电闪雨暴成为一些传说的根基,也就不足为奇了。

嘉庆既非雷击而亡,那么好端端的嘉庆帝何以病不足一日,就仓促得连传位诏书都不及交代便魂归西天了呢?

查《清仁宗实录》卷三七四,有这样的记载:"此次跸途,偶感喝暑。迨抵山庄觉痰上壅,至夕益甚,恐弗克瘳。"此说不谬,且向为史学界所接受。确实,嘉庆二十五年的秋狝木兰，一开始嘉庆帝就心情郁躁，前一节路程始终闷坐在轿里，暑热难耐。一行人出古北口后，嘉庆帝策马驰行在广仁岭上，目望周围丛林苍翠，峡谷深幽，兴致渐渐高了起来。但仍不似乃父乾隆帝那样洒脱善娱，他始终在心里惦着烦琐的政务。这也难怪这位处在江河日下朝代的主宰人，他本身就是一个在乎朝臣庶民评说的人。记得嘉庆帝马过广仁岭作诗《至避暑山庄作》中，就透泄出这种心绪：拂曙乘黄度广仁，境临承德德常新。兆民逢稔群生遂，天子来巡万物春。狝狩习劳修旧典，屏藩切念惠嘉宾。岂耽游豫二旬驻，几务时亲饬众臣。带着这种心理负重到木兰秋狝，也真难为了这位天朝之君。一日驰马七十里，对于年逾六旬、体态肥胖的嘉庆帝来说实在是一种剧烈运动。当时，王公大臣对嘉庆帝面无倦容的精神状态忧心喜不已，可是他们都忘了剧烈运动给心脏、血压和肺活量都会增加极大负荷。到达避暑山庄后，出了一身汗的嘉庆帝觉得浑体轻松，随按惯例行了一系列祭拜礼。时至二十四日就寝时，嘉庆帝感到四肢乏力，胸闷憋气。由于一日疲劳，他渴望早入梦乡，可无法睡得稳实。挨至第二日天明，早晨醒来，嘉庆帝肥胖的脸面更显浮肿，身体状况一下子衰弱下去，而且痰气攻心，说话不清，只得卧榻上由太医救治。即使如此，嘉庆帝还宣布了最后一道人事任命，即擢升詹事府少詹事朱士彦为内阁学士兼礼部侍郎，翰林院侍读学士顾桌为詹事府詹事。到了正午后，嘉庆帝病情加重，时醒时昏，已不能言语。此时，王公大臣和皇子都惊惧起来，恰巧傍晚时分热河黑云密布，天色骤变，一阵狂飙带走最后一丝亮光的同时，电闪雷鸣，暴雨急泄。惶惊之情，使嘉庆帝一时上气难接下气，戌刻便溘然离世。

对这一事件过程的记叙，道光帝在《大清昌陵圣德神功碑》的碑文中有这样一段："窃幸我皇考年逾周甲，神明纯周，至广仁岭，犹策马登陟，略无倦容，才谓天体健行，康疆迪吉。继自今期颐，晋祝甲子万周，子臣获长时愉颜，承欢无极，执意途次，偶感喝暑，抵避暑山庄积气上壅，遂于七月二十五日戌时，龙驭上宾。"据此推测，痰气上壅属于暑热内侵所致，这与嘉庆帝平常表现出惧畏溽热，一年大半时间在圆明园或避暑山庄理政是相符的。

另外，我们来看看由避暑山庄研究会编撰的《避暑山庄论丛》一书中关于解放后三十年的气候资料，来分析推测山庄的气候情况对嘉庆之死因的影响。据刘继韩、周一星《论避暑山庄的气候意义》一文统计，五、八月承德与北京的平均最高气温分别是 25.4℃、28.5℃、和 26.4℃、29.4℃，温差分别为 1℃ 和 0.9℃。同期承德相对温度也比北京低。再加上避暑山庄四周植被生长繁茂，也有利于降暑。但是，我们也应该承认承德地处低山丘陵之盆底，由于盆底受热面积大，气流不畅，造成七、九月短期高温可达 41℃，比北京要热的多。嘉庆帝七月中、下旬至避暑山庄，偶感中暑是不可忽视的事实。嘉庆帝在山庄遭溽暑，因休息不好和救治不及时，以至神智昏迷，上气下气不畅而猝死，这恐不是乃祖康熙帝建山庄避暑的初衷吧。

说嘉庆帝属于猝死，从发病至驾崩，健壮的生命仅在暂促时空中挣扎不足一天。不是猝死，我们也应该看到嘉庆革吏弊、惩腐侈、盼革新、致中兴，仍积重难返，他无力挽狂澜于奔突，扶大厦于将倾，以致积劳成病，瞬间崩逝仅是多年心病总爆发而已。

呜呼，哀哉，好一个疲累无奈的君主；呜呼，哀哉，好一个守成无方的帝王。

（三）天朝主宰人悲怆

一个杰出的人物的成长，必须有相应的地理条件、时间条件、社会条件、群体条件和家族条件等客观因素，还应具备一定的主观因素，诸如独立的完整人格、丰富的特有阅历以及勇敢沉着、长于谋略和知人善任等品格魅力。这些对于出生于明朝嘉靖年间的，历经隆庆、万历、泰昌、天启和崇祯五朝的一代元创努尔哈赤来说，都是无一或缺的。所以，在华夏神州大地上就有了以"十三副遗甲"，开创出绵祚二百九十六年的大清王朝。而由爱新觉罗氏家族执舵的王朝航船，风雨飘摇行驶整整一百八十年后又出现了一个杰出人物成长的良机，这就是这个少数民族定鼎中原的第五代皇帝嘉庆朝。然而，面对乾隆末年留下的吏治腐败、经济停滞、社会动荡和财政空亏的局面，一度踌躇满志渴望中兴的嘉庆帝，却因恪遵"守成"之念，使历史赋予他力挽狂澜以名垂辉煌史册的机遇漂流而去，以至于给世人留下一个守成无方的评价，同时也使自身平添一段无奈的悲怆和惨然。

嘉庆汉装行乐图

嘉庆四年元月初三日辰时，"十全天子"这位一生颇赋传奇色彩的乾隆"龙驭上宾"了，嗣皇帝嘉庆悲痛之余，是否还有一份由自己真正执政的窃喜呢？这不得而知。不过，嘉庆帝亲政伊始确实干了一件振奋朝野的大事，那就是大丧之日毅然翦除先帝宠臣和珅。

对于和珅的了解，多闻于民间巷议，后由中央电视台播放大型电视连续剧《宰相刘罗锅》，更是将和珅那专擅、媚上等种种劣迹泄示无余，以致妇孺都对他的故事耳熟能详。嘉庆帝对于和珅的种种不法之事早有耳闻，据《满清稗史》第五卷《秦鬟楼谈录》中"和珅"条记载："当坤出入于宫中时，伺高宗喜怒，所言必听。虽诸皇子亦惮畏之。坤益骄纵，尝晚出，以手旋其所佩剔牙杖，且行且语曰：今日上震怒某哥，当杖几十。睿宗为皇子，必屡受其侮辱，故在谅闇中即愤，而出此不能再容忍矣。"嘉庆帝韬光养晦三年之久，一旦亲政采取果决措施以诛和珅，也实在是情理中事。世间流言说，嘉庆帝急于翦除和珅是贪图其巨富资财。这种说法有失公允，我们在下面将会给读者一个客观的评述。这里，我们且看嘉庆如何制服和珅的。

翦除和珅，嘉庆帝采取措施异常迅急，方法上却不愿显出是自己主动进攻，而强调科道参劾、大臣会鞫，最先向气焰熏天、权势炽人的和珅发难的是任职给事中的广兴。这个为嘉庆帝铲除和珅的功臣，因此而官运亨通，扶摇直上，但后来也是他第一个击破嘉庆中兴的美梦。这留待后叙。而据吴晗辑《朝鲜李朝实录中的中国史料》记述说，书状官徐有闻进闻进别单称：……一、正月初四日，既褫和珅军机大臣、九门提督等衔，仍命与福长安昼夜守直殡殿，不得任自出入。对于这个记载，除朝鲜史籍外，《清史稿》《东华录》和《实录》中均无墨迹。但我们认为，之所以《实录》等不记，主要是想突出初八日的嘉庆以科道列二十款参劾为据，而夺和珅大学士职并下狱的程序合法性。如此，嘉庆帝在乾隆宾天第二日就褫夺和珅军机大臣、九门提督两职，与初八日的行动并不抵触。故而，我们不难理解《实录》不载此说的现象，相信朝鲜方面记载属实。

嘉庆帝翦除和珅之心久矣，之所以先由"科道参劾"，唯是走走形式罢了。从后来公布和珅二十款大罪来看，许多内容都不是一般官员所能知晓的。由此可知，翦除和珅，嘉庆早就胸有成竹，且完全是在他一手策划下进行的。为了便于读者理解这一事件内幕的背景，不妨照录嘉庆帝在正月十五日公布的和珅二十大罪状：

朕于乾隆六十年九月初三日，蒙皇考册封为皇太子，尚未宣布谕旨，而和珅于初二日即在朕前先递如意，泄露机密，居然以拥戴为功。其大罪一；

上年正月，皇考在圆明园召见和珅，伊竟骑马直进左门，过正大光明殿，至寿山口，无父无君，莫此为甚。其大罪二；

又因腿疾，乘坐椅轿抬入大内，肩舆出入神武门，众目共见，毫无忌惮。其大罪三；

并将出宫女子娶为次妻，罔顾廉耻。其大罪四；

自剿办教匪以来，皇考盼望军书，刻萦宵旰。乃和珅于各路军营递到奏报，任意延搁，有心欺蔽，以致军务日久未竣。其大罪五；

皇考圣躬不豫时，和珅毫无忧戚，每进见后，出向外廷人员叙说，谈笑如常，丧心病狂。其大罪六；

昨冬皇考力疾披章，批谕字划间有未真之处，和珅胆敢口称不如撕去，竟另行拟旨。其大罪七；

前奉皇考谕旨，令伊管理吏部、刑部事务，嗣因军需销算，伊系熟手，是以又谕令兼理户部题奏报销事件。伊竟将户部事务一人把持，变更成例，不许部臣参议一字。其大罪八；

上年十二月内，奎舒奏报循化、贵德二厅，贼番聚众千余，抢夺达赖喇嘛商人牛只，杀伤两命，在青海肆劫一案。和珅竟将原奏驳回，隐匿不办，全不以边务为事。其大罪九；

皇考升退后，朕谕令蒙古王公未出痘者，不必来京。和珅不遵谕旨，令已未出痘者，俱不必来京，全不顾国家抚绥外藩之意，其居心实不可问。其大罪十；

大学士苏凌阿两耳重听，衰迈难堪，因系伊弟和琳姻亲，竟隐匿不奏。侍郎吴省兰、李璜、太仆寺卿李光云，皆曾在伊家教读，并保列卿阶，兼任学政。其大罪十一；

军机处记名人员，和珅任意撤去，种种专擅，不可枚举。其大罪十二；

昨将和珅家产查抄，所盖楠木房屋，潜侈逾制，其多宝阁及隔段式洋，皆仿照宁寿宫制度，其园寓点缀，竟与圆明园蓬岛、瑶台无异，不知是何肺腑？其大罪十三；

蓟州坟茔，居然设立享殿，开置隧道。附近居民有和陵之称。其大罪十四；

家内所藏珍宝，内珍珠手串，竟有二百余串，较之大内多至数倍，并有大珠，较御用冠顶尤大。其大罪十五；

又宝石顶非伊应戴之物，所藏真宝石顶有数十余个，而整块大宝石不计其数，且有内府所无者。其大罪十六；

家内银两及衣服等件，数逾千万。其大罪十七；

且有夹墙藏金二万六千余两，私库藏金六千余两，地窖内并有埋藏银两百余万。其大罪十八；

附近通州、蓟州地方，均有当铺钱店，查计资本，又不下数十余万，以首辅大臣与小民争利。其大罪十九；

伊家人刘全，不过下贱家奴，而查抄资产，竟至二十余万，并有大珠及珍珠手串，若非纵令需索，何以如此丰饶？其大罪二十。其余贪纵狂妄之处，尚难悉数。

据徐珂《清稗类钞》中《和珅狱事》记述，和珅对上述指控大多供认不讳。如此，经过大学士、九卿及翰詹科道员会议这最后一道法律程序，和珅当诛已是无疑了。记得和珅在狱中受赐自缢前，曾写诗曰："五十年来梦幻真，今朝撒手谢红尘。他时水泛含龙日，认取香烟是后身。"此诗前两句尚明其义，而后两句似偈似谣，含义较隐晦，是否属于某种咒语，已无从得知。

前面我们提到人们对于翦除和珅，认为是嘉庆帝以取其巨富资产为目的的行事。

查阅众多撰籍，持这一说法者居多。在萧一山《清代通史》、徐珂《清稗类钞》、日本学者稻叶君山《清朝全史》和《清朝野史大观》等书中，均详列查抄和珅家产的清单。就连国内最具权威的《辞海》和珅条中，亦持此说。我们认为，将嘉庆诛和珅的主旨安在"钱"字上，实在是对嘉庆的泼污，是值得与专家史者商榷的。

首先，和珅贪黩营私，敛聚资产之巨实属罕见，但如将嘉庆仅为没收其财充公以据已有的话，是有失偏颇的。嘉庆在乾隆大丧之际，仅不足半月就黜除和珅，是对和珅扰乱朝纲早就忌恶，诛和珅以肃朝纲是第一要务。悉查《清仁宗实录》，此意多为明文确载："朕所以办理和珅者，原因其蠢国病民、专擅狂悖，和珅一日不除，则纲纪一日不肃"，"和珅任事日久，专擅蒙蔽，以致下情不能上达，若不立除元恶，无以肃清庶政，整饬官方"。所以，诛和珅，整吏治，是嘉庆帝真正执政的第一要务是不虚的。

其次，时值川楚陕白莲教战事燃急，清廷为镇压起义军耗资巨大，而军中将帅多倚和珅，靡饷奢侈，久而无功。嘉庆帝对军营中种种积弊与和珅的牵联早有耳闻，黜除和珅以整饬军备是关键之举。否则，整军备，剿"匪事"，将是空话一句而已。

再次，和珅专擅政事时，吏政腐败，贪贿公行，朝政混乱，以致军怨震天，"官逼民反"的苗民起义、白莲造事、天理逼京等彼伏此起。为安民心，嘉庆帝总不致将罪责归咎于皇室封建统治上，只好罪加和珅诛之以缓和阶级矛盾。

无论如何评价嘉庆帝黜除和珅一事，不得不承认其亲政之初这一刀砍得漂亮，杀出了大有中兴之喜人态势。确实，乾隆末年那千破百烂之疲政，恰似一潭毫无生气的死水，窒息着人们一度对外创伤累累的政局失望、徘徊、观望。而意气风发的嘉庆，面对颓废之势，大刀阔斧地征讨邪败，满怀激情地匡扶弊政，使诸王朝再呈一现之昙花状。然而，朝乾夕惕，唯日孜孜，殚精竭心，锐意兴革，却无法修复业已创伤无痊的历史航船。时代前进的汹涌浪潮，使嘉庆帝这位处在风雨飘摇中的船主，无能扭逆，最后只好留下无奈的悲怆，供后世揣味品色而已。反腐愈腐，反贪愈贪，嘉庆帝明了历史不可抗拒的真理所致，只落得个怨人忧世作诗以解：升平日长久，风俗渐浮荡。官吏多怠疲，听讼事曲枉。以致下刁顽，犯上肆扰攘。实由予不明，举措失刑赏。

好在嘉庆帝有一定的自知之明。而出现拼搏二十五年一场空的结果，也实在由不得他一个人把持。记得前面我们提过让嘉庆中兴态势再度疲废的第一案发者是时任给事中的广兴，即也是首先揭发和珅罪行的那位。那么，我们来看看这个嘉庆中兴功臣，又是如何给嘉庆中兴当头一记重棒的。

广兴后来真是使嘉庆帝失望懊恼透顶。和珅被诛，广兴即晋升为副都御史，掌管四川军需大权。时年，清廷频仍用兵四川白莲教起义，而领兵将帅却任意挥霍挪用侵贪军饷，致四川军中武备废弛不堪，也使朝廷财政颇多靡耗。广兴走马上任伊始，就大力整饬财经纪律，堵塞各种漏冒，精核细算，当月节省银数十万两，如此行事，自然得罪军中多人，他们妄决滋事到嘉庆帝面前弹劾广兴。而嘉庆闻报，心中喜欣不禁，不久擢升广兴为兵部侍郎，兼副都统、刑部侍郎，再兼内务府总管大臣。真可谓权赫显耀，炙手可热。可广兴却应了那句宠甚则骄的古话。于是，手握重权、受宠无比的广兴开始恣意妄为。仅举广兴赴差河南山东办案时勒索、受馈一例，可见其贪婪成性之斑痕。一次收山东巡抚阮元送银一千两，总督长龄三百两，东昌知府一千两，聊城县官一千两，摊派全省出招待费达四万九千九百两之巨，而在河南办案收巡抚马慧裕三次送银二万两。贪赃日甚的广兴，性情上更是性耽风花雪月，日夜纵情放浪，日拥优妓不辞声色，真可谓食欲、权欲、性欲，尽享纵放，毫无敛迹。一朝事败，嘉庆帝怎么也想不到昔日反贪惩腐的急先锋，如今成了奇贪卑污的最大魁手。这不能不让嘉庆帝愕然无趣，只好撕破脸皮予以严惩。

如果说广兴案发是对嘉庆惩弊的一个小小讽刺的话，那么随后接二连三发生的怪事，更是让嘉庆帝挠头深深了。诸如皇后之兄盛住贪污舞弊侵吞修建昌陵之款，这在事死如事生的封建帝王那里实在是恶极不赦的罪行；直隶布政司承办司书王丽南、湖南武陵钱粮司书肖嗣陇竟敢私刻印章，改写单据，冒领吞领公款白银上百万两之巨；再就是康雍乾三朝都倾力治河一事，到了嘉庆朝也大力治河，可关乎国计民生的漕运之款，工部书吏王书常、蔡永受等敢冒天下之大不韪而冒领侵吞为己有……如此等等，不一而足。

再如果说反腐愈腐使嘉庆帝只能哀叹"予可欺，天可欺乎"的话，那么一起骇人的"杀官案"，就更让嘉庆帝震惊不已了。

嘉庆十三年春夏之交，安徽省连遭暴雨，洪患冲民。朝廷一面组织军民全力抗洪抢险，一面拨款赈济。而当时灾害最重的山阳县县令王伸汉，不顾灾民生死，竟敢谎报灾情，妄列灾户，从而浮领赈济款白银二万三千余两，其中一万三千两中饱私囊，其余分散他人。当朝廷派查赈委员李毓昌赴山阳县调查赈济情况，访知此案并暗取证据准备约见县令时，不料李毓昌仆役李祥、顾祥和马连升三人，因怨恨主人平素管教他们太严不得贪私，窥知内情密告山阳县县令王伸汉。王伸汉行贿李毓昌遭拒后，就设计灌醉李毓昌，收买其仆役下毒缢死李毓昌并伪装李自缢假象。后来，王伸汉又贿见淮安知府王毅一千两白银，而蒙混草结此案。

再后来，李毓昌叔父武生李泰清自山东即墨领已入棺的侄尸返故里，准备安葬。李毓昌中考出仕为官，不料却魂断他乡，其妻悲恸不已，在整理李之遗物，发现一件揉皱的蓝布羊裘色泽斑驳，以水冲洗竟变赤而有血腥味。李妻大惊，哭倒在棺木前要求开棺验尸。棺木打开，发现李毓昌面涂石灰，扒衣而见其胸腹、十指皆呈青黑色，细查又见颈上有明显勒痕，且双拳紧握，似临死前拼命挣扎状。李妻哭冤倒地发誓："天呐！谁杀我夫者，我誓报此仇。"李之叔父李泰清亦愤然："此非妇人之事，李家尚有男人在，申冤之事我责无旁贷。"

嘉庆十四年五月，李泰清呈状京师都察院。朝廷命官冤死，都察院立即奏报嘉庆帝。嘉庆细阅控状，心里十分不是滋味。他立即降旨，委派朝廷干练要员赴山东验查，命两江总督铁保解押淮安知府、山阳县令及李毓昌三仆役严加审讯，案犯供认不讳。这又恰似一闷棍击在嘉庆帝的头上，他惊呼："江南竟有如此奇案。"

此案审结后如何惩处不论，仅此可见吏治腐败到了何种程度。嘉庆帝为此所作三十韵《悯忠诗》说："毒甚王伸汉，哀哉李毓昌。揭帖才书就，杀机已暗藏。造谋始一令，助逆继三祥。义魄沉杯茗，旅魂绕屋梁。骨黑心终赤，诚求案尽详。国恩未周遍，吏习盖荒唐。"在此注解中，嘉庆帝说了这样一句话："冒赈谋命之案，不唯肆其贪黩，甚至将不肯附和和捏冒之人毒害殒命，更出天理人情之外，吏治尚可问乎？"

吏治腐败不可问，在嘉庆帝晚年发生的兵部关防行印丢失一案，更是时人不敢问，今人无从问的。

兵部关防行印，系调动兵力、撤换人事、批发军需等要事之证。行印失窃，若说仅营私舞弊之用，关系非惊；而若是谋夺军权，图谋大清神器，那还了得？

嘉庆二十五年三月初七日，嘉庆起谒东陵，兵部监印吏鲍干入库取印不见，鲍竟不奏报，以他印搪塞。帝于初八日至汤山，才得奏闻，惊诧异常，命庄亲王绵恪、留京大学士曹振镛和尚书英和、和宁、韩崶等人查报。因书吏鲍干取行印不见，而无惊恐状，随以重大嫌疑问之。讯问月余，鲍干供出兵部部吏周恩绶曾与其商盗关防行印，鲍未允。周就串通掌管空白礼札之人，私自从把总郭定元处换取盖有关防行印的礼札。后嘉庆帝细查，发现郭所持礼札上的印章是兵部堂印，而非行印。由此，本可再深入查问。不料，在关键时刻绵恪等人奏称"鲍干身体虚弱，未便刑求"，同时自咎其责，请皇上另派他人负责此案。

无头公案，漫无头绪。嘉庆帝震怒，处分绵恪等人仍限期由他们"昼夜熬讯"。熬讯结果：一是兵部值班司员不尽责，行印掌管白天由该班的莫即弋掌管，晚间由值宿的书吏保存。如此，私取甚易。二是去年九月该部差役黄勇兴家娶儿媳时，为花轿嫁妆通行方便打通部库后围墙，直到本年三月初七日发现行印丢失后才修补上。

由此，查办黄勇兴，黄已故去。嘉庆帝除了再惩处兵部官员外，仍无从得知行印何在。后来，嘉庆帝思想兵部行印专为随营携带而置，是否去年秋狝木兰时所失呢？仅据此，他降旨将当时随行的兵部书役莫即戈等人从他库尔什押回京师候审。审讯中，莫即戈一口咬定行印在去年九月初三日秋狝后验明入库了。再审入库后当月值班司员何炳彝、庆禄二人，二人异口同声称他们交班时确验后入匣收藏了。如此查下去，终无了断。严行逼问，堂书鲍干终于供出，兵部行印由书吏俞辉庭在去年秋狝木兰时丢失。去年八月二十九日，嘉庆帝一行秋狝遇雨提前返京途经巴克什营行宫休息，管印书吏俞辉庭睡熟而使行印失窃。返京后，俞贿赂鲍共同隐饰过关，且当月值班的何、庆二人亦未查验。案件查清，嘉庆除又处分一些人外，兵部行印仍无从查知，至今仍是一谜。

像这种吏部腐败、贪污腐化、政事疲怠之事，在嘉庆晚年更是数不胜数。如此久了，昔日刚毅果决、锐气锋芒的嘉庆帝，早已被颓钝、失落、懊丧、无奈、烦忧、困惑所浸化。再加上嘉庆帝缺少乃祖雍正帝那种"不惮府怨"的气魄，更兼自身惯以"守成"束己的思想，最后落个悲怆的结局，也就是事之必然了。

历史马车前行，任何个人想挽回逆行，都是徒劳无益的。或许，一朝主宰人能起到一定的缓冲作用，但那注定要被时代所淘汰，从而，留给自己及后人一个可嚼可品的悲怆之梦罢了。

（四）无古柏苍松之谜

1997 年 10 月 19 日，中国青年报社记者苏敏采写的一则"东陵珍宝在京展示"的消息，吸引人们走进展出地——北京故宫博物院。徜徉在这座昔日皇家禁宫里，似乎总让人感觉到心里缺少点什么。古柏苍松！想起一位友人说故宫里没有一棵上百年的古松柏，仔细搜寻除御花园里鲜见几株外，其余各处果如其云，栽种松柏，历来是威仪、肃穆官苑中的定制。因为这不仅仅是美化环境，映衬宫廷皇家森严气氛，同时还寓意着封建帝王渴望江山万代、岁远天长的心愿。那么，作为三朝皇家宫苑的故宫何以如此呢？这确实是一个奇妙的谜题。为探寻谜底，我们不得不用笔触划破历史封面，叩问 1814 年前那场政治风暴所遗的岁月残片。

嘉庆十八年（公元 1813 年），天理教京畿起义，是嘉庆朝继"苗事""教事"和"海事"之后，又一剂警策和摧垮大清帝国君主嘉庆心理防线及政防的"良药"。天理教是白莲教的一个分支，原名荣华会或龙华会。主要活动在河北、河南、山东、山西等省。因其组织以八卦分派，故又称八卦教，即坎教、坤教、震教、兑教、乾教、艮教、巽教、离教，尤以坎教、震教、离教三派力量最盛。到嘉庆十三年，京师大兴县人林清取代郭潮俊任坎卦卦主，并将荣华会改名为天理教。天理教实行五戒：戒杀、戒盗、戒淫、戒毁、戒欺，信奉"三际说"和"八字真言"，宣扬说弥勒佛转世来普度众生，使受苦受难的穷苦人登上"真空家乡"共享"荣华"。该教还把儒家思想融入教义，以仁、义、礼、智、信为基础，将"非礼勿视，非礼勿听，非礼勿言，非礼勿动"作为誓言。这些行为，无疑给处在水深火热中的穷苦百姓，在思想意念上予以寄托和希望。天理教首领除直隶省的林清外，还有河南、山东的李文成、冯克善、牛亮臣和刘国明等人。他们以传教为名，大力发展组织，教徒除了贫苦百姓和小工业生产者外，还有少数的地主和中下层官吏，特别是发展了一些宫廷里的太监和满族宗室人员。这些都为起义作了准备工作。

为使这次满、汉共同反清的起义一举成功，坎卦卦主林清早在嘉庆十六年就三次南下，与河南滑县震卦卦主李文成等人共商大计。他们据钦天监测得在嘉庆十八年八

月将有"彗星出西北方"一星象说，为起义找到"天象示变"的理由。李文成认为"星射紫薇垣，主兵象。应在酉之年、戌之月、寅之日、午之时"，并于嘉庆十七年十二月赴京师约见林清，遂定于嘉庆十八年九月十五日午时正式起义。起义时，由林清负责攻取北京，李文成负责占据河南，冯克善夺领山东，由于林清人数较少，决定届时李文成派一千名教徒进京助战。

计议停当，各派分头准备。不料，李文成派牛亮臣在滑县东南大伾山赶制武器时，被滑县老安司巡检刘斌微服夜巡时发觉。李文成、牛亮臣被捕入狱，起义军首领黄兴宰、黄兴相等人决定提前举事，于是年九月初七日陷滑县救出李文成和牛亮臣。随后，直隶、山东的天理教徒也纷纷响应，一时间声威大震。其时，嘉庆帝正在秋狝木兰的归途中，他急忙调兵遣将，任命直隶总督温承惠为钦差大臣，驰赴滑县等地进行剿杀。

由于温承惠的进剿，致使李文成的队伍无法按时北上援助林清。而林清又无法与滑县及时联络，对李文成提前举事和北上受阻无从知晓。九月十五日前夕，林清认定起义日期为"天定"，未接受教徒清廷正黄旗汉军曹福昌建议，乘十七日留京王大臣出迎白涧的嘉庆时京城空虚的良机，而使起义成功再添败数。

其实，林清策划京畿天理教起义也早露风声。且不说卢沟桥巡检陈绍荣，"见属内居民慌乱，访知共谋"，就连起义具体时日都被豫亲王裕丰的族人祝海庆所掌握。只是因为清廷官员因循疲玩时久，未采取预先剿灭行动罢了。特别是豫亲王裕丰，曾随皇帝出巡时住宿过林清家，怕事发牵连自己而不敢究问。再如步兵统领吉伦闻听左营参将攀舆报告，"托言迎銮白涧，骀从出都门"，并厉声训斥说："近日太平乃尔，尔作此疯语耶?!"

林清按原计划组织起义行动，因听取内应太监刘得才"禁中不广，难容多人"的建议，仅组织两百名教徒，分作三个小分队，由东西华门攻击。进东华门的由陈爽领首，刘呈祥断后，引路太监刘得才、刘金；西路义军陈文魁带队，刘永泰押尾，太监扬进忠、高广福和张太领路；王得禄和阎进喜领中路策应；林清坐守大兴县黄村。九月十四日，起义军以"白帕"为标志，上写"同心合我，永不分离"等字样，分别扮成商贩潜藏在菜市口、珠市口、前门和鲜鱼口等处，待十五日午时一到就向紫禁城发起进攻。

九月十五日近午，东华门外义军因与往宫中送物资的宫人发生争执，被守门清军发觉，急关门阻挡。义军见状，只好立即冲击，只有陈爽带几个人闯入，其者全被关在门外。进攻西华门的义军，在太监扬进忠的带领下，全部冲入并关闭城门拒挡清军。义军爬上城楼，打起书有"大明天顺""顺天保民"的旗帜，号引城外义军进攻。进入西华门的义军在陈文魁带领下，与宫内侍卫展开肉搏战，很快打到尚衣监文颖馆，到达隆宗门附近，并向嘉庆居室养心殿进发。当时，宫内遭此突变，人人惊惧，仓乱不堪，甚至一些亲王和护军统领等人忙准备车乘，"以备后妃之行"。可见，昔日跋扈的满洲贵胄八旗子弟早已退变成庸缩之辈。突变之时，唯有正在书房攻读诗书的旻宁（即道光帝）尚算镇静，他急忙命太监取鸟铳反击，连击中两名已爬上房顶的义军。义军受阻，准备放火焚烧隆宗门。此刻，留京仪亲王永璇、成亲王永瑆、庄亲王绵恪等人，率御林军数百人围攻义军。义军寡不敌众，被杀被捕甚多，余者溃散无觅。九月十七日，林清被"城中事业有成，奉相公命，宴请人朝"谎言诱捕人狱。至此，惊险奇绝的天理教京畿起义宣告失败。

九月十六日，嘉庆从雩髻行宫至白涧行宫途中，闻知京城之变的过程，十分震惊地说："自古以来未有之奇变!"经过此自古未有奇变后，嘉庆帝除了诛戮义军人员外，着重对内政的疲玩因循之风进行了整顿，严惩了一大批宗室和八旗属人，并刷新政事调整领导层人事任免。写到这，不由想起在嘉庆淘汰老迈冗员、提拔新贤的过程中，出现一起令人啼笑皆非、深思难省的怪事。说与读者一笑：内阁年迈者多被淘汰，时堂官举荐原户部郎中汪镛任内阁学士，嘉庆授之并召其进见，谁知皇帝所见"其人老迈龙钟，两耳重听，询其年岁履历，不能奏对，唯免冠叩首，流泪战栗而已。"这不仅使人哭笑不得，也是对嘉庆下大力整饬内政的一个绝妙之讽刺和嘲弄。

相传嘉庆平息天理教起义后，询问义军如何攻进紫禁城，并爬上养心殿时，有人对曰："贼匪攀援殿外树木而上房矣。"嘉庆遂下令将宫内千年古树尽数砍伐，并谕旨"永不栽植"。这就是今天偌大故宫内何以没有成年古柏苍松之谜底。

这种说法，多传于民间俗里，不为史界所信。可到底何故，又无从考据。不过，想中兴不成，退而求守成的嘉庆朝，类似此类怪异之事实在太多，且多为其他帝王所从未遇的。特别是嘉庆八年流民陈德一人深入森严皇宫行刺一案，更是前所未闻之奇闻。因为陈德行刺事件在史界和民传中有差异，且牵涉到天理教一节，故详述在此节中。

嘉庆八年（1803年）闰二月二十日，一桩千秋疑案在紫禁城里神武门和顺贞门之间发生了。而案中主人公流民陈德，竟使当时大清帝国所有官僚机构都启动起来，且最终草草了结，无从究底，这不能不说是一件奇怪的历史公案。

流民陈德，幼时就随父母典与山东官家为奴，以作佣工度日。年三十时娶妻，三十一岁时父母病故，遂携岳母、妻子到北京谋生。先后典与多家，后在内务府服役，对宫里情致较熟。后来妻生两儿，名陈禄儿、陈对儿，家境更艰，不日妻逝，岳母残废瘫痪在床，则"难有活路"。陈德不堪生活重压，遂终日借酒消愁，再被辞退，转而相信梦兆签语，想"起意惊驾，因祸得福"。

时年，陈德侦知嘉庆谒陵返京，就带着年仅十五岁的长子陈禄儿，预先潜入皇宫，进东华门，穿东西牌楼，过西夹道，绕至神武门，伏于西厢房山墙后。过不多久，嘉庆帝乘轿进入神武门，将至顺贞门时，陈德突然跃出，持一把小刀，冲向嘉庆帝的乘轿。突如其来的袭击，使在场的一百多名侍卫、护军和随行王大臣惊呆了，一个个手足无措，只有呆若木鸡的份了。唯御前大臣定亲王绵恩，固伦额附、喀尔喀亲王拉旺多尔济，御前侍卫扎克塔尔、珠尔杭阿、桑吉斯塔尔，乾清门侍卫、喀喇沁公丹巴多尔济六人，仓促迎前缉拿。搏斗中，绵恩被刺破袍袖，丹巴多尔济身中三刀，后因陈德力竭被擒，其子陈禄儿亦遭捉。

这惊险的一幕，嘉庆帝当时已过顺贞门，并未能目睹，对他当时可说是无惊无险罢了。可当嘉庆闻知内情，十分惊颤，当即命军机大臣会同刑部严审。当陈德所供纯属个人行为时，嘉庆不信，连下三道御旨增派满汉大学士、六部尚书、九卿科道共同会审，要求一定查出主使之人。虽说"连夜熬讯"，用尽"拧耳跪炼""掌嘴板责""刑夹押棍"等酷刑，陈德"仍如前供"。这实在是不可思议的事，后来，嘉庆害怕再刑讯下去，会引起朝廷内外、上下臣工相互猜疑，甚至籍机攻讦，导致朝政混乱，遂将陈德凌迟处死，其子陈禄儿、陈对儿也一并处斩，并奖惩了朝中功臣和失职懈怠者，草草了结此案。

至于陈德行刺究系何因，史学家多持"个人行为"，而野史和民间传闻，有和珅属人寻机复仇之说，亦有朝中皇亲不满而指使之说，但传系天理教所策划居多。据萧一山先生所撰《清代通史》记述："林清之变，其酝酿已非一时。先是嘉庆八年二月（有误，应为闰二月），颙琰谒东陵归，二十日进宫斋戒，将入顺贞门，突遇成德（即陈德）之行刺……以无实供，世莫知其所由。及十八年变起，山东金乡令吴楷，捕获林清党崔世俊，究出八年成德曾偕祝现至世俊家，宿一日，御者为支世才。始知成德本系林清党，非有他故。而山东巡抚以事属既往，删不入奏，遂成千秋疑案。"

更有姜守鹏先生在《中国帝王后妃外传·清代卷》中，将陈德行刺一节直接写题为"天理教行刺嘉庆帝"。守鹏先生在这一节中，将陈德说成技术高超的宫中御厨，后加入天理教，在宫中伺机行刺嘉庆。且看这段精彩的编撰：这一天，成得（即陈德）值班，他特意精心做了几道新菜，他使尽了浑身的解数把几道菜调理的格外香美。嘉庆皇帝吃得很合自己的胃口，就问这几道菜是谁做的？太监回答是成得做的。皇上就命太监宣御厨成得上殿，朕要亲自赏赐他！当成得知道皇上要召见他时，他心想："这回时机可真的要到了！皇帝老儿算你命短，你竟然召见我，我正好利用这个机会把你杀死！"他暗中把一把匕首藏在身上，就随同太监一起来到皇宫内，他发现皇上身旁的侍卫不多。成得心想："这样一个难得的机会，可千万不要错过。"他随太监进宫之后尽可能地靠近皇上之后才跪下，当嘉庆皇帝刚要问话时，只见成得突然从地上跃起，拔出身上的匕首，朝嘉庆皇帝就猛刺了过去。说时迟那时快，眼看匕首就要刺到嘉庆皇帝身上，嘉庆皇帝已来不及躲闪，但是只见剑光一闪，一把宝剑猛地将成得手中的匕首击飞，接着闪出一员猛将，一脚将成得踢翻在地，用剑逼住成得的喉咙，吩咐卫士将成得拿下，这才化险为夷，嘉庆皇帝此时已吓得脸色焦黄，身上抖个不停。挽救了嘉庆皇帝的这员猛将是谁呢？他不是别人，正是嘉庆皇帝的女儿庄敬和硕公主的丈

夫索特纳木多布济额驸。

以上说法，多来源于野史或外传，属附会无稽之谈，何能令人信奉。下面简述三点予以驳斥，还读者一合理答案。

其一，从陈德以及此案牵涉之犯孟启基、姜六格、黄五福等人当年在军机会严审时所作供词对比，可证明陈德在嘉庆八年始终在北京，未曾到过山东崔世俊家。何以受崔指使而行刺嘉庆？

其二，天理教京畿起义失败后，林清被诱捕而供出，其是在嘉庆十一年五月入荣华会，到十三年出任坎卦卦主，而崔世俊是在嘉庆九年加入离卦教。如此，陈德于嘉庆八年行刺嘉庆时，林、崔二人还不是天理教徒，何来"林清党"？陈又何去执行"林清党"之策划而去行刺呢？

其三，虽说陈德行刺一案距山东金乡令吴垲捕崔世俊已有十年，但如查明陈德系"林清党"，那岂不是陈年旧案又出新枝？如此重大发现，焉能以"事属既往，删入不奏"？当时，清廷正全力追查案情，山东巡抚同兴敢冒"欺君罔上"之大不韪，以身家性命隐匿之？

由此可见，陈德行刺绝无"林清党"策划之说，可能的确系"个人行为"。不过，从陈德行刺和教民攻入紫禁城两事思之，是否让人有"守成主偏多怪诞出格事，葬昌陵实属循制平添奇"的想法呢？

死因疑案

嘉庆帝在位期间，虽然内忧外患频仍，但经过他二十多年的苦心经营，平息了天理教紫禁城之变，肃清了广东、福建、浙江三省海盗的骚扰，镇压了陕西、江西、安徽、云南等地木工、农民、少数民族的起义，斥逐了英国阿美士德使团的无理行为，维护了清王朝的尊严，且不时免征百姓赋税，兴修河道，抗灾赈济等等，倒也能够守住父祖留下来的不世基业，把偌大的大清江山打点得社会安定，百姓安居乐业。他高高兴兴地度过了六十大寿，心满意足，决定围猎木兰，痛痛快快地享受一番。

嘉庆二十五年（公元 1820 年）七月，嘉庆帝按往年惯例秋狝木兰。秋狝全过程分为两个阶段。首先进驻热河避暑山庄，在此处边消夏边处理政务，大约占整个秋狝时间的三分之二。第二阶段即秋凉以后，再行北上赴木兰围猎，会见各蒙古王公大臣，加强与周边民族的和睦关系。在嘉庆皇帝看来，木兰秋狝主要是习劳练武，避免八旗由安逸而荒疏武备，同时也为款洽周边民族，并不是盘游畋猎，游玩欢览，而是遵从祖制家法，绍统守成的重要举措。七月十八日清晨，嘉庆帝自圆明园启銮。因皇后钮祜禄氏年老色衰，嘉庆帝让她留在宫中，只带了几位年轻的妃嫔随行。其他随行的除御前大臣、军机大臣及总管内务府大臣等外，还有皇次子智亲王旻宁，皇四子瑞亲王绵忻，皇长孙贝勒奕纬。命肃亲王永锡，大学士曹振镛，协办大学士兵部尚书伯麟，吏部尚书英和等留京办事。一切都很正常，当时谁也没有想到，嘉庆帝的这次离京，竟是他人生道路上的最后一段旅途。

嘉庆帝一行，自圆明园往北经汤泉，第一天抵达位于顺义县（今顺义区）西北之南石槽行宫，二十日驻跸密云县（今密云区）行宫。直隶总督方受畴奏称："深州（今河北深州市）地方，秋禾多有双穗至十一穗者"，并摘取了二十茎作为样本进呈。方受畴本想拍拍嘉庆帝的马屁，进呈祥瑞让嘉庆帝高兴一番，在秋狝开始时取个好兆头。不承想马屁拍到了马腿上，嘉庆对这一套"天人感应"的把戏并不欣赏，他认为"国家以丰年为瑞，何必以双歧合颖诩为美谈。"二十三日，嘉庆驻跸喀喇河屯行宫，下午，他略感不适，时有轻微发烧憋气。因出古北口后，塞外凉意扑面而来，早晚温差较大，大概偶染暑热。他对如此小恙，也没有放在心上。二十四日是前往热河行宫旅途的最后一天。这天天气晴好，嘉庆帝一行拂晓动身，经西平台、双塔山、元宝山之大三岔口，进入广仁岭，这是通向热河行宫的理想之路。广仁岭御道又称石筒子道，康熙末年，自山梁顶凿开修成一宽敞通途，赐名"广仁岭"。后来乾隆帝为了纪念乃祖这一创举，专门于此建一碑亭。

一路之上，满汉王公大臣一般骑马，只有嘉庆帝坐轿。可能是精神不太好，嘉庆帝在轿中时而瞌睡，时而沉思，很少下来走动改骑。车驾行至广仁岭的时候，周围山峦林木苍郁，峡谷幽雅深邃，流水潺潺相伴，路径平坦，前面一片开阔，真给人一种"山重水复疑无路，柳暗花明又一村"之感。嘉庆帝顿觉心旷神怡，谕令停轿。他走下轿子，呼吸一下新鲜空气，活动活动筋骨，吩咐道："马匹侍候。"侍卫们牵过马来，嘉庆帝兴致勃勃地说："朕要策马越过广仁岭。"皇次子旻宁见父皇年事已高，一路上身体又不太好，连忙说："父皇还是坐轿吧。"近侍太监也劝说道："皇上还是坐轿的好。"这位近侍太监深深了解嘉庆帝的饮食起居和身体状况，嘉庆帝这时已经六十一岁了，别看平时没有什么病，但由于贪恋女色，纵欲过度，身子已被淘空了。他的眼皮已非常松弛而且肥厚，他的手掌肥厚柔软却没有什么力量，他的大腿已毫无弹性，他的腰部叠起几层皮囊，他的腹部肥嘟嘟的，他的双乳松软且向下耷拉着。这一切都是高血压和冠心病的症状。像他这样六十多岁的老人，体态肥胖，根本不能从事跑马这种剧烈运动，血压、心脏和肺活量都承受不了。嘉庆帝没有听从旻宁和近侍太监的劝告，跨上骏马奔驰而去。他用力夹住马肚，让骏马撒开四蹄，纵横驰骋于塞外江南的怀抱，把所有烦恼的事情都抛之脑后，尽情享受大自然的壮丽景色。不多时，嘉庆帝便到了热河行宫。由于跑了一阵马，出了一身汗，嘉庆帝觉得周身有说不出的轻松，呼吸也畅快些。他不知道，他路上感染上了暑热，好好休息一下，应该没有什么大碍。

可是由于他的固执，肆意地骑马狂奔了一段，出了一身汗，被凉风一吹，一下子就中暑了，最后竟要了他的老命。

热河行宫不仅是个山清水秀，景色宜人的好地方，并且坐落在京都与西北蒙藏各族居地接壤处，往来木兰围场十分方便，又适宜进行政治军事活动。康熙帝在择地开辟行宫时曾说："朕数巡江南，深知南方之秀丽；而幸秦陇，益明西土之殚陈；北过龙沙，东游长白，山川之壮，人物之朴，亦不能尽述。皆吾之所不取，惟兹热河。"到了避暑山庄后，嘉庆帝稍事休息，就立即处理政务。一是擢升詹事府少詹事奎照为詹事。奎照是内务府大臣、尚书、军机大臣上行走英和的儿子。太上皇乾隆帝在位期间，和珅独揽朝政。那时和珅见英和年少英俊，才华横溢，欲将其女许配英和为妻，却遭到英和与其父尚书德保的拒绝。当时和珅深得乾隆的宠幸，权倾天下，在朝中一手遮天，多少人千方百计溜须拍马，谄媚邀宠唯恐不及，而德保父子竟能一身正气，不屑与和珅为伍，实属罕见。嘉庆亲政后，对英和十分欣赏和重用，提拔他当尚书和军机大臣。此次离开紫禁城，在留京办事的四大臣中，除亲王、大学士外，尚书只有英和一人，可见嘉庆对英和是何等信任。现在又提拔他的儿子，就是要向天下传达一个信息，正直而又有学识的人一定会得到重用的，以此来培养一种新的社会风尚。二是加赏热河绿营兵丁及看守避暑山庄弁兵每人一月钱粮，看守口外各行宫弁兵每人半月钱粮。此乃惯例，以示关怀及奖励他们对皇帝安全的警卫工作。处理完政务后，嘉庆帝回到了烟波致爽殿休息。烟波致爽殿是皇帝的寝宫，面积有七间房子大，正中三间设皇帝宝座，为皇帝接受后妃进见之处。西边头间为佛堂，后间即是皇帝寝室，东边两间则是皇帝与近臣议事场所。殿之两侧，有走廊与门殿相连，门殿两边有侧门可通东西"侧宫"，即后妃居住的地方。皇帝若要临幸哪位后妃，便可直接走进去，十分方便。

吃过晚饭后，嘉庆帝准备就寝时，突然感到身子十分不适。他以为是白天骑马颠簸的缘故，腿部和手臂有刺痛。四肢酸软乏力，胸口烦躁郁闷，十分难受，尤其不能平躺。忙碌了一天，嘉庆帝十分疲惫，渴望尽快入睡，可痰气上涌，又无法睡得安稳，处于一种似睡非睡似醒非醒的状态。睡到半夜，嘉庆帝感受到全身发冷.就像要掉到冰窖子里一样，冷气从心里直往外冒。他知道自己是中暑了，受了风寒，于是让近侍太监去熬碗热汤。可是喝过热汤以后仍不减心中的寒冷，于是就在身上盖起棉被，蒙头大睡，可还是睡不着，只好半坐半卧着。越是睡不着，大脑皮层的活动就越活跃。这时，亲政后的一幕幕往事——在脑海浮现：想起自己在父皇大丧之日诛杀和珅，是何等的果敢和英明；想到官员的贪黩和怠玩是如何侵蚀大清帝国的根基，自己的心里就有说不出的难受，自己亲政之初就整顿吏治，可腐败就像韭菜一样，割了一茬又长一茬，越反越多，是自己心中永远的痛；再就是河患不断一直是困扰自己的一块心病。朦朦胧胧之中，他仿佛又看到许多被杀害的天理教徒哭叫着向他索命……就这样，似睡非睡，迷迷糊糊，一直挨到天明。

　　七月二十五日清晨，嘉庆帝从朦胧中醒来，由于缺乏睡眠，他的脸面显得苍白浮肿。昨晚的症状仍不见好转，身体变得更加虚弱，不断的痰涌使呼吸变得更加困难起来。嘉庆帝的妃嫔们及皇次子旻宁、皇四子绵忻来请早安，嘉庆帝已不能下床行动了。上午，嘉庆帝病情加重，胸口闷痛，说话断断续续，十分困难，但他头脑却异常清醒，仍然带病坚持工作，"以詹事府少詹事朱士彦为内阁学士，兼礼部侍郎衔；翰林院侍读学士顾皋为詹事府詹事。"这是嘉庆帝一生最后处理的一项政务，也是他发布的最后一项人事任命。道光帝即位时，召见顾皋，握着他的手，大恸不已，盖怀念先皇帝临死当天对顾重用之情，这是后话。时至午后，嘉庆帝的病情急剧变化。从表象看，痰涌堵塞气管，呼吸更加困难，已经无法说话，时而清醒，时而昏迷，处于一种弥留状态。皇子、皇孙和王公大臣们都心急如焚，但又束手无策，唯有在西间佛堂祷告苍天，期望上苍能够保佑人间的帝王渡过难关。那些平时养尊处优的太医们，关键时刻就派不上用场了，虽使出浑身解数，也阻挡不住死神的步伐，抑制不住嘉庆皇帝病情的恶化。其实，嘉庆帝的病情，与他母亲魏佳氏一样，都是偶染风寒，只要静心调养，避免刺激，是没有什么大碍的，但由于没有引起足够重视，导致病情加重，最后送了性命。

　　正当嘉庆帝生命垂危处于弥留之际时，热河上空突然电闪雷鸣，电光闪闪，像一支支锐利的冷剑，劈开天幕，自长空直刺而降；阵阵惊雷在山庄行殿周围炸响，似乎要把避暑山庄劈个粉碎。天发雷电，风云异色，给皇帝病危增添了一种恐怖神秘的气氛。妃嫔、皇子、皇孙、王公大臣、太医、太监和侍卫们，都被这巨雷霹雳震呆了，他们惊慌失措地围拢在嘉庆帝的床边护卫着他，在大自然的淫威面前，人间帝王显得是如此脆弱和不堪一击。嘉庆帝睁着恐怖的眼睛，他的躯体在霹雳声中战栗，他的灵魂在霹雳声中出壳。在闪电的映照下，他已完全失去了往日人间帝王的风采，更像一个被死神逼上绝路的行将就木的老人。他眯着失神的眼睛，抬起手，艰难地比画着。大臣们都知道这手势的意思是在吩咐后事，让他们拿来鐍匣，找出密诏，宣布皇太子继位。可一时仓促，鐍匣怎么也找不着。突然，似有一个火球闪进烟波致爽殿，整个大殿被白亮的电光照个透彻，同时，一个炸雷崩响在烟波致爽殿上，整个大殿像被几条恶龙抓起来腾到天空，突然间又摔到地上，大殿的门窗被炸得粉碎，殿体在风雨中摇晃着。响雷过后，众人再看嘉庆皇帝，已溘然长逝了。紧接着大雨倾盆而下，与皇子、皇孙、王公大臣的哭声汇成一支悲壮的安魂曲，宣告清王朝嘉庆时代的结束。

　　嘉庆二十五年（公元1820年）七月二十五日晚上七时左右，嘉庆皇帝崩逝于避暑山庄烟波致爽殿，享年六十一岁。由于嘉庆帝弥留和逝世正处于热河雷暴时刻，且卧病只有一日，于是有关他的死亡便和雷电联系起来，出现了因雷击而猝死的传闻。

　　传闻是这样的：嘉庆帝不仅贪恋女色，而且酷爱男风，乱搞同性恋，长期嬖宠一名面貌清秀的小太监，经常干那龌龊的勾当，引起后妃和近侍大臣们的非议。到达避暑山庄后，两人更是如胶似漆，形影不离。嘉庆帝的寝宫设在烟波致爽殿，殿后有一座小楼，名"云山胜地"，为正宫的终点。该楼为避暑山庄的制高点，共两层，面阔五间，玲珑雅致，站在楼上，山庄景色尽收眼底。据说，此楼正是嘉庆帝与小太监的幽会场所。一天，他们正在此寻欢，忽然道道闪电劈开云层而下，一个火球飞进小楼，在嘉庆帝身上炸开，顿时被雷劈死。于是，人们议论纷纷，作为一个封建帝王，他竟然敢冒天下之大不韪，乱搞同性恋，破坏了神圣的纲纪，悖乱了伦常，已经到了上天难以忍受的地步，所以派遣雷神来惩罚他。那天他被雷轰击，天火烧尽他罪孽深重的身躯，变成一堆骨头，无法收殓入棺。大臣们想了个法子，将一体材相貌同嘉庆帝相似的太监绞死，再打扮盛装，真皇帝骸骨放在棺材底部，上面平躺着假皇帝尸体，运回北京。这种谣传没有丝毫史实根据，嘉庆帝是个老实本分的皇帝，一生以父祖的江山社稷为重，并且信奉儒家的治国方略和传统道德，根本不可能做出离经叛道的事情。根据嘉庆帝的病状以及当时避暑山庄的情景可以推定，嘉庆帝是因途中染暑、劳累过度、过分自信、思想麻痹、医疗不周等导致心肌梗塞或脑中风而死，时值雷暴，对其猝死可能有影响，但却非遭雷劈致死。因为，嘉庆帝的寝室在烟波致爽殿内最西边一间，西、北墙全为厚砖结构，墙上没有窗户，南墙与佛堂相隔，只东边通门边殿中宝座。即使避暑山庄当时处于雷发区，可烟波致爽殿不是高层建筑，殿后尚有云山胜地楼，电柱或雷球，不可能从殿正门或南墙（敞开处）进入，穿过正中三间，再拐入最西间炸开。更何况，当时殿中一片混乱，妃嫔、皇子、皇孙及王公大臣、侍卫、太监们都在皇帝寝室、外间及殿堂周围，只有嘉庆帝一人平躺在床上，既不是最接近的电击面，也不是制高点，若真有雷劈下来，被雷击中的也不应该是他本人。如果非要说嘉庆帝由于罪孽深重，上天派遣雷神加以惩处，那只能是强词夺理的无稽之谈。

嘉庆帝猝死留给人们的是猜不透的谜底，又给旻宁继位涂上了一层扑朔迷离的色彩。对于嘉庆帝之死，《清仁宗实录》是这样记载的："晡夕，上疾大渐，召御前大臣赛冲阿、索特那木多尔斋，军机大臣托津、戴均元、卢荫溥、文孚，总管内务府大臣禧恩、和世泰，公启鐍匣，宣示御书：嘉庆四年四月初十日卯初立皇太子旻宁。戌刻，上崩于避暑山庄行殿寝宫。"这是赤裸裸的篡改，它将纷繁复杂的事实简略地进行歪曲和否定，肆意掩盖了由于嘉庆帝猝死而引发的嘉、道两朝交替期间发生的继统危机。

前面讲过，嘉庆帝平时身体一直很好，没有什么病史，他在热河避暑山庄染病时，自己并不在意，而病情却是急剧恶化的，以至当时他对自己的后事、建储缄名诏书以及遗诏等有关国家稳定的重大事宜都无法交代清楚，从而引发了皇次子旻宁继位的危机。当嘉庆帝处于弥留之际时，已经不能言语，用手比画着。在场的皇子、皇孙、王公大臣都惊慌失措，乱了方寸，唯有大学士戴均元、托津稍微沉着镇定。他们想，皇帝就要咽气，而天大要事、当务之急就是要新帝继统，谁来嗣承皇位，本来应该由皇帝本人决定，但嘉庆帝既然说不了话，又因仓促来不及交代后事，如此比画，最重要的莫过于要王公大臣找出鐍匣，宣读密诏，立太子继承皇位。

按照雍正帝创建的秘密建储家法，皇帝在将咽气时或咽气后，必须立即启开鐍匣，宣布皇帝继承人，然后才能发丧。关于建储缄名密诏，雍正帝和乾隆帝都明确地说是"缄名于乾清宫正大光明匾额后"。嘉庆帝虽然也遵用秘密建储家法，但他即位之后，一直是霉运不断，怪事迭出。嘉庆二年（公元1797年），乾清宫毁于火灾，"正大光明"匾也化为灰烬。"正大光明"匾四字，为顺治皇帝所书，笔力浑厚苍劲，旁有康熙帝、乾隆帝的跋言。重修乾清宫后，"正大光明"匾根据藏于御书处真迹摹拓重制。嘉庆十八年（公元1813年），天理教徒攻打紫禁城，差一点用火把皇宫点着。嘉庆二十四年（公元1819年），皇宫内文颖馆失火，烧掉几间房屋，幸被及时扑灭。嘉庆帝害怕建储缄名密诏长期放在"正大光明"匾后毫无安全保障，所以改为"缄藏鐍匣"。鐍匣是用楠木制造的，其规格长32厘米、宽16.7厘米、厚8.7厘米，体积较大。但鐍匣究竟藏在什么地方？只有他一个人知道。

七月二十五日下午，嘉庆帝病情恶化，他用手势比画着，托津、戴均元心领神会，知道皇上欲宣布密立诏书。两人仔细摸遍嘉庆帝全身，不见密诏踪影。接着监督内侍打开皇帝自京城带来的十几个箱子，真可谓翻箱倒柜，里里外外全都搜遍，也是一无所获。这时，嘉庆帝已经停止了呼吸，驾鹤西去了，在避暑山庄的王公大臣和侍卫们都陷入混乱和恐怖之中。

嘉庆帝临终前既没有交代，建储密诏又找不出来，立储问题是否会演变成兄弟残杀、争夺皇位的悲剧？嘉庆帝一生共有后、妃、嫔十四人，其中皇后二人，即孝淑皇后喜塔腊氏与孝和皇后钮祜禄氏；贵妃二人，即恭顺皇贵妃钮祜禄氏与和裕皇贵妃刘佳氏；妃四人，即华妃侯佳氏、庄妃王佳氏、恕妃完颜氏、信妃刘佳氏；嫔六人，即恩嫔乌雅氏、简嫔关佳氏、逊嫔沈佳氏、荣嫔梁氏、淳嫔董佳氏、安嫔苏完尼瓜尔佳氏。嘉庆帝共有五个儿子，分别是：和裕皇贵妃刘佳氏生皇长子；孝淑皇后喜塔腊氏生皇次子旻宁，即后来的道光皇帝；孝和皇后钮祜禄氏生皇三子绵恺和皇四子绵忻；恭顺皇贵妃钮祜禄氏生皇五子绵愉。嘉庆帝共有九个女儿，分别是：简嫔关佳氏生皇长女；孝淑皇后喜塔腊氏生皇次女和皇四女庄静固伦公主；孝和皇后钮祜禄氏生皇七女；恭顺皇贵妃钮祜禄氏生皇八女和皇九女慧愍固伦公主；和裕皇贵妃刘佳氏生皇三女庄敬和硕公主；华妃侯佳氏生皇六女；逊嫔沈佳氏生皇五女慧安和硕公主。这九个女儿，除皇三女庄敬和硕公主和皇四女庄静固伦公主长大成年出嫁外，其余七人均早逝。

皇长子，生于乾隆四十四年（公元1779年）十二月二十九日，生母是和裕皇贵妃刘佳氏，于乾隆四十五年（公元1780年）三月初六日去世，名义上是两岁，实际上只活了三个月，没有取名。嘉庆期间亦未给任何封号，其穆郡王封爵，则是嘉庆二十五年（公元1820年）道光帝即位后，为了悼念这位大阿哥而追封的。

皇次子旻宁，生于乾隆四十七年（公元1782年）八月初十日，生母是嘉庆帝的结发妻子孝淑睿皇后喜塔腊氏。他是嘉庆帝的唯一嫡子。嘉庆二年（公元1797年），孝淑睿皇后喜塔腊氏病逝后，嘉庆帝把对爱妻的恩爱全部倾注到旻宁身上，寄予厚望，并于嘉庆四年（公元1799年）四月初四日，遵用密建家法，亲书旻宁之名，密缄鐍匣，内定为皇储。三十多年来，嘉庆帝尤其关心对旻宁的教育培养，时常让他代替自己祭祀天地祖宗，出巡陪伴左右，耳濡目染，体会为君之道，治国之术。当旻宁进入而立之年时，历史并没有为他提供多少显示才能的机会。如何树立旻宁在满朝文武大臣中的威信和影响，以便他将来能够按部就班地顺利继承皇位，这一直是令嘉庆帝寝食难安的大事。嘉庆十八年（公元1813年）天理教徒攻打皇宫终于给旻宁提供了一个展示自己才能的大好机会，旻宁抓住了这个机会，表现得十分勇敢，令嘉庆帝满意，最终得以继承皇位。是年，旻宁正跟随父皇在热河打猎，因猎物稀少，收获不大，嘉庆帝心中不快，让旻宁、绵恺提前返京。旻宁返京不久，九月十五日正在上书房读书，忽报天理教徒自东华门攻进皇宫。旻宁躲在上书房不敢出来，至午后，以为天理教徒已被消灭，事态已经平息，准备赴储秀宫向皇后钮祜禄氏等人请安时，另一路天理教徒攻进了西华门。不久隆宗门杀声震天，撞门声大作。当时，旻宁虽说已年过三二十，但一直生长在皇宫，养尊处优惯了，根本没有经过血与火的锻炼和洗礼，吓得心惊肉跳，不知如何是好。当时情况十分危急，有五六名天理教徒已经从御膳房矮墙爬上内右门西大墙，若再向北去，就能到达储秀宫，乃是皇后钮祜禄氏等后妃居住的地方。如果天理教徒攻进储秀宫，嘉庆帝的后妃受辱，那大清帝国的脸面何存。在这危急关头，经身旁总管太监常永贵提醒，旻宁用手中鸟枪连续打倒墙上两名天理教徒，其他的也就无法再上墙了。天理教徒被清军镇压后，嘉庆帝论功行赏，重奖旻宁。他考虑到旻宁年过三十，既无战功，又无政绩，默默无闻。此次开枪击毙天理教徒，正是树立他威望的最好时机。所以，嘉庆帝把头功给予旻宁，称赞他"实属有胆有识，忠孝兼备"，"身先捍卫，获保安全"，晋封他为智亲王，增俸银一万二千两，号所御枪曰"威烈"，真可谓用心良苦。难能可贵的是，旻宁居功不自傲，表现了一个未来帝王的广阔胸襟。他在如此厚赏面前谦称："事在仓促，又无御贼之人，事不由己。幸叨天、祖、皇父、皇母鸿福，却贼无事。子臣年幼无知，于事后愈思愈恐。所有恩纶奖谕之处，子臣有何谋何勇？实不敢当。"嘉庆帝对于旻宁这样自谦更是赞赏不已，心中甚慰。嘉庆帝驾崩时，旻宁已三十九岁，所以，无论立嫡立长，都非旻宁莫属。

皇三子绵恺，生于乾隆六十年（公元1795年）六月二十二日，生母是孝和睿皇后钮祜禄氏，她在后来虽继为皇后，但毕竟是侧室福晋，所以绵恺算不上是嫡子。绵恺学习不努力，品质亦不甚淳朴，嘉庆帝对他的印象不太好。不过在嘉庆十八年（公元1813年）"癸酉之变"中，他曾随同皇次子旻宁狙击天理教徒，也曾受到过嘉庆帝的褒扬，但旻宁由此而受封为亲王，而绵恺却无此厚赏，可见嘉庆帝对绵恺是有看法的。嘉庆二十二年（公元1817年）正月，嘉庆帝又一次指责绵恺说："朕闻三阿哥则经年累月，诗文俱置不作……阿哥等日在书房，并无他事，又无旗务管理，若仅卯入申出，不肯留心学问，岂不竟成佚旷。"这时绵恺已是二十四岁的成人了，竟要父皇做这样的训诫，可见绵恺是如何的不成器。在嘉庆帝的心目中，绵恺根本没有继承皇位的可能。嘉庆帝驾崩时，绵恺已二十六岁，如果找不到建储密诏，他将是旻宁继承皇位的最大竞争对手。

皇四子绵忻，生于嘉庆十年（公元1805年）二月初九日，与三阿哥绵恺是同母兄弟，但出生的时间相隔达十年之久。从嘉庆元年（公元1796年）到嘉庆十年（公元1805年）之前的这段时间里，嘉庆帝的众多后妃，竟没有一人生育过子女，这可能是嘉庆帝在嗣位和亲政后，被"教事""苗事""海事"等弄得焦头烂额，无心依恋宫闱的缘故吧。嘉庆帝嗣位后所得的四个子女，全部在嘉庆十年以后出生的，这不知是巧合，还是由于上面所述的原因。绵忻质性聪明，人品也较三阿哥绵恺强。他在嘉庆二十四年（公元1819年）正月得以封为瑞亲王，实与他在学业上的迅速进步大有关系。嘉庆帝驾崩时，绵忻才十六岁，尚未成人，继承皇位的可能性不大。

皇五子绵愉，生于嘉庆十九年（公元1814年）二月二十七日，生母是恭顺皇贵妃钮祜禄氏。钮祜禄氏是嘉庆帝晚年最宠幸的妃子，嘉庆帝晚年所得的四个子女中，有三个是她生育的，而绵愉则是嘉庆帝子女中最小的一个了。老来得子，嘉庆帝对绵愉自然是无比娇惯和宠爱，但由于这位五阿哥年龄太小，在嘉庆帝在世时没有什么封号。嘉庆帝驾崩时，他才七岁，所以继承皇位的可能性更小。

通过以上分析可以看出，在嘉庆帝的五个儿子中，无论是立嫡还是立长，都是非皇次子旻宁莫属。现在，鐍匣无影无踪，势态对旻宁极为不利，他又不好将心里的想法提出来，为了避嫌，他只好袖手旁观，决不参与，以示清白。如何结束这段令人难受的皇位真空呢？这副重担，不得不落到当时职务最高，为人最持重而且最有办事能力的大学士戴均元、托津身上。围着嘉庆帝的遗体，大家六神无主，都痛哭流涕。皇次子旻宁更是哭得像泪人儿似的，他急切盼望有人在这个关键时刻帮他说句公道话，既合乎家法又能对他有利。对大臣们来说，只顾哭泣也无济于事，如果不找出鐍匣，宣布皇太子继位，就不能为嘉庆帝发丧，现在天气已经热起来了，遗体老摆在避暑山庄也不是事儿，必须早做决断，这样好把皇上遗体运送回京。

正当众人沉默观望之时，总管内务府大臣禧恩（睿亲王多尔衮后裔）带头表明了自己的态度，开口帮皇次子旻宁说话。禧恩提出，既然找不到鐍匣，诸皇子中，二阿哥旻宁年长，且为皇后所生，又有平定天理教反叛的功勋，自然应该由二阿哥旻宁继承皇位。这个建议不无道理，却受到戴均元、托津的非议。戴、托二人，作为枢密大臣，根本原则是谨遵祖制家法。他们并不反对旻宁继位，而是考虑到既没有皇帝口谕，又找不到传位密诏，由陪伴诸臣推选登基，有悖于祖制家法，名不正言不顺，难以使满朝文武信服，因而犹豫不决。禧恩坚持己见，为之力争，强调国家不能一日无主，且时间拖久怕有变故，在这非常时期应该处事从权，既要坚持原则性，又要讲究灵活性。其他大臣都显得焦躁烦虑，有支持禧恩意见的，也有赞成戴均元、托津二人看法的，一时之间，没有定见。皇次子旻宁心里也是备受折磨，他本想有禧恩出来替自己说话，别人很快就会响应，这样自己就顺理成章地继承皇位，不承想戴均元、托津十分迂腐，死抱着祖制家法不放，他心中恨死了戴、托二人，但嘴里又不好说什么。

众人就在嘉庆帝的遗体旁边吵吵闹闹了好一阵子，后来终于有人想出了一个折衷方案：立即派人进京面奏皇后钮祜禄氏，一方面报告嘉庆皇帝殡天经过；一方面报告避暑山庄找不着建储密诏，看看是否藏在乾清宫"正大光明"匾后等等。七月二十五日晚上，决定由总管内务府大臣和世泰偕首领太监等人，六百里加急驰驿，直奔圆明园。和世泰重任在肩，不敢懈怠，便连夜赶路。皇后钮祜禄氏是他的亲妹妹，正好借此机会，共同商讨继统问题与今后对策，探讨一下若找不到建储密诏，皇后的两个儿子皇三子绵恺和皇四子绵忻有无继承皇位的可能。

正大光明匾

从七月二十五日晚至二十七日凌晨，和世泰等人衣不解带，马不停蹄，终于抵达圆明园，东方开始泛白。他们顾不上鞍马劳顿，疲惫不堪，立刻叩开圆明园禁门。钮祜禄氏皇后在睡梦中被叫醒，和世泰拜见皇后，泣不成声，断断续续地将嘉庆皇帝殡天的全部经过，以及禧恩与戴均元、托津等人在皇位继承人上的分歧奏明皇后。皇后闻奏，一方面为皇帝驾崩而五内俱焚，另一方面又为嗣君未定而心焦。她意识到，承传帝祚更为国家根本大计，更是当务之急。建储密诏没有着落，皇位空悬，隐藏着极大的危险，目前最紧要的就是要立即找到建储密诏，宣布皇太子继位。所以她只得强忍悲痛，命留京王公大臣到乾清宫"正大光明"匾后仔细寻找，又命在皇帝寝宫中认真搜查，结果并无鐍匣。

钮祜禄氏皇后出身世家，是礼部尚书恭阿拉之女，为人贤惠机敏，且顾大局，识大体，富有政治头脑。她仔细分析一下目前的情势，北京皇宫内与避暑山庄都找不到鐍匣，看来再找到建储密诏已不大可能。这将怎么办？避暑山庄护灵的王公大臣，包括皇次子旻宁在内，把球踢过来，本意为何？是否在最后时刻，希望她出面做出决断。然而，她能够做出决断吗？做什么决断呢？清朝祖制规定，后妃不得干预朝政，更不能在皇位继承人上说三道四，指手画脚。但现在面临非常时期，继统出现危机，国无主君，旷日不决，她将无以告慰嘉庆帝于九泉之下。到底由谁来继承皇位呢？是皇次子旻宁？还是自己的两个儿子？历史把钮祜禄氏皇后从幕后推向前台，需要她做出最后的抉择。钮祜禄氏皇后不愧是统率后宫、母仪天下的国母，此时表现了果断无私的美德。七月二十七日这天，钮祜禄氏皇后下了一道懿旨，内容如下：

"我大行皇帝仰承神器，俯育寰区，至圣至仁，忧勤惕厉，于兹二十有五年矣。本年举行秋狝大典，驻避暑山庄，突于二十五日戌刻龙驭上宾。惊闻之下，悲恸抢呼，攀号莫及。

泣思大行皇帝御极以来，兢兢业业，无日不以国家为念，今哀遭升遐，嗣位尤为重大。皇次子智亲王，仁孝聪睿，英武端醇，现随行走，自当上膺付托，抚驭黎元。但恐仓猝之中，大行皇帝未及明谕，而皇次子秉性谦冲，素所深知，为此特降懿旨，传谕留京王公大臣驰寄皇次子，即正尊位，以慰大行皇帝在天之灵，以顺天下臣民之望。"

皇后这一举措，清代从未有过先例，也不符合祖制，这是不得已采取的权宜之计。

这是一篇光明磊落、顾全大局的表态声明，说明她完全理解和尊重先皇的意愿。她深知，旻宁是嘉庆帝最宠爱的已故皇后喜塔腊氏的嫡子，自幼勤奋好学，自己的儿子绵恺各方面都不如他。嘉庆帝临朝理政，经常命其伴随左右，观摩学习帝王之道，为君之术。根据其二十年熏陶磨炼，她早已看出皇上属意于他。尤其是旻宁在皇宫内枪击天理教徒，论功行赏，嘉庆帝故意夸大他的作用，让他立了头功，加封智亲王，明白人一眼便知。皇后是个有政治头脑且顾全大局之人，加上她对皇上的忠心和爱心，她便毫不犹豫地发出上述懿旨。

这也是一个冷静明智、客观正确的抉择。如果钮祜禄氏存有私心，既然皇宫和避暑山庄两处都找不到鐍匣和建储密诏，凭着与皇帝几十年的笃厚深情和在宫中的崇高威信，她完全可以假托帝意立亲生儿子绵恺或绵忻为帝，王公大臣们也没有什么好说的。当然，万一这样做了，而后密诏出现，立的是旻宁，她将身败名裂，贻笑千年。可是她没有这样做，出于对大清江山社稷的责任感和使命感，出于对先皇意愿的理解和尊重，她终于理智战胜了感情，战胜了自我，超越了自我，做出了正确的抉择，赢得了满朝的尊重，并将永垂千古。这真是皇后大事不糊涂。

留京王公大臣将皇后懿旨交和世泰携带，和世泰来向妹妹辞行时，兄妹俩的手紧紧地握在一起，和世泰对妹妹做出的果敢抉择感到欣慰和支持，皇后交给和世泰一件鼻烟壶，托他转交旻宁，表示信任和支持。带着皇后的伟大抉择，二十七日，和世泰等人又跨马急奔，驰骋在返回避暑山庄的驿道上。

在避暑山庄，皇子皇孙及随从大臣们为寻找嘉庆帝建储密诏而争得面红耳赤，吵得口干舌燥，一夜下来都有点疲惫不堪，无精打采了。第二天（七月二十六日）上午，正当大家一筹莫展，无计可施之时，忽然，有一个近侍小太监从怀里拿出一只小金盒。真是踏破铁鞋无觅处，得来全不费功夫，在场的王公大臣情绪都为之一振。

小金盒与祖制规定的鐍匣完全不同，它体积小，便于揣在怀中。为什么会有小金盒？前面讲过，密立皇储，缄藏鐍匣，自雍正帝起，皆置于乾清宫"正大光明"匾后。乾隆帝密书二份，一份放在匾后，一份随身携带。至嘉庆帝时，鉴于鐍匣置于乾清宫匾后易出差错，危险太大，改用小金盒贮存建储密诏，随身携带，不置匾后。这就是为什么留京大臣未能在"正大光明"匾后找到建储密诏的缘故。

小金盒又怎么出自近侍小太监的怀中呢？这是事出有因。七月十八日，嘉庆帝带着妃嫔和皇子皇孙、王公大臣们赴热河避暑山庄，一路上风尘仆仆，心情不佳。最后一天，他改轿乘骑，策马翻越广仁岭，由于马上颠簸，身体不适，怕小金盒丢失，故把它交给近侍小太监妥为收藏。这是国家重大机密，没有皇帝发话，近侍小太监根本不敢私自打开或交给任何人。眼见王公大臣们因找不到鐍匣心急如焚，且皇帝已经归天，再保存它已无必要，隔了一夜，终于将小金盒献出。也有传说，戴均元、托津于皇帝箱箧索觅，不见鐍匣密诏，便将避暑山庄侍卫太监以下所有人员集中搜身，最后从近侍小太监身上搜了出来。

在场众人的目光都一下子集中到这神秘的小金盒身上，它里面有没有建储密诏？可是小金盒安装固锁，没有钥匙，时间已经来不及再去找钥匙了，托津情急，当众将锁拧开，打开金盒。现场的气氛顿时紧张起来，众人都屏住呼吸，眼睛死死盯着小金盒。果然不负众望，小金盒里真有嘉庆帝亲手御书的建储密诏。在场所有人都跪伏在地，托津当即宣读建储密诏："嘉庆四年四月初十日卯初立皇二子旻宁为皇太子。"悬在心头的一块石头终于落地，众人有说不出的轻松，皇次子旻宁更是长长地出了一口气，紧锁的眉头一下子舒展开来。先前不赞成旻宁继位的大臣们立即见风使舵，纷纷拥戴智亲王旻宁即皇位，总算避免了一场继统危机。

旻宁即位当天，连续发布几道谕旨，宣布他受命继位，向全国发表，以及筹办"恭奉梓宫回京"事宜。

七月二十九日寅刻（凌晨三时至五时），和世泰返抵山庄，带来了钮祜禄氏皇后的懿旨。和世泰当即宣读钮祜禄氏皇后懿旨，并转上皇后送旻宁的鼻烟壶。这是多么大的支持！旻宁的最后一个顾虑消除了。正如他自己所说："子臣跪聆之下，字字铭泐肺腑，永矢弗忘，叩头祗领，恭谢慈恩。"旻宁万分感动，关键时刻皇后没有偏袒自己的儿子，而是坚决地站在他一边。倘若本来就没有建储密诏或者根本找不着，则皇后的支持必起决定作用。现在已经找到了建储密诏，又有皇后的支持，旻宁觉得自己可以名正言顺、理直气壮地荣登皇帝宝座，而没有丝毫的愧疚感，大臣们也再不敢非议什么了。为了表示他对钮祜禄氏皇后的感激和尊重，他立即尊封钮祜禄氏为皇太后，虽然他只比皇太后小六岁，但侍奉如生母，倍加尊敬。甚至后来皇太后钮祜禄氏与自己的亲侄女、道光帝的皇后钮祜禄氏有隙，制造出清宫史上有名的用药酒秘密毒死道光帝皇后的深宫疑案，道光帝也一直强忍悲痛，隐忍不发，不敢怀疑皇太后。皇太后钮祜禄氏一直受到道光帝旻宁的精心照顾，一直活到道光二十九年（公元1849年）十二月十一日，享年七十四岁。她死后不到一个月，道光帝也驾崩，所以有人说道光帝就是因为为她办丧事而累死的。道光帝旻宁所做的一切都是为了感谢钮祜禄氏皇后当时在他继承皇位上的支持。当然这是后话了。

接到钮祜禄氏皇后懿旨的当天，旻宁复奏皇太后，报告已得小金盒，"维时御前大臣、军机大臣、内务府大臣，恭启镭匣，有皇父御书'嘉庆四年四月初十日卯初立皇二子旻宁为皇太子'硃谕一纸。该大臣等合词请遵大行皇帝成命，以宗社为重，继承大统。子臣逊让，至再至三，该大臣固请不已。本日恭奉懿旨，命子臣即正尊位"，只好从命。同时将小金盒里所藏嘉庆帝建储密诏呈报皇太后过目。这些虽为表面文章，然而它关系到大清政权的顺利交接，所以还是要慎重其事，给天下百姓一个圆满的交代。

由于等待从北京运来楠木棺椁，至八月十二日嘉庆帝梓宫（即安放皇帝遗体的内棺、外椁）才离开避暑山庄，由一百八十人分班轮流抬送，二十二日抵达安定门。旻宁先进城拜叩皇太后钮祜禄氏，两人相见，悲伤哀恸，但互为默契，各自没做亏心事，心中坦然，感情融洽。拜见后，旻宁夏至东华门跪迎，引梓宫经景运门进入乾清宫安放。接下来便是一系列祭奠仪式。钮祜禄氏皇太后见到嘉庆帝的遗体放声痛哭，好在按照丈夫的生前遗愿立旻宁为帝，没有什么对不起嘉庆帝的地方。皇贵妃刘佳氏、如妃钮祜禄氏、恩嫔乌雅氏等妃嫔也一个个哭得死去活来，特别是如妃钮祜禄氏是嘉庆帝晚年最宠爱的妃子，对嘉庆帝感情最深，一边哭一边诉说着皇上的恩情，如泣如诉，哽咽难言，真是叫人心疼。

嘉庆二十五年（公元1820年）八月二十七日，旻宁正式登基即皇帝位，以明年（公元1821年）为道光元年号。为示与同辈兄弟区别，将自己名字中的"绵"改为"旻"，即道光帝旻宁。这样，道光帝旻宁便成为清朝的第八代君主、入关后的第六位皇帝。在这里需要指出的是，清室在嘉庆帝之前，历来都不是嫡子继承大统，但嘉庆帝却得以实现了，这倒是嘉庆帝感到最欣慰不过的事情。

嘉庆帝猝死热河及其后出现的镭匣风波和继统危机，虽然由于钮祜禄氏皇后等人从国家利益的大局出发，处置果断公正，没有演变成血腥的宫闱争斗、兄弟残杀，但也局势紧张，激变的可能性随时存在。当时在找不到镭匣建储密诏的情况下，戴均元、托津等，对拥立皇次子旻宁继位的合法性表示怀疑，虽然问题最后圆满解决，风波平息，然而旻宁心中积怨甚深，一直耿耿于怀。起码他认为，在神器归属这个至关重要的大是大非问题上，可以考验人们对他的忠诚程度。事实上，当时以立不立他为标准，已形成意见相左的两部分大臣。对拥戴有功的内务府总管大臣禧恩，道光帝旻宁自然重重有赏。是禧恩首先旗帜鲜明地提出旻宁应继位，且为之争辩，所以，旻宁在避暑山庄宣布继位，即任命禧恩为御前大臣、领侍卫内大臣，宠幸有加；而对态度暧昧，不拥戴自己继位的戴均元、托津等人则视为他走向皇帝宝座的障碍，后以撰拟遗诏有失误之语为由，罢军机大臣职，一直不受重用。

道光帝即位后，一面着手处理政务，一面仍继续抓紧办理皇考嘉庆帝的丧葬大事。九月初十日，将大行皇帝梓宫从禁内乾清宫奉移于景山观德殿殡宫暂安，同时拨银十万两，对原建于太平峪的陵寝工程进行最后的增饰，并正式宣布将嘉庆帝的山陵定名为昌陵。十月，恭上皇考大行皇帝尊谥曰："受天兴运敷化绥猷崇文经武孝恭勤俭端敏英哲睿皇帝"，庙号"仁宗"，世称"仁宗睿皇帝"。道光元年（公元1821年），昌陵增饰工程全面竣工，决定将大行皇帝梓宫从景山观德殿奉移山陵。三月二十三日行大葬礼，决定将嘉庆帝永远安葬于昌陵地宫。

安葬嘉庆帝和孝淑皇后喜塔腊氏的昌陵，属清代帝王三大陵区之一的清西陵。整个清西陵的范围相当大，北起奇峰岭，南抵大雁桥，隔易水与狼牙山相望，东临战国时代遗址燕下都，西止西长城的重要关口紫荆关，周长达二百华里，始建成于雍正八年（公元1730年），第一位入葬清西陵的清代皇帝是雍正，其陵寝定名为泰陵。昌陵陵址，选在雍正泰陵西南一里许的太平峪，与祖父雍正帝的陵寝相守相依，从而构成了整个清西陵的中心和主体。昌陵早在嘉庆元年（公元1796年）太上皇乾隆帝训政时就已动工兴建，到嘉庆八年（公元1803年）宣告建成。同年十月将先期故去的孝淑皇后喜塔腊氏安葬在这里。到嘉庆帝去世时，距陵墓建成已有十七年，于是道光帝又拨银十万两，对整个昌陵进行增饰，使整个昌陵较初建时更为宏丽，待增建工程竣工后，才将嘉庆帝梓宫安葬在这里。这样，嘉庆帝便成为入葬清西陵的第二位皇帝。

在嘉庆帝的后妃中，孝淑皇后喜塔腊氏死得最早，死于嘉庆二年（公元1797年）二月，终年三十七岁。喜塔腊氏是嘉庆帝后妃中死后唯一与嘉庆帝同葬在昌陵的女人，其他的后妃则没有这个福分和荣耀。

在昌陵西面三华里处，还有昌西陵，这是咸丰帝专为安葬嘉庆帝的第二位皇后即孝和皇后钮祜禄氏，于咸丰元年至三年（公元1851年—1853年）赶建起来的，其规模较其他后陵要小一些。孝和皇后钮祜禄氏于嘉庆二十五年（公元1820年）八月道光帝嗣位后，尊为皇太后，居寿康宫。十二月上徽号为恭慈皇太后。道光二年（公元1822年）十一月，因册立皇后，又加上康豫二字。道光八年（公元1828年）十一月，因平定回疆，又加上安成二字。道光十四年（公元1834年）十月，因册立摄六宫事皇贵妃，又加上庄惠二字。道光十五年（公元1835年）十月庆六十大寿，加上寿禧二字。道光二十五年（公元1845年）十月七十慈庆，加上崇祺二字。至此钮祜禄氏徽号全称为恭慈康豫安成庄惠寿禧崇祺皇太后。道光二十九年（公元1849年）十二月十一日去世，终年七十四岁。道光三十年（公元1850年）三月上尊谥为孝和恭慈康豫安成应天熙圣睿皇后，九月加上尊谥钦顺二字。咸丰三年（公元1853年）二月葬昌西陵。咸丰十一年（公元1861年）十月加上尊谥仁正二字。钮祜禄氏的全谥为孝和恭慈康豫安成钦顺仁正应天熙圣睿皇后。

在昌陵和昌西陵之间，还建有昌妃园寝，规模也较泰妃园寝小三分之一，这里先后葬有嘉庆帝的其他十二位妃嫔。恭顺皇贵妃钮祜禄氏，嘉庆初年被选入宫，赐号为如贵人。嘉庆十年（公元1805年）五月册封为如嫔。嘉庆十五年（公元1810年）九月晋封为如妃。嘉庆二十五年（公元1820年）十二月，道光帝晋尊为皇考如贵妃。道光二十六年（公元1846年）十二月，晋尊为如皇贵妃，居寿安宫。道光三十年（公元1850年）正月，咸丰帝晋尊为皇祖如皇贵太妃，咸丰三年（公元1853年）三月行册尊礼。咸丰十年（公元1860年）闰三月初三日去世，终年七十四岁，谥为恭顺皇贵妃，葬于昌妃园寝。和裕皇贵妃刘佳氏，颙琰为皇子时，入侍藩邸。嘉庆元年（公元1796年）正月册封为諴妃。嘉庆十三年（公元1808年）十一月晋封为诚贵妃。嘉庆二十五年（公元1820年），道光帝晋尊为皇考诚禧皇贵妃。道光十三年（公元1833年）十二月十八日去世，谥为和裕皇贵妃，葬于昌妃园寝。华妃侯佳氏，嘉庆元年（公元1796年）正月册封为莹嫔。嘉庆六年（公元1801年）四月晋封为华妃。嘉庆九年（公元1804年）六月二十八日去世，葬于昌妃园寝。庄妃王佳氏，父伊里布，举人。初赐号为春贵人，嘉庆六年（公元1801年）四月册封为吉嫔。嘉庆十三年（公元1808年）十一月晋封为庄妃。嘉庆十六年（公元1811年）二月十五日去世，葬于昌妃园寝。恕妃完颜氏，父哈丰阿，官轻车都尉。颙琰为皇子时，入侍藩邸。卒于嘉庆二年（公元1797年）以前，是年四月追封为恕妃。嘉庆八年（公元1803年）移葬昌妃园寝。信妃刘佳氏，将军本志之女。初赐号为信贵人，嘉庆十三年（公元1808年）十一月册封为信嫔。嘉庆二十五年（公元1820年）十二月，道光帝晋尊为皇考信妃。道光二年（公元1822年）十月十三日去世，葬于昌妃园寝。恩嫔乌雅氏，父万明，官至左副都御史。嘉庆时赐号为恩贵人。嘉庆二十五年（公元1820年）十二月，道光帝晋尊为皇考恩嫔。道光二十六年（公元1846年）二月初十日去世，葬于昌妃园寝。简嫔关佳氏，拜唐阿德成女，颙琰为皇子时，入侍为格格。卒于嘉庆二年（公元1797年）以前，是年四月追封为简嫔。嘉庆八年（公元1803年）移葬昌妃园寝。逊嫔沈佳氏，内务府大臣职衔永和女，颙琰为皇子时，入侍为格格。乾隆五十一年（公元1786年）生皇五女慧安和硕公主，不久即去世。嘉庆二年（公元1797年）四月追封为逊嫔。嘉庆八年（公元1803年）移葬昌妃园寝。荣嫔梁氏，员外郎光保女。嘉庆时赐号为荣贵人。嘉庆六年（公元1801年）五月初十日去世。嘉庆八年（公元1803年）移葬昌妃园寝。嘉庆二十五年（公元1820年）十二月，道光帝晋尊为皇考荣嫔。淳嫔董佳氏，委署库长时泰女。嘉庆初年赐号淳贵人，嘉庆六年（公元1801年）四月册封为淳嫔。嘉庆二十四年（公元1819年）十月十三日去世，葬于昌妃园寝。安嫔苏完尼瓜尔佳氏，公安英女。嘉庆时充常在。嘉庆二十五年（公元1820年）十二月，道光帝晋尊为皇考安嫔。道光十七年（公元1837年）六月二十七日去世，葬于昌妃园寝。

附录：嘉庆大事记

公元	年号	大事记
1796	嘉庆元年	正月初一日，皇太子颙琰继皇位，是为嘉庆皇帝。其父乾隆帝以内禅方式授位，自为太上皇帝。以此年为嘉庆元年。此年始，铸嘉庆通宝制钱。
1796	嘉庆元年	正月初一日，颁诏全国，宣布传位诏书。
1796	嘉庆元年	正月初四，以太上皇帝命，册封嘉庆帝之皇后、贵妃、妃、嫔。
1796	嘉庆元年	正月初四，于皇宫中举行千叟宴。
1796	嘉庆元年	正月，征苗民起事之清兵统帅福康安于湖南奏捷。
1796	嘉庆元年	正月，白莲教教军于湖北枝江、宜都等地起事反清。
1796	嘉庆元年	二月初，清军与白莲教军激战，均伤亡甚重。
1796	嘉庆元年	二月初四，举行经筵。
1796	嘉庆元年	二月十三日，嘉庆帝御门听政。自此常行。
1796	嘉庆元年	二月十五日，白莲教军攻克当阳县城。
1796	嘉庆元年	二月十六日，福康安奏请，调四川、云南、广西、广东兵两万人，助剿湖南起事之苗民。
1796	嘉庆元年	二月十七日，清廷严令湖广总督毕沅、湖北巡抚惠龄大力攻剿白莲教军。
1796	嘉庆元年	二月二十一日，宜都白莲教军受围攻，首领聂杰人投降。
1796	嘉庆元年	二月二十一日，调河南、陕西兵共二千名剿枝江、宜都白莲教军。
1796	嘉庆元年	二月二十一日，以新皇帝登基，赐耆年顶戴。
1796	嘉庆元年	二月二十六日，福建水师提督兼台湾总兵哈当阿奏，拿获淡水天地会施兰等人，处死。
1796	嘉庆元年	二月二十七日，湖北来凤县白莲教军起事，攻陷来凤县城。
1796	嘉庆元年	二月二十九日，湖北南漳、保康白莲教军起事。
1796	嘉庆元年	二月，湖北宜昌府白莲教烟起事。
1796	嘉庆元年	三月初四日，命署四川总督孙士毅发还征廓尔喀时向百姓所收之银。
1796	嘉庆元年	三月十六日，西安将军恒瑞率陕西清军收复湖北竹山县。
1796	嘉庆元年	三月二十六日，嘉庆帝派头等待卫舒亮、鄂辉等赴湖北协助剿白莲教军。

公元	年号	大事记
1796	嘉庆元年	三月，湖北襄阳一带白莲教徒起事，推举王聪儿为首领。
1796	嘉庆元年	四月初一日，清军为剿灭白莲教军做全面部署。
1796	嘉庆元年	四月初二日，姚之富、王聪儿率白莲教军攻樊城。
1796	嘉庆元年	四月初八日，鄂辉请调吉林索伦兵助战。
1796	嘉庆元年	四月，取中赵文楷等一百四十四人为进士。
1796	嘉庆元年	五月初二日，孙士毅击败来凤教军。
1796	嘉庆元年	五月初四日，令未出痘之察哈尔、额鲁特引见人员由科布多、乌里雅苏台等处赴热河，不必进京。
1796	嘉庆元年	五月初五日，湖北孝感白莲教起事，往剿之清军中伏，全军覆没。
1796	嘉庆元年	五月十二日，湖南苗民起义首领石三保被清军诱获。
1796	嘉庆元年	五月十八日，嘉庆帝侍太上皇赴热河驻避暑山庄。
1796	嘉庆元年	五月二十六日，惠龄等击败枝江白莲教军。
1796	嘉庆元年	五月，福康安病死于湖南剿苗军中，副手和琳继其任。
1796	嘉庆元年	五月，福建泉州府、漳州府米价腾贵，每石米售银三两多。
1796	嘉庆元年	六月初九日，毕沅被斥调兵无方，命永保一人统率湖北诸军。
1796	嘉庆元年	六月初十日，修改大逆缘坐律法。
1796	嘉庆元年	六月十七日，来凤教军重创清孙士毅军。
1796	嘉庆元年	六月二十七日，明亮率清兵击败孝感教军。
1796	嘉庆元年	六月，统兵者孙士毅病死军中。
1796	嘉庆元年	六月，邵晋涵故世。
1796	嘉庆元年	六月底，黄河于江苏丰汛堡决口。
1796	嘉庆元年	七月十五日，命和琳撤苗疆兵二三万援湖北，由永保调度。
1796	嘉庆元年	七月十六日，来凤教军据点被攻破，遭残酷屠杀。
1796	嘉庆元年	七月二十九日，命广东巡抚吉庆严行缉查洋盗。
1796	嘉庆元年	八月初四日，因热河雨多，停本年木兰秋狝。
1796	嘉庆元年	八月，黄河于江苏丰县决口，淹十四州县，波及山东济宁州。
1796	嘉庆元年	八月，枝江、宜都白莲教军被镇压，惨遭屠杀。
1796	嘉庆元年	八月，襄阳教军姚之富、王聪儿部遭重创，北向河南省转移。
1796	嘉庆元年	八月，征苗领兵者和琳因瘴疫病死军中。
1796	嘉庆元年	八月，陕西安康县白莲教军三千余人起事。

公元	年号	大事记
1796	嘉庆元年	九月初三日，嘉庆帝与太上皇由热河起驾还京。
1796	嘉庆元年	九月，清军堵截将进入河南之襄阳教军。
1796	嘉庆元年	九月，四川达州地区白莲教首徐天德等发动反清。东乡白莲教首王三槐等率众起义。
1796	嘉庆元年	十月初三日，以近年各省小钱充斥，命各省督抚如式鼓铸，并严查私铸者及钱贩子。
1796	嘉庆元年	十月初五日，令在湖北之四川总督福宁、成都将军观成速回四川剿白莲教军。
1796	嘉庆元年	十月初七日，授董诰为大学士。
1796	嘉庆元年	十月初七日，大学士王杰以足疾辞南书房、军机处等事。
1796	嘉庆元年	十月二十五日，抚恤日本国遭风灾难民。
1796	嘉庆元年	十月，赠征苗阵亡提督花连布太子少保，予世职。
1796	嘉庆元年	十一月十八日，为防止四川教军入陕西，命陕西巡抚秦承恩堵击。
1796	嘉庆元年	十一月十九日，改军营逃兵投首例。
1796	嘉庆元年	十一月二十日，四川达州、东乡教军与清军激战，经三日，清军伤亡惨重。
1796	嘉庆元年	十一月二十四日，皇次子旻宁与布彦达赉女钮祜禄氏成婚。
1796	嘉庆元年	十一月二十六日，陕西紫阳县教军与清军激战，历经七天，被消灭。
1796	嘉庆元年	十一月二十九日，以总统湖北诸军之永保剿教军不力，逮京治罪。命惠龄代统军务。
1797	嘉庆元年	十二月初六日，湖南苗军与清军激战，首领石柳邓阵亡，该地大规模苗民起义被彻底镇压，清领兵者明亮、额勒登保、德楞泰等封爵受赏。
1797	嘉庆元年	十二月初十日，命河南省增兵堵截白莲教军。
1796	嘉庆元年	是年，清廷停征鸦片税，禁外国鸦片进口，禁国内栽种罂粟。
1796	嘉庆元年	是年，武术名家董海川诞生。
1797	嘉庆二年	正月初四日，命明亮、额勒登保、德楞泰领兵分赴四川、湖北镇压白莲教军。
1797	嘉庆二年	正月初九日，谕两广总督吉庆，若查获洋面之安南盗匪，当即正法，不必解京。
1797	嘉庆二年	正月二十六日，因贵州苗民王襄仙率众起事，命总督勒保进剿。

公元	年号	大事记
1797	嘉庆二年	正月二十九日，调总兵朱射斗入四川镇压白莲教军。
1797	嘉庆二年	二月初七日，皇后喜塔腊氏病逝。
1797	嘉庆二年	三月十五日，将湖南投诚入伍之三万苗兵暂留一万名，其余裁掉，令其耕作。
1797	嘉庆二年	三月十九日，由湖南增兵贵州，镇压苗民起义。
1797	嘉庆二年	三月二十三日，以刘墉为大学士。
1797	嘉庆二年	三月二十三日，教军张汉潮部被清军包围，伤亡惨重。
1797	嘉庆二年	三月二十八日，长阳教军林之华部数万人与清军激战，遭重创。
1797	嘉庆二年	三月，襄阳教军大部进入河南省活动。
1797	嘉庆二年	四月初三日，四川教军王三槐、冷天禄、徐天德等部与清军激战，双方伤亡惨重，教军军师王学礼被俘。
1797	嘉庆二年	四月初六日，清廷命直隶、山东、河南、江西、湖北、四川、云南、贵州、甘肃诸省挑募新兵，以补充兵力。
1797	嘉庆二年	四月十八日，清军领兵者宜绵令知县刘清携王学礼书信，至教军王三槐营劝降。
1797	嘉庆二年	四月二十七日，谕军机大臣等，不可轻易平粜，以免商贩囤积居奇。
1797	嘉庆二年	四月，令疏浚灵壁、凤台、丰县、沛县等地河道。
1797	嘉庆二年	四月，保靖县改土归流。
1797	嘉庆二年	五月初三日，教军在陕西兴安府所贴告示，有"兴汉灭满"之语。
1797	嘉庆二年	五月初六日，襄阳教军进入陕西镇安一带，队伍扩大。
1797	嘉庆二年	五月初十日，革图桑阿乌里雅苏台将军职，调永琨任之。
1797	嘉庆二年	五月十二日，以剿教军不力，革惠龄总统军务职，以宜绵代之。
1797	嘉庆二年	五月二十一日，办理乾隆帝陵墓工程。
1797	嘉庆二年	五月二十六日，宜绵等剿四川教军，教军遭围击。伤亡较大。
1797	嘉庆二年	五月二十九日，嘉庆帝陪太上皇赴热河。
1797	嘉庆二年	六月，襄阳教军分三股进入四川。
1797	嘉庆二年	闰六月初十日，以勒保率清军解除贵州南笼之围困，清廷将南笼府改为兴义府。
1797	嘉庆二年	闰六月十五日，禁西北地区商民出境贸易，永为定例。
1797	嘉庆二年	闰六月，四川多处教军起事，响应进川之襄阳教军。

公元	年号	大事记
1797	嘉庆二年	七月初，因自上月底京畿一带连降大雨，永定河决口成灾。
1797	嘉庆二年	七月初六日，因雨水过多，停止本年木兰秋狝。
1797	嘉庆二年	七月二十日，对贵州降顺苗民一万七千多户予以安抚奖赏。
1797	嘉庆二年	七月，湖广总督毕沅卒。
1797	嘉庆二年	八月初，黄河在江苏砀山、山东曹县两处决口。
1797	嘉庆二年	八月十八日，命截留湖南漕粮二十万石，运至湖北做军粮。
1797	嘉庆二年	八月二十三日，大学士阿桂卒。
1797	嘉庆二年	八月二十九日，清军与教军姚之富、王聪儿部激战，均伤亡惨重，清将领惠伦等多人战死。
1797	嘉庆二年	八月，贵州苗民起义被镇压，首领王襄仙等被俘，后解京处死。
1797	嘉庆二年	九月十四日，清军于汉江一带堵击襄阳教军。
1797	嘉庆二年	九月十九日，将原定大逆连坐人犯所判斩立决改判为监候，俱发黑龙江地方给索伦达斡尔人为奴。
1797	嘉庆二年	十月初三日，湖北长阳军遭重创，首领林之华阵亡。
1797	嘉庆二年	十月十二日，定八旗汉军养育兵之制。
1797	嘉庆二年	十月十五日，四川教军王三槐等部进攻营山、蓬州等处，清兵伤亡较重。
1797	嘉庆二年	十月二十一日，乾清宫交泰殿被焚。
1797	嘉庆二年	十月二十六日，以宜绵年迈患病，调湖广总督勒保赴四川总统军务。
1797	嘉庆二年	十一月初三日，发内库银四百万两解往四川做军需。
1798	嘉庆二年	十一月十六日，两广道总督吉庆上奏广西地区被镇压之苗民地区善后事宜。
1798	嘉庆二年	十一月，云贵总督勒保上奏被镇压之苗民地区善后事宜。
1798	嘉庆二年	十二月十二日，命伊犁之驻兵六百名开赴喀会噶尔，加强守备。
1798	嘉庆二年	十二月十四日，台湾遭飓风之灾，闽浙总督魁伦由福建拨银赈济。
1797	嘉庆二年	是年，彭元瑞等编《天禄琳琅书目》后编十卷完成。
1797	嘉庆二年	是年，学者王鸣盛、诗人袁枚卒。李富孙等编《鹤征录》成书。
1798	嘉庆三年	正月初八日，以明亮、德楞泰剿教军不力，拔去花翎以示薄惩。
1798	嘉庆三年	正月二十三日，科尔沁蒙古亲王拉旺被任命为哲里木盟盟长。
1798	嘉庆三年	三月初六日，白莲教军王聪儿、姚之富部被歼，王、姚二人跳崖死。
1798	嘉庆三年	三月，教军张汉潮部由川东攻入湖北。
1798	嘉庆三年	五月十一日，嘉庆帝与太上皇启程去热河。

公元	年号	大事记
1798	嘉庆三年	六月初二日，申明禁止长随等捐纳定例，令详查，违者重汉其罪。
1798	嘉庆三年	六月二十二日，云贵总督鄂辉卒。
1798	嘉庆三年	七月二十四日，四川教军首领王三槐被骗，遭捕，后被解京处死。
1798	嘉庆三年	八月初五日，教军王三槐部由冷天禄率领，重创清兵。
1798	嘉庆三年	八月十三日，庆贺乾隆帝八十八诞辰，于热河行宫举行贺仪。
1798	嘉庆三年	八月，黄河于河南睢州决口。
1798	嘉庆三年	九月初二日，福建奏报蔡牵在台湾一带劫掠，谕令闽浙总督魁伦缉拿。
1798	嘉庆三年	九月十九日，将袁崇焕入祀广东地方乡贤祠。
1798	嘉庆三年	十月初四日，四川教军屯扎箕山之罗其清部被击溃。
1798	嘉庆三年	十月初八日，重建乾清宫、交泰殿竣工。
1798	嘉庆三年	十一月初七日，教军罗其清部遭围剿，死伤惨重。
1799	嘉庆三年	十二月，四川教军罗其清部被消灭，罗其清等多人被俘。
1799	嘉庆四年	正月初一日，四川通江教军被围攻，惨遭杀戮。
1799	嘉庆四年	正月初三日，太上皇乾隆帝死于养心殿，终年八十九岁。
1799	嘉庆四年	正月初三日，嘉庆帝亲政。
1799	嘉庆四年	正月初三日，召署安徽巡抚朱珪来京供职。
1799	嘉庆四年	正月初三日，命科尔沁蒙古郡王索特纳木多布斋在御前行走。
1799	嘉庆四年	正月初四日，嘉庆帝发布谕旨，痛斥征剿白莲教将领在太上皇在日谎报战功领赏，营私肥橐，残害地方。严申奖惩之令。
1799	嘉庆四年	正月初四日，罢和珅军机大臣、九门提督职，命于宫内日夜守丧，不得任自出入。
1799	嘉庆四年	正月初五日，嘉庆帝发布诏告，令群臣于朝政得失、兴利除弊之事积极建言。
1799	嘉庆四年	正月初六日，调任数名王公、旗人大臣为八旗都统、副都统。
1799	嘉庆四年	正月初七日，颁发太上皇遗诏于各藩属国。
1799	嘉庆四年	正月初八日，命以后京城、地方官员奏折直送御前，不许另有副封关会军机处。此日，王念孙等弹劾和珅等人。
1799	嘉庆四年	正月初八日，革和珅之大学士、福长安之户部尚书职，并拘捕下狱。查抄和珅家产，数额甚大，后传有"和珅跌倒，嘉庆吃饱"之语。

公元	年号	大事记
1799	嘉庆四年	正月初八日，任命成亲王永瑆、大学士董诰、兵部尚书庆桂为军机大臣。任命仪亲王永璇总理吏部，成亲王永瑆总理户部兼管三库事务，睿亲王淳颖管理理藩院，定亲王绵恩管理步军统领事务。
1799	嘉庆四年	正月初八日，颁布太上皇帝遗诏。
1799	嘉庆四年	正月初八日，调任多人为部院尚书、侍郎及八旗都统、领侍卫内大臣。
1799	嘉庆四年	正月初九日，调任多人为内阁大学士、协办大学士、各部尚书。
1799	嘉庆四年	正月初九日，命睿亲王淳颖为御前大臣，庆郡王永璘在内廷行走。
1799	嘉庆四年	正月十一日，嘉庆帝宣布逮捕和珅之缘由，历数其罪行。
1799	嘉庆四年	正月十四日，和珅党羽都察院左都御史吴省钦被革职，以刘权之代之。
1799	嘉庆四年	正月十五日，布告和珅二十大罪状。
1799	嘉庆四年	正月十五日，禁内外大臣呈进如意、字画、古玩等。
1799	嘉庆四年	正月十六日，定军机章京额缺，并规定其人选必须引见皇帝后钦定。
1799	嘉庆四年	正月十八日，判处和珅，令其自尽。
1799	嘉庆四年	正月十八日，判处福长安斩监候，宽免释放，遣充裕陵供茶拜唐阿。
1799	嘉庆四年	正月十八日，将和珅之弟和琳追革公爵，撤出配享太庙。
1799	嘉庆四年	正月十八日，免和珅子固伦额驸丰绅殷德连坐，留袭伯爵。
1799	嘉庆四年	正月十八日，和珅党羽大学士苏凌阿、侍郎吴省兰等被罢黜。
1799	嘉庆四年	正月十九日，命新疆解京大块玉石不必运京。
1799	嘉庆四年	正月二十日，上乾隆帝谥号、庙号。
1799	嘉庆四年	正月二十日，授勒保为经略大臣，总统镇压川楚陕等处白莲教教军军务。
1700	嘉庆四年	正月二十六日．命将原抬旗之和珅一支改回本旗。
1799	嘉庆四年	正月二十七日，陕甘总督宜绵解任；陕西巡抚秦承恩革职，解京受审。
1799	嘉庆四年	正月二十八日，追赠已故御史曹锡宝为副都御史，并荫子一人。
1799	嘉庆四年	正月二十八日，召内阁学士尹壮图由籍回京，候旨擢用。
1799	嘉庆四年	正月二十八日，命户部将先前停铸之制钱三十卯，复铸十五卯。
1799	嘉庆四年	二月初五日，停永瑆之总理户部事务、永璇之总理吏部事务。
1799	嘉庆四年	二月初六日，嘉庆帝斥责剿教军之将领拖延时日，指出已费军需超过七千万两。
1799	嘉庆四年	二月初六日，解除私售玉石玉器禁例。减轻私刨人参之治罪。

公元	年号	大事记
1799	嘉庆四年	二月初九日,命纂修《大清高宗纯皇帝实录》。
1799	嘉庆四年	二月初九日,四川白莲教军首领王三槐、罗其清在京被凌迟处死。
1799	嘉庆四年	二月十二日,命以后获教军首领,不必解京,即于本地处死枭示。
1799	嘉庆四年	二月十三日,两江总督兼领南河事李奉翰卒。
1799	嘉庆四年	二月十六日,命所获教军家属,男十六岁以上者发黑龙江为奴,十一至十五岁者监禁,至成丁时发新疆地区。十岁以下及妇女,给满洲、蒙古旗人大臣之家为奴。
1799	嘉庆四年	二月十七日,复宗室乡试,并增各部司员的宗室缺额。
1799	嘉庆四年	二月十七日,因惠龄之母故世,命惠龄回京守制,四川剿教之清军由德楞泰统领。
1799	嘉庆四年	二月二十四日,定嘉庆帝名讳避讳法。
1799	嘉庆四年	二月二十四日,将文字狱判处之徐述夔、王锡侯二人子孙发遣者释回。
1799	嘉庆四年	二月二十五日,御史谷际岐以湖北武昌府事例,疏奏白莲教起义乃因官逼民反。
1799	嘉庆四年	二月二十七日,丰绅殷德被革伯爵。
1799	嘉庆四年	二月三十日,将查抄和珅家人呼什图之粮一万余石赈顺天府被水灾民。
1799	嘉庆四年	二月,增加征教军之官兵,四川、陕西、甘肃、湖北、河南共增兵三万。
1799	嘉庆四年	三月初一日,首告和珅之给事中广兴被擢为副都御史。
1799	嘉庆四年	三月初五日,贪官湖南布政使郑源琇被革职拿问。
1799	嘉庆四年	三月初十日,四川教军冷天禄部被清军追击,损失惨重。冷天禄阵亡。
1799	嘉庆四年	三月初十日,准备省道员密折奏事。
1799	嘉庆四年	三月十六日,限定王公大臣使用太监额数,逾额者交内务府,送宫内当差。
1799	嘉庆四年	三月十八日,定全国各税关征税盈余数额,停三年比较之例。
1799	嘉庆四年	三月十九日,长芦盐商、山东商人捐助军需银两,照例议叙。
1799	嘉庆四年	三月二十九日,将以前因文字狱连坐而发遣的部分人犯释回。
1799	嘉庆四年	四月初二日,禁京城开设戏园,以八旗子弟耽于娱乐、耗费钱粮之故。
1799	嘉庆四年	四月初九日,申明旗人选秀女之制,未经挑选者不得许配。

公元	年号	大事记
1799	嘉庆四年	四月初十日，嘉庆帝遵行秘密立储之制，书太子之名放于乾清宫正大光明匾之后。
1799	嘉庆四年	四月二十五日，取中姚文田等二百二十人为进士，王引之为是科探花，学者郝懿行为此科进士。
1799	嘉庆四年	四月二十六日，将藉权招摇、婪索受贿之和珅家奴刘全、呼什图等治罪。
1799	嘉庆四年	五月初二日，禁止各省河工摊派地方州县。
1799	嘉庆四年	五月二十四日，皇后出行，克勤郡王恒谨因未回避被革王爵。
1799	嘉庆四年	六月初二日，增设步军统领左右翼总兵官。
1799	嘉庆四年	六月初三日，于各省剿白莲教军各处推行坚壁清野之策。
1799	嘉庆四年	六月十六日，禁有漕各州县浮收加征。
1799	嘉庆四年	七月初一日，令各省召募新兵，补充征教军之兵员。
1799	嘉庆四年	七月初五日，由山西调兵三千赴湖北参战。
1799	嘉庆四年	七月二十一日，成亲王永瑆辞去管理户部三库事务。
1799	嘉庆四年	七月二十三日，命户、工两部钱局全部恢复旧卯数铸钱。
1799	嘉庆四年	七月二十五日，停各督抚及盐政、关差、织造于中秋节呈进方物，定为永例。
1799	嘉庆四年	七月，云南石屏、建水二州县地震。
1799	嘉庆四年	七月，黄河于江苏砀山邵家坝决口。
1799	嘉庆四年	八月初六日，调盛京兵二千名，吉林及黑龙江兵各一千名赴湖北参战。
1799	嘉庆四年	八月初十日，福州将军庆霖违禁进献中秋贡物，被革职留任。并再次申禁。
1799	嘉庆四年	八月十六日，光禄寺少卿戴均元奏：备省州县常平仓，近年多缺额，实储十无二三。请令勒限买补。
1799	嘉庆四年	八月十七日，将勒保革职拿问，授额勒登保经略大臣。
1799	嘉庆四年	八月二十日，禁地方官私造滥用违制刑具。
1799	嘉庆四年	八月二十五日，洪亮吉上疏建言获罪，遣戍伊犁。
1799	嘉庆四年	八月二十七日，嘉庆帝批驳洪亮吉谏言。
1799	嘉庆四年	九月初三日，洪泽湖决口。
1799	嘉庆四年	九月十三日，两淮盐政征瑞因曾馈送和珅银两等事被革职押赴皇陵工地服役。

公元	年号	大事记
1799	嘉庆四年	九月十五日，葬乾隆帝于裕陵。
1799	嘉庆四年	十月初二日，襄阳教军与清军激战于陕南，首领张汉潮阵亡。
1799	嘉庆四年	十月初六日，襄阳教军高均德部在陕西紫阳遭围攻，高均德等被俘。
1799	嘉庆四年	十月十二日，湖北道员胡齐仑以军需银馈送官员，被押京绞死。
1799	嘉庆四年	十月十三日，令于陕西终南山安置流民、垦种，设官管理。
1799	嘉庆四年	十月十五日，谕各省督抚力行保甲制，设里长，编户口置门牌。
1799	嘉庆四年	十月二十二日，免成亲王永瑆入值军卡门处事务。
1799	嘉庆四年	十月二十七日，勒保以贻误军机、懈怠军务等罪被判斩监候。
1799	嘉庆四年	十一月初五日，谕内阁，禁越分建言，微员、平民妄奏者治罪。
1799	嘉庆四年	十一月初六日，建乾隆帝裕陵圣德神功碑，嘉庆帝亲撰碑文。
1799	嘉庆四年	十一月初十日，清军与四川教军交战，公爵安禄阵亡。
1799	嘉庆四年	十一月十九日，严申裁革漕弊陋规。
1799	嘉庆四年	十一月二十四日，谕京、外各官，严惩作恶之书吏。
1799	嘉庆四年	十二月初一日，国子监祭酒法式善建言时政被解任。
1799	嘉庆四年	十二月初三日，增加漕船准带土产之数并免税，以增漕运旗丁收入。
1800	嘉庆四年	十二月十三日，命清厘山东省漕帮旗丁经费陋规。
1800	嘉庆四年	十二月二十六日，应两广总督吉庆奏请，于广东电白县兴平山、虎门海口增建炮台。
1800	嘉庆四年	十二月二十七日，谕各省督抚，不得以属员留为幕宾，并禁幕宾外出与地方官往来。
1799	嘉庆四年	是年，学者江声、武亿卒。
1799	嘉庆四年	是年，普免全国积年逋赋。
1800	嘉庆五年	正月初九日，谕各省州县清查仓库亏欠不宜过急，并指出清查中的各种弊端。
1800	嘉庆五年	正月十三日，户部奏，各省积欠，自嘉庆三、四年以来不下两千余万两。
1800	嘉庆五年	正月十五日，四川教军冉天元等部进入川西地区。
1800	嘉庆五年	正月二十一日，命沿海各省仿广东例，捐造海艇，巡缉海盗。
1800	嘉庆五年	正月二十六日，督促备省督抚力行保甲制。
1800	嘉庆五年	正月二十九日，清军与教军冉天元部交战，死伤甚多，总兵朱射斗战死。
1800	嘉庆五年	二月初一日，释放勒保，命其驰赴额勒登保军营效力赎罪。

公元	年号	大事记
1800	嘉庆五年	二月初二日，命沿海各省督抚、提镇尽心训练水军。
1800	嘉庆五年	二月初五日，贪赃婪索之漕运总督富纲被判绞监候，行贿官员数十名被惩处。
1800	嘉庆五年	二月初九日，令以后用兵省份若再增兵，就近招募乡勇。
1800	嘉庆五年	二月初十日，命新疆阿克苏等城增铸嘉庆通宝钱，以乾隆钱二成、嘉庆钱八成鼓铸。
1800	嘉庆五年	二月初十日，严禁督抚讳灾不报。
1800	嘉庆五年	二月十五日，肃亲王永锡因交结皇子绵恺被革职，交宗人府议处。
1800	嘉庆五年	二月二十一日，严饬裁革盐税外之匣费。
1800	嘉庆五年	二月底，四川教军冉天元部与清军激战，惨败，冉天元被俘。
1800	嘉庆五年	二月，蔡新卒。
1800	嘉庆五年	三月初四日，命各省清查历年积压案件，立期限完结。
1800	嘉庆五年	三月十五日，嘉庆帝下令改陕西兴汉镇为陕安镇，改汉兴道为陕安道。
1800	嘉庆五年	三月二十五日，命清查各省耗羡银，遵定制严禁擅自动用。
1800	嘉庆五年	三月二十六日，嘉庆帝谕：凤凰城各边外与高丽接壤，所关紧要，不可随意裁撤边卡。
1800	嘉庆五年	四月十八日，在陕统兵大员永保被判斩监候。
1800	嘉庆五年	四月十八日，河南巡抚景安被判斩监候。
1800	嘉庆五年	四月二十日，调直隶、山东两省兵二千名赴河南省参战。
1800	嘉庆五年	四月，北方大旱，京师尤甚，嘉庆帝于二十四日亲自祈雨。
1800	嘉庆五年	闰四月初二日，因多次祈雨不得，命将案犯及其子孙减轻惩处。
1800	嘉庆五年	闰四月初二日，命北京五城设厂平粜。
1800	嘉庆五年	闰四月初三日，嘉庆帝命将洪亮吉由伊犁释放回原籍。
1800	嘉庆五年	闰四月初五日，台湾嘉义县小刀会起事，被镇压，首领陈锡宗初九日阵亡。
1800	嘉庆五年	闰四月二十二日，禁民间越境酬神、聚众结会等活动。
1800	嘉庆五年	闰四月二十八日，襄阳教军张汉潮余部在陕西遭夹击，惨败。
1800	嘉庆五年	五月初五日，考试各省所保举之孝廉方正。湖南优贡严如煜廷试第一。
1800	嘉庆五年	五月十三日，准蒙古敖汉部垦荒移居之汉民耕种居住，禁再移入垦种。
1800	嘉庆五年	五月二十八日，命各省颁布《圣谕广训》。

公元	年号	大事记
1800	嘉庆五年	五月三十日，湖北阵亡之官兵两千多名，家属得赏恤。
1800	嘉庆五年	六月初六日，广东肇庆府阳江县天地会被镇压。
1800	嘉庆五年	六月十一日，调黑龙江、吉林兵一千五百名赴湖北、四川。
1800	嘉庆五年	六月二十二日，原四川总督魁伦被判死罪，令其自尽，子发往伊犁。
1800	嘉庆五年	六月二十四日，申严京控治罪例。
1800	嘉庆五年	六月二十五日，河南省宝丰县等地白莲教起兵反清。首领刘之协。
1800	嘉庆五年	七月初一日，拨和阗官荒地两万余亩与无地回民耕种。
1800	嘉庆五年	八月初三日，滥设衙役勒索民众之四川达州知州戴如煌被惩处。
1800	嘉庆五年	八月十四日，白莲教首领刘之协在叶县被捕，解京，于此日被处死。
1800	嘉庆五年	十月十三日，恢复宗室科举考试。
1800	嘉庆五年	十一月十三日，将乾隆五十七年以来缓决死刑犯六千多名酌情减等发落。
1801	嘉庆五年	十一月十八日，严禁王公大臣至军机处与军机大臣接触，以防其探听消息。
1801	嘉庆五年	十一月二十六日，定以后嫔以上亲姊妹免挑秀女。十二年二月后仍令挑选。
1801	嘉庆六年	正月十三日，襄阳教军高天升部被清军围击，死伤惨重。
1801	嘉庆六年	正月二十二日，嘉庆帝命将捐纳得官之大学士庆桂家奴陈连革职、审查。
1801	嘉庆六年	二月二十六日，改湖广提督为湖南提督，另置湖北提督，驻襄阳。
1801	嘉庆六年	二月三十日，嘉庆帝以平白莲教军将次结束，命妥当安置乡勇，以免再流为贼匪。
1801	嘉庆六年	三月初三日，命以后公主之女免挑秀女。
1801	嘉庆六年	三月初七日，陕西地区悄悄会秘密起事计划泄露，被清军围歼。
1801	嘉庆六年	三月初八日，严禁百姓采挖塔尔巴哈台地区金矿。
1801	嘉庆六年	三月初十日，以剿教军有功，授杨遇春为甘肃提督，赏乡勇头目罗思举巴图鲁之号。
1801	嘉庆六年	三月十五日，严禁步军统领私役步甲。
1801	嘉庆六年	三月二十七日，原给事中尹壮图密折奏请云南巡抚初彭龄留任，被嘉庆帝严厉申斥。
1801	嘉庆六年	三月二十八日，福长安因擅请回京治病，由裕陵发往盛京披甲管束。
1801	嘉庆六年	三月二十九日，嘉庆帝丧服期满，于裕陵行释服礼。

公元	年号	大事记
1801	嘉庆六年	四月十五日，册封皇贵妃钮祜禄氏为皇后。
1801	嘉庆六年	四月十五日，禁止官员捐养廉银赈济，以防其日后再巧取。
1801	嘉庆六年	四月十六日，湖广总督书麟卒于军。
1801	嘉庆六年	四月，取中顾皋等二百七十多人为进士。戴敦元曾任此年会试同考官。
1801	嘉庆六年	五月十七日，白莲教军首领徐天德等溺死。
1801	嘉庆六年	六月初一日至初五日，京畿大雨，京城积水，房屋倒塌甚多，永定河决口四处，淹数十州县。
1801	嘉庆六年	六月初九日，直隶总督姜晟因隐匿水灾灾情被革职解京。
1801	嘉庆六年	六月初十日，永定门外设粥厂赈灾民，并命地方官收葬淹死灾民。
1801	嘉庆六年	六月十一日，嘉庆帝以畿辅水患乃上天降灾警示，命清狱减刑。
1801	嘉庆六年	六月二十三日，准王公大臣捐俸米赈恤灾民。
1801	嘉庆六年	六月，四川达州教军与清军激战，死伤甚多，多名首领被俘。
1801	嘉庆六年	六月，免直隶受灾州县赋税，停本年秋狝。
1801	嘉庆六年	七月十一日，行以工代赈法，以赈灾民。
1801	嘉庆六年	七月十二日，通谕各省驻防将军、副都统及督抚等，严禁将罪情严重发遣为奴者充当长随。
1801	嘉庆六年	七月，赈热河水灾。
1801	嘉庆六年	八月初三日，命修直隶运河决口处。
1801	嘉庆六年	九月十五日，命续修《大清会典》，名学者俞正燮曾参与其事。
1801	嘉庆六年	九月二十五日，河南省已招募新兵五千名，增设各级武官。
1801	嘉庆六年	九月二十六日，驳于承德府平泉州开铜矿之请。
1801	嘉庆六年	九月二十八日，任李长庚为福建水师提督。
1801	嘉庆六年	九月，定回疆银钱比价，每两银准折普尔钱二百六十。
1801	嘉庆六年	十月初三日，整治永定河竣工。
1801	嘉庆六年	十月十一日，京城当铺、宛平民人蔡永清赈灾民冬衣八万余件，受嘉赏。
1801	嘉庆六年	十一月初三日，调福建水师提督李长庚为浙江提督。
1801	嘉庆六年	十一月十一日，贵州巡抚伊桑阿因骄黩欺罔被处死。
1802	嘉庆六年	十一月二十八日，命直隶富民将贮粮周济灾民，或减价粜卖，并予嘉奖。
1802	嘉庆六年	十二月初五日，命查自清初以来各省殉节诸臣后裔，予世职，准以生员应试。

公元	年号	大事记
1801	嘉庆六年	是年，史学家章学诚去世。
1801	嘉庆六年	是年，名学者顾广圻应阮元之邀校勘经书。
1802	嘉庆七年	正月十二日，应湖广总督吴熊光之奏请，以补充兵额为主要安顿乡勇之法。
1802	嘉庆七年	二月十九日，于京南各地增设粥厂以济贫民。
1802	嘉庆七年	三月二十日，严禁漕粮省份州县官折色征收。
1802	嘉庆七年	三月，两广总督吉庆严拒接近澳门之英国船登岸。
1802	嘉庆七年	四月二十五日，取中吴廷琛等二百四十八人为进士。名臣陶澍、名学者朱珔均为此科进士。
1802	嘉庆七年	四月二十九日，密谕四川、湖广二地总督，严查抢掠买卖妇女之棍徒。
1802	嘉庆七年	四月，山东省金乡县发生四百余童生拒考府试事件。
1802	嘉庆七年	五月二十七日，申谕各省，严禁赋税征收时勒折。
1802	嘉庆七年	五月，襄阳教军首领樊人杰溺死。
1802	嘉庆七年	六月初，自上月以来，直隶陆续出现蝗灾。
1802	嘉庆七年	六月初五日，兵部尚书汪承需奏请暂停本年秋狝，被责。
1802	嘉庆七年	六月初五日，以奉天、山东、河南等省麦季丰收，令近京税关严禁留难需索粮商，以使商运畅通，京畿粮多价平。
1802	嘉庆七年	六月二十一日，因上年永定河决口，令乾隆三十八年以后历任管河官员摊赔河工银四成，共三十八万八二千多两。
1802	嘉庆七年	六月，湖北汉水泛滥，十州县受灾。
1802	嘉庆七年	六月，学者张惠言去世。
1802	嘉庆七年	七月十五日，督令额勒登保、德楞泰加紧剿平陕西、湖北教军残部。
1802	嘉庆七年	七月十五日，令八旗都统饬所部官兵崇俭戒奢。
1802	嘉庆七年	七月二十日，嘉庆帝首次木兰秋狝，此日启程，命仪亲王永璇、大学士保宁等留京办事。
1802	嘉庆七年	七月二十四日，重申平教军后妥善安置乡勇。
1802	嘉庆七年	七月二十六日，嘉庆帝接奏报，陕西消灭白莲教军最大一支残部。
1802	嘉庆七年	八月初一日，日食，本月又将有月食，嘉庆帝以一月内日月食同现而反省，并命内外官员指陈政事得失。
1802	嘉庆七年	八月初六日，命额勒登保统兵赴湖北歼教军残部。

公元	年号	大事记
1802	嘉庆七年	八月初八日，广东博罗县天地会起事反清。
1802	嘉庆七年	八月十一日，恢复派遣朝廷大员与蒙古会盟例。
1802	嘉庆七年	八月十一日，定十年一次巡察与俄罗斯交界卡伦之例。
1802	嘉庆七年	九月初六日，于《蒙古律例》中增留孤养亲条例。
1802	嘉庆七年	九月十九日，博罗县反清天地会被镇压。
1802	嘉庆七年	九月二十六日，广东永安县天地会反清起事，十月中旬失败。
1802	嘉庆七年	十月十三日，禁番役子孙应试为官。
1802	嘉庆七年	十月十四日，禁军营将奖赏官兵银数列入军需报销。
1802	嘉庆七年	十月二十五日，禁坊肆刻印《水浒传》《西厢记》等小说，刊播者烧毁。
1802	嘉庆七年	十一月十五日，奏请进献新疆和阗玉之大臣被严厉申斥。
1803	嘉庆七年	十二月十七日，嘉庆帝以白莲教反乱被平定，至寿皇殿行礼。
1802	嘉庆七年	是年，学者王文治去世。
1803	嘉庆八年	正月十一日，伊犁将军松筠奏请于惠远、惠宁两城令八旗驻防旗人耕种，允准。
1803	嘉庆八年	正月十六日，嘉庆帝允准将嘉庆元年至八年御制诗编为初集刊刻。
1803	嘉庆八年	二月，休致大学士王杰上疏，详析各省亏空、驿递之弊。
1803	嘉庆八年	二月，浙江水师提督李长庚于定海洋面击溃蔡牵船队，追至福建洋面。
1803	嘉庆八年	闰二月二十日，发生嘉庆帝遇刺案。拉旺多尔济、丹巴多尔济救驾。
1803	嘉庆八年	闰二月二十五日，制定规条，着力加强紫禁城之门禁及安全保卫。
1803	嘉庆八年	三月十七日，定翻译乡试、会试与普通乡试、会试同时举行。
1803	嘉庆八年	三月二十三日及二十四日，因京畿大旱，嘉庆帝接连两日亲自祈雨。
1803	嘉庆八年	四月初二日，命续行缮办《四库全书》，仍以纪昀总其事。
1803	嘉庆八年	五月初二日，重申：除只身往关外贸易、佣工外，携眷出关往东北者仍禁止。
1803	嘉庆八年	六月初十日，定黄河、运河之临时抢修工程，可于兴工后再造预算银两详细具奏。
1803	嘉庆八年	六月十三日，严厉申斥中央地方各衙门办事拖延怠弛。
1803	嘉庆八年	六月十六日，严令各省查补钱粮亏空。
1803	嘉庆八年	六月二十六日，改安南为越南，封阮福映为国王，并遣使往封。
1803	嘉庆八年	六月，直隶、河南两省部分州县出现蝗虫为害。

公元	年号	大事记
1803	嘉庆八年	七月十七日，福建漳州府因发生大规模宗族械斗，该管官以失职漠视被革职，发遣新疆。
1803	嘉庆八年	七月二十日，嘉庆启程去热河木兰秋狝。
1803	嘉庆八年	七月三十日，原江苏巡抚、署两江总督岳起病故。
1803	嘉庆八年	八月初九日，因裕陵出现工程质量问题，惩处督办大臣。
1803	嘉庆八年	八月十五日，因围场野兽甚少，停止行围，并斥责管理围场官员。
1803	嘉庆八年	九月十六日，工部尚书彭元瑞卒。
1803	嘉庆八年	九月，黄河于河南省封丘县决口，水漫山东省西部、北部及直隶南部。
1803	嘉庆八年	十月初三日，定阿拉善蒙古吉盐营销山西章程。
1803	嘉庆八年	十月十一日，因修黄河决口需巨额工程费用，开捐纳之暂行事例。
1803	嘉庆八年	十月二十六日，定青海蒙古人与番族地界及交易章程等。
1803	嘉庆八年	十一月十八日，重申乾隆四十九年谕旨，禁将上控案件发原审官办理。
1804	嘉庆八年	十一月二十五日，再申严禁番役子弟入仕应试。
1804	嘉庆八年	十二月初二日，命国史馆纂修《高宗纯皇帝本纪》。
1803	嘉庆八年	是年，学者赵怀玉退出官场，此后致力于编纂书籍及讲学。
1803	嘉庆八年	是年，统计全国人口三亿零二百二十五万六百七十三人。
1804	嘉庆九年	正月十九日，嘉庆帝接到奏报，蔡牵船队至吴淞口，劫商船四十多艘。
1804	嘉庆九年	二月初二日，定台湾官兵，千总、把总、外委等官用本地人，兵仍按旧例，由内地定期调取换班。
1804	嘉庆九年	二月初七日，申禁八旗汉军女子缠足、穿衣袖宽大华丽之汉人服装。
1804	嘉庆九年	二月十三日，命将编为佐领及安置各地的原安南人送回越南。
1804	嘉庆九年	三月十三日，嘉庆帝谒明帝陵墓，于长陵奠酒。
1804	嘉庆九年	三月二十七日，修河官员奏报黄河决口修复工程竣工，河归故道。
1804	嘉庆九年	四月十六日，禁内地民人往乌里雅苏台北面等处贸易。
1804	嘉庆九年	五月十九日，铁保将清初以来旗人诗作汇为一集呈进，嘉庆帝为之命名《熙朝雅颂集》。
1804	嘉庆九年	五月二十七日，再次谕令督抚妥善安置乡勇。
1804	嘉庆九年	五月，蔡牵船队驶至台湾鹿耳门偷袭抢掠。
1804	嘉庆九年	五月及三月，于新疆拔地与回民耕种。
1804	嘉庆九年	六月十一日，吏部书吏舞弊案发，该部多名官员被革。

公元	年号	大事记
1804	嘉庆九年	六月二十七日，命李长庚总统闽浙两省水师缉捕蔡牵。
1804	嘉庆九年	六月，授英和为军机大臣。
1804	嘉庆九年	七月十八日，宝泉局亏短铜斤案发，多名官员被惩处。
1804	嘉庆九年	七月二十八日，应伊犁将军松筠之请，将该地由遣犯屯种之地拨给六千户回民耕种。
1804	嘉庆九年	七月，京畿发生蝗灾。
1804	嘉庆九年	七月，嘉庆帝赴热河木兰秋狝，因鹿只稀少而停止。
1804	嘉庆九年	八月初三日，清查以前之滥支军需事，追罚福康安、和琳、毕沅等。
1804	嘉庆九年	九月初五日，以川、楚、陕三省教军残余清剿净尽，奖赏额勒登保等官。
1804	嘉庆九年	九月初五日，三省剿教军战事，先后九载，军费银达二亿两。
1804	嘉庆九年	十月十八日，广西武缘知县孙廷标纵凶舞弊案被处绞刑。
1804	嘉庆九年	十一月二十四日，以京城及外省钱价腾贵，令严查私毁者及是否有短铸现象。
1805	嘉庆九年	十二月十六日，因广东潮阳县发生宗族械斗，派官前赴审办。
1804	嘉庆九年	是年，大学士刘墉去世，学者钱大昕去世。
1805	嘉庆十年	正月初十日，致仕大学士王杰去世。
1805	嘉庆十年	二月初二日，重申严禁领兵者以国家钱粮私立赏项奖赏属下官兵。
1805	嘉庆十年	二月初七日，两广总督报，英国王所遣使臣随商船到广州。
1805	嘉庆十年	二月十五日，纪昀去世。
1805	嘉庆十年	三月初八日，由京解银二百万两至盛京，以备皇帝东巡盛京之用。
1805	嘉庆十年	三月二十五日，因广东省海阳县宗族械斗不止、澄海县等土豪勾结海盗等因，将原两广总督倭什布革职留任。
1805	嘉庆十年	四月初一日，已故东河河道总督王秉韬被追赔治河工程银。
1805	嘉庆十年	四月十八日，禁京城西洋人刻书传教。
1805	嘉庆十年	四月二十五日，太和殿传胪，予彭浚等二百四十三人进士及第、出身等。名学者徐松、李兆洛、孙原湘均为此科进士。
1805	嘉庆十年	五月初一日，以钱价昂贵，谕各省督抚务令如额鼓铸钱文。
1805	嘉庆十年	五月初一日，严令内务府大臣管理西洋堂，定禁条多款。
1805	嘉庆十年	五月初六日，准闽浙总督奏请，于台湾水师增加兵员、添造大船。
1805	嘉庆十年	五月二十六日，禁百姓私制器械，练习拳棒。

公元	年号	大事记
1805	嘉庆十年	五月二十八日，命清查直隶亏空银两。
1805	嘉庆十年	五月，甘肃再次破获悄悄会。
1805	嘉庆十年	六月，直隶、京畿地区大雨，永定河河堤出现塌陷、漫溢。
1805	嘉庆十年	闰六月初八日，嘉庆帝谕令悬赏捉拿蔡牵。
1805	嘉庆十年	闰六月十九日，红带子图钦、图敏及旗人魁敏等坚持信西洋教，被发遣伊犁。
1805	嘉庆十年	闰六月二十六日，江西省生员欧阳恕全因诗作被指为"逆诗"而处以死刑。
1805	嘉庆十年	七月十八日，嘉庆帝东巡盛京拜谒祖陵，此日启程。
1805	嘉庆十年	八月，嘉庆帝先后谒永陵、福陵、昭陵。
1805	嘉庆十年	八月二十一日，公爵额勒登保卒。
1805	嘉庆十年	八月，将安插于吉林、黑龙江之闽、广两地天地会人犯改发新疆。
1805	嘉庆十年	九月十五日，直隶总督吴熊光奏对应以前朝六次南巡劳民伤财为鉴，牢记先帝反省之语。嘉庆帝动容纳之。
1805	嘉庆十年	十月初八日，俄罗斯商船抵达澳门，请开广州通商。
1805	嘉庆十年	十月十七日，覆英国国王书，回赠礼品。
1805	嘉庆十年	十一月初十日，拟增设八旗满洲、蒙古养育兵，补入巡捕五营。
1805	嘉庆十年	十一月十二日，令各省所收捐监银，每凑足十万两，仍照例解部。实有用项，专折奏请再留用。
1806	嘉庆十年	十一月十二日，令严查澳门西洋人，禁在该地或赴他省传教。
1806	嘉庆十年	十一月，蔡牵船队攻入台湾。
1806	嘉庆十年	十二月初六日，嘉庆帝斥责大学士九卿会议重要政务时敷衍塞责。
1805	嘉庆十年	书法家邓石如去世。
1806	嘉庆十一年	正月初九日，定发遣边地人犯减刑条例。
1806	嘉庆十一年	正月二十日，不许俄国商船至广州贸易。
1806	嘉庆十一年	二月，由四川等地调兵台湾剿捕蔡牵。
1806	嘉庆十一年	三月十六日，禁江浙地区米粮出洋。
1806	嘉庆十一年	三月二十三日，因京城米价昂贵，发米粮平粜。
1806	嘉庆十一年	三月，蔡牵船队被驱出台湾后，于是月与清军在福建沿海洋面交战。
1806	嘉庆十一年	四月二十八日，陕西巡抚奏报该省粮价昂贵。

公元	年号	大事记
1806	嘉庆十一年	五月初九日，定汉军旗人一般兵丁之女不再挑选秀女。
1806	嘉庆十一年	五月十五日，重申，选秀女时，查出蒙古旗人秀女衣袖宽大、汉军旗人秀女缠足者，治其父兄之罪。
1806	嘉庆十一年	六月初一日，查出安徽省亏空银一百三十四万两，命八年内追补完毕。
1806	嘉庆十一年	六月十二日，令宗室王公、族人训诫皇族人员严禁违法、胡作非为。
1806	嘉庆十一年	六月，学者王昶去世。
1806	嘉庆十一年	七月初六日，陕西发生士兵哗变。因新兵被扣饷而激发。
1806	嘉庆十一年	七月二十日，陕西哗变士兵攻陷洋县，杀其知县。
1806	嘉庆十一年	七月二十二日，嘉庆帝决定木兰秋狝，本日启程。
1806	嘉庆十一年	八月二十一日，直隶布政书吏舞弊案发，命严查重处。
1806	嘉庆十一年	九月初六日，嘉庆帝一行结束木兰行围。
1806	嘉庆十一年	九月二十八日，准现行常例中的部分项目于各省藩库报捐，按月将报捐人数、银两上报户部。
1806	嘉庆十一年	九月，黄河于江苏北部决口。
1806	嘉庆十一年	十月初，陕西士兵哗变被平定。
1806	嘉庆十一年	十月十六日，因河工费用浩繁，虚报严重，命以后详列款项，以防侵吞。
1806	嘉庆十一年	十一月初十日，严令各州县整顿驿站供应之事。
1806	嘉庆十一年	十一月初十日，令各省督抚务必于年底盘查藩库，详查各项上报。
1806	嘉庆十一年	十一月十七日，命各省州县衙门清查裁汰白役。
1807	嘉庆十一年	十一月二十四日，将陕西哗变士兵投降者二百多名安置新疆为兵，永不换回。
1807	嘉庆十一年	十一月二十九日，因八旗生计问题，增八旗满洲、蒙古及内务府三旗养育兵额。
1807	嘉庆十一年	十二月初五日，大学士朱珪去世。
1807	嘉庆十一年	十二月二十日，以陕西士兵哗变，将该省提督杨芳革职发遣新疆。
1807	嘉庆十一年	十二月，四川发生新兵哗变，数日后被平定。
1807	嘉庆十二年	正月，陕西西乡营瓦石坪新兵滋事，旋平之。
1807	嘉庆十二年	二月十二日，因地方积压案件严重，督令清理审结。
1807	嘉庆十二年	二月十四日，严厉申禁朝臣与诸王交结私往。
1807	嘉庆十二年	二月二十日，嘉庆帝启程谒东陵、西陵。

公元	年号	大事记
1807	嘉庆十二年	三月初六日，以江苏黄河决口处修复，河水入故道，赏治河官员。
1807	嘉庆十二年	三月十五同，《（清）高宗实录》《（清）高宗圣训》修成。
1807	嘉庆十二年	三月，因直隶京畿旱情严重，嘉庆帝多次亲自祈雨。
1807	嘉庆十二年	四月，因直隶京畿缺雨，粮贵，令商人由东北贩粮至直隶。
1807	嘉庆十二年	五月十八日，颁八旗满洲、蒙古养马章程。
1807	嘉庆十二年	五月十八日，任长龄陕甘总督。
1807	嘉庆十二年	五月十九日，严禁地方官讳盗及放任胥吏勒索百姓。
1807	嘉庆十二年	六月十三日，禁督抚将幕友捐纳入仕者留用本省。
1807	嘉庆十二年	六月二十五日，定京察三等者，不准保送为知府。
1807	嘉庆十二年	七月十八日，以木兰秋狝，嘉庆帝等自京启程。
1807	嘉庆十二年	七月，黄河于江苏省阜宁县陈家浦决口，改道入海。
1807	嘉庆十二年	九月二十七日，禁八旗旗人抱养民人子弟为嗣。
1807	嘉庆十二年	十月初五日，定青海地区蒙古、藏族等相处及对其管理章程。
1807	嘉庆十二年	十月二十六日，令广州着力查禁鸦片贩运船只。
1807	嘉庆十二年	十一月，黄河陈家浦决口修复，河水复归故道。
1808	嘉庆十二年	十二月初七日，令福建、广东等省严查私售鸦片者。
1808	嘉庆十二年	十二月二十四日，申定督催各州县未完积欠章程。
1808	嘉庆十二年	十二月二十五日，李长庚追击蔡牵船队战死。
1807	嘉庆十二年	是年冬，以抱怨、不驯，将调新疆之陕西哗变兵二百多名处死。名幕汪辉祖去世。石韫玉辞官，专意学术。
1808	嘉庆十三年	正月二十八日，定诬告加等治罪例。
1808	嘉庆十三年	二月二十二日，预行申诫本年会试规章，以防作弊。
1808	嘉庆十三年	三月十一日，修订刑律新例，多为处死刑的新规定。
1808	嘉庆十三年	三月十二日，增江西省棚民入籍考试童生录取名额。
1808	嘉庆十三年	三月二十三日，嘉庆帝于天津阅视水兵操练。
1808	嘉庆十三年	三月，命大学士长麟、戴衢亨勘察南河工程。
1808	嘉庆十三年	四月二十五日，取中吴信中等二百六十一人为进士，予进士及第、出身等。
1808	嘉庆十三年	五月初四日，命以后凡八十岁以上中进士者，直接授翰林院职。
1808	嘉庆十三年	五月十九日，令八旗都统、统领申饬各属旗人，力诫游惰骄奢之习。

公元	年号	大事记
1808	嘉庆十三年	七月十六日，以木兰秋狝，嘉庆帝等自京启程。
1808	嘉庆十三年	七月二十一日，英国兵船九只，驶入广东香山县属鸡颈洋面。
1808	嘉庆十三年	八月初二日，英国兵船于澳门登陆。
1808	嘉庆十三年	八月，严可均着手编辑《全上古三代秦汉三国六朝文》。
1808	嘉庆十三年	九月二十三日，英国船至广州城外，求见两广总督，请准在澳门居住。
1808	嘉庆十三年	九月二十六日，嘉庆帝谕两广总督严令英船退出澳门，否则以兵击之。
1808	嘉庆十三年	十月初四日，两广总督吴熊光奉嘉庆帝令，调兵入黄埔、澳门。
1808	嘉庆十三年	十月二十八日，吴熊光以办理对英兵船事失职软弱被惩斥。
1808	嘉庆十三年	十一月初七日，发生县令李毓昌被毒杀案。
1808	嘉庆十三年	十一月十二日，吴熊光报告英国兵船全部退出澳门。
1808	嘉庆十三年	十一月十四日，户部称，全国诸省欠征地丁银已积至一千余万两。
1809	嘉庆十三年	十二月初二日，再次申禁地方征收钱粮时浮收多征。
1809	嘉庆十三年	十二月初六日，严禁督抚奏留丁忧人员。
1808	嘉庆十三年	是年，名士包世臣中举。
1809	嘉庆十四年	正月初五日，定全国各盐区提高盐价，以筹南河治河经费。
1809	嘉庆十四年	正月初七日，以山东巡抚百龄为两广总督。
1809	嘉庆十四年	正月十二日，将革职刑部侍郎广兴处死。
1809	嘉庆十四年	二月初五日，江南河道总督吴璥奏报南河堤坝多处敝坏。
1809	嘉庆十四年	二月十二日，严禁官员于路过地方需索供应，地方官糜费迎接。
1809	嘉庆十四年	二月二十六日，准于澳门增设炮台。
1809	嘉庆十四年	三月初九日，德楞泰卒。
1809	嘉庆十四年	四月二十日，巡漕御史英纶被革职拿问。
1809	嘉庆十四年	四月二十九日，将革职两广总督吴熊光发遣伊犁。
1809	嘉庆十四年	四月二十九日，令两广总督百龄，英国商船若再带兵驶近，即调兵堵剿。
1809	嘉庆十四年	四月，取中洪莹等二百四十一人为进士。
1809	嘉庆十四年	五月十二日，令严查知县李毓昌被毒死一案。
1809	嘉庆十四年	五月十九日，将英纶定罪处绞。
1809	嘉庆十四年	五月十九日，增定外国商船至广东贸易章程。
1809	嘉庆十四年	五月二十三日，因此前户部三库失窃，本日定三库官员轮流值宿制。
1809	嘉庆十四年	六月十八日，仓场米石短缺案发，历任官员被降、革多人。

公元	年号	大事记
1809	嘉庆十四年	七月十四日，李毓昌被毒杀案审实，该省督抚等被革职。
1809	嘉庆十四年	七月十八日，嘉庆帝等启程赴热河木兰秋狝，后因围场内雨多路难行而停止。
1809	嘉庆十四年	七月二十七日，命浙江、福建、广东三省督抚及海关大员严查，禁商民将米出洋贩卖。
1809	嘉庆十四年	八月十七日，蔡牵船队被击败，蔡牵死。
1809	嘉庆十四年	八月十九日，因此前台湾淡水等处发生宗族械斗，此日命福建提督调兵赴台弹压。
1809	嘉庆十四年	八月二十九日，毒害李毓昌之山阳县令王伸汉及祖护之知府被处死。
1809	嘉庆十四年	九月初十日，宝坻县令单幅昌因侵吞赈济银被处斩。
1809	嘉庆十四年	九月二十日，以下月万寿节，加赏王公及文武大臣。
1809	嘉庆十四年	九月二十六日，准俄罗斯明年派人于恰克图会谈。
1809	嘉庆十四年	十月初六日，嘉庆帝五十寿辰，举行庆贺礼。
1809	嘉庆十四年	十月二十日，谕各漕粮省份自本年征收始革除各项陋规。
1809	嘉庆十四年	十月二十四日，禁官员于所管地区驿站扰累需索。
1809	嘉庆十四年	十一月初九日，谕：各省驿站，督抚及过境大员，均自备车马供应。
1810	嘉庆十四年	十二月十三日，工部书吏私造假印案发。
1810	嘉庆十四年	十二月十七日，定故杀十岁以下孩童加重惩处例。
1810	嘉庆十四年	十二月二十五日，因私造假印案犯冒领款项，户部、工部、内务府多名官员被惩处。
1810	嘉庆十四年	十二月，分别开豁安徽池州、徽州、宁国三府世仆。
1809	嘉庆十四年	是年，学者洪亮吉、凌廷堪去世。
1810	嘉庆十五年	二月二十八日，议行海运漕粮。
1810	嘉庆十五年	二月，命直隶、山西每年查明出关人口数造册上报。
1810	嘉庆十五年	三月初二日，命京城步军统领及闽粤两省督抚查禁鸦片来源。
1810	嘉庆十五年	三月十二日，禁各部书吏等将公文稿偷窃售卖。
1810	嘉庆十五年	四月初八日，以粮易霉变等因，停止试行海运漕粮。
1810	嘉庆十五年	四月十七日，改热河副都统为热河都统。
1810	嘉庆十五年	四月十七日，谕蒙古各部落此后不准再私招流民垦种。
1810	嘉庆十五年	四月二十五日，令严密推行保甲制与门牌。

公元	年号	大事记
1810	嘉庆十五年	五月二十七日，闽浙总督方维甸制定约束台湾械斗章程。
1810	嘉庆十五年	五月二十七日，方维甸奏报台湾未运内地兵粮已积至十六万多石。
1810	嘉庆十五年	五月，任戴衢亨为内阁大学士。
1810	嘉庆十五年	六月初三日，应蕴端多尔济奏请，加强喀尔喀蒙古与俄罗斯交界之稽查。
1810	嘉庆十五年	六月初八日，令京城查禁销毁好勇斗狠、秽亵不端内容之小说。
1810	嘉庆十五年	六月二十一日，申禁漕船夹带过多货物售卖。
1810	嘉庆十五年	七月十九日，定查禁漕船夹带私盐章程。
1810	嘉庆十五年	七月二十日，以木兰秋狝，嘉庆帝等于此日启程。
1810	嘉庆十五年	七月，永定河西岸决口，直隶水灾。
1810	嘉庆十五年	八月初五日，命赈济直隶被水灾民。
1810	嘉庆十五年	八月二十五日，以连日行猎围场牲畜甚少，申饬管场官员。
1810	嘉庆十五年	九月二十五日，山东巡抚因追补本省钱粮亏欠不力，被勒令年限。
1810	嘉庆十五年	十月初，洪泽湖坝决口。
1810	嘉庆十五年	十一月初一日，禁此后流民再进入吉林。
1811	嘉庆十五年	十二月十八日，户部奏，各省积欠银达一千五百万两之多，通令各督抚两年内补完。
1811	嘉庆十六年	正月二十三日，两广总督百龄因病辞职，调松筠任该职。
1811	嘉庆十六年	二月初七日，定军机章京回避规章。
1811	嘉庆十六年	二月初八日，根据南河工程查核结果，将多名负责官员降革，或令赔补工程银。
1811	嘉庆十六年	二月十六日，令严查私熔制钱者。
1811	嘉庆十六年	二月十八日，准许因造假印冒领库银案降调官员捐纳复原官职。
1811	嘉庆十六年	三月初一日，再申查禁鸦片流入。
1811	嘉庆十六年	三月二十二日，嘉庆帝拜谒西陵。
1811	嘉庆十六年	闰三月初二日，嘉庆帝等西巡至五台山。
1811	嘉庆十六年	四月初一日，大学士戴衢亨去世。
1811	嘉庆十六年	四月十七日，协办大学士长麟去世。
1811	嘉庆十六年	四月二十五日，取中蒋立镛等二百三十七人为进士。
1811	嘉庆十六年	五月二十九日，定西洋人传教治罪条例，并将钦天监供职以外的在京西洋人发交广东遣令回国。

公元	年号	大事记
1811	嘉庆十六年	五月，直隶、甘肃因天旱，粮价昂贵，设厂平粜。
1811	嘉庆十六年	六月初六日，兵部尚书明亮、大学士禄康皆因家内轿夫聚赌被革职。
1811	嘉庆十六年	六月十一日，令严查京城内八旗聚赌之处。
1811	嘉庆十六年	六月十二日，嘉庆帝颁布训谕，严令八旗旗人戒赌。
1811	嘉庆十六年	七月十四日，学业未精之在京西洋人被遣令回国。
1811	嘉庆十六年	七月十六日，谕令各省，禁西洋人潜居内地。
1811	嘉庆十六年	七月十六日，定失察西洋人传教之地方文武官员治罪条例。
1811	嘉庆十六年	七月二十日，以木兰秋狝，嘉庆帝等自京启程。
1811	嘉庆十六年	七月，黄河于江苏省李家楼决口。
1811	嘉庆十六年	八月初十日，四川省西部打箭炉等处地震，死四百八十多人。
1811	嘉庆十六年	八月二十五日，命江苏、安徽两省加意抚恤被淹州县灾民。
1811	嘉庆十六年	九月二十一日，拨银赈河南省永城、夏邑、虞城及安徽省宿州等被淹州县。
1811	嘉庆十六年	九月二十六日，准四川凉山彝族改土归流。
1811	嘉庆十六年	九月三十日，御史景德因奏请于万寿节演戏十日，岁以为例，被革职，发盛京当苦差。
1811	嘉庆十六年	十月二十九日，命查禁山东曹州府一带义和拳组织。
1812	嘉庆十六年	十二月初九日，因奉天府岫岩、复州、宁海三州县遭风灾，命赈灾民。
1812	嘉庆十六年	十二月十八日，申明旧例，禁文武生员于各官署充官役及乡镇杂差。
1811	嘉庆十六年	是年，统计全国人口三亿五千八百六十一万余人。
1811	嘉庆十六年	是年，学者臧庸去世。
1812	嘉庆十七年	正月二十日，福建省盐场官员虚报盐斤数被查出，遭处罚。
1812	嘉庆十七年	二月二十日，因京城内外窃案繁多，而斥责备该管官员。
1812	嘉庆十七年	二月二十三日，将伊犁驻防八旗公种田改由八旗闲散余丁自行耕种。
1812	嘉庆十七年	三月初一日，两江总督奏报黄河李家楼决口处合龙，河水归故道。
1812	嘉庆十七年	三月初九日，嘉庆帝谒东陵诸陵。
1812	嘉庆十七年	三月二十五日，直隶总督温承惠奏请疏浚天津、静海等处淤塞河道，获准。
1812	嘉庆十七年	四月初二日，拟将京城八旗之闲散人移居吉林业农。

公元	年号	大事记
1812	嘉庆十七年	五月初五日，定修筑淮扬运河西岸通湖闸口及洪泽湖坝。
1812	嘉庆十七年	五月初八日，直隶钜鹿县拿获习教聚众者，为首者处死或发遣。
1812	嘉庆十七年	五月十六日，议闲散宗室移居盛京章程。
1812	嘉庆十七年	五月十七日，直隶涿州查获八卦教组织，为首者处死或发遣。
1812	嘉庆十七年	六月二十八日，停止吉盐官运，照旧制许民捞制贩卖，限制销售区域。
1812	嘉庆十七年	六月，定整顿西藏行政积弊条文。
1812	嘉庆十七年	七月十八日，以木兰秋狝，嘉庆帝一行离京启程。
1812	嘉庆十七年	七月二十五日，谕各省，严禁滥施刑讯取供。
1812	嘉庆十七年	八月十八日，户部奏报，全国各省亏欠正赋银达一千九百余万两，安徽、山东、江苏等省积欠最多。
1812	嘉庆十七年	九月初六日，于台湾鹿耳、淡水等处建炮台、兵房。
1812	嘉庆十七年	九月十七日，因嘉庆帝决定于嘉庆二十年再次东巡谒关外三陵，命于天津盐斤加价项下拨银，以备工需。
1812	嘉庆十七年	九月二十五日，大学士庆桂因年迈退出军机处。
1812	嘉庆十七年	九月，四川总督奏该省少数民族与汉族杂居地区租佃等管理章程。
1812	嘉庆十七年	十月二十二日，命松筠、初彭龄查勘南河工程。
1812	嘉庆十七年	十一月初三日，严定越级控诉章程及处罚条例。
1812	嘉庆十七年	十一月二十四日，官员提出令闲散旗人业农以解决八旗生计，嘉庆帝不采纳。
1812	嘉庆十七年	十一月二十七日，嘉庆帝拟将部分旗人移居吉林旷地耕种。
1813	嘉庆十七年	十二月初一日，将以前盗匪罪犯发东北为奴之例改为遣往新疆及烟瘴极边之地。
1813	嘉庆十七年	十二月二十六日，增京师步军营、巡捕营兵额四千，以八旗正身旗人挑补，以裕其生计，免滋事。
1813	嘉庆十七年	十二月二十七日，命各税关监督于各分设关口派官督同书吏、家丁收税，不得只派家丁等人。
1812	嘉庆十七年	江藩名著《国朝汉学师承记》约于此年成书。
1813	嘉庆十八年	正月初七日，喀喇沁蒙古贝勒丹巴多尔济故世。后嘉庆帝亲临其丧祭奠。
1813	嘉庆十八年	二月初三日，定八旗满洲、蒙古之低级职官及一般兵丁之女不再挑选秀女。

公元	年号	大事记
1813	嘉庆十八年	二月初三日，定外扎萨克蒙古王公年六十五以上者，年班赴热河，不必来京。
1813	嘉庆十八年	三月初九日，嘉庆帝谒西陵启程。
1813	嘉庆十八年	四月，因大旱，嘉庆帝多次亲自祈雨。
1813	嘉庆十八年	五月，因河南省旱灾，发粮赈济。
1813	嘉庆十八年	六月初九日，重申皇族与汉民人结婚禁令。
1813	嘉庆十八年	六月十四日，定售卖鸦片及吸食者治罪条例。
1813	嘉庆十八年	六月，将北京之闲散宗室七十户移居盛京。
1813	嘉庆十八年	六月，严查京城囤积居奇之粮商铺户。
1813	嘉庆十八年	六月，拨奉天官仓米并截留漕米，赈直隶旱灾灾民。
1813	嘉庆十八年	七月初一日，自六月二十八日、二十九日至本日，京畿地区三天连降大雨。
1813	嘉庆十八年	七月初十日，命沿海海关严查鸦片，命京城及各省督抚缉拿售卖者。
1813	嘉庆十八年	七月十八日，嘉庆帝由京启程，赴热河木兰秋狝。
1813	嘉庆十八年	九月初三日，命赈直隶南部旱灾地区。
1813	嘉庆十八年	九月初五日，河南天理教首领李文成筹划起事被发觉，本日遭捕。
1813	嘉庆十八年	九月初七日，天理教首冯克善等领教徒攻克滑县，救出李文成，杀该县知县。
1813	嘉庆十八年	九日初十日，本日及此后几日，河南、山东、直隶等省多处发生天理教起事。
1813	嘉庆十八年	九月十五日，天理教徒攻入紫禁城，激战半日至夜而失败。
1813	嘉庆十八年	九月十六日，嘉庆帝在回京途中布置剿拿各地天理教徒。
1813	嘉庆十八年	九月十七目，天理教首领林清在京南大兴县被捕。
1813	嘉庆十八年	九月十九日，嘉庆帝回至京城。
1813	嘉庆十八年	九月二十一日，任曹振镛、松筠为大学士。
1813	嘉庆十八年	九月二十三日，林清等被处死。
1813	嘉庆十八年	九月二十六日，严定北京各城门防守稽查章程。
1813	嘉庆十八年	九月二十九日，调兵赴河南镇压天理教众。
1813	嘉庆十八年	十月初八日，命那彦成为钦差大臣，赴河南总统剿天理教军务。
1813	嘉庆十八年	十月十二日，禁私藏鸟枪，命严行查缴。

公元	年号	大事记
1813	嘉庆十八年	十月十三日，革温承惠直隶总督。
1813	嘉庆十八年	十月十六日，嘉庆帝严厉督催那彦成急速进剿天理教。
1813	嘉庆十八年	十月二十一日，命托津往河南督办军务。
1813	嘉庆十八年	十月二十六日，命京城严行编查保甲。
1813	嘉庆十八年	十月二十七日，命直隶屯居之汉军旗人归所在州县管辖，编入保甲。因该管佐领在京，不准离城，直隶汉军旗人有参加天理教。
1813	嘉庆十八年	十月二十八日，惩处汉军旗籍、直隶籍之科道官。
1813	嘉庆十八年	十一月初一日，准山东省运河清淤。
1813	嘉庆十八年	十一月十六日，定放赈条例，以防胥吏舞弊。
1813	嘉庆十八年	十一月十八日，吉林、黑龙江骑兵到河南省。
1813	嘉庆十八年	十一月十九日，杨芳所统清兵于辉县重创李文成天理教众。
1813	嘉庆十八年	十一月二十日，清兵与天理教军激战，李文成等首领自焚，数千教众被歼。
1813	嘉庆十八年	十二月初八日，禁民人结会、聚众烧香。
1814	嘉庆十八年	十二月十二日，清军攻克滑县城，天理教首领战死或自杀，二万多教军阵亡、烧死。
1814	嘉庆十八年	十二月十七日，定传习邪教治罪条例。
1814	嘉庆十八年	十二月二十日，禁开设小说坊肆，不准演好勇斗狠内容之杂剧。
1813	嘉庆十八年	学者法式善、钱大昭去世。
1814	嘉庆十九年	正月初七日，因军需、河工费用浩繁，决定暂开捐例。
1814	嘉庆十九年	正月十二日，嘉庆帝亲审被俘之天理教首领冯克善、牛亮臣，凌迟处死。
1814	嘉庆十九年	正月二十五日，因白银大量外流，命两广总督、粤海关监督严查外国商人以洋银圆换中国银两外运。
1814	嘉庆十九年	二月，陕西南部山林木工起事，至此月被剿平。
1814	嘉庆十九年	闰二月初九日，侍讲学士蔡之定奏请发行纸币，被驳斥、议处。
1814	嘉庆十九年	闰二月二十六日，编辑《全唐文》告成。
1814	嘉庆十九年	三月二十二日，重申传习天主教禁令。
1814	嘉庆十九年	三月二十六日，令裁减各省绿营兵。
1814	嘉庆十九年	四月初二日，以各省未解交户部银两增多，痛斥各督抚。
1814	嘉庆十九年	四月初四日，因牲畜甚少，停本年木兰秋狝。

公元	年号	大事记
1814	嘉庆十九年	四月十一日，因直隶官员失察天理教之起事，命将镇压之军费归于各官摊扣。
1814	嘉庆十九年	四月二十五日，取中龙汝言等二百二十六人为进士。名学者刘逢禄为此科进士。
1814	嘉庆十九年	五月初四日，重申严查广东鸦片，以杜绝来源。
1814	嘉庆十九年	五月初五日，准商民于新疆开矿。
1814	嘉庆十九年	七月二十五日，以山东省吏治废弛，将巡抚同兴、藩司朱锡爵革职。
1814	嘉庆十九年	七月二十九日，令申明关市例禁，以防胥吏等滥征商税。
1814	嘉庆十九年	八月初六日，因江苏省亏空银两逐年增多，命严查处理。
1814	嘉庆十九年	八月，浙江因大旱，米价腾贵。
1814	嘉庆十九年	九月初一日，嘉庆帝诏谕百官，实心为政，为国分忧解难。
1814	嘉庆十九年	九月初一日，禁地方官员将幕务假手属下候补官员。
1814	嘉庆十九年	九月二十二日，御史奏请严禁赌博。
1815	嘉庆十九年	十一月二十二日，准于新疆荒废牧场开垦为农田。
1815	嘉庆十九年	十一月二十五日，因山东亏空严重，命严查以前侵贪之官重处。
1815	嘉庆十九年	十一月二十六日，于吉林闲散旗人内挑选屯丁，拨予荒地屯种。
1815	嘉庆十九年	十一月二十八日，命两广总督严查久居澳门之英国人司当东。
1815	嘉庆十九年	十二月初二日，准两广总督所奏整饬洋行章程。
1814	嘉庆十九年	学者赵翼、鲍廷博去世。
1815	嘉庆二十年	正月，准于吉林胡家屯等处开煤矿，以裕旗人生计。
1815	嘉庆二十年	二月初一日，官员奏报，山东省积欠银仍达六百多万两。
1815	嘉庆二十年	三月十五日，据报，达赖喇嘛九世故世。
1815	嘉庆二十年	三月，两广总督定查禁鸦片奖惩规条。
1815	嘉庆二十年	三月，四川将传习天主教者多人惩处。
1815	嘉庆二十年	五月，僧人王树勋捐纳得官事发，被遣往黑龙江。
1815	嘉庆二十年	六月十三日，嘉庆帝谆谆告诫督抚等廉洁为政。
1815	嘉庆二十年	六月十四日，嘉庆帝告诫百官，应勤政爱民，勿因循息政。
1815	嘉庆二十年	六月二十九日，御史胡承珙奏请严查胥吏坏政。
1815	嘉庆二十年	六月，永定河决口。
1815	嘉庆二十年	七月初五日，禁商民运米出洋售卖。

公元	年号	大事记
1815	嘉庆二十年	七月二十日，嘉庆帝等启程赴热河木兰秋狝。
1815	嘉庆二十年	八月，两江总督报拿获教首方荣升。
1815	嘉庆二十年	九月十九日，西方传教士李多林潜回四川继续传教，被查获处死。
1815	嘉庆二十年	九月二十日，河南陕州等地地震，死伤多人。
1815	嘉庆二十年	九月二十一日，山西解州、蒲州等处地震，死七千多人。
1815	嘉庆二十年	十月十三日，嘉庆帝接山西地震奏报，派官赈恤。
1815	嘉庆二十年	十月二十一日，西方传教士兰月旺于湖南等省传教被捕，判绞刑。
1815	嘉庆二十年	十月二十九日，查获清茶门教传教人王秉衡。
1815	嘉庆二十年	十月三十日，命各省学政力行教化，劝民勿习邪教。
1815	嘉庆二十年	十一月十四日，谕将直隶省七万多顷官荒地、入官地招垦租佃。
1815	嘉庆二十年	十一月十八日，通谕京城及各省官员，严查习教者。
1815	嘉庆二十年	十一月十八日，命查禁安徽婺源等地卖妻溺女恶俗。
1815	嘉庆二十年	十一月二十六日，革礼亲王昭梿王爵。
1816	嘉庆二十年	十二月初七日，山西平陆知县陆樟以身襄地震之灾，自尽。嘉庆帝予以旌恤。
1816	嘉庆二十年	十二月十四日，令严查传习清茶门教之人。
1816	嘉庆二十年	十二月二十一日，将传布清茶门教之王姓族人数名凌迟处死。
1816	嘉庆二十年	十二月二十五日，定山东追还亏欠章则。
1815	嘉庆二十年	学者姚鼐、段玉裁、祁韵士、梁同书去世。
1816	嘉庆二十一年	正月初七日，严禁诸王、大臣与内奏事处太监交接。
1816	嘉庆二十一年	正月，于湖南、湖北捕获清茶门教教徒多人。
1816	嘉庆二十一年	二月，将浙江长兴等地入籍棚民编立保甲。
1816	嘉庆二十一年	三月初三日，谕行保甲互保制，以杜隐匿之弊。
1816	嘉庆二十一年	三月二十一日，嘉庆帝于谒东陵回京途中，亲至原大学士朱珪之墓祭奠。
1816	嘉庆二十一年	三月，钦差大臣赛冲阿领兵至西藏，防卫边境。
1816	嘉庆二十一年	四月，将在河南省传布清茶门教多人处死、发遣。
1816	嘉庆二十一年	五月十七日，重申保甲内同牌十户连保制。
1816	嘉庆二十一年	五月二十九日，广东官员奏报，英国派遣使团来华。
1816	嘉庆二十一年	五月二十九日，嘉庆帝谕，传令英国使船北上来京，不得在沿海各省登岸，准由天津登陆。

公元	年号	大事记
1816	嘉庆二十一年	六月二十九日，大学士庆桂去世。
1816	嘉庆二十一年	六月三十日，陕甘总督那彦威被革职，解京惩处。
1816	嘉庆二十一年	闰六月初四日，英国使船至天津口岸。
1816	嘉庆二十一年	闰六月初七日，清朝官员接见英国使团翻译马礼逊。
1816	嘉庆二十一年	闰六月十九日，英国使团正使阿美士德抵达天津。
1816	嘉庆二十一年	闰六月二十八日，因英船有五艘至天津即南返，嘉庆帝令严禁其于沿海之地随意登岸。
1816	嘉庆二十一年	闰六月二十九日，谕令于天津重设水师驻防。
1816	嘉庆二十一年	七月初七日，嘉庆帝召见英使，因英使数次推延不至，嘉庆帝怒令驱逐回国。
1816	嘉庆二十一年	七月初八日，嘉庆帝说明拒见英使缘由，致书英国王。
1816	嘉庆二十一年	七月初八日，安排英使进见之多名清廷官员被革职。
1816	嘉庆二十一年	七月十八日，嘉庆帝等木兰秋狝，本日启程。
1816	嘉庆二十一年	八月初五日，嘉庆帝阅盛京官兵射箭，斥责疏于训练之官员。
1816	嘉庆二十一年	十月初一日，谕两广总督，以后英使进贡，只在广东收泊，不得径往天津。
1816	嘉庆二十一年	十一月初七日，两江总督百龄去世。此月调孙玉庭任两广总督。
1816	嘉庆二十一年	十一月初九日，御史因奏请旗人从事纺织以裕生计而被降职。
1817	嘉庆二十一年	十一月二十四日，禁私铸小钱，定严拿究办章程。
1817	嘉庆二十一年	十二月十六日，准以民捐民办形式疏浚吴淞口，不令官吏插手。
1817	嘉庆二十一年	十二月十九日，户部奏，各省积欠达一千七百二十万两银，因勒限催追。
1816	嘉庆二十一年	学者崔述、张海鹏、舒位去世。
1817	嘉庆二十二年	正月，赈山东、江苏上年被水灾民。
1817	嘉庆二十二年	三月，挑选举人，充任河工之职。
1817	嘉庆二十二年	四月初四日，重申禁将军以下总兵以上乘坐肩舆。
1817	嘉庆二十二年	四月二十五日，取中吴其浚等二百五十五人为进士。
1817	嘉庆二十二年	五月二十九日，因直隶旱灾，嘉庆帝命百官指摘其为政过失。
1817	嘉庆二十二年	六月二十日，令督抚通饬各州县，清理常平仓、社仓积弊。
1817	嘉庆二十二年	六月，因直隶旱灾，京城粮价增昂。
1817	嘉庆二十二年	七月十八日，嘉庆帝等启程赴热河木兰秋狝。

公元	年号	大事记
1817	嘉庆二十二年	七月二十六日，以难查违禁货物，禁各地茶叶海运至广东，只准由内地运往。
1817	嘉庆二十二年	八月，查禁武童考试顶冒等弊端。
1817	嘉庆二十二年	九月初十日，重处宗室习教者。
1817	嘉庆二十二年	九月十二日，阮元任两广总督。
1817	嘉庆二十二年	九月二十日，因江浙诸省春秋拜神聚众多人，命督抚查禁。
1817	嘉庆二十二年	十一月十一日，以各省官学疏怠教育，严饬整顿。
1818	嘉庆二十二年	十一月二十九日，谕令甘肃省禁止种植烟草。
1818	嘉庆二十二年	十二月二十五日，《高宗纯皇帝圣训》刊印全竣，颁发官员。
1817	嘉庆二十二年	学者恽敬故世。福长安卒。
1818	嘉庆二十三年	正月初三日，新任巡抚文宁困扰累驿站被革职。
1818	嘉庆二十三年	正月二十七日，将汉旗人出身之皇后、皇贵妃母家改为复姓，于汉姓下加"佳"字。
1818	嘉庆二十三年	正月三十日，禁圆明园附近燃放爆竹。
1818	嘉庆二十三年	二月初八日，因湖广、江西等省私盐充斥，官盐滞销，命将盐道革职留任疏销。
1818	嘉庆二十三年	三月初三日，嘉庆帝等谒泰陵，本日启程。
1818	嘉庆二十三年	四月初四日，令四川、两广、陕西、河南各督抚协同查禁私盐。
1818	嘉庆二十三年	四月十三日，因直隶天旱，嘉庆帝祈雨，并命皇子、亲王至各坛祈雨。
1818	嘉庆二十三年	四月十七日，山东按察使温承惠奏报，该省积压未结刑案四千多件。
1818	嘉庆二十三年	五月二十八日，拔京仓米麦万石，交顺天府平粜。
1818	嘉庆二十三年	七月二十八日，嘉庆帝东巡盛京，本日离京。
1818	嘉庆二十三年	八月，嘉庆帝祭拜永陵。
1818	嘉庆二十三年	九月初，嘉庆帝祭拜福陵、昭陵。
1818	嘉庆二十三年	十月初八日，嘉庆帝回京途中，拜谒孝陵、景陵、裕陵。
1818	嘉庆二十三年	十月十二日，大学士董诰去世。
1818	嘉庆二十三年	十一月二十日，僧人广修因在京城寺内收藏军器多件，被发遣黑龙江为奴。
1818	嘉庆二十三年	十一月二十二日，命松筠署理绥远城将军事务。
1818	嘉庆二十三年	十一月二十六日，谕各省督抚，查禁州县官与地方富豪结交。

公元	年号	大事记
1818	嘉庆二十三年	十二月初四日，令严查各地养济院，清理积弊。
1819	嘉庆二十三年	十二月十二日，降旨，普免全国民欠钱粮。
1818	嘉庆二十三年	学者翁方纲、孙星衍、吴锡麒去世。龚自珍于此年中举。
1819	嘉庆二十四年	正月初一日，以本年为皇帝六十寿诞，颁诏全国大赏，罪犯减刑。
1819	嘉庆二十四年	正月初一日，封皇子、皇孙，晋封皇侄、皇侄孙。
1819	嘉庆二十四年	二月初五日，因浙江省鄞县、慈溪之生员结党包讼、挟制长官，命严行查办。
1819	嘉庆二十四年	二月初七日，觉罗舒廉因制造出售赌具，被惩处。
1819	嘉庆二十四年	二月十七日，谕各省督抚，严防幕宾舞弊。
1819	嘉庆二十四年	二月，派官员至西藏接送哲卜尊丹巴呼毕勒罕至库伦。
1819	嘉庆二十四年	三月初七日，嘉庆帝启程拜谒东陵、西陵。
1819	嘉庆二十四年	三月十六日，重申金奔巴瓶定制不得变更。
1819	嘉庆二十四年	四月初九日，因山东省革职官员在京多有不法行为，勒令回籍。
1819	嘉庆二十四年	四月二十五日，取中陈沆等二百二十四人为进士，此日传胪。
1819	嘉庆二十四年	四月二十八日，因京师、直隶天旱，嘉庆帝祈雨。
1819	嘉庆二十四年	闰四月初，查出宫中侍卫吸鸦片者，革职。
1819	嘉庆二十四年	闰四月二十八日，令严查八旗翻译考试代考之弊，作弊者重处。
1819	嘉庆二十四年	五月十一日，清查旗人为冒领钱粮而抱养民人之子、户下人之子为嗣者。
1819	嘉庆二十四年	六月十三日，命各省督抚大力整顿书院。
1819	嘉庆二十四年	六月二十九日，禁宗室王公旗人官员派人至各衙署处打探事件。
1819	嘉庆二十四年	七月初四日，重申禁止王公大臣派人入皇宫中侦探事件。
1819	嘉庆二十四年	七月二十日，嘉庆帝等启程赴热河木兰秋狝。
1819	嘉庆二十四年	七月二十日，永定河决口。
1819	嘉庆二十四年	七月，黄河于兰阳等处决口。
1819	嘉庆二十四年	八月十四日，大学士勒保去世，派皇子祭奠。
1819	嘉庆二十四年	八月十四日，拨米十万石，至直隶水灾地备赈。
1819	嘉庆二十四年	八月二十五日，赈河南被水灾民。
1819	嘉庆二十四年	八月二十六日，嘉庆帝以水灾河患，停木兰秋狝，自承德回京。
1819	嘉庆二十四年	九月十五日，通谕各省学政，严禁收受陋规。
1819	嘉庆二十四年	九月，以下月皇帝六十寿辰，免王公及一、二品大员之处分。

公元	年号	大事记
1819	嘉庆二十四年	十月初六日，嘉庆帝六十寿辰，举行庆贺礼。
1819	嘉庆二十四年	十月十六日，准拨银九百六十万两，用于黄河工程。
1819	嘉庆二十四年	十一月十四日，谕内阁，本年因六旬寿辰，普免全国积欠正赋银达二千一百万两，谷四百万石，其中江苏、安徽、山东三省居其过半。
1819	嘉庆二十四年	十一月十九日，以八旗教育荒疏，命整顿八旗官学。
1819	嘉庆二十四年	十一月二十日，因盛京近年赌风甚炽，命严拿究办。
1819	嘉庆二十四年	十二月初九日，严饬各省督抚，禁讳盗、纵盗。
1819	嘉庆二十四年	十二月十六日，八旗王大臣等以颁赐《八旗通志》谢恩。
1819	嘉庆二十四年	是年，学者梁玉绳去世。
1820	嘉庆二十五年	正月十二日，准延展两淮官盐之加价。
1820	嘉庆二十五年	正月十九日，命严查江苏宝苏局私铸小钱事。
1820	嘉庆二十五年	三月初八日，兵部遗失行印案发。
1820	嘉庆二十五年	三月十一日，晋封庆郡王永璘为庆亲王。
1820	嘉庆二十五年	四月二十五日，取中陈继昌等二百四十六人为进士，此日传胪。
1820	嘉庆二十五年	四月二十六日，因兵部遗失行印，多名失职官员被惩处。
1820	嘉庆二十五年	六月初八日，因各省来京呈控案多，命发回督抚亲提审断。
1820	嘉庆二十五年	七月十五日，申谕：京城已退职书吏，不准滞留京师，并令严拿究办。
1820	嘉庆二十五年	七月十八日，嘉庆帝等以木兰秋狝，本日启程。
1820	嘉庆二十五年	七月二十四日，嘉庆帝一行至承德避暑山庄。
1820	嘉庆二十五年	七月二十五日，嘉庆帝于避暑山庄病逝。
1820	嘉庆二十五年	七月二十六日，托津等开启秘密立储金匣，皇次子旻宁以预立皇太子身份继承大统。
1820	嘉庆二十五年	七月二十七日，学者焦循去世。
1820	嘉庆二十五年	八月，移嘉庆帝梓宫还京。
1820	嘉庆二十五年	十月，上嘉庆帝谥号，称睿皇帝。庙号仁宗。
1820	嘉庆二十五年	李汝珍著名小说《镜花缘》撰成。
1821	道光元年	三月，葬嘉庆帝于昌陵。

大清十二帝

道光帝旻宁

线装书局

名人档案

道　光：名爱新觉罗·旻宁。嘉庆次子。属虎。性格仁慈俭勤。嘉庆病死后即位。在位 30 年，病死，终年 69 岁。

生卒时间：公元 1782 年~公元 1850 年

安葬之地：葬于慕陵（今河北易县西 50 里泰宁镇永宁山）。谥号效天符运立中体正至文圣武智勇仁慈俭勤孝敏宽定成皇帝，庙号宣宗，史称道光皇帝。

历史功过：虽躬亲节俭，力戒奢靡，革除陋规，澄清吏治，但虎头蛇尾，无益于起弊振衰；虽有意戒除鸦片之患，但犹豫反复，且衅戎启端，国陷危难。

名家评点：虽责任不全在他，但终究为丧权辱国第一人。

继位疑案

嘉庆二十五年七月二十五日（1820年9月2日），嘉庆帝病逝于避暑山庄，嘉庆帝次子旻宁继承了皇位，年号道光，以明年为道光元年。于是，清史翻开了道光朝的第一页。

（一）嘉庆帝猝死

嘉庆二十五年七月十八日（1820年8月26日），嘉庆帝举行木兰秋狝，旻宁随同前往。当时，正逢北方金秋时节，沿途满眼丰收在望的庄稼，令人颇感欣慰。任何一个人都不会想到皇帝这一去就再也没有回来。史载："戊寅，驻跸避暑山庄。己卯，上不豫，向夕大渐，宣诏立皇次子智亲王为皇太子。日如戌，上崩于行宫"。即是说，嘉庆帝于七月二十四日（9月1日）抵达避暑山庄，次日发病，当晚逝世，总之，嘉庆帝病得突然，死得唐突。

道光

当时，嘉庆帝61岁，但身体情况良好，否则，就不会长途跋涉去搞什么木兰秋狝了。后来，据随行的旻宁的回忆："圣寿虽年逾六旬，天体丰腴，精神强固……本年巡幸滦阳，朕沿途随扈，圣躬行健如常。跸途偶感喝暑，仍登陟弗倦"。可见，直到发病之前并无任何征兆。而且，后来无论是道光帝，还是清政府，均未解释嘉庆帝得的到底是什么病。仅仅使用一些"不豫""大渐""遘疾"之类笼统含糊的字眼。

据说嘉庆帝是在避暑山庄遭雷击而死，这是房德邻得自皇族后人的口碑材料。如果此说成立，那么一切疑问就迎刃而解了。按照迷信的理解，雷击往往是对恶人的报应，说起来是一件很损皇家体面的事情，清廷自然要对真相严格保密了。但就目前情况而论，此说也主要还是一种合理的推断而已。

因嘉庆帝的猝死，使旻宁继位的程序问题产生了疑问。一则旻宁是否是嘉庆帝临终前立的嗣皇帝；二则，"公启鐍匣，宣示御书"一事是否属实。

按官书记载，旻宁系嘉庆帝临终前立的嗣皇帝：

仁宗疾大渐，召御前大臣赛冲阿、索特纳木多布齐，军机大臣托津、戴均元、卢荫溥、文孚，总管内务府大臣禧恩、和世泰，公启鐍匣，宣示御书，嘉庆四年四月初十日卯初立皇太子□□朱谕一纸。

后来《清史稿》之类的官书均采用了这种说法。

但此说破绽不少，由于嘉庆帝之死系"暴卒"，未必有时间安排继承人。虽然早有立储密旨，但身体强壮的嘉庆帝也未必将其带在身边，这样一来，"公启鐍匣，宣示御书"自然无从说起。同样一部《清史稿》，在《禧恩传》中就有这种说法：

二十五年，仁宗崩于热河避暑山庄，事出仓促，禧恩以内廷扈从，建议宣宗有定乱勋，当继位。枢臣托津、戴均元等犹豫，禧恩抗论，众不能夺。

就此可见，嘉庆帝至死未就继承人之事做出安排。

而皇太后懿旨不仅可支持这一观点，还表明嘉庆帝很可能连装有立储密旨的"鐍匣"也未带在身边。八月二十九日（9月6日），旻宁在热河接到皇太后发自北京的懿旨：

大行皇帝龙驭上宾，嗣位尤为重大，皇次子智亲王，仁孝聪睿，英武端醇，现随行在，自当上膺付托，抚驭黎元。但恐仓促之中，大行皇帝未及明谕，而皇次子秉性谦冲，素所深知。为此特降懿旨，传谕留京王大臣，驰寄皇次子，即正尊位，以慰大行皇帝在天之灵，以顺天下臣民之望。

其中"但恐仓促之中，大行皇帝未及明谕"一语，已经说明了许多问题。附带指出，这位皇太后是钮祜禄氏，并不是旻宁的生母，其生母死于嘉庆二年。钮祜禄氏生有二子，其中一子瑞亲王绵忻现同旻宁一起随扈在热河。

国有大丧，天崩地裂，但比丧事更重要的是新君的嗣立。这是皇家的根本利益之所在，也是国家长治久安的关键。嘉庆帝逝世后，皇后虽在北京，但肯定最早接到报告，是少数的知情人之一。此时她最关心的自然也是新皇帝的人选。作为皇后，她有可能分享嘉庆帝的秘密，知道谁是未来皇储，再者，即使嘉庆帝将"鐍匣"带到了热河，那也只能是副本，正本应该存放于乾清宫"正大光明"匾后，在皇帝突然逝世的情况下，她有权开启"鐍匣"，传达圣旨，以保皇权不移。她的懿旨基本可以证明嘉庆帝临终未指定继承人，甚至有可能连"鐍匣"也未带在身边。

实际上，在懿旨抵达热河之前，旻宁已经接位为嗣皇帝。由于在热河的君臣宣称其"公启鐍匣，宣示御书"，奉旨拥立旻宁，这样一来，关于"鐍匣"之事无论如何要统一口径，以至留给后人的只有这一种说法了，这应是一种合理的推断。当然，我们对此详加辨析，并不是质疑旻宁即位的合法性，而是为了深入揭示历史。

嘉庆帝是清入关后第一位死于北京之外的皇帝，旻宁也是第一位在热河即位的皇帝。旻宁在热河表现得大悲大恸，哭必尽哀，结庐守孝，上香供膳，一丝不苟。左右王大臣纷纷劝他节哀顺变，结果愈劝愈哭，索性不去劝阻，而是陪着嗣皇帝一同举哀，避暑山庄哭声一片。在挥泪之余，旻宁当着群臣表态："大行皇父遗旨，顾命大臣推戴，万不得已，深惧才疏德薄，恐辜负托之重，惟赖尔诸大臣，上感在天仁德，下以匡朕之不逮，以保我大清亿万年之基业"。俗话说，一朝天子一朝臣，朝局突然天翻地覆，众人不免为自己政治前途忧心忡忡。旻宁的一句"惟赖尔诸大臣"，说得群臣心里暖烘烘的，刚刚收住的眼泪又止不住泼洒下来。

旻宁在避暑山庄每日催促回京，表示："梓宫奉移日期，一日不定，朕心一日焦急难安"，他定下了八月十四日的最后期限，后来又表示十三、十四两日均非吉期，这样一来，最后期限就只能是十二日了。这倒不是他急于坐上金銮宝殿，旻宁是一位谨小慎微的君主，考虑到此次事变突然，天下震撼，政府不在京师，恐有碍社会稳定，加之宫中无主，太后未必能支撑危局，故急于回京。但沿途道路、桥梁需要拓宽加固，回銮的大队人马的后勤供应需要筹备，警戒需要布置，杠夫需要训练，究非唾手可成，直隶总督方受畴忙得急如星火，总算使梓宫在十二日得以成行，他没有白忙一场，旻宁不但开复了他任内的处分，还赏给太子太保衔。沿途居民据说表现得"如丧考妣"，而且修桥拓路争先恐后，故得到了蠲免一年钱粮的恩典。

八月十二日，嘉庆帝梓宫由山庄起驾。一声号令，180名身材魁梧的沧州汉子忽地挺身而起，扛起沉重的梓宫，喇嘛唱起了超度的经咒，孝子举起了前导的灵幡，御前卫士前后簇拥，整个队伍绵延数里之长，伴着木鱼声声，步伐整齐，毫不错乱，踏上了回京的路程。此前，旻宁在几筵前奠献恸哭，然后跪送步从出丽正门。此后，每天清晨，旻宁均到灵前行礼，跪送梓宫启驾，步从一里有余后，再策马前驱，赶到当日路程终点跪迎梓宫。二十二日，终于抵达了北京。

旻宁先期进城，朝见太后，中午时分，赶到了安定门外，奉迎梓宫入城。此时，城里城外沿途跪满了普通市民，王公百官齐集于安定门外，由于在国丧之中，君臣之间并无多礼，只有哭声一片。将梓宫迎入城后，旻宁又急忙赶至东华门跪迎。至景运门时，梓宫换小辇，抬至乾清宫降舆。此时，由于宫眷、太监的加入，号哭之声回响于紫禁城中，哀戚气氛达到了顶点。旻宁行礼之后"哀号瞻恋，不忍暂离，王大臣等恳上节哀，至于再四"。

至此，虽然仍在国丧之中，旻宁每天在上书房"倚庐"守孝，但丧事实际上已经办完大半，接下来要准备的就是登基大典了。可供借鉴的在国丧期间举行登基大典的例子最近的就是85年前乾隆帝的登基，为此，礼臣们翻出尘封土埋的档案，仔细研究，又不断请示，终于确定了典礼的每一个细节。

（二）道光帝即位

嘉庆二十五年八月二十七日（1820年10月3日），初秋的第一缕朝阳投向北京，顿时将紫禁城装点得金碧辉煌，金水桥下的御河水立即变得清澈碧绿。阵阵秋风拂过，疲惫的各衙门大小官员心怀一振，抬头西眺，西山隐现于晨雾之间，人们的心情开朗起来，因嘉庆帝逝世而积郁于心底的哀戚之感一扫而光。

紫禁城一改整夜忙碌的气氛，变得庄严肃穆起来，登基大典即将举行。午门外排列着皇帝大驾，驯象、仗马整齐侍立，太和门内外分列中和韶乐和丹陛大乐乐队，太和殿前广场各级官员顶翎辉煌，按文东武西原则，分班肃立。在太和殿御座南正中案上，陈放着皇帝宝玺。大殿内外香炉里点燃着名贵的香木，轻烟缭绕，异香缥缈，仰望大殿，犹如天阙。

着皇帝礼服的嘉庆帝次子旻宁，在内务府大臣、礼部堂官、内廷侍卫的簇拥下乘舆由北而来。此前，他身着孝服向嘉庆皇帝灵位行了三跪九叩礼，又着龙袍向皇太后行礼。当乘舆至保和殿时，嗣皇帝降舆，步至中和殿升座，首先接受领侍卫内大臣的叩拜。

礼毕，全场鸦雀无声，只有秋风飘扬旗帜的猎猎之声。

礼部尚书在例行公事地检查了全场的准备情况后，至中和殿奏请嗣皇帝即位。在翊卫人员的簇拥之下，旻宁缓步走入太和殿，升座即皇帝位。此时，殿前三声鸣鞭，五凤楼上钟鼓大作，鸣礼官高声赞道："跪！"上自亲王、贝勒，下到六部九卿、科道翰詹各级官员，均屈立于太和殿前、嗣皇帝的脚下。

乾隆四十七年八月初十日（1782年9月16日），爱新觉罗·旻宁出生于紫禁城撷芳殿，其父颙琰，时23岁，其母是颙琰的嫡福晋，即后来的孝淑睿皇后。史称"有清一代，皇帝嫡出者，只此一帝"。

旻宁的诞生给紫禁城里带来了欢乐气氛。颙琰刚遭长子夭折之痛，故颇感欣慰。

最高兴的人是已达72岁高龄的"古稀天子"乾隆帝，虽然他子孙满堂，但这位"皇孙"与众不同，因为颙琰早已被密立为皇太子，这样一来，旻宁的出生就预示着皇家统绪的绵延不断，一定程度地消除了自己心中的隐忧。无奈碍于秘密建储家法，这层关系不能捅破，以至无法让人理解旻宁出生有关国本的"重大意义"，乾隆帝只能关起门来"窃喜"。

旻宁出生、成长于乾隆朝末年，花团锦簇的盛世表象还在。他是祖父的宠孙，父亲的爱子，而且，名为次子，实同长子，又是嫡出，按我国宗法，在未来皇嗣人选中居于十分优越的地位。但他自幼对自己要求极严，处处循规蹈矩，博得祖、父的赞誉、赏识。据称其"生有圣德，神智内充，天表挺奇，宸仪协度"。这当然是对帝王的夸饰虚美之词，但从旻宁幼年的成长历程中可见确有颇多优长之处。

按皇家传统，旻宁6岁启蒙入学，从此，除年节、帝后生日外，他都在书房度过。为了培养文能安邦治国、武能驰骋疆场的接班人，清宫制定了近乎"残酷"的皇子教育制度。每天早上寅时（3~5点），皇子皇孙就要进书房温习功课，此时师傅尚未来，天也未亮，几个苏拉、太监们在皇子皇孙们的琅琅读书声中倚柱假寐，残睡未醒。卯时（5~7点），师傅到来，开始授课，未正二刻（13点30分）放学。其间，吃早饭、午饭，休息两次，其具体时间由师傅视课程进度安排，随侍人员不得催促。放学后，皇子皇孙再学满族语文，14岁以上者还要练习骑射以及刀枪器械和拳术，直到日落。皇帝还随时对书房情况进行检查，就在旻宁进书房的第二年，乾隆帝就将擅自停课的师傅分别处以降职、革职等处分，故师傅不敢懈怠。旻宁的童年和少年时光就是在书房中这样度过的，据称其"幼好学，从编修秦承业、检讨万承风先后受读。又与礼部右侍郎汪廷珍、翰林侍读学士徐颐朝夕讲论"。这使之打下了坚实的汉学基础。

　　旻宁生在深宫，长在盛世，但其习武也十分专心，并小有成效。后来他曾经将所学刀法编成套路，传授给皇子。据其子奕䜣回忆，此套刀术共200式，奕䜣曾与后来成为咸丰帝的四兄长期演习，并作诗纪曰："二百连环法，刀传自内廷。霜锋挥闪烁，宝锷式仪型。"从后来多次木兰秋狝和嘉庆十八年林清之变中的表现来看，旻宁确实身手不凡。

　　乾隆五十六年（1791年），年仅10岁的旻宁跟随乾隆皇帝行围威逊格尔。满族生活于白山黑水之时，过着游猎的生活，入主中原后，依然刻意保留着这一传统，行围打猎，既是为了冶游，也有锻炼皇子皇孙之意。乾隆帝一生热衷于此，多次行围，规模宏大，每次都要调集上万军士参加，堪称是一次"军事演习"。

　　按照规定的时间、地点，满蒙八旗禁军分两翼对围场进行包抄、合围，当包围圈缩小到一定程度时，便停止行进，但见圈内野兽仓皇突奔，哀声遍野。已经老迈的乾隆帝象征性地射出一箭后，围场上爆发出一片海啸般的欢呼声。皇子皇孙、王公近臣、随扈射手策马杀向前去。

　　威逊格尔围场上龙旗翻飞，人喊马嘶。10岁的旻宁在谙达等的簇拥下佩剑携弓，驰骋于围场之上。突然，一头惊慌失措的鹿被轰出了丛林，狂奔乱窜，不知所归。旻宁手疾眼快，弯弓搭箭，直射奔鹿，鹿应声而倒。围场之上立即欢声雷动。80高龄的老祖父乾隆帝兴高采烈，赐旻宁黄马褂一袭、翠翎一支，并咏七律一首以志此事：

　　　老我策骢尚武服，幼孙中鹿赐花翎。

　　　是宜志事成七律，所喜争先早二龄。

　　乾隆帝看到10岁的旻宁初围得鹿，不由忆起自己12岁时，跟随祖父康熙皇帝木兰秋狝，射得黑熊的往事，故有"所喜争先早二龄"之句。就像康熙皇帝疼爱自己那样，乾隆皇帝对这位幼孙也十分疼爱。

　　乾隆六十年（1795年），乾隆帝将皇位传给颙琰，改元嘉庆，自居太上皇。这样一来，旻宁的地位自然与众不同。嘉庆四年（1799年），太上皇崩，嘉庆帝始掌握国家政权，在办完了诛杀和珅这件大事之后，于四年四月初十日密立旻宁为皇太子。从此，对其刻意培养，关怀备至，"屏窥测，杜猜疑，用意深远，见于毓庆宫题吟者，不啻再三。而长夏延凉，则有瀛台读书之命；仲春肄武，则有南苑习围之命"。十三年（1808年），旻宁嫡福晋去世，嘉庆帝特命座罩用金黄色。此外，陵寝荐享、郊坛祈报，旻宁或随行，或恭代。由此可见其在嘉庆诸子中地位的不同。旻宁也不负众望，尤其是在天理教攻打紫禁城的事变中更显示出了"智勇"的一面，进一步巩固了自己的皇储地位。

在乾隆晚年，国力不振，矛盾尖锐，王朝衰落大势已显露出来，而封建社会没落的历史规律更无情地制约着王朝的走势。作为社会病态的一种表现，民间秘密结社活动日见频繁，其屡仆屡起，生命力极强。乾隆晚年爆发的白莲教大起义虽然被扑灭，但其变换名目，继续活动于北方。攻打紫禁城的天理教实际上就是白莲教。

这次活动的首领之一林清是直隶大兴（今属北京）人，他加入了荣华会，以行医为名走村串户，宣传白莲教的"真空家乡，无生父母"的八字真言，成为教主，又向教徒敛钱，名曰"种福"，开出了"借一还十"，"输百钱者得地一顷"的空头支票。随着势力的壮大，他逐渐产生了取清王朝而代之的念头。不过，林清头脑尚较清醒，知道以其力量远不足以成就帝王之业。于是，他找到了以木匠手艺精湛而著称的河南九宫教的首领李文成，二人一拍即合。经过推算，确定了将在"酉之年，戌之月，寅之日，午之时"起义的吉期，即嘉庆十八年九月十五日。为此而广联会众，合并而成天理教。恰在此前后，天空出现彗星，他们趁机制造谣言，一时风声四起，参加者日众，甚至有太监也加入了进来。

但由于参加者鱼龙混杂，自然事机不密，无论是在河南，还是在京师一带，李文成、林清要做皇帝的事在民间流传，甚至在儿歌里都体现出来了，故清统治者的官员中也有所耳闻，河南滑县的地方官将李文成逮捕下狱，但此事林清不知，依然准备按计划起义，而北京地区的各级官员碍于太平盛世，不愿相信，更不敢多事，结果没有一点准备，木兰秋狝也照常举行。林清闻讯万分高兴，因为这正应了他的"酉之年，戌之月，寅之日，午之时"的推算，嘉庆帝一走，京师空虚，趁机起事信心十足。

嘉庆十八年九月十五日，近百名天理教信徒混进北京，他们决定由太监为内应，分别由东华门和西华门进入紫禁城。正午时分开始行动，结果东华门守军警觉得快，及时关闭了城门，只有五名天理教信徒冲了进来，被禁军擒杀；而西路却得手了，共有五十余名信徒冲了进来，几个教徒跑上西华门城头，插上了"大明天顺"的旗帜，这是起义开始和召唤援军的信号。此时，林清正在黄村，等待事成的好消息。

旻宁正在上书房读书，本来，他随嘉庆帝一同木兰秋狝，但奉旨提前回京，恰逢此变。当时，宫内一片混乱，后妃哭号，太监鼠窜，集合起来的军力不足百人，又不知贼匪人数、趋向，不敢贸然出击，闻讯赶来的王公大臣也一筹莫展。在此关头，旻宁下令各门戒严，又派人去调集援军，然后命人取来腰刀、鸟枪、撒袋，迅速披挂停当，站在养心殿的台阶上，紧张地四处张望。

起义军的主攻目标是"金銮殿"，但由于道路不熟，沿途又遭阻击，所以，当到达隆宗门时仅剩十几个人了。此时隆宗门已紧紧关闭，起义军见撞不开门，就攀墙而上。旻宁听到撞门声已提高了警惕，抬头四望，忽见五六名义军已攀上养心殿对面御膳房的房顶，他果断地举枪射击，一名义军中弹坠墙而亡，旻宁随即又将另一名手执白旗，似在指挥的义军头目打落。其他义军见受到阻击，纷纷退下阵来，此时增援的禁军赶到，在隆宗门外乱箭齐发，逃跑不及的义军被射杀在纷飞的箭雨之中，其中一箭射中了隆宗门的匾额，该箭头至今仍然嵌在那里，近二百年的风雨剥蚀使之已锈迹斑斑。

旻宁令禁军乘势在大内搜杀残余义军，又至储秀宫安慰皇后，命三弟不许稍离左右，在西长街布置警戒，以保卫皇后安全，然后飞章上闻，向嘉庆帝报告这次事变的经过。而此时，清军在紫禁城内的搜杀仍在进行中，直到次日，才彻底肃清宫内。十七日，在家中静候佳音的林清被拿获归案，而李文成此时已被党羽劫出牢狱，正在河南闹得如火如荼，清政府倾力镇压，才获成功，这是后话。

十六日，嘉庆帝接到奏报，惊呼"大内突有非常之事，汉、唐、宋、明之所未有"，下诏罪己。同时对旻宁倍加称赞，将其封为智亲王，加俸1.2万两，所用鸟枪曰"威烈"，又谕内阁曰：

□□系内廷皇子，一闻有警，自用枪击毙二贼，余始纷纷潜匿，实属有胆有识……朕垂泪览之，可嘉之处，笔不能宣。宫廷内地，奉有祖考神御，皇后现亦在宫，□□身先捍卫，获保安全，实属忠孝兼备。

旻宁上折谢恩，表示"事在仓促，又无御贼之人，身身不由己，事后愈思愈恐"。显示出一种不矜不伐的高贵气度。

经此事变，旻宁进一步树立了威信，巩固了皇储地位，其特殊身份已是公开的秘密，只是碍于秘密建储制度，没有人敢于议论而已。

当旻宁在中和殿升座，首先接受领侍卫内大臣的叩拜，然后缓步走向太和殿，入殿、升座即皇帝位的短暂过程中，他一定是感慨万千而又雄心勃勃。在清代帝王中，旻宁是读书最多的皇帝之一，历史上圣主贤君的故事烂熟于胸，目睹嘉庆帝改革失败，王朝没落的现实，他肯定有一套安邦治国、挽危图存的策略和抱负。当然，他心中想了些什么，后人只能妄加猜测了。但有一点可以肯定，即旻宁无论如何设想不到在其统治期间，中国历史发生了转折，开始汇入世界潮流中去，而清王朝丧师失地，一蹶不振，直至江河日下。

全面危机

（一）人口膨胀

在农业社会里，人口是财富和国力的象征，人口的增长本是统治者值得炫耀的资本，所以，在中国古代社会，国家长期实行鼓励生育的政策，整个社会从上到下均将人口的繁衍视为祥瑞。但是，自乾隆后期以来，清统治者首次感受到了人口增长而带来的压力，至道光朝，人口之多已达到有清一代的最高点，由此导致的各种矛盾突出地表现出来。

在中国历史上，由于人口与税收的关系，故历朝统治者都注重人口的统计。但是，尽管古代中国建立了当时世界上最严密的户口管理体制，却也一直缺乏十分精确、可信的人口统计数据。地方官出于利益的考虑和技术上的原因，往往很难如实统计，如女性人口、未成年人口、奴婢人口和少数民族人口往往被忽略，再如为了少纳税而少报甚至不报，为了多得赈济而故意多报人口的情况时有发生。当时，国家对此未尝没有察觉，但也无可奈何。所以，今天看来，古代的人口统计数字，尤其是乾隆以前的数字基本上是一种大体的估计，与实际数字有一定的出入。

但是，在清代人口迅速增长这一点上则从无分歧。自有文献记载的汉代人口统计以来，我国人口一直在 4000 万至 7000 万之间徘徊，清初顺治朝初期，经明末几十年的战乱，全国人口降为 1000 余万，至顺治末年，近 2000 万；在康熙朝，人口未超过 3000 万；而到了乾隆六年，竟然达到了史无前例的 1.4 亿，到乾隆帝晚年，人口数突破了 3 亿；到了道光初年，全国人口接近 4 亿，在道光十四至十五年间超过了 4 亿；到了咸丰元年（1851 年），竟然达到 432164047 人，这是清代人口数字的最高点。此后，由于太平天国运动、饥荒、战争等原因，晚清的人口发展一改迅速增加的势头，增长率开始下降，人口数额普遍有所减少。总之，自乾隆朝以来，人口剧增，将其称之为"人口爆炸"毫不为过。当时，在城镇里人满为患，即使原来人烟稀少的边远山区，也逐渐变得人口稠密。清王朝的人口增长不仅奠定了今天中国人口的基础，而且确立了今天人口分布的大致格局，即无论北方还是南方，均人口众多；东南沿海、长江流域人口更为集中；内地和边疆地区的人口较少但增长率较高。

人口增长对社会的影响是全方位的。首先表现为人多地少的矛盾，劳动力出现剩余，粮食供应危机，饥饿的阴影笼罩着人民的生活，这对一个农业国家来说，其后果是灾难性的。

据统计，到乾隆末年，中国耕地数量增加到了9亿亩，这是个了不起的数字，在当时的政治、技术条件下，一时难再大幅度地增长。至道光初年，大体上依然是这个数字。而人口则不断增长，造成了人均占有耕地数量的下降，人多地少的矛盾愈来愈尖锐。譬如，在乾隆朝末期，全国人均耕地基本能达到3亩，但到了道光朝就降至人均2.25亩了。据研究表明，当时中国农村家庭人口平均是5名，其中劳动力一般是2名，每个劳动力可耕作15~30亩地，但按当时人均耕地数量来看，每个家庭平均只占有11亩多一点的土地，这样一来，劳动力是大大地过剩了，清代"流民"增多，与此大有关系。龚自珍在嘉庆年间所说的"不士不农不工不商之人十将五六"，指的也是这一问题。

人均占有耕地数量的下降对农民来说意味着饥饿。当时的粮食亩产量，"约凶荒计，岁不过一石"；人均粮食消费，"约老弱计，日不过一升"。这样一来，每人每年须米四石，即是说，只有人均占有土地四亩，方可免其冻饿。由此可见，自乾隆末年以来，中国农民便不能保证一年之中都能吃饱。而到了道光朝初期时，人均占有2.25亩土地的中国人的粮食生产仅够半年多的消费，饥饿问题更为严峻。同时，由于"土地兼并"在此时达到了一个新高度，故农民实际生活水平将会比这一推算还要低。道光初年，土地集中达到了有清一代最为严峻的程度（后经太平天国运动打击，土地集中问题有所缓解），在当时4亿人口中少数不从事农业生产的官僚、商人、军人、士人却占有大量的土地；而且，即使在农业人口中，也是少部分人占有大部分的土地。据估计，道光朝少数人占有全国土地的70%，就可知当时的土地问题严峻到何等程度了。当然，个别人占有多数土地无害于国家耕地的总数量，但对无地的农民来说则只能租种其土地，所受剥削自然更重，实际生活水平将会进一步下降。

当然，由于劳动力的过剩，有条件讲究精耕细作，这是提高粮食产量的一个途径。加之番薯、玉米、高粱、马铃薯等早熟或高产作物的推广，可使粮食产量有所增加，从而缓和吃饭问题的压力。但粮食产量并不是与投入多少成正比例关系的，其增产毕竟是有限的，并且这有限的粮食增产立即被更迅猛的人口增长所抵消。总之，至嘉、道之际，中国农民已将传统农业技术发挥到极限，依然无法解决人口增加而带来的吃饭问题，饥饿已不可避免。尽管清政府采取了不少对策，如限制经济作物的种植、禁止粮食出口、不许以粮食酿酒，同时鼓励狩猎、放牧、捕捞等，但依然效果不显。潜力发掘到极限的窘境一如道、咸年间的学者汪士铎指出：

> 人多之害，山顶已殖黍稷，江中已有洲田，川中已辟老林，苗洞已开深菁，犹不足养，天地之力穷矣！种植之法既精，糠核亦所吝惜，蔬果尽以助食，草木几无子遗，犹不足养，人事之权殚矣！

附带指出，同治以后，中国不得不从国外进口粮食，以解决国内吃饭问题。

在道光朝，人民的生活水平下降得很明显。有学者据蒲松龄的作品研究表明，在康熙年间，"山东一般农家到过年时都有充足的存粮、鲜肉咸肉、蔬菜干果、鸡和蛋、自家酿的酒。"但是，"到19世纪前半期，紧迫的经济问题已经不是如何维持原有的生活水准，而是如何求生活命。一些传统的粮食输出地区在丰年也只有少量余粮，在荒年还要部分依赖其他地区供应粮食"。

粮食生产不足，国家的粮食储备也不断减少，其价格必然上涨。到19世纪前半叶，粮价已是清初的4~6倍。关于人口、物价、粮产量之间的恶性循环关系，乾嘉著名学者洪亮吉有深刻的揭示：

闻五十年以前，吾祖若父之时，米之以升计者，钱不过六七；布之以丈计者，钱不过三四十。一人之身，岁得布五丈，即可无寒；岁得米四石，即可以无饥。米四石，为钱二千八百；布五丈，为钱二百。是一人食力，即可以养十人。即不耕不织之家，有一人营力于外，而衣食固已宽然矣。

今则不然，为农者十倍于前，而田不加增；为商贾者十倍于前，而货不加增；为士者十倍于前，而佣书授徒之馆不加增。且昔之以升计者，钱又须三四十矣；昔之以丈计者，钱又须一二百矣。所入者愈微，所出者愈广。于是士农工贾各减其值以求售，布帛粟米，又各昂其价以出市。此即终岁勤勤，毕生皇皇，而自好者居然有沟壑之忧，不肖者遂生攘夺之患矣。

古语道："有恒产则有恒心"，无限度膨胀的人口加剧了各种危机，无立锥之地又处于饥饿状态的千千万万农民随时威胁着封建国家的政治稳定。

人口的膨胀带给社会的压力是全面的，譬如，人口增加了数倍，但官僚队伍没有相应地扩大，科举取士员额也未相应提高，致使士大夫入仕的途径越来越窄。人口的膨胀还带来了恶性循环的结果，譬如，人口增加导致社会财富不足，削弱了国家应付自然灾害的能力；而一旦遭遇灾害，由于人口数额庞大，往往受灾程度就大于以往，救灾的成本也就更高。所以，同样程度的水灾，在嘉道时造成的危害就不是乾隆朝可以比拟的。

面对人口日益膨胀的压力，清王朝可谓束手无策。整个社会不可能超越农业经济格局为剩余人口另谋出路。农业社会的潜力已挖掘至极限，难以找到新的"经济增长点"。至于裁减赋税、禁止浮靡、遏抑兼并、赈济疾疫等传统的调节手段无济于解决人口增长带来的矛盾。限于技术和伦理，更不能设想以节制生育来控制人口。总之，"治平之久，天地不能不生人，而天地之所以养人者，原不过此数也。"思虑及此，也就只好付之奈何，听任水旱、疾疫这些"天地调剂之法"来消耗过剩的人口了。应该承认，咸、同年间空前规模的大内战和惨绝人寰的大饥荒，都与人口问题的严峻有着密切的

关系。而因人口膨胀而导致的近代人口大迁徙，则是本书另一个需要单独说明的问题。

（二）吏治败坏

吏治是治国的关键之一。总体来看，有清一代的吏治一直很成问题。

一般来说，在每个王朝的初期，吏治会相对清明一些，但清初则不然，由于满洲贵族长于治军，不善治民，而且在数量上也不敷使用，故不得不大批起用前朝官吏，这些明降臣又互相援引，将明末官场的腐败习气带到了清初。当时战争不断，最高统治者无暇讲究吏治，而且立足未稳，也不敢对贪官污吏大动刀斧。再加上当时官员俸禄极低，不足以养家，故其更有理由贪污舞弊。只是由于那时的康熙帝堪称雄才大略的君主，朝野又不乏明达干练之臣辅佐，故清政府在政治、经济上取得了成功，百姓生活迅速改善，从而一定程度地抵消了吏治腐败的恶果。

雍正帝改革了官僚俸禄制度，又加大惩贪力度，这一政策为乾隆帝所坚持，取得了一定的效果。一般说来，雍正一朝以及乾隆朝前期的吏治较为清明。但自乾隆后期开始，在乾隆帝挥金如土以及信用和珅的背景之下，吏治败坏日甚一日，而且与王朝的没落形成恶性循环。迄于嘉庆末年，恶果日见突出。

道光初年面临的吏治败坏，是前朝的延续，但也有一些新的特点，这主要表现在捐纳入仕的增多、官场奢侈风习的流行和官员因循懈怠等问题。

捐纳，实际上就是买官鬻爵。中国古代历朝多所难免，以至捐纳成了封建社会入仕的一个途径。虽说是买官卖官，但表面上还要找些冠冕堂皇的理由，清政府在"搜罗异途人才，补科目所不及"的招牌下，从顺治朝起就开捐纳。但当时的捐纳属于俗称为"常捐"的"现行事例"，即向平民出卖贡监、封典、职衔之类虚衔，以满足个别暴发户地成为"缙绅"的虚荣感。康熙十三年，因用兵三藩，军需孔亟，捐纳范围进一步扩大，在河工、拯荒、军需等名目下开"大捐"，即所谓"暂行事例"，除卖各种荣誉职衔外，京官自郎中、员外郎以下，外官自道员、知府以下，武职自参将以下，无所不卖。此外，降革留任的官员也可通过捐纳来保留职位。在清政府的国家收入中，捐纳一直占有一定的比例，自雍正以来，国家收入每年近四千万两，捐纳就占上百万至数百万甚至上千万两之多。当然，统治者也深知其弊，所以时开时停。乾隆五十八年诏曰："前因军需、河工，支用浩繁，暂开事例，原属一时权宜。迄今二十余年，府库充盈，并不因停捐稍形支绌，可见捐例竟当不必举行，不特慎重名器，亦以嘉惠士林，我子孙当永以为法。若有以开捐请者，即为言利之臣，当斥而勿用。"不料乾隆帝言犹在耳，嘉庆三年便以川楚教匪善后再开捐纳。此后黄河屡次决口，捐纳也屡开不绝，越发不可收拾。

尽管不能说捐纳出身者个个都是贪官，但总起来说捐纳有害吏治是不言自明的。晚清著名外交家薛福成对此有过深刻的剖析：

今之由捐例进者，推其本意，不过以官为市而已。夫至以官为市，则剥民以自奉，损国以肥己，固其所也。若曰姑试之职，待其有过，大吏按劾而罢之，是以土地人民为墨吏尝试之具也……或曰：然则当如国用不足何？曰：国用之足不足，不在捐例之行不行，而在制用者之权其出入。且今之捐例益广，而国用益亏者，何也？天下多一贪污之吏，即多无穷失业之民，以至啸聚而为变，比其剪除，而糜饷已巨万矣；又或亏损公饷，动以万计，逾其所捐数倍。

总之，捐纳制度表面上增加了国家收入，实际上是一种饮鸩止渴的办法，最终受害的还是封建国家。对此，最高统治者未尝没有认识。当时的统治者对捐纳欲罢不能，欲行不忍，陷入了两难的选择，即位之初的道光帝就面对这一难题。

附带指出，捐官者节操不良，而那些通过科举考试的"正途"人仕者也难做较高评价。例如，翰林院出身的刘彬士一旦署理浙江巡抚，大肆贪索，居然还振振有词："自言穷翰林出身，住京二十余年，负欠不少，今番须要还债。因此，人咸谓之'饿虎出林，急不能待'"。而且，正途出身者还有这样一个问题："今之正途，大抵不晓世务，而操守不逾于捐班"。也就是说，正途出身的官员不但在操守上不比捐官者强，办事能力还不如捐纳任官者。中国科举考试学非所用，士子一旦中第入仕，于钱谷簿书，当世之务，全然不通，茫然无措，很容易受家丁胥役的把持愚弄，自觉或不自觉地贪赃枉法，祸国殃民，而且一旦"失节"，也就没有了顾忌，索性大贪特贪。可见，道光帝面临的吏治问题十分严峻。

即位之初的道光帝还面临着另外一个问题，那就是乾隆盛世遗留下来的崇尚奢侈的风气，这对吏治影响不小。

康乾盛世的百余年间，社会安定，经济发展，繁荣程度超过了汉、唐等著名王朝，在这种条件下，在经济发达地区，一改清初淳朴之风，由俭入奢，变化很大。在城市，"男人俱是轻裘，女人俱是锦绣"，服饰色样流行迅速，竞尚奢丽。即使一直注意保持关外朴素传统的满族人民也衣着"多用绸缎，以穿着不如他人为耻"。酒肆戏馆客流不断，入夜灯火辉煌。江南盐商之富连皇帝也为之惊叹，他们家家园林、名厨歌舞，"婚嫁丧葬、堂室饮食、衣服舆马，动辄费数十万"。与此相适应，皇家大兴土木，陆续修建了避暑山庄、圆明园、清漪园（今颐和园）、静宜园（今香山公园）、静明园（玉泉山）等中国历史上罕见的大工程。皇帝多次下江南、盛京，行围木兰，称之为挥金如土似不为过。

社会如此，皇家如此，那么，官僚队伍自然也不会例外。大小官僚群起效尤，人人都是宅第巍峨，仆役成群，宴饮不断，互相攀比。盐务、河工的官员的奢侈更是难以想象，非百金不能治一宴，一味豆腐，做法达数十种之多；一盘猪脯，需毙猪五十余头，甚至有"一席之宴，恒历三昼夜毕"的情况。就连以清苦著称的翰林学士也讲究起饮食起居，出门坐车，前后有随从簇拥。

奢侈之风的盛行必然导致官场的贪婪，因为即使加上养廉银也不能保证其如此开销，已经增加了很多的俸禄又显入不敷出，贪污受贿之风便重新盛行。地方官取之于民，京官就取之于地方官，冬天有"炭敬"、夏天有"冰敬"、节日有"节敬"，一年四季都有"孝敬"。道光年间，陕西按察使张集馨进京陛见，准备孝敬银 15000 余两，遍赠北京诸大臣，于此可见一斑。官场贪风屡禁不止。

吏治的败坏不仅表现在官场贪风不止，奢侈风气蔓延，还表现在官僚因循姑息，疲玩懈怠。龚自珍曾痛切地指出：

窃窥今政要之官，知车马、服饰、言辞捷给而已，外此非所知也；清暇之官，知作书法、赓诗而已，外此非所问也。堂陛之言，探喜怒以为之节，蒙笑色，获燕闲之赏，则扬扬然以喜，出夸其门生、妻子。小不霁，则头抢地而出，别求夫可以受眷之法，彼其心岂真敬畏哉？问以大臣应如是乎？则其可耻之言曰：我辈只能如是而已。至其居心又可得而言，务车马、捷给者，不甚读书，曰：我早晚值公所，已贤矣，已劳矣。作书、赋诗者，稍读书，莫知大义，以为苟安其位一日，则一日荣；疾病归田里，又以科名长其子孙，志愿毕矣。且望其子孙世世以退缩为老成，国事我家何知焉。

清中叶后，地方官不理政事，养尊处优，对工作漫不经心，普遍将政务委诸蠹吏，这些蠹吏假官害民，为害匪浅。由于他们熟悉刑名政事，地方风土，加之父子相承，颇有心得，故往往能玩官员于掌股之间。地方官或为免除繁杂的政务，或为分润非法所得，往往对蠹吏言听计从，对其拟就的公文看也不看，信手画诺。据称蠹吏往往"伺大员谈笑会饮时，将稿文雁行斜进，诸大员不复寓目，仰视屋梁，手画大诺而已。"有清一代，蠹吏私用公章，偷换文书，增减要语，冒支国帑，制造冤狱等事情时有发生，嘉庆己巳年冬天，工部书吏就利用这种手段重复冒领营造经费数十万两，主管官员一无所知，最后还是承包工程的工头揭发了这一黑幕。至于其在清丈田亩、收取赋税、办理案件的过程中巧立名目、敲诈勒索、盘剥百姓更是家常便饭。当时各衙门积案如山，道光十三年四川清理监狱，发现"漏未咨部，积有七起之多"，其中庆符县一名叫梁贵的"囚徒"，在自嘉庆三年收监以来的 35 年间，无人过问，此时审查方知其本无罪。道光帝大发感慨："梁贵系一无罪之人，缧绁半生，殊出情理之外……将无罪之人，沈系监狱三十五年，不为讯断省释，历任庆符县知县，尤属怠玩不职……四川一省如此，他省恐亦不免"。就在道光帝即位前夕的嘉庆二十五年三月，居然发生了兵部大印失窃案，结果经刑部和步军统领衙门多方缉拿，仍无下落，最后只好由兵部堂官分摊了重铸印信的款项了事。当时官场在方方面面显示着末世景象。

大清十二帝

道光帝旻宁

（三）军备废弛

军队是国家机器的重要组成部分，作为少数民族建立的政权，清王朝对武装力量的依赖尤其突出，将其视为国家的支柱。但与王朝没落的大趋势相适应，自乾隆晚期开始，清军弊端丛生，日甚一日。

清代的军制较为特殊，常备军即当时称为"经制军"的武装力量分八旗和绿营两种。国初，只有八旗军，按民族分为满洲八旗、蒙古八旗、汉军八旗。其中近半驻扎于京师及其附近（京营八旗），另一半为驻防八旗，屯驻于边陲和全国主要城市。由于八旗军不敷使用，故在入关之初就招募汉人或收编汉族武装，建立了一支听命于朝廷的汉人军队，以其打着绿色的军旗，故名"绿营兵"。清军除了用于国防外，还承担着武装警察的使命。在道光初年，全国常备军有八十万人，其中八旗二十余万，绿营六十万。这在当时的世界上也堪称是一支庞大的武装力量。

自乾隆后期以来，清军废弛日甚一日，主要表现在以下几个方面：

第一，待遇不高，士气低落。清军的粮饷标准定于清初，后来调整不大，受物价上涨因素和奢靡风气的影响，到乾隆朝后期，官兵的生活已很困难。尤其是绿营兵，每人每月发米三斗，再按军种的不同发饷银一二两（未必能按时足额发放）。这仅够士兵本人消费，未考虑其养家负担，而实际上几乎每个士兵都有家眷，故绿营兵不得不另谋生财之道。担任缉私或守卫监狱、城池任务的士兵有盘剥商旅、敲诈勒索的机会，无此任务的士兵或受雇于人打短工，或做一些小本生意，以"第二职业"来补贴家用。士兵将创收所得上缴一部分给军官，便不受考勤约束，平时士兵各忙副业，有事就雇人应差。军官饷俸虽足以养家，且可吃空额、扣军饷，但终不如文职地方官剥削人民来得痛快，而排场还要摆，或者还要吸食鸦片，其生活水准就不问可知了。八旗子弟以统治民族自居，讲究享受，消费水平较高，而且既放不下架子，更没有谋生本领，一旦发饷，先市酒肉，将军饷挥霍一空后再向朝廷哭穷，或申请补助，或预支粮饷，甚至典当旗地，盗卖军械，朝廷对这支嫡系部队无可奈何，只好迁就姑息。总之，这样一支整天为吃喝发愁的军队怎能士气振作？在西北任职的张集馨目睹："榆林一镇，兵如乞丐，军械早已变卖糊口，闻调遣则现雇闲人，无非希图口粮，及临敌则狂奔而已"。

应该指出，清军士气不扬的原因是多方面的。譬如，士兵普遍目不识丁，更不关心国家大事，将领中文盲也不在少数。1858 年 10 月 23 日，《纽约时报》报道了这样一件事，驻扎在山海关的清军居然不知道第二次鸦片战争已经爆发，"什么广州事件，什么大沽海战，什么停战协议在天津签订，所有这一切他们都一概不知"。另外，长期和平的环境使其得不到充分的锻炼。父子相承，世代为军的体制使之得不到充分的竞争考验。而且，士兵一旦入伍，往往终身服役，没有明确的退伍制度，这一切都使得军营暮气沉沉，没有生机。士兵在营中娶妻生子，平时吃住在家中，操练时妻儿在场下聚观喧哗，一有战事奉调前线，父母妻儿哭号犹如送殡。

第二，清军装备落后。至道光朝初期，清朝武装力量的技术水平和建军思想还是古代的。军队主要是陆军，没有海军，虽有少数水师，仅用于缉拿海盗。陆军一半士兵装备着当时称为"鸟枪"的16世纪传入中国的葡萄牙"火绳枪"，这种枪笨重而不实用，在射速、射程、精度、杀伤力方面弊病很多，有时甚至不如刀矛好使，一遇风、雨、夜等环境就无法使用，故清军中一半士兵装备着大刀、弓箭、长矛以为补充。清军的火炮因铸造工艺、火药配方落后，存在着难以携带、射速慢、易炸膛、射程近、精度差等问题，而且，炮弹即使命中目标也不能爆炸，仅靠弹丸的冲击力毁伤目标，威力十分有限。水师的战船难以远涉惊涛，在19世纪前期与鸦片走私船的较量中屡处下风。还应指出，清军武器保养不好，由于长期处于和平环境，刀枪入库，锈蚀严重，火炮露天陈放，上百年不发一炮，已处于报废状态。士兵忙于生计，经年不加训练。当然，这样一支军队在用于对付国内人民反抗和分裂势力时，有时能显示出一定的威慑力，但要以之抵御西方殖民者的入侵，维护国家的主权与独立，则不啻痴人说梦。

第三，御敌不足，扰民有余。清朝武装力量的骨干是八旗军，但其早在康熙时就已不堪一战，在平定三藩之乱时，绿营充当了主力。此后，八旗子弟过着寄生生活，游手好闲，讲究服饰饮食，祖先的骁勇精神逐渐丧失殆尽。乾隆帝南巡至杭州，校阅驻防的八旗，亲眼目睹了这些游猎先辈的后代从马背上摔下的丑态，为之痛心不已。白莲教起义爆发，京营八旗纷纷请缨要求赴湖北、四川前线，但前线将领亟请撤回这些老爷兵，"勒保奏：健锐、火器两营京兵不习劳苦，不受约束，征剿多不得力。距达州七十里之地，行二日方至，与其久留縻饷，转为绿营轻视，请全撤回京，无庸续调。"其实，这些八旗子弟请战的目的本是到前线发财，并不是为国出力，而且一旦交战"辄令乡勇居前，绿营兵次之，满、吉林、索伦又次之"。以至有"贼兵不相逢"的谚语。八旗子弟制造是非，甚至屠杀难民冒功，不一而足，难怪前线将领急于将其调离，以免碍手碍脚。

在平时，八旗子弟也不安分。太原的旗兵"窝盗为匪，肆无忌惮，居民指满城为梁山泊，而地方官莫敢谁何"。由于满族是统治民族，汉族地方官不敢深究，其得寸进尺，居然殴打知县，结果仍是不了了之。绿营水师与洋盗、走私者相勾结，每年大批鸦片在其眼皮底下运进国门。

在道光帝即位之初，作为国家常备武装力量的八旗和绿营兵实际上丧失了应对大规模外敌入侵的能力，绝大部分清军处于瘫痪状态。在这种情况下，任何一个对手都显得过于强大，这就是魏源所说："数百贼当数千万贼剿，数万兵当数百兵用"。由此看来，清王朝这座大厦的支柱已开始动摇。

（四）财政危机

经康雍两朝的努力，清政府国库年收入从乾隆中期起就达四千余万两白银之多，在农业社会里，这是个不小的数字，反映着经济上的成功。但至嘉道年间，经济形势日渐恶化，财政危机日甚一日。这表现在国库的年收入虽未比乾隆朝减少，但收支相抵，节余则大大减少，国库白银储备更非盛世可比。

由于缺乏精确、系统的资料，今人很难说明清代每一时期财政收支的准确情况，但大体可知乾隆朝每年收支相抵后的余额多在千万两左右，国库每年的白银储备可达数千万两以上，其最高点是乾隆四十二年，竟达 81824044 两。此间，乾隆帝"普免天下钱粮四次，普免七省漕粮二次，巡幸江南六次，共计又不下二万万两。而五十一年之诏，仍存七千余万，又逾九年而归政，其数如前，是为国朝府藏之极盛"。但到道光帝即位时收支相抵后的余额就只有五百万两左右，白银储备降至二千万两左右。考虑到一场中等规模的战争就会耗费上千万两的战费，就可知该数字的渺小了。应该指出，这仅是账面上的数字，实际存银数将会低于账面数字。譬如自嘉庆五年以来，户部银库一直未清理，道光二十三年盘查时，发现居然亏空 925 万两之巨，即是说，库中实际存银比账面少 925 万两，这接近每年国家收入的五分之一，可见清朝财政管理上的弊端，所以，账面上的数字仅有参考价值。

节余减少和白银储备下降的主要原因在于开支的骤增。清政府的收入是固定的，主要有田赋、漕粮、盐课、关税、杂赋、耗羡等；在支出必要的皇室经费、贵族官僚的俸禄、军饷、驿站、河工经费等之后，一般会有不同程度的节余，以应付难以预计而又无法节省的诸如救荒和战争的支出。此时由于皇族人口的过度繁衍，致使俸禄的开支增加，魏源在道光朝中期说："顺治初，宗室从龙入关二千余，近日至三万余，岁禄数百万……则生齿日繁之在宗室者，未尝不累于国计"。当然，更重要的还是救灾和战费开支的迅速增加。

从乾隆末至嘉庆初年，清政府为镇压白莲教大起义，花费军费 2 亿两白银，这是有清一代迄当时为止"成本"最高的一场大征伐，几乎耗尽了康乾盛世的家底，国家财政从此一蹶不振。同时，乾隆以后，自然灾害频仍，而人口的增加又使赈济自然灾害的费用也大幅度提高，这也加大了国库开支。

不仅如此，吏治的腐败也增加了救灾的成本。譬如嘉庆年间黄河屡次决口，究其原因，在于治河之臣，空糜巨帑，中饱私囊，将河工视为利薮，而于河工毫无建树。

嘉庆十六年春，就调查出"河工糜费至四千余万……而工程未尽坚固"的弊端，但黑幕并未得到深入揭示，贪官污吏未受应得惩罚。史评："自和珅秉政，任河督者皆出其门，先纳贿，然后许之任。故皆利水患，藉以侵蚀中饱，而河防乃日懈，河患乃日亟"。于是黄河屡修屡决，无数国帑揣进了私人腰包，救灾开支如此增加，国库节余怎能不减。

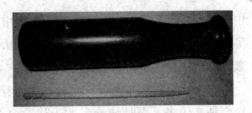

青玉旱烟嘴

吏治腐败还使传统经济制度运转不灵，从而或增加了国家开支，或减少了国家收入。譬如漕运，为东南大计之一，利大弊也大。然漕运之利上不归国家，下不属百姓，而尽归于中饱。上自无厌的贪官污吏，中经无数关卡，下到世袭的船户，均从中获利。结果造成漕粮成本不断提高，官民交困。又如盐课是国家重要税收，国家对盐实行专卖，由于人口的增加，消费额本应提高，但结果私盐泛滥，官盐滞销，盐课大减。私盐之所以泛滥，在于官盐之价高，官盐之所以价高，在于陋规之繁，中饱之多使然。结果盐务日坏，私枭日众，不仅影响了国家财政收入，还造成了社会秩序的混乱。

探讨嘉道年间国家开支大增的问题时还应考虑到物价因素。联想到前文提到的此时人多地少，粮食不足，则粮价上涨势属必然。据研究，清代粮价在从康熙初年至19世纪初的200余年间上涨了5倍多。在农业社会里，粮价是所有物价的基础，粮价上涨，其他百物莫不随之上昂其值。而清政府的财政制度对通货膨胀缺乏调节能力和应对措施，又不能随便提高农业赋税，这样一来，政府的开支除了随之大增之外，别无他法。

总之，自嘉庆初年以来，盛世的财政收支平衡便开始被打破，经济拮据的财政危机逐渐恶化，经济形势十分悲观。嘉庆帝的财政改革不见任何实效，只好上赖盛世的余润，又大开捐纳，还将和珅的巨额家产充公以补不足，以此苦苦支撑，至道光帝即位，已出现了平定三藩以来百余年未见的窘境。当然，这不意味王朝的经济生活已无法维持，但每年区区500余万两的节余和不到2000万两的国库储备大大削弱了应付各种危机的能力。尽管开国之初的财政状况比此时要严峻得多，但那时满洲贵族还保持着旺盛的朝气、强大的战斗力和朴素的生活作风，使之足以抵消财力的不足。而此时早已暮气沉沉的皇室贵族和腐败透顶的官僚体制如果再失去财政上的有力支持，一旦遭遇不可测的危机，将面临可怕的结局。

（五）内忧外患

任何一个王朝的末世都充满了内忧外患，此时的清王朝自然不会例外。从乾隆朝中晚期开始，由于人口的膨胀，土地集中的加深，官僚队伍的腐败，人民生活的恶化等因素，致使国内各种矛盾十分紧张，大小规模的起义不断发生，边疆分裂势力也蠢蠢欲动，社会秩序动荡不安。

作为社会病态的表现，此时的民间秘密结社十分活跃。北方的白莲教，南方的天地会是其代表。当时统治者尤为注意白莲教。白莲教带有佛教的色彩，其教徒尊奉"无生老母"，向往"真空家乡"，相信世道轮回，在"劫"难逃。其首领往往走村串户，宣扬其说，又向人民开出"入教免劫"等种种空洞的许诺。其夜聚晓散，男女混杂，聚敛钱财，统治者对其厉行镇压，但效果不彰，只是迫使其分散活动，并不断变换各种"会""道""门"之类的名目。乾隆中晚期北方的人民起义多与白莲教有关。

乾隆三十九年（1774 年），山东爆发了王伦起义，这是有白莲教背景的清水教领导的起义，他们占据城池，杀害地方官，虽然很快被镇压下去，但一叶落而知天下秋，此后大小规模的起义层出不穷，接连不断。

乾隆四十六年（1781 年），甘肃爆发了苏四十三领导的起义。

乾隆四十八年，甘肃爆发了田五领导的起义。这两次起义带有一定的民族因素，规模也大于王伦起义。

乾隆五十一年，台湾爆发了林爽文领导的反清起义。此次起义有天地会的背景。

乾隆六十年（1795 年），湖南、贵州爆发了苗民起义。

嘉庆元年（1796 年），爆发了川楚陕白莲教大起义。起义历时近 10 年，波及鄂、豫、川、陕、甘五省。清政府倾力镇压，虽最终取得了胜利，但给王朝本身也造成了灾难性的后果：在财政上巨额的军费开支消耗掉了乾隆盛世的经济成果，从此一蹶不振；在军事上八旗、绿营等正规军居然不是"教匪"的对手，而不得不使用地方武装——乡勇。清王朝的盛世至此画上了句号。

在白莲教大起义的同时，在闽浙沿海还发生了蔡牵领导的海上反清斗争，其坚持斗争至嘉庆十五年。

嘉庆八年，从圆明园回宫的嘉庆帝在进入紫禁城顺贞门之际，突遇刺客，在场的百余名随从、侍卫呆若木鸡，倒是皇帝反应奇快，跳下乘舆撒腿飞奔，回过神来的护卫方一拥而上，擒拿了刺客。但经反复审讯，除了搞清此人为成德，又名陈德，尚有二子外，其余一概不知，最后将其凌迟结案，不了了之。可见纪纲紊乱，有司失职，到了何种程度。

嘉庆十八年（1813 年），爆发了李文成、林清的天理教起义，其主战场在河南，但其中一支攻打紫禁城，嘉庆帝下诏罪己，惊呼"非常之事，汉、唐、宋、明之所未有"。

凡此种种，预示着大乱的不远。总之，即位之初的道光帝面临着严峻的形势，而且，与以往王朝衰落大有不同的是，此时的清王朝还面临着来自西方列强的挑战。

从此时资本主义发展的世界大势来看，中国被纳入世界潮流势属必然，但这个令资本主义世界垂涎的古老、庞大的国度又充满了神秘。所以，以英国为代表的列强还不敢一开始就断然用武，而是在小心翼翼地试探，一厢情愿地企图说服清统治者，开放中国，从而获利。从乾隆末年起，英国就遣使来华。

乾隆五十七年（1792年），马戛尔尼（Georeg Lord Macartney）率领使团前来中国，提出了开放宁波、天津，割让舟山之类要求，结果自然被断然拒绝。嘉庆二十一年（1816年），又一个英国使团由阿美士德（William Pitt Amherst）率领来到中国，双方再次因觐见皇帝的礼节发生争执，英国使团被遣送回国，阿美士德连提出要求的机会都没有。英国两次出使中国，虽未达到目的，但其打开并占有中国市场的决心并未改变。而且，英国人通过与中国官吏交往和对中国的实地考察，一定程度地看穿了这只"纸老虎"的底细，于是，他们开始酝酿对华使用武力。英国还派遣间谍船，伪装成商船，对中国沿海水文地理、港口情况和守卫力量进行了详细的调查，制定了对华作战的方案，如海陆军兵力投入规模、战略、战术等都有详细规划，这在后来的鸦片战争中为英国侵略军提供了参考。英军军舰几度闯入广东内河，与清军对峙。从19世纪前期开始，武装的英国商船就不断在中国沿海制造事端，英国商人在广东不遵法纪，纠纷时有发生。同时不断向中国走私鸦片，给中国的社会、经济造成了严重的危害。清政府虽然对英国的挑衅缺乏深刻的、本质性的洞察，但还是立场坚定地给予了回击，两国关系较为紧张。

由此可见，道光帝面临着全面的危机。在历史上往往出现国运的恶性循环：越是国力衰弱，解决危机的能力就越小，结果危机便越积越多；而且由于应变能力的下降，即使是小的危机都可能造成大的恶果。当然，由于昧于历史规律和世界大势，道光帝对此未必会有清醒的认识，但也正因如此，他才会满怀信心地张起拨乱反正的旗帜，进行了一系列挽危图强的努力。

整顿吏治

吏治败坏并非从道光时才显露，早在"康乾盛世"年代就已十分严重。乾隆时当权二十余载的和珅被赐死时，家产被抄，其家产约值八亿两，相当于他执政期间国家财政总收入的一半，所以当时有"和珅跌倒，嘉庆吃饱"的民谚流传。除和珅外，被揭发出来的贪污案件层出不穷，象督抚、布政使国泰、王亶望、陈辉祖、伍拉纳、浦霖等人的贪黩案。一次抄没家产达几十万两。乾隆四十六年（1781），在甘肃布政使王亶望假冒赈灾银案中，因贪赃二万两以上而被处死的地方官，就有二十二人。嘉庆继位后，处治了和珅，但吏治腐败状况仍无法扭转。"虽大狱屡兴，而吏治益坏，上下征利，贪黩成风，一般老百姓，皆蹙额兴叹"。一些贪污案件，长期未被发现，有的在几十年后的道光朝才被披露，反映了嘉庆时吏治败坏之甚。龚自珍曾对清朝吏治的败坏和官僚制度的腐朽，进行了猛烈的抨击："不论盐铁不筹河，独倚东南涕泪多，国赋三升民一斗，屠牛那不胜栽禾"。吏治败坏直接威胁着清王朝的统治。

道光并非庸君，是一个想有作为的皇帝。道光继位前对王朝的衰败和吏治败坏已有察觉。道光继位后力图振兴清王朝，使自己成为一个汉高祖、唐太宗式的有为之君。"朕寅成大宝，日理万机，孜孜焉，惴惴焉，尝恐用人行政或致阙失，……试思汉高祖之大度，唐太宗之英明，运筹决胜，亦必须萧曹房社辅助而成也"。道光希望在他统治时期出现一个繁荣昌盛的局面，名垂青史，为爱新觉罗家族树立楷模。正因如此，道光继位后，勤于政务，事无巨细，亲自过问，批阅奏章，夜以继日。为了不误国事，他要求各部门即使在年节、素服期间，奏章也要随时呈送。他一方面自己勤于政事，另方面就是要求他的臣属同他一样勤于国事，期望能收到以身便臂，以臂颐指的工效。道光想有所作为，首先着眼于建政，针对吏治败坏"积弊相沿，挽回无术"的情况、把整饬吏治作为"第一要事"。

（一）甄别良莠

道光说："为政首在得人，安民必先察吏"，他对官吏考察的标准是：

第一，实心奉公。道光把官员能否"实心实力""勿尚空谈""不采虚名，务求实际"作为考察官吏的首要条件。他特'别强调一个"实"字，只有多于实事少空谈，才能奉公着力，扭转那种只说不做，言行不一的虚伪作风。道光视此是"为政之道"。道光在强调实心奉公的同时又极力反对奢华挥霍及假公济私情事。他在道光十六年曾指出："朕综理庶政十六年来，训诫臣工，唯求实心实政，力挽瞻顾徇庇之风，使内外臣工皆能振奋精神，破除情面，勉副朕意，何患不纲纪肃清，日臻上理耶！"他对一些忘公济私或假公济私的官员，查出后，均予处分。道光十六年，太监张进忠因违禁赌博被捉，总管太监张尔汉向内务府大臣、步军统领耆英恳求释放，首领太监许福善从旁帮说。耆英私送人情，答应帮忙，遂令所属员弁将聚赌太监留供取保，予以释放，解回当差。事情被揭发，耆英受到惩处。通州民人王文弼呈递封章控告协办大学士英和的家人张天成私加租息，仗势欺压民人，英和被革去紫缰，革去协办大学士头衔。道光对此事十分重视，除对英和进行惩处外，并以此事表明他整顿吏治的决心。他告

诚群臣不要专擅生事，重蹈奸宄专权故辙，要"矢公忠信"，保持名节。道光说："国家简用大臣匡襄治理，必须谨慎持躬，公忠任事，方为无忝厥积，永受国恩，……英和受三朝厚恩，应如何戒满持盈，益加敬俱，乃不自检束，声势赫耀，竟至非其所属之州县亦有仰希风指意存见好之事。此在明季宦官专擅纵恣招摇生事，或不免依势欺凌，……从前和珅专擅，其始不过一二无识之徒趋承依附，渐至自作威福，中外侧目，莫敢上闻"，应该引以为戒。故此，"特降谕旨，剀切申诫，嗣后在廷满汉大臣务益矢公忠信，倍加恪慎，庶几克承恩眷，永保令名，以副朕教诲成全之至意"。如不谨慎，失节违制，惩之无情。"朕用人行政，全在赏功罚过，一秉大公，方足以示劝惩"。其实，英和一事在当时并不是很典型的严重案例，受到处理的也不止上述数人，道光抓住此事大肆声张的根本目的，是为了"吏治蒸蒸日上"，体现了道光在整饬吏治中的"小惩大诫"而已。

第二，要诚实，敢于直言。道光针对当时官场之弊"总在蒙蔽不实，处处皆然"的状况，要求官员敢说真话，即使对皇上，也不要说假话，不能取巧奉承。他说："直陈无隐，可谓国之柱石"。道光把直言、诚实与治国、施政联系在一起，认为"为政之道，首戒欺蒙"。各级官员只有诚实不欺，才能上情下达，杜绝各种弊端。所以他一再指出："诚实二字，万毋自弃"。一些官员为了迎合道光"希图见好"，结果受到申斥。如唐冕被道光特选为福建按察使，福建巡抚颜检为了讨好道光，就在奏折中吹捧唐冕"通达治体，实心可靠"。对此，道光斥为"谀词"。江西学政王宗诚因农业丰收在望，奏颂"此皆仰赖圣德"，道光斥责说：此种"侈谈无理之论"，"矫情颂扬朕德，尤属近谄，嗣后不应若是"。还有的人颂扬道光箭术高超，道光斥之为"信口夸诞以致作伪，心劳日拙耳"。为了鼓励官员直陈敢谏，只要是"永矢公忠，为国宣力"，即使"语句狂悖"，道光也能宽谅。

第三，要任劳任怨，不避嫌怨，依法奉公。道光认为吏治败坏不能改变的一个重要原因，是"地方文武视身家太重，国计太轻"，如果大臣能"视国事如家事，以民心为己心"，那什么事都可以办好。他进一步指出，官吏要以国事为重，还必须有不辞劳苦、任劳任怨的精神，特别是在遇到挫折，甚至受到谤怨时，更要任劳任怨。他还要求官员在处理一些重要事情或棘手案件时，要"不避嫌怨"，秉以公心，坚持下去，"不要日久生怠"，"务期水落石出"。对发现的冤假错案，要立予纠正，以期"无枉无纵，各得其实"，"断不可惑于救生不救死之说，也不可因大概情形业已入奏，即续得实情亦必稍为迁就，以符前言，则大谬也"。他认为，"能平反冤狱较之实心缉盗尤有利于吏治"。道光的上述认识和指示，虽不能根本改变官僚集团的腐败状况，但也曾起到了一定的积极作用，纠正了一些冤假错案。道光四年，山西榆次县民阎思虎将赵二姑强奸，案发后，知县当堂逼认为和奸，草率定案，以致赵二姑忿激自杀。赵家亲属赴京控告诉冤，道光降旨交山西巡抚邱树棠亲自提审。但是，邱树棠并不认真复查，仍以和奸草草了结。经御史梁中靖参奏，道光复令将原案人证卷宗提解刑部审讯，才把案、情查实，确系阎思虎强奸酿命，属于淫杀，严惩了案犯，赵二姑得到了平反昭雪。承审务员贿属舞弊的情况，也逐一查出，分别进行了处理：知县吕锡龄发新疆充当苦差，太原知府沈琮革职发乌鲁木齐效力赎罪……巡抚邱树棠降为按察使。道光五年，浙江德清县属民人徐敦成与徐倪氏通奸，被其妻蔡氏发现，遭怒斥。徐倪氏恼羞成怒，与人将蔡氏勒死，蔡氏娘家亲属上告县衙。徐家豪富用金银上下买通，湖州府两次验尸均定为自缢而亡，蔡家不服，不断上告。道光得知后，派王鼎前往查办，方将此案查明。德清县知县黄兆惠发往黑龙江充当苦差，其他受贿官员也分别轻重予以惩处。道光十分感慨地说，这些案件的出现，"皆因官官相护，罔顾天良，罔尽心力，止知窃禄肥家，置民瘼于弗问，言念及此，愤懑何堪"。一语道破了当时官场的黑暗和吏治败坏的情况。同时道光也知道，类似的冤案，"是非颠倒者又岂能以数计，似此案牍繁多，草率从事，含冤莫诉，苦累愚氓，亦安用此督抚大吏乎？"因此，他要求督抚考查地方官政绩时，把有没有冤狱，冤狱是否得到纠正，作为检验官员实心奉公的一个重要依据。

第四，言行一致。要求官员不能只是口头上讲实心奉公，还要实力去做，言与行一致。道光指出："知之匪艰，行之维艰，言顾行，行顾言"。他认为，立法并不难，行之却不易。要改变官员"知之者众，实践者鲜"的情况，做到言行一致，才能对吏治有所裨益，才是察吏的最根本依据。

道光察吏训臣的核心，一个是"实"字，另一个是"公"字。察吏的过程就是整饬吏治的过程。

为了使对官员甄别有所依据，道光重新公布了嘉庆五年仁宗关于三年考绩的谕旨："近年以来，六部堂官所拔识之司员，大率以迎合己意者为晓事之人，以执稿剖辩者为不晓事之辈，以每日伛谒卑辞巧捷者为谨慎，以在司坐办口齿木讷者为迂拙，遂至趋承卑部，乞怜昏夜，白昼骄人，仕路颓风，几不可向。朕思转移风气之方，须立矜式观摩之准。现已届京察之期，各部俱应慎重选举，以公心办公事，勿有丝毫私意，问心无愧斯可对君。此旨着通行晓谕，各录一通，悬于公署，朝夕观摩等因，钦此。"

对官员定期甄别，规定三年一次考绩。"各直省每届三年大计，由该督抚详加考核"。对那些贪官恶吏，一经发现要随时参奏，"勿得稍有姑容，以肃官常"。对一些不称职的官员，也不要"任其尸禄，有害民生"。

在甄别中，首先汰除精力衰颓，难望振足者。甄别自中央六部开始，因"六部为纲纪庶务之地，责任匪轻。欲剔弊厘奸，必劝勤惩惰，岂容年力衰迈才具平庸者，溷迹其间无所区别，既不足以淬人才，尤非所以整饬部务，不奖贤能，何以理庶务，不去衰庸，何以拔真才"。道光的这个认识和决定无疑是正确的，因为只有将中枢机构整治好，才能对地方官员进行甄别和考察，才能改变吏治败坏的状况。六部中又以礼部先行。第一个被汰除的是"精力就衰，不能办事"的礼部郎中罗宸，继之是福申；"目力昏眊，才具平庸"的员外郎佛楞额，"心地糊涂，不堪供职"的堂主事张景泗，都被勒令休致。除了中央六部进行甄别，地方各级官员仅因精力衰颓不能振足而被黜斥的，就更多。所谓"精力衰颓"，并不是只就年龄而言，主要的是指那些只有虚名而不实心办事的官员。对那些能实心办事，即使年老，仍然倚重，他们有了过失，只要能够改正，还是同样使用。道光指出："官官相护，朕所恶也；舞文取巧，朕所恶也；言行不实，朕所恶也。至用人行政，偶有小失，审度未能周妥，一经发觉，立即秉公办理，不稍回护，是无私心也，朕必宽其既往，仍望其将来识之。""即或偶而失实而所奏尚属因公，亦必曲加宽恕，从不遽加谴责"。

其次，对那些"谨慎自守，遇事瞻顾不全，以沽名钓誉，置身于无过之地为得计"的平庸之辈，也要受到汰除。对地方官员甄别，特别注意对各府主管官员的考察。为此，道光公布了雍正六年谕旨：

"知府一官管理通郡，有察吏之责，如知府得人，则察吏以安民，于地方实有裨益，但知府内仅有系循分供职，不能察吏而有素无过犯不至于参劾者，此等人员若令久任地方，于属员贤否必不能详察周知，于吏治无益，钦此。"

以上汰除对象，是道光为了提高官员的素质而采取的措施之一。对于那些贪赃枉法，危害地方的官员，道光查出后，一一进行惩处，这是他在整饬吏治中实行的理论和律惩相结合的措施。

受到道光惩处的，上自宗室亲贵、一二品大员，下至地方文武均有。像亲王裕兴强奸使女寅格，以致寅格羞极自缢身亡，被革去王爵，折圈空室三年。庄亲王奕赉、辅国公溥喜，各赴尼姑庙内吸食鸦片烟，镇国公绵顺带妓女赴庙唱曲，"卑鄙无耻"，分别予以重惩。宗室中，硕海擅入衙署滋事；福山讹诈钱文，奸淫妇女，开室聚赌，均被革去四品顶戴。秀宽烧死民人，被处以人，被处以绞刑。绵翱希图讹诈，被革去奉恩将军职衔。这些仗势欺人的没落贵族，危害人民，作恶多端，是满洲贵族腐败堕落的反映，道光虽然想尽力"保持宗支教养兼施"，但是民愤太大，实际上又无药可救，惩办仅仅是其中的一小部分。

地方官员中也严惩了一些搜刮地方，贪赃枉法，欺压百姓的奸宄。天津知县汪本，知府李蕃纵容吏胥借兴办水利大肆需索款项贪污中饱；安乡县知县李庆孙，伙同胥吏剋扣灾民口粮；湖南湘潭知县灵秀，谋娶该衙捕役的女儿为妾，不久，又转辗售卖；通判叶起鹏收受部民寿礼，并诬指绅民为闹漕凶棍，追捕勒索……这些行为卑劣，居心贪诈，民愤极大的恶官，均受到严惩。道光感叹地说："是多设一官，百姓即多受一官之累"。对这些贪官墨吏不予严惩，吏治何以"日臻至上！"

道光登极以来所遇到的吏治败坏情况，极为严重，他采取的措施表明他整顿吏治的决心十分坚决。

吏治败坏由来已久，而且长期无法改变，甚至不断加深，原因很多，其中一个重要的因素，则是官官相护，主要表现为失察。失察就是包庇。

道光十年十月，揭发出户部犯有失察过失的官员达二十二人。一些中央及地方大员对其所属官员应察而失察的累计达二万零二百九十八名。道光对这些犯有失察过错的大吏，分别予以降级处理。而这只是被发觉的失察事件，其他尚未查及的不知还有多少。在当时像吏部吃"通贿"，户部吃"平余"，兵部剋扣军饷，刑部吞没赎款，工部在兴建工程中渔利，就是"清苦"的礼部，也在科举考试时容情受贿等等腐败现象，在中央机构中随处可见。

为了解决上述弊病，道光除了训诫、律惩以整肃吏治外，还努力健全一些制度，重申已有的律令，并采取了一些相应的措施。

第一，限定衙门差额，裁减冗员。州县吏役是地方一害。他们平日腋剥百姓，鱼肉群众，为所欲为，人民敢怒而不敢言。而各地吏役又大量超过额定编员。道光规定，各级州县差役数以八十名为限，所有额外增置的书役等人员，一律裁汰。按此规定，仅各直省就裁撤了吏役达二万三千九百余名。

第二，控制捐输，限制督抚属员随意提补。"清制，入官重正途。自捐例开，官吏乃以资进。其始囿以蒐罗异途人才，补科目所不及，中叶以后，名器不尊，登进乃滥，仕途因之殽杂矣"。清政府中叶以后，由于财政日益支绌，当时补救之策是变相加赋，同时大开捐纳。捐纳有常捐，有大捐。常捐只损出身虚衔，大捐则卖知府以下的"实官"。出银买官的地主商人，到任后拼命搜刮，在其任职期间不仅要收回捐官所用的银钱，还要"将本取利"，榨取更多的钱财。捐官，是清代入仕的一个简捷途径。不仅没有功名的地主商人可以捐官，就是有了功名，地位较低的官吏，也可用银钱买取较高级的官阶，更增加了官僚集团的腐败。为此，道光规定，现任官员不准加捐职衔，以堵截官场日益滋长的腐朽之风。同时规定，各省督抚遇有提调要缺时，应先尽正途（即科举入仕）人员题补；不准属员充当幕僚，不准署正印；严禁佐杂人员代官视事，不准佐杂应升人员超越职位任事；不准将幕僚保列，以杜冒滥。还规定，钦差大臣查办事件时，随带的司员，不难以现任大员的子弟充当、派往。各省州县官不准随意回省谒见上司，以杜彼此牵攘。道光的这些规定，目的是想刹住官官关联的私情关系，以利于吏治的澄清。

第三，加强宗人府管理。宗人府是管理皇室宗族事务的机构。鉴于宗室日趋衰败，宗室子弟成为寄生虫，各种事件不断发生，道光加强了对宗人府的管理，先后两次拟定条例，责成宗人府严格对宗室的管理。从道光四年开始，宗人府还把闲散宗室移往边疆地区进行屯垦，以减少他们对京师社会的危害。

除了上述的整顿外，道光还拟定有关赈灾的细则，加强对赈灾工作的管理，以防止官员从中贪冒。

道光在整饬吏治时首先进行的是察吏训臣，以做一个好官员的标准，进行理喻；对一些不合格的官员进行甄别；充实健全规章制度，其目的在于破除旧习，制止吏治败坏情况的继续发展。同时，又提拔有才干的官员，为建立有效的新的官僚机构在努力。

（二）求贤选才

道光甄别考察官吏，只是整顿腐败的官僚机构，以图振兴衰败王朝的一个步骤。要治理国家，就要发现、选拔治理国家的人才。对此，道光的认识还是比较明确的："国家以贤才为宝。"继位后，他一直把用人是否得当，提高到直接影响国家兴衰的高度加以重视。"为政首在得人"，得人才能治国。正因为他看到了用人与治国的关系，更加感到发现人才的困难。知人难，得人尤难。在吏治败坏的情况下，道光就更加迫切地希望求得一批忠于清王朝的干练之才，替换那些衰朽庸才、贪官墨吏，以改变统治机构的现状，辅佐他治国兴业，成为"有为之君"。这是道光急于求贤的政治原因。

道光在用人上有两点认识值得一提。

第一，懂得人在认识上有局限性。

人的能力是有限的，即使是帝王也是如此，"是以圣王在上宵旰劳勤，不敢以一人治天下，也不欲以天下奉一人，旁求贤才赞助枢要，一德一心，使世祚永固，万国咸宁，诚得治天下之要道也"。

第二，相信人才的存在，要善于发现人才。

道光认为国家广大，有许多人才未被发现，影响了他们为国家效力。"天下之大，兆民之众"，"岂无遗才？"为了聚敛人才，他几次颁发有关求贤选才的诏书。

道光元年（1821）登极不久即颁发诏谕，令各府州县保举孝廉方正及荐举才品优长的读书人。但是这一诏谕未被地方官员予以足够的认识，他们满足于维持现状，把举才视为可有可无之事。有的敷衍应付，以平庸之辈充数，甚至还有的官员从中受贿作弊。道光严厉斥责了这种情况，责令督抚催促所属悉心查访，不得以任何藉口应付搪塞，如果仍然不认真执行或随便找人充数，定予以重惩。

除诏谕各地荐举贤才外，具体选才的途径有以下几种办法。

第一，荐送。

由督抚从所属府道州县现任官员中荐举。将那些为官廉正，洁己爱民，一心为公，办事认真并受到民众赞誉的官员，由督抚写具考评意见，具折保奏，等待皇帝任命调用。为了解除督抚担心因荐举之员出了差错而受到牵连的顾虑，道光特别指出，所保人员如因公出现差错，不追究保荐人的责任，不加议处；但如因所举之人本来品德不端，补放后行私获罪，则要由推荐人负责，对荐举之人进行议处。这样既可保证荐举人才的素质，又加强了保荐人员的责任心。

道光年间被荐送的人员中，确有一些干练之才，如尚书刘镮之举荐的名儒唐鉴，授广西知府，四川总督蒋攸铦推荐的川东道陶澍，擢升按察使。对陶澍，因其在入觐论奏时"侃侃多所举劾"，道光不大放心，密谕巡抚孙尔准考察陶澍为人品德。孙尔准经过认真考查，向道光写了一份有关陶澍德政的详细奏报，极力保荐，陶澍获得重用，擢升两江总督。为官期间在治理河道和其他任职中政绩显著。陶澍临终前遗疏举荐林则徐继为己任。除林则徐外，陶澍还举荐了不少人才。

林则徐（1785~1850），福起侯官（今福州）人，字少穆。嘉庆十六年（1811）进士。道光二年（1822），授淮海道，未任，署浙江盐政使，迁江苏按察使。道光四年（1844），署布政使。道光十一年（1831），升任东河河道总督。道光十二年（1832），调任江苏巡抚。林则徐在道光初期升迁之快，在一般官员中是少见的。他在江苏为官期间，整治河流，兴修水利，赈灾济民，发展生产。他疏浚了源出太湖的浏河和白茆河，治理了七甫河、泖湖、淀山湖等几十处河道、塘湖，修筑了不少闸坝、涵洞和海塘，使鱼米之乡的江苏地区水利工程大为改观。在当时，各种灾荒连年不断，劳动人民为了活命流离失所，苦不堪言。林则徐一面多次上奏请求赈灾，一面采取储粮救灾的措施，又从外省引进一年两熟的稻种，用以发展生产。林则徐有识有见踏实认真，受到大学士、两江总督孙王庭的极高赞赏，他在奏折中称赞林则徐"器识远大，处事精祥"，推荐他综办江浙水利。道光在孙玉庭的奏折中写道：林则徐"即朕特派，菲伊而谁"，表示早已赏识，才不断提拔。道光十七年（1837），擢湖广总督。林则徐与陶澍尤有深交，督抚之间密切配合，受人称赞。

道光在选才求贤中，对下级官吏甚至普通士兵，只要有功有才，也能不拘一格地提拔信用。道光九年（1829），杨发、田大武被提拔就是一例。杨发、田大武本是普通兵士，在道光八年（1828）平定张格尔叛乱中，奋力生擒版首张格尔，战功卓著，兵部拟补杨发为甘肃宁远堡守备、田大武为陕西抚标左营守备，带领引见。道光在接见二人后批示兵部："该二员年力精壮，均堪造就，著交杨芳随时训练，策励成材，用示朕培养人才之至意。"

第二，考绩。

清沿明制。京官称京察，外官称大计，由吏部考功司掌握。道光年间的考绩，不仅选才，也进行弹劾。道光七年（1827），给事中吴杰奏请京察中应举劾并用，经道光批准后诏谕饬行。道光十五年（1835），复令京察外随时可以纠参，以补不足。

第三，科举选拔。

清代以科举为"抡才大典"，虽多沿明制，但在慎重科名、严防弊端等方面，立法之周全远超过前代。道光重视人才的选拔，除按规定期间开考外，还加开恩科。由于科举是封建时代知识分子的主要出路，竞争也异常激烈，科场中也弊端丛生。道光为了通过科举选拔真才，同时也为了笼络知识分子，每届考期，先发申谕，选择主考官。规定，主考官不得以年老荒谬之员滥行充数，不得仅就荐卷决定取中与否的依据，"务得真才拔萃"，受贿作弊的监考官员，必将绳之以法。同时，公布考场规则，以资遵循，堵塞科场舞弊之风。道光朝正科十举，恩榜五开，也反映了道光想聚敛人才的愿望。

第四，育才。

育才主要通过两个途径，一是重视书院。清代学校，沿袭明制，京师名国学，并设八旗、宗室等官学。各省设有府、川、县学。除此之外，还在各省设有书院，最初设在省会，以后府、州、县相继建立。书院多数只是准备科举的场所，具有培养人才基地的作用，但因清代中叶以来政治的衰败，对书院重视程度，早已减弱，各种弊端也不断发生。道光从育才着眼，继位后重视书院建设，下令整顿各直省书院，严禁长期不到书院课业的官员照样领取年俸。课业不得兼充，各司所长，以保证课业讲授质量。修缮损坏的书院房屋。粤西省城秀峰、宣城两书院，人多开支大，入不敷出，准予置买田亩，每年所得租谷巢价，供书院支用。河南省城大梁书院落成，道光加赏御书匾额悬挂。道光对各地书院经济上、精神上的支持与鼓励，反映了他对书院育才的期望，这是他重视培育人才的一个方面。另一个途径，是重视在实践中培育人才，这特别体现在当时最急需的治河专门人才的培育上。

道光十二年（1832）九月，发布诏谕，让中央各部从所属官员中，不分满汉，选正途出身，勤奋聪敏清廉者保送一人，由吏部发往东南两河学习，每期二年。学习各种治河之事，但不准承办重要工程，也不准经营钱粮。二年期满，由河道总督写出考评文字，送部引见，以备选用。曾任河督的张井，原来并非河员出身，程祖洛保荐其办事实心奉公，不避艰险，得到道光的赏识，不断升迁。道光四年（1824），简署东河总督。由于其刻苦学习治河之术，认真负责，道光六年（1826），调补江南河道总督。在其治河经历中，成绩显著。张井是在治河实践中培养出来的治河专门人才中的一个代表。

道光求贤佐治的办法：荐选、考绩、科举、育才，并不是始自道光，历代帝王都采用过相似或相同的方法，道光只不过是继承和发展了这些做法，这从一个方面反映了他本贤佐治和执政初期励精图治的精神。

道光为了振兴王朝，有所作为，更好地发挥在职官员的作用，还在两个方面促进佐治。

第一，倡直言以纳谏。

道光继位后多次倡导直言，表示自己要"虚怀纳谏"。他认为自己日理万机，虽不辞劳苦，但不敢自信无一阙失。另外，国家之事，用人行政得失，国计民生各事，都要各官出主意，谋划策。因此，他要求官员们不仅能提出时政之弊，还要能提出切实改进的办法，这比只讲空话要好得多。这个要求可以堵塞一些只会纸上谈兵的人从中取巧，也为有真才实学的贤才以用武之机。道光对遇事敢直言不讳，不人云亦云，能表白自己独立见解的人，极为称赞。为了听取各方面的意见，博采众议，道光还不拘封建礼仪规定，阅览那些因地位低下、不能直接上条陈的人写的奏章。道光二年（1822）九月八日，四川平武县贡生唐开兰呈《迩言》一策，道光得悉后，命有关部门官员呈览，并因此事发出指示，今后各衙门遇有类似奏呈事件，一定要附章上奏，不准压抑。道光十五年（1835）六月六日，安徽举人朱凤鸣呈递封章，违背了制度，受到处罚。道光采取了宽容的态度，他做了批示，出于开通言路，爱惜人才的愿望，免予追究。为了广开言路，对言官的指陈，如有不实之处，也能谅解。不予处理或减轻处理。道光八年（1828）三月十六日，给事中托明奏参安徽怀来县知县添派差没，按月苛敛，危害民生。道光派人前往调查。经查明，托明所奏不完全符合事实，有不实不尽之处。对此，道光作了如下批示："民隐，言官之所当言，虽言之不实，朕不再罪之。然亦不可不加审察，滥行入奏，尤不可因有此旨，概行缄默，反失朕听言从实，欲周知民间疾苦之本意也。"在要求言官据实指陈的时候，强调不能因噎废食，不要因怕负责任而取缄默态度。道光在处理"所奏不实"的情事方面，再次表明出宽容。道光十一年（1831）六月二十日，御史徐培深奏参山东信阳县知县恩福巧夺民财，形同市侩。经查核，所奏不实，道光指示，对御史徐培深"毋庸议"。因言官可以风闻言事，不可能件件查实后再上奏，虽不应捕风捉影，亦不要怕出错而缄默不言，如言官怕失实而保持沉默，就违背了道光"听言从实，察吏安民"的本意。道光反复要言官不要因所奏有所出人受到批评而缄默，是道光把直言作为察吏安民的一个途径，是他整顿吏治的组成部分。是否能直言以陈，也就成为判断贤否的一个依据。因此，凡是言事有功的人，即行擢升。道光十五年（1835）八月二十四日，冯赞勋、金应麟、黄爵滋、曾望颜等官员，因遇事敢于直言，"明白晓事"均被擢升。道光希望大臣们能理解他鼓励言官是为了广开言路的本愿，遇事要敢于直言以陈。将个人得失抛掉，只要有益于国计民生，就应确切直陈，不应隐讳不语。不要因自己不是言官而缄默，也不要把谏言当作向上升迁的阶梯，更不应一得到升阶，就想保住禄位，免惹是非。这种沽名钓誉在前，缄口保位于后的做法，是与朝廷用人图治的原意根本对立的。道光曾诚恳地表示："朕总理庶政，一秉大公，即听言一节，探望诸臣切实敷陈，不惮再三告诫，期以察天下之治，勿非徒博纳谏之虚名，其有徇隐姑容、前后易辙者，尤当深以为戒，言行相顾，始终不渝。朝廷收谠言之益，国家著直陈之效，朕实厚望焉。"道光这番发自内心的话，不仅是对直言的褒奖、鼓励，也从一个方面反映了他励精图治的心愿。道光十六年（1836）十一月十三日，他又发布上谕，指出国家设立科道等官，是为了广开言路，以期兴利除弊、摘伏惩奸，于国计民生两有裨益。正因如此，所以科道中每有奏陈，都认真对待，"虚衷采纳"。对有些人借鼓励进谏的机会，进行挟嫌诬陷，查实后，也会予以严惩。惩办诬陷，正是为了更好地广开言路。"

道光纳谏是真诚的，与他求贤佐治的思想是一致的。应该看到，道光作为封建帝王，由于其阶级局限性和自身的弱点，在他执政的三十年中，也确实信用了一些善于奉承的官员和阴狠狡诈的好宄，对此，历史上有过一些不同的议论。

《清史纪事本末》第四十卷，记述了道光时曾任军机大臣的曹振镛的文字中有如下记载："振镛在内阁，专伺人主意旨，而素不学。每奉命衡文，得试卷稍古雅者，辄不介事，摘卷中一二破体字，抑之劣等，于是文体日颓，而学术因此不振。又带最厌言官言事，振镛也教以此法，遇章疏中有破体字、疑误字者，摘出交部严议，于是科道相戒，不敢言事，而言路雍塞。遂使三十年中，吏治日媮，民生日困，酿成内外兵祸，开千古未有之变局，皆振镛一人之罪也，然帝深信任之。"

曾振镛（1755~1835），字俪笙，安徽歙县人，乾隆四十六年（1781）进士，历任乾隆、嘉庆、道光三朝，官至武英殿大学士，上书房总师傅、军机大臣，受到道光的倚重。曹振镛得宠于道光皇帝的因素，一是曹振镛是"老臣"，服官五十余年，历三朝，二是崇节俭，处处注意"搏节"，防止糜费，与道光倡导的节俭精神相吻合；三是有才干，尤其"学问见长"。在道先朝十四年政务中，"清恭正直，历久不逾"，循规蹈矩，"克驯赞事"。而他的弱点，也是显而易见的，挑剔微疵，造成学风欠佳的后果。但不能把学风不正的后果归结成言路闭塞，更不能因此而说道光朝的衰败，"皆振镛一人之罪也"。恰恰相反，道光信用他，正是在早期励精图治中拨贤知任。以信用曹振镛来否定道光纳谏一事，是不符合历史事实的。

道光纳谏，还可以从御史陈庆镛的升降一事中反映出来。道光二十三年（1843）四月四日，御史陈庆镛奏劾鸦片战争中犯有罪过受到惩处后又被起用的琦善、文蔚、奕经，认为道光起用这三个人是"刑赏失错，无以服民"。在鸦片战争中，琦善被"褫职逮治，籍没家产"，道光二十三年（1843），又以三品顶戴授热河都统。宗室奕经以扬威将军督师浙江，让其收复定海、镇海、宁波三城，结果大败而归，曾以劳师糜饷、误国殃民罪，被逮京圈禁，后与琦善同时被起用，以四等侍卫充叶尔羌帮办大臣。文蔚随奕经出兵，结果造成大宝山惨败，朱贵牺牲，被褫职下狱。后以三等传卫充领队大臣。这三个罪臣治而不罪，复而起用。陈庆镛的奏劾是对道光用人行政失当的一种批评，引起朝野震动。道光采纳了陈庆镛的意见，收回了起用三人的成命，仍将三人革职，令其闭门思过。但是，事隔数月，琦善、奕经、文蔚三人与另外两个在鸦片战争中负有罪责的奕山、牛鉴均被起用，而陈庆镛曾因事降调，解职回籍。道光起用琦善等人，是基于道光的"罪在朕躬"，把鸦片战争战败的责任归咎于自己，另外，认为琦善尚属"年轻"可为（琦善当时五十三岁，正是壮年），再加上穆彰阿等当权大臣的保荐庇护所至。陈庆镛的"解职回籍"，与参劾奏章是否有关？陈庆镛在道光二十三年奏劾，道光二十五年（1845），迁给事中，道光二十六年（1846）乞归，在咸丰朝复被起用，这中间似没有必然的联系。陈庆镛的降调，多少也受到朝中当权者的报复，这还可从穆彰阿庇护琦善抑制林则徐的事实中得到启示，其中包含着民族偏见。道光对陈庆镛的态度，也是民族偏见所造成的后果，而不能完全归咎于道光纳谏的虚伪。

应该看到，道光的身上也存在其他封建帝王所具有的爱听好话，喜欢奉承的一面。尽管他倡导直言，也批评过唯唯诺诺的官员，但恭维毕竟比逆耳之言容易接受，只要不过分露骨，或出现在不适当的场合。前述的曹振镛的长期被信用，除了已提到的几个因素外，就是曹振镛遇事"多磕头少说话"。再如，穆彰柯、潘世恩身为军机大臣时，也好顺承旨意，无之为他。当时有人写了《一剪梅》云：

仕途钻刺要精工，京信常通，炭敬常丰，莫谈时事逞英雄，一味圆融，一味谦恭。

大臣经济在从容，莫显奇功，莫说精忠，万般人事要蒙胧，驳也无庸，议也无庸。

八方无事年岁丰，国运方隆，官运方隆，大家赞襄要和衷，好也弥缝，歹也弥缝。

无灾无难到三公，妻受荣封，子荫郎中，流芳身后便无穷，不谥文忠，便谥文恭。

上述讥讽，反映了当时官场的腐败和庸俗风气，也从侧面说明，即使是道光为励精图治而求贤纳谏，也是十分有限的。道光的求贤纳谏，从当时的条件看，有其积极时一面，也有其局限性造成的消极一面。但是，应该看到道光的纳谏还是他求治的表现。

第二，笃勖旧，奖贤良，以示重贤不忘。

道光一方面选拔一些新的干练之才，另一方面就是大力表彰历代被称颂过的圣贤或良臣——儒家名宿和年老的功臣、重臣，以此为在朝官员及文人士子树立楷模。这也反映了道光求贤的思想基础——重儒。重儒就是重治。道光二年（1822），诏刘宗周。道光三年（1823）汤斌，道光五年（1825）黄道周，道光六年（1826）陆贽、石坤，道光八年（1828）孙奇逢"从祀先儒"。是后复以宋臣文天祥、宋儒谢良佐，"入祀文庙"。道光重视古儒，有其政治目的，不是仅仅崇奉儒学的成就。他认为，儒道纯精的人，如果没有躬身实践的表现，即便是起到巩固封建统治的作用，还不能算治世

贤人。比如明臣黄道周（1585－1646），福建漳浦人，曾在铜山孤岛石室中读书，因号石斋。工书法，善画山水、松石。天启进士，崇祯时任右中允，南明弘光帝任其为礼部尚书。南京被清军攻陷后，他与郑芝龙在福建拥立隆武帝，自请往江西征集军队，至婺源为清军所俘，坚不投降，被杀于南京。像这样一个"顽固"的反清名儒，竟然在明亡近二百年后，被道光皇帝"升祔学官"，成为一代楷模，并不是要表扬他的反清骨气，而是赞扬他的"忠君报国"精神。这在清代中期政局衰颓，吏治败坏，官员缺乏"天良"的情况下，其用心是很清楚的。至于活着的元老，如杨遇春、长龄、黎世序、孙玉庭、戴均元、秦承业、汪廷珍、黄钺、王鼎、玉麟、潘世恩、阮元、吴其濬等，他们都在几十年的任职期间，或征战疆场、平定叛乱、镇压起义；或传授儒学；或治理河工、赈灾恤民……对巩固清王朝的统治起过重大作用。他们在生前得到极高嘉奖，有的被绘图紫光阁，有的凯旋时享受了"抱见礼"。逝世后，又得到重恤赐奠，封荫子孙。这一切都说明道光在求贤佐治上确实是煞费了一番苦心。

道光在整顿吏治时，求贤若渴，特别对鸦片战争以后的军事人才，更为重视。他一再强调，只要才能出众，民心爱戴，又能"洞悉夷情"，深通韬略的人，不拘资格，即可升调，也可破格使用。他命令各省督抚提镇，在水师及各镇武弁中挑选对训练军队认真，人品优良，忠于职守的人，不限名额，秉公保奏，准备调用。道光还鉴于清水师战斗力薄弱的教训，要在各镇中挑选一部分中下级军官充实水师。这些事虽未能实现，但反映了道光图治的愿望。

道光求贤佐治做了不少努力，虽然也得到了一些比较清廉、干练之员，但更多的是使他失望。道光十七年（1837）三月三十日他曾讲道："自古得人则治，当今更觉为难"。"欲求一堪膺重寄者，不可多得"。道光朝人才难得的原因何在呢？

第一，世风日下，官僚机构腐败。

高级官员不肯认真察吏、除滞拔优；地方官员不肯爱惜民力，任意苛剥。遇到事情先考虑保住自己的身家。道光在给两江总督陶澍的谕旨中，称赞他为人"爽直、任事勇敢"。道光希望他的臣属都能像陶澍那样正直公忠。可惜！朝中像陶澍这样的官员太少了。

第二，拔不当人，各地举荐的多不是干才。

道光十五年（1835）十二月四日，道光在一份谕旨中批评了一些督抚保举人才不认真遴选、滥竽充数之事。如荐举出来的直隶正定镇总兵海陵，是一个"性耽安逸，难望振作"的庸才。广东南昭连镇总兵萨龄阿，是一个连日常事务都"不能整饬"的无知蠢材。高州镇总兵岳万荣，在四川建昌镇任内，利用职权，为自己的儿子万嵩龄更换籍贯，收入本标，提升为外委之职。上述几人均是由副将经荐举而提升为总兵的人。由于这些人才学或品德低劣，很不称职，只能"自滋咎戾"。对吏治不仅无益，反而造成损害。

第三，迷信科举正途。

道光虽采用各种办法选拔人才，但主要还是依靠科举，视之为"正途"。八股取士的制度自明以来，早已弊端百出。一些人虽出身科举正途，但往往是个庸才。更有不少人把科举视为做官的阶梯，为官后，只图私利，并不真心为国为民办事，更何况科场中还有很多弊端。道光虽对科学考试作了种种规定，但科场中舞弊之风根深蒂固，加上吏治腐败已达到不可收拾的程度，所以种种弊端仍不断发生。道光十六年（1836）武科考试中发生了"庆廉事件"。庆廉是兵部员外郎容恩的胞侄，容恩是兵部掌印司员。庆廉本是残废，平日连走路也感到困难。按照清王朝规定，录用旗员首先重视骑射，八旗子弟应试，先要通过骑射合格考试，方准入场会考。容恩凭借职务之便，勾通其他官员，以庆廉"手疾"为名，免考其马步箭，又打通监射的王大臣，未加复查就按照上报原册，准予考试，结果中了武进士。庆廉违制冒考的事情虽然被揭发出来，道光取消了庆廉的武进士资格，有关包庇、徇私的官员也同时受到处分，但科场舞弊等各种弊端并没有因此而绝迹，仍不断发生。浙江举人顾宗伊，在试卷上写了给考官袁文祥的书信，以通关节；顺天府属大兴县和宛平县二县文童，互相顶冒，造成考场混乱。有的地方考生私带诗文入场应试。道光十二年（1832）查出，有15名直隶生员带四书及诗文入场。这些科场上的弊端，使道光想通过科举选拔人才遇到困难。道光说，不得其人，宁可缺额，不凑数字。道光十八年（1838），道光亲自校阅武科殿试，一甲应取三名，因一甲第三不得其人而空额。就此他说："未便迁就符额，用示朕核实抢才之意"。另外，道光也很难觉察周详，有的大员在用人上，往往以某人对自己的态度而取舍。同年登第而入翰林的罗惇衍、张芾、何桂清三人均"年届未弱冠"。张芾、何桂清对当权的穆彰阿能"拊之"，而罗惇衍不与其通。结果，虽初考试时三人都得中，但传旨时以罗惇衍年纪太轻，未可胜要任为由，"著毋庸去"。实际上三人中罗惇衍十九岁，张芾十八岁，何桂清十七岁。罗年岁最大，由于得罪了穆彰阿，变成了年岁最小。由此可见，即便有才干，也未必能得到信用。

第四，道光在求贤纳谏上言行不能完全一致，说得多，做得少。

曾给受利赞扬的冯赞勋，也因遭到诬陷而被革职。当御史富隆额奏请究查捏造浮言一事时，道光认为这样做会"促使进言之人心存畏葸，瞻顾不前"，故而"著无庸议"。这种言与行的脱节，使道光的求贤实际效果，受到影响。

（三）贪官污吏，惩而不绝

道光继位后，决心整顿吏治，清除腐败，严惩了一批贪官墨吏、王公显贵，但是

官僚机构的腐朽，已达到病入膏肓，医治无术的地步。酷吏贪官，比比皆是，为非作歹，欺害百姓。这已不是仅仅惩治少数几个赃官所能改变的，而是封建制度衰落溃烂的反映。所以，在道光整饬吏治的同时，吏治败坏仍在继续，仅举几例：

酷吏害人，监狱遍地。道光十四年四月查出广东州县私设班馆监狱，非刑凌虐"犯人"。清代监狱，设有内监以禁死囚，外监以禁徒流（犯）以下，女监以监女犯。徒以上锁收，杖以下散禁，轻罪人犯及干连佐证，准取保候审。但州县因惧怕候审人在外延误审讯，往往设有班馆、差带等名目，以控制。这种未确定犯罪与否，但又被看押在班馆（即如看守所）的人，成为贪官酷吏敲诈勒索的对象。

翡翠扳指

广东番禺县在该县衙前后左右一带布满班馆。顺德县衙的东边，有一个名叫"知遇亭"的地方，凡被虐待将死的人，便被差役抛在这里等死；西街全是差役们设的私馆，标名为："一羁、二羁……"，直到"八羁"。香山县衙内有大班馆五所，另还有私馆十余所。三水县署内有左右班馆各两处，该县典史还在大堂侧面私设一处。

各地县衙用各种残酷手段对待被关押的人。有的把人关押在囚笼内，这种囚笼站进去连腿都不能弯曲；也有的把人关在烟楼处，用火烟从下面熏灼。尤其惨不忍睹处，吏役用三尺余长的铁杆竖立在地上，顶住犯人喉颈，锁镣铐住手脚，形似盘踞状，称之为"饿鬼吹箫"；又有将人倒悬墙上，鞭挞拳殴，称之为"壁上瑟琶"；或将犯人一个手指与一足趾用绳子前后牵吊，谓之为"魁星踢斗"，残酷无比。吏役以折磨犯人为趣事，并以此向犯人家属敲诈勒索。吏役勒索洋银，动辄以"尺"称，一百元称之为"一尺"，常常开口十余尺、数尺不等。对家庭富裕实际又没犯法的人，为了敲诈，就捏造案情，拘禁在班馆内，然后索款，公开称之为"种松摘食"。犯人初入狱时，监狱禁卒率领旧监犯将新犯拳殴三次，谓之"见礼"，然后向其索要，动以千百计，称为"烧纸钱"。旧犯在狱内，其中有大哥头，他向新犯人勒索来的钱财，与典史狱卒同分。新犯人如果不给钱，加重凌虐，坚持不给钱的人，有的就被打死。管监为了逃避追查，令倒填年月日，假称病故，以掩盖痕迹。

各地官吏贪赃枉法之事，更是举不胜举。四川仁寿县令恒泰，接受贿赂，将强奸逼认为合奸，又将无辜通为巨盗，然后凌虐致死。甚至有的人被抓来，先重责二三千小板，然后再审，结果人被杖毙，不知何由。有的地方以抓"咽匪"为由，吊铐刑讯，甚至用镬煮人。有的吏投随意抓人，将人抓去，先站木笼，官也不察不问，任其肆虐，直至毙命。草菅人命，州县习以为常，上司各官也不为怪。"狱囚不死于法而死于问刑各地蠹役尤横，大州县千余人，小州县亦数百人、百余人不等，遇有民间诉讼事件，差役多方勒索，涉讼人往往因此破产，就是缉捕盗窃案件，差役也向事主索取"发脚钱"，甚至竟叫乞丐导致窝家诈赃，以饱私囊，真贼反令远飏。遇有纠纷事件，则对双方都施以诬词，以达到逐户苛索目的，使无辜之人受累。官场之为非作歹，黑暗腐败，可窥见一斑。

道光十五年四月十八日，还查出湖南宝庆府邵阳县除监狱外，私设卡房三所，分别叫作外班房、自新房、中公所，每年三卡内"病毙"者，不可数计，被当地称为"四大寇十八路诸侯"害人。该县差役在册的有千余人，白役、散班却有两千余人。

对此，道光曾亲自过问，屡下诏谕。道光元年谕："私设一切非刑，概行禁止。"道光五年又谕："饬禁禁卒凌虐监犯。"各州县酷吏遍地，似狼如虎，"于心忍乎，于法平乎！"道光气愤地说："深为可恨，此等劣员不顾天理，不念人情，置百姓疾苦于度外，视国家法度如泛常，听任书役如狼如虎，扰害闾阎，灭尽天良，所谓以不忍人之心，行不忍人之政者，安在？"但吏害成灾，冤狱遍地，并不是几纸诏谕就能改变了的。

除了酷吏害人，遍设监狱外，积案不处理，案情错判也是屡见不鲜。安徽泾县民人徐飞陇被伤身死，悬案数载，死者家属两次京控，一直没有审明。道光六年，浙江省署黄岩县知县刘俨，在一命案验尸时，发现被害人曾得齐尸伤不符，也不追查，在上司的庇护下，使受害者冤沉海底。七年，山西交城县民人李积庆故意杀害胞兄，该县知县陈星珠未能审出实情，压案不办，不了了之。更有甚者，有的案件竟拖达三十余年之久。道光十三年揭发出来的四川庆府县梁贵一案，自嘉庆三年监禁后，在监三十五年，直到道光十三年，经提讯，确认无罪释放。道光得知此案情况后说道："梁贵一无罪之人，缧绁半生，殊出情理之外。"类似情况尚有许多，久不清理。直隶深州民人田兰馨京控一案，也达三十年之久，方才讯明奏结。在结案中错断之事还时有发生。"各省屡有斩绞错误之案"。道光二十五年，查出错结之案，四川有六起，河南有五起。二十六年查出，直隶、奉天、陕西、甘肃、云南各有五起错结之案。这只是查出的假错之案，由于官官相护或怕追查上司失察的责任，极力进行包庇隐瞒的还不知有多少。赃官酷吏造成的冤狱遍地的现实，使道光不无感叹地说："是多设一官，百姓即多受一官之累。"

贪赃受贿。有的公开索取，有的变换名目搜刮，官场中贪赃受贿公开成风。当时官员升迁要给上司各官送别敬银已成为不成文的规定，实际上是上下级官员间公开的行贿受贿。据载：补授陕西一个粮道出京上任时，竟用去别敬银一万七千两，"上任后每年年节寿诞均要给上司送礼，数目可观：将军三节两寿每次送礼八百两，又表礼、水礼八色，门包一次四十两。两都统每节送礼银二百两，水礼四色。八旗协领每节送银二十两。抚台分四季致送，每节一千三百两，逢节或寿诞还要送表礼、水礼、门包……。每年仅送礼，就要用去近二万两白银。直隶道员徐寅弟，以过节做寿为名，接受"馈送"，他的下属蒋兆璠一人就送了白银两千四百两。徐寅弟管辖二府、四十八州县，"既经受收陋规，必不至蒋兆璠一人"。这些用于送礼的银两，当然不会掏官员自己的腰包，无非是"朘剥小民脂膏"，受害的还是老百姓。另外，像山西巡抚王兆琛一次受商人节规钱就达一万四千余两；霍州知州一次受贿达一万余两。还有像汾阳知县曹文锦、山阴知县金作节、河律知县程震佑均公开受贿。有的官员因受贿还闹出种种笑话。扬州一名知府审理一件诉讼案，原告为使官司打赢，先给知府送银五十两，但是，在堂审时，竟被打了五十大板，原告感到自己原本有理，又向知府送了银两，不该受此委曲，就向知府伸出五指，哪知知府竟斥责说："被告比你更有理！"也伸出五指又翻了一番，表示被告贿银一百两，比你多一倍，所以原告要吃五十大板。

监守自盗，也是贪赃的一种手段。道光五年，广东管库官员假造文领，描摹印信，两次冒领库银一万二千两之多。各地库亏之案"层见叠出，甚至盈千累万"，侵吞官帑，私饱囊橐。道光二十八年，查出历任运司出借公款银达九万三千九百三十余两。二十九年，又查出浙江各属库存正项动垫银亏达二百八十四万六千八百余两，亏仓谷一百十万九千五百余石，米三千余石。道光二十三年，还发生了震动朝野的库银盗窃案。户部银库管库人员监守自盗，自嘉庆五年，先后被盗出库银九百二十五万二千余两之多。

道光整饬吏治的决定是无可非议的，正是因为他看到了官僚机构的腐败，已严重危及着王朝的统治。为澄清史治他花费了极大的精力和时间，下达了众多的诏谕，采取了不少措施，包括撤换昏庸无能、严惩赃官酷吏等等。其态度和行动是认真的，但终不能将吏治整顿好，吏治败坏的情况继续发展，道光在诏谕中不断显露出他焦急的心情。但是，道光看到的只是吏治败坏的表面现象，他不能认识到吏治败坏的根源，就在于他要维护的封建制度。

开源节流

清王朝每年的财政收入，主要来源于地丁杂税、盐课税和关税。财政收入又与社会经济发展、国家是否安定、灾害情况直接相关。康熙时，库存银为五千余万两，经雍正整理财政，库存银增至七八千万两，年有余帑，是清王朝财政比较充裕的时期。

乾隆继位后，多次用兵，共花去白银一亿二千万两以上。当时清王朝岁收入仅为三四千万两，由于库银充盈，财政上仍有余裕。乾隆支用无度，晚年尤甚。军事上多增加六万多兵额，每年增加饷银三百万两。生活上挥霍铺张，兴工建国，南巡东幸，开宴邪游，纵欲享乐，户部尚书梁诗正劝他节俭，他全然不听。加上河工、宗室俸禄所耗，特别是官员的侵贪，耗去国家大量银钱，库存逐年减少。赋税所得，每年仅剩二百万两。嘉庆继位后，财政状况并无好转，为了镇压持续九年的白莲教起义，耗用白银二亿两。与川楚白莲教起义的同时，湖南、贵州地区还爆发了持续十二年之久的苗民起义，为了镇压起义，又花去大量银两。嘉庆时黄河屡次决口，在曹州、睢州等地修筑堤防，动工用银，数目可观，嘉庆朝的财政已日益拮据。

道光登极后，为了改变每年岁入多有缺少和财政拮据的情况，道光三年在给户部的上谕中提出要"澄源节流，博节糜费"的理财主张，"节流""开源"，改变财政拮据的局面。

（一）小气皇帝

道光是中国历史上著名的节俭皇帝。纵观二千余年，二十余朝，数百君王，就节俭而言，堪与道光相比者，为数不多。对此，史家看法，颇有歧异，有称其节俭者，有称其吝啬者，甚至有人称其为"小气皇帝"。

早在登基之前，道光就较深地接受了儒家的传统俭德思想，深知大清王朝创业非易，守业维艰，为君者必须崇俭去奢，节用爱人，方能使王朝万世不衰。翻开收录有道光登基前诗文的《养正书屋诗文全集》，我们可以看到道光亲自撰写的《节用而爱人论》《崇俭去奢论》《临财无苟得论》《节以制度论》等有关倡行节俭的专题篇章。在文章中，道光认为：作为一国之君，必须首重节用爱人。所谓节用，就是节省那些应该节省的东西，不能讲求奢华。节俭，不是吝啬。凡举行祭典，修建宫室，都应该本着节约的原则进行。只有节俭，才能理顺，只有理顺，才能国家安定。这样，一旦有事，府库不致匮乏，仓廪不致空虚。

登基之后，道光的节俭思想有了进一步地发展，并将其作为治国方策的重要内容，予以发挥和阐释。道光元年（1821 年）的《御制声色货利谕》和道光十一年（1831年）的《御制慎德堂记》算得上是道光节俭思想的代表作了。

《御制声色货利谕》是元年十一月八日颁发的。此谕长达近千字，分别阐述声色、货利两个方面的危害，并引经据典，确立君臣应当遵守的基本原则。该谕首先从回顾大清王朝的历代君王入手："我大清王朝制度规定：皇子、皇孙、均于六岁入学读书，凡是圣贤之道，自幼无不诵读讲论，借以为修身立命之本。尽管如此，能够自始至终一直坚持做到'克己复礼'的，却很难，这是因为人们知道声色之害并不难，而真正能够做到不为声色所害则很难。"进而指出："普通人自然应约束自己，远离声色，而作为君王，尤其应当注意，不为声色所惑。普通人被声色所惑，不过害及一人，而君王被声色所惑，则将害及天下"。然后表示，"我作为大清帝王，必当决心除掉声色之弊，对有关声色之事，逐渐废掉，决不增加。但一下子全部除掉，又很难，这正是令我苦恼的事，以致难以用言语来表达。后世子孙，假如有体会到我的这番苦心，按照我的所作所为去做，实现我未能全部做到的事，不忘我有关远离声色的这道谕旨，那将是我大清国千秋万代臣民之福了"。这里，不仅表明了道光本人禁戒声色的决心，而且要求后世子孙也要照此办理。

　　该谕的第二项内容是杜绝货利。道光首先引用孔老夫子的话："百姓富足，君王怎么能不富足呢？如果百姓不富足，君王又怎么能富足呢？"进而论述道："宫廷和官府一样，不同于士民的私家财产。所以，做君王的，不可以有私财。有私财必有私事，有私事必有私心，有私心则不被私心迷惑者，太少了。所以，货利本身之害虽小，而对于立身行政的害处就大了。"那么，大清朝的现状如何呢？道光认为："大清立法严明，对于那些追求货利之臣，立加贬斥；对于有益民众之事，则不惜花钱。但是，时间一长，未免世俗相因，逐渐产生了迷恋侈靡的思想"。这就要求做君王的"要懂得劳动的艰难，力倡节俭，推崇朴素。"然而，"节俭之风并不是空谈就能办到的，关键在于身体力行。"紧接着，道光以呈进贡物和修造宫室为例，说明自己不尚浮华、推崇朴实的决心。关于呈进贡物，那些谄谀逢迎者，"全然不想一丝一粟，从何而来？况且千里迢迢，运抵京师，其费用不知有多少！"如果予以限制，则"省一分，天下就会受一分之福，对吏治民生，都将有所补益。"关于修建宫室，亭台苑囿，各有规模。仅是这些，"每年应该修理者，尚且不能及时修理，哪里还顾得上另外建造呢！"那些为取悦皇上，勒索百姓的官吏千方百计，寻找借口，大兴土木，"实在是我大清万世之罪人，应该立正典刑，将其暴露于天下"。

　　在《御制声色货利谕》的最后，道光郑重地提出："我大清王朝的后世子孙，如果有人不遵守规章制度，纵欲无度，当时的满汉大学士、军机大臣、都察院堂官暨科道等，就拿我现在这道谕旨，纷纷上奏进谏。如果皇帝不能采纳，则是大清祖宗的罪人；如果为臣者，只顾身家、地位，不能强行进谏，则是万世不忠之臣。命将此谕交内阁、军机处、都察院，各自抄写一份，慎重保存。"由此可见，道光崇尚节俭的决心确实是很大的。

　　以后，道光的这一思想又得到了进一步地发挥。十一年（1831年）五月二十八日，道光在《御制慎德堂记》中再次指出：关于崇俭去奢一事，"懂得这一道理，固然不容易，然而真正做到，就更不容易了。大清江山，创业艰难，后世子孙，坐享其成，尽享奢华，即使不再增加什么奢华内容，也应该觉得心里不安了。如果还不满足，把富贵享乐看作是自己应当得到的，那简直就是不堪理谕之人了，又怎么能保住大清江山呢！"这里，道光是把崇俭去奢作为巩固政权的大事来考虑的，道光为此要求君王人臣要做到"饮食，不必追求珍异，穿戴不必讲究华美，耳目不要为欲望所诱惑，居住不要迷恋奇巧"，"不要做没有好处的事，以致损害了有好处的事，不要一意追求奇珍异物，轻视常用之物"，要懂得"一丝一粟，都出于民脂民膏"的道理。进而主张"无为而治"，使天下均受其福。最后，道光还着重说明了节俭与悭吝的关系。道光认为，提倡节俭，并不是一切都坚持悭吝。"比如拯救饥民，赈济灾区、除暴安良等事关国计民生的大事，抓紧实行还来不及，怎么可以悭吝呢！"所以，坚持节俭，是"永久图治之道"，务必慎之又慎，切切牢记。

只要我们翻开道光朝的历史典籍，体现道光皇帝节俭思想的言行，随处可见。纵观道光的节俭思想，虽然没有超出封建节俭道德的一般性伦理观念，但作为一代君王，言行一致，躬身实践，也是难能可贵的了。

道光倡行节俭，首先从自我做起，从帝王的宫廷生活开始。

节衣。这里仅举二例：一，道光穿衣，不仅不追求华美，甚至倡导破衣缝补后继续穿用。道光的套裤因长期穿用，膝盖处破了一个洞，道光没有将其扔掉，而是命有关司事人员用一块绸布补上，继续穿用。朝臣见皇上如此，也纷纷仿效，在自己的膝盖处补上一块绸布，其实并不是所有大臣的套裤都已穿破，不过是讨皇上开心而已。但是，道光倡导节俭，却是真心实意的。一次，道光召见军机大臣，正好军机大臣曹振庸靠近皇帝御座，道光一眼看到曹振庸套裤上有补缀的痕迹，就问道："你的套裤也打补丁吗？"曹振庸回答说："换一件新的，要花不少钱，所以，打了一块补丁"。道光听了，自然十分高兴，一时兴致来了，又问道："你打一块补丁需要多少银子？"曹振庸没有料到皇上会问起这等细节小事，愣了半天才回答说："需要三钱银子。"（这种事，曹振庸恐怕也未必知道需要多少银子，不过是虚应而已）道光一听，却认认真真地说："你们宫外的价钱实在太便宜了，宫内补这样一块补丁，要有五两银子呢！"二，道光有一件黑色的狐皮端罩。端罩，是一种非常高贵的礼服，狐皮端罩，自然更显珍贵。这件端罩，里面的裥缎过于肥大，穿用时下面出风（提裥缎露出一圈）。道光就命内侍取出端罩，在四周加上一圈狐皮，盖住出风的裥缎。内府闻知此事，向道光报告，加一圈狐皮，需一千两银子。道光一听，忙谕令内府，不要加狐皮了。第二天，道光向军机大臣们提及了此事。以后，军机大臣们又将此事张扬了出来，以致此后十余年间，京官们的衣裳没有出风的。道光的本意在于节俭穿衣，而朝臣们的刻意模仿，则将道光的节俭思想扭曲变形了。

减缮。作为一代帝王，山珍海味，天天排宴，谁也奈何不得。道光皇帝却能体察国情，主动减缮，以省靡费。特别是鸦片战争爆发以后，军费开支浩大，国库日益空虚，道光带头减少膳食，由过去的花天酒地，改为每日只点四盘菜肴。这四盘菜肴，按照过去规定，有两盘是赏给军机大臣的，其余两盘赏给内廷主事。现在，军机的两盘照常不误，内廷的两盘则不再赏给，而将这两盘留作晚膳之用，晚膳就不再另外点菜了。一次，时逢皇后过生日，这是宫中的隆重庆典之一，理应大排筵宴，朝臣与内廷共同志贺。道光则破除旧例，当面谕令内务府总管大臣："近来，内廷好久没有赏赐食物了，这次皇后圣寿，到时候多预备些面条，多加点卤，让内廷人员吃个饱。"内廷大臣奏道："既然皇上如此开恩，那就额外多杀几口猪。"道光说："杀四口猪就足够了。"大臣又奏："按照惯例，应是十口猪。"道光又道："现在是什么时候？花销、开支这么紧张，怎么能报销十口猪呢？"

裁仪仗。每年八月，道光都驾临圆明园。由圆明园回宫时，均要大排仪仗，鼓乐齐鸣，王公大臣还要齐集三座门前，恭迎接驾。道光对这一仪式，不以为然。九年（1829 年）七月二十八日，距离驾幸圆明园的日子（八月初七日）还有八天，道光就提前下达谕令，排仪仗、作乐、接驾等事，均属"繁文缛节"，并无可取之处，命自本年为始，以后每年八月的进宫、回园之时，"将仪仗、作乐及王公各大臣接驾之处，俱行停止。"十年（1830 年）四月十六日，道光准备前往天坛，举行祭天仪式，皇城銮仪卫上奏，"此次前往天坛祭祀，请按照旧例，预备玉辇、礼轿侍候。"道光批示道："前往天坛祭天，关键在于心诚，如果心存诚意，即使不乘辇，也没有什么不可以的。命銮仪卫以后遇有天坛祭天之事，将玉辇、金辇预备在天安门外即可，所有抬辇人员，或者另派差事，或者裁减。"

省车从。嘉庆死，道光须服丧二十七个月，这是清朝祖制。道光于二年八月决定，服丧期满后，于十月前往昌陵拜谒。但是，天公不作美，偏偏赶上昌陵所在的直隶顺天府天灾横行，全府所属二十四州、县就有十八个州县受灾。道光唯恐登基后的首次远行，会给所经地区带来扰累，所以，早在八月二十五日就指示总管内务府大臣："此次谒陵，必然动用很多车辆，以致造成民力困难。特命内务府将所属各项备用车辆、人役，可裁减者，酌量裁减；乾清宫等处总管首领太监等行李、车辆、人数，也要酌情减少，并将实际数字奏明"。总管内务府接到道光的旨意，马上重新核减随行车辆。九月二日，内务府开单具奏："拟将所有预备差遣人员的应用车辆减少一百四十辆，内廷需用车辆减少七十八辆。"道光准奏，同意内务府的减车方案。但原来内务府已按用车计划，派给了顺天府各州县，怎么办呢？道光又命顺天府尹通知各州县，按已经减定的车辆数字准备，多派者，按名发还车主，未派者，不许添派。并要求顺天府尹认真稽查，如各州、县阳奉阴违纵使出办、吏役，借官差之机，招摇撞骗，勒索百姓，要据实揭发惩办。如果办理不好，一旦有人告发，定将顺天府尹等一并治罪。

　　当然，道光的上述作法，对挽救大清王朝的中衰之势未必会起到多大作用，但其严于律己、从自身做起的节俭行为，还是值得肯定的。

　　道光不仅自己从衣、食、出行等方面，力求节俭，而且比较严格的要求皇室人员一切从简，崇俭抑奢。

　　早在道光登基不久的二年（1822年）正月十二日，道光专门就皇室子孙的婚姻问题，向总管内务府大臣下达了一道谕旨，谕旨中说："以后，皇子皇孙一经订婚，其福晋（指儿媳或孙媳）的父家置办嫁妆，不得追求奢华，务必一概从俭。将来一旦发现呈进的嫁妆清单中，如果有糜丽浮费之物，不仅将原物退回，而且还要予以处分。命内务府大臣将这道谕旨保存好，凡有皇子、皇孙指婚之事，就将这道谕旨交给福晋的父家阅看，严格遵守，不得违犯。向来旧例相沿的开箱之礼，即指婚后福晋应进呈给皇帝和皇后的各式衣服各九套，也不必预备。"在封建皇室当中，皇子、皇孙的订婚、结婚仪式，均是一件大事，总管内务府大臣均要作为重大活动，隆重进行。但道光的这道圣旨一下，情况为之一变。

　　我们以道光最宠爱的皇六子奕䜣的婚姻为例，便可以说明，道光的政令确实是在认真地执行着。二十八年（1848年），奕䜣十八岁。二月十四日，道光帝将热河都统桂良召回京城，指其女为奕䜣的嫡福晋。按照规定，举行初定礼的这一天，要筵宴朝中所有大臣、侍卫官员等，并由鸿胪寺及内务府传奏音乐，热热闹闹的庆贺一番。但是，道光皇帝没有如此，而是谕令取消筵宴，停止奏乐，甚至连理应赏给奕䜣福晋的嵌珊瑚东珠项圈，也没有赏给。二十九年（1849年）三月初三日，奕䜣举行结婚典礼。这一天，奕䜣将新娘接至皇宫，履行了一通跪拜礼节之后，按制应于皇宫内大摆宴席，新娘的父母、亲族以及王公大臣的命妇均要入席。但道光又传出旨意，停止奏乐，取消宴席。

　　奕䜣，是道光最得意的皇子，其婚礼尚且如此简单，其他皇子的婚姻操办状况也就可想而知了。由此看来，从天下第一家的婚礼之简单和俭约，说道光过于吝啬和小气，也许不是没有道理的，但这正是道光崇俭抑奢思想的所在。

　　封建社会，重男轻女。皇子皇孙的订婚、结婚仪式要从俭办理，公主们的下嫁仪式，当然更要从俭。本来清制规定，公主择定额驸（驸马）的订婚日，额附的家属要宴请皇太后和皇后的，额附家要设宴九十席，呈进九九之礼，即向皇帝和皇后各进献九套衣服。道光也下令，停进九九之礼不准摆设宴席。二十二年（1842年），道光的五公主出嫁，道光要求内务府官员，从俭办理，所有备办嫁妆及一切仪式开销，不准超过两千两白银，如有超过，则由内务府大臣赔垫。并且，连五公主府第也没有赏给。内务府只好将没收琦善的零散、破碎的房子，略加修理后，让五公主住了进去。尽管如此，承办婚礼的内务府官员，还是赔进去数百两银子。

我们承认，不论皇子、公主的婚姻怎么简朴，仍然是民间普通婚姻所无法比拟的。但是，道光在皇室内部倡导崇俭抑奢的做法是很不容易的。

（二）饬禁奢侈

道光帝不仅较为严格地约束自己和皇室人员，崇尚节俭，而且通谕全国民人、旗人及各级官吏以俭为本，力戒浮华。

早在登基后一个多月的十月四日，就下了一道谕旨：近来，社会风气，竞相追求浮华，特别是婚丧祭祀等事尤其严重。对于官员、士庶的婚丧祭祀活动，国家均有一定规制，理应遵守。如果争奇斗富，追求侈靡，互相夸耀，非礼越格，这是关系到社会风气和人心取向的大事，必须严格地重申禁令，以后，凡民间婚丧等事，一律按照大清会典规定的条款办理，不准追求浮华。

半年后，即元年（1821 年）四月十三日，道光针对各省地方官吏的奢侈现状，又颁发了一道饬禁奢侈积习的谕旨。这道谕旨中说：各省州县官吏，有存贮仓库、钱粮的责任，本应节省开支，洁己奉公，这样，才不会亏短公务。但目前各州县，纷给讲求奢侈，一意多方应酬，衙署内又大量豢养多余之人，恣行糜费，势必导致银钱紧张，于是就挪用公款，最后，无法弥合，只能入狱坐牢，后悔不及。特命各省总督、抚巡严格管理所属官吏，力行节俭，节约办公。

旗、汉女子服装，自来有别，旗装束衣紧身，汉装衣袖宽大。清入关后，旗、汉往来频繁，同化作用日益加深，旗、汉服装取向渐趋一致。但历朝清统治者则为维持固有旗、汉之别，严禁旗人女子改着汉装。道光不仅与先祖一样，坚持旗、汉之别，而且更注意俭约。他在十八年十一月的谕旨中指出：我从嘉庆实录中见到有关于镶黄旗都统查出该旗汉军秀女中有人缠足，并装用类似汉人衣袖宽大的服装，已被嘉庆训诫。此事距今数十年了，恐怕相沿日久，执行不力，使皇父圣旨成为具文，旗人重蹈覆辙。特重申禁令，整顿我朝服饰。这样做的目的，不仅在于爱惜物力，提倡节俭，而且也便于活动做事。如果旗人妇女也像汉人妇女那样衣袖宽大，不仅不能做事，其费用则要超出数倍。所以这样，就是人心追求奢侈造成的。今命八旗满洲、蒙古、汉军都统、副都统等，随时详查，如发现有衣袖宽大和缠足者，立即将其家长指名参奏，按例治罪；如果经训谕之后，各旗不认真详查，一旦查出，定将该旗都统、章京等一并严惩，决不宽恕。

（三）裁军节饷

清朝财政，经过乾隆末年的肆意挥霍，以及嘉庆朝镇压人民反抗的巨大耗费，至道光初年，已是库帑空虚，捉襟见肘了。其中，军费开支，用度浩繁，道光决心从节省军费入手，解决财政日益空虚的局面。

嘉庆二十五年（1820年）十一月初一日，道光登基刚过两个月，龙墩还没有坐热，就命令军机处会同兵部一道筹议裁军事宜。他在上谕中首先指出："国家为老百姓设立军队，百姓交纳赋税以养军队，军队担任操防，以保卫百姓，两者相辅而行。"这里揭示了军队和人民的关系，话是不错的。过去，清军兵额，自有规定，至乾隆四十六年时，增至六十万余名，数量较多。嘉庆时，虽有酌减，但数量有限。怎么办呢？道光认为，清军现有六十余万，按照百分之二的比例抽裁，是完全可以办到的。命各督抚详察地方情形，无论当差和操防之兵，凡是可以节省的，就予裁减，不留冗兵，以省糜饷。

道光的命令发出以后，京城和各省纷纷行动，仅就十二年以前，就有如下一些裁兵举动：

元年（1821年）一月六日，裁天坛翼卫官七十二员，兵一千零九十名。

元年一月十九日，裁陕西、甘肃绿营骑兵三千六百三十名，以步兵改补。

元年四月十三日，裁陕西提镇所属游击一员、都司五员、守备四员。

元年五月二十日，裁北郊大祀翊卫官二十八员，兵四百名；裁雍和宫翊卫官十五员，兵四十名。

元年七月初一日，裁贵州贵阳府分驻长寨同知属吉羊枝土千总。

元年九月初三日，裁贵州安顺府属土守备、土千总、土把总各一名，土外委二名。

三年（1823年）十二月初七日，裁贵州长寨同知所属中顺理土外委。

四年（1824年）二月二十五日，裁贵州归化厅属生苗枝土千总。

四年九月二十七日，裁贵州册亨州同属江边亨土外委、下分亨土把总。

四年十一月二十五日，裁贵州归化厅所属洛河枝土把总、册亨州同属上分亨土千总。

六年（1826年）十月二十九日，裁天津水师营参将、守备各一名，千总二名，把总三名，外委六名。

七年（1827年）十一月十七日，裁新疆额设守卡侍卫三十员；二十四日，裁贵州普安厅属土守备、平远州属土把总。

十一年（1831年）十一月二十二日，裁古北口外吉尔哈朗图、阿穆朗图两处的千总、副千总，并裁盘山委置千总各二员。

十二年（1832年）正月十二日，裁山东抚标及兖州等三镇兵额；二十二日，裁山西抚标及太原、大同二镇兵额。

十二年二月四日，裁云贵督抚镇协各营兵额。

十二年五月初一日，裁福建水陆各营及浙江部为骑兵、步兵。

十二年五月二十六日，裁广东、广西两省部分骑兵和步兵。

十二年六月二十六日，裁江苏、安徽各省的部分骑兵、步兵。

十二年十月三日，裁马兰镇标左营、右营经制外委两员；二十二日，裁贵州普定县属泷江土守备。

以上所列道光十二年以前的裁兵活动主要集中在道光初年和十二年。初年，登基伊始，国库空虚，道光力图振作。但随后不久，国内局势动荡，各地人民起义频繁，特别是新疆张格尔叛乱，时间长，规模大，直到十年末才被粉碎，十一年才完全稳定下来。再加上全国各省灾情严重，致使财政形势日益紧张。仅道光十年和十一年两年，全国财政少收入多支出的数字，就达白银两千多万两。所以，道光不得不采取各种办法，千方百计节省开支，其中裁兵节饷就是一项重要内容。

当然，道光的裁兵活动数额有限，也不能从根本上解决问题，但比起横征暴敛、任意勒索百姓的贪婪之举，仍不失为一项德政。

（四）兴矿恤商

清代经济经过康熙、雍正、乾隆三朝，得到了恢复和发展，耕地面积扩大，商品经济在农业中也有一定的发展。与农业紧密结合的家庭手工业，如作为农村副业的绩麻、纺线、养蚕、织布、缫丝都有了普遍的推广。在康、雍、乾时期，原来已经相当发达的杭州、苏州的丝织业，松江的棉纺织业，江西景德镇的制瓷业，广东佛山的铸铁业，四川的煮盐业，又都有了不同程度的发展，还出现了不少新的手工业部门和地区。商品生产的发展，促进了各地商业的繁荣。长江沿岸的无锡是著名的"布码头"，汉口是"船码头"，镇江是"银码头"。佛山虽是一个小镇，但在乾嘉之间，商铺、市集、作坊如林，共有六百二十二条大小街巷。而汉口镇，更是由于地处交通孔道，商业尤为发达，成为米、木、花布、药材等的主要集散地。随着农业、手工业、商业的发展，封建社会内部孕育着的资本主义萌芽也在缓慢地发展着。具有资本主义性质的作坊和手工工场比明代更加增多，一些手工业生产部门中的包买商的活动，更加活跃，社会经济呈现出空前繁荣景象。

但是，进入清代中期，经济繁荣的局面逐渐消失。自乾隆末年开始出现的衰败更为加剧。这种经济上的衰败，首先表现在土地兼并的激剧。乾隆时，湖北已是"近日田之归于富户者十之五六，旧时之人，今俱为佃耕之庄"。广西也因"田大半归富户，而民大半皆耕丁"了。乾隆时大学士和珅有地八千余顷。道光初年，直隶沧州齐家坞袁姓地主有田二千顷。土地的高度集中，说明更多的农民失去自耕的可能，不得不向地主租种土地，忍受苛刻的剥削，把生产所得的五成以上缴给地主作为地租，生产积极性受到打击。在封建剥削下，农业生产的扩大和发展受到严重阻碍，再生产只能以简单方式进行，生产技术得不到改进，生产也就不能提高。其次，封建地主官僚搜刮的财富，除供其挥霍外，多投资于购买土地和高利贷剥削，很少投资于农业生产或别的生产行业。

经过嘉庆，到道光年间，社会经济的凋敝已进一步加深，商疲情况严重。现以与人民生活和清政府财政收入有直接关系的盐的运销为例，可以窥见一斑。

清代产盐地，除蒙古、新疆外，内地有十一区：长芦、奉天、山东、两淮、浙江、福建、广东、四川、云南、河东、陕甘。盐政属户部。清代食盐运销的办法有：官督商销、官运商销、商运商销、民运民销等，其中以官督商销为主。盐商有两种，一称场商，主收盐，是具有收购场灶全部垄断特权的专窝。一称运商，主行盐，是取得运销食盐特权的专商。其总揽者，称总商，主散商纳课。商人购盐，先请运司开单，持此单赴规定盐场购买。买后贮于官地，奉天称为仓，长芦称为坨。以贮盐地方为名的场商，分别又称："坨商""垣商"（两淮），廒商（两浙）等。盐商购买的盐，要经过检查，方能出售，称熟盐，未验查的叫生盐，不能出售。运商只能在指定引岸（亦称"引地""销岸"。指商人向政府购引后，凭引领盐至指定地区销售，独占区内食盐运销。这种独专地区，又称专岸）行销，因有垄断行销之权，利润极高。引有大引、小引。每一引盐，清初定二百斤，以后逐渐混乱，每引自二百四十斤至八百斤、二千数百斤不等，四川每引多至万斤。商人缴纳包括税款在内的盐价后，向有关部门领取引票，凭引票取盐运销。盐票又分长引和短引，长引销外路，期限一年，短引销本路，期限一季，限满缴销。后来行纳法，将各商所领盐引编成纲册，分为十纲。纲法使许多商人永远占有专利权证，每年照册分派新引，并可世袭经营，成为"窝商"。这些人不再自运，常将"年窝"（每年呈请政府朱批的凭单）转售他人，或典质于人，只凭一纸虚根坐收得利。

盐课是清政府财政上的主要收入。盐课又分场课与引课。场课也称灶课，是向食盐生产者——盐户征收的。引课亦称正课，是向运销盐商征收。因为引课是盐税中的主要项目，故常称为正课。另外，还有各种附加税和其他名目的苛捐、规费等，统称杂课。清政府的盐税收入数目较大，因此十分重视。顺治初年，行盐一百七十万引，征课银五十六万多两。乾隆十八年，征盐税银计七百万两有余。嘉庆五年，为白银六百万两。道光二十七年，达到七百五十多万两。对清政府财政起着巨大作用。

但盐政的积弊很多，存在已久。康熙九年，两淮巡盐御史席特纳、徐旭龄曾指出："两淮积弊六大苦：一、输纳之苦；一、过桥之苦；一、过所之苦；一、开江之苦；一、关津之苦；一、口岸之苦。""商累实甚"。乾隆时将盐政公费等蠲除，但盐商的负担，并没有减轻。乾隆屡次游巡，"芦南供亿浩繁，两淮无论矣"。盐商供应乾隆费用当不在少数。遇有军需，各商又报效捐银。乾隆时金川两次用兵，伊犁屯田，后藏用兵……；嘉庆时，平定川楚陕白莲教起义，淮、浙、芦、东各商捐献白银，自数十万、百万至八百万，"通计不下三千万。因其他事捐输……不可胜举。"盐商的困难，清政府也曾借贷数百万两以资周转。但借贷取息，一年数十万不等，"商力因之疲乏，两淮、河东尤甚"。商课"率皆拖欠"。商困，导致商倒，造成"民食缺少"。

盐政上的弊端，虽屡经整理，但不见成效。旧弊未除，新弊又生，也因造成盐销不畅，直接影响着清政府的财政收入。据道光四年统计，两淮纲食各岸分销数，仅湖广西壮族自治区照额全销外，江西缺销盐八万二千八百另一引，江南安庆等府州缺销盐八万五千八百八十二引……各岸缺销额盐累计有二十万引之多。两淮盐务情况更糟，每年应销纲银一百六十余万引，道光十年，淮南仅销五十万引，亏历年课银五千七百万两；淮北销二万引，亏银六百万两。为整顿两淮盐务，道光调江苏巡抚陶澍及户部尚书王鼎、传郎宝兴前往调查。陶澍在给道光的奏折中讲：两淮盐弊"一由成本积渐成多，一由籍官行私过甚，唯有大减浮费，节止流摊，听商散售，庶销畅价平，私盐自靖"。道光决定裁撤巡盐御史，盐务归总督管理。道光十二年，为了改变两淮官盐滞销、税收大减的局面，陶澍改纲盐法（"纲法"）为盐票法（即"票法"），在淮北试行，并订章程十条。立票给民贩行运，每票一张，运盐十引，每引四百斤，合银六钱四分，加上各种杂费，为一两八钱八分。各州县民贩，由州县开具公文赴场买盐。在各场适中地立局厂，以便灶户交盐，民贩纳税。民贩卖盐纳税后，经卡员查验出场，分赴指销口岸。并严饬文武查拏匪棍。定运商认销法，以保畅岸，裁陋规，等等。这些规定，有利于食盐运销、售卖，在一定程度上保护了商人的利益，也保证了政府税收。这个办法果然行之有效。"远近辐辏，盐船衔尾抵岸，为数十年中所未有。未及四月，请运之盐，已逾三十万引。是岁海州大灾，饥民赖此转移庸值，全活无算"。利商利民于政府也有利。淮南、浙江、福建等地于十三年也一律改行票法，只是引额定银为二两五分一厘，"永不议加"。实行票法，盐商费用大为减轻，除盐价钱粮外，仅加运费一两，河湖船价一两，每引费用仅五两多一点，"减于纲盐大半"。政府税收不仅得到保证，且有增无减。

道光在盐政方面的种种努力，目的在于增加财政收入，收到了一定的效果，对商业的发展，起着一定的促进作用，但仍然是阻力重重，发展仍然有限。如各地税卡林立，道光十年九月，贵州遵州府，例设税卡十九处，另在要隘处设立"子口"十四处，使商人望而生畏，不愿贩运。商业受阻，不仅直接影响着像食盐运销不畅带来的税收减少、拖欠等后果，而且，因水害不绝江河运输发生困难，严重影响着南粮北运和南北货物的交流。对此，道光不得不采取措施，力挽商疲。

第一，免除商欠。道光刚登极，"轸念长芦商力疲乏"，免去商欠银四十三万四千四百余两。道光三年三月，停扣两淮辛巳（道光元年）、壬午（道光二年）、癸未（道光三年）一纲一半赔得银，共计二百三十八万两。道光四年六月，因"芦商疲乏"，把前借水利帑本银一百五十万两，减本停利，宽至道光八年交清。道光七年三月，又"念商力疲乏，停止每年玉供折价银五十万两，复将商捐未解银五百余万两，全行豁免，其节年各项欠交银数，几及四千万两，准令分年带完"。体现了道光改变商疲的决心。

第二，排除障碍。首先调整管理机构。将长芦盐政衙门裁归督抚管理。其次，减轻商人额外负担。核定淮海办公银数，革除各种附加银两，以及盐场土棍压榨盐商的种种盘利，以利商人减轻成本，能使销售获利。

第三，招商运米。由于河道泛滥，影响漕运，道光三年命浙江暂弛海禁，以助漕运。招商人运米，给以优惠。如运奉天赈米船，可以附带商米，免税二成。又规定：如果有船户愿意将船带余米出售，允许当地百姓照市价收买。如果当地不能销售，由官府按市价收购，以便让运赈米船只早日清仓返归，再次装运。这样"该商既可藉以沾润，于该处市价民食亦有裨益"，是一举两得的好事。"于国课民食两有裨益。"鸦片战争后，道光进一步鼓励商人海运米石至京津。道光对海运，原本并不十分热心，但因运河经常阻塞，漕运不得保证，南粮北调受到威胁，粮食储备无法保障，道光只得鼓励商运，并采取措施排除运输和销售上的种种障碍。这既是一种出于实际所迫，也促使了对商业、商人的重视。道光对商米，不仅谕令："公平收买"，而且派大员前往督办，以阻止"市侩"人等插手。道光二十六年三月曾谕令，江苏招商买米，由海运至天津售卖，"严禁关口留难需索，弁役借端累扰"。四月，又谕令天津道，应"按照市价公平收买"，严饬该员对"该商曲加体恤，严禁一切弊端"。十一月，再一次劝谕商人由海运米至津，官为收买。"此次商运米石一经到津，特派大臣前往克期收买，该处地方市侩人等概不经手，俾各商咸沾利益，毫无阻滞。如有运米较多之商，一俟收卖完竣后，该督抚即查明奏恳奖叙，候朕施恩"。道光重申六年制订的海运章程，规定每一条船准许商人八成载米，二成载货，由有关海关查明后，免税放行，"以恤商情而广储备"。道光一年三次申谕，从排除运售障碍，到政治上予以奖励；从运输官粮可以带私粮，到运粮可以带其他货物，都说明，鸦片战争后，道光对商运重要性的认识有了提高。在行动上的支持，也较以前坚决。道光二十九年，对一些"不肖州县"的浮勒、讹索，提出警告，他说："查定律，折米一石纳银一两，其多者亦不过一两四五钱……即以招商海运而论，二十七年成案，每米一石给银二两四线或六钱不等，统计大局人不敷出"。但为了有利于商业的发展，也只能如此。如果"不肖州县"肆无忌惮，随意增加浮收勒折，"病民肥己"，一经发觉或查出，"即指名参治，毋庸姑容"。进一步为商业发展排除障碍。道光这种扶持商业发展的态度，还是应该肯定的。

第四，提供运输上的方便。运输困难，也是造成商疲的一个因素。道光七年一月，准淮北商人照以前借马成案，一律借给底马，自请程之日起，限六个月完缴。为商人运销创造了运输条件。

除上述一些扶持商人、推进商业发展的措施外，道光还十分体恤商疲实情，实事求是地不收或少收商人的捐输。道光七年三月，长芦、山东各商因清政府出兵新疆平定张格尔叛乱，吁恳捐银四十万两。道光未予准允，"该商等素称疲乏，非他省可比，所请芦商捐银三十万两，东商捐银十万两之处，著不准行"。

道光并不是不要商人的捐献，恰恰相反，在赈灾、军需方面，他不仅接受了商人的捐献，而且还动员、鼓励捐输。如道光六年，粤东洋盐各商捐输银一百万两备新疆军需；道光二十一年九月，商民捐赏助饷及募勇造船铸炮者，还得到"逾格奖赏"。道光只是从体恤商疲出发，予以劝阻，目的还是为了恢复商力保证税收，在客观上是有利于当时商业发展的。

尽管如此，道光年间商业的发展依然面临着困难。一些重要的码头，如嘉兴府东门外的宣公桥，苏州府胥门外的虎衖，浒墅关的市河，常州府的东西两埠，镇江府丹阳县的市河，丹徒县的月河、闸猪婆滩、都天庙、大闸口等处，"漕船讹诈，滞运累满"。为此，道光采用官督商运，以减少阻力。这个办法虽能减少一些"讹诈"，但同时也影响着商人的自由行动。

道光不仅对商业，而且对矿业也有所重视，作为理财的另一个内容。

康熙、雍正、乾隆、嘉庆四朝，对自然矿藏的开采，虽然也认为"天地自然之利，当与民共之，不当弃之"。然而，并没有积极去倡导民间开发。偶尔有准许民间开采的谕令，不久即行禁止，张弛不一。所以如此，有认识上的原因，如迷信思想，怕破坏"风水"；生产不发展，缺乏科学知识，等等。但主要的还是由于康熙、雍正、乾隆几朝财政上比较充裕，每年田赋等收入，能够满足国家财政支出尚且有余。但是，到嘉庆、道光年间，由于"内乱外患，纷至沓来，军事浩繁，国用日削，始不得不重视于矿冶，固亦知非濬源无以治标也"。财政支绌，入不敷出，不得不"濬源"，开发财路以弥补不足。

道光登极初年，仍如前期一样，并不重视矿业的开采，还封禁了甘肃金厂、直隶银厂，只有云南的南安、石羊、临安、箇旧地方的银厂，每年课银也仅五万八千余两。其他地方的金矿，每年仅至数十两，银矿也只数千两，产量少得很。而且还旋开旋停，兴废无常，赋税收入极少。对铜、铅等矿业，因关系鼓铸，不能随便开采，只有经清政府批准者才能开发。因重视不够，这些厂矿无利可图，还需政府蠲除课税。道光八年十二月，贵州省妈姑福集等铅厂，因开采年久，峒老山空，砂丁采取不易，新发白岩子厂夏天雨水过多，礄峒被淹，招丁车水需不少费用，经营更加疲乏。道光为了鼓铸需要，只得减少征税，"所有该厂等应抽二成课铅，虽照滇省办铜一成之例，暂减一分，……以纾厂力"。

鸦片战争以后，支用大增，财政拮据，道光为了广开财源，重视矿冶，诏弛矿禁。道光二十四年，在谕中说："开矿一事，前朝屡行"，云南、贵州、四川、广西等省，除现在开采外，"准照现开各厂一律办理，断不可假手吏胥，致有侵蚀滋扰阻挠诸弊。"在道光弛禁后，一些厂矿开始出现。五月，广西开采北流县铁矿。当时，广西还有三处银厂：蕉木、南丹、桂红三厂。六月二十三日，道光指出，该三厂每年共抽正课银四五百两不等，为数寥寥。他说："天地生财，以供民用，若不能变通尽利，则民用易匮而财货亦有弃地之虞。"他要求地方大员"劝谕商民试行采办，务在禁其扰累，去其烦苛，使民乐于从事"。他并要求"量为推广，此外各山场有可开采之处，一律照办"。倘若该官员等不能安然经理，或饰辞阻挠，或抑勒商民，或以课银无几为词，甚至假手吏胥侵渔图利，就要"随时撤回，指名参指，另派妥员实心筹办"。除了广西矿业外，贵州铜矿，有威宁等属的柞子、硃砒矿、猓布夏三厂，福集妈姑等十一厂，清平县属的永兴寨厂；水银矿有贵筑县属的红岩、白岩厂，兴义府属的回龙厂，八寨厅属的羊五加河厂。云南银矿有角麟、太和、息宜、白羊、东昇、白达母、石羊土革镇、铜厂坡、金牛、三道沟等厂；金厂有开化府、鹤庆府、永北厅等厂。还有正在奏请开采的金矿：他郎通判所辖坤勇菁、三股墙、小凹子三厂；银矿有镇沅厅属的兴隆山、文山县属的白得牛寨，广通县属的象山三厂。湖南奏请开采的金矿，有辰州府属大油溪的烟包峒、陕老峒二厂。

这些厂矿的出现，使矿业得到发展。但由于经理不得其人，一些地方官员对兴办矿业毫无认识，有的只想藉名渔利，并无其实；有的只图省事，便以"矿工聚众，难免滋事"为藉口，要求停办。针对这种情况，道光在二十八年十一月谕中指出："开矿之事，以天地自然之利，还之天下，仍是藏富于民。"责令各省督抚要认真查勘矿厂，酌量开发。并斥责那些寻找藉口搪塞应付的官员。"如果地方官办理得宜，何至藉口人众易聚难散？"指令四川、云贵、两广、江西各督抚，在所属境内确切查勘，并广为提倡采矿之事。其余各省督抚，也要在本地方留心查访，发现有可开采之矿，即可酌量开采，断不准畏难苟安，托词观望。

道光重视矿厂虽然较迟，而且开办的金银铅铜矿厂为数也不很多，为理财而进行的开源，其效果还不是很明显，但是，矿厂的举办，从客观上讲，无疑是有利于萌发中的资本主义因素的发展。在有漫长历史的以自然经济占统治地位的中国封建社会里，作为最高统治者的道光，能够做到重农不抑商，弛矿禁而倡导厂矿，是顺应历史潮流发展的表现。

道光通过"节流"——提倡节俭、堵塞漏洞；"开源"——恤商兴矿，开拓财源等理财措施，目的在于扭转财政拮据，经费支绌。道光争取财政好转的努力和他整饬吏治的努力一样，多少收到一点效果。例如，道光二十一年，全年实征为三千八百五十九万七千多两，支出为三千七百三十四万余两，结余为一百二十五万多两。二十五年，岁入为四千零六十一万多两，岁出三千八百八十一万多两，年结余一百七十九万余两。二十六年，年结余增长到三百八十多万两。这种情况虽然是由多种因素造成的，如灾害相对前期较轻，用兵减少等等，但"开源节流"还是起了作用。但是，在许多方面还存在不少问题和弊端，表现为：

双龙蝙蝠双鱼玉佩

第一，财政收入不足。道光一朝每年财政收入大致定为：地丁杂税银三千三百三十四万八千三十四两，盐课税银七百四十七万五千八百七十九两，关税银四百三十五万二千二百零八两，共四千五百十七万六千一百二十一两。但自道光继位后没有一年能按上述数字收足，"岁入每年多有缺少"。其中尤以占财政收入最多的地丁银缺少更多，"地丁各款全完省份甚少，……不肖官员，以完作欠"，道光十九年，据部报告："查明积年渐欠延欠频仍，综计……拖欠有二千九百四十余万西之多"。因此，每年财政收入均少于应收数字，一直到道光二十九年，年实征数字也只达到四千二百五十万四千零二十五两，距应征数字差近三百万两。

第二，粮食仓储不足。从中央到地方储仓，常有短缺，这是道光朝一直未能解决的问题。例如，道光三年四月，贵州省各属常平仓谷共计短缺二十九万石，江西各属短缺二十四万石。道光五年，湖北汉阳等府属各州县缺谷三万七千六百九十余石。山东东昌府属各州县卫存谷仅三四千石，甚至还有不及二千石者。道光七年，盘查湖北各州县仓谷，共亏缺二万二千九百七十四石。道光十五年底，统计各省现存谷仅只二千四百余万石，历年动缺谷一千二百五十余万石，亏缺征变谷二百七十余万石，崇缺、借缺谷二百十余万石，统计缺谷一千八百余万石，"几及额储之半"。从道光一朝三十年的仓储量看，其中有二十五年储量在三千万石以上，有五年只有两千多万石，其中道光七年二千一百五十五万石；二十四年二千二百三十七万石；二十九年二千五百七十二万石，比之道光五年前的储量，每年都差缺一千多万石。

第三，漏洞仍然很多。贪盗库银案件不时发生，挪缺现象依然存在，连道光也难以理解的是：在二十九年清查浙江银库时发现，"道光二十年以前虽有挪垫，尚不甚巨，二十一二年间兵差络绎，支应纷繁，各属挪缺有因，尚可理解；惟自二十三四年至二十五六七年等年复计征存未解银自三四十万两，递年增加至六七十万两不等"。是何原因？经查，根本原因在各地官员从中作弊，"旧者延宕，新者踵增，陈陈相因"。旧欠加新欠，"名为追补，实开新亏"。"各省节年积欠钱粮半由吏蚀官浸"，民欠"不过百分之一"而已。地方官把官亏说成民欠，"以邀豁免"。财政亏损只能愈演愈烈。

（五）欲俭反奢

道光帝是个力倡节俭的帝王，纵观其一生中的个人生活，可谓名副其实。但有一件颇为重要的事，道光帝的所作所为，却不那么节俭，起码是本想节俭，反倒办成了一件奢侈浪费的事情。这就是道光陵墓的两建一拆。

按照清朝的定制，每一位新皇帝即位之后，首先应选择一块"万年吉地"，起盖陵墓。然而，清入关后，从顺治到宣统，共计十个皇帝，大都未遵祖制，即没有在即位之初就修建陵墓。只有嘉庆、道光父子二人是在元年就起盖陵墓的。嘉庆建陵，情况又有些特殊，因嘉庆登基，乾隆还在，且位居太上皇，嘉庆元年时，是这位太上皇乾隆为嘉庆选择的"万年吉地"。所以，真正论起来，清代皇帝中，只有道光执行了祖宗定制，在即位后的元年就选择吉地，修建陵寝。

清代的皇帝陵墓集中在两处：一在直隶的遵化，称东陵；一在直隶的易州，称西陵。每个皇帝的陵墓建在何处，一般是不依个人好恶，随意选择的。嘉庆元年，乾隆皇帝就选择"万年吉地"（陵墓所在地）问题，专门发了一道谕旨，要求历代皇帝要"各依昭穆次序，迭分东西。"所谓昭穆次序，即父子迭为昭穆，左为昭，右为穆。到道光之时，顺治、康熙、乾隆已葬在东陵，雍正、嘉庆已葬在西陵。那么，按照昭穆次序，道光帝的陵墓就应该建在东陵。

道光在元年（1821年）九月二日发出了有关建陵的第一道上谕，该谕说："国家定制，登极后就应选择万年吉地。嘉庆元年，高宗皇帝敕谕，以后吉地各依昭穆次序在东陵、西陵分建。今朕登基，当遵守成例，在东陵内选择绕斗峪建立吉地。"于是派庄亲王绵课、大学士戴均元、尚书英和、侍郎阿克当阿等人"敬谨办理"，并于十月十八日卯时开工。二年（1822年）三月十日，道光奉皇太后恭谒东陵后，又奉皇太后恭谒西陵时，突然想起自己在东陵的万年吉地绕斗峪，名字不甚吉利，于是，命改绕斗峪为宝华峪。

二年七月，庄亲王绵课就恭建万年吉的问题，向道光帝上了一道专折。道光于十四日特召大学士戴均元、尚书英和同军机大臣一起人见，当面下谕，对陵寝建筑的规模，强调要坚持朴实从俭的原则。面谕指出："一切工程，务使朴实，……其中的月台、碑亭等工程，酌量裁减，地宫内的起脊琉璃、黄甄头，停金券内的经文、佛像及二柱门，一律裁撤，石像生要酌量缩小，井上的石栏不必修建亭座，大殿举架降低。"在一般皇帝的心目中，死后的豪华和生前的豪华同样重要，因为这是权力与地位的象征。道光却认为："国家定制，登极后选建万年吉地，应以地致全美为重，不在宫殿壮丽、奢华、供人观瞻。"最后，道光在面谕中还解释了自己朴实从俭的苦心："但恐怕后世子孙追求奢华，有加无已，所以屡次降旨，一切从俭，使后世子孙体会我的用意，有减无增，永守淳朴家风，自此以后，万年吉地的规模逐次递减，代代相传，这才是我大清王朝万世无疆之福啊！"并让军机处将这道谕旨，另行抄录一份，交上书房存记，用来教育后世子孙。

无论如何，道光从俭建陵的思想和主张，还是可取的。

五年（1825年）二月二十三日，道光帝亲自到东陵的宝华峪"阅视"了自己的万年吉地工程。七年（1827年），陵寝工程完成，九月十九日，道光亲自护送孝穆皇后的梓宫（棺木）至东陵宝华峪安葬，二十二日，巡视了他自己的万年吉地。见工程坚固，龙颜大喜，于是晋升主管大臣戴均元为太子太师，复英和一品顶戴。这样，道光的陵寝工程就顺利完成了，工期长达七年之久，工程施工大致也体现了朴实节约的原则，工程质量又非常坚固，并且经过道光本人验收"合格"。

但是，天有不测风云。就在道光验收宝华峪万年吉地不到一年以后，陵寝地宫出现了渗水，已经安葬的孝穆皇后的梓宫被浸湿。八年（1828年）九月九日，道光动身恭谒东陵。十日，接到敬徵和宝兴的调查报告，证实孝穆陵寝内，因空山水下来后，由地面浸湿后泛滥，致使地宫多处受浸，积水颇为严重。道光闻奏，异常震怒，大骂办工大臣"办理不善，丧尽天良"。当即下令，将总监督、内阁侍读学士牛坤，承办后段监督、内务府郎中百寿，员外郎延凤，接办后段监督、郎中庆玉，监修主事定善，候补笔帖式长淳，副司库玛彦布，全部革职，交留京办事大臣会同刑部严审；牛坤现在随圣驾在东陵，命刑部派人押回京师，听候审办；英和，始终承办万年吉地工程，其罪尤重，命先革去顶戴，拔去花翎；绵课、阿克当阿、嵩年、庆惠，因已故去，免其治罪；致仕大学士戴均元革去太子太师衔，降为三品顶戴，其子戴诗亨由郎中降为员外郎候补；军机大臣穆彰阿接办后不能妥办，命交刑部严加议处；兼办工程的前任马兰镇总兵继昌、广泰均交部议处。十二日，道光帝又亲自到宝华峪地宫内查看，发现地宫内存水最深时达一尺六七寸之多，孝穆皇后的梓宫遭水浸部分约有二寸。道光怒上加怒，指责绵课等"漫不经心，昧良负恩，莫此为甚"，应该加重处罚，将绵课之子、庄亲王奕赍降为郡王，戴均元革职。英和之子、兵部侍即奎照和通政使奎耀革职。十九日，道光帝恭谒西陵时，命将英和、牛坤、百寿、延凤、定善、长淳、玛彦布七人的家产"严密查抄"。二十三日，又下令将戴均元"本籍财产严密查抄，勿任稍有寄顿"。二十五日，道光帝开始对有关人员实行经济制裁，严令办工人员照列分别罚赔，其中绵课罚赔十万两，穆克登额三万两，阿克当阿四万两，穆彰阿八千两，阿尔邦阿两千两，嵩年、继昌各罚赔二万两，广泰六千两，庆惠八千两，宝兴两千两，总计共二十五万六千两。二十六日，道光帝又将绵课除奕赍以外的四个儿子的不入八分辅国公、镇国将军、辅国将军、头品顶戴等职衔全部革掉。十月四日，再次重处英和：本当拟斩，因念其曾任尚书、协办大学士，加恩发往黑龙江"充当苦差"，其子奎照、奎耀也"随侍黑龙江"，其孙锡祉的廪生候补员外郎也被革去。另外，将牛坤发往伊犁效力；百寿、延凤发往乌鲁木齐效力；定善、长淳、玛彦布发往军台效力。十一月二十三日，将年逾八旬的退休大学士载均元免予死罪，逐回原籍，其子、孙俱行免职。

至此，因陵寝渗水引起的这场风浪总算平息下来了。

但事情并没有结束。修建陵寝的官员被一一处理了，那么渗水的陵寝怎么办呢？按照当时的工程技术水平，对一个陵寝的渗水问题，采取一些补救措施，就地解决，不是没有可能的。但经此一遭，道光帝对宝华峪的陵寝已不感兴趣，执意改地另建。这时，这位一向倡导勤俭节约的皇上，终于把节、俭二字扔在了脑后，不惜把宝华峪陵寝拆掉，另建新陵；也不顾他的孝穆皇后在宝华峪奉安这一现实，自己去另寻"仙界"；更不顾乾隆"各依昭穆次序，迭分东西"的祖制，跑到西陵，找到一块地皮，开始了第二次建陵工程。

道光十一年（1831年）二月，道光帝决定恭谒西陵。动身之前，于二月十日，就先派御前侍卫奕纪、乾清门侍卫倭什讷、刑部左侍郎贵庆先行前往西陵，查看红椿地方。二十二日，道光帝到达西陵，恭谒祖宗陵墓后，道光向内阁颁发一道谕旨，说："（户部尚书）禧恩在西陵红椿一带，选定了万年吉地。今天，朕亲自巡视了该地形势，甚合朕意，并将此地改名龙泉峪。"这样，道光公然违背祖制，将应该建在东陵的陵寝，改在了西陵的龙泉峪。关于陵寝工程，道光在这道谕旨中说：将来的建筑规模，要因地制宜，一切从简。并要尚书穆彰阿、侍郎敬徵、宝兴、阿尔邦阿，具体办理，择吉动工。

五月，龙泉峪陵寝工程正式动工。承办大臣为军机大臣、工部尚书穆彰阿。动工前，道光帝又对穆彰阿叮嘱道："凡一切规模，务必俭约，不许纷繁，找到这个地方很不容易啊！"这座陵寝建成后，确实体现了道光节俭主张，裁减了一些帝王陵墓普遍具有的项目，如大碑楼、石像生、二柱门、方城、明楼等，三殿五楹缩减为三楹，重檐改为单檐歇山顶。但在其他方面也有所铺张，工艺更加精致，选材格外讲究。

道光十五年（1835年）九月，龙泉峪陵寝竣工。二日，道光帝亲临视察，见万年吉地坚固整齐，心中大喜，晋升监工大臣穆彰阿为太子太保，赏紫缰。加阿尔邦阿为太子少保，复敬徵二品顶戴花翎，赏奎照花翎。紧接着，又赏选择地势的耆英太子少保，晋禧恩太子太保，晋奕纪太子少保。

道光帝在西陵龙泉峪建的这座陵墓，后来叫作慕陵。慕陵隆恩殿前的月台左侧有一个石幢，上面镌刻着道光自撰的两首诗和注释。这两首诗是：

　　　　毋谓重劳宜改卜，龙泉想是待于吾。

　　　　人情可叹流虚伪，天命难堪禀典谟。

　　　　郁郁山川通王气，哀哀考妣近陵区。

　　　　因时损益无非教，驭世污隆漫道迂。

　　　　岂敢上沿诸制度，或能后有一规模。

　　　　心犹自慊增渐惧，慎俭平生其庶乎。

　　　　吉卜龙泉工始成，永安二后合佳城。

　　　　山川惬意时光遇，新故堪伤岁月更。

　　　　世事看花悲既往，人情寄梦叹平生。

　　　　东望珠阜瞻依近，周极恩慈恋慕萦。

　　道光的诗，目的在于说明迁陵的苦衷，陵寝由东陵移到西陵，是由于"天命"，并不是不坚持俭约原则。事情当然不是这样，道光在石幢上的注释是这样写的："我因宝华陵寝办理不善，规模又不合我意，不得不另找吉地。特命禧恩等到处查勘，数年后，才找到此地。经我亲临审定后，择吉动工。""父皇仁宗，母后孝淑睿皇后葬于昌陵，山川王气，毓瑞锺祥。龙泉峪在昌陵之西，相距八里。两地五云在望，一脉相承，子臣依恋父母，可使夙愿得到满足。"由此可见，道光帝所以要违背祖制，不在东陵选择万年吉地，除了东陵宝华峪地宫渗水之外，还有其他重要的原因，如对宝华峪陵寝的工程规模不满意，认为宝华峪地势不吉利，而西陵的龙泉峪则规模满意，地理吉利，"通王气"，又靠父皇、母后。

　　道光的祖父乾隆，在中国历代封建帝王中，向以挥霍浪费著称，他所建的裕陵，耗银二百零三万两。而终生倡导俭约的道光帝，在西陵所建的慕陵，虽缩减了部分工程项目，仍耗费白银二百四十万两，比其祖父乾隆的裕陵多用了四十万两白银。如果再把东陵宝华峪所建的陵寝费用及拆迁后浪费算上的'话，这两建一拆，耗用之巨，当是十分惊人的。由此可见，道光帝所倡导的俭约思想，实在是十分有限的。

　　道光在位三十年间，为扭转财政拮据状况，做了一定的努力，采取了"开源节流"的措施，可是财政拮据状况并不能根本好转。除了各种弊病外，事实上开支浩大，也是一个无法改变的现状。"道光年间，一耗于夷务，再耗于库案，三耗于河决"，以致"入少出多"。这是道光很难解决的现实。

以农为本

（一）奖励垦荒

清王朝入关以来，也很重视屯垦之事。最初是在直省，随后，在新疆地区进行屯田，后来又在东三省及蒙古、青海、甘肃、热河等地招民开垦。

新疆屯田，从康熙年间就已进行。道光平定张格尔叛乱后，为充实边疆的防务，实行"以本地之民种本地之田，守要隘即捍身家"的办法。因而，屯田之事再次进行，也就成为处理善后事宜一项重要内容。先在大河拐，招募当地贫困的少数民族进行试垦。道光看到当地群众的支持是取得平叛战争胜利的一个重要因素，"喀什噶尔、英吉沙尔、叶尔羌三城去秋守御，极得兵民之力，回众咸知兵威，民力实足以捍卫地方，正宜因势利导，俾联为一体"。十一年九月，道光决定先将西四城可种之地招民开垦，并允许携带家属。为了增加边疆的军事力量，减少新疆兵费支出，对屯田农户中，有愿意入伍者，准其在当地当兵。这样做的好处是在当地"收一眷兵，即撤一换防兵额"。内地派兵戍边，由于路途遥远，后勤供应困难，开支极大，而且，急用时征调需时，往往会贻误战机。在当地屯户中出兵，即可戍边，又可省饷，调遣及时，有利于边疆的巩固。还规定：内地去戍边的士兵中，有自愿在当地安家落户者，听其自便。这样，数年之后，戍边士兵中可以有一半是当地屯户中的"眷兵"。随着屯田的扩大，人口的增多，戍边的士兵来源也就可以解决了。到那时，内地去边疆戍边的士兵，可以陆续全部撤回，戍边任务可以全部由屯农中挑选的士兵来承担。"回疆物产供回疆兵糈，兵民日益繁昌，则回心日益固结，是屯田一事，实为安边便民，足食足兵立良法"。

除了西四城之外，屯田地区不断扩大。乌什、阿克苏、乌鲁木齐所属的阜康、奇台暨吐鲁番，都招民屯田。伊犁惠远城以东，亦选当地民户开垦。阿卜勒斯荒地，全部给当地群众屯垦，设五个庄，每庄一百户，每户可得地二百亩。库车的荒地，亦给当地无地民众耕种。叶尔羌属巴尔楚喀，荒地很多，广招眷民，进行屯垦。另外规定，凡是从内地去新疆屯田的人户，"皆官给印券"，自行前往。鼓励内地群众去边疆屯垦，但不强制。

为了使屯田能顺利进行，使屯田的民众能得到好处，对屯田户还实行减轻赋税政策，规定每年按土地肥瘠情况，"征粮多至亩二斗四升，次小麦八升，次六升五合，最少三升"。轻赋的目的在于"务使野无旷土，人尽力田，俾民食储边，并收实效"。

与新疆接壤的甘肃、青海等地，荒地极多，道光也谕令招民开垦，他在给鸦片战争中被发遣到新疆的邓廷桢的谕中，要他在甘肃"亲历周勘，设法招垦"。邓廷桢经过实地勘察，先后查出甘肃荒熟地一万九千四百余顷，又有番贡地约一千五百余顷，还有宁夏镇马厂归公地一百余顷。新疆、甘肃等地屯田开垦，虽然没有达到道光希望的"野无旷土，人尽力田"，但总还是取得了一点成效。

除西北地区外，东北地区也进行了屯田垦荒，清朝时因东北是清王朝的"发祥之地"，不准内地百姓前往，因此，关外土旷人稀，而蒙古族居住的地方，更为人口稀少，地域广袤，尤利于开垦。道光五年，曾迁移民七十七户，开垦了熟地三万三千一百余垧。由于道光对东北地区屯垦工作过分谨慎，东北的屯垦进展不大。十二年，道光根据盛京将军裕泰提出的"科尔沁垦章八章"做出规定：垦地者必须用自己名字，垦荒数不能超过五顷，屯熟的地可以典押给农民，按契约折价收费；地主到时无力赎回，可让农民继续耕种，限一年抵还；年满后，允许地主自己种或租给原来佃户，不得重新典押，或者给人垦种，农民交还土地以后，可以自己去开垦荒地，自行耕种；蒙古人种熟地，不得租人，等等。这个章程在于保证开垦荒地者的利益和政府的管理，以便更多的荒地得到开发。

道光年间经过屯垦，荒地变成熟地，从已报数字看，甚为可观。至道光十三年七月为止，乌拉凉山泉开垦地共有七万三千九百余垧。十四年二月，巴尔楚克的毛拉巴什赛克三一带荒地，累计开垦二万四千余亩，共招得种地民人三百六十余名，"实边储而壮声势"。八月，喀什噶尔屯田约二百余顷。二十年八月，乌鲁木齐所属各州县报垦地计有三万五千六百九十余亩。二十二年十月，惠远城东三棵树地方，可垦得地三万余亩。阿勒卜斯地方得地十七万亩。二十四年四月，围筑沙坦共得地一百三十九顷多，招募屯丁两千名。

上述数字，尚是不完全统计，当然还有地方官没有统计以及有意少报或不报的地亩。这些成绩的得来，是和道光的重视分不开的。道光为鼓励屯垦，对垦殖有功人员，也给予了奖励。道光在二十四年二月十二日说："伊犁地区极边，兵粮民食必当计及久远，当以开垦为第一要务，出力人员格外加恩。庆辰以知府尽先选用，塔那泰以同知尽先选用，保山以同知尽先选用，伊津色以通判发往甘肃差委补用，……此系朕破格加恩，嗣后能于应垦地亩随时经划，卓有成效者，必当量加鼓励。布彦泰督率有方，赏加太子太保衔。"

布彦泰，颜札氏，满洲正黄旗人。嘉庆二十三年，充伊犁领队大臣。道光初，擢头等侍卫。历喀什噶尔参赞大臣、办事大臣、总兵、副都统，玉麟荐他"习边事"，调伊犁参赞大臣。二十年，授伊犁将军。二十二年，疏陈开垦事宜，说："惠远城三棵树地方可垦地三万余亩，请就本地民户承种输粮。阿勒卜斯地方可垦十七万余亩，清责成阿奇木伯克等筹计户口，酌量匀拨。"至二十四年疏报塔什图毕等开垦叠著成效，诏嘉他"忠诚为国，督率有方"加太子太保。他"用夫匠五十三万四千工，实垦得地三棵树、红柳湾三万三千三百五十亩，阿勒卜斯十六万一千余亩"，成绩卓著。他还奏留林则徐，与林则徐一起在南路阿克苏、乌什、和阗周勘，与喀喇沙尔办事大臣全庆，经两年，得田六十余万亩。全庆在回疆南路垦田也很有成效。林则徐在道光二十四年在新疆兴治屯田，周历南八城，濬水源、开沟渠，屯田三万七千余顷，给当地群众耕种，为新疆的屯垦做出了贡献。

道光除了奖励屯垦有功人员外，为了"屯垦得以储饷，边陲得以巩固"，在二十六年八月指示疆臣，要他们"准今酌古，实力讲求"，并特地将"于理兵储饷，再三致意，曲尽边防要领"的唐朝陆贽的《缘边守备事状》一疏，分发给有关将军、督抚、提督等人，要他们"置诸座右，务宜触目惊心，反复寻绎斟酌，以求其当变通以适其宜"。正是道光对屯垦的重视与督导，才收到上述的一点成效。

道光在边境实行"寓兵于农"的政策，不仅有利于减少军饷方面的支出，而且是他着眼于巩固边疆的具体措施，应该说是平叛战争得到的一点教训，客观上有利于边疆的开发和边防的巩固。

（二）兴修水利

着重对黄河、运河、淮河、永定河以及直隶水利工程进行整治。

第一，治黄河。黄河是我国第二大河。它发源于青海省，东流经青海、四川、甘肃、宁夏、内蒙古、陕西、山西、河南、山东九个省区，注入渤海，全长五千多公里，流域面积七十五万多平方公里。黄河可分为三段，从内蒙古的托克托县河口镇以上为上游，泥沙少，河水较清。从河口镇到河南的孟津县，是黄河的中游，流经黄土高原，由于高原上缺少植被保护，土层疏散，雨后大量泥沙从各支流冲入黄河，河水变浊，使黄河成为世界上含沙量最多的"泥河"，素有"一石河水六斗泥"之称。从孟津县至入海口，是黄河的下游。黄河流入华北平原，水势变缓，泥沙大量沉积，河底高出地面，形成世界上少有的"地上河"。黄河束狭于大堤内，流路紊乱，多沙洲汊道，带来严重灾害。正是"三年两决口"，洪水和冰凌灾害频繁，给沿岸广大人民带来巨大灾难。

由于黄河不断泛滥，因此，道光十分重视黄河的治理。但治理不甚得法，因而收效甚微。最初采取加高大堤，加宽堤顶的办法。道光元年，命河督张文浩与豫抚姚祖同履勘河床。道光三年，江督孙玉庭、河督黎世序提出"加培南河两岸大堤，令高出盛涨水痕四五尺，险要处堤顶加宽，以丈五尺及二丈为高度"的治理方案。这种水涨堤涨的治河办法，不能根本改变黄河成灾的状况。四年十一月，高堰十三堡决口，出现大水灾。道光把河道总督张文浩革职，另派严烺督工南河，并遣尚书文孚、江廷珍重新驰勘河床。五年，张井提出要疏通刷清河身的意见。道光对他的建议极为重视，认为是一种治河良策。六年，道光复命张井与琦善、严烺会勘河口。张井提出了新的具体的治河方案：由安东东门工下北岸别筑新堤，改北堤为南堤，中间挑疏引河，把黄河水导流入海。张井的主张深得道光的称赞，命张井督南河，淮扬道潘锡恩为副督，协助张井具体规划治河事宜。琦善对张井的主张有不同的看法，并提出了修正意见。琦善认为，"改河非策"，应该启王家营减坝，将正河挑挖深通，放清水刷涤，再堵坝，引黄河水归入正河。经多次众议，最后采纳了琦善意见，进行整治。十五年，以粟毓美为东河总督，他试用"抛砖法"来减少河水对坝的冲刷。在受到黄河水冲击的地方，抛下大量砖石，形成挡水坝，缓和了河水冲击的力量，有利于堤坝的稳固。他的办法行了数年，效果很好，而且节省治河费用一百三十余万两。二十二年，祥符堵塞，治理用银六百万两。二十三年，又任命钟祥为东河总督。二十四年，修筑东坝，又用白银一千一百九十余万两。

道光一朝，治理黄河耗资浩繁，由于治不得法，负责治理官员只顾眼前，不求根治，加之官员贪污盗窃，包工偷工减料，虽花去大量银钱，但黄河泛滥成灾仍不断发生。

第二，治运河。千百年来，运河是我国南北交通的大动脉，关系着南粮北运和南北诸省的物资交流。历代政府一直把运河作为漕运的主要通道。到清代，运河由于年久失修，加上黄河迁徙后，山东境内段水源不足，河道淤浅，有些地方成为死河，不能通航，每遇大雨还经常漫堤成灾。为了保证漕运畅通，道光也很重视运河的修浚工作。道光元年，为弥补运河水量不足，采用巡抚姚祖同的建议，在正河旁旧河形内抽沟导水，提高运输能力。三年，又添筑戴村坝的官堤碎石坝四处。由于嘉庆年间黄河经常决口，使运河河床淤垫不断增高，借黄河水促进运河运输的弊病日益加深。七年，张井、潘锡恩提出修复北运河刘老涧石滚坝、中河厅南纤堤、扬粮二厅东西纤堤及堤外石工，移建昭关坝。道光准行。十四年，两江总督陶澍、巡抚林则徐，在湖顶冲的黄金坝及东冈筑两重盖水坝，增建圩埝二千八百八十丈，使水入湖。又建筑减水石坝两座，在湖的东堤，以分泄河水暴涨之势。在入运河处修复念七店古涵，作为水门，并建立石闸，以放水助运。十六年，复移建黄泥闸于迤上二百丈，改为正越二闸，以有利于漕运。十七年，移筑囊沙引渠沙坝在西河滑外，以资取蓄。十八年，在临清闸外，添筑草坝九处，节节擎蓄，又在韩庄闸上朱姬庄迤南筑拦河大坝一个，使上游各泉及运河南注的水，拦入微山湖，又制定《收潴济运章程》六条。十九年，粟毓美又增高戴村坝。

　　第三，治淮河。淮河源出于河南桐柏山，东流经河南、安徽等省，到江苏省入洪泽湖。洪泽湖以上，河长八百多公里，流域面积十六万多平方公里。洪泽湖以下，主流出三河经宝应湖、高邮湖，由江都县三江营入长江，全长约一千公里，流域面积十八万多平方公里。较大支流北岸有洪河、颍河、涡河等；南岸有淠河等。下游有入海河道。1194 年（南宋绍熙五年），黄河夺淮入海后，河道淤高，迫使淮河南下，辗转大运河入江，从此淮河两岸，"大雨大灾，小雨小灾，无雨旱灾"。由于淮河河道淤高，造成流入淮河的各河，如沙河、东西肥河、洛河、洱河、芡河等也经常泛滥成灾。江苏、安徽两省受害尤深。治淮河就要先治各河，有清一代经营于淮黄交汇的地区，花费钱财尤为可观。道光年间也极为重视淮河的治理。道光二年，修建高堰石工，由于施工草率，四年淮水暴涨，造成数处坍损。侍郎朱士彦在奏折中揭露了工程草率的情况："高堰石工在事诸臣惟务节省，办理草率。又因抢筑大堤，就近二堤取土，事后亦不培土补足"。割肉补疮，造成后患。道光命文孚查议，文孚经过调查，建议改湖堤土坦坡为碎石，在仁、义、礼旧坝地方，各增建石滚坝，以防大洪水。十年，张井建议："淮水归海之路不畅，请于扬粮厅之八塔铺、商家沟各斜挑一河，汇流入江，分减涨水，并拆除芒稻河东西闸，挑挖河滩，可抵新辟一河之用。"道光十分赞赏这个意见，下令照办。十二年，移建信坝在夏家桥。十四年，改挑挖义字河头。

　　第四，治理永定河及兴修直隶水利。

　　永定河是海河水系五大河之一，在河北省西北部。上游桑干河源出山西省北部管涔山，东北流至今官厅水库。怀来县官厅以下称永定河，东南经北京市西郊，到天津市入海河，长六百五十公里，流域面积五万多平方公里。上流流经黄土高原，含沙量仅次于黄河，故有"浑河""小黄河"之称。下游淤浅，河道迁徙无定，故有"无定河"之称。清代筑"永定大堤"以固河床，后定名永定河，但其水仍经常决堤成灾。道光三年，河由南八工堤尽处决口而南，直冲汪儿淀。十年，直隶总督那彦成提出修建方案，建议在大范瓮口挑挖引河，并将新堤南遥埝，加高培厚。道光批准了这个计划，并准予兴工修建。经过整治，十一年春天，河溜注方向改向东北，迳窦定，历六道口，注入大清河，水由范瓮口新槽复归王庆坨故道流动。十四年，宛平界北中、北下汛决口，大水由庞各庄循旧减河至武清的黄花店，仍归正河尾闾流注入海。良乡界南二工决口，水由金门闸减河入清河。为了减弱水势，爰挑引河，自漫口处迤下直至单家沟间段，修筑二万七千四百余丈以分散水压。二十四年，南七口漫工，在迤北三里多远的河西营为河头，挑挖引河七十余里，直达凤河，以减水势。道光年间在治理永定河的工程中，还是以河患发生，方才消极应付为内容，缺乏有力的治灾措施。

　　海塘，只有江浙两省有，在海滨筑塘，捍御咸潮，以便沿海居民生活和耕稼。在江南，自松江的金山到宝山，堤长三万六千四百余丈；在浙江，自仁和至乌龙庙，直至江南金山界，塘长三万七千二百余丈。江南地区，平洋暗潮，水势比较迟缓。浙江则水势顺流而下，与溯江而上的潮互相冲突，形成激流巨浪，水势十分凶猛。清代整治海塘，改民修为官修，比较重视。道光年间也钜工累作，多次进行整治。道光十三年五月，拨巨款修筑，一次拨银五十一万二千余两。第二次，拨款十九万四千余两，十二月，又拨银九十二万两千两，累计一百十余万两，修补限内、限外制坝工程，并东塘界内，在前后两塘中新建鳞塘二千六百余丈。十四年，道光命刑部侍郎赵盛奎等查勘应修各工情况，又派左都御史吴椿往勘，并留在浙江会办修塘事宜。这一工程到十六年完成，累计修筑各工长达一万七千余丈，用银一百五十七万余两。

除上述治理工程外，在大江南北，远至新疆，均有水利工程动工，这也反映了水灾的严重和道光对水利的重视。因此，每年都要拿出巨款用于治河和水利工程。道光四年五月，"留江苏解部银十五万两濬太湖下游水道"；"命户部拨银一百二十万两，兴办直隶水利"；"修山东鱼台汛西岸河堤"；"修直隶千里长堤"。五年，"修复湖堤，约需银三百万两"。而其中尤以治理黄河用费最巨，每年治理黄河约"需银三百万两"。"每年东河南河岁请修防经费数百万金"。"东河南河岁修银三百八十余万两"。

除正常开支外，每逢大汛或大水之后，又要追加经费进行治理，名为"另案工程"。另案工程用费浩繁，经常是多于常年治河经费。"道光中，东河、南河于年例岁修外，另案工程，东河率拨一百五十余万两，南河率拨二百七十余万两。逾十年则四千余万。六年，拨南河王营开坝及堰、圩大堤银合为五百一十七万两。二十一年，东河祥工拨银五百五十万两。二十二年，南河扬工拨银六百万两。二十三年，东河牟工拨银五百八十万两，后又有加"。这种"另案工程"，几乎成为常例，并年年追加。"道光二十五年，东河另案共银二百五万八千七两有奇，南河另案，共银三百三十万四千八百八两有奇。二十六年，东河另案共银百九十四万七千七百二十三两有奇，南河另案共银二百九十五万三千五百二十四两有奇。二十七年，东河另案共银百七十九万八千九百八十七两有奇，南河另案工程，共银二百七十八万五千两有奇。合计约计东河每年百九十万两，南河每年三百余万两"。治河所需成为道光财政上又一项重要支出，因此，道光在八年十月乙未的上谕中申令节支，"河工所需为度支之大端，近年例拨岁修银两外，复有另案工程名目。自道光元年以来，每年约需银五六百万两"。数目惊人，而且逐年不断增加，以至还有"另案外所添之另案"名目。庞大的治河经费，已成为道光朝财政拮据的一个重要的原因。

水灾是道光朝的大患。道光对水灾的防治是认真的，可以说是"经营不遗余力"。为了防治洪水，在当时的情况下，道光动用了能使用的一切手段，包括行政上和财政上的，他罢斥了众多治河防洪不得力的河道总督和地方督抚，投入了大量的人力和财力，但事与愿违，收效甚微，各地水灾仍不断发生。充其原因，除客观自然因素外，大致有以下几点：

（1）河道失修。每年虽投入大量银钱用于"河工"，但经费许多都被贪污、挪用，致使不少河道淤塞。一些防洪工程，也因多年"总未认真修理，任其塌卸剥落，以致为患甚巨"。一遇大雨，即刻成灾。这样的例子屡见不鲜。如道光二年，直隶水灾，就是"由于河渠淤浅，水无所归"造成的。不少官员对所管河道，平日即不修浚，又"漫不经心，疏于防范"，遇到大雨，发生水灾，也就成为必然。

（2）治河无方，"有防无治"。一些河道官员，只要河不决口，就算万事大吉，根治之法，很少过问。因此，只注意加高堤坝、护卫堤岸或堵塞漏洞，做些表面工程，这在治理黄河上更为突出。"当秋伏大汛，司河各官率皆仓皇奔走抢救不遑，及至水流坝清，则以见在可保无虞，而不复再求疏刷河身之策，渐至河底日高，清水不能畅出，堤身递增，城郭居民尽在河底之下，惟仗岁请金钱将黄河抬于至高之处。……每年东河、南河岁请修防经费数百万金，在国家保卫民生，原不靳惜帑金，惟以此年年增培堤堰，河身愈垫愈高，势将河所底止。……一经下游顶阻，势必泛滥四出"。这种"增培大堤，接筑长堤，固是目前急务，第黄水出路不畅，若不急筹减落之法，仅恃增培堤岸，岂能抵御盛涨"，也致使水灾连年发生。虽然道光不断指出，"其弊皆由于有防无治"。"治河之道，疏瀹与修防并重"，但无济于事，仍然是"河底垫高，为患日甚"的局面。

（3）官僚机构腐败，贪污中饱，偷工减料。治河修堤偷工减料贪污中饱，已是司空见惯，道光也对此深知："朕闻自嘉庆年间以来，各河督等习于安逸，往往不於霜降后逐段亲诣勘验，以致工员等将虚贮、花堆、克扣、偷减诸弊，视为固然。甚或有佐办春工时辄以不应修而修，转将应修处所暗留为大汛抢险地步，以便藉另案工程事起仓促，易滋侵冒。"为此，道光让各工大员"严饬通工员弁，仍不得籍公帑以肥私囊，尤须严惩奸胥而斥劣幕"。虽屡有严谕，但仍不能制止此种情况发生。

道光二年，揭发出仪封大工冒销帑项滥行支行之事。该工程秸料共5400余垛，合银984000余两，但报销银却高达1796000余两，浮销多报一倍。又将易钱之银每银扣制钱八十文，名为"八子"，前后共换银八十余万两，共扣得"八子"钱五万六千余串。引河挖沟，实用银1985000余两，实报银却达2609000余两，浮销多报624000两，累计冒销银数达一百多万两。道光三年，又揭发出修河工程质量低劣贪污多报之事。建坝计算土方时，把挖的堤旁土的深度和填高的土加在一走算，挖去一寸，堤身等于自高一寸，再把挖的土堆在新筑堤上，堤增高一寸，实际上，挖一寸土，算堤高二寸，冒领一倍的工钱。在夯打新筑堤坝时，常常是填土三尺才夯实一次，造成堤身虚松很不牢固。派来检查工程质量的官员，并不认真查看，而是一望而过。管工官员还同检查官员、测量人员相互勾结，多报冒领。道光四年，十三堡、息浪庵决口，原因之一，就是由于河工官员"所办石工根本不牢固"所致。在修筑堤坝堰盱工程时，"石料内多欹斜空隙，仅恃灰浆锭锔，难资抵御"。此种情况，绝非个别之事。道光五年，揭发出南河工程积弊有十余条之多，新砌石料表面平整光滑，而内里堆放的都是没有加工的乱石块；内部空隙都用碎石填充；砌石灰浆不满；灰缝太薄；三合土中夹杂着松散黑泥；砖料厚薄大小不一；桩根不稳固等等。这样的堤坝如何挡得住洪水的冲击？道光十一年，抽查东、南二河所备工料，发现扬河厅所存旧料九垛，均已变质；祥河厅人字场料垛、曹考厅顺坝厂中段料垛虚松不足，其中一半为残朽物料，不少地方还将工料随意挪用。

更有甚者，河工经费不仅被贪污、私分、挪用，甚至还成为一些河工官员应酬送礼的"钱库"。道光对此异常气愤，他在上谕中指出："朕闻近来江南河工时有过往官员及举贡生监幕友人等前往求助，该河督及道府碍于情面，不能不量为资助，以致往者日众，竟有应接不暇之势。……该员等焉有自己出资之理，无非滥请支领剋扣工程以为应酬之费，於河务甚有关系，不可不严行禁止。因思此等游客，不能无因至前，往往向在京官员求索书信以为先容。……南河既有此弊，东河亦所不免，著东河总督通行严禁。"

有限的治河经费，一被贪污中饱、挪用，二被具体管工者偷工减料窃走，真正用于治河已很有限，再加上治河无方，河流决口，水灾不断，也就无法避免。

道光虽然常常告诫官员，"河防关系国计民生"，尽管他"不惜帑金"大力修防，但却是"万金虚抛"，以有限的经费去填贪盗的无底之壑。

基于河患不绝，河工人员不得力，道光着力提拔治河人才。他认为："河督第一重要。"除了前述不断调动不称职的河督外，他在道光六年正月提出："将平素深知人员内有能胜此任者，不必拘定资格，核实保奏，以备简用。其厅汛各员内，如有习气过深，阻挠公事者，亦当秉公澄汰，以挽挠风而昭惩戒。"道光特别赞扬了张井、潘锡恩"皆非河工出身，亦俱能尽力图治"。

潘锡恩，字芸阁，安徽泾县人，嘉庆十六年进士，曾任侍读学士。他曾上疏条陈河务。道光五年，他以道员发往南河，补淮扬道。六年，授南河副总河。二十二年，提出用灌塘法保证漕运畅通，与河督麟庆意见相同，授为南河总督。二十三年，他督工挑河四万一百九十余丈，启除界坝，放水畅通。河南中牟河决口，黄水往湖，他上疏请放山盱各坝宣泄湖水，导出湖水，引入中河，以济转运。又以上游河水徒落，有淤垫，组织挑工清淤。秋天，湖水又涨，掣卸高碾石工四千余丈，由于抢护及时，没有决口。二十四年，黄河水流未复故道，他急筹济运，宣泄湖水，启放外南厅属顺清河，导引入河归海。二十五年，中牟合龙，南河连年无险，潘锡恩有大功。

道光把选用河务人才放在首位，他"屡次开诚布公降旨垂询，原因河务紧要，必与该督和衷共济，相助为理，庶于公事有益"。但综观道光年间所用河督大员，精通水利的干练之员并不多。有人论述说："河患至道光朝而愈亟，南河为漕运所累，愈治愈坏。自张文浩蓄清肇祸，高堰决而运道阻，严烺畏首畏尾，湖河并不能治。张井创议改河，而不敢执咎，迄于无成，灌塘济运，赖以弥缝。麟庆、潘锡恩因循其法，幸无大败而已。吴邦庆讲求水利，而治河未有显绩。粟毓美实心实力，卓为当时河臣之冠，不独砖工创法为可纪也。东河自毓美后，朱襄、钟祥、文冲继之，祥符、中牟迭决，东河遂益棘也。"这一段评论，对道光年间水政的评价还是比较恰当的。

（三）蠲赈救灾

在封建社会，由于科学技术不发达，生产能力低下。人们抗御自然灾害的能力非常微弱。各种天灾的侵扰与破坏，成为历代王朝非常头痛又苦于应付的大事。道光在位期间频繁不断的自然灾害，是其继位以来在内政上遇到的一大难题。三十年间，水灾、旱灾、蝗灾、震灾、风灾、霜灾、雹灾、瘟疫……人间能遇到的自然灾害，都交替发生，有时是几种灾害同时发生，从未间断。不但灾害多，而且受灾地区广泛，北自黑龙江，南达两广，东起沿海诸省，西达新疆等地，大江南北，长城内外，几乎是无处没有发生过灾情。小灾波及几县、几十县，大灾遍及数省上百乃至几百个县。在灾害严重的年代，有的地区不断出现"人相食"的悲惨景况。天灾，再加上吏治败坏造成的"人祸"，更加加重了灾情的蔓延和人民的痛苦。

道光朝不断发生的众多自然灾害中，尤以水灾发生最为频繁，受灾地区也广。据《清宣宗实录》《道光朝东华录》《清史稿》及有关资料记载，道光朝发生的水灾灾害有以下特点：

第一，连绵不断，受灾面广。

自道光元年（1821）至道光三十年（1850），三十年间，年年有水灾发生。北自黑龙江，南到贵州、云南，就连经常干旱少雨的甘肃也曾出现水灾。三十年间，全国有十几个省有水灾发生，其中尤以直隶、山东、湖北、江苏等省最为频繁，灾情也重。

第二，灾情重。

如道光二年（1822）。山东卫河，河南沁河，河南、直隶间的漳河，山东武城河，河北武强河，山东徒骇河，湖北汉水等，众多河流同年决口。其中尤以直隶灾情最重，入夏以来，连降大雨。河渠淤浅，积水无处泄，致使一百四十三州县中被水淹者达八十州县。这一年全国有十余省报有水灾发生。道光三年（1823），永定河、北运河、山东武城河、卫河、太湖决口漫溢，浙江杭州等三府，江苏太仓等十七州县也同时发生水灾，其中尤以直隶、山东、江苏、浙江等省为重。直隶大面积被淹，上年被淹地区积水未退。今年又再次遭灾，"顺天府属州县上年被水，文安县村庄涸水不及十分之二，其余水深三四尺至八九尺不等"。这一年全国又有近十个省发生水灾。灾情之重为道光朝所罕见，损失也大，"道光癸未（三年）大水，元气顿耗"。又如，道光十二年（1832），黄河、淮河、永定河、汉水、堵水以及其他一些河流都发生决口，均州汉水溢入城，水深七尺，民房倒塌无数。道光十三年（1833）、二十一年（1841）、二十二年（1842）、二十三年（1843）、二十四年（1844.）、二十七年（1847）、二十九年（1849）等年一些地区均发生较大水灾。"癸已（道光十三年）大雨而后，无岁不荒，无县不缓。以国家蠲减旷典，遂为年例"。道光朝灾害之重，受灾地区之广，从中可以窥见。

第三，一些河流经常决口。如黄河在道光四年（1824）、十一年（1831）、十二年（1832）、二十一年（1841）、二十二年（1842）、二十三年（1843）、二十四年（1844）、二十九年（1849）多次决口，有时是多处决口。其中二十一年六月黄河在河南决口，将省城围困，"四面城身，久泡酥损"；二十三年，黄河、沁河盛涨。"大溜湧注，将中牟下汛入堡新埽先后全行蛰塌，口门塌宽一百余丈"，"河南省城积水未消"。淮河在道光四年（1824）、二十一年（1841）、二十三年（1843）先后决口。永定河、汉水也是经常泛滥。道光二十三年（1843），永定河决口，"口门塌宽三百六十余丈"。

水火无情。自然灾害首要的直接受害者是灾区的贫苦百姓。洪水泛滥，一片汪洋，房屋倒塌。庄稼被毁，众多人溺毙，幸存者处于饥寒交迫之中。道光二年，直隶大水成灾，御史郭泰成在该年七月戊辰的奏折中讲到直隶此次灾情时写道："直隶入夏以来大雨时行，田禾被淹"，灾民无法活命，"待赈不暇，……数万饥民驱令枵腹……嗷嗷待哺"。道光三年（1823），直隶又遭大水，无数灾民为了活命，离乡背井，逃往他乡谋生。如此严重的灾情，众多百姓的生命。清王朝不能不予重视，道光在上谕中说道："所奏甚是。……本年直隶水灾较广，……风闻各处关口留难向阻，……该民人甫抵关门，又复长途纡折，其情极为可悯。……其实系觅食灾民，只需问明来历，以备稽查，毋得概行拦截。"道光在另一份奏折中批示说："直隶连年水灾，皆朕不德，不能上感天和，致我无辜赤子荐受灾荒，何忍睹此景象，唯有返身修己，极力拯济。"道光自责，是为了安抚民心，也反映了灾情的严重性。

由于黄河、淮河以及其他一些河流治理不善，经常决口，造成沿岸广大地区饱受水灾之苦，从道光有关上谕中也可窥见一二。见在淮扬及安东海沐一带皆成巨浸，小民荡析离居，饥寒交迫，该督等能无蒿目伤心。""江浙、安徽、湖北等省，皆因雨水多涨，各属漫淹较广，灾民荡析离居，嗷嗷待哺。……灾区既宽……哀鸿满目"。

许多地方由于灾害连年，以致发生人相食的惨状。

道光十二年（1832），北方不少地区，"入夏以来，经月不雨"，出现旱灾，而江南一带则遭受了洪水之害。这一年春天，昌平等地发生饥荒。夏天，紫阳大饥，出现了人相食的惨况。十三年（1833）春，山东诸城、日照大饥，当地群众大量外逃活命。夏天、保康、郧县、房县饥荒，又发生人相食之事。二十七年（1847），南乐饥，人相食惨景再度发生。二十九年（1849）夏，江陵、公安、石首、松兹、枝江、宜都等地洪涝引起饥荒，饿死者无数，到处是"嗷鸿遍野，安集无期"的悲惨景象。

自然灾害不仅给道光朝带来财政上的巨大困难，而且也反映了吏治的败坏，道光对此深感不安。他认为："既已失经理于先，必应善补葺于后，虽曰天灾流行，然人定亦能胜天"。为此，道光采取了如下措施：抓防惩——及时预防，惩办不力的官吏；抓赈恤——拨款赈灾，安排流民。

1. 治蝗害于未萌之中

每届蝗卵、蝗蝻滋生期间，道光下令全力扑捕。道光元年（1821）六月，颁发了康济录《捕蝗十宜》。申令如地方官捕蝗不力，发现有飞蝗之处即予处分。又颁寄申启贤所录乾隆年间户部议准《捕蝗章程》六条，加上申启贤拟加的四条，严格执行。道光三年（1823）八月，将因捕蝗不力的海州直隶州知州刘铃革职，饬令淮海道亲自前往捕捉飞蝗。道光四年（1824），容城知县、大兴知县、宛平知县捕蝗不力，摘去顶戴，责令十日内捕尽。道光五年（1825）五月，发现香河等十四州县有蝻虫出土，令其速捕，并设厂收买，以钱来易蝗。宁河知县、宝坻知县因蝗蝻出土已一月，捕除不力，摘去顶戴，令直隶总督蒋攸铦赶捕飞蝗。道光十二年（1832）六月，谕令及早捕灭蝗蝻，捕蝗不力的人员要严参。道光十五年（1835），南方各省多受蝗灾，对有关官员"立即从严参处"。道光十六年（1836），飞蝗成灾，将捕蝗不力的大同知县、怀仁知县、山阴知县摘去顶戴，勒令捕捉，克期净尽。

2. 赈蠲灾区

道光朝连绵不断、破坏严重的自然灾害，不仅造成灾区人民的大量死亡和流散，而灾区更多的人需要活命。封建社会大灾之后往往带来大乱，这在历史上是屡见不鲜的，道光也深知这一点。为了安定统治秩序和保护一定的劳动力，道光每年不得不拿出大量粮食和金钱，对灾区百姓进行赈济。救灾方法，是赈济、蠲免、借贷、缓征等等。

第一，赈济。

包括赈济口粮、籽种、修屋费等。如道光元年（1821）四月，拨江苏省海州等州县赈银四十五万六千两。道光二年（1822）三月，拨江苏上元等二十一州县赈银五十四万两。九月，拨通仓米十万石赈直隶省被水灾民。道光三年（1823）二月，河南、山东二省运通州粟米内拨出十八万石展赈。六月，因永定河溢，北运河又同时泛滥，加给直隶二县灾民二个月口粮，十四日，又谕令，因直隶通州等八十一州县农田被水淹，受灾之户五口以上者，给米四斗，四口以下者给米三斗，每米一石，折银一两四钱。二十三日，又将粤海关解部税银截拨四十九万两；九江关解部银截拨十五万两；临清关拨银六万两；天津关拨银二万两；山东拨捐监银十万两；河南拨捐监银三万两，地丁银八万两；河东秋拨应报河工经费项下拨银七万两，解赴直隶。道光说："直隶连年水涝，朕尽力拯济，虽重帑用之于百姓，不稍吝惜。"二十八日，统计直隶已有一百另八府厅州县受灾，为赈灾而截留漕米达四十万石，又拨奉天存仓粟米约二十万石留作备用。并在卢沟桥、黄村、东坝、清河四处办理赈务，每处以白银五万两，于八月一日开厂煮粥。八月十八日，又具体规定每月逢一、六日按人口定量发放赈米。

道光三年（1823）的大赈济，是道光登极后遇到的最大的一次自然灾害，而采取的第一次大规模的赈济。这一年，除直隶外，江苏、浙江、江西、湖北、河南、山东等省的一百多州县也受灾害，也分别进行了赈济。对重灾的江苏苏州、松江地区，还加赈银一百万两。仅据《道光朝东华续录》所载，这一年清政府用于直隶、江苏、浙江、安徽等省灾区的赈款，就达四百余万两，粮食百万多石，还不包括地方自己可以动用的银两和捐银。

道光四年（1824），赈直隶、河南四十州县，江苏、安徽、浙江、山东等七十七州县一月口粮，给江苏上元等灾区银三十八万五千两。以后各年，赈济口粮工作连续不断，赈银不断，如道光七年（1827）。给高邮等受水灾州县赈银五十六万多两；道光九年（1829），给江苏海州等州县展赈口粮等共三十五万两。道光十一年（1831）十月，截留江西漕米八万石赈南昌、九江饥民。十二年（1832），湖北水灾，拨银三十万两赈灾，十二月，又拨浙江、江西仓谷二十万石赈济福建灾民。十三年（1833）二月，淮扬等属计二十二州县受灾；拨款三十五万两赈济。十四年（1834）二月，给昆明等十一州县地震赈银八万两。十六年（1836）正月，拨山东司库银五万两赈济登、莱、青三府饥民。十九年（1839），拨银五千两，赈台湾地震灾民。二十七年（1847）七月，拨库银十万两及拨邻省银二十万两，赈济河南旱灾。八月，再拨内帑银三十万两，又命户部拨银三十万两赈河南灾。道光说："当此经费支绌之时，朕不惜内帑以延民命。"可见灾情之重，赈银之艰难。九月，命江苏、安徽两省购米，运往河南赈灾，给河南四十一州县发放口粮。十月，命河南将本年应征漕粮一万四千四百石留放本省备赈。十一月，缓河南六十四州县新旧额赋。十二月，给河南十七州县水灾口粮。二十八年（1848）九月，因这一年江宁、扬州、

送财童子手把件

淮安，灾情重，拨银七十八万两备赈。由于湖北灾重，从顺天府拨银三十万两。江西、山西各拨银十五万两，共拨银六十万两备赈。二十九年（1849）六月，道光在上谕中讲到："凡有可以恤民之处，自无不尽心经理，力图保全，惟是灾区既宽，费需甚距，虽经官民等量力捐助，赈恤穷黎，尚恐未能周遍，当此哀鸿满目，朕复何忍稍为屯膏致民困未能即苏"。这一年，由于江苏、浙江、安徽、湖北等省受水灾地区较广，道光谕令各省督抚将藩关各库银两酌留备赈，同时准许商船向灾区贩米免税。虽如此，能否赈济周全？对此，道光仍十分忧虑，"即令筹款赈抚，仍恐缓不济急"，为此，再次令发内帑一百万两赈灾。当他听到赈济灾区收到一定成效时，异常兴奋地说："臣民之福，即朕之福"，反映了他关心灾情的真实心情。

第二，蠲免。

包括免除额赋、税课、捐支等等。据《道光朝东华续录》等资料不完全的统计，由于灾害或其他原因。受到赈济、蠲免、缓征赋税一部分或全部的州县，道光二年（1822），为二百八十八个州县；道光三年（1823），为四百二十七个州县；道光四年（1824.），为三百二十一个州县；道光五年（1825）、六年（1826），为二百八十二个州县；道光七年（1827），为二百四十六个州县；道光八年（1828），为一百九十八个州县；道光九年（1829），为一百八十三个州县；道光十年，二百九十个州县；道光十一年（1831），三百五十个州县；道光十二年（1832），为五百八十四个州县；道光十三年（1833），为四百二十七个州县；道光十四年（1844），为四百二十三个州县；道光十五年（1835）。为四百二十四个州县；道光十六年（1836），为四百五十六个州县，道光十七年（1837），为四百四十个州县；道光十八年（1838）；为四百六十个州县；道光十九年（1839），为四百四十个州县；道光二十年（1840），为四百七十个州县，道光二十一年（1841），为四百八十九个州县；道光二十二年（1842），为四百一十三个州县；道光二十三年（1843），为四百四十一个州县；道光二十四年（1844），为四百五十五个州县；道光二十五年（1845），为四百九十七个州县；道光二十六年（1846），为七百一十个州县；道光二十七年（1847），为六百五十个州县；道光二十八年（1848），为六百四十六个州县；道光二十九年（1849），为四百一十个州县。道光朝三十年间，平均每年约有四百个州县受到赈济或蠲免、缓征赋税。

道光对灾区进行蠲免，既由于灾情严重，民生无着，蠲免多少可以减轻一些人民的负担；也由于百姓遭灾，衣食无着，想征收也无法征到。有些赋税早已拖欠多年，根本无法收取，只有进行蠲免。如果说前一个原因是主动赈灾，那么，后一个原因实际上是被动的免赋。是无可奈何之举。但不管是主动的赈灾，还是被动的蠲免。都减少了道光朝的财政收入，也就加重了道光朝的财政困难。道光十二年（1832），道光在一份上谕中说："据户部奏，自道光十年以来，陆续拨给各省军需、赈恤、河工各项银两，加以被灾省份缓免钱粮，并两淮盐课，统计一二年间，多出少入两千余万两。"

道光在治灾中，除了政府拨款实施赈济，进行蠲免外，还采取了其他一些办法。

第一，奖励捐输，救济灾区。

道光十二年（1832）正月规定，凡捐资助赈三百两以上者，议叙，给予项戴，有职人员，给予加级记录；捐资一千两以上者，给予职衔。道光十三年（1833）三月，表扬了滦州等地区捐资的"善举"。滦州等三十七州县"劝捐粮食自数石至数百石不等，劝捐钱自三四千串至万余串不等"。天津一县就捐银五万多两。这些捐输被称赞为"以民养民之善举"。道光十五年（1835），有的绅商一次就捐出三万二千两赈济银。二十九年（1849），苏州商捐制钱十万千文。除了个人捐资外，非灾区资助灾区也是一种形式。道光二十七年（1847），河南遭到特大灾害，江苏、安徽运粮支援，减轻了河南由于灾害造成的困难。这种"以民养民"的赈济方法，既利于灾区灾情的缓解，也缓和了政府财政上的困难。

第二，劝课农桑，多辟水田，进行自救。

一是借给灾区籽种，二是抓住季节，抢播抢种。道光要求在北方"多辟水田"。让地方官在可以开辟水田的地方。劝导当地民人从事耕种水田。直隶省雨水多，灾区广，要在退水之地及时抢种和补种。种"一顷即有一顷之益"，于"国计民生实有裨益"。抢播抢种可以安顿民生，缓解灾害造成的困难。道光二十二年（1842）二月，道光对贵州巡抚贺长龄报告试种桑秧木棉，教民纺织以行自救一事，批谕说："实力劝导，断不可中辍"。为了使北方灾区生产发展，道光二十三年（1843）七月，谕令将南方民间灌田使用的水车，交发府县，让地方官劝民仿制，试行灌溉。并告谕地方官员。开始时"未免惜费惮劳"，但只要行之有效，就能对"农功必有裨益"。这也是道光重视农桑的一种表现。

第三，以工代赈，兴修水利。

道光十二年（1832），北京及直隶入夏以来经久不雨，旱情严重，到了七月，永定河溢，许多地区受灾。道光除拨钱粮进行救济外，还采取了"以工代赈"的办法，兴修水利。道光十三年（1833）正月，用以工代赈的办法，疏濬北京九门护城河道。七月，谕令直隶用以工代赈的办法兴修水利。道光二十八年（1848），湖北水灾，九月，道先谕户部拨银六十万两赈济湖北水灾，同时谕令有堤各州县以工代赈修筑堤防。

从道光时期统计资料表明，道光年间自然灾害年年不断，为缓和灾情，道光进行了涉及面极广、数量极大的救灾、治灾活动。修河防、筹海运、蠲免缓征赋税积欠，多少体现了道光关心民瘼顾及民生的情况。

道光在采取经济上救灾措施的同时，为防止官员在救灾中贪污中饱，采取了相应的措施。一方面三令五申，严禁救灾官员中饱私囊；另方面则把政府救灾事宜，刊刻誊黄，广为张贴，让百姓知道，防止官员克扣。使灾民得到实惠。道光告诫赈灾官员，必须做到：一不得假手胥吏，致有侵冒；二要公开赈务，让百姓知晓；三要有详细赈灾发放清单，以备查考。道光六年（1826）十月，在一份上谕中讲到："除奉旨刊发誊黄遍行晓谕外，仍饬各州县将被灾某村庄应赈户口若干，某户某名口，分别极贫、次贫，应给口粮若干，再逐一明榜示……如需支放折色，或以银易钱散放，亦须将每户大口小口，分别给银若干，应照市价易制钱若干之处，一并详细列入。其附近灾区，成熟村庄或一律缓征，或仍应完纳，亦将某村庄应缓，某村庄应征，一体明白宣示"。道光想制订周详的赈灾规定，以便能使赈灾钱粮真正发到饥民手中，其用心不能不说良苦，但是，腐败的官僚制度下的贪官污吏，还是使用种种手段贪污克扣。

首先，谎报灾情。道光三年（1823）七月，道光发现，有的地区富豪人家与地方官吏勾结，以熟作荒，企图得到蠲缓。而实际受灾地方的百姓，由于无钱向官员行贿，地方官吏不予报荒注册，便以荒作熟，这样就得不到赈济、蠲缓。开征时，受灾地区穷苦百姓无力完纳赋课，地方官又以实欠数字申报蠲缓。得益的不是需要赈济的灾民。而是地方官吏和富户。道光说："虚报户口，百弊丛生，甚为可恶"。

其次，冒领赈款。道光十三年（1833）十月，道光发现，被灾地方，穷民最苦，豪棍最强，富户最优，吏胥最乐。赈济时，有捼糠秕短缺升斗私饱己囊者；有派累商人，抑勒铺户令其帮助者；有将乡绅家丁佃户混入丁册，希图冒领者；有将本署贴写皂班列名影射者；有将已故流民艺丐入册分肥者；有将纸张、饭食、车马、派累、保证作为摊捐者；有将经济贸易人等捏作饥民，代为支领者……这些人以灾荒为得计，施展各种伎俩，从中渔利，坑害百姓，而真正的饥民得不到实惠。

灾民由于得不到赈济，为了活命纷纷逃往他省。据道光十一年（1831）九月有的地方统计，"一月以来，灾民过苏州境者，已有二万余人，现在陆续来者，日数百人或一二千人不等"。西安省城"游民不止八九万人"。道光说，如果当地赈灾办得好，灾民何至"舍近就远"，离乡背井，流离失所，转辗沟壑？道光的"勿令一夫失所"等指示，只能成为一纸空文，尽管道光把赈灾放到极为重要的地位，但赈灾要靠具体人员去做，而吏治败坏，赈灾收效只能微乎其微了。

平定叛乱

（一）封疆大吏荒淫无度，张格尔第一次叛乱

道光帝在其登基后的第三天，即嘉庆二十五年（1820）八月三十日，回疆（新疆

南部，又称南疆）八城之一的乌什办事大臣巴哈布递上一份紧急奏折，内称八月十一日下午二时左右，回疆边防哨卡外的安集延（浩罕汗国的重要城市）、布鲁特（克尔克）人入侵边境，现已派兵前往喀什噶尔防堵。当时，正忙于为父皇办理丧事的道光帝，于悲喜交集之际，对回疆烽火的第一个信号，显然没有给予应有的重视，甚至连只言片语的谕旨也没有下达，仅仅表示知道了。

七天之后，即九月初七日，驻节喀什噶尔的回疆参赞大臣斌静的紧急奏报才传到京城，因喀什噶尔紧临边界，外敌入侵，首当其冲，所以，斌静的奏报比巴哈布的奏折要详细得多。斌静的奏折说："境外的布鲁特首领苏兰奇勾结萨木萨克之子张格尔，率众三百余人，起事叛乱，将图舒克塔什卡伦（哨所）官兵杀伤，并将伊斯里克哨所的马匹抢走，还杀死呈报公文的骑兵二名。经喀什噶尔领队大臣色普征额带领官兵追捕，杀死叛贼五十余名，生擒八十余名，其余残存叛贼纷纷逃窜。现已从叶尔羌、乌什两城各调官兵三百名，伊犁拟派官兵二千名，待各路官兵会齐后，共同进剿。"第二天，即初八日，道光又接到叶尔羌办事大臣长庆、帮办大臣福勒洪阿的联名奏折，进一步证实了张格尔叛乱的真实性。

那么，叛乱首领张格尔和苏兰奇是什么人呢？张格尔，生于中亚地区的浩罕汗国，本名和卓·亚海亚，张格尔一名系尊称，全称为"张格尔和卓"，意思是"世界的和平"。其祖父是博罗尼都，乾隆时，因参与叛乱被杀。其父萨木萨克，在乾隆平叛时漏网逃脱，流落到中亚的浩罕汗国。本来，萨木萨克逃到浩罕以后，浩罕为避免与清廷结怨，便将此情报报告了清政府，并表示愿意替清政府承担监守逃人的责任。清政府也担心萨木萨克及其子孙潜蓄势力，成为边患，就每年送给浩罕白银一万两，让浩罕约束看管萨木萨克等逃犯。

但是，随着中亚形势的变化，这种"约束"的实际意义逐渐消失了。一方面，浩罕利用清政府为其提供的种种贸易优惠条件，加强了自身的政治地位和经济地位。特别是爱玛尔继承汗位后，国势日见强盛，其活动范围已扩展到中国新疆的叶尔羌、和阗、阿克苏、库车一带。另一方面，到道光帝登基前，英、法、俄等国的势力均进人中亚，尤其是英国，不仅在印度确立了自己的统治地位，与阿富汗建立了条约关系，而且毫不隐讳对我国新疆地区的意图，多次伪装成商人进入新疆活动。

张格尔就是在这样一个背景下成长起来的。张格尔早年曾在英国势力下的阿富汗首都喀布尔求学。成年后，一直在撒马尔罕、布哈拉、浩罕等地从事宗教活动，网罗党羽，并在英国殖民者的支持下，利用英国人提供的顾问和武器，训练武装，等待时机，准备叛乱。

至于苏兰奇，则与张格尔不同。他是布鲁特人的首领。其祖父阿瓦勒，在乾隆年间曾参与平定乌什叛乱。其父博硕辉曾被清廷赏给二品翎顶，苏兰奇受封袭职，本不存在叛乱动机。但是一个特殊的原因把苏兰奇推进了叛军行列。不论是张格尔的入侵，还是苏兰奇的投敌，都和统管回疆八城（喀什噶尔、叶尔羌、英吉沙尔、和阗、乌什、阿克苏、库车、喀喇沙尔）的喀什噶尔参赞大臣斌静有关。

道光帝在接到斌静等人从回疆递来的奏报时，当然不会知道这次叛乱是否与斌静有关，本应对斌静有所指示。但令人奇怪的是，道光却绕开了斌静，直接给伊犁将军庆祥发去了一道谕旨，称："此事恐斌静不能办理，色普征额亦仅能带兵，不能筹划全局。令伊犁将军庆祥即派得力兵将昼夜兼程赶往该处，捕获首逆，审明谋叛情由，胁从不可株连，妄加杀戮，以免回众恐惧惊慌，是为至要！再者苏兰奇究竟因何事激变，庆祥到该处详加察访，伊犁将军军务可择老成晓事大臣暂代。"简言之，道光帝对张格尔叛乱的处理办法是以下几项部署：一、命统管新疆南疆（回疆）和北疆事务的伊犁将军庆祥亲自赶赴南疆，处理一切事务；二、调查此次叛乱因何起衅，是否有内地官兵横行不法，酿成事变；三、选调得力官兵，尽速剿捕；四、要注意政策，不可株连，以免事态扩大。

实际上，张格尔这次叛乱的时间短促，规模也很小。张格尔身居浩罕，久想谋叛。嘉庆二十五年（1820）夏，张格尔流窜到布鲁特一带窥探动静，得知喀什噶尔参赞大臣斌静荒淫无耻，横征暴敛，遭到新疆维吾尔族人（当时称回人）的强烈反对，张格尔企图伺机入境，号召当地回民叛乱。张格尔的这一动向被布鲁特首领苏兰奇探知，马上报告给喀什噶尔参赞衙门。没想到，这么重要的情报不仅没能引起参赞衙门的重视，苏兰奇反而遭到参赞衙门回务章京绥善的呵斥和驱逐，苏兰奇一怒之下，投奔了张格尔。张格尔和苏兰奇勾结后，纠集了三百余人，入境叛乱，烧毁卡伦一座，杀害副军参领一名及兵丁十四名，另杀害阿奇木伯克（当地回民首领）一名。叛军力量单薄，很快就被喀什噶尔领队大臣色普征额率领的清军击溃，张格尔仅率亲信三十余人逃窜。

叛乱已被粉碎，清军轻而易举就取得了胜利，似乎问题已经解决。但是，道光帝却没有放过这件事：张格尔叛乱因何而起？这是道光最为关心的。自道光发往新疆的第一道谕旨开始，就对叛乱起因一事穷追不舍，而且态度越来越强硬，指责越来越尖锐。以当时道光和回疆诸臣的来往奏折中可以看出，道光对叛乱起因的追究，主要集中在三个问题上：

一、布鲁特首领苏兰奇为什么参与叛乱？苏兰奇参与张格尔叛乱，令道光帝大惑不解。苏兰奇祖父有功于清廷，苏兰奇三代世受皇恩，论情论理，均不应叛清。自九月七日至十三日，道光先后给庆祥发去的三道谕旨，都要求庆祥务必将此事查明，据实参奏，以后也多次降旨追问此事。但直至叛乱平定以后，庆祥始终没有向道光报告苏兰奇事先报警，及遭呵斥，愤而投奔张格尔的实情。道光不明真相，只好不了了之。

二、色普征额俘获叛军百余人为什么全都杀害？张格尔入卡犯边后，喀什噶尔领队大臣色普征额率兵剿捕，有过两次小规模战斗。第一次生擒叛军二十余名，被色普征额就地正法。第二次战斗，又生擒叛军八十余名，解送到喀什噶尔后，被斌静尽行杀戮。令道光起疑的是，既有百余名叛军活口，不能讯出谁是主谋？谁是胁从？因何叛乱？斌静不问青红皂白，就将俘虏全部杀掉，显然是斌静所为，激起事变，用杀俘办法，以期灭口。道光命令庆祥，不可因斌静是其下属，就包庇掩护，一定要察访真确，据实严参。但是，数月之后，庆祥一直没有向道光参奏此事。尽管如此，至十一月，道光还是以无故杀俘，将斌静、色普征额先行解职，留于该处，听候查办。

三、斌静是否与激变张格尔叛乱有关？这个问题，与前两个问路比较起来，是道光更为关心的问题。道光帝中年登基，对朝廷的吏治腐败状况深有了解。特别是那些坐镇边陲的封疆大吏，天高皇帝远，什么为非作歹的事情都可能干得出来。从回疆警报到京，道光就不用回疆最高领导斌静，而让驻节北疆的庆祥南下回疆调查处理，就说明道光开始就怀疑斌静。自八月起，道光屡次下谕，严令庆祥不可代人受过，若稍有包庇欺瞒，将来一旦发觉，庆祥将难逃重责。在道光的一再追逼下，庆祥才于十月二十七日将两道奏折递给道光。其一说，张格尔"久蓄逆谋"，故此次先行勾结苏兰奇，共同叛乱，并没有斌静"激变"和"枉杀"之事。其二说，斌静家人和回务章京绥善属下结拜弟兄，勒索回民，凌辱回民头目，引起众回民不满。道光帝总算从第二道奏折中抓到了问题，随即下旨将斌静、绥善革职查问。到十二月中，庆祥又有奏报到京，该奏说，根据对所获各犯审讯供词看，张格尔与苏兰奇勾结叛乱，企图攻占喀什噶尔，纯属是"因穷苦起意"。道光当然不会相信这种难以自圆其说的解释，斥责庆祥道：回疆叛乱，你害怕与斌静承担办理不善的责任，故将大事化小，草率完案，将叛乱起因，隐匿不报。此后，道光虽一再催促，庆祥就是不报。

斌静是清廷派驻喀什噶尔的参赞大臣，统领回疆八城事务。任职以来，一贯荒淫无耻，为非作歹，娄索百端，奸宿回妇。更有甚者，斌静竟长期霸占浩罕商人萨赖占的女儿。萨赖占因女儿被斌静奸污，羞愤至极，遂把女儿杀死，割下头颅，抛入参赞衙门院内，借以泄愤。一时众议哗然，民怨鼎沸，激化了回疆早就出现的动荡和不安。正在境外窥伺动向的张格尔恰恰抓住了这时机，兴兵作乱。

庆祥到达回疆，查办张格尔叛乱情由，当然不会不知道斌静的所作所为。但斌静是庆祥的下属，一旦斌静案发，必然祸及庆祥，所以庆祥包庇掩护斌静，也是官场常例。同样，出于相同的动机，庆祥对章京绥善斥逐苏兰奇，贻误军机，把苏兰奇推向张格尔叛乱军营，以及色普征额击溃叛军后，逗留不进，致使张格尔从容逃走，并将所俘叛军杀害后，匆匆返回喀什噶尔，与斌静同赏中秋明月等事，也不敢据实参奏。

道光信任庆祥，庆祥却欺骗了道光。直至道光六年（1826），道光才知道斌静奸宿回妇及色普征额贻误军机等详情，令宗人府会同刑部重新严加治罪。年底，两人均因罪"拟斩候"。道光七年（1827）秋，网开一面，将两人分别交宗人府、刑部"永远圈禁"。

（二）叛乱再起，西四城陷落

张格尔被逐出边境后，斌静被逮入京，道光帝先调原台湾镇总兵武隆阿提任喀什噶尔参赞大臣，不久，又调宗室永芹为参赞大臣。永芹其人，虽不像斌静那样荒淫无道，但也没有认真吸取张格尔入侵的教训，采取相应有效的措施，调整和理顺清政府治理回疆的政策，以致各种纠纷不断出现，诸多矛盾没有得到缓和，所以回疆安定好景不长。

道光四年（1824）夏，张格尔再度入侵，永芹一面派帮办大臣巴彦巴图和领队大臣色普征额分率官兵和当地回兵前往迎敌，一面紧急向道光奏报。

张格尔这次入侵，是和布鲁特人联合进行的。张格尔本为回人（维吾尔人），为何能与布鲁特人勾结到一起呢？布鲁特，原分东、西两部分。东布鲁特在伊犁西南一千四百里，因屡次遭到准噶尔部侵逼，西迁至浩罕汗国的安集延一带，至乾隆年间，准噶尔被清政府平定，东布鲁特回复原地。西布鲁特与东布鲁特相接，在回疆喀什噶尔城西北三百里。乾隆二十四（1759）年，回疆统一，东、西布鲁特皆臣服清廷，此后，相当一段时间，布鲁特与清政府的关系，总体看来是正常的。但到嘉庆朝晚期，由于清廷误将布鲁特首领凌迟处死，其子阿霍宰逃出卡外，煽动反清，从此布鲁特人与清政府开始离心。张格尔之所以在布鲁特人当中有市场，原因就在于此。

除了布鲁特人参与张格尔的这次入侵之外，境外的浩罕汗国也积极支持和怂恿张格尔入侵。这时，统治浩罕汗国的是穆罕默德·伊列汗，他是一个颇有野心的人物。为了支持张格尔入侵，伊列汗还允许浩罕的将军伊萨伯克加入了张格尔的叛军。张格尔伙同布鲁特人进行的这次入侵，共有叛军二百余人，首先从阿赖地方的乌鲁克卡伦入境，肆意焚烧抢劫。这次入侵的规模不比第一次入侵大，特别是巴彦巴图、色普征额很快赶到，双方经过一番激战，清军伤亡三十余人，张格尔叛军有二十余人被击毙，受伤者颇多，残余叛军纷纷逃窜。清军对边防哨所稍加整顿后，巴彦巴图和色普征额率兵追击。但张格尔早已逃得无影无踪。道光帝只好命巴彦巴图撤兵，在各卡伦增兵严守，加强巡逻，周密防范。

自道光四年（1824）秋季至道光五年（1825）夏季，张格尔只率领少数亲信，或十余人，或二十余人，在边境内外的喀拉提锦、喀拉霍尔罕、塔什霍尔罕、伊尔古楚等地东流西窜，到处游移。这中间，还搞过一次诈降活动，声称降清。道光帝指示永芹，加意提防，置之不理，不可上当。

到道光五年九月，道光接到永芹从回疆喀什噶尔、庆祥从伊犁发到京城的报告，报告说：张格尔纠集布鲁特的汰劣克、拜巴哈什等，在哨所外起事，派出帮办大臣巴彦巴图带兵剿捕，先是"杀贼百余名"，当撤退时，误入山险被围困，巴彦巴图及随行官兵二百人，全军覆没。永芹的报告得自于前线，庆祥的报告源于永芹，两份报告的内容当然一致。

道光闻报，听说叛军可以使二百名清军全军覆没，一定势力不小，急命庆祥从伊犁派出官兵一千人，火速起程，前往喀什噶尔，听候永芹调遣，另外备兵一千人，随时听候调用，叶尔羌、乌什也各调兵三百名，前往喀什噶尔增援。

实际上，永芹的报告严重失实，隐瞒了重大情节。事件的经过大致是这样的：八月中旬，喀什噶尔方面接到报告，又有叛军入侵，永芹命巴彦巴图率兵二百名，于二十一日前往图舒克培什卡伦迎敌。人马西行三四百里，始终没有见到张格尔叛军行踪，巴彦巴图心情烦躁，一次立功邀赏的机会没有了。正在这时，清军经过阿克密依特地方，见附近山城上有二三百名布鲁特人在那里放牧。巴彦巴图见状，顿起杀机，于是督率清军，见人就杀，见物就抢，一时间，那些老弱病残及妇女儿童，就都成了刀下之鬼，一百多人当场被杀，幸免于难的布鲁特人逃走后，找到布鲁特首领汰劣克，哭诉惨况。汰劣克见大批亲族被杀，遂率部众二千人火速追击清军。

这时，巴彦巴图等清军带领着"杀敌百余名"的战果和抢劫的财富，正洋洋得意地行走在途中。谁知，清军刚一走进一处山险地带，就被尾追而来的汰劣克等二千名布鲁特人包围，双方经过一番苦战，二百名清军几乎全部被歼。其中，清军军官，包括帮办大臣巴彦巴图以及侍卫一名、章京一名、委协领一名、锡伯章京一名、索伦骁骑校一名、前锋校一名、笔帖式二名、游击一名、守备一名、千总一名、把总一名、外委二名。

道光九月接到永芹严重失实的报告后，心中疑团重重，十月降旨命庆祥前往喀什噶尔，逐一查访、据实密奏，至十二月中旬，庆祥才将上述真相报告给道光。道光接到庆祥的报告，当然异常愤怒，斥责已死的巴彦巴图"措置无方"，严重地损害了国威、军威，实在令人痛恨，永芹虽已病故，道光仍责其"调度失宜，奏事不实"，假如他还活着，定当革职拿问，按军法治罪。

永芹死后，道光将庆祥降格任命为喀什噶尔参赞大臣，授长龄为伊犁将军，加强了回疆的防御力量。但回疆大规模叛乱的形势已经酿成，特别是巴彦巴图残杀无辜事件发生后，布鲁特部众的相当一部分人，倒向了张格尔，一场更大规模的叛乱已无法避免。

庆祥受命回疆参赞后，按照道光的部署，采取一些措施，也收到了一定效果，但仍未能从根本上解决问题。张格尔仍在沿边一带四处流窜，煽动当地回众及布鲁特人，准备继续入侵。到道光六年（1826），张格尔已聚众三四千人之多，分别屯聚六处地方，并于各道路要隘之处安设头目和马匹，以便互为声援。同年六月十四日，张格尔纠集布鲁特、浩罕等五百余人，越过伊斯里克和图舒克塔什两道卡伦，乘夜突击阿尔图什回民村庄，在苏图克·克格拉汗玛杂（回人先祖之墓，又作麻扎）附近建立了立足点。这一消息传到喀什噶尔后，庆祥急令帮办大臣舒尔哈善、领队大臣乌凌阿带领官兵前往剿捕，双方经过激战，清军斩杀叛军四百余名，张格尔率领残敌又窜至喀什噶尔附近的阿帕克和加玛杂。

阿帕克和加玛杂为阿帕克和加家族墓地，自 1695 年阿帕克和加玛杂葬于此地后，即成为维吾尔白山派的朝拜中心。所谓的白山派，是回疆地区为争夺教权乃至政权而形成的教派之一，其信徒崇尚阿帕克和加，因该派信徒戴白色单帽，故又称白帽僧。其对立派别为黑山派，信徒戴黑色单帽，故又称黑帽僧。清朝早期的治理新疆政策，更多是偏向白山派一边。乾隆中期，白山派首领博罗尼都煽动反清叛乱，清廷就将治疆的宗教政策倒向了黑山派一边，对白山派进行诸多限制和防范。直到道光时期，扶黑抑白政策仍然继续着。

张格尔流窜到阿帕克和加玛杂，意在以朝拜先祖之名相号召，煽动白山派大举叛乱。清军闻讯后，立即调派一千余名官兵，将张格尔等人团团围困在加玛杂之内。张格尔一伙凭借玛杂墙垣，顽强困守，与清军对峙。这时，白山派首领们四处煽惑，遂使大批白山派信徒，云集阿帕克和加玛杂，围绕在清军外围，为张格尔助威。在一个雷雨交加的傍晚，张格尔率众突围，在众多白山派信徒的掩护下，得以脱逃。

张格尔突围成功，震动了整个回疆，使回疆的局势急剧恶化。特别是喀什噶尔城附近的白山派信徒，闻风而动，纷纷响应。不久，张格尔就组织起一支声势可观的叛乱队伍，并且公然向喀什噶尔进军。参赞大臣庆祥匆忙将驻防喀城的清军和守卫哨卡的部队集中编成三营，抵御叛军的攻势，但防线很快被叛军突破，清军被迫退入喀什噶尔汉城，张格尔叛军蜂拥而进，将庆祥等清军围困在城内。六月二十五日，困守孤城的庆祥发出任职以来最后一份告急奏报，其中说："喀什噶尔城中，回子全部变乱。现贼势猖獗，道路不通，万分紧急"，反映了当时的真实情况。

尽管形势如此严峻，张格尔仍然没有稳操胜券的把握，特别是担心喀什噶尔汉城久攻不下，驻守北疆的清军及回疆其他各城清军，及时应援，局面将不可收拾。于是，张格尔一面兵围喀什噶尔，一面与浩罕国勾结，请求出兵援助，并向浩罕统治者约定：回疆西四城（喀什噶尔、叶尔羌、英吉沙尔、和阗）攻破以后，双方共同享有民众和财富，并把喀什噶尔城割让给浩罕。在回疆富庶的诱惑下，浩罕国王伊列汗亲自率领浩罕士兵一万人，直奔喀什噶尔。中外势力再度合流。

由于清军无法在回疆迅速实现集结，不可能驰赴喀什噶尔救援，庆祥等清军官兵在固守七十天后，喀什噶尔终于陷落。城破后，庆祥自杀身亡，以身殉国。城中官兵商民被从城内撵出，城墙及衙署民房全部拆毁。为了庆贺攻城胜利，张格尔还在喀什噶尔举行了入城仪式，宣布自己为"赛伊德·张格尔·苏丹"，意思是"圣裔张格尔国王"。

大致与喀什噶尔被围的同时，叶尔羌、英吉沙尔、和阗三城也相继被围。随着喀什噶尔的陷落，叶、英和三城也先后陷落。这样，回疆西半部全部落入叛军之手。

在回疆西四城陷落过程中，清军镇守四城的主要将领，喀什噶尔参赞大臣庆祥、帮办大臣舒尔哈善、领队大臣乌凌阿和穆克登布，叶尔羌帮办大臣多隆武、办事大臣印登额，英吉沙尔领队大臣苏伦保，和阗领队大臣奕湄、帮办大臣桂斌等均先后殉难。

（三）调兵遣将，建立完善的作战部署

张格尔久侵，发生在六月十四日，由于路途遥远，道光帝直到七月十三日才收到庆祥奏报。庆祥报告说，张格尔率众五百入侵，被舒尔哈善、乌凌阿等斩杀四百余，为防止叛乱扩大，解决喀什噶尔防务空虚，请求从叶尔羌、乌什两城各调兵三百名，从英吉沙尔调兵五十名。道光准奏。但没想到，就在军机大臣承旨后，正在缮写谕旨时，突然接到乌什办事大臣庆廉飞递到京的紧急奏折，报告喀什噶尔被围的消息，道光这才知道，回疆的事态已经相当严重了。于是，当天就连发二道谕旨，果断地采取紧急应变措施。一、命军机大臣传谕伊犁将军长龄及巴哈布、果良阿、长清、庆廉、苏伦保、印登额、多隆武、奕湄、桂斌等回疆大吏，相机调度，设法策应，加意防范，妥为处置；二、命军机大臣传谕陕甘总督杨遇春，颁给钦差大臣关防，令其迅速驰驿回疆，并可于陕、甘两省自提镇以下满汉官兵中择其精锐三千名，分批督率，入疆应援；三、命军机大臣传谕陕西巡抚鄂山，立即赴兰州，署理陕甘总督。

自七月十三日开始，回疆的告急文报，连篇累牍，传至京城，回疆形势日益恶化，道光根据形势变化，又采取了一系列重大决策。十四日，命长龄由伊犁派遣官兵二千名，由领队大臣祥云保、硕隆武带领，星驰南行，分批入疆；命乌鲁木齐调派官兵四千名，由提督达凌阿、多贵率领，驰赴回疆应援。十七日，命吉林将军富俊、黑龙江将军禄成各挑选精兵一千名听候调用。二十一日，传谕富俊、禄成各派副都统一员，统领骑兵二千名，迅速前往新疆哈密，与杨遇春会齐。同日，传谕宁夏将军格布舍，挑派精锐满洲营官兵五百名、凉州庄浪满洲营官兵五百名、宁夏镇属官兵一千名，前往哈密。又命御前大臣、领侍卫内大臣在三旗侍卫、前锋参领、护军参领、护军校各员中挑选年轻力壮、武备娴习者三十余人发往军营；钦差大臣杨遇春统领的陕甘兵丁

由原定三千名增至五千五百名。从七月十三日至二十一日，从道光发出的各道谕旨可以看出，道光在组织平叛战争的初期其总体战略部署大致是：伊犁将军长龄镇守北疆，相机调度；陕甘总督杨遇春为钦差大臣，驰赴回疆，指挥平叛事宜；因西四城相继被围，道路不通，难以应援，命各路援兵向新疆最东部的哈密集中，待兵力厚集，次第向回疆推进。

七月二十一日，伊犁将军长龄将一道十分重要的奏折递给了道光帝。这道奏折提出了平叛的基本思路：一、速发大兵四万；二、各路清军全集阿克苏；三、简派统领大员二三名，组成前敌指挥机构。长龄的平叛设想，与道光的部署存在相当的距离。两者比较起来，应该说，长龄的设想比道光的部署更为客观、实际、得力。

道光收到长龄奏折后，认真考虑了长龄的建议，二天后向内阁发出决策上谕：一、授大学士、伊犁将军长龄为扬威将军，由京颁给印信，前线军营大小官员，一律归长龄节制。命武隆阿由山东来京，颁给钦差大臣关防，与钦差大臣杨遇春共同参赞军务；二、前线已调平叛大军将近两万，如有不足，可续行增调，由长龄一面奏闻一面添调。与此同时，道光又传谕军机处：令长龄督饬所属，沿途侦探，何处可以驻扎，就在何处会齐。如果迅速救援被围各城，即命前往，如需厚集兵力，就在阿克苏截堵。这样，道光原则上接受了长龄的计划，君臣之间取得了一致。以长龄为首，杨遇春、武隆阿为副的前线最高指挥机构最后确定；前敌大本营，也按长龄计划，由哈密移至阿克苏；前线兵力，可以继续调派。至当年秋冬，道光又从四川、贵州、吉林、黑龙江等处续调和增调大批清军，以及京师健锐、火器两营和山东炮营民兵等，总兵力已达三万六千余人，一场大规模平叛战争的调兵遣将工作已经基本完成。

回疆地处边陲，幅员广大，人烟稀少，地形复杂，数万大军长途远征，军火、军粮、军调、军服、马匹、驮只等大量军用物资，能否源源接济，保证供应，这对于平叛战争的胜负，是一件至关重要的大事。道光帝从调派大军入疆伊始，就高度重视这项工作。

道光六年（1826）七月十三日，道光接到回疆叛乱紧急文报当天，便传谕杨遇春为钦差大臣，立即赴疆。同时，又传谕陕西巡抚鄂山，迅速赶往甘肃，署理陕甘总督。其主要任务，就是将"一切应用军需、粮饷、驮载等项，随时妥速筹备，接济前线"。十六日，命军机大臣传谕，令乌鲁木齐都统英惠，坐镇北路，备办粮饷火药，并设法运解回疆。又谕令哈密办事大臣恒敬，对陆续抵达新疆的各路清军，提前筹备全部口粮、骑驮马匹，以利军行，不得临时迟误。二十五日，命熟悉陕甘事务的前任陕西巡抚卢坤驰赴甘肃，会同鄂山总理一切，筹办粮饷。二十八日，命卢坤专门驻在肃州，督办一切。经过这样一番部署，短短的半月时间，两条后勤运输网络就建立起来了。一条为东路运输线，西出兰州，经肃州至哈密、吐鲁番，转道喀喇沙尔、库车，直抵阿克苏大营；一条为北路运输线，由乌鲁木齐南行至吐鲁番，转道喀喇沙尔、库车，抵阿克苏大营。此外，尚有伊犁直达阿克苏的通道，这也是一条重要的北路运输线。于是，由鄂山驻兰州、卢坤驻肃州、恒敬驻哈密、英惠驻乌鲁木齐以及德英阿驻伊犁所构筑的完整布局，就为这次平叛战争，建立了一个运转灵便、举措周密的后勤补给指挥调度网络。

经过三个多月紧张繁忙的准备，至道光六年（1826）秋冬之际，道光帝基本完成了有关平定张格尔叛乱的作战部署：一支由三万六千人组成的平叛大军大部分抵达前线；以长龄、杨遇春、武隆阿为核心的前敌指挥机构建立起来；由鄂山、卢坤、恒敬等人统一调度的后勤补给系统也建立起来，大批粮草、军饷、军械等军需物资陆续调运入疆。一场大规模的平叛战争即将展开。

（四）道光帝与扬威将军的分歧

但此时已居冬令，气候寒冷，冰雪在地，行军作战，诸多不便。陆续云集阿克苏的清军，在完成阻断叛军势力蔓延、保护东四城安全的战略部署的同时，随时都在捕捉进军平叛的战机。就在这时，对未来平叛战争的战略攻势，道光帝的意见与长龄等前敌指挥人员的意见，发生了分歧。

早在道光任命长龄为扬威将军的第三天，即七月二十六日，就命军机大臣传谕长龄、杨遇春、武隆阿等，指授进军方略，要求长龄等必须事先制定一个"出奇制胜"的策略，或者是诱敌深入，将其包围歼灭，或者分出奇兵，绕到边境哨卡一带，截住叛军退路，令其无法逃脱，一举歼灭。这是道光在指导平叛战争中首次提出"出奇制胜"的战略构想。到八月十六日，道光在发给长龄、杨遇春、武隆阿的一道上谕中，开始将其出奇制胜的战略构想具体化了：

行军作战，只有出奇，才能制胜。以前曾经降过旨意，命长龄等人在进军平叛时，要事先筹划一条奇策，先将叛军退路堵截，然后剿捕，这样才能聚而歼之。近日朕览阅地图，发现回疆由乌什的巴什雅哈玛山通到喀什噶尔的巴尔昌山有一条草地小路，甚是偏僻。这条路比起巴尔楚克那条回民往来的熟路，更加近便。出兵平叛时，应该一面统领大兵，沿台站正面进兵，一面分出参赞一人，偷偷率领一支奇兵，出草地小路抄至叛军背后，一旦战争打响，两面夹击，出其不意，攻其不备，将张格尔叛军就地歼灭，不使其临阵脱逃漏网。

自此以后，数月之内，道光始终坚持出奇制胜的战略思想，屡次命前敌指挥大员照办：八月二十六日，传谕长龄等，先将回疆的道里山川调查明确，早日确定奇兵进军路线，务必前后会合，一鼓歼敌，不使叛军逃窜。甚至警告长龄等，如果此次大举进兵，仍不能将张格尔歼擒，永除后患，你们如何对朕交代！口气已近于严厉。九月二十三日，道光帝又指出，大军进军平叛之前，先派遣奇兵两路，每路各三千名，先后出发，抄至喀什噶尔后路，然后正面部队再由大路抵达喀什噶尔，实行夹击合剿。十月十二日，道光帝重申九月旨意。十一月七日，道光仍在继续完善自己的出奇制胜战略，指出进兵时，先要制造一种舆论，佯称官兵驻守阿克苏、乌什，以松懈叛军防备之心。但同时要分出二路奇兵，一路由乌什的巴什雅哈玛哨卡外的草地潜行至喀什噶尔，一路由巴尔楚克向树窝子潜行。每一路各领精兵七八千人，由得力将领督率。每一路再分成两股潜行。这两路的任务，就是截断敌军退路。然后，长龄再统领大军由正面进发，会合攻剿。道光七年（1827）一月九日，道光再次强调，此次平叛，不论一路、二路、三路，总之要出奇制胜，相机办理，绝不可正面部队先到，而奇兵未到，致使张格尔再次逃脱。

道光的指导思想是明确的，即兵分正、奇两路。奇兵或一路、二路、三路，或同时进发，或前后分别出发，正兵攻其前，奇兵断其后。目的只有一个，两面夹击，一鼓歼擒，不使张格尔逃窜。从张格尔屡败屡窜、败而复来的历史教训来说，道光的指导思想和战略部署是有道理的。但道光毕竟身居大内，远离前线，对前敌情况的了解终究有限。所以，其设计的总体作战方案与实际存在一定距离。

前线指挥官长龄对道光的作战方案似乎从一开始就持有保留意见，但碍于圣命难违，不好表态。在道光帝三令五申之下，长龄直到道光六年（1826）十二月，才含糊其词地表示："一旦大兵全部到达，诸事妥备，就将分兵前进，还是合兵前进，如何进发，如何后应等事，根据当时的实际情况，临时决定，然后奏上。"显然，长龄仍没有肯定钦遵圣命之意。直到道光七年（1827）二月二十六日，道光终于收到了前线指挥部关于进军计划的报告，也是对道光帝三令五申"出奇制胜"策略的答复。报告指出：

前此屡奉谕旨令分正、奇两路进兵，以免叛贼逃窜。臣等已命齐慎等人带领马步官兵，先赴乌什的巴什雅哈玛卡附近驻扎，转运进征兵粮。计划待兵力到齐后，由武隆阿率军队向乌什草地前进，长龄和杨遇春则由树窝子进发。但是，经多次探查道路情形，发现自乌什以外，直到巴尔昌，均系险窄山沟，且有数站戈壁地带，没有水草。加上水源、山石错杂，骑兵难以通过，后路兵粮无法接济。乌什哨卡外的各布鲁特部落，大部分已与张格尔沟通，一军深入，处境危险。此次平叛，行后共调官兵三万三千余名，留防后路阿克苏、波斯图、洋阿里克、都齐特、伊勒都、乌图斯克、满萨雅里克、乌什、库车等处官兵，就需九千一百余名，另有四川、延绥等未到官兵五千名，实际现有可供进剿之用的满汉马步官兵仅止二万一千九百五十众名。如果两路进兵，相互距离二十余站，声息难以沟通，一旦某一路出现意外，即会影响全局。现在，乌什一路，因布鲁特已与张格尔勾结，难以潜行通过；喀什噶尔方面，叛军人数众多，如果不聚集人兵全力出击，绝不能震慑叛军。所以，我等审度机宜，酌量兵力，必须合兵一路，由中道出击，突往围攻，这样才能反正为奇，容易得手。

长龄等前线指挥官的这道上奏，实际上委婉地否定了道光一直坚持的出奇制胜的作战方案。按说，道光是不会高兴的。但长龄的请示报告，言之凿凿，出语有据，是根据前线现有的兵力配备、实际地理条件和复杂的敌情信息制定的积极稳妥的作战方案。道光帝接到奏报，当天就命军机处传谕："乌什至巴尔昌一带，既然多有戈壁，水草缺乏，哨卡外各布鲁特又多与张格尔沟通，自然不宜奇兵深入。长龄等人议定，由树窝子一路，分为前敌后应，突往围攻，所见甚是。行军作战，部署进兵，均由长龄等相机妥办。"表示同意并批准了长龄等的作战方案。道光体察下情，不存成见，不仅没有责备长龄，反而充分尊重前敌将帅的意见，使君臣相左的战略决策很快实现了统一，这对于推动这次平叛战争的顺利发展是一个很重要的因素。

（五）九战九捷

自道光帝决策平叛起，至叛乱最后被粉碎，双方规模较大的战役，计有九次。其中，清军大队人马云集阿克苏之前有两次。

一、阿克苏保卫战。阿克苏地处回疆中心。就清军而言，大兵云集于此，既可阻遏叛军势力向东蔓延，又可以此为进军西四城的战略要地；就叛军而言，抢占了阿克苏，就可进而占有整个回疆。于是，双方首先在阿克苏展开了激烈的攻防战。

道光六年（1826）七月，回疆西四城均被张格尔叛军围困，叛乱势力迅速向东部的阿克苏地区扩展，阿克苏南部的都齐特、洋阿里克、浑巴什、柯尔坪、萨雅里克、郝紫尔等地，均为叛军占据。为防止叛军北上，威胁阿克苏的安全，阿克苏办事大臣长清命参将王鸿仪率清兵六百名，前往堵剿，结果，清兵全军覆没。叛军势力向北延伸，抵达距阿克苏只有四十里的浑巴什河一带。长清又派额尔古伦带领三百名清军迎敌，斩杀叛军一百余人，暂时遏制了叛军北上的势头。但是，叛军很快又从喀什噶尔、叶尔羌调集五六千人马，屯聚浑巴什河南岸，自八月十五日至十八日，叛军骑兵屡次企图涉水渡河，每日达三四次之多，长清调派清军在浑巴什河北岸"昼夜抵御"，使叛军无法渡河。八月二十二日，叛军再次渡河，正值部分清军援兵及时赶到，双方激战四小时，杀毙叛军三百余名，生擒五十余名。另有一股叛军约二三千人，则分股渡过托什罕河，窜至距阿克苏城仅二十里的地方。此时，阿克苏城守军仅有三百人，难以御敌。办事大臣长清急中生智，派马队骑兵三十余人、赶赴敌前，"往来驰骋，飞沙扬尘"，佯装大队清军前来支援，叛军果然中计，匆忙撤回。这时，又一支平叛部队赶到，与沿河北岸清军互相配合，展开反击，先后歼敌近两千名，将河南岸一带叛军肃清。阿克苏保卫战，是清军平叛战争取得的首次胜利，遏制了叛军北上、东进的势头，保证了平叛基地的安全。阿克苏办事大臣长清也因指挥有方而成为平叛战争中第一个受到道光奖赏之人。

二、柯尔坪战役。柯尔坪位于阿克苏西南三百余里处，西南通巴尔楚西，西通喀什噶尔，北通乌什，是清军兵发西四城的必由之路。阿克苏保卫战之后，败残叛军逃至该处，张格尔又从喀什噶尔、叶尔羌等地调来叛军三千余名，企图以此为据点，阻截清军西进。

此时，平叛大军陆续抵达阿克苏者已达一万余人，统帅长龄、杨遇春等也先后抵达。十月十日，长龄派遣杨芳率军三千六百名，由阿克苏进发，十三日在和色尔湖扎营，距柯尔坪仅六十里。十四日夜，叛军闻讯前后偷袭，被清军斩杀三十余人。清军大队人马随即乘胜追击，十五日晨，抵达柯尔坪，副将胡超和副护军参领倭灵额分两路围攻北庄，额尔古伦和古拉布围攻南庄，杨芳等随后分两路策应。激战近一日，三千多叛军大部分被歼。

柯尔坪战役的胜利，打通了进军西四城的障碍，此后，清军得以"整旅长驱"，势如破竹，无后顾之忧。

三、洋阿尔巴特大捷。柯尔坪战役后，新疆开始进入严寒的冬季，大雪封山，双方无战事。道光七年（1827）初，平叛的准备工作大体就绪，在道光帝的一再严催之下，长龄等于二十六日率大军二万六千由阿克苏起程。二十二日，大军行抵大河拐扎营。半夜时分，张格尔叛军三千余名前来清军大寨劫营，被击败。二十三日中午时分，大军抵达洋阿尔巴特。该庄西南有一道沙冈，横长六七里，两万余名叛军居高排列沙冈之上。长龄审时度势，将大军兵分二路，杨遇春居左，武隆阿居右，从两翼进攻。长龄亲督中路突进，叛军见状，也分头迎敌。清军枪炮齐发，一拥而上，立时击杀叛军数百名。于是，叛军退守沙冈之上，企图居高下压。长龄又令三路人马各分成数股，分头攻击，奋力抢上，叛军虽经抵抗，很快不支，纷纷逃窜。清军分路追击三十余里，当夜，扎营巴特。此役，三路清军统计杀敌一万余名，生擒三千余名。道光接到长龄的报捷奏折，"嘉悦之至"，欣喜万分，当即传旨，晋封长龄为太子太保，杨遇春、武隆阿交部从优议叙。

四、沙布都尔庄大捷。二月二十五日，平叛大军兵临沙布都尔。这里地处沼泽地带，水网纵横，树林茂密，芦苇丛生，骑兵难于施展。长龄带领大军来到回庄外面，遥见叛军拥众十余万人，排列在庄外的水渠边上。长龄根据该处地形，仍将大军分做三路，长龄、杨遇春督率中路，武隆阿督率左路，杨芳督率右路，三路均步兵在前，骑兵在后，各分五行，按队前进，叛军先派骑兵冲击清军，被清军的连环枪炮击退，后遂抢占水渠之上，企图从高处压迫清军。清军将士奋勇向前，不避渠水深浅，飞身渡越，与叛军短兵相接。长龄乘势令骑兵从左右两侧渡过浅渠横截入阵，叛军阵脚大乱，难以支持，纷纷后退。长龄挥军追杀，一直追过浑水河达三四十里，始行撤回。正当清军休息之际，叛军又有数千援兵赶到，又被杨遇春、武隆阿杀毙千余名。此役，清军消灭叛军计约四五万人。道光接奏，嘉奖长龄白玉祥牌一面、珠镶宝石带领一副、白玉鼻烟壶一个、镶宝石小刀一把，杨遇春、武隆阿等也各有赏赐。

五、阿克瓦巴特大捷。二月二十七日，长龄统率大军乘胜前进，在阿克瓦巴特附近扎营。阿克瓦巴特为通往喀什噶尔的重要门户，距喀什噶尔八十里。该庄依冈背河，树林环密。张格尔在这里布下十余万重兵，拒敌清军。

二十八日一早，清军先派哈朗阿和阿勒罕保各带领五百骑兵，分由左、右两路，抄往阿克瓦巴特，清军大队则由大路前进。清晨八九点钟，清军到达距阿克瓦巴特约八九里的地方，远远望见叛军如雁翅一般排列在沙冈上。长龄派杨芳率军居中，倭楞泰、吉勒通分率骑兵，从两翼进攻。清军枪炮齐施，奋勇抢扑，叛军假装退却，企图把清军引到沙冈半腰，然后居高临下冲击清军。长龄等就命步兵施放连环枪炮，随放随进，并乘风施放喷筒，同时又命藤牌兵身着虎衣、虎帽冲入敌阵，叛军战马受惊，阵脚大乱。正当双方混战之时，哈朗阿、阿勒罕保等抄截的骑兵赶到，从庄后掩杀过来。叛军腹背受敌，纷纷溃败，清军随后追杀，直至洋达玛河。这次战斗，清军杀毙叛军二三万人，生擒二千余人。道光闻奏，明降谕旨，长龄赏赐紫缰，杨遇春晋封太子太保衔，武隆阿赏加太子少保衔。

六、收复喀什噶尔。阿克瓦巴特大捷之后，清军于二月二十九日整队进发，直抵喀什噶尔附近的浑河北岸。叛军在浑河南岸集结，众达十余万人，列阵横长二十余里，纵深十余排，沿岸挖掘探沟三道，垒筑土冈一道，长约三百余丈，冈上筑有空穴，排列大小炮位。叛军见清军逼近河岸，遂放炮轰击，清军则用连环大炮还击，但因叛军有土冈屏障，清军火力无法奏效，双方只好夹河对峙。当晚，清军在岸边扎营。入夜时分，叛军数百人由东面浅水处渡河，偷袭清军左营，被杨芳、哈朗阿等击退。半夜以后，天气突变，狂风大作，撼木扬沙。长龄以为，天气阴晦，距离咫尺，且敌众我寡，如果敌人乘势攻击，则将四面受敌，主张后退十里。杨遇春则主张，风大天黑，敌军不辨我军多寡，正是发起攻击的大好时机。于是，清军先派一千名索伦骑兵取道下游过河，以牵制叛军，长龄、杨遇春等率大队潜赴上游，乘势渡河，占据上风，直逼敌营，发炮轰击，炮声与风势相加，宛如数十万大军，骤然而至，叛军措手不及，阵势大乱。待到天明（三月一日），清兵全军过河，下游的索伦骑兵也同时杀到，经过一场激战，叛军大败，清军将士一鼓作气，直杀至喀什噶尔城下。杨遇春、武隆阿等督率所部，于当日下午，先克复喀什噶尔汉城，后又攻下回城。至此，被张格尔叛军盘踞半年之久的回疆中心——喀什噶尔终于收复。这次战役，杀毙叛军六万余人，生擒四千余人。张格尔的外甥被击毙，张格尔的妻、侄等被活捉。

七、收复英吉沙尔。喀什噶尔收复后，清军稍事整顿，长龄就派杨遇春、武隆阿率军前往英吉沙尔。清军在前往英吉沙尔途中，斩获叛军五百余名。在距英吉沙尔五十余里处，得知英吉沙尔叛军已先行逃窜，杨遇春则派先头部队入城，又拿获叛匪二百余名。三月五日，杨遇春、武隆阿进入英吉沙尔，留兵五百，又向叶尔羌进兵。

八、收复叶尔羌。清军兵发叶尔羌途中，武隆阿肝病复发，遂由杨遇春统兵前进。三月十六日，叶尔羌的大小阿訇、伯克来到杨遇春军营，请求投诚，并告知叛军百名已于三月初二日就已逃窜，于是，杨遇春顺利进入叶尔羌。

九、收复和阗。杨芳统领四千五百名清军向和阗进发。一路上，受到各回疆群众，特别是黑山派群众的欢迎。三月二十六日，清军扎营于杂古牙尔，接到探马报告，有数千叛军屯聚在昆拉满。二十七日一早，清军整队出发，不久，与叛军相遇。杨芳命余步云领步兵居中，阿勒罕保带领索伦骑兵居右，杨芳则与额尔古伦带领伊犁骑兵居左，另派哈朗阿带领吉林马队，潜由北面沙山一路抄袭叛军之后，四路夹击，叛军溃败，清军乘胜追杀二十余里，斩杀二千三百余名，生擒一千余名。二十九日，清军进入和阗城。道光闻奏，嘉奖了杨芳、哈朗阿、阿勒罕保、余步云等有功人员。

至此，回疆西四城全部收复，张格尔叛乱基本平息。

新疆善后

生擒张格尔，终于解了道光帝的心头之患，并成全了清朝历史上的第五次献俘仪典。新疆善后中出现的"捐西守东"之议，再次暴露了边吏的苟且偷安、目光短浅，道光帝力排众议，一举奠下功在当代、利在千秋的格局。

另一方面，处理回疆善后事宜，与对付浩罕汗国，二者密切相关。浩罕是战乱的唯一策源地，边界贸易的最大受惠者，也是收留叛乱分子的大本营。道光帝对浩罕软弱退让，并且在胜利后一再让步，以忍让求和平，牺牲长远利益换取暂时安宁。基于这一政策，和卓后裔问题始终没有妥善解决，道光末年又发生的七和卓之乱，叛逃者又一次死灰复燃，使回疆再次遭受蹂躏。

道光帝多次要求边臣筹长治久安之策，而他自己却私存苟安之见。玉麟提议增设文职官员，表明新疆设立行省的条件已经成熟，但道光帝墨守成规，思想封闭，没有顺应这一历史潮流，所以还需要后人来替他完成这一任务。

（一）生擒张格尔

道光帝领导的平叛战争以清军的胜利而告终，张格尔煽动的这场叛乱虽然平息下去了，但是，道光帝十分关切的一个重要目标还没有实现，即叛匪头子张格尔再次漏网逃脱没有捕获。

前敌总指挥长龄当然知道擒获张格尔的重要性。当清军攻克喀什噶尔后，未见张格尔其人，长龄马上命令清军官兵在全城进行按户搜查，同时，又对已被活捉的张格尔之妻爱则尔毕此、张格尔之侄呵里雅等人，严加讯问，但均不知张格尔下落。这时，倾心清廷的黑山派信徒报告，听说张格尔逃往英吉沙尔、叶尔羌等处，于是，长龄派遣杨遇春、武隆阿两位参赞军务的钦差大臣立刻带头向英吉沙尔、叶尔羌等处进发。

当长龄将上述情形报告道光帝后，道光帝当即盛怒，对长龄深为不满，立即命军机大臣传谕长龄："张格尔技穷逃窜，早就在我意料之中，所以，屡次命令长龄等人，要设法堵截，防其逃遁，简直是一而再，再而三地告诫你们。现在兵临城下，大功即将告成，又让张格尔跑掉，实在是令人痛恨，有失我对你们的期望。"命长龄等人赶紧分兵追捕，务必活捉张格尔，否则大兵入疆，劳师糜饷，仅拿获一二名张格尔家属，蒙混搪塞，"将来长龄等有何脸面见朕"。

英吉沙尔收复，仍不见张格尔踪影，道光帝余怒未息，命革去长龄紫缰；撤掉杨遇春太子太保衔，留太子少保衔；撤掉武隆阿太子少保衔，将三将帅同时处分。十天后，叶尔羌收复，张格尔还是下落不明。道光帝恼怒之余，终于旧事重提，对长龄未按道光指示的"出奇制胜"方案进兵，谴责道："一旦大兵会集回疆，我就料到张格尔势必技穷奔窜，所以屡次谕令长龄等人，要分路进兵，出奇制胜。而长龄等却说，分路进剿，不如统归一路，可使叛匪猝不及防。我以为你们身居前线，一定确有把握，所以才批准你们的方案。实际上，早在喀什噶尔收复之前，张格尔早已逃跑。英吉沙尔、叶尔羌也没有张格尔下落，到这时，你们才知道张格尔是在一个月之前逃跑的，如梦方醒，实在令人愤怒已极。"

面对道光的一道道严旨切责，长龄等人自然不敢怠慢，采取了一系列措施：一、到处张贴悬赏布告，广泛动员回众参与缉捕，赏格定为白银十万两；二、派人前往浩罕、布噶尔、布鲁特等境外各地，令其协助擒拿；三、充分利用倾向清廷的黑山派回众，潜往各处，打探张格尔下落；四、增派骑兵、步兵，驻兵哨卡内外各要隘，沿边搜查。长龄的这些措施，虽然也曾收到一定的效果，浩罕、布鲁特等表示愿与清军配合，驻防各地的清军和当地回众也不时传来张格尔流窜各地的情报。但是，由于回疆地域辽阔，山多路杂，部落众多，民族情况复杂，张格尔又只是率领少数亲信忽东忽西，飘移不定，致使清军一时很难捕捉到张格尔确切藏身之所。署陕甘总督鄂山向道光所奏的密折中就说，自三月至七月，张格尔逃跑后的四个月，屡接军营报告，或称张格尔窜往阿赖，或在拉克沙，或在木吉，或在喀拉提锦，昨天报称，又窜到达尔瓦斯地方。

二龙戏珠寿字玉牌

　　鉴于张格尔行踪不定的现实，从七八月份开始，道光帝开始考虑从回疆撤兵的问题。道光此举，主要是着眼于节省军费。长龄则不然，主张重兵布防，加紧搜索，务必擒获张格尔，意在全功凯旋。道光与长龄君臣之间，围绕撤兵多少留兵若干的问题，奏谕往来，直到十一月以后才有个眉目。

　　这时，由于清军平叛战争的胜利，清廷声威大振，浩罕汗国及各布鲁特部落，均不敢再轻举妄动，纷纷表示归顺朝廷，不再与张格尔保持联系。再加上清军大兵长驻各哨卡，搜索封堵，到处追剿，致使张格尔生计困难。十一月以后，张格尔率二百余人流窜到库苏一带，觉得风头不对，他匆忙逃往阿古斯托罗，企图纠合各布鲁特，再次入境叛乱。

　　十二月初，长龄得知了张格尔企图纠结部众，再次入侵的动向，决定秘密派遣黑山派回众在哨卡内外，施行反间计，大造舆论，谎称清军已经撤回，喀什噶尔防务空虚，众回民正翘首盼望张格尔重回喀什噶尔。张格尔信以为真，准备乘春节前夕，清军可能疏于防备的时机，再度入侵。

　　十二月二十七日，张格尔率骑兵三百余人，步兵二百余人，由开齐山旧路进入哨卡，先奔阿尔古回庄，该庄回众闻风逃散。张格尔等复又率众奔向阿尔图什，该处黑山派回众四百余人组织起来，持械拦阻。此时，由长龄和杨芳率领的清军六千人，已分两路悄悄向张格尔包抄过来。张格尔在阿尔图什，见回众不肯服从，且持械拦阻，并无欢迎之意，知道事机不妙，立即由原路退回，"狂奔出卡"，直奔喀尔铁盖山而去。长龄急令杨芳连夜追击，赶至喀尔铁盖山内，杨芳所率清军终于赶上叛军后部，清军马、步官兵一拥而上，顷刻之间，击毙叛军二百余人。张格尔率领前部叛军三百余人回头冲向清军，杨芳将清军分为三路，兜围叛军。叛军见状不妙，即向山沟逃窜，清军尽力追剿，又消灭叛军三百余人。

　　这时，张格尔仅率三十余人弃马上山，随后追来的胡超、额尔古伦等率七十名清军官兵也弃马登山，穷追不舍。不多时，张格尔身边只有叛军十余人相从。一直追至山顶，张格尔无路再逃，知大势已去，欲抽刀自刎。这时，总兵胡超、都司段永福、锡伯马甲讷松阿和舒兴阿、兵丁杨发和田大武等及时赶到，奋力夺刀，将张格尔及八名叛军头目擒获。时为道光七年（1827）十二月二十八日下午二时左右。

（二）红旗飞驰　午门献俘

自嘉庆二十五年（1820）至道光七年（1827），八年间，张格尔和国外反动势力相勾结，利用回疆复杂的民族矛盾，多次组织武装入侵，进行分裂主义阴谋活动。特别是道光六年（1826）这次，竟然煽动起数十万人参加叛乱，并将回疆的西半部全部占据，势力十分猖獗。道光帝从新疆、陕西、甘肃、四川、吉林、黑龙江、山东、京师等地调派了三万六千余满汉军队，耗银一千一百余万两，总算把这场叛乱平息下来。但张格尔再次脱逃，下落不明，隐患不除，这成了道光帝的一块心病，所以屡次向长龄等施加压力，要求前敌将帅务必擒获张格尔。

如今，张格尔终于落网，对于扬威将军长龄来说，心情自然十分兴奋，急令用日行八百里的特急速度，向道光皇帝红旗报捷。

红旗报捷信使一路上风驰电掣，昼夜兼程，跨越戈壁沙漠，穿过河西走廊，飞掠中原大地，仅用二十二天就将回疆前线的胜利喜讯从喀什噶尔传到京城。自从大兵进入回疆，道光帝日夜盼望早传佳音。按照清制规定，各省战报，均由兵部转至奏事处，然后上报皇帝。这天，兵部办公结束，各司员已回家吃饭，只有一个年老司员，性情恬静，行动迟慢，直至晚上七八点钟，仍然在署办公。就在这时，捉获张格尔的捷报传到，已来不及派遣值班司员，就临时命老司员前往奏报。道光帝闻报，欣喜万分，当即下诏："传递捷报者，赏戴花翎，命其在军机行走。"可见，道光当时的心情是何等兴奋。

道光八年（1828）正月二十三日，道光帝龙心大悦，当即加恩赐封长龄为威勇公爵，世袭罔替，并赏戴宝石帽顶、两团龙补服，授为御前大臣，赏用紫缰，换带双眼花翎；加恩赐封杨芳为果勇侯爵，世袭罔替，并赏用紫缰，换带双眼花翎，在御前侍卫上行走；长龄、杨芳、杨遇春、武隆阿等过去一切处分均撤销，其余官兵也赏赉有差。二十五日，因军机大臣运筹军务有功，军机大臣、武英殿大学士曹振镛晋加太傅衔，赏用紫缰；军机大臣、户部尚书王鼎赏戴花翎；军机大臣、兵部尚书玉麟晋加太子太保衔；军机大臣、工部尚书穆彰阿晋加太子少保衔。二十六日，又恩赏在廷朝臣、王公、贝勒、内外蒙古王公和札萨克等，以后又陆续发出谕旨十数道，恩赏各级平叛有功人员。二月初七日，再封长龄为二等威勇公，杨芳为三等果勇侯。同时，传谕长龄等，将平定回疆的各次重要战役一一绘成战图，借以宣扬将士劳绩。初十日，钦定御制碑文，勒石太学；建碑于喀尔铁盖山前；将此次平定回疆有功之臣绘像紫光阁。

张格尔于道光七年（1827）十二月二十八日被俘，道光八年（1828）正月初二日，押解到喀什噶尔清军大营。初六日，张格尔被装入囚车，由副都御史诚端、副都统吉勒通阿、祥云保带领官兵二千名，离开喀什噶尔，槛送进京。

五月十日，张格尔被押解到京。十一日，献俘于太庙、社稷。这天先由都统哈朗阿率押解张格尔的将吏将张格尔从天安门押入，至太庙街门外，朝北跪伏，待承祭王行典礼后，再将张格尔押至社稷街门外，承祭王再行典礼。典礼结束，赏解俘都统哈朗阿大卷八丝缎二匹、革丝蟒袍一袭，赏解俘的盛京工部侍郎诚端大卷八丝缎二匹，赏解俘的吉林副统吉勒通阿副都统祥云保各大卷江绸二匹，并赏解俘的回疆伯克回子等顶戴缎匹有差。

五月十二日，道光举行受俘典礼。清朝以武功定天下，凡边陲有乱，发兵征讨，振旅凯旋，则有献俘受俘之礼。清入关至道光八年（1828）间，共一百八十四年，先后受俘四次，即康熙征准噶尔获胜一次，雍正平青海获胜一次，乾隆平伊犁、平两金川各一次。道光帝此次受俘，乃清朝第五次举行受俘礼。

受俘典礼十分隆重。这天，首先由都统哈朗阿等率众将官将张格尔先行押至午门外的西侧等候。不久，大乐鼓敲起，金鼓齐鸣，道光帝身穿龙袍衮服，临御午门城楼。升座后，众将校向道光行礼，然后令张格尔北向跪伏。接下来，由兵部尚书跪奏：回疆平定，张格尔俘获，谨献阙下，请旨发落。道光传旨：交刑部。刑部尚书跪下领旨，张格尔即由兵部司官转交刑部司官，由天安门领出。最后，则是王公百官向道光帝行庆贺礼，道光传谕：加恩晋封长龄太保衔，赏戴三眼花翎；杨芳加恩赏加太子太保衔；哈朗阿、诚端、吉勒通阿、祥云保等解俘有功，交部优叙。其他如所有解俘官兵，途中接替护送官兵，在京王、贝勒、贝子、公等，在京文武大小官员，八旗兵丁等等，均有赏赐。

五月十四日，道光帝在圆明园廓然大公殿廷讯张格尔罪状，然后传旨，将张格尔寸磔处死，枭首示众。行刑时，特派协办大学士、尚书富俊、尚书明山、侍郎钟昌和奕经，前往监视。行刑后，又将张格尔心肺摘去，交给战死回疆的庆祥的儿子文辉，在庆祥墓前致祭。

据说张格尔被押解到京后，因在铁槛之中，道光曾想亲见张格尔。诸臣恐怕张格尔在皇帝面前说出回疆吏治腐败的真情，则将毒药灌入张格尔口中，使其不能言语。所以，道光在廷讯张格尔时，张格尔"口角吹沫，情形甚苦，所问之事，一不能答"，道光只好判其寸磔处死。

平叛大功告成，道光帝于八月初七日，在圆明园正大光明殿赐宴凯旋将士，并喜成七律，以志纪念："策勋钦至率前章，凯宴秋中御苑张。看彼渠魁极刑伏，嘉予大帅国威扬。允宜懋赏山河巩，特纪新诗事业彰。边域安全诸将力，用褒忠勇永流芳。"同

时，道光颁诏，改定回疆各城名字，喀什噶尔改名恢武，叶尔羌改名嘉艺，英吉沙尔改名辑远，和阗改名威靖，阿克苏改名普安，乌什改名孚化，库车改名巩平，喀喇沙尔改名协顺，大概是想以此祈祝回疆的安定。

（三）弃新疆的议案遭到断然否决

张格尔叛乱，三起三落，历时八年之久，怎样才能使回疆实现长治久安，如何处理回疆善后事宜，改善和调整原来的治疆政策，摆到了道光的议事日程上。

道光六年（1826），清廷正在匆忙从各省调兵遣将，驰赴回疆平定叛乱的时候，道光帝就开始考虑新的治理回疆政策了。当长龄、武隆阿等会集阿克苏，大规模进剿张格尔叛乱之前，道光帝就向前敌统帅部发去一道秘密谕旨，向长龄、武隆阿等征询在回疆西四城实行土司分封制度的可能性。当时，由于战事紧张，长龄等人未能及时回奏。直至第二年，张格尔的最后一次叛乱被粉碎，但张格尔本人在逃，长龄一面搜捕张格尔，一面安排回疆善后。在这时，长龄除了要向道光帝报告有关撤兵、驻防、建城、设卡、屯田等项措施外，关于是否在回疆实行土司分封制，这是长龄必须回答的。

道光七年（1827）五月二十九日，长龄将有关是否实行土司分封问题的意见首次密报给道光。这些意见的大致内容是：一、将回疆参赞大臣和帮办大臣的驻地，由喀什噶尔东移至阿克苏，仍总理回疆八城事务，节制回疆满汉官兵；二、英吉沙尔、叶尔羌、和阗三城原设大臣、官员一律裁撤；三、在喀什噶尔设回吏（维吾尔首领）大阿奇木一员，在英吉沙尔、叶尔羌、和阗三城各设回吏阿奇木一员；四、为应付目前形势，西四城暂驻兵八千，分城镇守，专事操防，不得干预四城事务；五、一二年后，根据情况，酌量从回疆西部全部撤军，再议分封土司事宜。

长龄的主张，虽然说是再过一二年后根据实际情况考虑土司分封问题，但实际上已经主张清政府放弃对回疆西部的直接统治，把回疆的地方政权转手让给当地维吾尔官吏（回吏阿奇木）。只是考虑到，张格尔在逃未获，境外又有强大的浩罕势力，以及布鲁特势力的存在，当地回众，特别是黑山派回众，难以独立支撑，所以采取维持一二年后，从回疆西部退出的过渡办法。按照长龄等人的意见，西四城实行地方自治，清廷的直接行政辖区退至阿克苏以东，势必导致回疆西部落入浩罕、布鲁特、张格尔等分裂主义势力的手中，故长龄的意见被称为"捐西守东之议"。

对长龄的捐西守东之议，道光的批示是："该将军等请暂驻重兵，分城镇守，待一二年后酌量裁撤，所议不为无见。"这里，道光没有否定长龄的计划，但也没有肯定长龄奏折中的核心内容，显然道光的态度是有所保留的。稍后些时日，道光传下谕旨："西四城各办事、领队大臣仍应照旧设立，喀什噶尔为回疆八城边防要地，仍应以参赞大臣驻守。"实际上，道光帝否定了长龄等人捐西守东之议。

不久，杨芳率军在边境一带抓捕张格尔，在塔里克达坂附近遭遇叛军伏击，清军伤亡惨重，协领都凌阿、委参领郭全、侍卫色克精阿、委参领巴尔江阿、守备蔡汝寅、参领哲里善及士兵多名均阵亡。长龄、武隆阿等乘机再次上奏，将已被道光搁置了的"捐西守东之议"再次提出，并且比原议走得更远。

长龄的奏折篇幅很长，详细陈述了他的捐西守东之议，内容大意是这样的：

这次张格尔叛乱，虽然看似由于防范不严、兵力单薄引起的，实际是由于回民迷信宗教、崇信和卓造成的。众回民不畏官兵，不恤性命，冒死救护叛贼，却毫无怨言。今春，大兵进剿，俘获叛贼，均自供不讳，甘心被杀，甚至有人至死仍诵念经文、口呼和卓，可见，其崇信和卓之习，已是不可扭转之势。……现在边境地区雪深盈尺，官兵难以久驻。张格尔是否能够捉获，尚难预料。即使张格尔被擒，还有其兄玉素普和玉素普之子依山在境外布噶尔，张格尔之子布素鲁克及其弟巴布顶之次子侯里在浩罕，不能全部捉获，总是祸根。数年后，再起叛乱，以现有驻防八千之兵，无法抵挡数百万回众，所以，留兵驻防，并不能长治久安。

关于一二年后，分封伯克（当地维吾尔族官吏），令其自守的问题。现有伯克中，人才、名望没有超过伊萨克和阿布都尔满的，但这两人又不是当地回众普遍心服的人，特别是此次随军进剿平叛，与白山派回众结怨已深。如果分封他们管理回疆，一有变动，必然求助朝廷，朝廷又不能置之不问，只好再次劳师远征。那时，又怎么办呢？……不如挑选一位比张格尔名望还重的人，令其管理回疆，才可服回疆人心。据查，京中正白旗蒙古披甲阿布都哈里，是波罗尼都之子，每年回疆伯克进京，均前往看望，资助银两，该人又在京居住六十余年，早已向化清廷，人也明白安静，其子、孙也入旗档。希望皇帝能赏给阿布都哈里职衔，令其管理回疆西四城事务，并仿照西藏喀尔喀的成例，除应奏事件报告参赞大臣外，地方之事，均由当地回众自行办理。……并请皇上敕令阿布都哈里迅速动身前来办理回务。

如果将长龄的这道奏折概括起来，不外乎一句话：朝廷无法控制回疆西四城，应将西四城交给阿布都哈里，实行地方自治。

阿布都哈里是回疆大和卓波罗尼都的儿子，张格尔的亲叔叔。乾隆年间，波罗尼都叛乱被杀。当时，阿布都哈里因年幼无知，免予一死，被赏给大臣家为奴。道光三年（1823），道光帝将阿布都哈里一家加恩入正白旗蒙古籍。道光七年（1827）六月，因涉嫌张格尔叛乱，被道光迁出京师，发往云南监禁。长龄要起用的，就是此人。

与长龄同时上奏，主张放弃回疆西部的，还有武隆阿。武隆阿奏称："……驻防回疆的兵力少，则不够应付战守，驻队兵多，则财政困难。……我认为，西四城周边环列外夷，处处受敌，其地不足以守，其人不足为臣，不像东四城那样，是中路不可缺

少的保障。与其把有用的兵饷，浪费到无用之地，不如归到东四城，这样，只需兵费的一半，就可使东四城固若金汤，似乎没有必要守着西四城这块浪费资财的地方。"武隆阿的意见，比起长龄的主张，更为露骨，干脆主张放弃西四城。

就当时的形势来说，境外的英国、沙俄、浩罕、布鲁特等各种势力，都在虎视眈眈地觊觎天山南麓（回疆）地区，如果在该地实行土司分封制度，势必意味着丧失中央政权对阿克苏西南大片领土的直接管辖，后果将是十分严重的。

道光帝接到长龄、武隆阿的奏折，十分愤怒，当即命军机大臣传谕长龄、武隆阿，严厉斥责长龄"老悖糊涂，一至如此"，竟然让阿布都哈里管理西四城，实在是"纰缪之极"，批评武隆阿"随时附和"，将两人"严行申饬"。同时，刑部议奏将长龄、武隆阿革职，道光帝考虑到回疆地处辽远，一时难以更换将帅，从宽发落，将长龄、武隆阿革职留任。

后来出任伊犁将军（回疆属其辖区）的玉麟，在奏陈治疆政策时，提出了与长龄相反的意见。玉麟认为，回疆自归入中国版图，西四城不仅成为东部的藩篱，而且成为中国前、后面及西北边境诸部的保障。如果西四城不设官兵，则阿克苏将成为边境，阿克苏以东的库车、喀喇沙尔、吐鲁番、哈密等城的安全就会受到威胁。西四城与东四城的关系，从形势上论，可谓唇亡齿寒；从地利上论，喀什噶尔、叶尔羌、和阗三处是回疆的富庶之区，舍弃肥沃之地而守护贫瘠之地，等于把粮食赏给强盗。所以要求把喀什噶尔参赞大臣驻地迁移至阿克苏并非善策。玉麟的治疆政策，被道光帝所认可，并进一步坚定了道光帝设防回疆西部的思想，东西兼顾，不搞土司分封，这对维护回疆的稳定，有效地捍卫中国的领土主权具有重要意义，这一治疆政策在以后多次有关新疆的重大事件中显示出了重要作用。

（四）特派钦差处理善后工作

因张格尔屡次入卡叛乱，以致酿成回疆大祸。道光帝于道光七年（1827）十一月颁给那彦成钦差大臣关防，驰往回疆，会同扬威将军长龄筹办回疆善后事宜。道光八年（1828）三月，那彦成抵达阿克苏，与长龄交接善后工作。这时，张格尔已被活捉，槛送京师。所以，真正的善后工作是从那彦成抵达回疆后开始的。

那彦成，满洲正白旗人，乾隆时大学士阿桂之孙。嘉庆初年，入军机处行走，后升工部尚书、礼部尚书、军机大臣，曾两任钦差，镇压川、楚、陕白莲教大起义和李文成、林清领导的天理教起义。道光时，先任陕甘总督，后调直隶总督。无论资历、地位、能力，那彦成都堪称是道光帝的亲信重臣。

那彦成于道光八年（1828）二月抵疆，次年三月离疆，在疆整整一年。一年中，先后上奏一百四十余次，除一些循例公事外，有关回疆兴利除弊、巩固边防、整顿军队、安抚回众、对外关系等善后奏折计八十余件。从这些奏折，可以反映出道光帝的善后措施，不外乎两大项，即安内政策和制外政策。安内政策的目的，在于恢复、调整和改善回疆的内部机制，以谋求回疆的稳定；制外政策的目的，在于处理同邻国浩罕及沿边布鲁特的关系，以求得边境的安全。

安内政策的内容包括：

一、重定新疆官吏考核制度。为解决新疆各城独立行事，无所纠察的现状，道光帝决定将新疆分为南北两路，北路六城由乌鲁木齐都统专辖，南路八城由喀什噶尔参赞大臣专辖，两路均归伊犁将军统辖。每到年终，由将军、都统、参赞大臣所属各城大臣做出鉴定，秘密上奏，如有不堪胜任者，随时撤换；如有失察、包庇者，一旦发现，就交刑部议处；如将军、都统、参赞大臣有不能秉公正己者，准许各城大臣参劾。新疆驻防人员非廉洁才优者，不准保奏推荐。否则，将原保大臣一并议处。

二、重定拣选回疆各城章京章程。回疆八城分别设有处理日常事务的章京等官，按旧例一律由京师拣派，不从当地驻防人员中挑选。但自嘉庆末年起，却多由当地人员挑补章京，时间一长，这些人相互勾结，舞弊营私，无所不为。道光明发谕旨，重申旧制，各城额设章京仍由京拣派，以防流弊。

三、严定回疆补放大小伯克章程。回疆各城的维吾尔族官吏叫作伯克，长期以来，各城伯克职务一旦出现空缺，则有人竞相贿赂钻营，谋求此职，无弊不有。一旦得到伯克职位，则层层勒索，苛敛回众。为扭转这一积习，道光严定章程。1. 要求凡三品至五品州伯克，必须首先从"出力受伤"或"家口被掳"的人中挑选，其次从为清廷效力而死者的子孙中挑选，再次从曾为清廷效力的世家中挑选，并要先行开列名单，由参赞大臣考察，三年后，由皇帝钦定。2. 如各城有六七品伯克空缺，则由各城大臣以俸满应升，应补之人，造具清册，咨送参赞大臣验收报理藩院，以备查核。3. 各级伯克遵照旧制，四品以上回避在本城任职，五品以下回避在本庄任职。

四、加养廉，准携眷，定属役。为解决各城大臣养廉过少，不敷办公之虞，道光将回疆各参赞大臣、帮办大臣、办事大臣、领队大臣的养廉银各增加二百至五百两，章京、笔帖式等人的盐菜银两也酌量增加。同时，又准许回疆大小官员携带家属随任，酌拨役使人员。

五、裁禁各城陋规。回疆八城历来陋规严重，大小衙门往往借办公之名，除定期向各回庄回户摊派勒索，从中肥己外，并且随时索要钱物，如海龙、水獭、羊皮、珊瑚、黄金、绸缎、茶叶等等。道光命那彦成将所有各项陋规刻于两块大石碑之上，一块竖在各城大臣衙门前，一块竖在各城回吏阿奇木衙门前，明令严禁。并将陋规名目刷印布告，分贴于各回庄，晓谕众回民。各城大臣如有违犯，立行正法，如参赞大臣违犯禁令，准各城大臣参奏。如有回众受勒索者，准其赴参赞衙门、将军衙门、理藩院、在京各衙门控告。

六、清查私地，广开屯田，没收参与叛乱者的财产。

七、改城垣，增卡堡，练成兵。

制外政策的主要内容包括：

一、断绝与浩罕贸易。因浩罕屡次支持、纵容张格尔叛乱，道光帝令那彦成严守卡伦，制定章程，不准任何浩罕人入境，严禁与浩罕进行一切贸易往来。中、浩贸易，特别是茶叶、大黄两项贸易，是浩罕的经济命脉，长期以来，浩罕利用其地处中亚和中国之间的地理条件，将中国的茶叶、大黄贩入中亚各国，从中渔利，成为浩罕汗国的财政收入之一。道光采取断然措施，将南疆和北疆同时断绝贸易，是企图通过经济制裁手段，逼迫浩罕就范，恭顺清廷，实现边境安全。

二、对境外其他国家和部落，准其继续贸易。但要由官方稽查弹压，维持治安，以杜流弊。并且重申，各国、各部落入境贸易，必须三十税一，不得减免。同时，凡入境贸易的各国、各部落商民，不准为浩罕商人转卖代销，如经查出，货物没收入官，商人照例治罪，并永远不准该商人入境贸易。

三、驱逐浩罕人（主要是浩罕所属安集延城市的人），没收其财产。道光认为，浩罕人长期侨居回疆，往来贸易，深知境内虚实，张格尔叛乱，实是以境外的浩罕人为爪牙，以境内的浩罕人为心腹，一经叛乱，即内外串通。所以，道光帝批准了那彦成的建议，将寓居新疆不足十年者一概驱逐出境，其原有财产，茶叶、大黄等，一律入官充公。

四、对居住境内已超过十年的浩罕人，且没有私囤劣迹者，可以继续寓居回疆各城。对留居者，道光批准那彦成的呈请，将他们一律编入"回户"当差，只准种地，不准贸易，如有申请出境者，准其出境，不准再回；已有家者，其子女不准与当地回人结亲；未有家室者，不准安家；有房产者，不准添盖，田产不准过百亩，逾额则没收入官。

道光的上述政策，有利有弊。其中安内政策，对发展回疆生产，稳定回疆形势，缓解民族矛盾，澄清回疆吏治，起到了积极作用。但其制外政策，则存在着明显失误，有些事办得操之过急，行之过苛，以致不久以后引发了名为玉素普，实为浩罕的大规模入侵。

那彦成奉旨赴回疆善后，深得道光赏识，为此，道光加那彦成太子太保衔，赏戴双眼花翎，赏用紫缰，并绘像紫光阁。那彦成于道光九年（1829）六月，载誉归京。

（五）浩罕又起风波

但是，道光企盼的回疆长治久安的局面并未实现，就在那彦成回京的第二年，回疆的形势再度恶化。

浩罕，作为中国西部新疆境外的一个汗国，因其多次支持、纵容和参与分裂主义势力对回疆地区的入侵和叛乱，严重威胁西部边疆的安全，引起了朝野上下的普通关注。

浩罕，又称敖罕、霍罕，地处中亚葱岭以西，居民多信仰伊斯兰教。这里古代为大宛国，18世纪初，由进入中亚的乌兹别克人在佛尔哈拉河流域建成封建汗国。该国有四个大城，即安集延、玛尔噶朗、那木干、浩罕，另有四个小城，即窝什、霍占、科拉普、塔什干。其中安集延距喀什噶尔仅五百里，其他三城距喀什噶尔也不过六百余里至八百余里左右。乾隆年间，浩罕势力尚不强大，所以内附中原，臣属清廷。至道光初年，浩罕汗国势力膨胀，开始把贪婪的目光转向回疆地区，利用张格尔等叛乱之机，屡次参与入侵活动。所以在张格尔叛乱被平息之后，再次出兵回疆之时，道光君臣不仅要筹划镇压玉素普的叛乱，而且还要考虑如何对付浩罕汗国的问题。

道光十年（1830），浩罕国王开始策划对回疆的侵略阴谋。先是派人前往布哈尔国，将流窜该地的张格尔的哥哥玉素普接到浩罕，协助其大量招募士兵，随后将浩罕的两名将领哈库库尔和勒西克尔派至玉素普处，为玉素普训练士兵。不久，一支由二万名浩罕人、一万五千名塔什干人、二千名喀拉提锦的塔吉克山民以及数千名喀什噶尔移民组成的部队初具规模，并于道光十年（1830）八月，在浩罕将领和玉素普的带领下，大举入侵。

道光接到告急奏章，于九月三日饬令玉麟、容安、成格、萨迎阿等驻疆大吏，从伊犁、乌鲁木齐等地火速派兵南下回疆增援，又命琦善从四川增兵，命杨芳从陕西、胡超从甘肃率兵赶赴回疆，命杨遇春带兵前往。四日，加封杨遇春为钦差大臣。十二日，加派长龄为钦差大臣，驰往新疆，督办军务。十月十一日，再授长龄为扬威将军，至此，道光把当年平定张格尔叛乱的主要将领长龄、杨遇春、杨芳、胡超等都派出来。

浩罕汗国伙同玉素普发动的这次入侵，规模本不算大，来势却颇为猖獗。入境后，旬日之间，就将回疆西四城的喀什噶尔、叶尔羌、英吉沙尔三座大城全行围困，且长围三月有余，但始终未能攻克一城，对回疆造成的损失，也远非张格尔叛乱所能比。究其原因，实与道光制定的治理回疆的一系列政策有关，特别是道光在平定张格尔叛乱后制定的安内政策，发展了新疆经济，吏治有所好转，缓解了民族矛盾，稳定了回疆局势，从而增强了抵抗外来侵略的物质力量和精神力量，当外敌入侵时，没有出现张格尔入侵时那种一呼百应的局面。比如浩罕、玉素普等侵略军在喀什噶尔围困新城时，屡攻屡败，不能得手，实是因为当地回众不肯服从入侵者，而境外的各布鲁特部落也不愿再参与入侵活动。不仅如此，还有许多回众纷纷协助守御，在援兵到来之前，帮助侦探敌情，向清军密报；在清兵援兵到来之后，参军参战。叶尔羌回众的表现尤其突出。叶尔羌城是浩罕侵略者的主攻目标，敌军企图一举攻下叶尔羌，孤立喀什噶尔和英吉沙尔，所以浩罕曾连续三次向叶城发动大规模进攻，敌军攻城人数少则数千，多则万余，而清军守军只有数百人。但是，清军得到广大回众的积极支持，数以千计的回众在阿奇木伯克阿布都尔满的带领下，设防、堵截、突击，屡建奇功，甚至连妇女也参加了战斗，为叶尔羌三次保卫战的胜利做出了突出的贡献。

就在道光调兵遣将，各路援军驰赴回疆的时候，统管新疆南、北路的伊犁将军玉麟和伊犁参赞大臣容安向道光提出一个出国作战、消灭浩罕的大胆建议。这个建议提出：在征调官兵，进剿回疆叛匪之外，应该另外派遣大员统帅精兵二万，分路直来伊犁，然后由伊犁出境，首先灭掉塔什坦部落，其次占领所属各城，最后进攻浩罕汗国，与回疆进剿的清军南北夹击，令浩罕腹背受敌，这样才能将叛匪一举全歼。

按照玉麟、容安的建议，是想借清军大兵三万余人云集南疆（回疆）之际，再派一支二万人的大军到达北疆的伊犁。伊犁大军，西出国门，进入中亚地区，沿新疆以西的边境由北向南，南疆的获胜清军数万人，再西出喀什噶尔，沿新疆以西的边境由南向北，南北夹击，将沿边各国特别是浩罕汗国一举荡平，以永绝后患。

这个建议，涉及五六万大军出国作战，攻击对象包括中亚的几个国家和一些部落，事关重大，非同小可，没有绝对把握，道光帝是不会冒这个风险的。道光帝接奏后，马上传下两道批示，第一个指示是："此事绝对不可实行，不必再议。"态度十分坚决，没有商量余地。不仅不准此奏，连廷议的必要也否决了。为防玉麟、容安轻举妄动，道光特命将此谕旨用六百里加急速度通知玉麟、容安知晓。

第二个批示是和第一个批示同天发出的。在第二个批示中，道光帝详细地阐释了自己的想法。

派兵出国，消灭浩罕。这一计划我在心中已经考虑很长时间了。你们现在所建议的，只能作为一个攻心之计，可以说出去，但不可真正实行。可以设想，边境以外地区，处处都不是我大清领土，处处都不是我大清臣民，如果出兵，各布鲁特部落必须大力安抚，军粮、军饷必须充足，后路必须保证供应，沿途台、站必须加设，这样，军费不知要耗费多少。即使大获全胜，可使浩罕丧魂落魄，但以后谁能保证不再出现另一个类似浩罕的国家呢？要想永定边疆，必须筹划一个万全之策。以二万大军进行这样一次行动，一旦稍有闪失，你们二人难当此误国之罪也。朕不是软弱畏难，实在是苦心审度天时、人心也。

出于策略上的考虑，道光帝指授了一条可以说而不可行的攻心之计，就是说，派兵出国，断不可行，但可以大造出兵浩罕的舆论，牵制和震慑浩罕。道光帝显然是把玉麟、容安的出兵浩罕的建议交给有关将帅讨论过，不久后扬威将军长龄上奏，进一步分析了出国作战的利弊。长龄说：安边之策，以宣扬国威为上策，以笼络为其次。浩罕与布噶尔、达尔瓦斯、喀拉提锦诺部落犬牙交错，浩罕所属各城，又无城池，部队均为骑兵。如果我军用鸟枪进军，浩罕骑兵先自奔逃。境外各布鲁特、哈萨克等一直受浩罕欺凌，如果我大清声罪致讨，出兵浩罕，只要选择精兵三四万人，整军出国，于伊犁、乌什边境，兵分二路，并事先约会布噶尔等同时进攻，浩罕附近各国定可同时举兵，浩罕自然一举而平。但是，大军出国后，主客形势就发生了变化：从新疆哨所到浩罕都城，约有一千六百余里，中间又有铁列克岭，此路奇险，两山夹河，仅能容纳单骑行走，而且须两日才能出山。这样，大军远征，胜负难以预料，故不主张派兵出国。

玉麟和容安接到道光的谕旨后，究竟怎样大造舆论，使用攻心计的，我们不得而知，但在浩罕方面确实起了很大反响。当大批清军陆续进抵回疆，浩罕汗国收到了这样的信息：大队清军将由北疆的伊犁、南疆的喀什噶尔和乌什，兵分三路，远征浩罕。浩罕国王闻报大惊，急忙在两国边界通道筑墙防守，同时派出贡使，前往俄罗斯，向北方强邻乞援。俄罗斯得知浩罕国因为与中国关系紧张转而投靠俄罗斯的，自是别有用心，所以拒绝了浩罕使臣的请求。浩罕深知其实力无法与清军对抗，自身已孤立无援，最后走上了求和之路。

另一方面，如果说清军所以能够成功地粉碎浩罕入侵者的进攻，道光治疆政策也起了重要作用的话，那么，浩罕的入侵也是道光治疆政策的结果。问题出在了道光的制外政策上。当浩罕入侵之初，道光就严厉督促回疆各城大员及扬威将军长龄等人，追查浩罕入侵原因。道光十一年（1831）正月，道光收到了长龄从阿克苏发来的奏折，其中有一段很生动的情节：浩罕军队围困喀什噶尔数天后，有一个浩罕人，向城上高喊："请不要放枪！"这时，那些围城的一千多人都跪下了，找来翻译对城上说："我们是喀什噶尔、阿克苏、伊犁等地被驱逐的浩罕人，（我们）在回疆经商多年，并没有随张格尔造反。忽然，朝廷于道光八年（1828）将我们的茶叶、大黄全部没收，并将我们驱逐出境，我们无法生活。后来，有布鲁特部落的人拿着茶叶夸耀说，这是大清皇帝赏还的，我们更加气愤，因此入境，只请求将没收的茶叶、大黄发还给我们，仍旧准许我们在回疆经商。"与此同时，回疆各城大臣的报告也陆续证实了长龄报告的准确性，一致认定，断绝贸易，禁止茶叶、大黄向浩罕出口，驱逐浩罕商人，没收其财产，实在是这次浩罕入侵的原因。既然如此，道光八年奉旨主持善后的那彦成就难逃罪责了，被道光革去了太子太保衔，拔去双眼花翎，革去紫缰，并交刑部严加议处。

浩罕入侵的原因找到了，当然要设法解决。道光十一年八月二十三日，道光帝认可了长龄向浩罕提出的建议，如果浩罕交出入侵叛乱首领，将被掳去的回众放回，就准许浩罕通商。十月二十四日，在没有接到浩罕国王答复的情况下，道光帝竟迫不及待地表示"准许浩罕商人照旧通商，茶叶、大黄均开禁，并免其货税"。到十一月二十四日，道光帝更进一步表示，不仅允许浩罕贸易，茶叶、大黄开禁，免其货税，而且发还以前没收的浩罕财产。

道光十二年（1832）六月二十一日，回疆奏报到京，内称浩罕国王派遣使臣入境，并率领一个由一百余名浩罕商人组成的代表团，携带货物、马匹、羊只等入卡贸易。从此，道光以极大的让步换来清、浩关系的一段和平时期。自此，新疆才又获得了相对安定的一段时间。

禁烟运动

鸦片走私并非始于道光朝，但泛滥于此时，至此，鸦片终于成了关系着民族兴衰、国家存亡的大问题。从19世纪20年代末开始，在清政府的领导下，一场围剿毒品鸦片的斗争在中国大地上轰轰烈烈地开展起来，从政府的高级官员到下层的普通民众，都对鸦片深恶痛绝，并厉行严禁。这显示了中国人民众志成城、共御外侮的坚强意志和力量，虽然这场运动以鸦片战争的爆发而告失败，但它是中国百年禁毒的起点，是中外禁毒史上的光彩一页。

（一）中外关系与贸易

应该指出，鸦片问题是中外贸易、中外关系中的大问题，所以，对此的揭示就必须从这些问题谈起。

18、19世纪，是世界资本主义迅速崛起的时代，这一崭新的生产方式和生产关系在欧洲这块古老的大地上蓬勃发展着，它创造出了惊人的奇迹和财富，过去人们连想都不敢想的事情接二连三地得以实现，在这种情况下，到神秘的东方去就不再是只有探险家才能办到的事了，于是，欧洲人终于可以一圆马可波罗给他们带来的数百年的梦想了。当时资本主义国家的头号强国是英国，英国自然成了开拓东方的先行军。其实，早在17世纪，英国就成立了东印度公司，并远涉重洋将商船开到了中国沿海，但是，限于条件，那时的贸易，规模还是太小。对华贸易的主要国家就是英国，而美国、法国、西班牙、葡萄牙、荷兰、丹麦、瑞典也有商人从事对华贸易，除了美国外，都处于微不足道的地位，这种格局一直延续到 19 世纪末而没有大的改变。

欧洲人最初从《马可波罗游记》中感受到了中国对于他们的神秘感和诱惑力，而此时的欧洲人则是出于发展资本主义的现实需要而来到了东方。众所周知，稳定、庞大的市场对资本主义是何等的重要，幅员广袤、人口众多的中国自然令其向往不已，加之中国出产的茶叶、大黄更是其所必需，但是，几百年的交往使其得知，与中国打交道殊为不易。

当时的中国是一个自然经济占主导地位的自给自足的农业大国，欧洲的商品首先受到了中国自然经济的抵御。一方面中国农民不仅生产自己食用的粮食，而且还生产自己需要的纺织品、生活用品等，"因农业和手工制造业的直接结合而造成的巨大的节约和时间的节省，在这里对大工业产品进行了最顽强的抵抗"；另一方面中国农民的贫困程度也是惊人的，大多数农民几乎总是处于饥饿状态之中，在这种情况下，更不可能去购买商品，农民对商品关系的依赖程度之低令欧洲人吃惊。更何况欧洲商人运往中国的商品既不对路，再加上运输成本，价格又高，所以，除了少量的毛织品、金属制品和从印度转贩而来的棉花外，欧洲商人的其他商品在中国几乎无人问津。

此外，欧洲商品的销售还受到中国政府的政治制约。

清王朝统治下的中国在文化上以儒家文化为主导，在经济上自然经济居于统治地位。前一个因素使之极端轻视夷狄；而后一个因素则使之无求于外国，乾隆帝"敕谕"英国女王说："天朝物产丰盈，无所不有，原不藉外夷货物以通有无"。于是，对外贸易成了可有可无之事，而最终未加取消，则完全是对夷狄的恩典和怜悯。在这种情况之下，清政府极不情愿而又不得不进行着对外贸易，加之清初国内的一些情况，于是，实行了一种限制对外贸易的政策，史称"闭关政策"。

在清朝初年，以郑成功为首的抗清势力盘踞于东南沿海的大小岛屿上，以此为根据地，进出大陆，进行着抗清战争。针对此，清政府实行了"片帆不准入口"的海禁政策，并将沿海居民迁往内地，中外贸易顿时萎缩，这是清朝闭关政策的缘起。闭关政策的具体内容为：

第一，限定对外贸易的口岸数量。康熙二十四年（1685 年），清政府统一台湾，次年，开放海禁，后又指定广州、宁波、漳州、云台山四地为通商口岸，进行中外贸易。乾隆二十二年（1757 年），清廷考虑到广州的贸易额最大，加之鉴于澳门被葡萄牙人盘踞的教训和沿海治安的状况，于是，关闭三口，仅留广州一口对外开放。这种局面一直持续到鸦片战争后。

第二，对外商的防范。从乾隆二十四年（1759 年）开始，清政府广东当局不断做出规定，对来华外商严加限制。如外商不得在广州过冬，不得携带武器，不得在中国政府指定的商馆以外居住，不得雇佣中国人，不得向中国人借贷，不得乘坐轿子，不得携带妇女，不得直接向中国官府投递文书，除规定的时间和地点外，不得随意散步，散步时不得超过规定人数等。这些措施与其说是在防范外国人，不如说是防范外国人与中国人发生交往，另外，虽然这些措施是中国主权范围内有权做出的，但大多不近人情，而且，实际效果也不理想。

第三，实行垄断的"行商制度"。清政府对外贸易完全由行商垄断，经过保举、审批等程序，当然还少不了大笔的贿赂，一些中国商人成为"行商"，行商之间定有规章，以避免竞争，以一致对外。当时，广州有所谓"十三行"，其实并不一定是十三家。行商垄断一切进出口贸易，即承销、承购一切进出口商品。由于外商不能直接与中国政府交涉，行商还是外商与中国政府之间的纽带，如代政府向外商收税、传达指示等，故行商还带有一定的管理职能，堪称官商一体。

第四，对出口货物种类和中国商人出海的限制。如铁器、军火、粮食、马匹、书籍不许出口，后来发现丝价不断上涨，又不许丝绸出口（再后来改为限制出口数量）。而中国商人出海，限制更严，每船只可携带锅1口、斧1把，每人每日带粮2升。清政府对造船业也有限制，规定："如有打造双桅五百石以上违式船只出海者，不论官兵民人，俱发边卫充军"。这都是极不合理的规定，尤其对中国商人出海贸易影响最大。

其实，闭关政策的真实意图正如马克思指出的：

推动这个新的王朝实行这种政策的更主要的原因，是它害怕外国人会支持很多的中国人在中国被鞑靼人征服以后大约最初半个世纪里所怀抱的不满情绪，由于这种原因，外国人才被禁止同中国人有任何往来。

这一政策并未从根本上限制外国对华贸易的发展，据统计，在从18世纪60年代到19世纪初的40年间，外国对华贸易额增加了2倍多（当然，尚远不能满足外国商人的欲望），闭关政策所起的主要作用实际上是限制了自己，正如史家指出的："从表面上看来，闭关政策似乎也限制了外国侵略者的活动，具有一点自卫作用。实际上，这种落后的、消极的政策只能束缚中国人民，而不可能限制住穷凶极恶的外国侵略者。资本主义的本性就是要侵略别国，越是落后国家、落后民族，遭受的侵略就越是严重。中国能不能抵抗住外来侵略，或者能不能减轻外来侵略的祸害，决定于中国能否急起直追，迅速进步，改变中国和外国的力量对比，而决不能依靠自我孤立、自我隔离的政策。因为这种政策既不能改变侵略者的本性，又不能妨害侵略国家力量的增长，只能作茧自缚，阻碍中国的发展，扼杀中国的生机和进取精神，使得中国和西方国家的差距越来越大。闭关政策是慢性自杀政策，对国家和民族有百害而无一利"。

在自然经济和闭关锁国的体制之下，当然，主要由于自然经济的影响，外商在对华贸易活动中处于极其不利的境地。这表现在其商品在华销售非常困难，而中国的茶叶、大黄、丝绸、瓷器又为其所必需，譬如，在当时的英国，"饮茶休息"成了一般人每天的习惯，而茶叶的来源只有中国，在这种情况下，英国又拿不出可以抵消茶叶的商品，于是，只好以现金来支付茶叶等中国商品的价款。这就形成了一种"畸形贸易"——英国商船载着墨西哥银圆或西班牙银圆驶往中国，然后载着茶叶等中国商品返航。这导致了这样一个结果：在中外贸易中，中国处于出口额要远大于进口额的"出超"地位，这种贸易逆差由欧洲国家以白银来弥补，白银源源不断地流入"天朝"，在18世纪中，每年输入中国的白银，一般都在四五十万两之间，最高达150万两之多，在19世纪二三十年代，每年的出超额在二三百万两以上，这令欧洲，尤其是英国人心疼不已。

为了扭转这种不利局面，英国政府及其商人百般设法。他们派遣使节，出访中国，力图说服皇帝，以改变闭关政策，结果非但无效，简直是自讨没趣；他们还结束了东印度公司垄断对华贸易的特权，从而出现了大批的散商（即所谓港脚商人），这部分商人经营较为灵活；他们还在商品种类上下了一番工夫，试图以煤炭、铜、钢铁、麻布、斜纹布等打开中国市场，但均告失败。在这种情况下，一部分英国商人想出了以鸦片来扭转不利于他们的贸易逆差的办法。

（二）鸦片泛滥与危害

鸦片一名阿芙蓉，由罂粟的汁液提炼而成，含有大量的吗啡和生物碱，有一定的镇痛、镇咳和止泻功效，原被当作药材使用。鸦片原产于南欧和小亚细亚，后传至阿拉伯、东南亚等地，明朝末年，其吸食方法传入我国。此物含有麻醉毒素，极易吸食上瘾，吸食者骨立形销，弱不禁风，并很易死亡，中国民间俗称其为大烟。

英国向中国输入鸦片始于18世纪中叶，每年不过200箱，以后逐年增加，到90年代，达到4000余箱，最初由东印度公司直接向中国运销鸦片，嘉庆元年（1796年）以后由于清政府的禁烟，由港脚商人向中国走私鸦片。英国运往中国的鸦片有两种：孟加拉国鸦片，中国称为"公班土"，为最上等品；马尔瓦鸦片，中国称为"白皮土"，质量稍次。所谓"公班"，是英语 Company 的音译，Company 意为"公司"，当然指的是"东印度公司"。在这一罪恶的活动中，英商获得了巨大的利益，英国政府对此是支持的。同时，美国商人也从印度、土耳其向中国走私鸦片。

到19世纪，鸦片走私更形猖獗，由于清政府的禁烟，鸦片贸易无法公开在广州内河进行，改以走私的方式。随着广东当局对禁烟令执行的时宽时严，走私的地点在澳门和黄埔之间徘徊，后来固定在伶仃岛洋面一带。此处停泊着趸船，以储存鸦片，趸船上配备有火炮，英国鸦片贩子用"飞剪船"将鸦片运到趸船上，再由中国烟贩用"快蟹"船运往陆地上的"大窑口"（大的囤积和批发点），然后再运销全国各地。而鸦片的交易则是在广州谈好的，购买者交纳现金后，烟贩将写好数量、等级的"领货单"（时称"券"，签字称为"立券"）交给买主，再由走私集团包办运输事宜。这一罪恶活动是在清政府广东当局的眼皮底下公开进行的。如加拦截，走私者竟敢以枪炮还击，而且，清军水师的船只根本追不上走私者的快船，内地的走私者也十分嚣张，"其大伙烟贩，动辄百十成群，犹如私枭之出没，器械森严，人视死如归"。这样一来，鸦片输入量急剧增加，从原来的每年几千箱增加到上万箱。

从道光十年开始，鸦片的输入更加猖獗，走私已不仅限于伶仃洋，而是蔓延到整个东南沿海，鸦片的进口数量自然十分惊人，请看下表：

道光十年至十九年（1830～1839年）鸦片输入情况表

年度	箱数
1830～1831	21849
1831～1832	16225
1832～1833	21609
1833～1834	21177
1834～1835	21885
1835～1836	26300
1836～1837	28307
1837～1838	30000
1838～1839	35500

道光十八至十九年走私入境的35.500箱鸦片价值近2000万元，这就超过了欧洲国家从中国进口货物的总价值，从而扭转了贸易逆差，获得了巨大的利益。

鸦片走私、泛滥给中国社会带来了全面的灾难：

第一，经济危机严重。由于鸦片走私的加剧，中国在对外贸易中由"出超"变为"入超"，这直接导致了白银的大量外流。由于白银外流是因为走私而造成的，所以对于外流的数量，难以精确统计，以至说法不一，有每年几十万、几百万两（圆）的不同说法。但是自道光朝开始，中国白银外流逐年加剧却是事实。

白银外流造成的危害在经济领域的表现就是银贵钱贱，人民负担加重。清朝实行的是银本位制，国家的经济预、决算都是以白银为单位，但社会上同时也流通制钱，普通人民的经济活动往往是由制钱来结算的。这样一来，银、钱之间就有一个比价问题。乾隆以前，制钱700文换白银1两，以后逐渐上涨到八九百文。而今白银外流，国内存银减少，其与制钱的比价自然要发生变化，其变化就是银贵钱贱。譬如在1838年，"每银一两易制钱一千六百有零"。当然，银贵钱贱在不同地方表现不尽一致，据

说有的地方涨到了 2000 文兑换 1 两白银。这无形中增加了人民的负担，因为人民在市场上卖掉收获物得到的是制钱，但在向政府交纳赋税时却必须使用白银，虽然赋税额没有增加，但人民的实际负担却增加了近一倍。林则徐在其著名的《钱票无甚关碍宜重禁吃烟以杜弊源片》中指出：

臣历任所经，如苏州之南濠、湖北之汉口，皆阛阓聚集之地，叠向行商、铺户，暗访密查，佥谓近来各种货物销路皆疲，凡二三十年以前，某货约有万金交易者，今只剩得半之数。问其一半售于何货，则一言以蔽之，曰：鸦片烟而已矣！

应该指出，在经济方面，鸦片的吸食者本人及其家庭也承担着沉重的负担。对此，林则徐做了分析，他指出：在"食贫之人"和"中熟之岁"的经济前提下，每人的日生活费用为白银4~5分，而"吸鸦片者，每日除衣食外，至少亦须另费银一钱，是每人每年即另费银三十六两"。在经济落后的农业社会，这是一笔巨大的开销，一般家庭是难以长期承受的，其最终结果，只能是倾家荡产，为害社会。另外，由于从事鸦片活动有利可图，中国南方地区也有农民开始种植鸦片，浙江、福建、广东、云南的边缘地区开始有农民种植鸦片，这改变了农村的经济结构，给中国社会带来的消极影响是多方面的。

第二，鸦片泛滥给中国人的身心健康造成了巨大伤害。随着鸦片潮水般地涌入中国，吸食者也越来越多，据道光十五年（1835 年）估计，全国约有近 200 万人吸食鸦片，道光十八年五月，据林则徐估计，中国吸食鸦片者，至少在 400 万人。"其初不过纨绔子弟，习于奢靡，尚知敛戢。嗣后上自官府、缙绅，下至工商、优隶，以及妇女、僧尼、道士，随在吸食。置买烟具，为市日中。盛京等处为我朝根本重地，近亦渐染成风"。鸦片是一种麻醉性的毒品，一旦吸食，很快就会上瘾，终身难以戒除，"瘾至，其人涕泪交横，手足委顿不能举，即白刃加于前，豺虎逼于后，亦惟俯首受死，不能稍为运动也。故久食鸦片者，肩耸项缩，颜色枯羸，奄奄若病夫初起"。中国人在近代被称为"东亚病夫"，原因即在于此。

第三，鸦片泛滥、走私造成了国家机器的更加腐化和社会风气的败坏。这一方面是由于统治集团中吸食者日众，如幕友、官吏、长随、书办、军人、差役，嗜鸦片者，在所皆是，这样一来，本就腐败的官僚队伍就更加腐败，国家机器的运转更加迟滞，军队战斗力大幅度下降。而且，鸦片对人的精神境界的毒害也是严重的，吸食者不知廉耻，浑浑噩噩，甚至男盗女娼，社会风气日形败坏；另一方面，从沿海到内地的鸦片走私进一步腐蚀着官僚队伍，清政府越是禁烟，官吏的利益就越大。譬如，广州的鸦片走私是在当局的眼皮底下进行的，各关口都被走私者贿赂，鸦片的走私者害怕的是海盗，而不是清政府的海关稽查人员。这样的滑稽场面几乎每一天都在广州海面上演：水师军官登上外国商船，向外商庄严地宣布着天朝的鸦片禁令。鸦片船的外国船长诺诺连声，承诺没有挟带鸦片。例行公事很快走完，然后，清军军官被请到舱内，与外国鸦片商人进行英国文献上称为的"私人会见"。实际上是在商定和索取默许走私的费用。其费用随清政府禁烟政策执行力度的不同而有所浮动，但一般不低于走私额的2%，往往以现金支付，而清军军官有时也要求对方直接给予鸦片，以便于再按一定比例作为"没收品"上缴，以换取稽查有功的奖赏。当时，清政府特许的公行也参与了鸦片走私。马克思说：

　　中国人的道义抵制的直接后果就是帝国当局、海关人员和所有的官吏都被英国人弄得道德堕落。侵蚀到天朝整个官僚体系之心脏、摧毁了宗法制度之堡垒的腐败作风，就是同鸦片烟箱一起从停泊在黄埔的英国趸船上被偷偷带进了这个帝国。

　　由此可见，鸦片泛滥，流毒中华，国库空虚，百业萧条，野有游民，国无劲旅，这是一幅多么可怕的景象啊！如果听之任之，只会坐以待毙。正如林则徐所说："若犹泄泄视之，是使数十年后，中原几无可以御敌之兵，且无可以充饷之银"。在这种情况下，一场禁烟运动和对鸦片问题的讨论在统治集团之中迅速展开。

（三）道光帝禁烟

　　道光帝对鸦片走私的注意开始于财政危机的加深。他成长于乾隆盛世，那时国家的富庶和乃祖高宗的奢靡挥霍在其脑海中留有深刻的印象，当然，挥霍浪费是不对的，但为什么那时国家似乎有用不完的财力，以至现在的大臣一提到目前的财政危机动辄就与乾隆时代相比，这不能不让道光帝感到相形见绌，自惭形秽。道光帝是一位节俭的皇帝，他怎能容许鸦片这个大漏洞的存在呢？

　　清政府之禁鸦片，始于雍正七年（1729年），其后，乾嘉两朝沿袭了这一禁令，但那时的禁烟政策主要是针对贩卖者和开设烟馆者，处罚力度并不太重，一般是处以枷号和充军的处罚，未规定对吸食者该如何处理，而且执行情况也不理想。当然，这是因为当时中国人吸食鸦片者不多，鸦片输入量不大，危害尚属有限。在这种情况下，统治者未予充分重视就是自然的了。清政府禁烟后，鸦片交易退出了广州内河入口，转移到了澳门。当时，窃据澳门的葡萄牙殖民者允许英国商船每年运鸦片5000箱入澳门，为此而获得10万两的关税，澳门一时成了鸦片输入内地的集散地。当然，英国商人对此是大为不满的，于是，就于正常货物中夹带鸦片，在广州黄埔走私。所以，乾嘉两朝禁烟政策的直接结果是将鸦片贸易变成了鸦片走私，鸦片输入有增无减，终于酿成了道光朝鸦片的大泛滥。

　　应该指出，有清一代，道光朝是禁烟规模最大、历时最久、禁令最严的一个时期，确切地说，从道光帝即位到鸦片战争爆发，相当严格地执行了禁烟政策。

道光元年（1821年），即位之初的道光帝决定实行"源流并重"的禁烟方针，颁布了一系列的禁令。为了清源，特规定："凡洋船至粤，先令行商出具所进黄埔货船并无鸦片甘结，方准开舱验货，其行商容隐，事后查出，加等治罪"。十一月，故意隐瞒外商夹带鸦片的广州十三行总商伍敦元被摘掉了三品顶戴，朝廷为此发布上谕指出：

鸦片流传内地，最为人心风俗之害。夷船私贩偷销，例有明禁，该洋商伍敦元并不随时禀办，与众商通同徇隐，情弊显然，著将伍敦元所得议叙三品顶戴，即行摘去，以示惩儆，仍责令率同众洋商实力稽查，如果经理得宜，鸦片渐次杜绝，再行奏请赏还顶戴，倘仍前疲玩，或通同舞弊，即分别从重治罪。

而且，道光帝不仅颁布了禁令，还以实际行动显示了禁烟决心，他指示广东当局封锁了黄埔和澳门的鸦片市场，将四艘夹带鸦片的外国商船驱逐回国，令其永远不得再来广州。为了遏流，道光帝做出了对"开馆者议绞，贩卖者充军，吸食者杖徒"的新规定，这就比前代历次禁烟令都要严格得多了。道光帝注意健全禁烟的各种制度法规，如道光三年八月，制定失察鸦片烟条例，规定：

嗣后如有洋船夹带鸦片烟进口，并奸民私种罂粟煎熬烟膏、开设烟馆，文职地方官及巡查委员，如能自行拿获究办，免其议处，其有得规故纵者，仍照旧例革职，若止系失于觉察，按其鸦片多寡，一百斤以上者，该管大员罚俸一年；一千斤以上者，降一级留任；五千斤以上者，降一级调用。武职失察处分，亦照文职画一办理。

道光十一年初，制定了针对官员们的追究制度，规定：鸦片烟贩"一经拿获，即当究明来历，将偷漏之关口暨失察之地方官，一并交部议处，如后任及他人拿获，亦著将前任失于查拿之员，交部议处"。此外，道光帝根据江南道监察御史邵正笏严禁种植鸦片的建议，命令各地就鸦片种植情况做一调查，是年腊月，议定章程，规定："嗣后内地奸民人等有种卖煎熬鸦片烟者，即照兴贩鸦片烟之例，为首发近边充军，为从杖一百徒三年……所种烟苗拔毁，地亩入官"。这样一来，不仅严禁海口洋船，也禁止了内地熬制；不仅禁止鸦片进口，也禁止了鸦片种植；不仅要惩罚官员受贿，也要惩罚官员失察；不仅要惩罚鸦片的贩运者，吸食者也难逃追究。就此来看，禁烟的制度较前代大为健全和严格了。至19世纪30年代初，经道光帝的一再督促，终于掀起了一个全国范围的禁烟运动。

但是，虽然道光帝有禁烟的决心和制度，然其效果却不理想，具有讽刺意义的是，此间禁烟最严，而鸦片的泛滥也达到了空前的程度，这是为什么呢？

有人认为责任在地方官，而不在道光帝："道光的这些措施如果都能被真正付诸实施，鸦片毒流将会得到遏止"。此说有一定道理，此时官僚队伍十分腐化，国家机器运转不灵，统治力量削弱，上谕自然难以贯彻，加之一部分沿海官商将鸦片视为利益所在，更要想方设法对禁烟令加以破坏、抵制或歪曲，道光帝也怀疑粤海关作弊放私，曾命两广总督和广东巡抚密访严查，但广东当局查办的结果是"实无其事"。道光帝命各省调查其辖区内鸦片的种植和贩卖情况，但督抚回奏大多闪烁其词，一般只承认有吸食而无种植，但偏远山区和外来移民有无栽种尚待确查，从而打下了个"伏笔"。而河南巡抚杨国桢则干脆表示："豫省民风淳朴，饬属确查，据陆续覆到，均无种卖。"

但是，若加深究的话，可见问题远非如此简单。即使抛开政治因素，仅仅从技术角度来看，在当时的情况下要想禁烟难度确实很大，绝不是居于深宫的道光帝所能想象得到的，也不是只要官吏们实力奉行就可见效果的。当时地方官对鸦片的态度普遍是痛恨的，故对禁烟政策在总体上不持异议，但在实施上则信心不足。譬如：禁止种植鸦片，虽然有"锄毁""铲毁"的规定，但鸦片的种植地均在我国边远省份的深山穷谷之中或少数民族之地，为统治力量最为薄弱之区，一纸告示就是一纸空文，而直接派人去"铲"、去"锄"，又为当时的政府所无力办到；至于在关津要道加派胥吏稽查，而胥吏的素质又可想而知，实行的结果就是转滋纷扰，为其别开一生财之途；而外国鸦片船只漂流于大洋之中，配备武器，清朝水师无法与其匹敌，又有中国烟贩驾船接济，彼此获利，源源不断，由于飘忽不定，出没无踪，更是防不胜防；吸食鸦片者将被处以杖徒的刑罚，不可谓不重，但与犯瘾的痛苦比较起来，毕竟还是可以承受的，故这一政策对吸食者实际上产生不了什么威慑力；对贩运者来说，巨额利润使其敢于冒一切风险。即使在今天，反走私和打击贩毒仍是世界性的难题，何况在19世纪前期的中国呢？

道光帝即位之初，鸦片毒流已经蔓延了几十年，外国人贩毒日盛、中国人吸毒日众，终于达到了一个高点，出现了空前的数字，其实，正是由于当时禁烟的严格，我们今天才能够读到那么多的关于当时鸦片走私情况的资料，至于禁烟效果不显，这是一个历史遗留的问题的新发展，是一个时代性的难题，而不应该仅仅归结于清政府中一部分官员们良心的缺乏。

（四）"弛禁"与"严禁"之争

至道光十三、四年，道光帝的禁烟政策面临着严峻的考验，清统治集团不得不面对这样一个矛盾：一方面，鸦片泛滥、白银外流的问题必须解决；另一方面，鸦片又确实难禁。在这种形势下，个别对禁烟失去信心者提出了一个"新思路"，这一新思路的来源地是广东。

广州的越秀山麓，有一所开办于道光四年的学府——学海堂，在19世纪，它称得上是华南最著名的学术中心，即使在全国的教育、学术界也占有一席之地。而此时的弛禁之议，居然就发于这里。

广东顺德人何太青是一位鸦片的弛禁论者，他曾经任浙江乍浦同知，回籍后向广东按察使许乃济和学海堂的堂长，以研究南汉学而著称的吴兰修推销过其弛禁理论。他认为："纹银易烟出者，不可数计，必先罢例禁，听民间得自种罂粟，内产既盛，食者转利值廉，销流自广，夷至者无所得利，招亦不来"。这一主张的关键点是以内地种植鸦片来抵制走私，虽然对鸦片毒害人民的问题仍无善策，但遏止了鸦片走私，同时也解决了白银外流、银贵钱贱和走私者腐蚀清政府官员的问题。表面来看，不能说一无可取。所以，得到了许乃济和吴兰修的赞同，而吴兰修则更做《弭害论》，公开阐发何太青的观点。

吴兰修在《弭害论》中提出了这样一些观点："弭害之策者三：上焉者，拔本塞源，次则严法厉禁，下则避重就轻"。所谓"拔本塞源"的上策，指的是闭关绝市，吴兰修认为这一策略既无理论上的合理性（这对没有贩卖鸦片的外商是不公平的），也没有事实上的可行性，所以是办不到的。而"严法厉禁"的中策也已经为十余年严禁政策的失败而证明是行不通的。既然上、中二策俱不可行，不得已只好实行下策，即对鸦片实行弛禁。他主张："为今之计，亦惟权害之轻重而已，自一人言之，则鸦片重而银轻；合天下言之，则鸦片轻而银重"。"嗣后请饬外夷照旧纳税，交付洋行，兑换茶叶。内地种者勿论，至夷船出口，止准带光面洋银，其内地戳印等银，照纹银例，一体严禁"。《弭害论》被分送给两广总督、

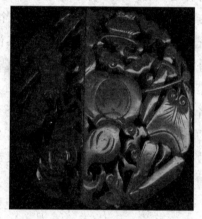

和田玉八仙带扣

广东巡抚，并深获赏识，但在全国禁烟呼声颇高的形势下，两广督抚不敢公然支持吴兰修的弛禁主张，只将其作为"粤中私议"，以附片的形式上奏道光帝，结果如石沉大海，但道光帝对此未加斥责，也足以给主张弛禁者以一丝希望。由此可见，广东地方当局是支持弛禁主张的，而这一主张更是公行商人所热烈盼望的，所以，在吴兰修的背后是否有官府或行商的背景，虽尚无资料反映，但值得深究。附带指出，由于吴兰修的主张获得督抚的肯定，道光帝又持暧昧态度，所以熊景星、仪克中等学海堂的著名学者都纷纷发表议论，支持这一主张。

道光十六年四月（1836 年 6 月），改任太常寺少卿的许乃济上《鸦片例禁愈严流弊愈大亟请变通办理折》，针对严禁政策提出了批评，公开、全面、系统地提出了弛禁主张。他认为弛禁的理由是：

第一，鸦片蠹国害民，"诚不可不严加厉禁，以杜恶习"，但目前的做法并不理想。因为从嘉庆以来，对鸦片吸食贩卖的禁令和刑罚越来越严重，而吸食贩卖鸦片者却越

来越多。

第二，实行绝对闭关，断绝一切贸易的"拔本塞源"的方案既不合理，也行不通。

第三，白银外流与禁烟大有关系。"乾隆以前鸦片入关纳税后，交付洋行兑换茶叶等货。今以功令森严，不敢公然易货，皆用银私售"，遂使白银有出而无入。严禁内地栽种，"内地遂无人敢种，夷人益得居奇，而利薮全归外洋矣"。

第四，严禁鸦片还带来了种种弊端："胥役棍徒之所借以为利，法愈峻则胥役之贿赂愈丰，棍徒之计谋愈巧"，"更有内河匪徒，冒充官差，以搜查鸦片为名，乘机抢劫"，以至报案纷纷，"栽赃讹诈之案，尤所在多有"。

有鉴于此，许乃济提出了弛禁方案：

第一，鸦片交易合法，"仍用旧例，准令夷商将鸦片照药材纳税，入关交行后，只准以货易货，不得用银购买"。许乃济认为，洋商纳税用银，要少于贿赂走私用银，这样一来，洋商就会放弃走私，而以货易货，又可防止白银外流，可谓一举两得。

第二，"文武员弁士子兵丁等，或效职从公，或储才备用，不得任令沾染恶习，致蹈废时失业之衍。""如有官员士子兵丁私食者，应请立予斥革"，"其民间贩卖吸食者，一概勿论"。

第三，"宽内地民人栽种罂粟之禁"，"内地之种日多，夷人之利日减，迫至无利可牟，外洋之来者自不禁而绝"。

可见，许乃济提出的方案侧重于解决白银外流和鸦片走私对统治机器的腐蚀这两个问题，而对鸦片对中国人民身心的毒害则是束手无策，但他提出了两个自我安慰的理由：其一是"食鸦片者率皆游惰无志，不足轻重之辈，亦有年逾耆艾而食此者"，其二是"海内生齿日众，断无减耗户口之虞"。最后，他请求皇帝将他的奏章发交督抚、海关讨论，如果可行，速议章程。

许乃济提出的方案实际上是主张调整禁烟政策，有条件地开放鸦片贸易，尽管漏洞不少，但绝对是经过深思熟虑的举动，因为在当时给皇帝上疏，是一件十分慎重的事。可以设想，如果没有一部分人的支持，许乃济可能不敢上这份如此大胆的奏疏。这给道光帝出了一道难题，如果采纳该奏，就意味着要对嘉庆以来的禁烟政策大做调整，否则，又确实无计可施，于是，他只好将此奏发交广东官员讨论。这表明道光帝的禁烟决心有所动摇，这令那些以鸦片而获利的中国官商和外国鸦片贩子们兴奋不已，十三行洋商立即向广东当局提出了完整的鸦片弛禁方案，将许乃济的主张具体化。身居烟毒最深之地的两广地方官竟也为许乃济的奏议张目助阵，总督邓廷桢认为："鸦片流传内地，以致纹银日耗，今欲力塞弊源，惟杜绝纹银出洋最为要著"，他主张："弛禁变通办理，仍循旧制纳税，系为因时制宜起见"，"应请旨准照原奏"。此外，广东巡抚、粤海关道也纷纷赞扬许乃济的奏议，称其"胪陈时弊，均属实在情形"，如能获准，"实于国计民生，均有裨益"。总之，许乃济的奏议在广东获得了一片赞扬之声。

许乃济的奏议在统治集团中掀起了一场轩然大波，对于两广的一致赞誉，"举朝无继言者"，接踵而至的都是反对、批评之声，这类奏疏纷纷上达，其中以礼部侍郎朱嶟、兵部给事中许球、江南道御史袁玉麟的三份奏折对弛禁主张的批驳最为淋漓尽致。

朱嶟（1791~1862年），云南通海人，字仰山，嘉庆进士，历任御史、内阁学士，道光十六年秋，针对许乃济的弛禁主张，他第一个站出来批驳。他首先批驳了只要在中外贸易中坚持以货易货就可阻止白银外流的观点，指出：中国当时可供兑换的货物主要是茶叶一项，"茶叶不足，将复易之银"，白银的偷漏又何能禁止？可见弛禁能阻止白银外流的说法纯属欺人之谈。其次，对于弛禁论者的开放内地种植罂粟之禁，久之以土烟代替洋烟，从而解决白银外流的主张，朱嶟也进行了批判，他指出："择食求精者，又必以洋烟为美也"，事实上，当时内地种植罂粟已复不少，"即如云南一属，种罂粟者漫山遍野，鸦片之出产，宗（总）亦必不下数千箱"，但洋烟输入如故，白银外流也"不见减于昔日"，可见以土烟代替洋烟的想法仅是一厢情愿。再次，朱嶟批驳了弛禁论者的只禁官员、士子、兵丁吸烟，民间贩卖、吸食一概勿论的谬论，指出："以天下人数计之，官弁、士、兵不过十分之一，而民居其九，……今之食鸦片者，大凡起于官员之幕友家丁，延及于市廛游民，而弁兵、士子亦渐禁（染）其习，所不食者，乡里之愚民居多耳。若独禁员弁士兵而许民间贩卖吸食，是以食者纵之得食，而未食者导之使食"。而且，"员弁士兵非生而为员、为弁、为士、为兵也，其初，大抵平民也"，"民与吸食，则兵弁士丁又何能而禁？"可见，弛禁派的禁官员兵丁而不禁民间吸食之说，不过是"曲折之词，所谓掩耳盗铃者也"。朱嶟的这段议论十分精辟，很有说服力。

最为可贵的是，朱嶟对当时朝廷上下在讨论禁烟时仅把眼睛盯在"白银外流"这点上提出了批评，他指出："鸦片流毒，访（妨）财害小，殊（疾）民害大。民者国之本，财者民所出，民贫尚可变口，民弱无可救药"。最后，朱嶟提出："请旨饬下各直省督抚，令地方官重申禁令，严加晓谕，旧染漓俗，咸与维新，如仍蹈前轨（辙），不知悛改，定当按律惩治，决不宽贷"。同时，"严备各省海口"，以防患于未然。

许球在上疏中针对弛禁谬论痛加批驳。他首先认为：弛禁不能解决白银外流问题，"明设禁令，纹银尚至偷漏，鸦片尚至充斥，若令公然售买，明目张胆，其来益多，能保其必以货易货？""是禁一弛而纹银偷漏愈多，此必然之势也"。针对开人民种植、吸食之禁的问题，许球有一段传诵一时的名言："弛鸦片之禁，既不禁其售卖，又岂能禁人之吸食？若只禁官与兵，而官与兵皆从士民中出，又何以预为之地？况明知为毒人之物，而听其流行，复征其税课，堂堂天朝，无此政体"！确实，许乃济的那种认为对游惰无志之辈，愚贱无职之徒则任其自我毁灭，只要统治阶级的文武官员及其子弟以及为他们效劳的兵丁不沾染上吸食鸦片的恶习，就万事大吉的观点，是露骨的阶级自私，是极其不人道的观点。尽管曾经招致批判，但只有许球的批判切中要害——"明知为毒人之物，而听其流行，复征其税课，堂堂天朝，无此政体！"

许球还对英国对华鸦片贸易的实质有着较为清醒的认识，他指出："彼国不食鸦片，而专欲毒害中华，……其处心积虑，不堪设想，近者夷船竟敢潜来各内洋尤奕（游弋），未必非窥探虚实，另有奸谋"。他主张"详内而略外，先治己而后治人，必先严定治罪条例，将贩卖之奸民，说合之行商，包办之窑口，护送之蟹艇，贿纵之兵役，严密查拿，尽法惩治，而后内地庶可肃清"。对于"坐地夷人，先择其分住各洋行，著名奸猾者，查拿拘守，告以定例，勒令具限，使寄泊零丁洋，金星门之趸船，尽行回国，并令寄信该国王"，申明中国立场，使英人"不敢存轻视之心，庶无所施其伎俩"。许球较多地论述了对付鸦片走私的办法，后来多为林则徐采用。

朱嶟、许球对弛禁论的有力批判使道光帝一度有所动摇的立场又坚定了起来，他将朱嶟、许球的奏议发交两广督抚、粤海关研究。继朱嶟、许球之后，江南道御史袁玉麟也上奏道光帝，以更加激烈的言辞再批弛禁论，他指出弛禁派列举的弛禁利益都是空话，而害处却是实实在在的，一个负责任的政府，没有任何理由不严禁鸦片，没有任何理由不"立斥弛禁之议"。总之，朱嶟、许球、袁玉麟的批判彻底埋葬了弛禁论，大是大非也逐渐明朗，在这种情况下，再没有人敢于坚持弛禁的主张了。道光帝终于坚定起来，他重申禁令，命沿海各省实力查禁鸦片。

附带指出，从此以后，邓廷桢转变成了鸦片严禁论者。作为两广总督，此前他多次领衔上奏，表达了弛禁立场，这也可能是考虑到地方的利益而不得不做出的违心表态。此后，他满腔热情地投入到禁烟斗争中去，后来与林则徐齐心协力，为禁绝鸦片而费尽了心血，成为19世纪中国禁毒史上的著名人物。

（五）黄爵滋上书与厉行禁烟

经过这场大论战，统治集团终于统一了认识，坚定了禁烟决心，于是，道光帝一再督促，禁烟斗争再掀高潮。

道光十七年六月初三日，道光帝对邓廷桢等为清理广东积弊而制定的有关措施表示满意，令其"照所议办理"。在复谕中，道光帝着重指出："纹银出洋，实为东南一大漏卮，纹银之出，即为鸦片之所从入，视以银易货之害为尤大"。他提醒邓廷桢等，不要因目前取得的一点成绩而沾沾自喜，放松警惕，因为"现在查拿认真，自觉暂为敛迹，若稍形松懈，难保不肆行偷漏，仍蹈前辙"，他命邓廷桢等"乘此办理稍有头绪之时，加意整顿，严饬各该文武员弁，于关隘紧要地方，往来巡查，严密购缉，有犯必惩，久而勿懈，务使中国财力，不致为外洋所耗"。六月初五日，道光帝在批阅御史朱成烈《银价昂贵流弊日深请饬查办》一折后谕内阁，指出近来钱价日贱，系纹银不足所致。纹银所以不足，固由于风俗奢侈，耗于内地，但"禁烟一物，贻害尤甚，耗银尤多"。鸦片的走私已不限于广州一口，他指示沿海各督抚：

统于沿海要隘处所，随时随地，认真稽查。遇有出洋快蟹等船，务当实力巡查，倘敢装载纹银，妄冀偷漏出洋，立即设法截拿，按律惩办，毋稍轻纵。除将搜获银两，全数分别充赏外，并著查明实在出力各员弁，据实保奏，请旨鼓励，如有疏纵，亦即严参惩办。

此后，他多次降旨严饬沿海督抚，恩威并用，要求严禁鸦片。

道光帝的督促产生了一定的效果，湖南地方当局在与广东接壤的衡、永、郴、桂等处先后缉获广东烟贩9起，人犯20余名，鸦片3000余两。道光帝获报后，立即谕令邓廷桢"严饬出粤入楚所在地方文武员弁，一体实力截拿，有犯即惩，毋稍疏纵"。在拿获的烟贩中，经审理得知有的过去曾任文武员弁，这引起了道光帝的注意，他在考虑禁烟中胥役兵丁的消极作用，指出："查拿匪徒，严禁纹银出洋，文职不能不假手胥役，武职不能不假手兵丁，若辈罔知顾忌，唯利是图，往往扰累混拿，乘机吓诈，种种弊端，在所不免"。他指示地方官"仍当严明约束，倘兵役藉端滋扰，即著从重治罪"。是年底，山海关副都统祥厚拿获夹带鸦片烟人犯4名，这引起了道光帝对鸦片泛滥的忧虑，十八年初在审理此案时说："奉天为我朝根本要地，风俗淳朴，向无吸食鸦片烟"，现拿获的4名烟贩均系奉天人，"可见染此恶习由来已久"。他要追究地方官的失察之罪。二月初七日，道光帝命将在广州开设烟馆达5年之久的郭亚军处绞。

道光帝明确地重申禁令，并实力推行禁烟，使一个时期内弥漫舆论界的弛禁论销声匿迹，一些地方官在皇帝的严命下也纷纷采取切实措施，使得禁烟的成效显现出来。十七年（1837年），是清政府自雍正七年颁布禁烟令以来实际效果最为明显的一年，在广州沿海，由于地方官切实缉私，走私船大受打击，鸦片销路顿时萎缩，外国不法商人只好转往中国其他沿海地区贩卖，但同样面对各地的禁烟措施，结果效益不佳，只好返回广州。但是，对此时禁烟的效果也不宜估价过高，因为鸦片走私的巨大利益随时诱惑、激励着鸦片贩子铤而走险，清政府中为数不少的文武官员也在寻机破坏禁烟斗争，更为重要的是，此时道光帝对鸦片泛滥除了要求地方官激发天良，严密查拿外，尚无善策，也就是说，禁烟效果的大小主要取决于地方官的"良心"，这就难以保证禁烟斗争能够不断深入地持续开展下去。而对于鸦片的来源地——海口以外的英国趸船，则干脆束手无策。

在禁烟运动难以深入和禁烟呼声不断高涨的情况下，黄爵滋提出了著名的禁烟新思路——重治吸食。

黄爵滋（1793～1853 年），江西宜黄人，字德成，号树斋，道光进士，曾经任翰林院编修、陕西道监察御史等职，此时任鸿胪寺卿，道光十八年闰四月初十日（1838 年 6 月 2 日），他向道光帝上《严塞漏卮以培国本折》，这是道光朝禁烟运动中的经典性文件。

奏折的开头即将道光帝深深地吸引住了：

臣惟皇上宵衣旰食，所以为天下万世计者，至勤至切，而国用未充，民生罕裕，情势积渐，一岁非一岁之比，其故何哉？考诸纯庙之世，筹边之需几何？巡幸之费几何？修造之用又几何？何以上下充盈，号称极富？嘉庆以来，犹微丰裕。士大夫家以及巨商大贾奢靡成习，较之目前，不啻霄壤，岂愈奢则愈丰，愈俭则愈吝耶！

道光帝是一位节俭得似乎有些出格的帝王，御膳房杀口猪尚须"奉旨"，但为什么越是节俭，越是民穷国弱？世界上确实不存在越挥霍就越富有，越是节俭反而越贫困的道理呀！他亲身经历过乾隆盛世，现在群臣动辄拿目前与那时相比，黄爵滋奏折的这段开场白足以使道光帝奋起。

众所周知，国家贫弱的原因是鸦片走私，白银外流，黄爵滋称其为"漏卮"，在他看来，按照原来的禁烟办法去做，这一"漏卮"是堵不住的。因为：

第一，以往的一个重要办法是严查海口，杜其出入之路，这是正确的，但问题是"稽查员弁，未必悉皆公正，每岁既有数千余万之交易，分润毫厘，亦不下数百万两，利之所在，谁肯认真查办？"退一步说，即使认真查办，"况沿海万余里，随在皆可出入"，简直防不胜防。

第二，有人建议断绝对外贸易，以牺牲关税来断绝鸦片来源，但鸦片走私本来就不属于通商范畴之内，"烟船本不进口，停泊大洋，居为奇货，内地食烟之人，刻不容缓，自有奸人搬运"，所以，禁止了通商也禁止不了走私。

第三，以往的另一个重要禁烟措施是查拿烟贩，严治烟馆，以遏其流，但"今天下兴贩鸦片者不知几何，开设烟馆者不知几何，而各省办此案者绝少。……其各府州县开设烟馆者，类皆奸猾吏役兵丁，勾结故家大族不肖子弟，素有声势，于重门深巷之中，聚众吸食，地方官之幕友家丁，半溺于此，未有不庇其同好者"。故此项措施的结果只是给了关津胥吏留难勒索往来客商的借口，而达不到禁烟的目的。

第四，有人建议开内地种植鸦片之禁，以土烟抵制洋烟，以杜白银外流，但不知内地所产之烟，食之不能过瘾。所以，还是不能阻止鸦片走私。这样一来，轰轰烈烈几十年的禁烟斗争并未阻止鸦片的泛滥和白银的外流，结果"以中国有用之财，填海外无穷之壑，易此害人之物，渐成病国之忧，日复一日，年复一年，臣不知伊于胡底！"

黄爵滋笔锋一转，进而说道：

　　然则鸦片之害，其终不能禁乎？臣谓非不能禁，实未知其所以禁也。夫耗银之多，由于兴贩之盛；贩烟之盛，由于食烟之众；无吸食者自无兴贩，无兴贩则外夷之烟自不来矣。今欲加重罪名，必先重治吸食。臣请皇上严降谕旨：自今年某月日起，至明年某月日止，准给一年期限戒烟，虽至大之瘾，未有不能断绝。若一年之后，仍然吸食，是不奉法之乱民，置之重刑，无不平允。查旧例，吸食鸦片者，罪仅枷杖；其不指出兴贩者，亦止杖一百，徒三年。然皆系活罪，断瘾之苦，甚于枷杖与徒，故甘犯明刑，不肯断绝。若罪以死论，是临刑之惨急，更苦于断瘾之苟延，臣知其情愿绝瘾而死于家，必不愿受刑而死于市。

　　至此，黄爵滋提出了其禁烟的新思路——重治吸食：凡吸毒者在国家规定的期限内不能戒烟，将被处以死刑。因为以往对吸食鸦片者的处罚都太轻，要比戒毒而蒙受的痛苦小得多．所以对吸食者没有威慑力，故不得不加重刑罚，处以死刑，以达到"无吸食者自无兴贩，无兴贩则外夷之烟自不来矣"的目的。而且，打击吸食鸦片者的难度要比打击贩卖者的难度小得多，也不会产生诬告或株连无辜的问题。黄爵滋还设想通过保甲制、官吏考核制度来保障其计划的实施。

　　对吸食鸦片者罪以死论，这还是发言盈廷的历年条奏中的第一次，道光帝被深深地震动了，但他没有表态，而是将此奏下发，令盛京、吉林、黑龙江将军及各直省督抚"各抒所见，妥议章程，迅速具奏"，一场关于禁烟政策的大讨论再次在统治集团中展开。

　　在从道光十八年闰四月至十九年五月《钦定严禁鸦片烟条例》公布的一年期间里，各有关指定官员纷纷遵命发表意见，道光帝共收到 29 份复奏，由于皇帝已经在谕旨中表露了严禁鸦片的政治倾向，故督抚中没有一人主张弛禁，所有人都主张加强对贩烟、售烟者的打击和处罚力度，严禁鸦片的政策至少在表面上取得了一致。但是，在具体做法上该如何严禁呢？意见尚不统一。在 29 份奏折中，有 8 份奏折基本同意黄爵滋的主张，他们是：湖广总督林则徐、两江总督陶澍、署理四川总督苏廷玉、湖南巡抚钱宝琛、安徽巡抚色卜星额、河南巡抚桂良、江苏巡抚陈銮、东河总督栗毓美。其余的人只主张对吸食者加强打击力度，不同意处以死刑，并格外强调禁烟应该严查海口，以杜其源。

　　黄爵滋确实提供了一个简便的禁烟办法，因为吸食者不像贩卖者那样来去无踪，而且由于有烟瘾在身，面对稽查时也难以掩饰，但是，他的建议又带来了新的困扰。因为首先，就法理而言，毒品的制造、走私、贩运、销售、吸食固然均为法所不容，但一般说来，对制造、走私、运销者的处罚要重于吸食者，而黄爵滋却主张对吸食者处以死刑，那么，对其他环节的毒品犯罪该如何加重处罚呢？这是不是本末倒置呢？其次，就可行性来说，一旦决定对吸烟者处以死刑，地方官不仅要面对无穷无尽的工

作量、严刑峻法的心理负担和巨家大室的纷扰，而且按当时的规定，不能完成任务就要受到工作不力的处罚；一旦宣布完成了任务还得在今后的仕途生涯中准备随时受到失察的追究。所以自然很多官员不赞成黄爵滋的主张，当然，这个理由无法明确地摆出来，于是，反对者只好强调"圣朝宽大不事峻法严刑"，尤其强调禁烟的最佳办法是严查海口，以杜其源，这样一来，禁烟就成了广东的事，他们只负担查处鸦片的贩运销售，可见，该主张不乏取巧的成分，但也不可一概抹杀，一个政策仅仅得到少数人的认可，自然就没有了实践上的可行性。平心而论，就是在赞成黄爵滋主张的8份奏章中，也不是没有保留意见。如陈銮基本赞成吸食者处死，但反对不教而诛；陶澍基本上赞成重治吸食，但同时担心"若办理无次，而骚动于闾里"。

面对纷纭的意见，道光帝一筹莫展，不过从大趋势上看，黄爵滋的奏议也将被压倒多数的反对意见所否决，但是，这时两个突发事件使道光帝的禁烟态度顿时变得激烈起来。

十八年九月初八日（1838年10月25日），道光帝得到报告，庄亲王与辅国公溥喜在尼僧庙吸食鸦片，此事发生在号称"首善之区"的京师和"天潢贵胄"的皇室家族，可见烟毒浸染之深，道光帝简直怒不可遏，两位皇室成员被革去爵位。初九日，道光帝严令步军统领衙门、顺天府在北京查禁鸦片，而且"无论王公旗民，凡吸食鸦片及开办吸烟处所者，一体严拿"。十一日，又迁怒于弛禁论的主张者许乃济，指出："许乃济冒昧渎陈，殊属纰谬，著降为六品顶戴，即行休致"。

二十二日，道光帝接到了直隶总督琦善向他报告的一个令人振奋的好消息：天津镇道于大沽一带，在洋船金广兴号上，搜获烟土82口袋，计13万余两及烟具军械一批，这是自雍正年间开始禁烟以来最大的成果，道光帝被鼓舞了，次日，便做出了一件震惊朝野中外的举措——下旨招湖广总督林则徐来京陛见。

林则徐是道光政坛的一颗明星，此时是黄爵滋主张的支持者，他奉诏进京，预示着道光政坛和禁烟斗争一场大波澜的即将兴起。

附带指出，在这次禁烟政策的大讨论中形成了"重治吸食"和"严查海口"两种观点，道光帝在理论上没有否定前者，但在实践中采纳的主要是后者。

（六）虎门销烟

林则徐（1785~1850年），福建侯官（今福州）人，字元抚，一字少穆，嘉庆进士，曾任翰林院编修、御史等职，后长期在地方任职，由按察使、布政使、河督、巡抚而逐级升迁，是深受道光帝赏识的实力派人物，同时，他还是与龚自珍、魏源齐名的著名经世派代表人物。

道光帝之所以选择林则徐，主要是由下面这些原因决定的：

首先，从为人的品格上看，林则徐正直清廉，这在当时的官场上是少见的；其次，从工作作风上看，林则徐认真、踏实，在他任东河总督时，一改以往官员作风，对下属河防各厅准备的防洪材料，逐一翻检、核对，以防虚报侵吞，以节俭、守成著称的道光帝对此大为感叹；再次，从工作能力上看，林则徐起身布衣，从基层做起，逐级升迁，终于开府封疆，主要靠的是自己的能力，而且，他为政不拘成法，颇具探索精神和开拓意识，在漕运、河工等大政的改革方面也很有见地，并卓有成效。

更重要的一点是，林则徐是禁烟运动坚定的主张者和有力的执行者。他在其两湖辖区大力推行禁烟，卓有成效，走到了全国的前列。仅在汉阳县，就缴获烟土烟膏 1.2 万余两，在汉阳、江夏收缴烟枪 1264 杆。湖北厉行禁烟，使违法之徒"莫不魄悸魂惊，不特开馆兴贩之徒闻风远窜，并吸食者亦恐性命莫保，相率改图"。他宽猛兼施，还搜集药方，配制戒烟药丸。林则徐在湖广的禁烟引起了道光帝的关注，当黄爵滋的重治吸食的主张提出后，林则徐是支持者之一，他在《钱票无甚关碍宜重禁吃烟以杜弊源片》中，有这样一段名言："若犹泄泄视之，是使数十年后，中原几无可以御敌之兵，且无可以充饷之银，兴思及此，能无股栗！"他提出了鸦片可以亡国的警告，道光帝为此感到深深的震撼。所以，此次招林则徐进京，绝不是偶然的，而后来虎门销烟的成功也证明了道光帝的眼光不错。

十月初七日，林则徐接到了来京陛见的通知，立即进行有关禁烟资料的准备，十一日，湖北官员欢送林则徐启程进京，百姓夹道聚观，林则徐踏上这充满坎坷的前程，回望武汉三镇的城阙，他不禁感慨万千，但他无论如何也想不到，随着他此行的步伐，中国即将迈进一个新的时代，而 73 年之后的此时，在这座历史名城里，首先响起了埋葬清王朝的枪声。

十一月初十日，林则徐抵达北京。次日，便上折请见，从本日起至十八日止，道光帝连日召见 8 次，其中在十一月十五日道光帝下诏："特派湖广总督林则徐驰赴粤省，查办海口事件，并颁给钦差大臣关防，令该省水师兼归节制"。

道光帝 8 次召见林则徐，究竟谈了些什么？事涉机密，君臣从无透露，但从奏稿和书信中钩沉，可见大致有以下几个方面：

第一，林则徐对道光帝所加的任命，感到压力很大，再三请辞，未获批准。当然，林则徐的请辞也可能是一种姿态；

第二，林则徐向道光帝请求加强海防，因为事涉经费，以节俭著称的道光帝未立即答复；

第三，君臣二人交换对鸦片问题的看法，在此，二者是颇有共同语言的；

第四，在对外关系问题上，林则徐建议皇帝向英国国王发出檄谕，但因为事涉华夷关系和天朝的体制，故道光帝未立即做出表态。

道光帝派林则徐到广东禁烟，一方面表明他决定采纳"严查海口"的禁烟政策，另一方面表明他已经不相信广东官员，所以派钦差大臣前去查办。他通过拒绝林则徐的辞请，表达了对林的支持，但考虑到既要顾及两广督抚的面子，而林则徐也离不开广东当局的支持，所以道光帝又下谕旨解释：

邓廷桢统辖两省地方，事务殷繁，若专责以查办鸦片以及纹银出洋，恐顾此失彼，转不能专一心力，尽绝弊端。现派林则徐前往专办此事，该督自当益矢勤奋，尽泯畛域，应分办者各尽已责，应商办者会同奏闻。

他希望两广当局与林则徐同舟共济，不致内耗。

十一月二十三日，林则徐焚香叩拜，领受关防大印，然后揖别了送行的文武百官，毅然迈出了前往广东的步伐。

林则徐在京期间，皇帝连日召见，恩典接踵而至，君主信任，百官羡慕，可以说是其一生中最为荣耀的时光。但林则徐没有被此冲昏头脑，在前往广东的旅途中，他展开了龚自珍的来函，仔细阅读起来。本来龚自珍是林则徐的旧好，同为经世派的代表人物，林则徐来京后，龚自珍前来拜会，但因为不是单独会面，龚自珍不得畅怀，故写了《送钦差大臣侯官林公序》，并委婉地表达了希望到广东亲历此事的愿望，林则徐拒绝了，他回信说："至阁下有南游之意，弟非敢沮止旌旆之南，而事势有难言者，曾嘱敝本家岵瞻主政代述一切，想蒙清听"。一句"事势有难言者"，表达了林则徐对坎坷前程的清醒认识。一路上正逢北国冬日，茫茫旷野，朔风呼号，雨雪纷飞，林则徐肩负重担，心情难得舒展。

年关将至，林则徐一行马不停蹄，向南急驰，但林则徐的心情逐渐开朗起来，一方面我国南方各地人民欢度新年的气氛感染了他，另一方面，道光十九年正月初，他接到了广东督抚信使送来的信件，他们表示欢迎他前往查禁鸦片，并承诺全力配合。正月十八日，当他踏上南粤大地之时，广东省的巡捕、差官已经恭候多时，他们簇拥着钦差大臣一行，向广州进发。二十五日（1839年3月10日），林则徐抵达广州，就任钦差大臣，邓廷桢、怡良、关天培、豫坤、德克金布、奕湘等广东地方要员举行了盛大的欢迎会。

此前，广东督抚就已开始打击鸦片的走私贩运，而林则徐的到来，更壮大了禁烟运动的声势，鸦片贩子们闻风丧胆，外国鸦片趸船驶离零丁洋，烟枭跑到了澳门，暂避锋芒。国内的烟贩也惶惶不可终日，他们昼伏夜出，打探着消息，但紧张之余，他们也对清政府的禁烟心存侥幸，因为从以往的情况判断，他们不相信清政府的官员有能力严禁鸦片。一度喧嚣污浊的广东沿海顿时清静下来了。

到达广州之后，林则徐就沿途所思所见向道光帝做了汇报，他认为，外国的鸦片趸船虽然驶出海口，但毕竟不会将鸦片抛入大海，也不会运回本国，终究还是欲"乘间觅售"，故必须收缴趸船鸦片，杜绝来源。所以，3月18日，林则徐发布命令，要求外国鸦片贩子立即向中国政府交出鸦片："查尔等以此物蛊惑华民，已历数十年，所得不义之财，不可胜计，此人心所共愤，亦天理所难容。从前天朝例禁尚宽，各口犹可偷漏，今大皇帝闻而震怒，必尽除之而后已。所有内地人民贩鸦片、开烟馆者，立即正法，吸食者亦议死罪，尔等来至天朝地方，即应与内地民人同遵法度"。林则徐要求外商：第一，"将趸船鸦片尽数缴官，由洋商查明共缴若干箱，造具清册，呈官点验，收明毁化，以绝其害，不得丝毫藏匿"；第二，"出具夷字、汉字合同甘结，声明嗣后来船永远不敢夹带鸦片，如有带来，一经查出，货尽没官，人即正法"。林则徐以停止贸易相要挟，并表示"若鸦片一日未绝，本大臣一日不回，誓与此事相始终，断无终止之理"。这一告示通过洋商向外商做了传达。3月19日，粤海关告示洋商，在交烟之前，不许其前往澳门。

外国鸦片贩子是不会轻易交出鸦片的。

他们先报以沉默，继而在压力下交出了一千余箱鸦片，这是其对付中国官员的惯技，企图以小的代价来蒙混过关。林则徐经过调查早已掌握了外国鸦片贩子手中鸦片的大致数量，有鉴于此，他决定采取断然措施，下令传讯英国港脚商人、大鸦片贩子颠地（Lancelot Dent）。当时，广州外海趸船上的鸦片多半系其经营，林则徐将其确定为"首恶"，使得外国人顿时感到了恐慌。

在这种情况下，英国驻华商务监督义律（CharleS Elliot）站出来挑衅，他首先企图将中国政府查禁鸦片的内政转变为国际事件，在他的命令下，英国商船组织起来，准备抗拒清政府的禁烟令，他还挑衅地质问林则徐："现在特以本国国王的名义质询贵总督，是否想同在中国的英国人作战"？其次，义律从澳门潜往广州，混入商馆，亲自为奸商们打气，并筹划使颠地逃脱的活动。

林则徐针锋相对，采取了更加严厉的对应措施。按照以往成例，他下令封舱、停止对外贸易、撤出夷馆中的华籍买办工人、增加兵役、切断夷馆与外界的联系，同时，重申缴烟禁令，只要外商交出鸦片，就改变上述政策。应该指出，林则徐的这些措施是必要的、正义的，也是中国主权的具体表现，中国政府在自己的领土上追究外国商人的不法行为，是任何国家都无可非议的，但别有用心的义律和不法商人却对此大加渲染，叫嚷英国商民的财产和生命受到了威胁，这成了后来英国侵略者发动鸦片战争的主要借口。

林则徐的措施很快收到了成效，其他国家的商人开始前来具结，保证今后不再贩卖鸦片，承诺违约甘愿受罚。一些英国商人也纷纷对义律的强硬表示不满，认为这损害了他们的利益。内外交困的义律终于不得不妥协，下令英国商人向林则徐缴烟。他们报告了其所拥有的鸦片数量：20283 箱，每箱烟土净重 60 公斤，这一数字与林则徐所掌握的大体一致。

从 1839 年 4 月开始，20 余只趸船陆续驶至虎门口外，以英国为首的鸦片商人开始缴烟。根据缴烟的进度，林则徐制定了解除制裁的时间表：当缴烟达到总数的四分之一时，中国仆役被允许回到商馆；达到二分之一时，恢复澳门间的水上往来；而达到四分之三时，外商们的生活基本恢复了正常，中外贸易也已开始。到 5 月下旬，在广东水师的监督下，最后一批鸦片被卸到了穿鼻岸上，至此，林则徐的禁烟斗争取得了重大的进展，共收缴鸦片烟 19187 箱又 2119 麻袋，计 2376000 余斤，虽然鸦片的箱数与义律所报稍有出入，但总重量与其所述基本一致。林则徐恩威并用，为安抚洋商，特规定凡缴出一箱鸦片者，赏茶叶 5 斤，所需茶叶十余万斤。林则徐向道光帝汇报了这些情况，为了易于获得道光帝的批准，林则徐特声明采购茶叶的款项由他和两广当局筹划，同时，林则徐还请示将所缴鸦片原箱解京验明，再行销毁，对此，道光帝均表同意。

当时在虎门这样的偏僻地方，根本不存在能装下如此之多鸦片的仓库，只好临时搭起草棚，外围以木栅栏，周围戒备森严，有文官 12 人、军官 10 人督率士兵 100 人昼夜巡逻，一待接到谕旨，即将鸦片运往北京。

此时的道光帝对林则徐是相当满意的，他决定对广东禁烟有力官员论功行赏："林则徐等查办妥协，自应量加奖励。林则徐、邓廷桢著交部从优议叙，怡良、豫堃、关天培著交部议叙。"不久，道光帝接受御史建议，决定取消将鸦片运来北京的指示，特下诏曰：

林则徐等经朕委任，此次查办粤洋烟土，甚属认真，朕断不疑其稍有欺饰。且长途转运，不无借资民力，著毋庸解送来京，即交林则徐、邓廷桢、怡良于收缴完竣后，即在该处督率文武员弁，公同查核，目击销毁。俾沿海居民及在粤夷人，共见共闻，咸知震詟。

道光帝的诏令中有"销毁"一语，如何销毁呢？林则徐颇费了一番苦心。按一般的理解，似乎是应该烧毁，但经实验，鸦片经火烧之后，其"残膏余沥"渗入地下，还可以从这里的土壤中提炼出品质稍次的鸦片。后经研究了解到鸦片最忌盐与石灰，于是，最终林则徐采取了这样一个办法：在虎门海滩稍高的地方挖了两个 15 丈见方的池子，池底铺有石板，池壁镶有木板，以防鸦片渗透，池子临海的一面建有闸门，相反的一面建有沟渠。将水从沟渠引入池中，加入大量的盐，然后将鸦片切碎投入盐水池中，浸泡半天后，再加入生石灰，池中立即发生类似沸腾一样的化学反应，同时由士兵用长竿搅拌，加速鸦片的溶解。最后打开通往大海的闸门，将其放入大海。之所以建了两个池子，是因为鸦片溶解需要一定时间，两个池子交替使用，可以加快销烟的进度。

1839年6月3日，是世界禁毒史上光彩的一页，是中华民族永远值得自豪的一天。是日，林则徐率领两广当局各级文武员弁来到了虎门，荒僻的海滩顶翎辉煌，庄严肃穆，彩旗猎猎，观者如堵。林则徐面向大海，祭告海神，然后传令销烟，顿时鼓声隆隆，欢声雷动，销烟池中升腾起阵阵烟雾。110年后，这一幕刻在了人民英雄纪念碑上。

虎门销烟从6月3日开始，直到25日方才结束。此间，林则徐遵照道光帝的指示，将销烟的全过程向中外公开。"该处沿海居民，观者如堵"，拍手称快。鸦片的外国走私者本来对清政府的禁烟持怀疑态度，他们不相信中国政府会销毁鸦片，甚至异想天开地以为林则徐会将鸦片拍卖。此时大为惊异，虽然林则徐邀请他们前来参观，但英国人不忍目睹其"财富"化为灰烬，只是远远眺望着虎门的烟尘，内心中升腾着愤恨的怒火，盘算着新的毒计。而美国人中有人来到了现场，传教士裨治文（ElijahColeman Bridgman）看了销烟的过程后，在其主编的《中国丛报》（Chinese Repository，也译为《澳门月报》或《中国文库》）上发文指出：

我们反复检查过销烟的每一个过程，他们在整个工作进行的细心和忠实的程度，远出乎我们的臆想，我不能想象再有任何事情会比执行这个工作更为忠实了。监视工作比广州拘留外人时更严密得多。在镇口，一个穷人只因为企图拿走身边的一些鸦片，一经发觉，立即受到法律的严重处罚。即使偷窃一点鸦片，那也要冒着极大的生命危险。最低限度，这令我不得不相信了。

林则徐在广东期间，在与外国鸦片贩子斗争的同时，还进行了全面的禁烟的努力。开始，很多人心存观望，林则徐首先将打击矛头指向了历年庇私受贿的副将韩肇庆，"籍其家，累巨万，官民大服"。从二月初开始，林则徐陆续发布了《札各学教官严查生员有无吸烟造册互保》《晓谕粤省士商军民人等速戒鸦片告示稿》《颁发查禁营兵吸食鸦片规条稿》等公文告示，三月底，他再发布《再谕通省士民速戒烟瘾缴呈烟具告示》，警告那些吸毒者如不改弦更张，缴出毒品、烟具，将受到新的禁烟条例的严惩，这造成巨大的声势，很快收缴"烟土、烟膏四十六万一千五百二十六两九钱八分，烟枪四万二千七百四十一杆，烟锅二百一十二口及烟具等件"。附带指出，在林则徐广东禁烟期间，两广当局基本上全力配合了林则徐的禁烟斗争，尤其是两广总督邓廷桢更为突出，他表示与林则徐"共矢血诚，俾祛大患"②，在斗争中结下了深厚的情谊，成为禁烟运动的著名人物。

（七）《钦定严禁鸦片烟条例》

同时，禁烟运动在全国范围内迅速兴起。道光十九年五月初五日（1839年6月15

日），在林则徐虎门销烟的同时，道光帝批准了刑部制定的禁烟条例，并正式公布施行。其主要内容为：

1. 沿海奸民开设窑口，囤积鸦片者，首犯斩枭，为从同谋及接引护送之犯并知情受雇船户，绞监候。该管官知情故纵者，革职，失察者分别议处；

2. 沿海兵弁受贿故纵者，绞立决。知情徇纵者，俱发往新疆，官弁充当苦差，兵丁为奴。失察者，官弁分别议处，兵丁杖徒；

3. 合伙开设窑口并合伙兴贩者，以造意者为首，余俱为从论；

4. 寄囤洋船烟土，照开设窑口从犯治罪；

5. 官役拿获贩烟吸食之犯，得财卖放者，与犯同罪。赃重者，计赃以枉法论；

6. 监狱禁卒传递代买鸦片者，发极边烟瘴充军，其解役有犯者，发近边充军；

7. 兵役借查烟之机，肆行抢夺者，发边远充军。赃一百二十两以上者，为首，绞监候。失察官分别议处；

8. 事未发自首者，免罪；闻拿投首者，减一等；首后复犯，加一等治罪；

9. 吸食之案只准官弁访拿，不许旁人讦告；

10. 设烟馆，首犯绞立决，从犯及知情租屋者，发新疆给官兵为奴，兵役包庇，与犯同罪。

11. 栽种罂粟，制造烟土，及贩烟至五百两者或兴贩多次者，首犯，绞监候；为从，发极边烟瘴充军。兴贩一两次，数不及五百两者，为首，发往新疆给官兵为奴；为从，发极边足四千里充军。兵役贿庇，与首犯同罪。……州县官知情故纵者，革职永不叙用；

12. 栽种罂粟尚未制烟售卖，及收买烟土烟膏未售卖者，为首，发极边烟瘴充军；为从，杖流；

13. 吸烟人犯，均予限一年六个月，限满不知悛改，无论官民，概绞监候；

14. 平民吸烟，在一年六个月限内者，杖流。如系旗人，消除旗档，一体实发；

15. 在官人役及官亲幕友，一年六个月内在署吸烟者，照平民加一等治罪；

16. 职官吸烟，在一年六个月限内者，发往新疆充当苦差；

17. 兵丁在限内吸烟者，发近边充军，该管官知情故纵者，革职；失察者，分别议处；

18. 吸烟人犯虽经改悔戒绝，但存有烟灰者，杖一百；

19. 制卖鸦片器具者，照造卖赌具例分别治罪；

20. 同居子弟有吸烟者，家长照不能禁约子弟为窃例治罪；

21. 职官因吸烟发往新疆者，概不准各城大臣因事保奏；

22. 宗室觉罗吸烟者，发往盛京，严加管束。如系职官及王公，均革职革爵，发往盛京，永不叙用。如犯在一年六个月限满后者，照新定章程，加重拟绞监候；

23. 太监内有从前吸食者，限一月内自首免罪，再限三个月内，令总管太监认真搜查，如有收藏烟具者，从重治罪。如三个月限满，半年以内，有在禁门以内各值房吸食者，均拟绞监候；在外围值房吸食者，枷号六个月，发极边烟瘴，永远枷号，遇赦不赦；

24. 官兵查拿鸦片遇有大伙拒捕者，准放鸟枪，格杀勿论；

25. 销毁烟土，令督抚亲验真伪；

26. 各省海关监督对洋船带烟进口，知情故纵者，革职；失察者，分别议处；

27. 承审吸烟人犯之官员，徇情开脱，照故出入罪例治罪；

28. 职官虽吸烟已戒，仍令休致；

29. 在京各衙门及外省督抚，如将吸烟人员列入京察卓异，即将原保举官议处；

……

在发布这一禁令的同时，道光帝申明：

各该衙门，其即速行刊刻，颁发各直省将军、督抚等，转行所属地方文武员弁，一体遵照，明白出示晓谕，咸使闻知。朕惟姑息非所以爱民，明刑即所以弼教。鸦片来自外夷，日深一日，兼以内地栽种罂粟，影射渔利，军民人等，受其毒者，始则被人引诱，继乃习为泛常，甚至荡产戕生，罔知悛改，关系于人心风俗者甚巨。若不及早查禁，永杜弊源，则传染日深，其害伊于胡底。……该将军、督抚等，果能早为查办，何至流毒如今日之甚？朕姑宽其既往，自此次明定章程以后，其各激发天良，湔除积习，同心协力，仰体朕怀，为民除害。其有不肖属员，讳饰不办者，立即据实严参，重治其罪。倘仍意存玩泄，视条教为具文，或畏难苟安，或始勤终怠，则是甘心蹈法，自丧天良，朕言出法随，绝不宽贷，俱各凛遵毋忽。钦此！

五月十三日，定《夷人携带鸦片烟土人口售卖治罪专条》，规定：

此后夷人如带有鸦片烟入口图卖者，为首照开设窑口例，拟斩立决；为从同谋者，从严拟绞立决。由督抚审明，交地方官督同夷人头目，将各犯分别正法。起获烟土，全行销毁。

以奉文之日为始，予限一年六个月，如于限内将烟土全数呈缴者，免其治罪。

应该指出，《钦定严禁鸦片烟条例》是有清一代对涉及毒品犯罪打击力度最大的一部法规，它在经过较长时间的调查、研究、讨论，广泛吸收各方面意见的基础上制定而成，十分详明具体。其中规定，平民吸烟，如在期限内不能戒除者，将被处以绞监候，这是对黄爵滋的吸烟处死的建议的折中；而规定旗人、官员、宗室觉罗吸烟要照常人加等治罪，在某种程度上可见许乃济禁官员、兵丁，不禁民间主张的影子。该法规的制定、颁布，反映了以道光帝为首的统治集团的禁烟决心，是19世纪清政府禁烟运动高潮的标志。

道光十九年五月，一系列禁烟条例的制定、公布，虎门销烟的进行，标志着禁烟斗争进入了高潮。持续几十年的禁烟斗争终于达到了一个新阶段，也收到了一定的成效。到十九年夏，中国沿海看不见鸦片走私船了，各地官员不敢迁延观望、敷衍塞责，而是努力地开展着禁烟斗争，吸食者迫于死刑的威胁，也不得不认真考虑戒烟的问题了。这是一个好的开端，这本是仁人志士梦寐以求的。

但是，众所周知，这次轰轰烈烈的禁烟运动最终失败了，一切努力均付诸东流。鸦片战争后，清政府的禁烟颇有掩耳盗铃的味道了，至咸丰八年（1858 年）迫于英国的压力，则干脆承认鸦片贸易合法，终于自己破坏了对鸦片的禁令。这就是清政府官员后来所说的"始图抵制，终至泛滥"，承认了禁烟运动的彻底失败。今天看来，道光朝禁烟运动失败是必然的，因为其一，当时的鸦片泛滥有其深刻的国际背景，欲禁鸦片，离不开国际社会的同情、支持和配合，但当时以英国为首的外国势力正欲借鸦片来打开中国市场，自然要千方百计地破坏清政府的禁烟运动，甚至不惜发动战争，而清政府又不具备与西方列强抗衡的实力，在这种情况下，禁烟运动的失败就难以避免了；其二，鸦片泛滥，是与清政府政治腐败紧密联系着的，如不能从根本上治理腐败，而欲禁烟大见成效，岂非痴人说梦？其三，当时鸦片泛滥已经渗透到人民社会生活的诸多方面，欲从根本上解决问题，须做很多细致的社会工作，绝不是仅靠禁令就能解决问题的。当然，这是历史的局限，在禁绝毒品仍是世界性难题的今天，我们没有理由苛责 150 余年前的道光帝。

尽管道光朝禁烟运动终于失败了，但我们仍须对此做高度的评价，它与人民的愿望和中华民族的根本利益是完全一致的，体现了对毒品的深恶痛绝的正义立场，赢得了当时国际社会正义力量的尊重和赞誉，永远鼓舞后来者奋发不已，其成败得失，发人深省，值得借鉴。应该指出，该运动之所以一度取得了重大的进展，与道光帝的坚定支持是分不开的，对此应予充分肯定。附带指出，随着鸦片战争的爆发，禁烟运动的失败，道光帝在政治上力图有所作为的时期也就随之结束了。

鸦片战争

（一）清廷仓促应战

1840 年 4 月 3 日，英国国会讨论对华开战问题，经过三天激烈的辩论，4 月 7 日投票表决，同意对华开战者 271 票，反对者 262 票，战争狂人们仅以 9 票的微弱多数赢得了开战权，"东方远征军"正式成立，侵略武装由印度和好望角调集，计包括军舰 16 艘、武装汽船 4 艘、运输舰 28 艘，陆海军兵共约四千人。海陆军最高司令为乔治·懿律，海军司令为伯麦准将，陆军司令为布尔利上校。这支舰队为了一个肮脏的目的，漂洋过海，于道光二十年（1840）五月二十二日，到达澳门。鸦片战争正式开始。

在此之前，林则徐广东禁烟的成功，沉重地打击了英国殖民者的在华利益，从而引发了中英关系的紧张和对峙。面对这一形势，中、英双方都做出了各自的反应。道光帝明智地预感到，英国人由于鸦片被销毁，走私活动被禁止，绝不会善罢甘休，于是多次谕令沿海督抚严加防范，不得稍有松懈。他在给盛京将军耆英、直隶总督琦善、两江总督伊里布、江苏巡抚裕谦、山东巡抚托浑布的谕令中说：各将军、督抚务必督饬将弁，认真操练巡察，加意防堵，事先预筹，如有疏解，致使洋人窜入内洋，蹂躏扰害，将以各将军督抚是问。两广总督邓廷桢请求在虎门海口添设炮位，增设木排铁链时，道光帝当即降旨批准，并指出应随时察看，检查军事设施，如有一寸铁链脱扣，一根木桩离排，立即修复，务使联络坚固。不久，又下令整顿沿海水师，特别是广东防务。

广东在林则徐、邓廷桢等人的领导下，做了大量的备战工作，收集情报，掌握敌情，整顿水师，招募丁勇，设置木排铁链，增设炮位，增添战船，还举行过五千人的海上演习。道光帝对林则徐的备战工作十分满意，批示道：如此严密设防，"以逸待劳，以主待客，英夷又有何计可施？"但是，道光帝的这些备战措施，从军事上来说，还只是一般性的防御手段，够不上打大仗、恶仗的思想准备和物质准备。

英国殖民者对其在中国禁烟运动中的失败，并没有甘心失败。英国的商务监督义律撤至澳门后，写信给英国政府，鼓吹要对清政府发动"迅速而沉重的打击"，并主张英国应立即派武装占领舟山岛，严密封锁广州、宁波，以及从海口直到长江水面，然后北上天津。英国政府则指示义律一面收集情报，等待远征军的到来，一面可以向清政府进行挑衅性进攻。于是义律挑起了九龙的战斗、穿鼻洋海战和官涌山的六次战斗。这些战役，由于广东清军事先有备，英军又人少力孤，所以清军屡屡获胜，义律的挑衅活动均以失败告终。

清军的一系列小胜，固然向世人表明了中国人民反抗外来侵略的坚强决心，也说明道光帝努力备战的措施收到了效果，但就当时形势而言，敌弱我强之势显而易见，局部小胜并不能反映清军力量的真实性。然而，就是这些小胜，却滋长了道光帝的虚骄思想，以为天朝的"兵威"足以制服挑衅的"英夷"。所以，沿海防务也就只能停留在下达一道道谕旨的空洞言词上。

尤其令人遗憾的是，义律在沿海进行试探，英国国会关于对华作战的争论，侵华舰队正漂洋过海，逼近国门，对于这一切，道光帝全然不知，以为只要把沿海的大门关上，就可以高枕无忧了。

道光二十年（1840）五月二十二日，英国远征军到达澳门，次日宣布，自二十九日起封锁珠江口。六月二日英军留下四艘军舰和一艘武装轮船继续封锁广东海口，其余军舰十二艘、武装轮船两艘、运兵舰一艘、运输舰二十七艘，由全权代表懿律率领，离粤北上。七月二日，北上英军到达福建厦门海面，三日，英舰发炮轰击岸上清军，并准备强行登陆，遭到清军的顽强阻击，阴谋没有得逞，只好留下军舰一艘和运输舰一艘，封锁厦门港，其余英军继续扬帆北驶。

七月四日，英军军舰五艘、武装轮船三艘、运输舰二十一艘到达浙江舟山岛定海县。舟山岛境八百里，物产丰富，土地肥沃，又邻近中国茶、丝的富庶省份。其地又居沿海南北之中，为海上要道，英国殖民者对该岛垂涎已久，此次自然成为英军的重点攻占对象。当英国舰队兵临定海洋面时，一些官吏竟喜形于色，以为有这么多洋船到来，大发横财的机会也就来了。因此，总兵张朝发接报后仍然不做任何军事上的准备，也不派一兵一卒前往探巡诘问，当英舰入港时，清守军未发一炮。六月七日，英军向定海县令姚怀祥提出：归还洋行欠款；销售鸦片烟土；让出定海县城。姚怀祥临危不惧，拒绝了英军的无理要求。同时与总兵张朝发计议，准备集中兵力，坚守待援。张朝发则坚持分兵战守，削弱了清军的防御能力。事实上，定海原设兵额一万人，后来减少到二千人，平时又很少操练，作为海防要地，竟连一艘战船也没有，遇有海事，只能临时雇用民船，如此装备的军队怎么能临阵御敌，何况张朝发又将有限的兵力分散到城内、城外和陆上、水上。

六月七日下午二时，英军开炮轰击清军水师，张朝发驻兵城外，督兵还击，双方激战数小时，张朝发左股受伤落水，救起后送往镇海，水师船只或被俘，或被击沉。城外清军溃败后英军长驱直入，占领关山，炮轰定海，当夜自东门攀梯入城，定海落入英军之手。姚怀祥见城已不保，遂出走北门，行经普慈寺前，投梵宫池而死，为国殉难。

英军入城后，大肆屠杀和掠夺，定海人民遭到一次空前的劫难，这些穷凶极恶的殖民者占领定海后，竟在这里设任分治，任命陆军司令布尔利上校管理定海军务，令郭士立治理定海民政。定海之战，是英国侵略者第一次以武力侵占中国领土的战争，也是中国封建社会在中国近代史上第一次丧师失地的战争。

道光接到定海陷落的败报，十分震恐，一日之内，连发四道谕旨，仓促应付。一、因疏于防范，命将浙江巡抚乌尔恭额、提督祝廷彪严加议处，后又将乌尔恭额撤职，再定为斩监候；总兵张朝发拟斩；罗建功、钱炳焕、王万年等将弁杖一百，流放三千里，从重发往新疆充当苦差。二、命福建提督余步云酌带弁兵，星夜赶赴定海会剿；

授伊里布为钦差大臣，兼程驰赴浙江，办理军务；命闽浙总督邓廷桢选派福建大员，带领舟师，急速前往浙江，会同浙江水师剿灭"英夷"。三、为防止事态扩大，指示沿海各省注意防范，命伊里布选派带兵大员，挑选水师数千，防备英军窜扰江苏；将原定调往福建的陈化成，留守江苏，加强防御；指定琦善前往天津海口，督办防务；令耆英负责盛京防务。四、指示前线守军，敌舰船身高大，枪炮精利，水上交战，我军难以取胜，应该采取诱敌深入，引其登陆，然后四面围剿。

道光采取的一系列应变措施，除人事调动得以实现外，其他有关加强防务、指授方略等实质性内容，均未得到落实，不仅定海的局势没有改观，而且事态在继续恶化，英国在占领定海后不久，又继续北上，直奔天津，来到京城门口，要挟清廷。

就在道光消极、被动地应付局面的时候，英军的扩大侵略，使道光的主战思想出现了一些变化，他开始调查英军来犯的原因。当英军到大沽口外时，道光给伊里布发去指示说："此次英吉利沿海内犯，攻陷定海，究其原因，传闻各异。有说是因断贸易，有说是因烧了鸦片，究竟原因何在，命伊里布到达浙江后密行查访。"不久，在天津的琦善，又伙同朝中的穆彰阿等人，群起攻击林则徐等人，说他们"禁绝过激""断绝贸易启衅"，把英军来犯的责任，全部推到了林则徐、邓廷桢等人身上。

在英军抵达大沽口十余天后，中、英双方书来信往，探讨讲和条件时，道光在林则徐的一份截获贩烟人犯的奏折上批示道："（你说）对外断绝通商，并未断绝，对内查拿吸食鸦片者，也不能净尽，不过是些空言搪塞，不但于事无济，反倒生出许多波澜。思虑起来，实在令人愤怒，看你还有什么话对我说！"道光已经开始向林则徐等人问罪了。

（二）三钦差无济于事

定海陷落，朝野震动，败报到京，道光盛怒，痛斥浙江将吏事先"毫无准备，形同木偶"，"督率无能，糊涂不晓事体"。道光二十年（1840）七月八日，谕令两江总督伊里布为钦差大臣，驰赴浙江，专办军务，剿灭"英夷"，收复定海。

伊里布，满洲镶黄旗人，嘉庆六年进士。道光五年（1825），授陕西巡抚，道光十八年（1838）升任云贵总督，十九年（1839）调两江总督，受任钦差大臣后，道光在给伊里布的谕令中曾经指授机宜："定海一县数百里之地，洋兵虽众，未必能处处环绕……海洋辽阔，港巷纷歧，当必仍有路可通，务必严加察访，以为进攻之计。"因此时占领定海的英军舰队已有部分北上天津，所以，道光特意嘱咐伊里布，不要因为天津交涉而有什么顾虑，但是伊里布并没有把道光的指令放在心上，而是采取搪塞、观望的态度，甚至和英军勾勾搭搭，暗通往来，毫无进击准备。

九月二日，当北上英军威胁清廷返回定海后，身负收复定海重担的钦差大臣伊里布竟厚颜无耻地派遣家奴张喜，前往侵略军船上馈赠酒肉，向侵略者讨好，并为林则徐、邓廷桢等被革职的事，向英人"祝贺"。结果遭到英人的耻笑和奚落，英海军司令伯麦说："林公是中国好总督，有血性、有才气，但不悉外国情况耳。鸦片可断，一切贸易不可断，贸易断则我国无以为生矣，不得不全力以争通商，岂为仇林总督而耶？"伊里布讨了个没趣。

九月七日，义律、马礼逊等人来到镇海，在东岳宫与伊里布等人会见，双方就交还定海县城和释放英军俘虏等问题进行谈判。英军提出，清方先释放安突德等俘虏，再缓商交还定海问题；伊里布不敢提出先交还定海，再释放战俘的意见，而是要求英方先撤兵一半，即可释放俘虏。其实，英军即使撤兵一半，伊里布也不可能有力量收复定海。英方没有答应伊里布的妥协要求，定海仍在英军占领之下。

十月二日，伊里布又派千总谢辅升、家奴张喜、外委陈志刚等，前往英舰犒赏，运去牛羊鸡鸭等物，并请求归还定海，甚至乞求侵略者：要叫我们过得去，叫我们奏得大皇帝，叫我们大皇帝过得去。英方仍然坚持释放战俘，至于定海，待广东和议后再行交还。伊里布毫无办法，只好等待广东方面的消息。

十月十三日，经过一番酝酿，伊里布和义律又签订了一个协定。这个协定规定，舟山岛及近旁小岛，为英方占领界限。这个协定等于把定海县所属变成了英军的合法占领地区，所以，伊里布没敢把这个协定的内容上奏给道光皇帝。

由于伊里布赴浙江多时，定海仍在英军控制之下，身居京城的道光帝等得有些不耐烦了，一再催促伊里布，要积极备战，收复定海。特别是广东议和，迟迟没有结果，道光帝于十二月谕令伊里布，迅速督率将弁，分路进剿，不得稍有迁延，也不必等候广东议和结果，如果需要团练民勇，则赶紧进行。同时，令调补浙江提督余步云，认真操练兵弁，准备攻剿事宜，又令浙江巡抚刘韵珂于杭州、嘉兴、绍兴、台州、温州五处海口添铸炮位，加强防守和进击力量。二十五日，道光帝又从湖北、湖南、安徽几省调兵三千名，增援浙江，以期收复定海，但伊里布仍是按兵不动，坐等广东议和。这就是派往浙江收复定海的钦差大臣伊里布的所作所为。

第二位钦差大臣是直隶总督琦善。英军占领定海后，懿律、义律和伯麦又率领军舰、武装轮船和运输舰八只，于七月九日抵达天津大沽口外，距离京城咫尺之遥。琦善问明英军来意后，一面派人给英军送去牛羊等食品，一面派千总白含章代表琦善取回《巴麦尊子爵（英国外相）致中国皇帝钦命宰相书》。在这封信中，英国侵略者提出了五项条件：索取鸦片烟价；割让一岛或数岛给英国，供英人居住贸易；中英官吏平等往来；赔偿军费；索退洋行商欠。从内容看，这封信无疑是殖民者给清廷的一份挑战书。琦善接到英国政府的信件，不敢怠慢，急忙呈给道光皇帝，同时又对英军舰队的强大张扬了一番，意在告诉道光，打是打不过的，请皇帝另谋他策。

面对英国的挑战，道光也觉得，开仗没有把握，言和又有失体面，侵略者赖在大沽口不走，危险不能解除；于是让琦善在天津设法与英军周旋，只要不失国体，不开边衅，英军离开天津，一切另行商量。琦善在天津，使出浑身解数，先是派沙船给英军送去二十头牛、二百只羊及许多鸭和鸡，还有一两千个鸡蛋，极尽献媚讨好之能事。继而又在谈判桌上许诺，他以皇帝的名义请求英国全权大臣，应当到广州去，商讨最后解决办法。琦善的乞求未必起什么作用，倒是英国人觉得季节已是初秋，渤海湾中已不适宜进行充分的攻势，也就顺水推舟答应离开天津，悉数南下。

英人南下，道光帝以为琦善精明能干，几句话就把天津的英军打发走了，称赞他"片言只语，连胜十万之师"。英舰离开大沽口的同一天，道光帝传旨，委任琦善为钦差大臣，前往广东。琦善的任务就是处理中英矛盾，协调中英关系，包括让英军尽快交还定海。

英国侵略军是十月二十七日到达澳门的，琦善则于十一月初七抵达广州。英国全权公使懿律此时因病辞职，双方的谈判就由义律和琦善进行。按照琦善和义律在天津达成的协议，中英之间的冲突和争端待广东和谈时解决，定海应交还清方。琦善到广州和义律的谈判开始后，英军仍盘踞定海，不肯交出，只是为了加强广东谈判的武力后盾，从定海分两次调派部分舰只到广州，但仍有半数英军留居定海。当道光帝向浙江的钦差大臣伊里布垂询此事时，伊里布回答说："洋人性情多有犹豫，恐怕是担心兵船全撤，他们在谈判时就无可挟持，所以仍有一半军舰留驻定海。"

琦善在广州谈判，道光一再下令，让琦善催促英人交出定海，但琦善只知一味讨好英人，不敢提出强硬要求。琦善热衷的是搜集林则徐"起衅"的罪证，撤掉广州防卫障碍物，裁撤乡勇壮丁，以此作为向英人乞和的砝码。当道光帝有关收复定海的谕令催得急了，琦善就谎报英国人准备归还定海，同时还致书给伊里布，告诫伊里布不要轻率进兵，以免遭到挫折有辱国威。

琦善在广东查办约四个月之久，有关交还定海的谈判毫无进展。直到道光二十一年（1841）十一月，英军在广州再起战端，定海仍在英军手中。道光对琦善通过交涉收复定海的能力已经不抱任何希望了。

所以，当道光严催伊里布进剿英军，收复定海，反而收到伊里布要求暂缓进兵的奏请后，道光痛斥伊里布"如此畏葸，何能迅速奏功"！于是道光决定罢免伊里布，令其仍回两江总督任内，改派署两江总督裕谦赶往浙江，接任钦差大臣，并且指示裕谦，"无论英人是否交还定海，都要一鼓作气，设法擒敌，绝不可被英人迷惑！"同时命令安徽、湖北等省调往浙江的军队，务必尽速赶到，以便协力进攻。另外，又命江宁将军挑选八旗兵丁三百名携带大炮赶赴浙江，调徐州镇标兵一千名前往浙江，参加收复定海作战。可见，道光在伊里布、琦善无力收复定海之后，不得不走马换将，又起用蒙古族总督担任第三位钦差了。

道光任命裕谦的命令是道光二十一年（1841）一月十九日发出的，裕谦还没有赶到浙江前线，英军就于二月五日全都退出定海。英军撤出定海，并不是什么和平的诚意，也不是二位钦差大人的功绩，而是出于其自身利益的考虑。一、英军内部病疫流行，自道光二十年（1840）七月至十二月，定海的侵华英军因病住院者就达五千三百三十九人次，死亡者为四百四十八人，死亡者中有三

连环结玉件

分之二死于腹泻和下痢。二、英军所到之处，遭到中国人民和爱国官兵的顽强抵抗和英勇伏击，仅八月二十日至二十三日，就有九名英军被击毙，二十九名英军被俘，其中包括英军炮兵司令安突德上尉和一名船长夫人。三、英军原定占领台湾、舟山或香港三岛中的一个，现已决定占领香港。四、广东谈判破裂，第二次穿鼻之战已经开始，英军兵力不敷分布，无力南北两线作战，不得不合兵一处，实行重点进攻。这才是英军交还定海的真相。

（三）"靖逆"将军不靖逆

琦善以钦差大臣身份前往广东和谈，一事无成，只知媚敌求和，致使英国侵略军肆无忌惮，重起战端，发兵攻占虎门外的第一道门户沙角炮台和大角炮台。道光接到报告后，于道光二十一年（1841）一月五日发布通谕，正式对英宣战。同时，将琦善交刑部严加议处。一月八日，道光命御前大臣、领侍卫内大臣奕山为靖逆将军，户部尚书隆文、湖南提督杨芳为参赞大臣，驰赴广东军营。十九日，命刑部尚书祁貢驰往广东督办粮草。二十四日，奕山、隆文前往勤政殿向道光"陛辞"，道光训示剿办方略。

奕山，满洲镶蓝旗人，爱新觉罗氏，字静轩，道光帝之侄。侍卫出身，历任塔尔巴哈台领队大臣、伊犁参赞大臣、伊犁将军等职。奕山虽历任军职，但并无真才实学，也没有临阵经验，他的两个搭档只有杨芳屡经战阵，特别是在平定张格尔叛乱时，功勋卓著，颇受道光青睐。

参赞大臣杨芳是从湖南直接来广东的，所以于二月十二日先行抵达广州。此时，英军继攻占沙角、大角炮台后，向虎门要塞进军，只经过短短的六七天时间，英军就

连续攻克下横档、上横档、亚娘鞋等防御阵地，攻陷巩固炮台、南山炮台、镇远炮台、成远炮台、定远炮台、水文炮台、乌涌炮台、定功台炮台，清军阵地形同虚设，毫无防御能力。英军仗恃船坚炮利，长驱直入，于二月十一日，兵临广州城下。第二天，参赞大臣杨芳在道光帝的一再催促下，一路轻装，到达广州。

为了稳定广州人心，匆忙赶赴广州的参赞大臣杨芳发动了一次匆忙的战役。这是一次愚昧与科学的较量。战前，按照杨芳的臆想，英军战舰横冲直撞，英军炮火所向无敌，一定有邪教妖术藏在其中。为破掉敌军的妖术，杨芳以中国传统迷信中有关用污秽之物可破妖除邪的办法，传令各保甲，到处搜集女人的小便器具，作为"压胜具"，用木筏载运到乌涌一带水面，当作御敌的武器，并令士兵将小便器的口部朝向英军。结果，可想而知，便器是不能阻挡住英军的进攻的。英军随后又攻占了中流砥柱炮台，攻陷和毁坏了绥定台炮台、魔刀炮台、飞舒阁炮台、上闸炮台、洪后新炮台、凤凰冈炮台、沙面炮台、海珠炮台、东炮台和红炮台等，大炮数百门或被毁或被夺，损失惨重。杨芳战败后，只好同意英国侵略者的通商要求，双方达成停战协定。

三月二十二日，靖逆将军奕山、参赞大臣隆文等人抵达广州，全国各省增援广东的八千军兵也已汇聚广州，广州的清军力量已达一万七八千人之多。奕山是一个既不知兵又无主见的清廷贵族，到广东后，时而主张妥协，时而急躁主战。在其左右摇摆的过程中，战守毫无准备。四月一日，奕山终于下令发兵，攻击英军。这天傍晚，由都司胡俸伸率领一千七百余名水勇，暗携火箭、火弹、钩帘等武器出城，半夜时分，分乘小快船，突袭英舰"摩底士底"号和"鳄鱼"号。同时，清军又在十三行码头架起大炮，袭击英舰"路易沙"号和"曙光"号。这次夜袭，对英军舰队造成了一定损失。

二日黎明，英军反攻。三艘英舰向西炮台发起进攻，水勇败退，英军登陆，破坏了清军的防御工事和大炮。另有英舰一只又向清军的沙船和快船实行攻击，毁坏沙船三十九只，火筏二十余只。

三日，清军与英军在西炮台、天字码头、东炮台等处发生战斗，侵略军焚毁新墩石公村、金利埠、河南洲嘴及城外临江民房。四日，因英军统师率舰队抵广州，战事激化。在东炮台和海珠炮台间，英军强行登陆，遭清军顽强阻击。英军分为左、右两个纵队，右纵队三百六十人于下午三时在十三行码头登陆，段永福所率清军千余人一哄而散；左纵队共二千三百九十五人于下午六时在缯步登陆。该日下午一时左右，英军还占领了缯步附近的泥城，清军预备的木筏材料、油薪船、辎重等尽落敌手。

五日，英军攻占广州城北的拱极台、保极台、永康台和耆定台等四座炮台。其中以永康炮台的攻守最为激烈，英军进攻时，守台兵勇出垒冲击，与侵略者展开激烈的搏斗，结果清军阵亡约五百名，伤者千余人。四台陷落，广州城北的制高点被英军控制。当天，广州城内的两座火药库也被侵略者架在永康炮台上的迫击炮击中炸毁。六日，英军计划从城北发起进攻，因弹药没有及时运到而中止。中午时分，弹药运到，但天空突变，大雨倾盆，英军进攻遂未得逞。下午，软弱无能的奕山派人"在城墙的最显著部分挂起白旗"，宣布投降。

七日，由广州知府余保纯出面，签订了奕山、义律停战协定，其中规定：一、奕山、隆文、杨芳及清军限六日内退出广州城六十里以外；二、限七日内交出赎城费六百万元，当天日落前先交一百万元；二、清方交足赎城费用后，英军同意开回虎门以外，并交还横档及江中所有其他各要塞；四、清方赔偿商馆及西班牙帆船"米巴音奴"号的损失。

停战协定即"广州和约"的条款是英国侵略者开列的，奕山一一照准。这是中国近代史上第一个屈辱性的和约。身为靖逆将军的奕山不仅没有平定"逆夷"，反倒用白旗乞求来一个城下之盟。

奕山到达广州以后，"诸事不问，先买洋货"，"广收古玩，不理大事"，不问军旅之计，不整顿战备，不考察地势，不做任何防御。至于运筹决胜之策，折冲御侮之计，丝毫没有，只知道求购钟表、呢羽之类，终日美味佳肴，养尊处优。

隆文在广州，和奕山一样，广收"字画古董，收致行辕之中"，有如市场，商人随意出入。隆文还借口自己是文官，不懂军事，将有关军务之事一概推给杨芳调遣，自己不闻不问。杨芳更是荒唐，平日也是求购钟表、洋货，夜晚则与年轻女子鬼混，为掩人耳目，当地巡捕竟将女子剃发换装，假扮跟班，送至军营，供杨芳享乐。杨芳带来的湖南军兵，军纪败坏，日夜在街上闹事，强赊硬买、奸淫妇女。杨芳之子嫖娼恶习更甚于杨芳，不得不经常服药。这样的将军和大臣领兵御敌，战事焉能不败，"逆夷"如何能"靖"？

道光二十二年（1842）十月，道光帝得知奕山兵败真情，降旨将奕山交部严议，刑部议定为斩监候，十二月奕山被押解到京，道光将其围禁在宗人府。这就是靖逆将军的下场。

（四）"扬威"将军无威扬

广州和约签订以后，道光以为战争已经结束，于是下令各省督抚，酌量裁撤调防官兵。但同时，道光也并没有完全丧失警惕，不断谕令驻防沿海的督抚将军整顿防务，以备英军的再次入侵。

果然，英国政府认为义律在华提取到的利益太少，无法满足英国资产阶级贪得无厌的欲望。道光二十一年（1841）闰三月十日，英国内阁会议将义律撤职，改派璞鼎查为英国侵略军的全权代表，以巴加代替伯麦任侵华英军的总司令兼海军司令。这个璞鼎查，自十二岁起就加入了英国海军。1803年随军到达印度，参与殖民活动，为英国的海外殖民活动大卖其力。1840年，在侵略阿富汗的战争中被英王晋封为男爵。至于巴加，原任英国海军部大臣和东印度海军总司令，也是殖民侵略的老手。六月二十四日，璞鼎查一行抵达澳门。

十天后，即七月四日，璞鼎查率军舰十艘、轮船四艘、运输船二十二艘，载炮三百二十六门，北上福建、浙江，开始了扩大侵华战争的罪恶活动。

七月九日黄昏，英军舰队驶至厦门青屿口门。十日，英军开始进攻厦门沿岸炮台和鼓浪屿炮台，清军进行了顽强的反抗，击沉英火轮船一只，兵船五只，但仅相持一天，厦门失守。

八月二日，英舰出现在浙江洋面。十三日，英军开始进攻定海，双方血战多日，互有胜负。十七日，定海陷落。

八月二十五日凌晨，英舰来到镇海口外。二十六日黎明，英军兵分三路，进攻镇海，中午时分，镇海落入敌手，钦差大臣、两江总督裕谦投泮池自尽，被兵丁救出后不久死去。

八月二十九日下午一时，英军抵达宁波，知府等人已先一日逃离，英军长驱直入，占领宁波。

九月以后，英军又轻易地连续占领了余姚、慈溪、奉化三城。

九月初四日，道光接到定海、镇海等城相继失守的报告以后，知道事态严重，马上采取紧急对策，任命吏部尚书、协办大学士奕经为扬威将军，正蓝旗蒙古都统哈朗阿、固原提督胡超为参赞大臣，前往浙江，办理军务。初五日，谕令浙江巡抚刘韵珂，因各路大军即将汇集浙江，应事先派委员弁，广储粮草，以应军需。同日又命怡良为钦差大臣，会同闽浙总督颜伯焘督理福建防务。六日，派令胡超驻天津，以防英军北上，任命户部左侍郎文蔚为参赞大臣，赴浙江剿办英军。八日，命哈朗阿回山海关防堵，改派副都统特依顺为参赞大臣，赴浙江协剿。同日，实授牛鉴为两江总督，往江苏海口防堵。

十月二十日，扬威将军奕经抵达苏州。这位将军大人，奉命扬威，却并不急于赶赴前线，捕捉战机，为国扬威，而是长驻苏州数十日，日日淫娼酗酒，索财贪贿。直至十二月十一日，奕经才将行辕移至嘉兴，特依顺留守杭州，文蔚大营驻在距离慈溪二十里的长溪岭。

对于如何剿办英军的攻防战略战术，扬威将军奕经并没有什么成熟的谋略，倒是奕经的一位老朋友、举人臧纡青颇有些见识，为奕经设计了一个作战方案，大致内容是：因浙江清军屡次受挫，士气不振，应另调四川、陕西、河南三省军队六千来浙；

招集山东、河南、江淮士勇一万人，沿海渔、盐枭盗二万人，充实清军，以补兵力不足的困难；攻城之前，先派遣军兵，潜入宁波、镇海、定海城内，以为内应；进攻时，将清军分做三路，直取定海、镇海、宁波三城，采取水陆配合的战术。陆路要诱敌出城，再行攻杀，水路则利用风潮，遇敌即杀，遇船即烧，使英军防不胜防，消耗其有生力量，然后大兵进剿。

奕经将臧纡青提出的基本作战计划向道光帝报告后，得到了道光的批准，道光称奕经的计划详尽、慎重，十分欣赏，并表示日夜盼望奕经能早传捷音。

奕经选定的反攻日期定在道光二十二年（1842）正月二十九日晚上四更之时。为什么选在这一天这一时呢？本来这年冬季，浙江冬雪较大，深达数尺，入春以后又连降淫雨，地面泥泞，空气潮湿，不仅行军困难，就连清军供以取胜的引火之物也不易燃着，再加上三城相距甚远，攻击准备不足。所以，众将请求将反攻日期推至二月中旬以后，但奕经固执己见，不听众劝。说起来，这里有一段十分荒唐的内幕。

奕经到达浙江后，尽管懦弱无能，但既已奉旨出京，总还是希望能有一次侥幸取胜的机会，大约是这种心理状态下的昼思夜想，竟然在十二月十五日做了一个梦，梦见英军纷纷上船，逃出大洋。无独有偶，奕经醒来后，兴冲冲地把梦境向参赞大臣文蔚讲述了一遍，没想到文蔚在同一天晚上也做了一个内容相同的梦。扬威将军和参赞大臣在同一个时间里异床同梦，这可真是一个吉兆！恰巧，此时奕经又接到宁波方面的报告，说有洋人正在往船上搬运东西，准备弃城逃跑（其实是璞鼎查乘船去香港，巴加等乘船去舟山，宁波谣传英军欲逃），这一消息正好验证了奕经、文蔚的梦境。奕经、文蔚越发感到，战胜英人，自有天助，决心锐意进兵。

但是，进兵的具体日期定在何时才好呢，自然也有神灵指点。奕经听说西湖有座关帝庙，该庙预卜吉凶极为灵验，遂屈尊前往占卜，得到一支卦签，上写"不遇虎头人一唤，全家谁保汝平安"。三天后，奉调赴浙江参战的大金川八角碉屯土司阿木穰率众到达，这支土军都戴虎皮帽，正应了卦签上的"虎头人"一话，奕经喜不自禁，下令重赏这支虎头土军，认虎为吉。于是，在确定最后反攻日期时，则以虎为准，非虎不取，按照中国传统的十二属相来说，寅属虎，虎为寅。道光二十二年（1842）恰是壬寅年；一月，为壬寅月；二十九日系戊寅日；四更时分乃甲寅时辰。这样，就凑成了以虎为准的"四寅期"，即道光二十二年一月二十九日四更时分。但"高人"指点，此次进兵，应以"五虎制敌"，原来的"四寅期"只有四虎，还缺一虎，遍询军中，得知大将中有安义总兵段永福生于寅年，属虎，于是，对段永福委以重任，执掌西路军兵，攻打宁波，这样，五虎就算齐全了。

按照"五虎御敌"的愚陋构想，一月二十九日晚，"虎"将段永福首先发起对宁波的进攻，阿木穰和黄泰冒雨率军进攻西门和南门。阿木穰一支刚刚进入内城，便遭遇英军所设的伏兵和地雷，阿木穰及其部下百余人，均死于城内。黄泰一支进攻南门，英军遇清兵，立即退却，黄泰率军闯入城内，与英军展开一场激战，激战多时清军伤亡渐多，又无后援，黄泰等只好退出南门，又遇船上英军前来堵截，腹背受敌，黄泰与属下守备、把总、外委等均阵亡。宁波战役，清军作战英勇，但因战前准备不足，战时没有后援，入城清军拥塞街中，长枪大炮失去效用，英军居高临下，从屋顶向街心投掷火箭，清军损失惨重，死伤五六百人，以失败告终。

在进攻宁波的同时，清军主将朱贵派遣刘天保率部先行，进攻镇海西门。事先潜入城内的清军打开城门，将清军接入城内，在英军的反击下，入城清军三进三出。因朱贵所率后续部队未能及时赶到，先行攻城的清军兵单力孤，只好败退。朱贵所部，途中遇雨，迷失方向，后得悉段永福兵败宁波，遂火速前往增援。参赞大臣文蔚闻讯，唯恐大营有失，急命朱贵回师长溪岭，文蔚令朱贵坚守大宝山，结果，朱贵所部又兵败大宝山。这样，反攻镇海也没有成功。

反攻定海，原定与反攻宁波和镇海同时进行。但因定海坐落舟山岛上，需隔海作战，于是奕经命定海州知府王用宾统领清军，出乍浦潜渡，约期进攻定海。但清军计划为英军所知，当清军刚渡一半之时，英军派船攻击清军，使清军的潜渡计划没有实现。紧接着，英军登岸，将事先潜伏各港的水勇击败。这样，反攻定海一路，在一月二十七日就以失败告终。

此次浙江战役，虽有朱贵血战大宝山，重创英军，郑鼎臣火攻大洋船，斩获颇多等战绩，但就整体战役而言，还是失败了。肩负着宣扬国威的扬威将军奕经，因懦弱无能，攻战无方，计划不周，迷信神灵，落了个损兵折将的下场。

（五）城下之盟

到道光二十二年（1842）六月，对于道光皇帝来说，鸦片战争的战局已不可收拾。扬威将军奕经反攻宁波、镇海、定海失利后，英军继续扩大战争，先后又攻陷乍浦、吴淞、宝山、上海、镇江等地。

六月二十八日上午十一时一刻，载有七十四门大炮的英舰"臬华丽"号首先驶达南京。以后数日，陆续又有英国侵略军的八十余艘舰船及四千五百余名步炮官兵，排列在南京观音山至下关一带江面。侵略者挟战胜者的余威，兵临南京城下。

南京是当时地位仅次于直隶总督的两江总督的驻地，六朝古都，背依钟山，俯临长江，龙盘虎踞，形势险要，既扼守通向中国腹地的水路要道，又控南漕北运的总汇之区。就是这样一个政治、经济、地理位置如此重要的天朝第二大城，清军的防御力量却极为薄弱，甚至还赶不上小小的乍浦和吴淞，总计约有六千人的军队，就有半数是由吴淞、镇江逃来的溃散之兵，将无战心，兵无斗志。整个南京城笼罩在悲观绝望之中，传烽举火，一日数惊。

两年多的断断续续的中英战争，道光是尽了力的，主持军务的钦差大臣派出去七八个之多，外加靖逆和扬威两位大将军，但结局却始料未及，越来越糟，一发不可收拾，东南沿海的名城重镇，大都在英军的炮火和洗劫面前，既无招架之功，更无还手之力。道光为此焦急万分，陷入了深深的苦恼之中。道光翻遍朝廷的人才，从宗室皇亲，到文臣武将，实在找不出哪一个人可以派出去扭转败局，各省的八旗、绿营，尽管腐败透顶，然而终究不敷调派，为数寥寥。就在这种胜无希望、败不甘心的心态下，道光主战的思想发生了动摇。道光在接到耆英奏报英人动向后说："英人如果真心求和，除了要求通商之外，并无其他妄求，难道我还不想保全沿海人民的生命财产，使用羁縻外人的手段吗？"道光的态度已明显地出现变化。

当奕经奏请调陕甘、江西、安徽、湖北的清军继续防堵时，道光批谕：此乃缓不济急，梦呓之谈罢了！奕经再请调甘肃回民军队，道光愤懑地感叹道：浙江之战就是个很好的例子，不但没有取得任何战绩，反而使敌人势力日益扩大，这只恨我无知人之明，即使此时再派将帅，无非又添一层愤恨，对国计民生有何补救！于是，道光剩下的就只有求和一条路了。

善于揣摩皇上心态的投降派们，见道光口风松动，立即见机而上，火上浇油。执掌朝廷中枢的首席军机大臣穆彰阿，对中英鸦片战争的军务事宜从不公开表态，这时也开始发表议论：战争打了三年，劳师糜饷，一点成果也没有得到，围剿的费用和求和（投降）的费用是一样的，而对中英双方造成的灾难却大不相同，应该考虑百姓的利益，罢兵求和，方为善策。身居前线，主持军务的将帅们也纷纷上书，与穆彰阿内外呼应。两江总督牛鉴上奏，向道光建议仿照乾隆年间征缅甸罢兵讲和、允许通商进员的先例，也对英国采取羁縻政策。所谓羁縻，本来是封建统治者对藩属国家和边远地区采取的笼络、和解政策，现在却翻出了求和、投降的新意。钦差大臣、广州将军耆英也向道光报告，英军往来驰骋，不可抵挡，我军锐气全消，无法取胜，现在形势是战守两难，望皇上洞察东南形势，采取委曲保全的政策。

就在内外压力之下，道光帝只好采取"羁縻"办法了，派耆英为钦差大臣，伊里布、牛鉴、黄恩彤为议和代表，到南京同璞鼎查议和。

七月三日，伊里布抵达南京，六日耆英抵达南京。七日，耆英派佐领塔芬布，伊里布派张喜、陈志刚与英人会谈英方提出的议和条款。八日，双方会谈继续进行，因清廷对英方提出的苛刻条件有所保留，会谈无结果。最后，英方代表马礼逊再度以武力相威胁，向中方声称：我们等候至九日天明为限，如果天明以前，没有接到明确的回信，就开炮攻城。耆英见势不妙，马上派人通知英方，对英人提出的各项条约一概允准。同时，又上奏道光，报告英方提出的议和条件。耆英唯恐道光不准议和，又在这道奏折中向道光施加压力："查江苏省城南京的兵力，人数不多，无法御敌。各省所调官兵，屡遭挫败，士气低落，不可依靠。再加上江南民风柔懦，一听说英军要开炮攻城，则数万男女，号呼吁救。……如今英军横据长江，直逼南京，南京危在旦夕。万一南京不保，不但京口梗塞，就是安徽、江西、湖北各省会城市，英人均可扬帆直达。又听说英国人如果不能战胜，就准备派遣汉奸将运河的高堰挖开，这样祸患就更不可收拾了。与其连年征战，兵连祸结，危机日深，还不如答应英国人的要求，以保大局。"这道危言耸听的奏折，果然将道光帝吓住了。道光接奏后，赶忙下谕："念江南数百万生灵，一经开战，生命难保，既然耆英已经答应英人的条件，我也只好以人民生命为重，同意议和。"就这样，道光帝以最高决策者的身份，批准同意了耆英等人投降议和方案，剩下的就只是程序性的细节谈判了。

如果说道光在后来的谈判中，又想争取点什么的话，那就是福州之争。英国侵略者提出，清政府要开放广州、福州、厦门、宁波、上海五地为通商口岸，道光表示，其他四处，皆准英人前往贸易，唯独福州不能开放，如果万不得已，可于泉州附近，准予通商。耆英将道光的这条并非实质性的变通向英人提出，被英方断然否决。耆英在稍后的报告中告诉道光，关于福州贸易问题，英人坚决不从，如果不按英国人的要求办，英国人势必再次攻城。道光"于万无可奈之中，不能不勉允所请"，"照议办理"。

清王朝入主中原两百年，向以天朝大国自居，从未经历过有如鸦片战争这样的惨败局面，大皇帝的尊严和体面，损失殆尽。当议和诸臣将英方条件及请示画押订约的报告最后送交道光帝批准时，道光的心情是可想而知的。道光退朝后，背着双手，在便殿的台阶上，踱来踱去，愁肠百结，心绪烦乱，实在不甘心认输投降。这天晚上，道光帝整夜没能合眼，贴身太监们听到皇上的叹息之声一直没断，直至五更时分，道光再次顿足长叹，然后入殿，用朱笔"草书一纸"（同意议和的批复），密封起来。这时，天色尚早，宫门未开，道光将谕书交给内侍，并说：待穆彰阿入宫后，就交给他。同时又叮嘱内侍，一定不能让祁寯藻知道。祁寯藻，当时是军机大臣、户部尚书，坚决反对议和，道光怕祁寯藻知道议和决策后，再惹出麻烦，所以只让首席军机大臣、投降派首领穆彰阿去办理此事。

道光二十二年七月二十四日（1842年8月29日）上午十一时左右，中国近代史上第一个不平等条约，在英军"臬华丽"号军舰的炮口下，正式签订。该条约原本没有名称，一般称为《南京条约》，又称《江宁条约》《白门条约》或者《万年和约》。道光帝以痛苦的心情接受了这一残酷的现实，同时也在其个人历史上，乃至中华民族的历史上，留下屈辱可悲的一页。

战后维权

两年多的抗英战争，以清王朝的失败而告终。鸦片战争的失败，《南京条约》的签订，对想有作为的道光皇帝的打击是沉重的。向以天朝的体面和个人尊严为重的道光，陷入懊丧悲痛之中，一时还很难从痛苦中解脱出来，所以朝政一度显得消沉。但道光毕竟是一个勤政图治的皇帝，在悲痛中没有苟安偷生，在他在位的最后八年中，为图振兴，做了最后的努力。

（一）整顿防务

鸦片战争的失败，使道光对清王朝军事力量有了一个较为实际的了解，为了王朝的巩固，道光着手整顿各地防务，加强防御力量。

道光在鸦片战争中看到清王朝防务废弛的一个原因是"泥守旧制"，多少年来一切遵照"祖宗成文"，从不改变，整顿防务首先革除旧制中的积弊。

整顿海防。道光二十二年九月二十三日（1842年10月26日），在寄谕沿海各将军、副都统、督抚、提镇时指出："现在英人就抚，准令通商，各海口仍应加意防范，从前所设水师船只，几同具文，且今昔情形不同，必须因地制宜，量为变通，所有战船大小广狭，及船上所列枪炮器械，应增应减，毋庸泥守旧制，不拘何项名色，总以制造精良，临时适用为贵，即如各口岸新安大炮及屯守兵丁……无论陆路水师，其兵丁应如何遴选，技艺勤加训练，方臻纯熟。船上与岸上施放枪炮，各有机宜，应如何分别讲究，沿海大小岛屿，可否另有布置，傥仍视为一概相同，临时安能得力？至江海要隘如何布置，方可扼要固守，种种善后事宜，著各就地势，悉心讲求，妥议章程具奏。"这是战后道光对军备整顿的第一道指示。他对陆路、水师、船舰、枪炮，以至战略战术等等，要求有关大员应该以实战为原则，加强整顿设置，特别强调"不可拘泥旧章、徒饰外观，以至有名无实"。

在整顿海防的重点和步骤上，道光也从战争中清军暴露出来的船小不坚、炮旧不利的情况，提出"总以造船制炮为要"。造船："停造例修师船，改造战船"。"战船不拘大小，务在坚固"。船料"必须本质坚实，运用灵捷，方能得力，若拘守旧制，名为修理战船，其实无济于用，又复何所裨益！"道光把奕山提供的仿照美利坚兵船制造的船样，酌照英国中等兵船式样制造的船图样及说贴五贴，分别寄给江南、福建、浙江海防察看仿制；并让捐献"坚实得力"船只的在籍郎中潘仕成，负责造新式战船，"断不许令官吏涉手，仍至草率偷减。所需工价，准其官为发给，并不必限以时日，俾得从容监制，务尽所长"。

制炮："炮械不拘名色，务在精良"。他强调"制造炮位，无论铜铁，总以精炼为要……务期一炮得一炮之用"。他还特别指出，在选取材料时要精选铸铁。大炮固然需要，小炮更加重要，以"体质轻固者为得用"。他认为三十斤重的抬炮，"当恐运动未便灵活，若每炮再减六七斤，运用时当更得力"。为提高新铸大炮的威力和切合实战需要，对一些具体问题也提出要予注意，如炮车推挽，炮架支放，轮转装药等等。

除了造船制炮以外，道光还强调了加强水师将领的选拔和士兵的训练。为了弥补水师将领的不足，他准予在"陆路将领内酌保游击、都司各一员，千总、把总各二员"，带赴洋面，训练一年，用于充实水师。对原有水师将领中一些不能胜任者，进行调整；有才干的予以提拔。鉴于以前弁兵只习弓马，不习水务枪炮，造成作战中不得力的状况，提出"水师弁兵，自以讲求驾驶舟楫，辨识风云沙线，熟识鸟枪火炮为要务"。

整顿海防，各处海口都要进行，而重点在广东、吴淞。道光指出："现在办理善后，广东地方，水师尤为喫重"，"其将备能否得力，船只如何备用，器械如何制造，以至平日如何巡哨，临改如何制胜……力加整顿"。命巡抚祁𡎰调查回报。他对吴淞口外的水师废弛情况，"思之令人寒心"，责成有关人员必须立刻进行"酌量变通，然后整饬会哨，以冀补牢"。对定海，他十分关注，指出："浙江海口情形，以定海为藩篱，定海未复，则镇海、宁波等处修防不容暂缓"。由于英军二次占领定海，深入舟山各岛屿，对地形十分了然，因此，道光要求在这个地区的整顿工作，必须做到"事事皆胜于前"，才能做到有效防御，不至为英人控制。因侵略军到过江阴，所以道光对这一地区的防务也做了指示："鹅鼻嘴圖山关，为江南第一紧要门户，江北则以三江营为扼要"，在目前。"海疆安静"之时，也要"密为防备"，"勿涉张皇，亦毋稍疏忽"，"于密为防备之中，处处示以无疑，慎勿稍有宣露"。"固宜示以诚信，免致猜疑，尤须防其诡计，密为戒备"。道光反复告诫有关官员进行整顿，表明他加强水师的巨大决心。他在这一年的十一月五日，审定了奉天、直隶、山东水师出洋会哨章程，十二月十二日，又审定了着英所奏的变通水师章程。把改革的内容，作为制度，写入章程。

道光着重整顿海防水师，是吸取了鸦片战争由于海防废弛而导致失败的教训，重视了海上防御入侵的战备，改变了战前重陆上、轻水上的旧制，是道光重振海防而采取的措施。

道光在战争期间，因敌人的"船坚炮利"，清水师废弛，"等于虚设"，一度想"改水师为陆师，专防内地"。战后，道光变消极裁撤为积极加强，可以说是一个进步，由于道光的重视，清军水师和海防得以恢复，一些地区有所加强。

江南海防。二十二年，道光令耆英等周历吴淞、狼山、福山、圃山关各处，增设战船炮械。二十三年，加强江阴鹅鼻嘴、瓜洲及南河、灌河、射阳湖各口的防御，令璧昌等把沿海城邑，互为联络，添铸火炮，并造水师舢板船，在江岸南山筑炮台。二十四年，璧昌又因狼山、福山江面太宽，在刘闻沙、东生洲、顺江洲、沙圩等处，修筑炮提。这年八月，道光谕："江苏水师应需大小兵船130只。现在江宁、苏州两处分厂赶造，一俟造成，即分拨务营认真演练。"水师各营，增加大小战船130余艘。二十七年，李星沅筹防泖湖，贮石沉船，增设本牌，存储炮位，分布重兵。

福建海防。二十二年，道光谕怡良等在福州等处各要口屯兵，在距省城二十里外的洪塘河等地，都沉船布桩设防。

广州海防。二十三年，祁墳等招集十万团练，以升平社学为团练总汇之地，推及韶州、廉州等处。二十四年四月，重修广东虎门内洋炮台。二十七年，增筑高要县属琴沙炮台，并虎门广济墟兵卡。

其他如山东，道光今山东疆臣，以三汛师船、四县水勇，合而为一，统以专员，往来策应，并于扼要岛屿，设置大炮。

除了建造战船、修理师船外，道光还从国外进口战船。二十二年，购吕宋国船一艘，并谕绅商多方购置，"是为海军购艘之始"。

再有，训练军队。道光认为"地利不足，应以人事补之"，船炮再好，要人去驾驭。因此，在战后整顿防务的三大任务，练兵、造船、设险中，把练兵放在了重要位置上，"以练兵为第一要务"，"训练兵丁为急务"。练兵首先是精选兵士，裁汰老赢。二十二年九月二十五日，道光在给伊里布赴任广州（伊里布由乍浦副都统派为钦差大臣、广州将军去广州继续商谈中英商务）时的谕令中，要伊"认真校阅"驻防兵丁，"破除积习，裁汰老赢，挑补精锐，总期一兵得一兵之用，至今昔情形不同，有应随时变通之处，尤须详细讲求，予为办理，……不可抱定旧制，徒劳无益"，"务使兵弁均能用命，器械全数适用"。三十年，他再次令各督抚提镇，汰老弱冗滥之兵，抽练精壮，申各营皆要选锋劲旅，"不得以工匠仆投，虚占兵粮"。

重视乡兵。二十一年，道光令山东巡抚于蓬莱、黄县、荣城、宁海、掖县、胶州、即墨所属编练乡兵互防。又令沿海疆臣仿浙江定海土堡之法，在近海村落招募乡兵，兴筑土堡，以联络声势。二十三年，又令广东省团练助防海口。二十六年，命各州县民壮随营参加训练。这一年，还在沿边招募猎户千人，编为一军，供远探近防之用。乡兵的招用，一定程度上加强了清军的防务力量。

训练内容。重点放在枪炮的使用上，要"施放有准"。道光说："操兵为第一要务，火器尤贵精娴"。其他传统武器刀矛弓箭马术，也都要"熟习"。其次是战术训练，要做到有勇知方。要训练部队了解攻守，懂得配合。作战时各队兵力"应如何分布，如何会合，两旁如何抄袭，后路如何策应，埋伏兵丁，如何出其不意，潜起夹攻？无事则分列各营，有事则联为一体，务令号令指挥，捷若指臂"。道光还提出了"速战阵式"，他命令讷尔经额进行训练。这种阵式的安排是：用五百斤铜炮六十尊，设在速战阵头层，三十斤铜炮一百尊，设在二层，有炮车推挽，炮架支放，轮转装药，连环套打。这种阵式体现"厚集兵力"（火力），"层层设防。"

道光希望清军通过训练能"悉成劲旅"。在战后财政开支紧缩，实力撙节时，还尽量做到兵饷不减或少减。希望兵丁体谅朝廷困难，"妥为演习技艺，悉成劲旅"。"兵丁等务当力图自效，悉成劲旅，用备干城之选，朕实有厚望焉"。

道光特别要求带兵的官员，要爱护士兵"平日恤之以仁，推之以恩，要之以信，制之以义，而复严号令，明纪律，公赏罚，德怀威畏，以固人心，振作士气，俾上下一体，有进无退，方为有用之师"。还要求将弁"平日与看守炮台兵丁，讲究方略"，以达到官兵一气，"自可呼应便捷，无坚不摧，用收有备无患之效"。道光是有鉴于鸦片战争中官不知兵、兵不知将的情况，有针对性地强调官要知兵，严明军纪，提高士气，注意实用。这对于加强防务，提高清军素质，都是很有意义的。

改革章程。道光在战后强调要在军备的各个方面拟定善后章程，就是把革除旧弊、拟定新规的措施具体列条成章，作为制度固定下来。这对改革清军防务体制，有着积极的意义。以二十三年九月三日（1843年10月25日）军机大臣穆彰阿等奏议的浙江善后事宜为例。

浙江善后事宜有二十四条。一、改提标左营兵丁为外海水师；二、镇海营改隶提督管辖；三、移昌五营都司驻石甫，再添兵力；四、改乍浦营参将为副将，并添兵丁；五、海盐县之澉浦地方，添设外海水师；六、海宁州添设内河水师；七、添设弁兵，即在本省各营裁拨；八、通省陆路兵丁，选十分之三，专习火器；九、乍浦驻防旗兵，专习陆战（实际上是撤销了乍浦水师）；十、水师以巡缉为操练；十一、水师各镇照例出洋统巡，并按期会哨；十二、提督每年亲往沿海各营校阅兵技；十三，巡抚每年亲赴乍浦等处，校阅兵技；十四、水师额设战船，俟同安梭船造成，试验后按营分没；十五、钱塘江内，添设船只，以习水战，十六、水师营内招募善于泅水之人，教习兵技；十七、修复招宝、金鸡两山及乍浦等处炮台；十八、镇海、乍浦后路添筑炮台，并将海宁州、凤凰山炮台，移建山下；十九、海宁、海盐交界之谈山岭，建筑石寨，并修炮台；二十、沿海城寨，择要修复；二十一、酌减马兵，节省经贴补各兵赏项；二十二、演习枪炮，添置火药铅丸；二十三、添置炮位，补制机械；二十四、修建各工分别动款，并劝谕捐输。

道光对浙江善后事宜二十四条十分赞赏。他在四日分别谕内阁、军机处落实执行。他说："浙江善后事宜二十四条内提督每年亲往沿海各营校阅兵技，并巡抚亲赴乍浦考核二条，著闽浙总督明察暗访，如该提督、巡抚视为具文，并不届时亲在，以至日久废弛，即著该督指名参奏"，如果总督不予参奏，一旦发觉，就"一并惩处，决不宽贷"。又说："所有招宝、金鸡两山及乍浦等处修复炮台，并镇海、乍浦后路添筑炮台，及海宁、海盐交界之谈山岭建筑石寨，内修炮台，并沿海城寨择要修复，以备藏兵抄袭四条，并添置炮位一节，均系海疆紧要事宜"，命立刻确估兴办，然后一一验收，再由道光派亲信大臣验收，凡不合要求的，一定要惩办。

浙江的善后事宜，实际上涉及了有关体制方面的改革，除了有关浙江地区本地特点以外的条文，其他各条实际上成为战后各地善后事宜的依据。

战后的八年中，道光在悲愤之中，挣扎着力图改变一下国力衰败的局面，但从总的方面看，他下达的有关谕令，采取的所有措施，仍然是在旧体制内搞一点"亡羊补牢"之术。由于当时清王朝经济水平低下，不懂近代科学技术，加之其他原因，成效并不显著。

（二）继续禁烟

严禁鸦片，是道光继位以后的一贯主张，并制订了严厉的措施，付诸行动。鸦片战争的直接起因，是道光的禁烟，但在《中英南京条约》签订的十三项条款中，对鸦片问题只字未提。原因之一，是道光对鸦片持严禁态度。据有关材料记载，在中英谈判之前，英方代表璞鼎查原先拟就了计划，主张鸦片照其他货物一样，纳税后公开输入销售，以免私运私卖，引起麻烦。但清政府代表在谈判会晤时，对鸦片问题只字不提，故而英方在会议上也没有提出此事。缔约以后，英方代表对此不解，曾向清政府代表问及此事。"亨利爵士于是声言道：现在一切问题都圆满解决了，我愿意就这个题目说几句话——这就是关于引起这次战争的最大原因——他指的是鸦片贸易。等到这几句话被译出之后，中国方面都一致地不愿谈这个问题。最后，亨利爵士告诉他们，这只是当作私人谈话的题目，这便引起了他们的兴趣，他们急切地询问……"。英国代表把引起吸食鸦片的罪责完全推卸在中国身上以后，然后试探性地说："若将鸦片的入口，使之合法化，使富户和官吏都可以参加合作，这样便可将走私的方便大大限制，下便人民，上裕国课，岂不甚好！""中国代表们都承认这种说法颇能言之成理，但是他们表示：大皇帝是不会听从这种议论"。参加谈判的清政府代表，都是主张弛禁鸦片的，英方的观点和他们是一致的。这些官员先是担心刺激英方，回避谈及鸦片，以免使谈判破裂。后来虽然以私人方式交谈，但清方代表仍然不敢公开表明对鸦片的弛禁态度，生怕被道光皇帝怪罪，对己不利。他们只是私下对璞鼎查说了心里话："不管外国商船带不带鸦片，中国不必查问，也不提出诉讼"。鸦片在战后实际上是弛禁了。

第二年，中英签订《中英南京条约》附件时，英方又提到了鸦片贸易合法化问题，当时，中国代表之一黄恩彤记载了有关鸦片问题谈判时的经过："税则即定，璞使遣马礼逊来言曰：'鸦片为人害，中国禁之是也。然名禁，实不禁也。今禁之不为不严，而吸食如故，贩运如故，中国无知不良之民何也。英国亦无知不良之商何也。且禁之则不准进口，彼得于海中交易，名为禁烟，实则免税，彼获厚利，而不纳税，无怪乎愈禁而愈不止也。为今之计，与其禁之，不如税之；着大臣若以此意入告，增税必多'。并具有说贴一纸。余白着公，公踌躇曰：'鸦片弛禁，璞使蓄意久矣。先不言而今始言之，得毋别生枝节乎？'余曰：'彼所言其名非也，其实是也，分若据理据法正言拒绝，彼转有辞，不若没为重税以难之。'乃为马礼逊曰：'着公非不知名禁不如实税也，但中国禁烟甚严，吸食者罪至死，今遽请弛禁，大皇帝断不依允，中外大臣，亦必力争。着公即冒罪奏请，恐亦无济，且奸民与奸商，走私渔利，由来已久，一旦弛禁，能必其进口报关，遵例纳税乎？诚恐徒有弛禁之名，仍无纳税之实，谁任其咎？公使如必欲着公奏，请莫着必纳税银五百万两，作为一年定额，即由公使汇交，以明各商先之走私，原非得已，今之纳税，实出至诚，以后按年照额完纳，统归公使保交，或邀恩允准，亦未可知。'马礼逊曰：'贩烟获利诚厚，亦安能先纳五百万之税乎？'余曰：'林大臣昔年毁烟二万箱，当时必不能收缴净尽，乃尔国索还烟价在广东，先有六百万，在金陵又有四百二十万，足见鸦片之成本重而余利多。今中国弛禁，每年止索税银五百万，本为过也。如一时未能如数，先交三百万，余于半年内，分两限完纳，或于此中划抵，中国补还英国之银，似亦甚便，可回复公使，斟酌为之。'其议遂寝"。英国不忘鸦片贸易的合法化，清政府代表则碍于道光严禁立场，不敢答应。这番交涉虽然没有达成协议，而事实上，英国商人走私鸦片不但没有放弃，反而变本加厉。

鸦片问题在谈判及条约中一再回避，而走私仍在进行，但是道光在禁烟问题上的态度却一直没有改变。坚持严禁，决不让鸦片贸易合法化。二十三年十月十日（1843年12月1日），道光在给去广东的两广总督着英的谕中，再次提到禁烟问题，他说："朕思鸦片烟虽来自外夷，总由内地民人。逞欲玩法，甘心自戕，以至流毒日深。如果令行禁止不任阳奉阴违，吸食之风既绝，兴贩者即无利可图"。他要求着英"统饬所属，申明禁令，此后内地官民，如再有开设烟馆，及贩卖烟土，并仍前吸食者，务当按律惩办，毋稍姑息。特不可任听官吏人等，过事诛求，致滋扰累。总之，有犯必惩，积习自可渐除，而兴贩之徒，亦可不禁而自止矣"。道光还特别关照沿海督抚，要特别警惕来自海上的是私贩烟船。当他接到梁宝常奏报"登州府属的荣成、文登、福山等县有双桅洋船二只停泊，内有广东、江西等省民人驾舢板小船……欲与南民贸易，私想试贩鸦片"后，立即谕令该督抚"严禁各海口商贩，不准私相交易"，以防烟贩走私。

道光对吸食鸦片者，仍严惩不贷。二十七年十二月十六日，巡视中城御史志魁等奏，编查保甲，发现吸食鸦片逸犯杜焜，道光立即令将志魁"交部叙议"，以资鼓励。

应该指出，鸦片战后的禁烟，已经没有战前那样雷厉风行了，战争的失败，一些本来主张严禁鸦片的大臣，也是处在无权或消沉的情况下，如林则徐，还在屯垦的边疆地区，道光虽力主禁烟，但已无人认真执行，鸦片烟走私在战后有增无减。

"广州自道光二十四年后，鸦片整箱运输街市中，直如非违禁品"。《中华纪事报》这样写道：鸦片贸易及吸食"均成公开，并不隐避，青天白日之下街市中，常见有运贩往来"。统计资料表明：1847~1849年间，鸦片输入平均每年一万八千八百十四箱，价一千一百十八万五千元。从1844~1850年间，英国输入箱数：1844年，二万八千六百六十七箱；1846年，三万四千另七十二箱；1848年，四万六千箱；1850年，五万二千九百二十五箱，都是走私流入的。鸦片走私愈来愈烈，几乎到了无法收拾的地步。

（三）台湾冤案

《中英南京条约》签订后，璞鼎查所率英军，以等候清政府释放战俘为名，强行占据厦门鼓浪屿，并对清政府代表施加压力，以"台湾英俘被害"为词，制造了一桩"台湾冤案"。

战争期间，在浙江被俘英军，大多已经释放归还。英军侵略台湾时，有一百多名英军官兵被台湾军民俘获，并一直被拘留在台湾。璞鼎查派部属尔夫到台湾领取英授，台湾兵备道姚莹接见尔夫时告诉他，在台湾被俘的一百余名英俘中，有的已经病毙，有的已按中国法律正法，目前在台湾扣押的，只剩下军官九名，以及因遭风遇难被台湾军民救起的军官七多忍占与英军二十五人。姚莹将这些英俘及被救人员交与尔夫带回去。尔夫十分感激，请姚莹到了他的船上，燃放礼炮，并悬挂百面彩旗表示热烈欢迎，又一起共饮太平酒以后分手。但是，璞鼎查得到英俘中有的已被杀死的消息后，立刻产生异议，诡称台湾被杀英人都是遭风遇难的英商，要求清政府将台湾镇道达洪阿、姚莹等正法谢罪，并向死者家属赔偿抚恤金。耆英为了向璞鼎查献媚，上折诬陷达洪阿、姚莹冒功生事，要求予以严议。道光见到奏报后，命怡良赴台湾进行调查。怡良依照耆英诬陷达洪阿、姚莹的意图，制造了一起冤案。

由于英国侵略者窥伺台湾的活动没有得逞，反而损兵折将。对此早已怀恨在心。仅在道光二十二年中，就屡屡犯扰。正月二十六日，英三桅船三艘，在台湾五汊港外洋北驶，企图再次入侵，台湾军民守御十分严密，未能如愿。二月三十日，三桅英船一只，舢板船四只，在淡漳交界的大安港洋面，准备由粤奸黄舟等招引逃到台湾去的匪徒为内应，寻机入口。同知曹谨、魏瀛、通判范学垣、知县黄开基、副将关桂、游击安定邦等，率兵堵御，并且在港口以北的土地公港设伏，"夷船畏军容整盛遽退"。巡检高春如、谢得琛施反间计，派人雇了渔船驶近英船，以粤人周梓等用粤语土音与汉奸黄舟对话。英国侵略者以为良机莫失，用重利收买来人，要他们引路驶向台湾海口，周梓看到侵略者中计，就把英船诱至设伏的土地港进口，英船中计驶入，碰到暗礁，船立即倾倒入水，英船想掉头，但已来不及了。清军伏勇齐起，清军发炮轰击，船被击破，纷纷落水，淹死不少，有的英军跳上舢板船逃窜，有数十名英军手持短械想夺船逃命。陆军与壮勇合力围歼，杀死英军数十名，俘获四十九名，另有粤奸五名。所缴获的鸟枪、腰刀，都是镇海、宁波清军营中的兵器，可见，这是一批屡次参与侵华战争的侵略军。

道光接到这次战斗胜利的奏折后，非常高兴，他说："该英人窥伺台湾，达洪阿等以计诱令其船搁浅，破舟软戗，智勇兼施，不负委任，著赏太子太保衔，并阿克达春巴图鲁名号"。达洪阿等后来又"叠奉廷谕，生擒俘虏除头目外，均即行正法，以快人心"。道光高兴心情，是可以理解的。鸦片战争以来，道光日夜盼望胜利喜讯，但清军连连败北，所以，对达洪阿、姚莹等在台湾反击英军侵略的胜利，更加感到无限欣慰。

英国侵略军在台湾一次又一次碰壁，扬言要调大军前来报复。道光为此谕问达洪阿、姚莹有何对策，并指示说：如果大队英船入侵台湾，必须及早"定谋决策，操必胜之券"。并查询英俘情况，取供以后与上年俘获监禁在押的一百三十余名英俘，连同汉奸等人即行正法，头目继续禁锢勿杀。

道光二十二年三月间，英船不断在台湾洋面出现，派人探察港口情况，并在各港口骚扰。二十二日，英船一只，带着几只本地的小船，在树岭湖口外窥伺，清军守兵发现后，立即发炮轰击，击伤靠进口岸的二只小船，英船在洋面开炮回击，因距离较远，炮子都落水中。二十三日，英军乘八只当地草乌小船又一次进行窥伺，被守军击沉三只，溺死敌兵多名，并获内营鸟枪一枝，上面镌字二十七号，是清军厦门水师用枪。藏于岛上的内应汉奸，妄图出船呼应，都被捕获归案。

从道光二十年六月到二十二年三月，英军从没有停止过侵略台湾的活动。英军侵略台湾，一是为了掠夺台湾丰富的资源物产，二是因为台湾地处要冲，是侵略中国和东南亚地区的战略要地。英国侵略台湾未能如愿，而璞鼎查在谈判时，也没有能够在条约中得到在台湾获取权宜的方便，因此，他总想寻找机会进行补偿，释俘问题就成为他可以利用的借口。

璞鼎查所谓台湾镇遭杀的不是侵略军，而是遇难英商的谎言，本来不值一驳，但当时妥协官僚别有用心，便附和璞鼎查的诬陷，推波助澜。"时在江苏主款官吏，方忌台湾功，而福建厦门失守文武，亦相形见绌，流言四起"。耆英就根据福建已故总督苏廷玉及提督李廷钰二人的家信，奏劾达洪阿、姚莹"冒功"。道光派怡良去台湾调查。

怡良到台湾后查阅了各种材料，发现达洪阿、姚莹"无功可冒"，但因他必须找到达洪阿、姚莹"罪证"，用以向英方谢罪，硬劲达洪阿、姚莹"有罪"，褫职逮捕解京。台湾兵民得讯，"汹汹鼓噪"，大鸣不平，经达洪阿、姚莹再三劝解，才平息。"翌日，众兵犹人炷香一炷，赴钦使行署泣愬"，又遭到怡良申斥。

达洪阿、姚莹保卫台湾战斗的胜利，是鸦片战争期间唯一可以值得称道的成功的保卫战，结果却遭到妥协官僚的诬陷。"台湾之狱，外则耆相主之，内则穆相主之，怡制使之查办此案，竟以莫须有三字定谳"。

穆彰阿等人所以要陷害达洪阿、姚莹，是因此二人坚决主张抗英，反对议和。达洪阿曾奏述侵略者处境"未必能持久"，认为坚持抵抗就能够取胜。姚莹甚至在《中英南京条约》签订的八月八日，在《再复怡制军言夷事书》中，更加直言不讳地反对议和。他说。"窃闻逆夷北上，复分扰江南，……复有在地奸民，为其区划，镇江之失，江宁之困，无怪其然。闻当事诸公，有暂时羁縻请圣明速决大计之奏。虽云紧迫万分，何遂至是？又闻广东有言，英夷已空虚，群夷不服所为，颇多兴怨，似有内溃之形，乃转掠商艘以助其势，外益夸张，内容急迫。美利坚亦谓天朝不可堕其术中，此言似又与职道前月所陈，不无吻合。若我担严守口岸，不与海上争锋，内查奸民诛之，不事姑息，再持数月，夷将自溃，不审朝内诸公如何赞襄纶綍，翘首天南，疢如疾首矣"。不能说姚莹对敌我情况的分析都是对的，但仅仅从主战反对议和这点上，已经是妥协派官僚们所不可饶恕的行为了，故而，惩治达洪阿、姚莹已是"成算早定"的了。

道光对达洪阿、姚莹事件的处理，头脑还是清醒的。他在批复耆英等有关台湾英俘问题的奏折中指出，战争中发生的事情，双方"各宜置之不论"，因为英国绝不会将其在侵华战争中的将领，因清政府的要求而"遂令废弃"。同样，在鸦片战争中"我国伤亡将士甚多，又岂能于事后一一取偿耶？"实际上是批驳了侵略者的无理要求和妥协官僚无原则的迁就。但是，由于刚刚达成"和议"，道光还是在妥协派和侵略者的压力下，不能不表示一下对达洪阿、姚莹的"薄责"。事过不久。"鉴二人杜，不深罪，达洪阿、姚莹旋即起用"。二十三年十月二十五日，道光任命达洪阿为哈密办事大臣。达洪阿、姚莹的冤案终于得到澄清。

咸丰登基后，又对此事进行了彻底的平反。"未及改元，即黜大学士穆彰阿，起用总督林则徐，以抚夷之议，执政者主之，非上（指道光）意也。故下诏宣示中外，并及达洪阿、姚莹前在台湾尽忠尽力，而穆彰阿妒其成功，陷之，欲置于死地。二臣皆起用"。

（四）支持民间反侵略斗争

鸦片战争后，中华民族与外来侵略者之间的矛盾上升为主要矛盾。人民的反侵略斗争兴起，特别在东南海防前哨广东地区更是如火如荼地展开，道光顺应民情，支持了广东人民的反侵略斗争。

1. 火烧十三行

《中英南京条约》签订后，英国又迫使清政府签订了《虎门条约》和《中英五口通商章程》作为附件，进一步攫取了片面最惠国待遇，关税协定等种种特权。其他资本主义国家也随之要挟，纷纷强迫清政府签订了《中美望厦条约》《中法黄埔条约》（即中美、中法五口通商章程三十四款和三十六款）等，抚夷各款，截止上年（道光二十五年）十二月，一律完竣。但是，侵略与反侵略的斗争，并没有终止。

广州人民的反侵略斗争，在鸦片战争后有了新的发展。在人民散发的《告谕英商大略》中的第一条指出："辛丑（指1841年，道光二十一年）之后，英人侥幸得志，勿视为中国之弱也"。表明了人民反侵略的决心，并未因清政府的失败而改变。而英国侵略者，却以战胜者自居，在广州等地肆无忌惮，横行不法。广州重新开市后，英商与民人交易时，"动因口舌，促起风波，愈以纷争为强"。商馆中的役使，更是仗势欺人，"沿岸攫掠布店货物，论值未成，径携以去"。在路上"遇平民，辄喝令急趋避，否则鞭扑随之"。广东人民早就怨恨在心。最初还只是城内"众怒难息"，继而附近入城商贾的农民，也因被欺侮，"积为深怨"。广东人民"骁健多好义"，他们痛恨英国侵略者在自己的乡土上，"焚烧其房舍，奸污其妻女，杀戮其父兄，誓不共戴"，"多敢死之气"这是鸦片战争后，广东人民掀起新的反侵略斗争的根本原因，完全是侵略者逼迫出来的。

广东人民在鸦片战争后反侵略斗争的一个显著特点是有组织、规模大，动辄万人，其中，社学起了重大作用。

社学，或称书院，义学，本来是地主阶级办"团练""御盗贼"之所。鸦片战争期间，社学成为广东人民编练义勇，进行抗英的组织。《中英南京条约》签订后，广东附近各社学彼此联络，声势大壮，决心团练御侮，约定："同患相扶，协力共救"。南海、番禺各县遍布社学，举办团练，富者助饷，贫者出力。其中以广州附近的升平、东平、南平、隆平等社学，最为有名。

社学的迅速发展，是和道光的积极支持分不开的。道光二十二年十月，由钱江、何大庚起草的一份《全粤义士义民公檄》中说："恭读上谕，'士民中果有勇谋出众之材，激于义愤，团练自卫，或助官军以复城邑，或扼要隘，以遏贼锋，或焚击夷船，擒斩大憝，或申明大义，开启愚顽。能建不世之殊勋，定有非常之懋赏，钦此！士民等钦奉王言，共引团练，仿范里连衡之制，指愿得百万之师；按赏田捐之方，到处有三时之乐，无事则各归农业。有事则协心从戎，踊跃同袍，子弟悉成劲旅，婉娈如玉，妇女亦能谈兵"。在升平社学建立过程中，道光指示："该省西北乡绅士，敌忾同仇，深知大义，著查明首倡义举之人，如有才具堪胜文武之任者，即据实保奏，候朕施恩，并剀切晓谕该省各府州县，均宜照此团练自卫，并备调遣。将来如果得力，自当从优奖赏，即军务告竣，未经调拨应用者，亦必概加赏赉"。道光还准备将社学团练作为一支军事力量而调遣，协同清军进行作战。在道光的积极推动下，升平社学应时而生。

升平社学先由广州西北郊石井乡举人李芳等于道光二十二年夏间联名呈请，捐资在石井建社，附近十三社八十余人加入，后陆续增至十八社，招募义勇，团练御侮。随着社务发展，在籍内阁中书何有书等又在江村附近地方设立升平公所作为辅助，以为丁壮聚集之所。二处联为一气，声息相通。经费主要由地方捐助，升平社学各乡签捐银约二万余两，升平公所各乡签捐银约计七千余两。社内壮勇，都自愿赴升平公社报名，统计连约各乡团练共有数万人，其中勇健可以调遣者，不下万人。社学是由地方绅士组织领导，下层劳动人民广为基础，人力财力全部来自民间。正是由于社学具有较为广泛的基础，所以，它领导下的斗争，声势十分浩大。

白玉童子抱玉瓶摆件

道光二十四年三月二日，广东巡抚程矞采奏《绅士捐建升平社学公所由》中提到，社学成立一年多以来，城东南各路，亦都闻风而起，各选择燕扩墟、沙梨园及河南等处先后建立东平、南平、隆平各社学公所，仿照团练。壮勇少的数千人，多的万余人，队伍都十分整齐雄伟。

在社学领导下，战后广东人民第一次大规模反侵略斗争，就是火烧十三行。

道光二十二年十一月六日（1842年12月7日），英军士兵强买陈亚九的橙子不付钱，陈亚九向其索要，英军士兵恼羞成怒，拔刀刺伤了陈亚九右手臂，陈负痛松手，大声呼喊。在附近卖糕的李亚华及往来行人，愤见不平，一齐围住英军士兵，帮同陈亚九讲理索钱。英军士兵自知理亏，突出人群，避入附近洋房，并将大门紧紧关闭。群众在后紧追，人数越聚越多，将洋楼紧紧围住，大声斥责。英军在楼上用砖瓦向楼下人群掷打，激起了愤怒的人群更加强烈的反响。此时，县民苏亚炳等人从此地经过，询问了事情的原委，感到英人欺人太甚，苏亚炳率众绕到十三行门首，搬起大石撞开大门，一拥而进，用火将房屋点燃。英军见火起，急忙赶来扑救，苏亚炳等大喝一声，拔出腰刀，向英军殴砍，英兵施放手枪抵御。在混战中，有二名英兵当场被殴毙在地，苏亚炳、李亚三、何亚郁等数人，亦被英军枪弹击中，负伤倒地，其中五个人因伤重殒命。愤怒的群众口呼杀贼，阻止英人前去扑火，直到第二天，"火熄而散"，共烧毁英人楼馆四间，群众的自发斗争，表明了对英国侵略者的深刻仇恨。

事后，祁埙向道光奏报"民洋争吵，洋楼失火"。道光在十一月十二日上谕中指出："粤省士民，因洋人情形傲慢，激成公愤，迥非籍端滋事者比"。他指示祁埙等人，要秉公妥办"总当使洋人服输，不致有所藉口，尤不可屈抑士民，使内地民心，因而解体"。道光清楚地表明他对此事起因的看法，即英国侵略者傲慢横行引起。并针对祁埙等人对参与此事的群众进行惩办的主张，明确指令祁埙等人，对人民的反英斗争，不能进行镇压，"尤不可屈抑士民"。

事后，璞鼎查写信给祁埙，提出索赔要求。祁埙因为道光已经有了诚谕，不敢过分软弱，在复书给璞鼎查时说："勿纵酿后祸"，百姓"一时数万众齐心，非同小可"，触犯众怒，后果将更加不堪设想，政府也无法控制。璞鼎查无奈，只得暂时了事。

2. 禁租河南地

道光二十四年二月间，英国侵略者的军舰驶进珠江，向清政府提出六点侵略要求：一、英人二年后进住广州省城；二、英人要在广州河的南岸建立楼房；三、在十三行开河截段；四、设立天主教堂；五、在广州设立领事馆；六、在天津建屋通商。英国侵略者在上述无理要求还没有得到清政府答复的情况下，就开始在广州河的南岸勘地分界。英国侵犯中国主权，蛮横无理的行为，激起广州人民强烈反对。广东省城各界商量，每个铺户捐铺租一月，凑得经费银三百余万两，齐集壮勇十万余人，准备与英国侵略者斗争，同时，修书一封，向英人提出警告，结果，英人大惊，怕众怒难犯。

珠江南岸，旧称河南，与省城广州相对。这里人口众多。但地方狭小，在此居住的多是自食其力的劳动者，"多赖咫尺之地，为仰事俯育计"，靠着宝贵的、狭小的地皮谋生。在河南西部有一块水陆十分方便的地方，与广州洋楼隔水相望。此地隔岸临海，占据此地，可以封锁西面的通道，阻截黄埔中船只进入省城。另外，在河南的南面，地随河折，曲折处直下，就是西南入省河的凤凰冈，往东是鸡鸭滘。倘使从洲嘴曲折地方筑一炮台，就可以扼住广州西南乡入省的咽喉。所以，河南地不仅仅是附近四十八乡居民依生谋业的地方，而且，由于地理位置重要，又成为战备的要害地区。英国侵略者为了谋取此地，先是以重金购买，遭到当地人民的强烈反对后，又采取变诱为惊的办法，璞鼎查党在二十四年四月初二、三、四日，来到河南洲头，进行丈量，插旗为界，强行抢占，造成既成事实。

广州河南地区人民群众对侵略者的蛮横无理，义愤填膺，决心绪以惩罚。四月五日，聚集在双州书院的数千群众，拟书投寄英人头目痛斥他们背约抢占的侵略行为，并明确告知侵略者：广大民众"众口一词、不愿出租"河南地。在一份《合堡绅耆投词信稿》中说："现因英吉利国欲勒租河南地方建造屋宇，本处绅民均不情愿，乃英吉利国领事不得业主允议，突于四月初二、初三等日，竟到河南洲头嘴地方丈量，插旗志界，是将恃硬强占，有背和约，我等绅耆大为骇异，迫于初七日会齐四十八乡，约集三千余人，同到洋行会馆欲与之面辩，以明所不愿者众，……而领事推匿不见，故泐函分辩情理，陈说利害，交通事转递，原冀其中止以弭争端，俾各守和约"。另如，在《致英吉利领事官信稿》，《告谕英商大略》等信函中，反复强调了不愿租借河南地的决心，甚至表示，"虽官亦不能夺以与人"，即使清政府答应，老百姓也不答应。河南人民一方面进行说理斗争，一方面在组织上进行准备。在群情激愤之下，侵略者也不得不面对现实。英领事"知众议鼎沸"，只好"爰暂止河南之议"。另外，英想租花地口的石围塘，亦因当地人民的强烈反对而作罢。侵略者只能挟迫清政府地方官吏，耆英与英方签订了二年后进广州城之约，此事才告一段落。

3. 黄竹歧案

鸦片战争期间，广州沿江上下数十村为了自卫身家，纷纷筑闸栅围村自卫。道光二十七年夏天，一部分英国侵略军乘船到广州城西南的黄竹歧村一带"打猎"。登岸后，撞进闸栅，在村内鸣枪打鸟，看见妇女，哗众调戏，吓得村中妇女惊叫逃跑，英士兵麦克地竟然在后面向惊逃的妇女举枪射击，以此为乐，险些伤人。村民闻枪声赶来，并鸣锣传递消息，召集邻村群众前来支援。英军在越聚越多的群众面前，惊恐暴躁，妄图行凶。被激怒的群众向侵略者扑去，当即殴毙英军六名，并且把尸体绑上巨石，投入村外大河之中。村民陈亚辰也被英军殴死，另一村民李亚健被英军殴成重伤。余下英军逃回船中，急忙掉头回驶，逃回省城，向英领事报告。英领事随即照会耆英，要求缉凶抵命，并且威胁说：英国要召集香港守军前来烧毁黄竹歧。耆英赶紧派人会同南海县令张继邹，召募渔民，驾船打捞被击毙的英兵尸体。英方以被戕有据，向清政府地方官员索要"凶手"，并要求由英领事自行审讯惩办。新到任的广东巡抚徐广缙拒绝了英方的无理要求，他答复英人说："杀人偿命法也，然一命一抵，法安可滥！不能渔肉吾民以绚夷欲而塞夷责也。"徐广缙亲自审理了此案，问明英人被杀缘由，判处三人死刑，并在杀死英人的地方行刑。但是，英国侵略者对此处理仍不满意，向清政府官员蛮横提出，一定要烧焚黄竹歧村，否则"不足以息众怒，而杜效尤"。企图借此讹诈，并逼迫清政府压制群众的反抗斗争，以保证他们的"安全"。

耆英迫于洋人的压力，责令府县官吏出示，召集省绅开会，要他们拟一份今后"毋许妄杀，后此永葆无事"的公函，刊刻遍贴，以慰洋人。

道光在十一月二十一日接到耆英报告后，指示他：一面要孥凶惩办，一面要饬令水陆各营暗中防范，防止英国侵略者借此扩大事态。后来，道光又接到奏报，黄竹歧村民二人也被殴伤至死。随即谕令："勿令有失民心，是为至要"。二十六日，耆英又报，英国侵略者不仅要杀凶手，还要烧黄竹歧及毗连二村。道光气愤地指出，英方要求"荒谬已极，自无允准之理"，要耆英"持平审办，固不可失之宽纵，致拂夷情，尤不可持之操切，有失民望"。并再次告诫耆英要加强防范，不可麻痹大意。十二月七日，道光令耆英调查此案起因，当接到耆英关于此案起因的奏报后，道光说："此次黄竹歧华洋争殴之事，该国若能约束禁止，何至动起衅端，该督等务将此意剀切晓谕，令其设法禁止，非贸易不得无故滥入民间田舍房屋。"道光对事件起因的分析还是恰当的，完全由英方挑衅而起。

4. 反进城斗争

英人到广东贸易，已有二百年之久，按照旧制规定，外国人不能随便进入广州城，外国商人常常为此不满，认为是被中国人看作异类，是一种不平等待遇。《中英南京条约》签定后，璞鼎查又提出了进广州城的要求，清政府只答应他不带兵卒，轻骑简从，在升平公所商谈事宜，谈毕出城。

鸦片战争后，英在广州设领事馆，马礼逊作为首任领事，屡次请求进城，没有结果。马礼逊后回香港，不久病故，英领事改为马峨，又提出入城事，因不久去职，亦即中止。德庇时继任领事后，再次提出入城一事。

《中英南京条约》签订后，英、法、美又先后强迫清政府签订了一系列不平等条约。到道光二十五年，各国强迫清政府订约之事告一段落。按有关条约规定，清政府要收复定海，英领事德庇时就以清政府不准英国人进广州城为借口，拒绝如约归还定海，以此要挟。十一月二十三日，道光接到耆英报告后，指示他说："恐难免希冀请求，该督等惟当持以镇静，俟其续请时，即告以贸易之事，期于彼此相安，今欲更改旧章，人心必为疑怪，……傥为滋生事端，彼此均为不便，为此晓谕，庶华洋两不相扰，可以经久相安"。十二月二十日，道光接到耆英报告，"英官仍执前说，要求进城"，再次指令耆英予以拒绝。他说："英人进城一节，本非条约所有，……该督等仍当详晰开导，谕以即使准其进城，而民情究难相安"，一旦冲突事发，"地方官断难查办"，决不负约束的责任。英人无奈，只得于二十六年五月退出舟山，"并于三日内派兵船四只，赴该处装载英兵，驶向印度"。但进城一事英人仍未放弃。二十七年春间，德庇时突然率兵舰十余只，英军千人突入省河，占据十三行湾停泊，并令英兵潜上炮台，钉紧炮眼，然后"坚请进城"。道光在三月七日得奏后，指示耆英："该督等惟当一面饬文武员弁迅速布置，严密防堵，一面向该国剀切晓谕相机妥筹，固不可过事张皇，尤不可稍形疏懈"。耆英与英方会谈后，商定：二年后英人入城。二十八年，徐广缙代替耆英。二十九年，德庇时回国，由文翰继任，提出践约要求。入城与反入城斗争更加尖锐。

耆英于二年前答应英人入广州城一事，实际上是不负责任的推托之词。当年英人提出进城来住，没有等到答复，"英船已直入虎门，驶进省河，泊十三行下"，准备兵戎相见，强行入城。耆英既怕答应英人入城"激民变"，又怕拒绝英人入城"开边衅"，他采取缓兵计，以首鼠两端态度，虚应故事，私下答应英人二年后入城。这样，他用欺骗的办法暂时稳住了英人入城之心。十二月二十九日，耆英被调入京，所有两广总督印及钦差大臣关防，均交徐广缙署理。广州入城一事的处理，就落到新任两广总督徐广缙、广东巡抚叶名琛的身上。

徐广缙，字仲升，又字靖候，河南鹿邑人。嘉庆二十五年进士，初在京为官。道光十三年，出任陕西榆林知府，历安徽徽宁池太道、江西督粮道、福建按察使。擢顺天府尹，后又为布政使。二十六年，升任云南巡抚，调赴广东。二十八年，道光授命他为两广总督，兼通商大臣。

叶名琛，字昆臣，湖北汉阳人。道光十五年进士，选庶吉士，授编修。十八年，出任陕西兴安知府，历山西雁平道、江西盐道、云南按察使，湖南、甘肃、广东布政使。二十八年，升任广东巡抚。

徐广缙去广东任事时，道光指示他说："疆寄重在安民，民心不失，则外侮可弭。嗣后遇有民洋交涉事件，不可瞻徇迁就，有失民心，……总期以诚实结民情，方为不负委任。"徐广缙在交涉英人要求入城一事上，执行了道光的指示，赢得了反入城斗争的胜利。

道光二十八年五月，英领事文翰告知徐广缙，明年二月二十一日为进城之期。徐广缙在第二年正月二十三日带着属员前往虎门与文翰交涉，一面向道光报告请旨。徐广缙同叶名琛商议，"今我两人和衷一志，顺民心以行之，复何疑之有"。为防止英军强行入城，加强了省城防务，自省河以东各炮台，选择将弁，加强防务。并指令将弁，如英军闯入，沿海炮台就开炮迎击，同时配备药弹兵士，再预备策应队伍，进行了层层设防。

文翰得悉徐广缙、叶名琛进行战备，想借谈判之机将徐广缙、叶名琛骗到英船上扣留，作人质逼迫清政府答应准许进城。徐广缙接到邀请后，慨然应允。官员们担心一旦事变，不好应付。徐广缙对此已有准备，临行时叮嘱水师提督洪名香说："若我留彼船不还，可悉舟师攻之，我自有处，勿以我故迟疑投鼠忌器也。"讲完乘小舟前赴英船。文翰请徐广缙进入内舱，随即关了舱门，把徐广缙的随从官员隔在门外，取出准备好的条款给徐广缙，要立即允应。徐广缙看后，逐条以理力斥，双方相持不下。文翰见徐广缙不肯就范，威胁徐广缙说，一定要订下进城日期后，方准回去。徐广缙反驳说，耆英答应你的事，是在我来粤之先，我是奉皇帝之命来粤的，怎能随便答应你进城日期，况且，老百姓不允许你们进城，你们应该有所耳闻，我更不能自行做主。此事只有奏明皇帝，听候皇帝的谕旨，谁也不能自作主张。文翰说，请旨时间太长，我们可以代替你用火轮船送到天津转递。徐广缙说，请旨之事，"本朝自有定制，……一切当遵天朝法度，勿率性生事"。文翰软硬兼施，没有压服徐广缙，只得送客。从此，英方天天派人询问，徐广缙每次均以"静候旨意"相告，不谈其他事。

道光接到徐广缙奏报后，指示说："民心即天心，……非外夷所能议拟者。"让徐广缙不要违背民意，不要让英军入城。道光旨意一宣布，英人纷纷指责文翰无能。文翰再次找徐广缙，责备中国不该言而无信。徐广缙答复说：江南议和后，中国重信义，凡夷船经我口岸，听其出入，不再诘查阻禁，是推诚相与也。耆相亲立和议，并没有料到你国兵目会潜载卒械，乘我不备，毁我炮枢；阻塞炮眼。那时，清军兵没有调，炮没有换，你们却深入据桥，阻遏行路，民情惊骇，瞬间便可酿成祸端，破坏和约，故而酌量轻重缓急，不得不权宜约定年代，答应如期入城，使你们兵目离开是非之地，以保持和平局面。故而，失信义的，你国在先，何以反责别人？举国上下都反对你们进城，谁也不能禁止。义正词严的一席话，说得文翰哑口无言，无以辞对。徐广缙最后表示，如果你们一定要进城，官不能管，你们自己去与百姓较量。

当时，广州人民群情激愤，自去年冬天至这年三月，省城越秀书院监院，刻印公柬，邀集越华、羊城二书院同事，以及城中绅士，决心自己保卫省城，他们劝各家选派人员器械，为抗拒英人入城进行准备。"一时雷动云合，自老城而及新城，新城而及四郊。河南人亦创隆平社学，同时响应。地大者至数千人，少亦数百，按日分期，自具所练丁勇名数，柬报越秀，……旬日间，得十万人有奇"。声势极其壮观，义勇夜出时，四城灯烛照耀，如同白昼，英人见此情景，吓得张口结舌，"戒馆役黑夷，未黄昏，即自闭前后户，市肆暂停交易"。文翰内受洋商牵制，外惧众怒难犯，只得暂时放弃入城要求，要求照旧通商。

广州人民反进城斗争的消息奏入，道光欣喜万分。他十分感叹地说："洋务之兴，将十年矣，沿海扰累，糜饷劳师，近年虽略臻安谧，而驭之之法，刚柔不得其平，流弊出，朕恐濒海居民或遭蹂躏，一切隐忍待之。盖小屈必有大申，理固然也。昨因英夷复申粤东入城之请，督臣徐广缙等连次奏报，办理悉合机宜，本日又由驿驰奏，该处商民深明大义，捐资御侮，绅士实力匡勤，入城之议已寝。该夷照旧通商，中外绥靖。不折一兵，不发一矢，……令该夷驯服，无丝毫勉强，可以历久相安，朕嘉悦之忱，难以尽述"。道光还赞扬了"粤东百姓，素称骁勇，乃近年深明大义，有勇知方，……难得十万之众，利不夺而势不移，朕念其翊戴之功，能无恻然有动于衷乎！著宣布朕言，俾家喻户晓，益励急公向上之心，共享乐业安居之乐，宠其劳动，锡以光荣，毋稍屯膏，以慰朕意。"

英国侵略者对未能进入广州城一事，怀恨在心。数月后，文翰又给徐广缙写信说："国王以进城未能如约，为人所轻，似觉赧颜，请为转奏。"徐广缙以罢议进城之后，贸易刚刚恢复，不可再申前说，拒绝转奏。事实上，徐广缙还是向道光报告了这件事。道光在九月十八日谕徐广缙，要他叫英人"安心贸易，勿生枝节，上而督抚提镇，下而军民人等，旁及诸国，断无以不进城为羞耻之事"。还要他继续警惕，"阖城文武军

民，戮力同心，屹然有不摇之势，朕何忧乎"。后来，文翰又致书大学士穆彰阿、耆英，派人到上海、天津投递。文翰还增亲赴上海，想再提出入城一事，都被拒绝。道光得悉后，说："朕嘉悦之怀，实难尽述"。他又说：只要"联官民为一气，民心日固，斯外情益服，商民共悦，实为承久乐利之计"。

广州反进城斗争所以赢得胜利，首先在于粤东"十万之众"齐心抗争，迫使英国侵略者不得不考虑事情发展的后果，从而暂时放弃进城打算。其次是徐广缙、叶名琛能顺应民意，坚决执行不准英人入城的方针，领导了这次反英人进入广州城的斗争，并迫使英国侵略者暂时放弃入城要求。道光也从中受到鼓舞，他看到了人民群众的力量，"众志成城"。使在鸦片战争失败阴影笼罩下的道光，看到了一点希望，也得到了一些安慰。

起义云涌

道光继位后，为扭转清王朝的衰败，励图振兴，进行了努力，但他无法改变早已腐朽的封建制度中的各种弊端。道光是清王朝最高统治者，但他在力图振兴中的努力，又显得那样的无力。封建统治阶级与广大人民群众的矛盾更加尖锐，致使道光朝三十年间，各族人民各种形式的反抗斗争从未间断，声势浩大，遍布全国。道光作为一个封建帝王，在人民反抗面前，和他的先辈们一样，为维护封建王朝的统治，采取了坚决镇压的措施。

（一）镇压瑶民起义

居住在湖南、广东、广西一带的瑶族，与汉族杂居。当地的汉族封建地主阶级勾结清政府地方官员，对瑶族群众肆意盘剥欺压。道光十一年，湖南江华等地区发生了天地会人屡次劫掠瑶民牛谷事件，而官府又偏袒天地会中人，引起瑶民的愤恨，终于在这年十二月二十九日，爆发了湖南江华县锦田乡瑶民赵金陇联合瑶民赵福才及广东的瑶民起义。起义军进攻两河口，杀天地会徒二十余人，县令林先梁，游击王俊得讯后，率兵役由黄竹寨前往镇压。起义群众被杀十四人，被俘五人，其余参加起义的群众多散去，起义被暂时镇压下去。

道光十二年正月初五日，赵金陇率领群众夏至洪江寨、黄竹寨、长塘坪一带，参加起义的瑶族群众多达一千余人，起义群众头裹红布为记号。赵金陇为稳定众心，提剑作法，"衍水变火，结草变牛，以示法术"。众多瑶族群众纷纷参加起义队伍，很快发展到三千多人，并计划占据九嶷山为根据地。清军参将成喜带兵往剿，并截断通往九嶷山的通道，妄图阻止起义军，但未能如愿，起义队伍转至宁远，清军提督海陵阿率军四千余人前往追剿，屯驻在下灌，派副将马韬突进，当马韬军抵达池塘墟时，刚接仗，就被起义军杀死。海陵阿指挥清军向起义军进攻，预先埋伏的起义军，从高处冲下，将清军团团围住，清军全部被歼，海陵阿也堕马被杀，新田县知县王鼎铭同时被起义军击毙。经过这一仗，起义军声势大振，贵阳、常宁等地瑶民纷纷响应，起义队伍发展到数万人，冲卡夺营，屡败清军。道光闻警，急调湖广总督卢坤、湖北提督罗思举、贵州提督余步云率军镇压。

卢坤率清军进至永州，起义军闻讯后分兵三路迎击，每一路都有二三千人，互为犄角之势。清军调来镇压起义的队伍中有常德水师和荆州旗兵，他们不习惯山地作战，加上后勤供应不上，此次进剿又告失败。随后，清政府改调镇筸清兵，再次进剿。清军采用堵塞主要通道的办法，以截断起义军互为犄角的局面，又实行坚壁清野，不让起义军得到粮食和给养。道光对此次进剿，进行了具体指示，他根据起义军惯于山地作战，在山中据险防守的情况，要求清军将起义军"诱之山外平野之地，聚而歼之"。湖北提督罗思举又建议，用一军，潜至新田后路，遏制起义军南路，再与桂阳北路清军进行夹击，并且扼住起义军两面通往道州、零陵、桂阳的小路。这样可将起义军逼出山地，使起义军失去惯行山地的长处和大山的依托。按照道光的指示和罗思举的计划，清军分兵合围，把起义军逼至羊泉镇。此时，连日大雨，路滑泥泞，起义军行动困难，又与清军日夜拼杀，伤亡很大，从四月六日至十六日的十天战斗中，起义军被杀六千多人，赵金陇也被清军杀害于羊泉街内，起义最后失败。

羊泉一战，清军损兵折将，伤亡惨重，把总三人，兵士一百五十八人被起义军杀死，官员二十二人，士兵五百九十二人受伤。

道光十六年二月，湖南武冈州瑶民蓝正樽，再次发动起义。蓝正樽，即蓝沅旷，是湖南新宁县瑶族士子，与潘明德、吴立鹄等习教传徒。湖南巡抚吴荣光侦知这个情况后，立即命人前往捕捉。潘明德、吴文鹄先后被捕遇害。蓝正樽于二月六日起义，参加起义的瑶民达三千余人，分路攻打武冈州城，因清军已有准备，而未能成功。七日，清军出城追剿，蓝正樽家属及军师张和尚、陈仲潮等，都被清军捉去。四月，讷尔经额代替吴荣光任湖南巡抚，他到任后，继续剿捕起义军，又有千余名瑶民被捕。道光一再严令讷尔经额捉拿蓝正樽。十七年，讷尔经额为了邀功，说从被抓获的瑶民钟顺二口中得知蓝正樽已被乡勇添国良等殴毙。道光命湖广总督林则徐查核，林则徐也称蓝正樽已被殴毙，并讲有蓝正樽衣服及其妻吴氏，子明玉，女秀兰，以及钟顺二和乡勇等为证。道光仍怀疑所奏不实，处罚了讷尔经额和林则徐，并严饬地方官密查，严拿蓝正樽及其长子琢玉等人，生怕"死灰复燃"，再次起义，危及清王朝统治，但一直没有结果。蓝正樽是否被殴毙，成为一桩悬案。

二十七年十月，湖南新宁瑶民雷再浩发动起义。湖南新宁县与广西全州交界的黄陂筒地方，瑶族雷再浩，汉族李辉、陈民及居住在广西全州五排梅溪口等外的瑶族萧立山等联合发动起义。清军前往剿捕，双方发生激战。十一月，起义军分兵进攻全州、咸水口等外，广西巡抚郑祖琛督军进攻起义军。起义军在全州受挫，雷再浩率余部退入山内固守。后又联合李辉进攻新宁，未能成功，雷再浩被清军抓住。十二月，瑶民起义军领导人左广秀、蒋学泰、何其先、李魔旺，先后被湖南道州清军擒获，湖南瑶民起义再次被清政府镇压。

在湖南瑶民起义的同时，广东瑶族人员也同时发动了起义。

清政府在镇压湖南赵金陇起义时，曾让广东清军在广东、湖南交界外设防，以防止赵金陇起义军进入广东。广东清军遵照道光的指示派重兵在西路各隘口布防，造成东路各汛兵力单薄，防守空虚。广东瑶民抓住这一有利时机，于十二年四月六日发动起义。五月，广东连州瑶族在赵子青率领下，进入湖南蓝山，被卢坤所部清军阻截。赵子青又聚众二千余人，入湖南麻岗地方。清政府调清军六千余名，前往镇压。六月，道光又命曾胜带兵二千，驰往广东助剿。卢坤、余步云、曾胜等在濠江地方，击败起义军，随后又进攻银江，赵子青也被清军杀害，起义被镇压。

广东瑶族起义规模虽然不大，但清政府用了半年多时间方将起义镇压下去。道光为此指责负责镇压起义的清政府官员："半载有余，尚未蒇事"。原因何在？禧恩在奏折中说，调至军营的六千官兵，不习惯走山路，而从沿海一带调去的清军中多有吸食鸦片烟者，兵数虽多，"难于得力"。道光愤慨地说："该省兵丁在该省山路行走尤应熟习，何得谓之不惯？平日废弛，临时畏葸"。暴露了清军的腐败和军备废弛。

广东的瑶民起义又波及广西瑶民。十二年七月，广西贺县瑶民盘均华率众起义，祁𡧯率清军镇压，起义军战败于芳林渡，盘均华逃入湖南，被清军捉住遇害。

广西起义则被镇压下去，广东瑶民起义又起。八月，广东连州八排瑶民举行起义。八排，四周环山，毗连三省，瑶民以山洞为家，周围山冲七八十处，民户不下五六万之众。其中有一处名叫黄瓜冲，为瑶民所居，汉族民人常入寨中滋扰，瑶民诉之于官，连州同知蔡天禄判肇事汉民赔偿受害瑶民银一千二百两，汉民不给，激起瑶民不满，聚众抄了该汉民的家财。两广总督李鸿宾遣总兵余德彪领兵进山镇压，起事瑶民乘夜偷袭了清军军营，将数十名清军官兵击毙。李鸿宾率清军前往镇压，亦被硝药失火烧伤。镇压受挫后，李鸿宾想对起义军进行"招安"。道光得悉后，将李鸿宾革职问罪，改派禧恩暂署两广总督。此时，大掌岭、大古坳、阳公歧各排冲瑶民六七百人，于七月二十二日，分四路进攻清军，直扑营卡。二十五日，大木根、大桥头、六对、冰岗四冲瑶民，直扑清军大营。清军调集大军，极力阻击，直到九月，才把起义军镇压下去。这时，道光补授卢坤为两广总督，禧恩闻卢坤将至，就想以平瑶来邀功。但是，瑶洞天险，不容易攻占。禧恩采用按察使杨振麟计谋，以银钱盐布引诱起义群众投降。瑶民起义群众为饥饿所迫，一部分人中计下山，禧恩抓住机会猛攻，结果，黄瓜冲、火烧坪各寨起义头领房大第六、盘麻山李、成意一等被捉住。道光得知后，嘉奖禧恩办理迅速，封禧恩为辅国公。瑶民起义被镇压下去。

这年十月，广东曲江、乳源两县瑶民，又准备起义，结果，被卢坤镇压。

道光二十九年十一月，广西五排瑶民在李沅发领导下再次起义。李沅发在全州率起义瑶众数百人，攻入新宁，破城后，打开监狱，放出被关押的贫苦群众，并将知县万鼎恩杀死。李沅发率军据守城池，并派起义军另一头领李洪蔼进攻广西迁隆等地。广西巡抚郑祖琛派游击段炳南等率清军前往镇医，遭到起义军的迎头痛击，段炳南及外委吴玉魁、巫宜福等都被起义军打死。十二月，起义军攻破新宁城，谣传李沅发自焚死。他的弟弟李沅宝得讯，又带领起义军进攻新宁，为兄报仇。实际上李沅发并没有死，他率军突破清军包围，进至大绢洞附近山岭，清军追至，双方激战，起义军将清军守备熊钊、府经历刘炳南打死。另一起义军头领黄三等，占据癫子山，据险守御，制造军械，准备再次攻城。

道光命湖广总督裕泰前往督师。三十年二月，新宁瑶民在广西龙胜一带大举起义。清参将玛隆阿被打死。起义军突入永州镇算军营，夺取军械，清军不能阻挡。巡抚冯德馨在起义军出城后，虚报军功，谬以收复入奏。五月，湖南提督白荣率清军与李沅发的起义军激战于楚粤交界地方，起义军被打垮，起义最后失败。

瑶民起义，在道光年间最为激烈，前后断断续续，此伏彼起，达二十年之久（道光十一年至三十年），道光调三省（湖南、广东、广西）兵力，累扑累起，"仅获镇定，然元气大损，兵机已动，故不逾月，而太平军起于广西金田村矣"。

（二）此伏彼起的反抗斗争

道光二年正月，青海口外番民抗拒清政府强令其返回河南原牧地，与清军发生冲突。蕴依、双勿两部族联合循贵及四川番民发动起义。为了压服番民起义，道光调陕甘总督长龄督兵八千，分东、西、北三面进剿。五月九日，青海口外番民起义被镇压。但是，长龄大军刚撤，番民十余部族又回到河北插帐，清军再次镇压。十二月底，在河北插帐番民一万七八千人，才全部返回河南贵德原牧区。这一年，清军还镇压了果洛克番民起义。

道光二十五年六月十二日，青海番族二千余人，距察汗鄂博三千余里的金羊岭一带起事。前往察汗鄂博会哨的清军署西宁镇总兵庆和，带兵追捕，被起事番民当场击毙，其所带官兵，"阵亡亦多"。清政府调集甘肃、青海等地清军前往镇压，起义番民"忽分忽合，忽东忽西"和清军周旋。起义一直持续到道光二十六年六月，才被镇压下去。

番民起义的迭起，使道光十分恼怒，他指责有关官员"从前办理番案，一味因循迁就，敷衍了事"，以致使番民起义不断，竟到了无法抑制的地步。反映了清政府对少数民族实行民族压迫政策，引起各族人民的反抗。

道光十三年，四川峨边厅、越输厅、马边厅彝民起义。峨边厅汉彝杂居，汉族地主强占彝民土地，致使彝民生活无着。当地彝民在马林等领导下"意欲夺回汉民地亩，分给耕种"，起义实因生活所迫引起。起义爆发后，提督杨芳率清军前往镇压，仅派往越隽厅一路镇压的清军，就有六千八百多人，其中包括从新疆及松潘等地调去的清军一千九百多人。四月，起义军领导人马林被清军捉住。五月，杨芳继续分兵进攻峨边厅起义军，另一位起义军首领桑树洛被擒，起义军余部聚集在老木孔山洞，咽噜崖老林。直到七八月间，清军才将各厅的起义烈火扑灭。

十四年七月，四川峨边厅十三支部族内的雅扎等支，又一次发动起义。这次起义的主要原因是"荒歉乏食"，无依为生，彝族穷娃子挖了汉民的竹笋，被打死，引起彝民的众愤，以复仇为名，发动起义。杨芳率清军再次前往镇压。直到十五年三月，清军才最后镇压了峨边厅的十三支部族的反抗。由于起义不断，声势浩大，杨芳由于"办理不善"受到"交部严加议处"的处分。

十七年六月，马边厅又发生起义。此次起事因阿什子家黑夷三和，与大乌抛家黑夷熟果，互打冤家引起，扰及内地，引起饥饿的彝民响应，在老林起义。他们占据山高菁密的有利地形，以凉山为根据地，清军前来，退隐山林，清军走了，重新出山，使清军无法镇压。直到年底，清军分兵两路夹攻，打死了起义首领纳兹，才平定了这次起义。

十八年，雷波、马边厅等处彝民，因播种失时，无以为生，再次发动起义。起义队伍占据各寨，互相依附。清军镇压部队直扑袤延几及千里的凉山。道光指责清军负责镇压起义的官员"因循数年，徒事补苴，糜饷劳师，边陲未靖"。四川彝民起义自十七年在溜马槽打败清军后，势力大盛，"千百成群，直扑村镇"。虽然有关官员常常奏报"业经剿办完竣"，实际上，并没有将起义镇压下去。起义烽火不断，剿不胜剿。

云南是少数民族聚居的地方，由于清政府实行民族歧视政策，汉回民族之间矛盾突出，而地方官员在处理民族纠纷中往往偏袒汉民，这就更加引起回民的不满，械斗之事经常发生，回民起事不断。

道光二十五年九月二日，永昌七哨汉民将城内回民杀死达数千之众，云南巡抚贺长龄将犯事汉民肖林贵、杨老九等斩首示众，以平民愤。与此同时，永昌府属回民，因教习拳棒被府县查孥，怀疑是汉民告发，纠众进行报复。清政府饬令迤南道周澍，提督张必禄率兵前往镇压。此时，猛庭寨回民也聚众起事，抗杀官兵，逼近永昌郡城，并派人入城联络城内回民作为内应。清政府迤西道罗天池等将城中准备内应的回民全部捉拿杀害，永昌回民因此起事，黏挂揭帖，声称要报仇雪恨。道光责备罗天池处理不当，将其交部议处。道光说："云南回汉积怨报复，大而械斗，小而焚劫，几至无岁不有……当今之弊，总在蒙蔽不实，处处皆然"。

地处东南海疆的台湾，也是烽火不绝。道光十二年闰九月，台湾嘉义县北陈办因"与粤庄争牛细故，毁庄拒捕"；张丙因"抢芋抢牛，攻打粤庄"，地方官"办理不公"而被迫起义。嘉义县南詹通等响应，随之起义的有彰化县南黄诚等，仅嘉义县境内的起义队伍就有十二股之多，他们"抢劫衙署汛防，扼杀兵民，戕害府县将弁，攻围县城，势甚猖獗"。彰化县响应起事的黄诚，自"称北路大元帅，黏贴告示，混造年号，词语狂悖"。其他起义队伍也都设立了官职和指挥系统，有元帅、军师、副军师、先锋等。起义队伍围困嘉义城达五十余日。面对如此汹涌的起义群众，道光除饬谕程祖洛"驰往剿办"外，又任命福州将军瑚松额为钦差大臣，都统哈啷阿为参赞大臣，督率当时在台湾的清军一万四千多人。以及先后从漳州、金门等地调集的官兵七千多人前往镇压。起义军除采用"分庄拒守"战术外，还主动出击清军，在店仔口一战中，将带兵前在镇压的署嘉义县知县邵用之击毙；在大竹排地方将台湾府知府吕志恒杀死；攻打嘉义县城时又将清军游击周承恩"戕害"。清政府十分震惊，急忙又调集河南兵一千名，西安满洲营兵三百名，四川兵一千五百名，贵州兵五百名，渡海入台。经过"十次激战"，前后持续八个月，于十三年五月方将起事镇压下去。嘉义县人民的反抗斗争并未就此停止，以后又多次掀起斗争。

十九年三月，又发生了胡布联合内山洪保等起事，起义者攻汛戕兵，斗争持续到五月。

二十一年，嘉义县江见、江波"鸣鼓摇旗，乘机滋事"；南路凤山吴慈等"竖旗响应"。

二十四年三月，嘉义县洪协与已革武生郭崇高联合"竖旗"起义，聚众达二千余人，与清军交战六次，最后遭清军镇压而失败。

长期活动于民间广大地区的秘密宗教、秘密结社，在烽火遍地的群众斗争浪涛中，往往起了组织领导作用，有的还自建新的组织进行发动。广大群众为了改变受剥削压迫、困苦悲惨的处境，对各种宗教、结社的宣传和号召，极易接受，出现了各地"拜会之风甚炽"的局面，甚至，连清政府的兵丁书役也"潜习教会"。各种名目和形式的秘密宗教、结社在各地十分活跃，广为宣传和组织群众，散见在《宣宗成皇帝圣训》中，道光年间活动于民间的秘密宗教和秘密结社就很多。

江西宜黄县宁都州，有萧祥占、萧茂英等人组织的铁尺会，又名真君会，设立天罡神牌，以治病为掩护，进行活动。赣南省添刀会，又名千刀会，烧香结盟，每人带刀一把，聚众达数百人。还创立花会，有三十六天罡，雩都县谢象华，以歃血立盟，创建洪连会。南安府、吉安府，也有添刀会，千刀会名称的组织。金丹教也在江西活动。

河南有天竹会。

广东有三合会，很多穷苦百姓参加了这个组织，"吏役兵了，半皆羽翼"。

山西赵城县有先天教，阳曲盂县，代州崞县，五台圻州、定襄一带，与直隶相近有五荤道。

福建建宁府属的崇安、浦城、松溪等县，浙江处州府属的龙泉、庆县等县，三省毗连地区封禁山内，有乞丐组织的花子会，设有大会首，副会首，散头目等名称，每年五月十三日在僻野古庙聚会一次，蒸糯米为食，因此又名粢巴会。

山东东平县有大乘教。历城县郑家码头三官庙道人孙大凤传习一往香教。临清州马进忠习学乾卦教，并有神卦旗帜，传徒宣传，"谋为不轨"。

由于民间起义不断，而一些秘密宗教、秘密结社，往往又是组织领导起义的核心"奸民习教传徒最为地方之害"。虽然严禁，但由于"教会锢弊已深"，还是无法禁绝。道光年间，秘密宗教、秘密结社，在各地多次领导了群众斗争起事。

道光二年八月，中原地区河南新蔡地方爆发了朱麻子领导的白莲教联合捻党的反抗斗争。据《道光朝东华续录》卷6载："豫省教匪朱麻子等，由新蔡纠众窜入阜阳滋事，若非颍属匪徒勾结，该犯等何敢轻入其乡？查颍州强悍成风，为匪党捕逃渊薮，向有捻匪私枭，虽非习教传徒，声势最为联络。风闻艾宁集在阜阳县西南，距城一百六十里，捻匪最多，即朱麻子等犯窜匿之所。艾宁集北十五里有马家店，盗首马皮显即马二，系该处捻头，伙党殆难数计。县西十里为桃花店，又西南约二十里为韦家寨，约百里许为地里城，该处捻匪、盐枭成群结党，最为地方之害。皖豫两省毗连处所，向有捻匪、私枭党与甚多，声势最为联络"。这些地方还有不少"习教之徒伏而未动"，等待时机"与捻匪互相纠结滋事"。清政府将朱麻子捉拿后，道光谕令豫皖等省地方文武官员要"不分畛域"，"分布要隘"，对参加起义的人"会同查拿"。河南地处中原，临近京畿，影响较大，因此清政府对朱麻子领导的起义就更为重视，严令地方官员一定要"就地查缉，以净根株"，"无任远扬"。

道光十八年十二月，贵州怀仁县谢法真"假托降神"，捏造"天书"，聚众起义。起义队伍自封名号，并且以穆继贤为困山大王，后又改称为川主，统领起义军抗拒清军，最后因力量不济而失败。

道光二十二年，捻党在江苏、河南交界处起事。十月，江苏萧县"捻匪聚众"，由纵红、马宗禹率领，"窜至亳州"，在江苏、河南、安徽三省交界处"拒敌官兵，伤毙多命"。道光对此十分焦急，感到捻党"出没于数省毗连之地"，虽严令各处捕孥，仍"毫无忌惮，……此拿彼窜，愈聚愈多"。申谕，"著江苏、安徽、河南各督抚分饬所属文武员弁督率兵勇四路兜剿"，生怕再"酿成巨案"。在清政府的残酷镇压下，纵红、李兆相等先后被捕。十一月，马宗禹也被害。

道光二十五年六月，捻党在山东频繁活动，主要集中在濮州、郓城及其周围地区，"伙党众多，……蚁集不散"，准备起事。清政府调集曹州镇清兵，并由濮州、郓城、巨野、定陶、城武等州县调集捕役，配合清军搜捕。捻党"纠众拒捕"，和清军在王家楼一带激战。为防止捻党"此拿彼窜，进入直隶"，清政府饬令山东、直隶两省官员，严防"直隶山东连界各属"，同时让直隶派出兵弁与山东清军"协力兜拿"。

由于秘密宗教、秘密结社活动频繁，在群众中影响很大，不断领导起事，道光多次下令，让各地方官员严行捉拿。二十五年三月，道光谕令"严缉四川教匪"。四月，谕令直隶、山东、河南各督抚捉拿"教匪"。六月，广州府属"盗劫日滋"，"结党聚会万余人"，其著名积匪如香山、新会、顺德等处，有"卧龙，三合等会匪"，"引人入会，千百成群，肆行无忌"。顺德、香山交界处，南海番禺、东莞、顺德、香山、新会、三水等处，"皆有盗贼巢穴，出没无常"。香山城内外，"自上年（道光二十五年）冬至今春夏之交。报劫者不下数千案"，甚至连香山司巡检鲁凤林，也"被盗抢去，剃须勒赎"。

二十六年六月，道光命步军统领、顺天府尹并各督抚饬属缉拿"邪匪"。二十七年九月，又令山东、直隶、河南官吏会拿"捻匪"。十月二日指出，各地有"会匪、捻匪、掖匪名目，聚集横行"。山东各州县案件"层见叠出"，统计查出抢掠之案"共计十六件，另有九件查无确据"。"山东省本年夏秋以来劫案之多，为向来所未有"。

二十八年四月，道光谕令两广、湖南、江西各督抚饬拿"会匪"。五月，又谕：闽省"此次拿获会匪，深得联甲之力"，命"各客民，土著联为一体"，以抗"会匪"。并采取严查门牌、户册，编行团练等办法，防止秘密宗教、秘密结社在民间的活动。对查禁不力的官员进行严惩，如道光二十五年沔阳州知州王毓濂，因未能拿获教首而被摘去顶戴，二十七年，又将办案不力的江苏如皋知县白联元，署靖江知县王宗濂革职，但均不见效。

除上述外，道光二十一年十二月，湖北崇阳县还爆发了钟人杰、陈宝铭、汪敦族等领导的起义。当时湖北省的一些地方"饥民甚多"，而处于湖北省东南部的崇阳一带，人民生活更加困苦。钟人杰等"蓄谋已久"。在这一地区组织群众，准备起义。十二月十二日，钟人杰、陈宝铭率众二三千人"设立帅台"，进攻崇阳县城，很快攻破城池，杀死知县帅长志，并"抢劫仓库和监狱"。随后又攻下通城，取得"连陷崇阳、通

城"的胜利。不久，又占据了通城与蒲圻交界的洪下等地。起义军立"钟勤王"，"并竖都督大元帅红旗"，"分设知县、千总"等官职，以后，钟人杰派汪敦族为通城知县，率领起义军千余人驻守。同时，起义军兵分两路进攻临近的通山和蒲圻县城。二十二年正月初九日，起义军一路在蒲圻同清军激战，"用小船多只，拥至蒲圻，占据城外东南山坡，……恃众拒敌，四面扑城，势甚猖獗"。激战一日，未能攻入。十一日，起义军再次进攻蒲圻，在激战中将清军守备玉贵杀伤。由于清军大量接军赶到，起义军攻城又未成功。在进攻蒲圻的同时，另一路起义军从崇阳进攻通山县城。十日，"崇阳逆匪数千人，由通山县西越岭突入，又有数千从小路盘踞高山，欲行扑城，施放枪炮"，激战一日，仍未能攻下。清政府调集了湖北全省兵力加上当地地主武装围剿起义军，并拟定了两路进剿的计划，"先复通城，以抓贼势"，再由四面包围崇阳，后来，清军又改为"分兵五路同时并进"。清军在地主武装的配合下，通过"内应"，"甫径四旬，先将崇阳攻陷，起义军领导人钟人杰、陈宝铭、汪敦族等人先后被捕。清军攻陷崇阳后，正月二十二日，通城也被清军和地主武装占领。到二月初，起义失败。

道光二十四年六月，湖南耒阳西乡段、阳二姓抗不纳粮，并且自设粮局，阻截粮户上缴税粮，组织群众，攻扑城池，参加起事的人数达千余人，并在西乡鱼陂州哑子山一带建立根据地。这里路径崎岖，树木丛杂，十分险要，清军经过多次激战，才攻入哑子山，起义首领杨大鹏被害，起义被镇压。

道光二十五年九月，浙江省奉化又发生了张名满、赵顺年等聚众抗粮事件。奉化知县王济在群众完粮时"增加粮价"，被人上告。知府李汝霖审讯此案，又"擅责生监，以至人心不服"，使"所控案件未结"。张名满在奉化县考时，"聚众阻考，殴辱委员"，"挟制完粮减价"。地方官员派兵镇压，群众被迫"抗拒官兵"，"官逼民反"。浙江巡抚梁宝常、提督詹功显、署臬司蔡琼等带兵前往奉化镇压，抗粮群众退出县城到唐岙、汪家村等处。继续抵抗到十月，清军才将这次"形同叛逆"的事件"肃清"。

综观道光朝三十年间人民群众反抗封建统治的斗争，有以下几个特点：

第一，边疆地区和少数民族反抗斗争增多。由于清王朝长期执行民族歧视和民族压迫政策，地方官员和少数民族上层又任意搜刮和奴役，使广大少数民族群众忍无可忍，只有揭竿而起进行反抗。三十年间，发生在少数民族地区较大的斗争达几十次，遍及云南、青海、广东、广西、贵州、四川、湖南，台湾广大地区，藏、彝、回、苗、瑶、黎等族群众，参加了这一斗争。

第二，此伏彼起，反复连绵。如湖南、广西、广东瑶族群众的反抗斗争，在道光十一年、十二年、十六年、十七年、二十七年、二十九年、三十年反复"滋事"，连绵不绝，对清王朝的打击是沉重的。再如台湾嘉义县的反抗斗争，也是在十二年、十九年、二十一年、二十四年连续发生。四川同样是"连年有事"，很多地区是"滋扰不绝"，"兵退复来，习为故常"，这种连绵不绝的狂飙巨浪，冲击动摇着紫禁城中的宝座。

第三，声势浩大。多次起事人数多在千人以上，有的达万人，数万人。起义后攻城池，焚衙署，戕官拒兵，开监放囚。而且起事又多是早有准备，内外呼应。道光十三年湖南武冈起义和十五年山西赵城曹顺起义，都是如此。斗争中起义队伍之间，互报联络，互相支援，这不仅壮大了起义的力量，也分散牵制了清军的兵力，有利于斗争的发展。

第四，活跃在民间的秘密宗教和结社成为组织领导斗争的重要力量。白莲教、天地会、捻党等在群众中积极活动，进行号召和组织斗争，因此，不少起义带有宗教迷信色彩，如曹顺起义时称，"可避火器"；赵金陇能"提剑作法，冲水变火，结草变牛"；谢法真则"假托降神，捏造天书"等等，都蒙上了神秘色彩，虽然落后迷信，但在当时的环境下具有号召力，能给人们以精神上的鼓舞。不少地区起事后还自立名号，建立官职，准备改朝换代。

第五，鸦片战争爆发后较战争前斗争更加频繁。仅据《道光朝东华续录》不完全的统计，鸦片战争后近十年间群众反抗斗争的次数，超过战前二十年。这除了由于战后十年天灾频繁等原因外，更主要的是清王朝由于战争和战争失败带来的大量赔款，更加重了对人民的剥削和压迫。

道光年间的群众反抗斗争，绝大部分是反对封建统治阶级的剥削压迫，它不同于张格尔分裂祖国的叛乱。道光也看到了这一点："云南永北厅野夷纠众，扰及大姚，……与喀什噶尔等处夷匪滋事情形迥不相同"。

起义的原因是多种多样，目标也不完全一致。有些起义原因，看来是细枝末节的小事，如台湾陈办因"争牛细故"；彝族雅扎等起事是因"窃挖"竹笋；永昌回民也只是"唱曲哗笑。"斗争目标不都是以推翻清王朝的统治为目的，不少斗争开始时，群众希望官府能持平公断，如果清政府地方官员处理得当，也不致酿成规模巨大的起义。道光对此也深知，他曾说："若得一良有司秉公办理，自可息争弭衅"，但是，由于阶级压迫、民族压迫的残酷，政治腐败，吏治败坏，官员只知搜刮盘剥，使事态扩大，"官逼民反"。但是，这清楚地表明，清政府统治机器的腐败，不仅表现在贪赃枉法，欺压搜刮，使阶级矛盾激化，而且表现为在激烈的阶级斗争中的无能为力。清王朝衰败的趋势是无法改变的，一场更大规模的革命风暴正在孕育之中。

（三）天国风云乍起

道光末年，一场震撼清朝封建统治的革命风暴——太平天国运动正在孕育。这一运动的主要创始者是洪秀全和冯云山。

洪秀全和冯云山均为广东省广州府花县人。洪秀全出生于官禄埗小村，其家世代为农。洪秀全七岁入塾读书，十六岁辍学居家，十八岁起在本村和邻村充当蒙馆塾师。他曾多次参加科考，屡试不中。道光十六年（1836），洪秀全再次赴广州应考，虽未中第，却于偶然中得到一本梁阿发所写的叫作《劝世良言》的小册子，书中宣传了基督教拜上帝、敬耶稣、反对崇拜偶像教义，为落第后的洪秀全的思想中注入了一种新的意识。第二年，洪秀全再次科考落第，回家后大病一场，重病中恍恍惚惚神游了一次《劝世良言》中的天堂。道光二十三年（1843），洪秀全重读《劝世良言》，把七年前的梦境与《劝世良言》衔接了起来，觉得自己是上帝的次子，耶稣的兄弟，上帝赋予了他提剑斩妖的神圣使命。

从此，洪秀全放弃了科考道路，开始进行信仰上帝的宗教宣传。道光二十四年（1844）四月，洪秀全和同是塾师的好友冯云山一道离开家乡，辗转来到广西贵县山区。在贵县的几个月时间，他们的宣传有了成效，吸收了一百多个农民为信徒。十月，洪秀全回到广东花县，冯云山则又到了广西桂平县的紫荆山区。

冯云山在紫荆山区，进行着艰苦的宣传工作和组织发展工作。经过两年多的努力，到道光二十七年（1847），冯云山从贫苦农民中发展了三千多名信徒，正式成立了"拜上帝会"。洪秀全回到故乡后，开始从事宗教理论著述，写出了《原道救世歌》《原道醒世训》等文献，这些文献除宣传基督教教义，鼓吹上帝是唯一真神，人人应当拜上帝外，还把基督教教义和儒家思想揉合在一起，要人们"勿拜邪神，须作正人"。主张"无下多男人，尽是兄弟之辈，天下多女子，尽是姊妹之群"，"天下一家，共享太平"。道光二十七年（1847）二月，洪秀全从花县到广州，从美国传教士罗孝全学习基督教义。后因罗孝全拒绝为他洗礼，遂于七月重赴广西紫荆山区，与冯云山会合。

洪秀全的到来，给拜上帝会众以很大鼓舞，他被尊为拜上帝会的领袖和教主，会众"称为洪先生，奉之若神"。洪秀全和冯云山一起，在广西大力发展拜上帝会，桂平县与邻近各县的汉、壮、瑶等族群纷纷参加，队伍不断壮大。在这里，洪秀全、冯云山商议制定了《十款天条》和各种宗教仪式。洪秀全还撰写了《原道觉世训》，除继续宣传上帝主宰一切，人人拜上帝之外，还把封建皇帝称为"阎罗妖"，号召人们"共击灭之"。在洪秀全的另一部著作《太平天日》中，宣称洪秀全自己是天父上帝的次子，受命下凡"斩邪留正"。道光二十七年十二月，冯云山被捕入狱，洪秀全返回广东营救未果。后来，冯云山在广西拜上帝会的营救下出狱，回到广东。

道光二十九年（1849）六月，洪秀全、冯云山一起回到紫荆山，拜上帝会的力量迅速发展壮大。这时，广西的拜上帝会众已拥众一万余人，堪称一支力量可观的武装集团。其基本成分为贫苦农民，以及矿工、烧炭工、担夫、手工业者、小贩、无业游民等。此外，也有一些经济地位属于中小地主及富户，由于发迹不久，没有功名，或社会地位很低，受到当地士绅欺凌和排挤，因而也参加了革命的农民队伍。拜上帝会的领导集团也初步形成，除洪秀全、冯云山外，还有杨秀清、肖朝贵、韦昌辉、石达开。拜上帝会的势力范围分布在广西的桂平、贵县、平南、武宣、象州、博白、陆川等县以及广东的高州、信宜一带。拜上帝会开始编组军队，订造武器，筹备反清武装起义。

就在拜上帝会紧锣密鼓地筹备起义之时，道光三十年（1850）一月，道光皇帝死去。道光没有收到有关拜上帝会的任何消息，但却把道光朝酿成的这场可怕的暴风雨留给了他的儿子咸丰皇帝。就在道光死后不到半年的时间，洪秀全下达了各路拜上帝会众会聚桂平县金田村的团营令。十月，两万会众抵达金田。十二月初十日，拜上帝会正式宣布起义，建号太平天国，金田的上空飘起了天国的旗帜。

道光崩世

长达 30 年的道光朝终于走到了尽头。

道光三十年正月十四日（1850 年 2 月 25 日），道光帝逝世，遗命以皇四子奕詝继位。新君主宣布从次年改元咸丰。于是，清史舞台上的道光一段落下了帷幕。

（一）道光帝逝世

道光二十九年（1849 年），是道光王朝的最后岁月。

这也是一段较令道光帝宽心的时光。

此年，令他喜出望外的是两广总督徐广缙圆满解决了广州英人强求入城之事，使他感到一直令其痛心疾首的"夷务"似乎也朝好的方向发展。是年底，进行了一次大规模的人口统计，除甘肃、福建及其台湾府外，全国有人口 412986649 人，在中国历史上，这是一个空前的数字，因为农业国家往往把人口视为国力和社会财富的象征，所以，人口的增加也是统治者的业绩之一，加之北部边境无事，道光帝颇可以此自诩。

但此时正处在一场足以使清王朝倾覆的暴风骤雨来临的前夜。

是年，葡萄牙在澳门大兴事端，他们"钉关逐役，抗不交租，又屯兵建台，编牌勒税，于是澳门关闸以内，悉被侵占，这是继香港被割让之后，又一件关涉到国家主权和领土完整的大事，地方官未敢详报，道光帝至死不知此事的真相；同时，洪秀全的拜上帝会在广西已经拥众万人，正蓄势待发，地方官可能不屑一顾，也未向他报告。

其实，在西南边疆地区，这类事情也报不胜报。统治集团从上到下处于麻木状态，对暴风雨的来临缺乏敏感，这倒使道光帝落了个心静。

道光帝的逝世较为突然，其体质本来较强，虽然已近七旬，但尚无较为明显的疾病，所以，当国丧的消息发布之际，士大夫们普遍感到震惊。

道光帝的逝世属于正常死亡，导致其去世的直接原因是孝和睿太后的丧事。

皇太后去世于二十九年的腊月十一日，公元纪年已经是1850年的1月了。噩耗传来，道光帝"哀恸号呼，擗踊无数，……上哀恸深至，哭无停声，水浆不御，王大臣等伏地环跪，恳上节哀，上悲痛不能自已，左右皆弗忍仰视"。道光帝以孝著称，又十分注重细节，如此大事，自然不会马虎，既要以一国之君的身份操持大丧，又要以孝子身份结庐守孝，劳累过度自不待言。更加严重的是，一月正是北方滴水成冰的严寒季节，为示哀痛，年近七旬的道光帝按我国传统，白天以薄粥果腹，夜里在用草泥搭盖的四面透风的"倚庐"里枕草而眠，以尽孝子之意。王公大臣请他还宫，屡被拒绝。本来道光帝身体就有小恙，经此事变，演变成肺病，由于年事已高，抵抗力下降，遂成恶化，终于不治。

皇太后去世的33天后，即三十年一月十三日，道光帝的最后时刻到来了。宗人府宗令载铨、内务府大臣文庆、御前大臣载垣、端华、僧格林沁、军机大臣穆彰阿、赛尚阿、何汝霖、陈孚恩等以及内务府大臣等奉诏齐集圆明园慎德堂，他们公启鐍匣，领受立储谕旨，准备拥奉新君。

道光帝的立储文件有两个：

其一为墨笔书写，汉字旁注满文，其文曰："皇六子奕䜣封为亲王，皇四子奕詝立为皇太子。"

其二为朱笔书写，其文曰："皇四子奕詝著立为皇太子，尔王大臣等何待朕言，其同心赞辅，总以国计民生为重，无恤其他"。

这两个文件内容一致，但把奕䜣封亲王与奕詝立为皇太子写于一个诏书之中，反映出道光帝在皇储选择上的为难。实事求是地说，在学识、教养方面，二人难分伯仲；在才干和身体健康条件方面，由于二人在道光末年均处于青年时期，也难分高下，可能奕䜣稍好一些。但在品格上，当时的奕詝略显厚重，加之奕詝居长，又是道光帝所钟情和负疚的孝全成皇后之子，故在选择上居于优先地位。次日，道光皇帝逝世，遗诏天下曰：

朕蒙皇考仁宗睿皇帝覆载隆恩，付畀神器，御临天下，盈三十年，仰维列圣家法，一以敬天法祖、勤政爱民为本。自维薄德，敢不朝乾夕惕，唯日孜孜？故自御极至今，凡披览章奏，引对臣工，盱食宵衣，三十年如一日，不敢自暇自逸。并躬行节俭为天下先，嗣位之初，即颁手谕，首戒声色货利，一切游观玩好，稍涉奢靡之事，禁绝勿为，此薄海臣民所共见。

　　溯自西陲小蠢，出师挞伐，旋致敉平，何敢自矜武略？殆后东南濒海之区，因贸易而启纷争，朕维古之君子，爱人为大，何忍无辜赤子，惨罹锋镝，是用捐小忿，成大信，绥疆柔远，于今十载，卒使毒焰自消，民夷各安生理，此朕孳孳爱民之隐衷，至今日而庶堪共谅者也。

　　至水旱成灾，朕窃自愧，致累吾民，昕夕忧劳，不惜特发帑金，拯民疾苦。凡疆臣请蠲请赈，无不立沛恩施，从未屯膏靳泽，己饥己溺之怀，亦中外所共见。侍奉皇太后已及卅年，娱志承欢，敬谨罔懈，慎终尽礼，差免愆尤。

　　朕体气素强，自上年春夏之交，偶尔违和，加意调摄，总未复元；去腊还宫后，痛遭大行皇太后大事，擗踊摧伤，渐形亏弱；迩来气益上逆，病势日臻。追维在位历三十年，寿登六十有九，亦复何憾！顾念统绪至重，亟宜慎简元良，缵承大业。本日卯刻特召宗人府宗令、御前大臣、军机大臣、内务府大臣，亲降朱笔谕旨，立皇四子奕詝为皇太子，并谕王大臣等同心赞辅，无惬其他。乃降旨甫经半日，神气渐散，岂非天乎？皇太子秉性仁孝，植德贞醇，必能钦承付托，其即皇帝位以嗣大统。天生民而立之君，使司牧之，惟刻矢忧勤惕励，于以知人安民，永保我丕丕基。至于观人之法，鉴空衡平，妍媸轻重自见，惟无私乃克有济。兼愿中外文武臣僚，精白乃心，各勤厥职，用辅嗣皇帝郅隆之治，则朕怀益慰矣。丧服仍依旧制，二十七日而除，布告天下，咸使闻知。

　　这是对30年当国施政的自我总结，对功绩如平定西陲、节用爱民做了申明，对鸦片战争的失败等作了辩解，由此可见，道光帝对其一生还是较为自诩的。

　　奕詝于三十年正月二十六日即皇帝位，以明年为咸丰元年，上道光帝庙号"宣宗"，谥号为"效天符运立中体正至文圣武智勇仁慈俭勤孝敏成皇帝"。

　　道光帝葬于清西陵，陵名为慕陵。

　　慕陵的选址和建造，与道光帝严守祖制、崇尚节俭的初衷大相径庭。

　　清代皇帝陵寝在关内有两处：即清西陵和清东陵。本来，按乾隆帝制定的父子分葬，选分东西的祖制，道光帝应该随其祖乾隆帝埋葬在清东陵。最初，道光帝也是在此营建陵寝的，但完工后，发现地宫渗水严重，积水"竟逾宝床而上"。道光帝大怒，严惩了监督和承办官员后，只得将历时七年，耗银二百万两的陵寝拆毁，另于清西陵建陵寝。原陵寝的拆除工程就历时两年，拆下的材料除部分用于新陵寝的建造外，大部分因"风水"关系而运出陵区，就地掩埋（后来咸丰帝陵寝利用了此次拆下的部分材料，因国难当头，已不暇讲究）。虽然新建陵寝规模不大，比诸他陵也少了一些建筑，但再次建陵，君臣上下鉴于前次教训，不敢马虎，故工料相当讲究，大殿均以当时中国已很罕见的楠木构成，故耗资十分巨大。总之，道光帝陵寝的一拆一建，花费

在清关内诸陵之首，甚至超过了乾隆帝的裕陵以及后来慈禧陵寝的造价，这真是对道光帝"简朴"的绝大讽刺。道光陵寝在西陵的西南角，眺望东北，可见其父嘉庆帝的昌陵和其曾祖父雍正帝的泰陵，为了表达对祖先的崇敬，道光帝有言："敬瞻东北，永慕无穷"。据此，咸丰帝将陵名确定为"慕陵"。

慕陵围墙不挂灰、不涂红；大殿不贴金，不绘彩，本意是为了节俭，但收到了意想不到的古朴、肃穆的效果。由于楠木大殿未加涂绘，木料均保持了本色，故微风袭来，幽香阵阵，隆恩殿的梁柱、檩枋、藻井、天花板遍雕龙头和游龙，数量达数千之多，形成"万龙聚会，龙口喷香"的气势，而且工艺精湛，可谓别具一格。

慕陵减少了一些建筑，未建圣德神功碑、华表、石生像、方城明楼等，尤其是未建圣德神功碑引人议论纷纷。据说是由于鸦片战败丧权辱国之故。此后，咸、同、光三帝也均未建此碑。

在道光帝埋葬于慕陵之前，已经有先他而去的三位皇后安息于此，她们是孝慎成皇后、孝全成皇后、孝静成皇后。

咸丰二年（1852年）春，慕陵地宫最后一次开启，臣子们将道光帝的灵柩安置于宝床之上，点上"长明灯"，轻轻关上了重达数吨的金刚石门……

于是，清朝历史上历时达30年的道光王朝就此永远付诸历史长河的滚滚东流，就时间之长而论，仅次于康熙、乾隆和后来的光绪。

国丧中最大的事情实际是新君的嗣立，对此，道光帝早有安排。在鸦片战争结束之后，道光帝就开始考虑此事，终于在二十六年密定储位。

道光帝先后有16位后妃，其中7位后妃共生9子10女。按照中国皇帝父死子继的传统和清王朝的家法，凡是道光帝之子，不分嫡庶（当然，嫡出者稍占优势）均有入承大统的资格和可能。

道光帝共有9子，按说可供选择的范围很大，其实不然。其长子活到24岁，死于道光十一年，次子、三子早殇；而七子奕譞、八子奕詥、九子奕譓在道光帝考虑继承人问题时尚在褓褓之中，年纪太小（七子奕譞生于1840年，八、九子勿论矣），在品格、能力、体质等方面均无从考察，这六支便被排除在外。可供选择者只有余下三子，即四子奕詝、五子奕誴、六子奕䜣。这兄弟三人年龄相差仅一岁，其中奕詝和奕誴同年（1831年）而生。

但在这三人之中奕誴并不受重视，史载他好酒，不拘小节，御前论事，语杂市井，深受道光帝的厌恶。二十六年正月，道光帝干脆将其过继给自己的弟弟惇王绵恺为嗣，将其排除在储位的竞争之外。这位"五爷"后来破罐破摔，"尝夏日衣粗葛，持巨蒲葵扇，箕踞坐十刹海上纳凉"（应为什刹海——引者），京师传为笑谈。同光年间，倚老卖老，放言无忌，上自慈禧太后，下到亲贵重臣均对其敬而远之。此间五爷"屡以获咎降爵，卒还原封"。

这样一来，可供选择者只有四子奕詝和六子奕䜣二人而已。

如要道光帝在此二子中择一而立，也是一个艰难的选择。二人均为庶出，在年龄上仅仅相差一岁，同在上书房读书，各有所长，奕䜣的长处是天资聪颖，为诸昆之冠，"就傅日授千言，少读即成诵"。又肆武事，习刀法，为此道光帝特赐白虹刀，可见对他的器重。总之，奕䜣是道光帝的宠儿，与奕詝比较起来，他更受父亲的偏爱。

但奕詝也没有明显的弱点，而且，在道光帝连丧三子之后，他成了事实上的长子，又是孝全成皇后所生，这在循规蹈矩的道光帝看来，自然是一大优势。二十六年三月，道光帝校阅南苑，"诸皇子皆从，恭亲王奕䜣获禽最多，文宗未发一矢，问之，对曰：'时方春，鸟兽孳育，不忍伤生以干天和。'宣宗大悦，曰：'此真帝者之言！'立储遂密定"。

二十六年六月十六日，道光帝亲书"皇六子奕䜣封为亲王，皇四子奕詝立为皇太子"谕旨，密封于鐍匣之内。这是有清一代最后一次实行秘密建储，因为后来咸丰皇帝仅有一子，而同治、光绪皇帝均无子，故创于雍正帝的秘密立储法便不废而止了。道光帝将封奕䜣为亲王写入立储谕旨，可见他在选择储位上的为难，这既是对奕䜣歉疚之情的表示，也是对爱子的一种保护。

道光三十年正月二十六日，奕詝即皇帝位，有赖中国宗法传统和皇家礼仪，从道光帝到咸丰帝实现了政权的和平过渡。奕䜣纵有不世之才也只能俯首称臣。传统史家对咸丰帝的评价在其父、祖之上，资质在清代诸帝里可居中流偏上，在其在位的 11 年间，"外强要盟，内孽竞作，奄忽一纪，遂无一日之安。而能任贤擢材，洞观肆应。赋民首杜烦苛，治军慎持驭索。辅弼充位，悉出庙算"。缺憾是体质薄弱而又纵情声色，因此而"英年早逝"，咸丰帝逝世时年仅 31 岁。联想到后来慈禧专政，史家往往对此耿耿于怀。

奕䜣与其兄奕詝关系本来甚好，奕詝在生母死后，便由奕䜣之母抚育，兄弟二人两小无猜，情谊深厚。但经此事变，渐成参商，终咸丰之世，奕䜣备受冷遇，直到咸丰帝逝世，奕䜣利用慈禧太后与肃顺的矛盾，发动北京政变，终于以议政王的身份掌握国家政权，一度成为清王朝的"政府首脑"。其间重用湘淮军阀，主张引进西洋长技，使清王朝出现了回光返照的"同光中兴"。后来慈禧太后羽毛丰满，扳倒奕䜣，使之再受冷遇，则是后话。1898 年奕䜣逝世之际，慈禧感念奕䜣的懿亲身份和当年的拥戴之功，尽释前嫌，为其举行了隆重的丧礼，此时距道光帝逝世达 48 年，距咸丰帝逝世达 38 年。

无论奕詝，还是奕䜣，其才干、见识皆在道光帝之上，君临天下，均无不可。但奕䜣身体条件好，其他方面也较奕詝为稍高，假如道光帝选定奕䜣，鉴于其活到 1898

年的寿命，可以推想将当国近50年，这样一来，历史上就没有了诸如北京政变、垂帘听政、帝后党争之类的纷扰及由此而给历史带来的影响，中国近代史必将改写。一次"偶然"的抉择而影响到历史进程的"必然"，于此可见深矣！

（二）悲情道光

道光在位三十年（1821～1850），是清朝历史上执政时间仅次于康熙（在位六十一年）和乾隆（在位六十年）的一位皇帝（光绪在位三十四年，但独立处理政事的时间很短），道光继位时，清王朝的"康乾盛世"早已过去，王朝的衰败正在延续和发展。在他在位的三十年中间，清王朝遇到了强大的英国资本殖民主义的入侵，道光统治下衰败的清王朝，经过长达二年的抵抗，最终失败了。道光虽不情愿，但还是经他的手批准签订了《中英南京条约》等一系列不平等条约。不平等条约的签订，开了清王朝对外关系屈辱软弱的先河，也撕下了天朝大国的面纱，过去还被掩盖着的衰败腐朽真相，第一次展示于国人和西方列强面前。鸦片战争和不平等条约的签订，使中国历史发生了急骤的变化，中国社会开始进入半殖民地半封建社会。道光也就成为中国历史上绝无仅有的横跨中国封建社会最后阶段和半殖民半封建社会开始阶段的帝王。对这位处于中国社会性质发生重大变化时期的君主，如何实事求是较为全面的评价，不仅对道光的研究，而且对于认识中国封建社会的没落，封建制度的腐败和它走向灭亡的必然性，都会被深刻地揭示出来。

1. 力求有所作为.

道光幼年时，清王朝还处在"康乾盛世"的尾声之中，他曾目睹过清王朝的兴盛景况，并在他年少的头脑中，印上朦胧浅淡但又难以抹去的印记。在其成长过程中，遇到了嘉庆初年的川楚陕白莲教大起义，这次起义对清王朝统治的冲击是巨大的。如果说尚未成年的道光对这次起义感受尚不深刻的话，当其到"而立"之年时，亲眼目睹并亲自参加镇压的天理教起义军攻入紫禁城的情景，给他留下了终生难忘的一幕。在他写给嘉庆的谢恩奏折中，清楚地表明了他的心情："势不由己，事后愈思愈恐"。已成年的道光，面对清王朝衰败的趋势，不能不考虑如何巩固王朝"基业"的问题。他继位后，多次提到王朝"缔造维艰，守成匪易"，告诫自己及后代子孙要守好"家业"，巩固清王朝的"基业"，并力图制止住清王朝的衰败，走上振兴，使"康乾盛世"在他统治下再现。

道光并不甘心做一个平庸的君主，他幻想着成为具有"汉高祖之大度，唐太宗之英明"的帝王而"载诸史册"。道光的一切活动，特别是鸦片战争前二十年的活动，都是在这一思想指导下进行的。

道光想有作为，力图除旧布新，在其执政的三十年中做了不少努力，其中有两点特别值得一提：

（1）敢于正视清王朝存在的弊端

作为封建帝王，他不可能认识封建制度的腐朽，但道光敢于正视和提出存在于封建政权中的弊病，并力图加以扭转。继位不久，他就一针见血地指出，王朝政权已处于百弊丛生，日甚一日，几成积重难返之势，而最大的弊端是吏治败坏，横征苛敛，虐取于民，官官相护，朋比为奸。其严重程度已到了"积弊相沿，挽回无术"的地步。

正是道光正视吏治腐败的现实，使他感到了恐惧，决心整顿吏治。

（2）勤于政事

道光自幼聪颖好学，深受儒家经典熏陶。性格内向，正统保守，为人勤奋，喜欢思考问题，但又谨小慎微。他深知王朝"基业""守成匪易"，因此对政事的处理上兢兢业业、小心谨慎、事必躬亲，并以"虚心实行"四字自勉自励。对各种奏章，都亲自审批，夜以继日毫不松懈。道光在位三十年，后期由于鸦片战争的失败，以致各种弊端有增无减，清王朝更加衰败，道光表现出灰心丧气的情绪，但他没有放松政事。道光二十九年（1849），他年已六十八岁，并有病在身，仍然不分冬夏，处理政事，从未怠慢。直到他临终前十日（道光三十年正月初四日），才由其子（咸丰帝）代其批阅奏章。道光死后遗诏中说："自御极至今，凡批览亲奏，引对臣工，旰食宵衣，三十年如一日，不敢自暇自逸"，还是比较真切的。

2．励精图治

道光继位之初，倾其全力，扭转衰败。综观其在位三十年间图治所行，概括有以下几点：

（1）提倡节俭

先戒宫廷中的奢侈淫华和官场中的贪婪挥霍，希望通过戒奢华，力从节俭，"概从朴实"，而能"返本还淳"。并谕令把节俭作为制度固定下来，成为振兴王朝的"永久图治之道"，成为治国的原则，改变社会颓风的关键。

为了推行节俭政治，他身体力行，衣食简朴，裁减贡物，力戒浮华，在有清一代帝王是罕见的。更为重要的是把提倡节俭作为整顿吏治的重要环节。

道光提倡节俭的目的是为了改变官僚地主阶级中奢侈挥霍的腐败之风，以此来推行封建的节俭政治，以利于国家的振兴。虽然他自己没有完全做到，如重修地宫工程，就造成极大的浪费，但他确实又在那里身体力行，几十年如一日。虽没有能改变官僚集团中浮华、挥霍的恶习，但在官僚集团中还是有所震动，有所收敛。与他之前的清代帝王相比，在节俭上道光是胜过他的前辈的。

（2）整顿吏治

道光针对官僚机构中的种种弊端，着力整饬。他反对空谈欺骗，提出要办"实心实事"，把求实作为"为政之道"和考察官吏的重要内容。在行动上，"赏功罚过"，对官吏中的贪赃枉法、营私舞弊、腐败堕落、为非作歹的"不肖"之徒和庸碌之辈，进行整饬。触及的范围较广，上自皇室勋贵，下及太监、吏役、家奴。在整饬"不肖"的同时，求贤佐治，选拔人才。

整饬吏治，对改变吏治败坏起了一定的作用，也选拔了一些有真才实学的人才。但总的看成效并不显著，一则吏治败坏已久，惩不胜惩，又官官相护；二则不少谕令未能付诸行动，成为"具文"；三则道光未能将其贯彻始终。

（3）开源节流

道光为改变财政拮据的局面，在财政上采取了紧缩开支、堵塞漏洞的节流措施。为减少军费开支，裁减了一些兵员和臃肿机构的吏员，并在边疆地区进行屯垦。对贪污、盗窃、挪用、失职以及造成经济损失的官员，除了给予处分外，还在经济上进行罚赔。为了增加收入，采取扶持商业保证捐输，弛矿禁，允许民间开采，藏富于民的政策。这些措施的施行，在一定程度上增加了财政收入，减少了损失，财政拮据状况也得到了一些缓和。同时，重商和弛矿禁在客观上促进了资本主义因素的缓慢增长，在封建制度禁锢下的中国，是一种进步。

（4）平定叛乱，维护统一

张格尔勾结浩罕图谋叛乱，早在嘉庆末年就已开始，到了道光六年（1826），终于发生了大规模叛乱，危及国家的安全和统一。道光采取坚决措施，派兵平叛，并亲自指挥。张格尔叛乱的平定，维护了国家的安全和统一，代表了全国各族人民的意愿，也是道光想有作为、励精图治的体现。

（5）严禁鸦片

鸦片泛滥，是道光朝时中国社会的一害，道光对鸦片危害的认识在不断加深，从白银外流到危及社会的"民俗之害"，到"实可亡国"之害。因此，排除干扰，一贯力主严禁。颁布禁烟条例，惩治吸烟人犯，特别是重用林则徐查禁鸦片，把全国禁烟活动推向了一个高潮。禁烟的开展，不仅对清除烟害，而且对固结民心，振奋民气，都起了巨大的作用。

（6）注意安民

封建统治者与人民大众在本质上是对立的。但是，封建帝王为了稳固统治，而注意安民，在历史上也不是绝无仅有的。道光对百姓生活安定与封建政权稳固的关系，有一定认识。他在《声色货利论》中引用孔子所说："百姓足，君孰与不足，百姓不足，君孰与足"的话告诫自己，同时也是提醒官吏要注意爱民，因此，不断申谕各级官吏要"洁己恤民"，严惩害民官吏。

由于道光朝各种灾害不断，每遇灾害，都要拨出银两款项进行救济，并诏谕受灾地方缓免赋税"以苏民困"。同时为了解决危害最大的水灾之害，道光还十分注意"讲求水利，保卫民生"，除了派专人勘察，研究治理的办法，并拨专款治理外，道光自己也在思考研究治理之策，对经常泛滥的永定河、大清河，提出了很有见地的意见，可谓"经营不遗余力"。

（7）对鸦片战争的组织指挥

1840年，由于英国入侵爆发的鸦片战争，是道光执政期间遇到的最重大的事件。在长达两年多的反侵略战争中，道光处于组织领导者的地位。战争的结局是以清王朝的失败而告终。道光对清王朝在战争中的失败，负有主要的责任。但在当时的具体环境和形势下，道光尽了他力所能及的努力。他在整个战争期间，对战争的认识，态度上发生过这样或那样的变化，就其对英国入侵的基本态度来讲是主战的。这种主战立场，在客观上符合中国各阶层人民的愿望和要求，广大爱国官兵的浴血抵抗和各地人民群众的自发抗英斗争，是最好的说明。对一个想有作为的皇帝来讲，他不想让清王朝的"家业"毁在其手中，他在二年多战争中的努力，也是他想励精图治、振兴王朝的一个反映。战争的失败是由多种因素造成的，不是某一个人的个人意愿所能决定的，因此，对道光在鸦片战争中的作用，不能简单地予以全盘否定。

（三）无知道光

说来有些可笑，作为天朝大国的君王，道光帝和英国人打了三年仗，却对英国的情形一无所知，实在是可笑之外又有些可悲了。

其实，道光的无知，责任并不全在于道光本人。大清王朝的闭关锁国政策，既阻遏了西方列国对中国的渗入，也封闭了中华自身对外界的认识，人们只能生活在一个封建传统根深蒂固的国度里，陶醉于天朝的文治武功、一统盛世之中，以为天朝的大皇帝君临万国，施恩四夷，无论内地外夷，均系大皇帝百姓。既然天朝大国如此尽善尽美，何必再去了解外藩夷国呢！

本来，早在秦汉以后的古代中国，就以自己的聪明才智，开始了对外部世界的认识过程，使中国人对世界的了解长期居于世界领先的地位。法国的一位著名汉学家德·歧尼早在1761年就以大量的史实向世界宣布，他认为中国人在哥伦布到达美洲之前一千年，就已经首先发现了美洲，从而引发了一场持续至今的学术论争。享誉世界的英国当代学者，《中国科技史》的作者李约瑟则以无可辩驳的事实声称：与其说世界是欧洲人发现的，不如说"欧洲是中国人发现的"。然而，明清以后，特别是清代以后，中国古代的文化优势，变成了僵化的优势意识，进而限制了人们对外部世界的认识和

探索，甚至在天朝尽善尽美的幻觉下，演化出了一系列令人啼笑皆非的历史误会。

清初如何，姑且不论。这里，我们仅以道光祖父乾隆、道光之父嘉庆和道光本人三个时期为例，略举数端，向人们展示天朝大国对世界知识无知到何种程度。

先看乾隆期。明清以来，西方的殖民者如葡萄牙、西班牙、荷兰、英国、法国、俄罗斯等国相继东来，且与中国发生多次军事冲突和频繁贸易往来。但到乾隆时期，中国人仍然不知道葡萄牙地处何方，不知西班牙是何许国家，分不清荷兰与英国。乾隆年间撰修的权威文献《大清一统志》，竟然说"葡萄牙靠近满剌加（今马来西亚的马来亚部分），信奉佛教"。简直是无稽之谈！另一权威文献《皇朝通典》上则写道；"法兰西占据澳门，土产象牙、犀角。"连谁占领了中国领土，中国领土上出产什么都不知道，实在是太荒唐了。明清时期来华的传教士利玛窦、庞迪我、南怀仁、艾儒略等人，曾先后向中国介绍世界的"五大洲"之说，乾隆年间编修的《清朝文献通考》，则认为五大洲之说，是沿袭中国战国时邹衍的大九州的神话，编造出来的，语涉狂诞，海外奇谈，连考证的必要也没有；后来，乾隆时期的一代文宗纪昀所以把五大洲之说收入《四库全书》，是作为荒诞异闻类的东西，录以备存而已。

乾隆五十八年（1793），马戛尔尼率领着英国政府庞大的代表团来到中国。代表团特别精选了几百箱贵重礼物和当时的世界最新发明成果，进献给乾隆皇帝，意在打动乾隆，推动中英交往。乾隆看过礼品之后，对西方物质文明的发达也曾甚感"惊奇"。但当马戛尔尼说明来意后，乾隆立即表示，与英国交往，"与天朝体制不合"，应该"仍照定例"（即只准进贡）办理，"天朝物产丰盈，无所不有，原不借外夷货物以通有无"，天朝也"从不贵奇巧"。乾隆如此，臣下自然如此。马戛尔尼向乾隆的权臣和珅提出愿意在北京表演气球载人升空的新发明时，和珅听后，态度极为冷漠，傲然视之；马戛尔尼邀请乾隆宠臣、清朝将军福康安检阅自己的卫队演习欧洲新式火器操练时，这位福大人却冷淡地回答说："看亦可，不看亦可。这火器操法，说来没有什么稀罕！"乾隆君臣，异口同声，拒绝了与英国的贸易往来，也拒绝了人类社会最新的物质文明。

再看嘉庆期。到了嘉庆时，整个清朝士大夫阶层依然如旧，没有任何开放意识，对外部世界仍是茫然无知。嘉庆皇帝和权臣孙玉庭有一段事关英国的对话，可以集中反映出中国统治阶级对西方列强的认识和理解，这段对话大致如下：

嘉庆帝问："英国是否富强？"

孙玉庭答："这个国家比西方各国都大，所以强盛。但它的强盛是由于富裕，而所以富裕则是因为中国的缘故。"

嘉庆追问原因何在？

孙玉庭答："英国到广东贸易，用他们的货物，将中国的茶叶换回去，再转卖给西洋各小国，所以富裕，并由富裕而强盛。西洋各国都需要茶叶，就像中国西北地区离不开大黄一样。如果我国禁止茶叶出口，英国就会穷困，又怎么会强？"

听了孙玉庭的回答，嘉庆皇帝满意地笑了。

这就是嘉庆君臣眼中的英国。

历史的车轮转到了道光朝，西方列强对中国的觊觎和入侵日益迫近，中外交往日益增多，中华民族面临着日益严重的威胁。按说中国人的西方知识应该有所长进，但事实并非如此。道光比乃父、乃祖强不了多少，士大夫们比起他们的先哲来也是一样的麻木。

鸦片战争之前，道光朝出了一位博学多才的大学问家，名叫阮元，当他听说欧洲有个哥白尼，提出了日心地动说，深感不解，斥之为"上下易位，动静倒置"，意思是是非颠倒，属"离经叛道，不足为训"，连研究的必要也没有。还是这位阮大人，居然把美洲和非洲混为一谈，说美洲位于非洲境内。

鸦片战争开战后，投降派琦善在清廷讨论对英政策时，他根据曾经审讯英军俘虏的经历，发表了对英军侵华的看法，他说："英国女王乃一"年轻女子，尚未婚配，正在待嫁，所以英国并不是女王的英国，她也并不关心自己的疆土。该国乃是一些权臣掌权，这些人只知谋取私利，并不关心国家如何。"所以，英国侵华只是"这些权臣的一逞之念"，不会有什么祸患。琦善此言，并不完全是在为投降政策制造舆论，也包含着琦善对英国人的认识水准。

下面再看一看被誉为中国"第一个睁眼看世界"的林则徐，在肩负道光重托，南下广州，主持禁烟时，陆续向道光发回了一道道奏折，我们从中看到有这样一些文字：

"英国要攻中国，无非乘船而来。它要是敢于闯入内河，一则潮退水浅，船胶膨裂；再则伙食不足；三则军火不继。犹如鱼躺在干河上，白来送死。"

"如果奔逃上岸，英兵浑身裹紧（指紧身军装），腰腿直扑，跌倒便爬不起来。凡是内地不论怎样的人民，都可杀掉这些异类，跟宰犬羊一样。"

"该国现在是女子主国，在位四年，年仅二十，其叔父分封外埠，一直有觊觎王位的野心，因此女王自顾不暇，哪有时间窥探（中国）这边！"

一个奉旨专门与洋人打交道的钦差大臣，其有关洋人的知识尚且如此，其他则不问可知。

还有这样一件小事：鸦片战争之时，有一位美国医生伯驾，他也呆在广东，当中英关系紧张的时候。他也曾与钦差大臣的属下谈论过世界地理方面的问题。谈话结束后，好心的伯驾善意地提出要送给钦差大臣一点礼物，这些礼物是：一本地图集、一部地理书、一架地球仪。这对钦差大臣了解域外情形，应该是大有好处的。没想到，清方的官员们却让伯驾写一份请愿书，大约是让伯驾把礼物当作"贡品"一类献给钦

差大臣，他们才好收下。于是，大为烦恼的伯驾干脆把礼物收回去了。

道光帝本人，作为君王，身居九重，坐井观天，和他的臣下一样，孤陋寡闻，愚昧无知。

道光十四年（1834），英国首任驻华商务监督律劳卑来华挑衅，英舰闯入广东省河，击毁沿岸炮台，直抵广州。道光在处理这一事件时，虽然声称对"英人仗恃船坚炮利，暗蓄诡谋"早有所闻，但对英国人"为什么来到广州"，"为什么一经停止贸易，就变本加厉，竟敢闯进内河，开枪放炮"却一无所知，束手无策，不知如何应付，只能重复那些"化外蠢愚，不懂禁例，自应先行开导"，"不值与之计较"的陈年老调。

道光帝将林则徐派往广东查禁鸦片，大见成效。虎门销烟后，道光兴致很高，开始了解有关外人的情形了，他曾向林则徐认真地提出过这样的问题：

道光帝问："洋人买了几千个中国幼女，供妖术之用，是否真有其事？"

林则徐答："外国雇用华人去做工，做仆役，但不是搞妖术。"

道光帝问："外国鸦片是不是掺和人肉配制？"

林则徐答："说不定曾用乌鸦肉掺和。"

由此可见，道光茫然无知，林则徐也是只知其一，不知其二。

道光二十二年（1842）三月，鸦片战争进入后期，清军败局已定。二十一日，已经兵败浙江的扬威将军奕经，向道光帝报告，广东方面送来两名懂得英语的通事（翻译）。道光得悉后，立即发出谕讼，开列了一系列想要了解的问题，命奕经向通事"详细查询"，"分别诘问，详晰具奏"，道光提出的问题主要如下：

英吉利国距中国水路需多少天？

英吉利至中国需要经过多少国家？

克食（什）米尔距英国有多少路程？

克食米尔与英国是否有水路可通？

克食米尔与英国有没有来往？

这次，克食米尔为什么追随英国来到浙江？

其他来到浙江的孟加拉国、大小吕宋等英国士兵，是英军头目私自号召的，还是英国国王派来的？

英军士兵是被裹胁来的，还是图以重利？

英国女王年仅二十二岁，为什么能够成为一国之主？

英国女王是否婚配？

英国女王的丈夫叫什么名字？

英国女王的丈夫是何处人氏？

英国女王的丈夫在英国担任何职？

英军在浙江攻城掠地，搜刮民财，是谁主持其事？

义律是否确实回国？

义律回国后在干什么？

英国制造鸦片，卖给中国，其意图除了发财之外，是否另有诡谋？

半月之后，即四月初六日，台湾镇总兵达洪阿又奏报捉获英军俘虏多人。道光帝又给达洪阿开列了一串问题，令其逐层密讯，翻译出明确供词，据实具奏。这些问题包括：

英国究竟方圆多大？

英国的属国共有多少？

英国的属国中，最为强大、不受该国统属者有几个？

英国至新疆的南疆，有没有陆路可通？

英国和南疆地区有没有往来？

俄罗斯与英国是否接壤？

俄罗斯与英国有没有贸易往来？

这次侵华各官，除璞鼎查是英国任命的，其余各官，是国王任命的，还是由带兵之人派调的？

道光提出的上述问题，固然反映了道光对外国情形的茫然无知，也说明他开始想了解外部世界的迫切心情。这些问题包括了政治、军事、交通、经济等诸多方面，反映了他渴望了解新世界的一种心态，也说明道光头脑中固有的天朝尽善尽美的神话开始发生动摇。

作为鸦片战争的最高决策人，道光是个失败者。但鸦片战争的失败却刺激了这位封建君主，开始把眼光转向了天朝之外，同时，鸦片战争的失败，也刺激中国的一代知识分子，开始了中国历史上史无前例的外国问题研究，从而使中国人的西洋观发生了历史性的转折。

（四）大清衰败加剧

道光励精图治，想成为一个有为之君，可以说是竭尽了全力，与其前辈相比，虽没有什么创新之举，但却是兢兢业业，苦费心机。道光想"图治"，就要清除衰败王朝中积淀多年的沉垢和痼疾，阻力之大是可想而知的，道光在行动中深深认识了这一点，"积习相沿，牢不可破"，结果是收效甚微。道光想有作为勤政图治三十年，最后以失败的悲剧而结束。他没能挽救，更没有振兴清王朝，反使清王朝的衰败更加加剧。历史就是这样的无情。

道光作为一个封建帝王，在他的统治范围内可以主宰一切，但他的主观意愿虽经努力仍不能实现。这个事实再一次说明，历史有其发展规律，不是以哪个人的意志为转移的。主观的意愿能否变为现实，要受到主客观众多因素的制约。

　　道光励精图治所以失败，究其原因，就道光本人来看：

　　1. 道光不具备实现其"图治"愿望的才智。

　　道光自幼受着严格系统的封建儒学教育，"六岁入学读书，凡圣贤之所言，自幼无不诵读讲肄，以为修身立志之本"。他的思想仍然是中国几千年建立在封建经济基础上的儒家思想体系。对外部世界一无所知，更没有从当时正在兴起的先进的资本主义思想文化中汲取有益的东西，这就决定了他的"图治"，只是在一切遵循"旧制"的范围内踱步，修补千疮百孔的封建政。

　　鸦片战争前是如此，鸦片战争的失败，虽然使道光在思想上受到震动，但没有发生大的变化。他开始注意也想了解一些外国的情况，可是又不想放下"天朝"的虚架子，认真地去了解研究变化着的世界，从中吸取有益的东西来改造王朝，合上当时世界急速变化的拍节。失败、悲痛可以化为力量，但需要振奋、借鉴、变革和决心。道光悲愤有余，振奋不足，更不识世界发展的时务，因此，他的"图治"不仅没有加进新的变革内容，甚至比战前更加不力。这就使他统治下的国家失去了极其宝贵的时间，与西方列强的差距愈来愈大，国家更为贫困虚弱，更无力抵抗资本主义列强的入侵。

　　另外，道光缺乏实现"宏图大业"的气质。道光把"守业"放在第一位，处理政事谨小慎微，缺乏魄力和坚定性。

　　2. 道光求贤佐治，但又不善于识人和用人。"图治"变革需要人才，人才需要发掘和不拘一格，道光虽有所领悟，但传统的选才之道，以儒家伦理纲常为标准，以科举为主要途径，这样就限制了人才的发现，聚集和使用。道光虽三令五申让各地推荐贤才，各地官员不予重视或只是应付，当然无法如愿。不可否认，旧的传统的封建教育制度和清政府的锁国政策，也是变革之才难以成长的原因。所以，在道光周围始终没有形成一个真正执行他的意图，齐心辅佐他励精图治的权力中枢。

　　3. 道光讲得多，做得少。

　　有图治的愿望，缺少具体实施的步骤。道光看到了封建政权的一些弊端，但拿不出革除的具体办法，只能就事论事。他的谕令很多，但很少检查执行的情况。当执行受阻时，他也无可奈何，久而久之，诏令成为一纸"具文"，最后落个心灰意冷。

　　4. 心胸狭窄，有浓厚的民族偏见。

　　这不仅限制了人才的发现和使用，又使他在思想深处与满族官僚中保守派排汉思想发生共鸣。鸦片战争时期，林则徐是力主禁烟和坚决抵抗侵略的重要官员。林则徐坚决执行道光的禁烟谕令，在广东与侵略者交涉中，他根据实际情况，提出斗争策略和政策，并预见到英国可能发动的侵略战争，而积极备战。林则徐在这些方面远远超过了深居宫禁的道光。初时，林则徐也得到道光的全力支持。但当英国发动侵略战争，谣言四起时，道光由于无知，轻信谗言，加罪林则徐"开了边衅"，而进行惩罚和迫害。林则徐在河南治黄工地成绩卓著，一再请求返回抗英前线，但心胸狭窄的道光，仍不允其将功补"罪"。王鼎以死相谏，力保林则徐时，道光仍然不允。而对琦善等误国罪人，却不了心了之，反而重用。这是道光胸狭窄与民族偏见的一个具体反映。他疑虑自恃，使他反复无常。他虽然讲求言纳谏，但也爱听奉承之词，这样就使一些善讲"主子洪福""皇上圣明"的阿谀之人，如穆彰阿之流，在他身边久盛不衰。

5. 道光虽然注意安民，但对当时最为严重的经济衰退和土地集中、农业凋敝，拿不出解决办法，致使社会阶级矛盾日益激化。

从客观上讲，道光是在清王朝急骤衰败的情况下登上皇帝宝座的，他想要挽救的是一个危机四伏、早已腐朽的封建制度。他想要守好爱新觉罗祖传的"家业"，但这份"家业"的根基已经腐烂。道光的一切努力，只不过是为将要倒塌的封建坛庙支上几根朽木，诚如一个医术不高明的大夫，想为已病入膏肓的垂危之人挽回生命一样，无济于事。道光没有能力扭转封建王朝没落而走向死亡的发展趋势。道光作为一个封建帝王，他看不到，也不愿意看到他要维护、挽救的封建制度的灭亡，更不可能自己动手去推翻这个腐朽的封建制度，道光悲剧的根源就在这里。

附录：道光大事记

公元	年号	大事记
1820	嘉庆二十五年	七月二十五日，嘉庆皇帝颙琰驾崩于热河。未及时公布鐍匣所书。
1820	嘉庆二十五年	七月二十六日，托津当众打开小金匣，宣读："嘉庆四年四月初十日卯初立皇二子绵宁为皇太子。"众尊诏拥绵宁继承大统。
1820	嘉庆二十五年	八月初五日，颁发嘉庆皇帝遗诏。
1820	嘉庆二十五年	八月初八日，通谕备省督抚、盐政、织造、关差一应贡献概行停止。
1820	嘉庆二十五年	八月十二日，绵宁奉嘉庆梓宫启驾还京，二十二日，抵达京城。
1820	嘉庆二十五年	八月二十五日，上大行皇帝谥号曰受天兴运敷化绥猷崇文经武孝恭勤俭端敏英哲睿皇帝，庙号仁宗。颁嘉庆遗诏于朝鲜、琉球、暹罗、越南、缅甸诸国。
1820	嘉庆二十五年	八月二十七日，绵宁即皇帝位于太和殿，改名旻宁，以明年为道光元年。
1820	嘉庆二十五年	九月初六日，尊大行皇帝陵曰昌陵。
1820	嘉庆二十五年	九月初七日，以军机大臣所拟遗诏有错，命托津、戴均元退出军机处。
1820	嘉庆二十五年	九月初七日，命纂修《仁宗睿皇帝实录》。
1820	嘉庆二十五年	九月初七日，命伊犁将军庆祥星夜兼程，驰赴喀什噶尔，平定张格尔叛乱。
1820	嘉庆二十五年	九月二十二日，查禁漕粮积弊。
1820	嘉庆二十五年	十月初二日，裁各省陈设器玩等贡。
1820	嘉庆二十五年	十月初四日，颁示"崇节俭禁奢侈谕"。
1820	嘉庆二十五年	十月初八日，命铸道光钱。
1820	嘉庆二十五年	十一月初一日，命各省酌量裁减兵员。
1821	嘉庆二十五年	十二月初二日，上皇太后徽号曰恭慈皇太后。翌日，立旻宁继妃佟佳氏为皇后。
1821	嘉庆二十五年	十二月初九日，河南仪封决口合龙。
1821	嘉庆二十五年	十二月二十六日，免长芦盐商欠银二百九十五万余两。
1820	嘉庆二十五年	是年，学者焦循故世。

公元	年号	大事记
1821	道光元年	正月初六日，裁撤浙江盐政，以整饬弊坏之盐法。盐务归浙江巡抚监管。
1821	道光元年	正月二十二日，谕令各直省饬所属各官严禁滥用非刑。
1821	道光元年	三月十一日，道光护率在京王大臣送仁宗灵柩移往陵寝安葬，十八日至昌陵，二十三日下葬。
1821	道光元年	三月，闽浙总督庆保奏闻云南永北厅彝族起事情形，道光先后派成都将军呢玛善、新任贵州提督罗思举等驰赴云南帮同庆保督兵剿办。
1821	道光元年	四月初十日，特授呢玛善为钦差大臣，专办云南永北、大姚军务。令庆保来京另赴新任。二十四日，庆保奏闻云南大姚境内拉古苗乱平息。
1821	道光元年	四月初十日，命戴均元等为道光帝相度万年吉地。
1821	道光元年	五月二十四日，接呢玛善奏，云南大姚、永北彝民起事平定。上谕拟清理善后事宜。
1821	道光元年	夏秋间，京城内外，真霍乱流行。七月二十六日，令步军统领衙门、顺天府、五城设局施药救治，并掩埋尸体。八月初三日，命顺天乡试展期正月，于九月举行。
1821	道光元年	九月初二日，道光帝亲定东陵界内绕斗峪为建陵之地。派庄亲王绵课和戴均元、英和等人负责办理，并定于十月十八日卯时开工。
1821	道光元年	十一月十九日，因广州行商伍敦元徇隐洋船私带鸦片事，命摘去三品顶戴。
1821	道光元年	十一月二十一日，英军水手在广东新安县伶仃山，在与村民争执中殴毙村民两人，伤四人，英方拒不交出凶手。
1822	道光二年	二月十五日，上谕广东督抚暨海关监督严查各口岸，严禁银两偷漏外洋。
1822	道光二年	三月初十日，命改绕斗峪之名为宝华峪。
1822	道光二年	闰三月初四日，诏谕班禅额尔德尼，同意将噶勒桑建灿为达赖喇嘛之呼毕勒罕，并谕八月初八日坐床。
1822	道光二年	四月二十五日，赐戴兰芬等二百二十二人进士及第出身有差。
1822	道光二年	四月二十九日，以福建民间械斗成风，令督抚严饬的地方官公平审断民间争控之案，并严查保甲，收缴器械。
1822	道光二年	五月二十五日，命两广总督阮元督饬所属各员查禁银两出洋，严禁鸦片进口。
1822	道光二年	七月十三日，河南新蔡县教徒朱麻子等人起事。

公元	年号	大事记
1822	道光二年	八月初五日，朱麻子等百余人被捕，乱平。
1822	道光二年	九月初三日，调拨通仓米十万石，赈济直隶被水灾民。
1822	道光二年	九月初四日，御史程矞采奏，豫皖交界处，捻党私枭甚为猖獗，为害地方。上谕令各相关督抚严饬地方员弁缉捕党首，肃清余部。
1822	道光二年	九月十二日，葡萄牙文报纸《蜜蜂华报》在澳门出版。
1823	道光二年	十一月二十二日，道光至大高殿祈雪，十二月初六日，再祈。十三日，以祈雪未应，命再祷七日。
1823	道光二年	十一月二十三日，河南虞城县教徒卢照常等人起事，旋被访拿击毙。
1823	道光二年	十二月初八日，谕军机大臣等，严禁吸食鸦片。
1823	道光三年	二月初六日，道光帝亲书"海表同文""屏翰东南"和"永奠海邦"等匾额，分赠朝鲜、琉球和暹罗三国国王。
1823	道光三年	四月二十五日，赐林召棠等二百四十六人进士及第出身有差。
1823	道光三年	五月初一日，因近年官铜不敷使用，令云贵总督查禁私铜。
1823	道光三年	六月初六日和十五日，由于连降暴雨，北运河两次决口，十一日至十二日，永定河亦决口，直隶水灾严重。朝廷和地方官府动用帑银一百四十余万两予以抚恤赈济。
1823	道光三年	六月下旬至八月下旬，东南地区遭遇百年不遇之大水灾，其中尤以苏南和浙西地区为重。国家和社会通力予以救济，仅江苏一省，就动用帑银一百七十余万两，并社会集资一百九十五万两。
1823	道光三年	七月十二日，谕令严禁私种罂粟花和开设烟馆。
1823	道光三年	八月初二日，定《失察鸦片烟惩处条例》。
1823	道光三年	九月初四日，以江浙水灾严重，暂弛海禁，招商赴台湾贩米。
1823	道光三年	十月初四日，山东巡抚琦善奏，山东历城县道人孙大凤等人传习一炷香教，已有多人被拿获。
1823	道光三年	是年，著名医学家陈念祖故世。
1823	道光三年	是年，马礼逊之《华英字典》出版。
1824	道光四年	正月初一日，因上年水灾严重，命赈济、蠲缓直隶、江苏、安徽等地被水灾民。
1824	道光四年	三月初五日，定《洋米贸易例》。

公元	年号	大事记
1824	道光四年	四月十九日，《仁宗睿皇帝实录》纂修告竣，道光帝亲临保和殿行受书礼。
1824	道光四年	六月初三日，命各直省督抚查核所属仓储收贮米谷杂粮数目，据实册报。
1824	道光四年	六月初五日，申谕备直省督抚，遇有京控案件，务须亲为听断。
1824	道光四年	八月初二日，因上年东南水灾严重，多与各处河道淤积相关，著派江苏臬司林则徐督办疏浚江浙河道事宜。
1824	道光四年	八月二十二日，张格尔等入犯乌鲁克卡伦，被逐回。巴彦巴图等旋即率兵进剿。
1824	道光四年	九月初五日，永芹接巴彦巴图札，称张格尔已奔投喀拉提锦部。
1824	道光四年	十月初六日，接伊犁将军庆祥、永芹等奏报后，道光谕令，若张格尔等杳无踪迹，亦不必带兵深入。
1824	道光四年	十一月十二日晚，洪泽湖高堰十三堡决口。为此，南河总督张文浩和大学士、两江总督孙玉庭等大员相继受到严厉惩处。
1825	道光四年	十二月十三日，洪泽湖高堰决口合龙。
1825	道光五年	二月初五日，因运河河道浅阻，漕运困难，谕令备江浙相关督抚奏议漕粮海运事宜。
1825	道光五年	五月初八日，太监马长喜以在浒墅关伪称奉旨进香，交刑部治罪。并谕各督抚，凡有伪称奉旨办差者，立即奏办。
1825	道光五年	七月二十三日，应江苏巡抚陶澍等人之议，同意江苏试办海运。江苏漕粮中一百五六十万石改为海运，余仍旧漕运。
1825	道光五年	七月间，张格尔至萨雅克部落居住，随行者仅十八人。得报，永芹即令巴彦巴图率兵二百名，以查卡伦为名，前往捕拿。
1825	道光五年	七月至八月，巴彦巴图领兵深入帕米尔高原四百余里，一无所收。
1825	道光五年	八月，巴彦巴图在回兵途中，遇布鲁特人百余人，妄开杀戒，结果遭该族二千余骑士围攻。二十四日，抵阿克密依特，二十五日，误入山陔被围，二十六日巴彦巴图阵亡，全军覆亡。
1825	道光五年	九月初八日，琦善奏报，陶澍、贺长龄赴上海会办海运事宜，招雇商船，商情颇为踊跃。道光同意将苏南四府一州应征该年漕粮全数海运至津。

公元	年号	大事记
1825	道光五年	十一月二十日，接永芹奏，张格尔等已窜至硕拉地方，距卡伦约五六百里。该月，永芹被夺职，旋病故。
1826	道光五年	十一月二十九日，实授长龄为伊犁将军，庆祥为喀什噶尔参赞大臣。
1825	道光五年	因福建歉收，准暂弛海禁，招商运浙米入闽。
1826	道光六年	二月初四日，调乌鲁木齐绿营兵五百名、马五百匹赴喀什噶尔听候差遣。
1826	道光六年	二月二十九日，江苏海运漕米船九百余艘，载米一百一十二万余石，顺利运达天津。
1826	道光六年	四月二十四日，庆祥败张格尔于卡外。
1826	道光六年	四月二十五日，赐朱昌颐等二百六十五人进士及第出身有差。
1826	道光六年	六月初五日，接闽浙总督孙尔准奏，自四月中旬起，台湾嘉义、彰化土民与闽粤客民发生械斗，并抗拒官兵。命福建提督许松年驰往查办。
1826	道光六年	六月初十日，定《逃走太监治罪例》。
1826	道光六年	六月三十日，编查苗疆客民保甲，禁止流民擅入苗寨。
1826	道光六年	六月，因回民响应，张格尔势力日炽，回疆西四城相继被围攻。
1826	道光六年	七月十二日，命武隆阿为钦差大臣，督办台湾民乱事宜。两日后，又因回疆军情紧急，谕令暂缓起程。
1826	道光六年	七月十三日，命杨遇春为钦差大臣，督剿张格尔叛乱。
1826	道光六年	七月二十四日，授大学士长龄为扬威将军，负责剿办回乱。杨遇春、武隆阿俱为钦差大臣，参赞军务。
1826	道光六年	七月，英吉沙尔陷落。
1826	道光六年	七月二十七日至八月二十四日，张格尔叛军屡攻阿克苏，均为守将长清击退，歼敌近两千。
1826	道光六年	八月二十日，张格尔叛军攻破和阗。
1826	道光六年	八月二十五日，张格尔军攻陷喀什噶尔，参赞大臣庆祥、帮办大臣舒尔哈善皆殉职。进而，叶尔羌亦陷落。至此，回疆西四城全部陷于张格尔之手。
1826	道光六年	十月十五日，长龄率军在柯尔坪击溃张格尔叛军，歼敌二千余。
1826	道光六年	十一月初四日，准广东洋、盐各商捐输银一百万两，准淮商捐输银二百万两，以备回疆军需。
1826	道光六年	十一月十二日，因台湾民乱平息，加孙尔准太子少保衔。

公元	年号	大事记
1826	道光六年	是年，《皇朝经世文编》成书。
1827	道光七年	二月十四日，准浙东盐商捐银一百万两，以备回疆军需之用。
1827	道光七年	二月初六日至二十八日，长龄统领大军进剿叛军，连战连捷，大败张格尔军于洋阿尔巴特、沙布都尔、阿瓦巴特等地。叛军力渐不支。
1827	道光七年	二月二十六日，山西平陆县地震，坍塌窑房五十五间，死八十四人。
1827	道光七年	三月初一日，喀什噶尔克复，张格尔逃脱。
1827	道光七年	三月初五日至二十九日，相继收复英吉沙尔、叶尔羌、和阗。至是，回疆西四城全部克复。张格尔仍窜逸。
1827	道光七年	三月十四日，两江总督琦善等奏，黄河河床疏浚工程完成。
1827	道光七年	闰五月初一日，以新疆战乱被扰，普免回疆八城上年并该年额赋。
1827	道光七年	八月二十六日，以回疆克复已逾六月，仍未获张格尔，将长龄、杨遇春、杨芳和武隆阿革职留任，以观后效。
1827	道光七年	十一月初九日，命直隶总督那彦成为钦差大臣，驰往喀什噶尔会同长龄筹办善后事宜。
1827	道光七年	十一月初十日，从长龄请，回疆西四城及阿克苏、乌什留驻满汉官兵一万八千名。
1827	道光七年	十一月十三日，谕令丁忧人员遵例回籍守制。
1828	道光七年	十二月二十八日，张格尔被杨芳所率清军擒获于喀尔铁盖山。
1828	道光八年	正月二十二日，生擒张格尔捷报奏闻。
1828	道光八年	正月二十三日，以擒张格尔，赐封长龄威勇公爵，授御前大臣，赐封杨芳果勇侯爵，均开复一切处分。其他有功人员亦升赏有差。
1828	道光八年	正月二十五日，定新疆官员考察制，并增支新疆官员养廉银。
1828	道光八年	二月初五日，群臣以收复回疆请上尊号，道光不准。
1828	道光八年	三月初三日，谕令查办湖南洞庭湖湖滨私筑堤垸。
1828	道光八年	四月，稽查回握寄居之安集延人。
1828	道光八年	五月初七日，因淮盐滞销，命江苏、安徽、湖广各督抚严厉查禁私盐。
1828	道光八年	五月初十日，张格尔解送至京。
1828	道光八年	五月十二日，道光帝至午门城楼，行献俘礼，并命王大臣会同刑部严讯张格尔。
1828	道光八年	五月十四日，张格尔被寸磔枭示。

公元	年号	大事记
1828	道光八年	五月十九日，命绘平定回疆功臣像于紫光阁。
1828	道光八年	七月初三日，更定《回疆补放伯克章程》。
1828	道光八年	七月初六日，朝鲜国王李玜以回疆平定，遣使进献贺表方物。
1828	道光八年	七月二十八日，定《稽查新疆北路茶叶、大黄章程》。
1828	道光八年	九月初十日，道光帝得悉新建宝华峪地宫渗水，大为光火，开始惩处英和、戴均元等监办官员。此后，惩处不断升级，直至下狱发配。
1828	道光八年	因闽粤等省聚赌成风，令苏、浙、闽、粤、桂等省督抚，严饬府州县，严密缉拿各赌场赌局。
1828	道光八年	十月二十六日，禁止山东流民私出海口，前赴盛京边外占种官荒。
1828	道光八年	十一月初四日，严禁直隶流民移居关外。
1829	道光八年	十二月初六日，那彦成奏闻，回疆西四城新建或修补工程，先后完竣，共支银十六万六千余两。
1829	道光八年	十二月初六日，因传习天主教被捕的顺天府民张成善等八人，被处以"杖一百流两千里，于犯事地方加枷号三个月"之惩罚。
1829	道光八年	十二月二十八日，因浩罕拒绝送回张格尔家属，命断绝与其通商，不准茶叶、大黄出卡。
1829	道光九年	正月二十五日，御史章沅奏，粤洋通市夷商，违例私易银钱，并夹带鸦片入境。当恪遵定例，只准易货，不准易银，违禁货物，不准私入。诏命两广总督李鸿宾、广东巡抚卢坤等妥议章程具奏。
1829	道光九年	二月初三日，道光以平定回疆，告成太学，命勒石于大成门外，御制碑文。
1829	道光九年	二月十四日，定新疆贸易仍遵旧制，凡入卡贸易者，三十税一，不准减免。
1829	道光九年	二月二十五日，严格清查京城保甲。
1829	道光九年	四月初四日，复广东十三行招商旧例。
1829	道光九年	四月二十五日，赐李振钧等二百二十一人进士及第出身有差。
1829	道光九年	五月初三日，定《清厘州县案牍章程》。
1829	道光九年	五月二十八日，越南国王请航海通市贸易，不准。谕仍遵旧制，于陆路往来贸易。
1829	道光九年	七月初七日，颁定《严禁官银出洋及私货入口章程》。

公元	年号	大事记
1829	道光九年	七月十四日，定《偷运私酒惩处例》。
1829	道光九年	九月初九日，广州洋行连年闭歇，拖欠夷银近三百万元，英国货船延不进口，停泊澳门外洋，并要求粤督加以整顿并废除保商买办。
1829	道光九年	十月二十九日，饬令各衙门书吏役满之后，即限期回籍，不准逗留京城。
1829	道光九年	十二月初五日，道光谕李鸿宾等，若英船故作刁难，抗不进口，即行驱逐，不可稍涉迁就。
1830	道光九年	十二月十六日，因近年外国船只来华，多载洋钱，收买纹银，装运鸦片，营销各口，耗财伤人，谕令李鸿宾等，究明弊源，严行查禁。
1829	道光九年	是年，著名学者刘逢禄、洪亮吉病逝。
1829	道光九年	是年，《皇清经解》正式刊行。
1829	道光九年	是年，洪秀全赴广州应试不第。
1830	道光十年	正月十八日，定《喀什噶尔违禁易茶惩处条例》。
1830	道光十年	正月二十六日，美国基督教公理会派往中国传教的第一位传教士裨治文自纽约抵达广州。
1830	道光十年	正月二十日，以两淮盐务弊坏已极，命湖广、河南、江西、江南督抚严查私盐。
1830	道光十年	二月初八日，命河南巡抚杨国桢严缉"捻匪"。
1830	道光十年	三月初五日，从李鸿宾奏请，嗣后减各国夷船进口规银十分之二。
1830	道光十年	四月二十二日，以江西南赣地区民情犷悍，刑案出，命嗣后有拜会、抢劫、讹诈等案，拟罪加一等惩处。
1830	道光十年	四月二十二日，命将贩卖鸦片之邓八，枷号正月，发配近边充军。
1830	道光十年	四月二十九日，因各省关税多征不足额，谕令更改榷关奖惩例。
1830	道光十年	四、五月间，直隶、河南之磁州、安阳等地相继发生地震，予赈恤有差。
1830	道光十年	五月初八日，命裁减州县差役。
1830	道光十年	五月二十二日，《平定回疆剿擒逆裔方略》书成。
1830	道光十年	六月十七日，谕准李鸿宾等遵旨议定《查禁纹银出洋鸦片入口章程》。
1830	道光十年	六月十七日，从李鸿宾请，添建广东东莞县大角山炮台。
1830	道光十年	六月二十四日，命各直省督抚妥议严禁种卖鸦片章程。
1830	道光十年	七月初九日，喀什噶尔参赞大臣札隆阿等奏，白帽回（白山派）妄言倡众，以迎奉玉素普为词，蓄意谋变。

公元	年号	大事记
1830	道光十年	八月初十日，玉素普勾结安集延回人入卡内犯，相继围攻喀什噶尔、英吉沙尔等城。喀什噶尔帮办大臣塔斯哈战死。
1830	道光十年	九月初四日，授杨遇春为钦差大臣，赴回疆平定回乱。
1830	道光十年	九月十二日，命长龄为钦差大臣，驰赴回疆督办军务。
1830	道光十年	十月初七日，清军击败来自叶尔羌东北之叛回。
1830	道光十年	十月十一日，仍授长龄为扬威将军，命哈哴阿、杨芳参赞军务。
1830	道光十年	十一月初五日，参赞大臣杨芳抵达阿克苏。
1830	道光十年	十一月十三日，定《稽查核对捐纳册稿章程》。
1830	道光十年	十一月十四日，哈丰阿等率援军解喀什噶尔、英吉沙尔围，并追剿余匪。至是，回疆之乱再次平定。
1831	道光十年	以广东三点会众蔓延勒索，命李鸿宾等查办。
1831	道光十年	十二月十八日，定《严禁内地种卖鸦片章程》。
1831	道光十年	十二月二十一日，以两淮官引滞销，盐务疲敝，裁撤两淮盐政，盐务改归两江总督管理。
1831	道光十一年	正月初四日，以该年为道光帝五旬寿辰，著于本年八月举行恩科乡试，来年三月举行恩科会试。
1831	道光十一年	正月十四日，定平定回疆之乱进兵迟缓、贻误军机诸将罪。容安处斩监候，长清等人亦惩处有差。
1831	道光十一年	二月初八日，长龄奏，上年回疆起事根由，系驱逐安集延人，并查抄家财，断离眷口，禁止茶叶大黄贸易所致。
1831	道光十一年	二月十二日，以那彦成办理回疆善后事宜错谬，启衅误国，革职。
1831	道光十一年	二月十五日，申禁各直省种植、贩卖鸦片。
1831	道光十一年	二月二十二日，道光亲临阅看于西陵界内新选定的万年吉地，甚为合意，命名为龙泉峪。并谕令将来建设，一切俱从简约。
1831	道光十一年	三月初七日，李鸿宾奏闻广东崖州黎民作乱，谕令征剿。
1831	道光十一年	三月初九日，以广东夷商日增桀骜，英吉利动违禁令，令巡抚朱桂桢严查。
1831	道光十一年	三月十七日，以广东天地会等会党聚众抢劫，地方官隐匿不报，命李鸿宾等严密查办。
1831	道光十一年	三月二十九日，重修《康熙字典》成。

公元	年号	大事记
1831	道光十一年	四月初一日，李鸿宾等颁定《防范来粤夷人章程》。
1831	道光十一年	四月二十八日，李鸿宾奏闻广东黎乱平息。
1831	道光十一年	五月十七日，命长龄赴喀什噶尔商办剿抚善后事宜。
1831	道光十一年	五月二十五日，据奏，广东虎门外洋面有囤积鸦片之洋船，谕令李鸿宾等确实查核，务使烟土不能私入，洋面不能私售。
1831	道光十一年	六月初九日，道光第四子奕詝生，是为日后之咸丰帝。
1831	道光十一年	六月十六日，定《买食鸦片惩处例》。
1831	道光十一年	六月十八日，因湖面西风狂猛，洪泽湖马棚湾和十四堡两处决口，致高邮、桃源、甘泉等州县泛滥成灾，四面水围。
1831	道光十一年	六月二十六日，谕令云南严禁种植罂粟。
1831	道光十一年	七月二十三日，长龄奏准回疆善后事宜。
1831	道光十一年	八月初一日，谕令各督抚，慎选州县，查办赈灾，并缉拿会匪。
1831	道光十一年	八月二十四日，洪泽湖十四堡漫口合龙。
1831	道光十一年	八月二十九日，以浙江米价昂贵，命暂弛海禁，招贩台（湾）米。
1831	道光十一年	九月二十九日，长龄奏准回疆兵屯之法。
1831	道光十一年	十月初一日，命四川总督鄂山参办嗜食鸦片至官员及各衙门官亲、幕友、长随、书役等员，并查拿私带栽种者。
1831	道光十一年	十月二十九日，惩处吸食鸦片之掌仪司太监张进幅等八人。
1831	道光十一年	十一月二十四日，准与浩罕通好，茶叶、大黄均准予贸易，并免其货税，前抄没安集延人货物亦发还。
1832	道光十一年	十二月二十二日，从两江总督陶澍之请，准于淮北盐引滞销口岸行票盐法。
1832	道光十一年	十二月二十九日，湖南永州江华县瑶民赵金龙率众起事。
1831	道光十一年	是年，方东树《汉学商兑》刊行。
1831	道光十一年	是年，著名医学家王清任病逝。
1832	道光十二年	正月初十日，赵金龙部众达千余人，永州总兵鲍友知抵江华查办。
1832	道光十二年	正月二十六日，英船阿美士德号（Lord Amherst）由胡夏米率领自广东北驶，调查北方商务情形，郭士力同行。
1832	道光十二年	正月二十九日，定例，嗣后凡白阳教、白莲教、八卦教、红阳教等之教首，无论情形轻重，遇赦不赦。

公元	年号	大事记
1832	道光十二年	二月初五日，定《遏止鸦片来源章程》。
1832	道光十二年	二月初五日，广东连山八排瑶民为响应赵金龙起事。
1832	道光十二年	二月十四日，赵金龙败清军于蓝山池塘墟，湖南提督海凌阿等战死。
1832	道光十二年	三月初二日，令贵州提督余步云调补湖南提督，迅赴江华县军营，与总督卢坤、湖北提督罗思举会同筹办进剿事宜。
1832	道光十二年	三月二十一日，美人裨治文主编之《中国丛报》出版。
1832	道光十二年	三月二十三日，命户部尚书禧恩驰赴湖南剿办瑶乱。
1832	道光十二年	四月初六日，广东连山瑶乱扩大。
1832	道光十二年	四月初六日至十六日，罗思举大败赵金龙所率瑶众于常宁羊泉。
1832	道光十二年	四月十一日，以户部奏今年库帑出多入少，谕令各藩司务须撙节，并认真督催历年积欠。
1832	道光十二年	四月二十五日，赐吴钟骏等二百零六人进士及第出身有差。
1832	道光十二年	四月二十六日，赵金龙战死，湖南瑶乱平息。
1832	道光十二年	五月初十日，命各省督抚严拿会匪。
1832	道光十二年	李鸿宾到达连州，督剿瑶乱。
1832	道光十二年	五月十四日，从两江总督陶澍奏，定淮北试行票盐章程。
1832	道光十二年	广东提督刘荣庆进剿连山起事瑶众失利。
1832	道光十二年	六月初七日，以英船北驶浙闽，命闽浙总督程祖洛驱逐，严禁交接，不准就地贸易。
1832	道光十二年	六月初八日，林则徐在苏州接任江苏巡抚，与陶澍同倡疏浚浏河、白卯河。
1832	道光十二年	六月初九日，命各省督抚整饬吏治民风，查禁会匪鸦片。
1832	道光十二年	六月二十五日，命严拿江西之大乘教、边钱会、天地会、千刀会等党徒。
1832	道光十二年	六月二十六日，广西贺县瑶民二千余人由盘均华率领图往湖南江华九冲滋事，为官兵平定。
1832	道光十二年	六月二十九日，命禧恩、瑚松额自湖南赴广东剿抚瑶乱。
1832	道光十二年	八月二十日，以平定广东连州瑶乱措置失当，两广总督李鸿宾著革职，以卢坤代之。

中华传世藏书

大清十二帝

道光帝旻宁

四一三

公元	年号	大事记
1832	道光十二年	八月二十日，河南祥符下汛三十二堡黄河大堤决口。
1832	道光十二年	八月二十一日，南河龙窝汛十三堡黄河大堤被桃源县民赵步堂等盗挖决口。
1832	道光十二年	八月二十七日，广东连州瑶乱平息。
1832	道光十二年	八月二十七日，谕令严禁各省兵丁吸食鸦片，并命卢坤查明鸦片流入内地缘由。
1832	道光十二年	九月初四日，以英船驶入内洋，命沿海整饬水师。
1832	道光十二年	闰九月二十二日，台湾嘉义县天地会张丙等率众起事。
1832	道光十二年	十月初十日，台湾天地会众在凤山、台湾县起事。
1832	道光十二年	十月十二日，台湾天地会黄城等在彰化起事。
1832	道光十二年	十月二十五日，以英船北驶盛京，谕令沿海备督抚于该船过境，立即驱逐，不许停泊交易。
1832	道光十二年	十月二十六日，命闽浙总督程祖洛迅速派得力将领，带兵渡台。
1832	道光十二年	十一月初六日，命署福州将军瑚松额为钦差大臣，都统哈哴阿为参赞大臣，驰赴台湾平定叛乱。
1833	道光十二年	十一月二十一日，皇六子奕䜣生。
1833	道光十二年	十二月初一日，四川越巂彝民起事，并蔓延至清溪峨边。
1833	道光十二年	十二月初三日，提督马济胜平定台湾嘉义和彰化天地会叛乱。擒获张丙等人。
1833	道光十二年	十二月初八日，马济胜再平台湾凤山叛乱。
1832	道光十二年	是年，著名学者王念孙逝世。
1833	道光十三年	正月二十日，以上年英胡夏米船接连驶至闽浙、江南、山东洋面，著沿海各省督抚严防外国船只侵入内洋。
1833	道光十三年	二月十八日，命那彦宝、桂涵前往四川越巂等地平定彝乱。
1833	道光十三年	四月初六日，以江浙两省钱贱银贵，商民交困，令两江总督陶澍筹议办法。
1833	道光十三年	四月二十五日，赐汪鸣相等二百二十人进士及第出身有差。
1833	道光十三年	四月二十九日，皇后佟佳氏病逝。
1833	道光十三年	四月三十日，清军攻克大峒。
1833	道光十三年	五月初七日，调任四川提督杨芳大破越巂起事彝众，进剿峨边彝乱。

公元	年号	大事记
1833	道光十三年	五月十二日，定《纹银出洋禁例》。
1833	道光十三年	五月二十九日，杨芳平定峨边彝民起事。
1833	道光十三年	六月初六日，谕令各级武将，非特殊情形，一律不准坐轿。
1833	道光十三年	六月十一日，为防止纹银出洋，定例，嗣后内地民人赴粤贸易，只准以货或洋钱易货，不准以纹银易货；夷商则只准以货或纹银易货，不准以洋钱易货。
1833	道光十三年	六月二十七日，四川越嶲各彝头领分起投诚。
1833	道光十三年	七月二十二日，禁止民间仿造洋钱。
1833	道光十三年	七月二十三日，云南昆明等地地震。
1833	道光十三年	八月初五日，御史彭玉田奏，州县相验命案，滥差书役，差役往往百般需索，民不堪重累。
1833	道光十三年	九月初八日，以四川越嶲等地彝乱一律肃清，晋封杨芳果勇侯。
1833	道光十三年	十月二十九日，英王任命律劳卑为驻华商务监督。
1833	道光十三年	是年，传教士在广州创办《东西洋考每月统计报》，是为中国境内出版的第一份中文近代报刊。
1834	道光十四年	正月十四日，广东儋州黎民作乱，命粤督卢坤剿之。
1834	道光十四年	正月十八日，福建永安等土匪掳人勒赎，命捕治之。
1834	道光十四年	二月十三日，以江苏苏州、松江等府粮价增昂，免浒墅关商贩米税。翌日，又以湖北武昌、汉阳二县粮价增昂，免四川、湖南商米各关船税。
1834	道光十四年	三月十三日，东印度公司对华贸易特权正式终止。
1834	道光十四年	三月二十四日，禁京城粗米贩运出城。
1834	道光十四年	四月初二日，从黄爵滋奏，命备省兴复书院、查保甲、修水利、筹积贮，严禁扣饷，查究偷漏洋税，禁纹银出洋等。
1834	道光十四年	四月初九日，命修广东外海内河水师各营战船。
1834	道光十四年	五月二十二日，命卢坤将停泊在伶仃洋及大屿山等处之英国趸船设法驱逐，严密查拿快蟹。
1834	道光十四年	六月初九日，新任英国驻华商务监督律劳卑抵达澳门。
1834	道光十四年	六月二十四日，粤督卢坤令律劳卑恪遵旧制，离广州，到澳门候旨。
1834	道光十四年	六月二十四日，英国传教士马礼逊病逝于澳门。
1834	道光十四年	七月初二日，饬查漕运亏短积弊。

公元	年号	大事记
1834	道光十四年	七月初十日，律劳卑致书英国外相，主张武力对华。
1834	道光十四年	七月十一日，以四川峨边支彝起事，命川督查办。
1834	道光十四年	七月二十九日，卢坤下令停止中英贸易，撤出英国商馆中的华人买办、工役等人员。
1834	道光十四年	八月初二日，卢坤派兵包围广州英国商馆，断绝交通。
1834	道光十四年	八月初四日，以粤东沿海地区械斗成风，定《惩处鸟枪手律》。
1834	道光十四年	八月初五日，英兵船二只闯入广东内河，轰击炮台。
1834	道光十四年	八月初七日，英兵船过大虎口炮台。
1834	道光十四年	八月初九日，英兵船抵黄埔。
1834	道光十四年	八月十二日，律劳卑通知英商，愿退回澳门，以免商务久停。
1834	道光十四年	八月十九日，律劳卑和英兵船离开广州，返回澳门。
1834	道光十四年	八月二十七日，卢坤解除封舱禁令，广州恢复中英贸易。
1834	道光十四年	八月二十八日，瑚松额奏闻，峨边支彝敉平。
1834	道光十四年	九月初二日，英兵船闯入内河，著关天培任广东提督，两广总督卢坤革职留任。
1834	道光十四年	九月初九日，律劳卑病死于澳门，德庇时继任商务监督。
1834	道光十四年	十月十八日，册立皇贵妃钮祜禄氏为皇后。
1834	道光十四年	十一月初九日，广州英商奏请英王，派遣全权大臣率军东来，直接与北京政府交涉。
1834	道光十四年	十一月二十四日，著名学者、工部尚书王引之病逝。
1835	道光十四年	十二月二十一日，罗宾臣代德庇时为英国驻华商务监督。
1835	道光十四年	十二月二十四日，云贵总督阮元奏定《流民租种苗田章程》。
1835	道光十四年	十二月二十六日，因峨边支彝复叛，降杨芳职衔，以总兵候补。
1835	道光十五年	正月初四日，军机大臣、大学士曹振镛病逝。
1835	道光十五年	正月初五日，英国外相威灵顿训令律劳卑仍和平处理。
1835	道光十五年	正月二十七日，广州英美传教士在广州创设"马礼逊教育会"。
1835	道光十五年	二月二十三日，朝鲜国王世孙李奂表请袭封，并贡方物，许之。
1835	道光十五年	三月初四日，山西赵城县先天教曹顺起事，杀死知县杨延亮。
1835	道光十五年	三月初五日，赵城县先天教徒围攻霍州洪洞。
1835	道光十五年	三月初十日，赵城县先天教乱平定。

公元	年号	大事记
1835	道光十五年	三月十四日，粤督卢坤奏定《防范夷人活动补充章程》。
1835	道光十五年	三月十九日，四川峨边彝民起事失败。
1835	道光十五年	三月二十二日，山西赵城先天教首领曹顺在山东观城被擒获。
1835	道光十五年	四月初九日，英一只双桅船，驶入福建熨斗洋面，寻求通商，被清军水师逐出。
1835	道光十五年	四月十四日，从卢坤、关天培请，增修广州虎门炮台。
1835	道光十五年	四月二十五日，赐刘绎等二百七十六人进士及第出身有差。
1835	道光十五年	五月二十七日，重申闽省海禁。
1835	道光十五年	六月二十九日，胡夏米向英外相巴麦尊提出军事侵华方案。
183s	道光十五年	闰六月二十一日，四川峨边厅彝民再次起事。
1835	道光十五年	闰六月二十六日，命各省认真甄别初任捐纳人员，以肃吏治。
1835	道光十五年	八月初八日，以皇太后六旬寿辰，普免各省逋赋。
1835	道光十五年	八月十七日，以英船驶至山东洋面，命沿海各省巡防堵截，严禁接济。
1835	道光十五年	九月初九日，谕令各直省督抚提镇逐层稽查各营兵丁实数。
1835	道光十五年	九月十一日，通谕各省缉办"会匪""邪教"。
1835	道光十五年	九月十四日，美国传教士伯驾在广州设眼科医局。
1835	道光十五年	十月初五日，英商务监督公署自澳门移驻伶仃洋面船上。
1835	道光十五年	十月初九日，令京师禁止民间夜间售卖杂货，以靖治安。
1835	道光十五年	十月二十日，通谕各省严查兵丁书役中之潜习教会者。
1836	道光十五年	十二月初八日，英商务副监督义律报告英政府，广州英商不满监督之沉默与和平政策。
1836	道光十六年	正月二十六日，以英鸦片烟船，虽经禁止，仍欲驶入内洋，谕令两广总督邓廷桢随时访查，严行禁阻防范。
1836	道光十六年	二月初六日，湖南武冈州二三千名青莲教徒，持械由新宁县分三路攻打武冈州城。旋被击溃。
1836	道光十六年	二月初七日，命缉拿赣、闽、浙三省交界山中之"花子会"。
1836	道光十六年	二月初十日，御史章炜奏报各地办赈流弊。
1836	道光十六年	二月十一日，命各省督抚责成各道府，慎选人员，会同地方官亲历编查保甲，不准携带多人，恣意需索，骚扰地方。
1836	道光十六年	三月初十日，浙江海塘大工完竣。

公元	年号	大事记
1836	道光十六年	四月二十五日，赐林鸿年等一百七十二人进士及第出身有差。
1836	道光十六年	四月二十九日，太常寺少卿许乃济奏请变通鸦片烟禁，准其以货易货，照章纳税，并宽栽种之禁。道光命邓廷桢等妥议具奏。
1836	道光十六年	六月初九日，英外相巴麦尊训令驻华监督，勿开罪中国官府。
1836	道光十六年	六月二十三日，谕令邓廷桢等查办伍姓行商交通夷商，包揽鸦片买卖，偷漏纹银出洋等事。
1836	道光十六年	六月二十九日，福州驻防旗兵捣毁饭馆，捆打民人，铺户愤而罢市。
1836	道光十六年	七月初一日，以山西寿阳县等地有所谓三教庙，命即行改正，并令各省督抚转饬各州县，若发现此类庙宇，一律更正。
1836	道光十六年	七月十九日，命穆彰阿为大学士，管工部事。
1836	道光十六年	八月初九日，内阁学士朱嶟、兵科给事中许球先后奏请申禁鸦片禁例，驳弛禁之议。诏命邓廷桢等悉心妥议，力塞弊源。
1836	道光十六年	九月初三日，两广总督邓廷桢、广东巡抚祁𤲞奏覆，赞同弛禁鸦片，并拟订《禁纹银出洋章程》九条。
1836	道光十六年	十月初三日，浩罕回民扰边，攻陷新疆色埒库勒。
1836	道光十六年	十月初四日，御史袁玉麟奏，鸦片不可弛禁。
1836	道光十六年	十月十八日，台湾嘉义县下加冬沈知聚众起事，抢粮戕官。寻被敉平，沈知就擒。
1836	道光十六年	十一月初七日，义律继任英国商务监督。
1837	道光十六年	十二月二十七日，义律报告英政府，称鸦片问题将起纷争，主张派专使来华交涉征税、弛禁事宜。
1836	道光十六年	是年，著名医学家吴瑭病故。
1837	道光十七年	正月十七日，山东巡抚经额布奏，潍县添柱教马刚等滋事，已捕获惩治。
1837	道光十七年	正月十九日，定《查禁畿辅私藏鸟枪章程》。
1837	道光十七年	正月二十二日，林则徐迁湖广总督。
1837	道光十七年	二月初二日，洪秀全在广州科考不第，悲愤成疾。
1837	道光十七年	二月初九日，命各省整顿捕务，缉拿教匪奸徒。
1837	道光十七年	二月十一日，义律被通知允其来广州。
1837	道光十七年	三月十七日，谕各省武备，火器为先，嗣后闽浙两省凡遇把总、外委等员缺出，即以精熟鸟枪弁兵，考校拔补。

公元	年号	大事记
1837	道光十七年	三月十九日，广州英商要求清偿行商欠款约三百万元，邓廷桢令行商共同负责。
1837	道光十七年	三月二十日，义律要求以后不经行商，直接与粤督交往，邓廷桢不允。
1837	道光十七年	四月初七日，以棚民开山种植，易于藏奸，命严厉查禁，将棚民遣送回籍。
1837	道光十七年	四月十三日，谕，以后纂修《玉牒》，皇后无论有无所出，俱载入。
1837	道光十七年	五月初十日，英外相巴麦尊训令义律坚持直接与总督文移往来，不经行商，不用禀字。
1837	道光十七年	六月初五日，以御史朱成烈奏，粤、闽、江、浙、天津等海口每年出洋纹银多达六千余万两，以致银价日昂，严诏沿海各省督抚并海口各监督认真稽查堵截。
1837	道光十七年	六月初五日，以外省绿营兵丁，多吸食鸦片，谕令各省督抚提镇务振刷精神，严加整饬。
1837	道光十七年	六月初九日，闽浙总督钟祥奏定《禁止械斗章程》。
1837	道光十七年	六月二十六日，广东香山三合会起事。
1837	道光十七年	六月二十六日，以四川马边凉山彝乱，命鄂山征剿之。
1837	道光十七年	六月二十八日，叶尔羌参赞大臣奕山奏，擒获浩罕头目阿达那，杀之。
1837	道光十七年	七月初一日，命兵部右侍郎倭什讷为使，往朝鲜册封朝鲜国王妃。
1837	道光十七年	七月初四日，邓廷桢等饬令义律立即将停泊于伶仃洋、急水门和金星门等处趸船遣去。此后又一再催促。
1837	道光十七年	七月十八日，命邓廷桢等缉办广州包揽私贩鸦片烟泥匪徒。
1837	道光十七年	七月二十八日，令邓廷桢传谕各国大班，从严稽查该国商人，不准私行越界，勾串贩烟滋事。
1837	道光十七年	九月初一日，谕邓廷桢等，嗣后广东洋商不得无故添设，并惩处拖欠河工捐银之行商，勒限一年完缴。
1837	道光十七年	九月初五日奏报，现查明，新疆色埒库勒等处，已无浩罕人占据。
1837	道光十七年	九月二十三日，命邓廷桢转饬义律将鸦片趸船全数开去。
1837	道光十七年	十月初四日，英外相请海军大臣派遣东印度舰队司令马他伦往中国保护英人贸易，并作监督后盾。
1837	道光十七年	十月十九日，义律覆邓廷桢，无权过问非从事正规贸易的英国商船。

公元	年号	大事记
1837	道光十七年	十月二十二日，邓廷桢等再限义律于正月内将鸦片趸船遣去，否则即行封舱。
1837	道光十七年	十月二十三日，义律接到巴麦尊训令，即终止与粤督往来。
1837	道光十七年	十月二十四日，定《惩治逃走太监章程》。
1837	道光十七年	十一月初二日，义律自广州回澳门。
1837	道光十七年	十一月二十一日，行商通告广州英国英商公所，如有再夹带鸦片者，即收回商馆，不再租与。
1837	道光十七年	十一月二十五日，以正月期满，鸦片趸船延不开行，邓廷桢令行商查覆，暂缓封舱。
1838	道光十七年	十二月初七日，以关外奉天锦州、海城等地发现售卖鸦片，命盛京将军宝兴等，严饬所属，随时认真稽查。
1838	道光十八年	正月，广州英美传教士伯驾、郭雷枢、裨治文等人创立中国医药布道会。
1838	道光十八年	二月初一日，命直隶总督琦善为大学士。
1838	道光十八年	三月十三日，偷运鸦片、开设烟馆之郭亚平在澳门被处以绞刑。
1838	道光十八年	四月初一日，乌鲁木齐都统中福奏请创设书院，被道光斥之为舍本逐末，喜事好名，著降三级留任。
1838	道光十八年	四月二十五日，赐钮福保等一百九十四人进士及第出身有差。
1838	道光十八年	闰四月初三日，户部宝泉局炉匠史端等率众匠役役辍工出厂，停炉罢工。
1838	道光十八年	闰四月初四日，诏刑部嗣审办天主教案，有情愿改悔者，即令其跨越犯人家内供奉之十字架。
1838	道光十八年	闰四月初十日，鸿胪寺卿黄爵滋上《严塞漏卮以培国本折》，主张严厉禁烟。
1838	道光十八年	五月初七日，湖广总督林则徐复议黄爵滋折，主张用大辟严刑，治吸食者罪，并拟具禁烟六策。
1838	道光十八年	五月十七日，云贵总督伊里布奏报缅甸争夺王位内讧情形，道光谕令沿边关隘巡防官兵，不得出边滋事。
1838	道光十八年	五月二十一日，英东印度舰队司令马他伦率舰抵粤。
1838	道光十八年	五月二十九日，琦善奏，主张将开馆兴贩鸦片及吸食之文武官员发配新疆充军。

公元	年号	大事记
1838	道光十八年	六月初八日，虎门炮台迫使英舰 Bombay 号停驶，搜查英军官马他伦、兵士及妇女。
1838	道光十八年	六月十五日，英舰队司令马他伦抗议"六·八事件"。
1838	道光十八年	七月初二日，两江总督陶澍奏，复议黄爵滋折，主张吸食鸦片者论死。
1838	道光十八年	七月十九日，谕令各省将军、督抚，严办吸烟及开馆之人。
1838	道光十八年	七月二十七日，谕邓廷桢等迅饬英国巡船回国，否则，即行驱逐，停止该国贸易。
1838	道光十八年	八月初二日，林则徐奏呈《钱票无甚关碍宜重禁吃烟以杜弊源片》，申述禁烟主张。
1838	道光十八年	八月初十日，谕下届乡、会试正科，于明年八月和道光二十年预先举行。二十年秋，举行恩科乡试，二十一秋举行恩科会试。
1838	道光十八年	八月十七日，湖广总督林则徐等奏报两湖查拿烟贩，收缴烟具情形。
1838	道光十八年	八月二十二日，邓廷桢奏，主张加重吸食兴贩鸦片之罪，但不当论死。
1838	道光十八年	九月初六日，以各省督抚将军议覆黄爵滋严禁鸦片折已陆续奏到，著大学士、军机大臣等会议具奏。
1838	道光十八年	九月初八日，命各省加紧查拿烟犯，力祛积弊。
1838	道光十八年	九月十一日，以许乃济前曾奏弛禁鸦片，不得政体，著降为六品顶戴，即行休致。
1838	道光十八年	九月二十二日，以天津海口拿获广东烟犯，及烟土八十二袋，重十三万一千余两，命粤督严查。
1838	道光十八年	九月二十三日，著林则徐来京陛见。
1838	道光十八年	十月十七日，两江总督陶澍奏，缴获窝顿烟土五万余两。
1838	道光十八年	十月十八日，谕令各省督抚，于所属南货烟土烟具，务当秉公核查数目，当堂目击销毁。
1838	道光十八年	十月二十四日，广州英商因义士（James Innese）偷运鸦片被获，邓廷桢限令三日内离境，未去之前，停止对英贸易。
1838	道光十八年	十月二十六日，广州官吏拟将烟犯何老近在外国商馆前处绞，外人反对，万余民众包围商馆以示抗议。
1838	道光十八年	十月二十九日，闽浙总督钟祥等奏，拿获出洋贩卖烟土等犯。诏命认真禁烟，为中国除一大患。

公元	年号	大事记
1838	道光十八年	十月三十日，英商因义士被迫离开广州。
1838	道光十八年	十一月初二日，英领事义律令英国烟船于三月内退出虎门，对偷运鸦片者不负保护之责。
1838	道光十八年	十一月初四日，谕令严禁云南种植罂粟。
1838	道光十八年	十一月十五日，命湖广总督兼兵部尚书衔林则徐为钦差大臣，驰赴广东，办理查禁鸦片事宜，广东水师兼归节制。
1839	道光十八年	十一月十七日，御史万超奏准禁京师一切浮奢游戏。
1839	道光十八年	十一月十七日，命各部院堂官，及各省督抚、各土司，严查吸食鸦片职官。
1839	道光十八年	十一月十八日，就派遣林则徐赴粤查禁鸦片事，发布专谕。
1839	道光十八年	十一月二十二日，邓廷桢等布告严禁吸食鸦片。
1839	道光十八年	十一月二十三日，林则徐离开北京赴广州。
1839	道光十八年	十一月二十九日，禁止旗人妇女仿效汉人缠足，兵士衣服宽大。
1839	道光十八年	十二月初二日，广州行商将禁烟新律通知英商。
1839	道光十八年	十二月十二日，鸦片烟船相继离开广州。
1838	道光十八年	是年，王士雄《霍乱论》刊行。
1839	道光十九年	正月十三日，鸦片烟犯何老近在广州外国商馆前被绞决。
1839	道光十九年	正月二十四日，命贵州巡抚贺长龄认真查拿私种罂粟者。
1839	道光十九年	正月二十五日，钦差大臣林则徐到达广州。
1839	道光十九年	正月二十七日，谕令林则徐、邓廷桢、广东巡抚怡良严饬水师追捕在外洋寄碇之鸦片趸船。
1839	道光十九年	二月初一日，谕令沿海各省，协力同心，驱逐贩卖鸦片之外国船只。
1839	道光十九年	二月初四日，林则徐晓谕外国烟贩，限期呈缴所有鸦片，并出具甘结。
1839	道光十九年	二月初五日，禁止外商离开广州。
1839	道光十九年	二月初七日，以英人拒不奉命，林则徐下令撤退外国商馆买办工人，包围商馆。
1839	道光十九年	二月初八日，英人被迫缴烟一千零三十七箱，林则徐不受，并下令拘捕抗拒缴烟之英国烟贩颠地。
1839	道光十九年	二月初八日，义律在澳门致函巴麦尊，要求以坚决的态度，挫败中国的禁烟。

公元	年号	大事记
1839	道光十九年	二月十四日，义律禀告林则徐等，答应呈缴鸦片二万零二百八十三箱。林则徐赏给英人牛羊食物，并令美、荷、法等国领事依照英例，呈缴鸦片。
1839	道光十九年	二月十六日，两广总督邓廷桢奏准，于虎门海口横挡山前，设铁链木排，以阻挡洋船，并添建炮台炮位。
1839	道光十九年	二月十六日，美、荷领事覆林则徐，声明并无鸦片。
1839	道光十九年	二月二十日，义律致函巴麦尊，建议立即武力对华。
1839	道光十九年	二月二十日，林则徐令英人出具永不夹带鸦片甘结。
1839	道光十九年	二月二十一日，林则徐制订《收缴趸船烟箱章程》，规定在虎门外龙穴洋面收缴烟土。
1839	道光十九年	二月二十一日，广州绅士在大佛寺增设收缴烟土烟枪总局。
1839	道光十九年	二月二十一日，义律禀告林则徐，取结一事不能转令遵行。
1839	道光十九年	二月二十八日，林则徐、邓廷桢等抵虎门，亲自验收收缴鸦片。
1839	道光十九年	三月初三日，谕令各省切实禁烟，不准以呈缴烟膏烟具入奏，苟且塞责。
1839	道光十九年	三月初三日，义律要求英印度总督派遣尽可能多的军舰来华示威。
1839	道光十九年	三月初六日，林则徐同意全体买办工役回归夷馆。
1839	道光十九年	三月初八日，义律收到甘结格式，立即将它撕毁。
1839	道光十九年	三月初九日，调林则徐为两江总督。
1839	道光十九年	三月十一日，以桂良奏查出河南各处无生老母庙三十九处，已全部拆毁，谕令直隶、山东、山西亦一体严查拆毁。
1839	道光十九年	三月十九日，林则徐因鸦片烟已缴过半数，命将广州夷馆包围撤去，允开舱贸易。
1839	道光十九年	三月十九日，命林则徐、邓廷桢将收缴鸦片解京复验。
1839	道光十九年	三月二十四日，命越南、琉球、暹罗，均改为四年遣使朝贡一次。
1839	道光十九年	三月二十八日，林则徐谕示英商，嗣后凡夹带鸦片者，船货充公，人即正法。
1839	道光十九年	四月初六日，林则徐将应缴烟土全部收清，共一万九千一百八十七箱又二千一百一十九袋。
1839	道光十九年	四月初七日，义律布告禁止英船进口贸易。
1839	道光十九年	四月初十日，义律布告英人，速离广州，船只暂时不得进口。
1839	道光十九年	四月十一日，广州英商上书巴麦尊，要求偿付烟价，保护英人商务。

公元	年号	大事记
1839	道光十九年	四月十二日，义律拒绝具结，率英船离广州赴澳门。
1839	道光十九年	四月二十二日，林则徐开始虎门销烟，至五月十五日结束。
1839	道光十九年	五月初五日，颁定《钦定严禁鸦片烟条例》。
1839	道光十九年	五月十三日，定《夷人携带鸦片入口治罪专条》。
1839	道光十九年	五月十七日至十八日，台湾嘉义县发生地震，多有损伤。
1839	道光十九年	五月十八日，命各省大吏振奋精神，认真查办，于一年半内，将兴贩吸食鸦片各犯，悉数破案。
1839	道光十九年	五月二十三日，美商出具永不贩运鸦片甘结。
1839	道光十九年	五月二十六日，林则徐布告，限民人于一年半内，断绝烟瘾。
1839	道光十九年	五月二十七日，英人在九龙尖沙咀制造了林维喜事件。
1839	道光十九年	六月初二日，林则徐派员查办林维喜案。
1839	道光十九年	六月初二日，闽浙总督钟祥以总督印信被窃，被处革职。
1839	道光十九年	六月初八日，云南顺宁府猛缅汉回为争地互斗，官兵助汉人，二千余回民被杀。
1839	道光十九年	六月十一日，林则徐令义律交出殴毙林维喜凶手，义律拒收谕帖。
1839	道光十九年	七月初七日，林则徐令澳门同知谕义律，责令交凶，义律拒绝。林则徐布告禁绝澳门英人柴米食物，撤退买办工役。
1839	道光十九年	七月十五日，义律率澳门英商二十七家寄居货船。
1839	道光十九年	七月二十六日，林则徐、邓廷桢赴澳门视察，葡萄牙澳门总督宣布中立。
1839	道光十九年	七月二十七日，英舰"窝拉疑"（Vogale）号向清水师开火，酿成九龙之役。
1839	道光十九年	八月二十四日，英国内阁会议正式决定向中国出兵。
1839	道光十九年	九月初五日，以九龙之役奏闻，谕令林则徐等，如英船仍行桀骜，即再示兵威。
1839	道光十九年	九月二十七日，伦敦东印度与中国协会上书巴麦尊，提出侵华方案。
1839	道光十九年	九月二十八日，穿鼻海战爆发。
1839	道光十九年	九月二十九日至十月初八日，中英双方在官涌接战，英军六遭败绩。
1839	道光十九年	九月二十九日，巴麦尊致函义律，指示战争步骤。
1839	道光十九年	十月，"马礼逊书院"在澳门设立。

公元	年号	大事记
1839	道光十九年	十一月初一日，林则徐遵旨，宣布停止对英国贸易，各国与英国遵式具结商船，仍准贸易。
1839	道光十九年	十一月初八日，穿鼻海战奏闻，道光再次谕令永远断绝与英国贸易，该国船只尽行驱逐出口。
1840	道光十九年	十一月二十八日，谕令地方官及将领严究武弁兵丁吸食鸦片。
1840	道光十九年	十二月初一日，调邓廷桢为两江总督，林则徐为两广总督，裕谦为江苏巡抚。
1840	道光十九年	十二月初一日，林则徐奉旨布告，正式封港，永远断绝与英国贸易。
1840	道光十九年	十二月初四日，英舰"窝拉疑"号宣布，自十二月十一起，封锁广州口岸。
1840	道光十九年	十二月十二日，英维多利亚女王在议会发表侵华演说。
1840	道光十九年	十二月十七日，调云贵总督伊里布为两江总督，邓廷桢为云贵总督。
1840	道光十九年	十二月二十二日，命吏部右侍郎祁寯藻、刑部右侍郎黄爵滋驰赴福建查办海口事件。
1840	道光十九年	十二月二十二日，调邓廷桢为闽浙总督。
1840	道光十九年	十二月二十八日，林则徐从美国旗昌洋行购买英船甘米力治号，将其改装为兵船。
1840	道光二十年	正月十一日，皇后钮祜禄氏病逝。
1840	道光二十年	正月十八日，英政府任命懿律和义律为侵华正副全权公使，并任命懿律为侵华英军总司令。
1840	道光二十年	正月十八日，议定《广东整饬洋务章程》。
1840	道光二十年	二月二十六日，林则徐得悉英国兵船来粤，命令水陆兵弁加紧操练，加意严防。
1840	道光二十年	三月初六日至初八日，英国议会下院就对华战争问题展开辩论，最后以二百七十一票对二百六十二票的微弱多数，通过了侵华提案。
1840	道光二十年	四月初九日，英国议会上院通过侵华提案。
1840	道光二十年	四月十一日，以上年云南猛缅厅回汉互斗，致毙回民多命，命云贵总督桂良核实办理。
1840	道光二十年	四月十五日，道光谕邓廷桢等，海防之要，首在严办汉奸。
1840	道光二十年	四月二十一日，福建水师炮击穿山与虎屿洋面英国烟船，擒黑人两人。

公元	年号	大事记
1840	道光二十年	四月二十五日,赐李承霖等一百八十人进士及第出身有差。
1840	道光二十年	五月初九日,广东水师提督关天培火攻英船于磨刀洋,烧毁英国小船十一只。
1840	道光二十年	五月十一日,从林则徐请,准广东行商捐缴银两,藉供筹办军费。
1840	道光二十年	五月二十二日,由英东印度舰队司令伯麦率领的侵华"东方远征军"抵达澳门外海。
1840	道光二十年	五月二十九日,英舰封锁广州珠江海口,鸦片战争正式爆发。
1840	道光二十年	五月二十九日,懿律自南非到达广州。
1840	道光二十年	六月初二日,懿律率英舰主力离粤北上。同时,留舰五艘继续封锁珠江口。
1840	道光二十年	六月初四日,英舰布朗底号进入厦门港口。
1840	道光二十年	六月初五日,英欲上岸递交《巴麦尊子爵致中国钦命宰相书》,不准,双方交火,相持三时,英舰逸去。
1840	道光二十年	六月初七日,英军攻占定海县城,知县姚怀祥、典史全福等死之。
1840	道光二十年	六月二十二日,以英军犯定海,命福建提督余步云星夜驰往会剿。
1840	道光二十年	六月二十八日,以英军攻陷定海,命沿海各将军督抚提镇加意防堵并严密查拿接应汉奸。
1840	道光二十年	六月三十日,英舰封锁宁波及长江海口,北上天津。
1840	道光二十年	六月,英军进攻澳门,被击退,林则徐增派兵员屯驻澳门。
1840	道光二十年	七月初八日,以刘韵珂为浙江巡抚。
1840	道光二十年	七月初九日,命两江总督伊里布为钦差大臣,赴浙江宁波相机剿办,裕谦署两江总督。
1840	道光二十年	七月十六日,诏允直隶总督琦善收受英人所投公文。
1840	道光二十年	七月十九日,邓廷桢奏称我师船难敌敌船。
1840	道光二十年	七月二十三日,道光帝批答英公文,诏琦善转告英人,允重治林则徐罪,并派遣钦差大臣赴粤查办。
1840	道光二十年	七月二十四日,林则徐奏报续获鸦片烟犯,被斥之为空言塞责。
1840	道光二十年	八月初四日,中英双方在大沽口南岸会谈。
1840	道光二十年	八月初五日,广东水师副将陈连陞在磨刀洋击败英留粤军舰。
1840	道光二十年	八月十八日,琦善照会懿律,劝令返粤,即派遣钦差大臣前往办理一切。

公元	年号	大事记
1840	道光二十年	八月十九日，懿律率舰队自白河口南下。
1840	道光二十年	八月二十至二十三日，英舰闯入慈、余姚近海，被清军生俘二三十人，其中包括陆军上尉宴士打剌打厘（E Anstruther）、海军上校助治参利（Douglas）等。
1840	道光二十年	八月二十二日，谕令沿海督抚不得对南返英军开火。
1840	道光二十年	八月二十二日，命琦善为钦差大臣，赴广州办理对英事宜。
1840	道光二十年	九月初三日，命将林则徐、邓廷桢交部严加议处，以琦善署理两广总督。
1840	道光二十年	九月初七日，伊里布与义律在镇海会议交还定海和释放英俘事宜。
1840	道光二十年	九月初八日，林则徐、邓廷桢被革职。
1840	道光二十年	九月二十八日，命福建减撤水勇，以省军费。
1840	道光二十年	九月，英军中疫病流行，四百余人死亡，一千五百人染疾。
1840	道光二十年	十月初三日，江苏撤退防兵。
1840	道光二十年	十月十三日，懿律在浙布告，宣布已与伊里布订立浙江休战协定。
1840	道光二十年	十月十四日，懿律偕义律率舰队到达天津白河口。
1840	道光二十年	十月十九日，定海英军半数南撤，随后，浙江防兵亦酌撤。
1840	道光二十年	十一月初六日，琦善到达广州。
1840	道光二十年	十一月初六日，懿律因病辞职返国，伯麦继任英军统帅，外交事务则由义律接管。
1840	道光二十年	十一月十一日，琦善接任两广总督。
1840	道光二十年	十一月十一日，义律向琦善提出议和条件十四项。
1840	道光二十年	十一月二十四日，琦善照会义律，答应赔偿烟价六百万元，广州之外，再开港一处。
1840	道光二十年	十一月二十六日，英国大小兵船、火轮船二十余只，抛锚穿鼻洋。
1840	道光二十年	十一月二十八日，湖广总督周天爵以创设酷刑，惨毙多命，被革职。
1840	道光二十年	十二月初三日，谕令琦善拒绝英人要求，并命沿海将军督抚随时体察，严加防范。
1840	道光二十年	十二月初七日，调四川、湖南、贵州兵四千人赴粤，听候差遣。
1841	道光二十年	十二月十二日，调福建提督余步云任浙江提督。
1841	道光二十年	十二月十三日，伯麦照会琦善，以动武相威胁。

公元	年号	大事记
1841	道光二十年	十二月十五日，英军再次发动攻击，广州大角、沙角炮台失陷，陈连陞父子死难。
1841	道光二十年	十二月十六日，琦善请和，英军停战。
1841	道光二十年	十二月十八日，琦善照会义律，允给予香港岛。
1841	道光二十年	十二月二十日，谕令琦善乘机痛剿，勿畏难苟安。
1841	道光二十年	十二月二十四日，义律照会琦善，允一面接受香港，一面归还定海、大角、沙角。
1841	道光二十年	十二月二十五日，调安徽、湖北、湖南兵赴浙江。
1841	道光二十年	十二月二十六日，琦善照会义律，承认一切条款。
1841	道光二十年	十二月二十九日，义律宣布已与琦善签订初步协定，即《穿鼻草约》。
1841	道光二十年	十二月二十九日，英军退出大角、沙角炮台。
1840	道光二十年	是年，著名学者俞正燮故世。
1841	道光二十一年	正月初四日，英军强占香港岛。
1841	道光二十一年	正月初五日，闻英军攻占大角、沙角两炮台，道光帝愤怒异常，下诏对英宣战，并命将琦善交部严议，革去关天培顶戴，戴罪立功。
1841	道光二十一年	正月初五日，琦善和义律会于狮子洋莲花山，密商"善定事宜"。
1841	道光二十一年	正月初八日，谕令御前领侍卫内大臣奕山为靖逆将军，户部尚书隆文、湖南提督杨芳为参赞大臣，驰赴广东督办军务。当日及此后，陆续增调配省兵一万六千余人赴广东备调遣。
1841	道光二十一年	正月十五日，命伊里布仍乘隙进剿。
1841	道光二十一年	正月十九日，以伊里布畏葸，命回两江总督任，命裕谦为钦差大臣，驰赴浙江，会同余步云专办攻剿事宜。
1841	道光二十一年	正月二十一日，义律琦善约定十日后，俟英军交还定海，正式签约。
1841	道光二十一年	正月二十四日，谕令奕山，无论英人是否交还定海，皆当一意进剿，香港地方绝不容许英人占据。
1841	道光二十一年	正月二十九日，以琦善称病不肯签约，义律宣布琦善无诚意，即令兵船向虎门进发。
1841	道光二十一年	二月初三日，英舰驶入虎门附近之三门口，焚毁盐关，中英冲突又起。
1841	道光二十一年	二月初三日，张禧根据协议，至定海释放英俘。
1841	道光二十一年	二月初五日，英军交还定海。

公元	年号	大事记
1841	道光二十一年	二月初五日，以伊里布督办浙江军务期间并不实心进剿，著交部严议，并谕令裕谦一鼓作气，勿事迟回。
1841	道光二十一年	二月初六日，英军发动攻击，虎门之役打响，炮台陷落，守将关天培等阵亡。
1841	道光二十一年	二月初六日，以琦善违旨媾和，擅割香港，令革职锁拿，押解来京严讯，并藉没家产。以祁𡎴为两广总督。
1841	道光二十一年	二月初七日，英军攻陷乌涌炮台，总兵祥福战死。此后至二十六日，猎洲炮台、猎德炮台、二沙尾炮台、大黄滘炮台、湖州炮台、沙涌炮台和凤凰冈炮台等七炮台相继失陷。
1841	道光二十一年	二月初九日，英新任陆军思司令郭富率援军自印度抵达黄埔。
1841	道光二十一年	二月十三日，杨芳到达广州，主持军务。
1841	道光二十一年	二月二十三日，以虎门炮台失手，命四川提督齐慎为参赞大臣，驰赴广州会剿。
1841	道光二十一年	二月二十六日，英军进入广东内河，直逼广州。
1841	道光二十一年	二月二十八日，杨芳与义律达成《休战贸易协定》，广州恢复通商。
1841	道光二十一年	三月初九日，伯麦回抵加尔各答，向印度总督报告广东军事，并请增援。
1841	道光二十一年	三月二十日，英外相巴麦尊得悉《穿鼻草约》，极为不满。
1841	道光二十一年	三月二十三日，奕山、隆文、祁𡎴等到达广州。
1841	道光二十一年	三月二十五日，赏林则徐四品顶戴，驰赴浙江协办海防事务。
1841	道光二十一年	三月二十九日，诏促奕山等进兵。
1841	道光二十一年	闰三月初十日，英政府以义律索益太少，召回义律，改派璞鼎查为全权大臣兼贸易监督。
1841	道光二十一年	闰三月十三目，命伊里布来京，补授裕谦为两江总督，调梁章钜为江苏巡抚。
1841	道光二十一年	四月初一日，奕山夜袭英军，分兵三路。
1841	道光二十一年	四月初二日，英军大举反攻，进逼广州。
1841	道光二十一年	四月初六日，广州城上竖起白旗，奕山派广州知府余保纯乞降，战事暂停。
1841	道光二十一年	四月初七日，《广州和约》签订。
1841	道光二十一年	四月初九日，三元里民众抗英斗争发生。

公元	年号	大事记
1841	道光二十一年	四月十一日，巴麦尊训令璞鼎查，再占舟山，要求赔款，增开口岸。
1841	道光二十一年	四月十六日，奕山、隆文退出广州，屯驻金山。
1841	道光二十一年	四月十八日，英军撤出虎门，聚集香港。
1841	道光二十一年	四月二十五日，赐龙启瑞等二百零二人进士及第出身有差。
1841	道光二十一年	四月二十九日，从奕山之请，允英人通商。
1841	道光二十一年	四月二十九日，伯麦自印度返回香港，任英副全权大臣。
1841	道光二十一年	五月初八日，祁墳颁布告示，赞誉昇平社学爱国之举。
1841	道光二十一年	五月初十日，谕令林则徐革去四品卿衔，与邓廷桢均发往伊犁效力。
1841	道光二十一年	六月初八日，命革伊里布职，发往军台效力。
1841	道光二十一年	六月十一日，以奕山奏，广东神庙显灵，请给匾额，道光帝亲书"慈佑清海"匾额发往奕山。
1841	道光二十一年	六月十一日，以粤省洋务大定，令沿海各省酌撤调防官兵。
1841	道光二十一年	六月十六日，河南祥符三十一堡黄河大决口。
1841	道光二十一年	六月十六日，琦善被处斩监候。
1841	道光二十一年	六月二十四日，璞鼎查到达澳门。
1841	道光二十一年	六月二十六日，璞鼎查照会广州当局，要求接受去年所提各款，否则带兵北上。
1841	道光二十一年	七月初三日，命林则徐折回东河效力赎罪。
1841	道光二十一年	七月初四日，命大学士王鼎驰往河南，督办黄河堵口工程
1841	道光二十一年	七月初九日，璞鼎查率英军北犯闽浙。
1841	道光二十一年	七月初十日，英军攻陷厦门，总兵江继芸等死难，闽浙总督颜伯焘退守同安。
1841	道光二十一年	七月十四日，孟保等奏闻，已通过掣签，选出那木觉木多尔济为达赖呼毕勒罕。
1841	道光二十一年	七月二十日，英军离开厦门向北驶向舟山。
1841	道光二十一年	七月二十八日，以英船突至福建，厦门失陷，命沿海各省严加防范。
1841	道光二十一年	七月二十八日，命广西按察使宝清往越南封越南新国王阮福璇。
1841	道光二十一年	八月初四日，命奕山、祁墳设法收复香港。
1841	道光二十一年	八月十二日，英舰闯入定海竹山门，定海总兵葛云飞开炮轰击。定海保卫战打响。

公元	年号	大事记
1841	道光二十一年	八月十六日，台湾鸡笼发生英船触礁事件。
1841	道光二十一年	八月十七日，定海再度失守，葛云飞、王锡朋、郑国鸿三总兵阵亡。
1841	道光二十一年	八月二十六日，英军揭开镇海之战，提督余步云不战而退，镇海陷落，裕谦殉职，总兵谢朝恩等阵亡。
1841	道光二十一年	八月二十九日，宁波失守。
1841	道光二十一年	九月初四日，以镇海失守，命奕经为扬威将军，哈哴阿、胡超为参赞大臣，驰赴浙江督办军务。
1841	道光二十一年	九月初五日，命牛鉴署两江总督。
1841	道光二十一年	九月初五日，释琦善，发往浙江军营效力。
1841	道光二十一年	九月初七日，授文蔚参赞大臣，驰赴浙江军营。胡超带兵驰赴天津。
1841	道光二十一年	九月初八日，命特依顺代替哈哴阿为参赞大臣，赴浙江办理军务。
1841	道光二十一年	九月十二日，谕令沿海各处乡村，均宜自行团练乡勇，联络声势，保家卫国。
1841	道光二十一年	九月十三日，英船再犯鸡笼，被击退。
1841	道光二十一年	九月二十一日，英外相训令璞鼎查，中国未完全接受条件，不停止军事行动。索赔军费酌量决定，增开四五个口岸，不拟要求土地。
1841	道光二十一年	九月，著名学者龚自珍猝逝于丹阳。
1841	道光二十一年	十月初八日，派御前大臣僧格林沁等查阅天津海防。
1841	道光二十一年	十一月十六日，英军在余姚登陆，守军弃城而逃，城陷。两日后离去。
1841	道光二十一年	十一月十九日，英军焚掠慈溪城后，撤回宁波。
1842	道光二十一年	十一月二十九日，英军进入奉化焚掠，翌日退出。
1842	道光二十一年	十二月十二日，湖北崇阳钟人杰率众起义。
1841	道光二十一年	是年，著名学者李兆洛逝世。
1841	道光二十一年	是年，《海国图志》编撰成书。
1842	道光二十二年	正月初七日，璞鼎查宣布香港、定海为自由港。
1842	道光二十二年	正月十八日，英国驻华商务监督公署自澳门移驻香港。
1842	道光二十二年	正月十九日，湖北提督刘允孝收复崇阳。
1842	道光二十二年	正月二十二日，钟人杰被擒。寻湖南清军收复通城，钟人杰乱平。
1842	道光二十二年	正月二十九日，奕经、文蔚派兵发动浙东反攻战，败绩。
1842	道光二十二年	正月三十日，一英船在台湾大安港搁浅。

公元	年号	大事记
1842	道光二十二年	二月初四日，英军再败奕经于慈溪，副将朱贵等战死。
1842	道光二十二年	二月初七日，命东河委差之林则徐仍发往伊犁效力。
1842	道光二十二年	二月初七日，奕经、文蔚弃绍兴，败走杭州。
1842	道光二十二年	二月初八日，黄河祥符决口大坝合龙，河水东流。
1842	道光二十二年	二月十六日，命广州将军耆英往浙江署杭州将军，伊里布随同前往。
1842	道光二十二年	二月二十四日，命四川提督齐慎仍为参赞大臣，驰赴浙江办理军务。
1842	道光二十二年	二月二十七日，授耆英为钦差大臣，驰赴浙江防守省城。
1842	道光二十二年	三月初二日，定《稽查闽广驶往天津海船章程》。
1842	道光二十二年	三月初四日，浙江水勇夜袭定海英军，焚毁英船多只。
1842	道光二十二年	三月初五日，香港开设邮局。
1842	道光二十二年	三月二十六日至二十八日，英军相继退出宁波、镇海，退往定海，以备北犯。
1842	道光二十二年	四月初五日，赏台湾抗英功臣达洪阿、姚莹，并命台湾所获英俘，除头目暂行禁锢外，均即行正法。
1842	道光二十二年	四月初七日，英军抵达乍浦洋面。
1842	道光二十二年	四月初九日，英军发动乍浦之役，城陷。
1842	道光二十二年	四月十六日，孟保等主持达赖呼毕勒罕行坐床礼。
1842	道光二十二年	四月十九日，入侵乍浦英军全数退出北进。
1842	道光二十二年	四月二十二日，著余步云革职，并锁拿解京。
1842	道光二十二年	四月三十日，大学士王鼎暴卒。
1842	道光二十二年	五月初一日，予伊里布四品顶戴，署乍浦副都统。
1842	道光二十二年	五月初八日，吴淞之战打响，宝山沦陷，江南提督陈化成战死，牛鉴西走嘉定。
1842	道光二十二年	五月十一日，英军进占上海，典史杨庆恩殉难。
1842	道光二十二年	五月十五日，英军撤出上海城。
1842	道光二十二年	五月十九日，命工部尚书赛尚阿为钦差大臣，驰往天津办理军务。
1842	道光二十二年	五月二十六日，荆州长江大堤漫决，湖北二十八州县被灾。
1842	道光二十二年	六月初一日，日全食，约一小时。
1842	道光二十二年	六月初八日，道光谕耆英等有条件允和。
1842	道光二十二年	六月十四日至十五日，中英展开镇江之战，城陷，副都统海龄死难。

公元	年号	大事记
1842	道光二十二年	六月十九日，道光密谕耆英"慎持国体，俯顺夷情"。另谕耆英、伊里布为钦差大臣。
1842	道光二十二年	六月二十日，命耆英、伊里布为议和全权大臣。
1842	道光二十二年	六月二十三日，耆英照会璞鼎查，请停战议和。
1842	道光二十二年	六月二十八日，英舰抵达南京江面。
1842	道光二十二年	七月初三日，伊里布抵达南京，即命先期抵达之家人张禧赴英舰咨询议和条件。
1842	道光二十二年	七月初五日，道光谕令耆英等，完成和局，勿顾忌。
1842	道光二十二年	七月初七日，耆英到达南京，璞鼎查致耆英以最后通牒。
1842	道光二十二年	七月初八日，台湾被俘之英印人，除头目十人外，悉被正法。
1842	道光二十二年	七月初九日，耆英接受璞鼎查所开条款。
1842	道光二十二年	七月十五日，耆英、伊里布、牛鉴登英舰会晤璞鼎查。
1842	道光二十二年	七月十七日，江苏桃源桃北厅河决。
1842	道光二十二年	七月二十四日，中英《南京条约》正式签署。
1842	道光二十二年	八月初二日，道光帝批准《南京条约》。
1842	道光二十二年	八月初十日，英舰开始撤离南京，至九月初三日，全数撤出长江口。
1842	道光二十二年	九月初八日，谕令所有征调备省官兵，著分批撤归，乡勇遣散。
1842	道光二十二年	九月初八日，据镇海招宝山英军登船撤离。
1842	道光二十二年	九月十四日，命将牛鉴革职拿问，以耆英为两江总督。
1842	道光二十二年	九月十四日，命伊里布为钦差大臣、广州将军，赴广州办理善后事宜。
1842	道光二十二年	九月二十三日，谕令沿海各省文武官员就如何量为变通，整饬军务妥议具奏。
1842	道光二十二年	九月二十九日，伊里布奏报筹集英军赔款情形。
1842	道光二十二年	九月三十日，"马礼逊书院"由澳门迁至香港。
1842	道光二十二年	十月初一日，英船至台湾索俘。
1842	道光二十二年	十月初五日，从英人所请，准释放台湾所获英国战俘。
1842	道光二十二年	十月上旬，广州发布《全粤义士义民公檄》，反对英人入城。
1842	道光二十二年	十月十九日，奕山、奕经、文蔚被革职，定刑为斩监候。
1842	道光二十二年	十月二十四日，璞鼎查照会闽浙总督怡良，要求惩办杀戮英俘之台湾官员。

公元	年号	大事记
1842	道光二十二年	十月二十七日，怡良在厦门会晤璞鼎查，商谈台湾杀俘事件。
1842	道光二十二年	十一月初六日，广州发生火烧十三行事件。
1842	道光二十二年	十一月十九日，英军大部离香港西返。
1842	道光二十二年	十一月二十三日，牛鉴被处斩监候。
1842	道光二十二年	十一月二十七日，英国批准《南京条约》。
1842	道光二十二年	十一月三十日，美国总统致文国会，主张派使驻华。
1843	道光二十二年	十二月初七日，命怡良赴台湾查办杀俘事件。
1843	道光二十二年	十二月二十日，伊里布与璞鼎查会于黄埔，商议纳税章程及杀俘事件。
1843	道光二十二年	十二月二十四日，余步云被处斩决。
1843	道光二十二年	十二月二十五日，伊里布告示广州绅士，勿再启边衅，滋扰洋人。
1843	道光二十二年	十二月二十六日，以水师战技重在驾船放炮，令嗣后水师官员赴部引见时，停阅马箭，只考验枪炮。
1843	道光二十二年	十二月二十七日，重修《大清一统志》咸。
1842	道光二十二年	是年，魏源《圣武记》书成。
1843	道光二十三年	正月初五日，命驱逐喜峰口外私开银矿之流民。
1843	道光二十三年	二月初四日，伊里布在广州病逝。
1843	道光二十三年	三月初一日，以近来地方不靖，命备省督抚、提镇严饬所属，全力缉拿盗匪。
1843	道光二十三年	三月初六日，英国女王颁布《香港宪章》，任命璞鼎查为首任香港总督。
1843	道光二十三年	三月初七日，命耆英为钦差大臣，驰赴广州，办理通商纳税章程。
1843	道光二十三年	三月二十四日，以怡良奏，台湾上两年所俘英人，确系英国难民，命将达洪阿、姚莹革职，交部定罪。后被免予治罪。
1843	道光二十三年	三月二十六日，户部库银亏短事件查出结果，共亏短九百二十五万二千余两。
1843	道光二十三年	四月初九日，美国国务卿韦伯斯特训令新任来华公使顾盛坚持最惠国待遇原则。
1843	道光二十三年	四月二十七日，命耆英与英人会议通商事宜。
1843	道光二十三年	五月十四日，定《户部库银稽查章程》。
1843	道光二十三年	五月二十九日，耆英与璞鼎查在香港举行《南京条约》互换批准书仪式。
1843	道光二十三年	五月二十九日，香港殖民政府正式成立，璞鼎查就任总督。

公元	年号	大事记
1843	道光二十三年	六月初三日，以湖南武冈曾如炷起事，杀死知州徐光弼，命吴其浚讨捕之。正月后乱平。
1843	道光二十三年	六月二十五日，《中英五口通商章程》在香港公布。
1843	道光二十三年	六月，洪秀全在广东花县创立拜上帝教。
1843	道光二十三年	六月，河南中牟下汛九堡黄河漫口。
1843	道光二十三年	七月初一日，中英广州贸易恢复。
1843	道光二十三年	七月初四日，命协办大学士户部尚书敬征、右侍郎何汝霖赴东河查勘漫口情形。
1843	道光二十三年	七月初六日，释邓廷桢回籍。
1843	道光二十三年	闰七月初二日，候选道员潘仕成以制造水雷成功，加布政使衔。
1843	道光二十三年	闰七月初三至初四日，直隶霸州永定河决口，漫淹二十余里。
1843	道光二十三年	闰七月十一日，行商伍敦元卒。
1843	道光二十三年	闰七月二十八日，着英进呈洋枪。
1843	道光二十三年	八月十五日，中英签订《虎门条约》。
1843	道光二十三年	九月十二日，厦门开市。
1843	道光二十三年	九月十八日，法国外交部训令来华公使剌萼尼依照中英《南京条约》与中国订约。
1843	道光二十三年	九月二十四日，准美国一体通商，不允进京。
1843	道光二十三年	九月二十六日，上海开埠。
1843	道光二十三年	十月初九日，台湾嘉义县洪协、郭崇高起事。
1843	道光二十三年	十月初十日，谕着英仍当申严鸦片烟禁令。
1843	道光二十三年	十月初十日，命着英回两江总督任，办理善后及上海通商事宜。
1843	道光二十三年	十一月初七日，命整饬沿海水师。
1844	道光二十三年	十一月十二日，宁波开市。
1844	道光二十三年	十一月十六日甲申，台湾嘉义乱平。
1843	道光二十三年	是年，广州东北郊建立抗英组织"东平社学"。
1843	道光二十三年	是年，英国传教士在上海开设"墨海书馆"。
1844	道光二十四年	正月初七日，美国公使顾盛到达澳门。
1844	道光二十四年	正月初十日，顾盛照会广东巡抚程矞采，称不日进京，呈递国书。

公元	年号	大事记
1844	道光二十四年	正月十七日，程矞采连日校阅省城附近之异平、东平、南平、隆平等社学壮勇。
1844	道光二十四年	正月二十九日，户部议定，令各直省督抚、府尹、都统认真核查荒地，召人承买。
1844	道光二十四年	二月初一日，调耆英为两广总督。
1844	道光二十四年	二月初七至初九日，河南中牟黄河堵口过程中尚未合龙之新筑堤坝部分毁塌。
1844	道光二十四年	二月初九日，从户部请，饬查试垦新疆、甘肃未垦荒地。
1844	道光二十四年	二月十五日，释牛鉴，赴河南协助河工。
1844	道光二十四年	二月二十二日，谕令程矞采劝阻美使进京，一切事情在澳门办理，并命耆英驰赴广州，妥办此事。
1844	道光二十四年	二月二十二日，从麟魁等奏，暂缓河南中牟黄河决口。
1844	道光二十四年	三月初五日，授耆英为钦差大臣，办理各省通商善后事宜。
1844	道光二十四年	三月初七日，顾盛照会程矞采，谓中国所持态度，将使中美两国失和。
1844	道光二十四年	三月初七日，驻藏大臣孟保奏，经金奔巴掣签，掣出聂尔阿为哲卜尊丹巴呼图克图之呼毕勒罕。
1844	道光二十四年	三月二十一日，德庇时接替璞鼎查为英国驻华公使兼香港总督。
1844	道光二十四年	四月初一日，台湾发生郭光侯抗粮事件。
1844	道光二十四年	四月初二日，英人提出拟租广州河南地，以民众反对，未果。
1844	道光二十四年	四月初五日，洪秀全、冯云山到广西桂县。
1844	道光二十四年	四月初九日，准云南、贵州、四川、广西等处，民间开采银矿。
1844	道光二十四年	四月十四日，耆英到达广州。
1844	道光二十四年	四月二十五日，赐孙毓溎等二百零九人进士及第出身有差。
1844	道光二十四年	五月十五日，准民间开采广西北流铁矿。
1844	道光二十四年	五月十八日，《中美望厦条约》签订。
1844	道光二十四年	五月末，直隶永定河决。
1844	道光二十四年	六月初六日，湖南巡抚陆费瑔奏，耒阳县民阳大鹏起事。
1844	道光二十四年	六月二十三日，命督抚官员劝谕商民采办广西银矿。
1844	道光二十四年	六月三十日，法国公使剌萼尼到达澳门。
1844	道光二十四年	七月初，湖北荆州万城长江大堤决口。

公元	年号	大事记
1844	道光二十四年	七月初九日，陆费琼奏，耒阳乱平，阳大鹏被擒获。
1844	道光二十四年	七月二十九日，东河总督钟祥奏，河南中牟黄河堵口大工势难缓办，谕令即克日兴办工程。
1844	道光二十四年	八月初二日，冯云山自贵县到桂平传教。
1844	道光二十四年	八月初六日，定《广东水师巡哨章程》。
1844	道光二十四年	九月初六日，剌尊尼照会耆英，要求弛禁天主教。
1844	道光二十四年	九月十三日，《中法黄埔条约》签订。
1844	道光二十四年	十月初二日，道光密谕耆英，准弛禁天主教，但只限于五口通商口岸。
1844	道光二十四年	十月二十九日，命林则徐赴阿克苏等城，查勘回汉民众垦荒等情形。
1844	道光二十四年	十一月初四日，敕封十一世达赖名号。
1844	道光二十四年	十一月初五日，嗣后，无论中外民人，凡有学习天主教并不滋事为非者，准予免罪。
1845	道光二十四年	十二月初八日，命林则徐赴喀什噶尔查勘开荒。
1845	道光二十四年	十二月二十六日，河南中牟黄河决口合龙。
1844	道光二十四年	是年，中国第一所女子教会学校——宁波女子学塾开办。
1845	道光二十五年	正月，台湾彰化地震，损毁严重。
1845	道光二十五年	二月十五日，英军退出鼓浪屿。
1845	道光二十五年	四月初二日，密谕直隶等省（闽、粤、江、浙除外）督抚暂缓颁示弛禁天主教上谕。
1845	道光二十五年	四月初二日，命陕甘、四川等省督抚严饬所属，缉拿四川青莲教酋李一原等教匪。
1845	道光二十五年	四月十三日，谕令直隶、山东、河南各省督抚严拿大名府属盗匪、教匪。
1845	道光二十五年	四月十五日，定《福建水师巡哨章程》。
1845	道光二十五年	四月二十日，命湖北、江南各省督抚严密查拿青莲教总教主朱中立。
1845	道光二十五年	四月二十五日，赐萧锦忠等二百一十七人进士及第出身有差。
1845	道光二十五年	五月初九日，山东巨野捻党聚集，抗拒官兵。
1845	道光二十五年	五月十六日，定《乡试会试士子夹带惩罚例》。
1845	道光二十五年	五月二十七日，四川总督宝兴奏，在乐山抓获青莲教首李一原。
1845	道光二十五年	六月初四日，准与比利时一体通商。
1845	道光二十五年	六月初六日，命山东巡抚崇恩及直隶总督讷尔经额剿捕濮州、郓城等处捻匪。

公元	年号	大事记
1845	道光二十五年	六月上旬，台湾遭飓风袭击，三千余人淹毙。
1845	道光二十五年	六月十一日，命抚恤台湾彰化地震灾民。
1845	道光二十五年	六月十二日，署西宁总兵庆和赴西宁口外会哨，遇番乱，庆和死难。
1845	道光二十五年	六月二十四日，云南永昌府发生回汉互斗事件。
1845	道光二十五年	六月二十八日，命耆英等缉捕究办广州府属之三合会、卧龙会匪。
1845	道光二十五年	六月二十九日，南河总督潘锡恩奏报，桃源运河漫口。
1845	道光二十五年	七月初五日，命湖广总督裕泰等密速查拿湖南衡州之金丹大道教。
1845	道光二十五年	七月十二日，允丹麦（丹麻尔国）在粤设立领事，一体通商。
1845	道光二十五年	七月二十三日，《中法黄埔条约》在澳门互换。
1845	道光二十五年	九月二十八日，饬令林则徐回京，以四、五品京堂候补。
1845	道光二十五年	九月二十九日，朝鲜国王咨文称，英船屡次移泊该国境内，命耆英开导英使，务令恪遵成约，彼此相安。
1845	道光二十五年	十月二十二日，耆英会晤德庇时于香港，商议舟山交还及广州进城问题。
1845	道光二十五年	十月二十二日，命云贵总督邓廷桢剿办永昌抗杀官兵之回民。
1845	道光二十五年	十一月初一日，《上海租地章程》公布。
1845	道光二十五年	十一月初五日，穆彰阿等议准回疆新垦地亩事宜。
1845	道光二十五年	十一月二十三日，谕耆英不允英人进入广州城。
1845	道光二十五年	十一月二十八日，美国东印度舰队统领，署理驻华公使壁德到达广州。
1845	道光二十五年	十二月初三日，《中美望厦条约》在广州互换。
1846	道光二十五年	十二月十四日，法国公使剌萼尼离粤，临行前，照会耆英，坚请明降谕旨，弛天主教禁。
1846	道光二十五年	十二月十七日，命各省督抚将未获之青莲教要犯朱中立、林依祕、彭依法等人缉捕归案。
1846	道光二十五年	十二月十八日，广州民众掀起反英人进城运动。
1846	道光二十五年	十二月二十日，谕令耆英、广东巡抚黄恩彤，酌定天主教弛禁告示，于通行五口通商地方张挂。
1846	道光二十五年	十二月二十一日，令两江、闽浙各督抚，接到粤中所拟弛禁天主教示谕底稿后，即在通商各处张挂。
1845	道光二十五年	是年，"美华书馆"在宁波创办。
1846	道光二十六年	正月十三日，明降谕旨，弛天主教禁，并给还康熙年间之旧教堂。

公元	年号	大事记
1846	道光二十六年	正月二十五日，云南永昌回民聚众报复汉人。
1846	道光二十六年	二月初一日，为平息广州民怨，从耆英请，将广州知府刘浔撤职。
1846	道光二十六年	三月初三日，福州发生中英冲突。
1846	道光二十六年	三月初八日，中英签订《英军退还舟山条约》。
1846	道光二十六年	四月初四日，驻藏大臣琦善奏，在西藏拿获法国传教士约则噶毕和额洼哩斯塔。
1846	道光二十六年	四月十六日，命云贵总督贺长龄查办永昌回民动乱。
1846	道光二十六年	闰五月初四日，以青海黑错四沟番乱，命陕甘总督布彦泰剿办。
1846	道光二十六年	闰五月初五至初六日，湖北荆州发生旗汉冲突。
1846	道光二十六年	闰五月二十九日，广州英商请英政府派兵船来粤。
1846	道光二十六年	六月初三日，英军退出舟山。
1846	道光二十六年	六月初五日，湖广总督裕泰奏，在潜江拿获西班牙传教士陆怀仁（Michael Navarro，1809-1877）。
1846	道光二十六年	六月十三日，陕甘总督布彦泰、陕西巡抚林则徐奏，青海番乱平。
1846	道光二十六年	六月十六日，密立皇四子奕詝为储君。
1846	道光二十六年	七月十六日，法国传教士牧若瑟在直隶井陉被拿获。
1846	道光二十六年	七月二十日，以云南回汉积嫌未释，命贺长龄持平办理，勿分畛域。
1846	道光二十六年	八月初五日，上海英租界西界址议定。
1846	道光二十六年	八月十五日，江苏昭文县起事首领金德润被捕获。
1846	道光二十六年	八月二十日，以耆英密陈练兵、储饷事宜，诏命沿海七省将军、督抚等认真核办，不动声色，严密办理。
1846	道光二十六年	九月初八日，美国新任驻华公使义华业与耆英会晤，并递交国书。
1846	道光二十六年	九月初九日，命江浙招商买米，由海运运至天津，以济仓储。
1846	道光二十六年	九月十八日，据奏，湖南新田县王宗献起事，被捕获，谕令亲提审讯，寻奏拟斩立决。
1846	道光二十六年	九月十九日，以四川富民、璧山等县啯匪横行，命认真查缉。
1846	道光二十六年	十月十六日，以本年多次发现外国传教士在内地非法传教，谕各国夷人以后惟当自行约束，恪遵成约。
1846	道光二十六年	十月二十日，耆英奏，英使德庇时来文，称克什米尔与后藏交界，请明定界址，并准予通商，现已回文拒绝。

公元	年号	大事记
1846	道光二十六年	十一月十三日，云南顺宁云州回民起事。
1847	道光二十六年	十一月十八日，容闳等三人赴美求学，是为中国首批留学生。
1847	道光二十六年	十一月二十五日，以近年京漕亏短，定《鼓励江浙商人买米北运办法》。
1847	道光二十六年	十二月二十日，就英人请于后藏定界通商一事. 道光谕耆英坚守成规，持以镇静，勿为摇惑。
1846	道光二十六年	是年，上海旗昌洋行成立。
1846	道光二十六年	是年，梁廷枬《海国四说》出版。
1847	道光二十七年	正月初十日，耆英奏，英人西藏定界通商之请出现转机，只欲指明旧界，通商仍照旧章。
1847	道光二十七年	正月二十一日，外船初从厦门载华工出洋。
1847	道光二十七年	正月二十六日，英美人被殴之佛山事件发生。
1847	道光二十七年	二月初四日，耆英与瑞典、挪威两国签订五口通商章程。
1847	道光二十七年	二月初六日，英使德庇时向耆英抗议佛山事件。
1847	道光二十七年	二月初九日，以云南云州回民起事，命李星沅剿之。
1847	道光二十七年	二月十八日，德庇时领兵突袭广州。
1847	道光二十七年	二月二十一日，耆英接受德庇时要求，允英人两年后进广州城，惩办凶犯，划河南地为租界。
1847	道光二十七年	二月二十五日，美公使义华业致书美国务卿，主张美法俄共同维护中国独立，以对抗英国。
1847	道光二十七年	三月十六日，调林则徐为云贵总督。
1847	道光二十七年	三月十九日，以夷人反复无常，命耆英练兵练将，团结民心，以为根本。
1847	道光二十七年	三月二十九日，以广东易起争端，本省兵力防范难周，命耆英与广西预备劲旅二三千名，以备调遣。
1847	道光二十七年	四月初七日，广州民众集会，抗议英人强租河南地。
1847	道光二十七年	四月初八日，卜巴什等奏，"布鲁特匪"复攻色埒库勒，击退之。
1847	道光二十七年	四月二十五日，赐张之万等二百三十一人进士及第出身有差。
1847	道光二十七年	五月，英使德庇时向耆英租借广州十三行街南口地，并筑围墙。
1847	道光二十七年	六月十一日，理藩院拒绝俄国增添塔尔巴哈台、伊犁和喀什噶尔三处为通商口岸的要求。
1847	道光二十七年	六月二十四日，叶尔羌发生安集延暴动，参赞大臣赛什雅勒泰自杀。

公元	年号	大事记
1847	道光二十七年	六月三十日,礼部奏定《旌表建坊章程》。
1847	道光二十七年	七月十七日,洪秀全到广西桂平紫荆山会晤冯云山。
1847	道光二十七年	七月二十四日,耆英等奏,英人向背视乎贸易之通塞,目前不至决裂。谕令仍密为筹度,以备不测。
1847	道光二十七年	七月二十七日,七和卓之乱开始,围攻喀什噶尔、英吉沙尔。
1847	道光二十七年	七月,云南回民丁灿廷、杜文秀等两次至京控告香匪滥杀回民,命林则徐严讯究办。
1847	道光二十七年	八月初一日,拨银赈济河南抗旱。
1847	道光二十七年	八月十三日,云南姚州白盐井回汉互斗开始。
1847	道光二十七年	八月十八日,授布彦泰为定西将军,奕山为参赞大臣,剿办新疆回乱。
1847	道光二十七年	九月初十日,湖南新宁瑶民雷再浩举事。
1847	道光二十七年	十月初二日,命备省严缉会匪、捻匪等,除莠安良。
1847	道光二十七年	十月十七日,英政府训令德庇时,勿再向中国进行侵犯行为。
1847	道光二十七年	十月二十四日,接叶尔羌参赞大臣奕山奏,所带官兵连获胜仗,英吉沙尔解围。
1847	道光二十七年	十月二十六日,湖南叛瑶头领雷再浩被擒,乱平。
1847	道光二十七年	十月二十七日,奕山奏,喀什噶尔解围,叛回溃散。
1847	道光二十七年	十月二十八日,广州发生黄竹歧事件。
1847	道光二十七年	十一月十一日,耆英将黄竹歧事件凶手四人正法。
1847	道光二十七年	十一月二十一日,广西桂平生员王作新率团练逮捕冯云山,被拜上帝会众抢回。
1848	道光二十七年	十一月二十七日,美以德威士为驻华公使。
1848	道光二十七年	十一月二十九日,云南永昌保山汉人打夺京控人证。
1848	道光二十七年	十二月十二日,王作新再捕冯云山等,投入桂平县监狱。
1848	道光二十七年	十二月二十五日,耆英奏,英使来文,印度已派员往查后藏与克什米尔通商旧界。诏命四川总督琦善及驻藏办事大臣即派员前往办理。
1848	道光二十七年	十二月二十九日,命耆英来京陛见,以广东巡抚徐广缙署钦差大臣、两广总督,布政使叶名琛护理广东巡抚。
1848	道光二十七年	十二月二十九日,谕徐广缙,嗣后遇有民夷交涉,不可瞻徇迁就,有失民心。

公元	年号	大事记
1847	道光二十七年	是年，姚莹《康輶纪行》出版。
1848	道光二十八年	正月二十日，云南大理府弥渡回民起事，经月失败。
1848	道光二十八年	二月初四日，江苏青浦县发生麦都思事件。
1848	道光二十八年	二月十八日，文翰代德庇时任英国驻华公使兼香港总督。
1848	道光二十八年	二月十九日，以江西长宁、崇义两县匪乱，命吴文镕剿捕之。
1848	道光二十八年	二月二十二日，洪秀全自自广西到广州，谋求营救冯云山。
1848	道光二十八年	三月初三日，拜上帝会杨秀清初次托天父下凡。
1848	道光二十八年	三月初五日，命耆英即赴江苏处理青浦麦都思事件。
1848	道光二十八年	三月二十九日，云南永昌滋事汉人降服，乱平。
1848	道光二十八年	四月十二日，申谕两广、湖南、江西各省饬拿会匪。
1848	道光二十八年	五月初四日，理藩院再拒俄罗斯通商伊犁等城之请。
1848	道光二十八年	五月十二日和二十日，文翰两次照会徐广缙，要求履行两年后入广州城之约，均被拒绝。
1848	道光二十八年	七月初一日，俄罗斯商船到上海请求通商，被拒。
1848	道光二十八年	八月初三日，定《官员同省回避例》。
1848	道光二十八年	九月初九日，拜上帝会萧朝贵初次托天兄下凡。
1848	道光二十八年	九月十一日，英外相训令文翰，如中国允许公使进城拜晤钦差大臣，广州进城问题即可了结。
1848	道光二十八年	十月初二日，密谕徐广缙开导英人，剖析利害，勿拘执进城之议。
1848	道光二十八年	十月初三日，分别寄谕两广、两江、闽浙三总督，著密派精细晓事大员，于民夷聚集之处，留心访拿通夷主唆之汉奸。
1848	道光二十八年	十月二十一日，第二次试行江苏部分漕粮海运。
1848	道光二十八年	十一月初二日，英驻沪领事与上海道议定扩大上海英居留地。
1848	道光二十八年	十一月初五日，以已故越南国王阮福璇嗣子福时袭位，命广西按察使劳崇光往封。
1848	道光二十八年	十一月初八日，台湾彰化嘉义等地地震。
1848	道光二十八年	十一月十五日，发布《大加整顿兴利除弊谕》。
1848	道光二十八年	十二月初五日，英外相训令文翰，勿以武力强行入城，惟双方应将问题做一规定。
1849	道光二十八年	十二月十一日，酌改《长芦盐务章程》。

公元	年号	大事记
1848	道光二十八年	是年，徐继畬《瀛环志略》出版。
1849	道光二十九年	正月十六日，桂林大火，焚毁七千余家。
1849	道光二十九年	正月二十八日，徐广缙与文翰会于虎门外英舰，商谈商务、入城及鸦片等问题，均无结果。
1849	道光二十九年	二月初九日，粤民议拒英人入城，连发揭帖。
1849	道光二十九年	二月十一日，葡萄牙澳门总督亚马勒宣布澳门为自由港。
1849	道光二十九年	二月十四日，粤海关自澳门移黄埔。
1849	道光二十九年	二月十七日，密谕徐广缙准英使入城相见，暂游一次。
1849	道光二十九年	二月十七日，亚马勒封闭澳门关闸。
1849	道光二十九年	三月十四日，法国在上海取得居留地。
1849	道光二十九年	三月十九日，文翰照会徐广缙，不再辩论进城之议。
1849	道光二十九年	四月初三日，亚马勒驱逐澳门同知，停付租金，并宣布华人擅离澳门者，即没收其财产。
1849	道光二十九年	四月十五日，以徐广缙奏英人入城之议已寝，赏徐广缙子爵，叶名琛男爵。
1849	道光二十九年	闰四月二十四日，谕令五口通商地方督抚，毋许洋人越境闲游。
1849	道光二十九年	闰四月二十六日，申定《两浙盐务变通章程》。
1849	道光二十九年	五月初五日，美国兵船到台湾鸡笼勘查煤矿。
1849	道光二十九年	五月三十日，洪秀全自广东花县到广西桂平，时拜上帝会已拥众万余。
1849	道光二十九年	是年夏，江、浙、赣、皖、鄂、湘等省，发生特大水灾。官府相机赈恤。
1849	道光二十九年	六月至七月，沙俄海军乘炮舰由海上侵入黑龙江口和库页岛地区。
1849	道光二十九年	七月初一日，英外相巴麦尊愤徐广缙等受赏，令文翰警告中国政府，毋忘1839年之错误。
1849	道光二十九年	七月初五日，葡萄牙澳门总督亚马勒被刺身亡。
1849	道光二十九年	七月初六日，澳门政府为亚马勒被刺事件向徐广缙抗议。
1849	道光二十九年	七月初七日，英使文翰向徐广缙抗议，要求履行广州进城协议。
1849	道光二十九年	七月三十日，徐广缙照会澳门议事厅，亚马勒案凶犯已正法。
1849	道光二十九年	九月十八日，以英人复询进城事，命徐广缙劝令勿再坚持。
1849	道光二十九年	十月初三日，以已故朝鲜国王李㷷子昇袭位，命兵部左侍郎瑞常为正使往封。

公元	年号	大事记
1849	道光二十九年	十月十三日，湖南新宁李沅发起事。
1849	道光二十九年	十月十三日，阮元病逝。
1850	道光二十九年	十一月二十九日，湖南官兵克复新宁城，李沅发率众西走广西。
1850	道光二十九年	十二月十一日，恭慈康豫安成寿禧崇祺皇太后薨。道光帝悲恸异常。
1850	道光三十年	正月初五日，议定皇太后谥号：孝和应天熙圣睿皇后。
1850	道光三十年	正月初七日，尊孝和睿皇后陵为昌西陵。
1850	道光三十年	正月十四日，道光帝病危，召宗任府令、御前大臣、军机大臣、总管内务府大臣等，公启鐍匣，宣示皇四子奕詝为皇太子，并封皇六子奕䜣为亲王。
1850	道光三十年	正月十四日，道光帝驾崩于圆明园，享年六十九岁。